中珠
学术译丛 中山大学

日本学者明清赋役制度史研究

[日] 鹤见尚弘

吴滔

陈永福——主编

中西书局

图书在版编目(CIP)数据

日本学者明清赋役制度史研究／(日)鹤见尚弘,吴
滔,陈永福主编;《日本学者明清赋役制度史研究》翻
译组译. —上海:中西书局,2023
(中山大学中珠学术译丛)
ISBN 978-7-5475-2091-8

Ⅰ.①日…　Ⅱ.①鹤…②吴…③陈…④日…　Ⅲ.
①税制度-研究-中国-明清时代　Ⅳ.①F812.948

中国国家版本馆 CIP 数据核字(2023)第 054374 号

中山大学中珠学术译丛

日本学者明清赋役制度史研究

[日]鹤见尚弘　吴　滔　陈永福　主编

责任编辑	伍珺涵	
装帧设计	黄　骏	
责任印制	朱人杰	
出版发行	上海世纪出版集团	
	中西書局(www.zxpress.com.cn)	
地　　址	上海市闵行区号景路 159 弄 B 座(邮政编码:201101)	
印　　刷	常熟市人民印刷有限公司印刷	
开　　本	700 毫米×1000 毫米　1/16	
印　　张	36.25	
字　　数	557 000	
版　　次	2023 年 9 月第 1 版　2023 年 9 月第 1 次印刷	
书　　号	ISBN 978-7-5475-2091-8/F·038	
定　　价	198.00 元	

本书如有质量问题,请与承印厂联系。电话:0512-52601369

本书出版获中山大学院系学科建设项目
高水平学术著作出版计划资助

目　录

编译序 ·· 陈永福　1

日本学者明清赋役制度史研究的回顾与展望

　　——山本英史教授访谈录 ········· ［日］山本英史　［日］佐藤仁史　1

中国地方自治的发展史(明朝) ··············· ［日］松本善海　1

赋·役制度的变革 ···························· ［日］小山正明　28

日本的明代徭役制度研究 ··············· ［日］谷口规矩雄　53

关于明代里长职责的考察 ··············· ［日］山根幸夫　74

明代中期徭役制度的展开 ··············· ［日］山根幸夫　83

书评:山根幸夫《明代徭役制度的展开》 ········· ［日］谷口规矩雄　141

《明代徭役制度的研究》序 ··············· ［日］岩见宏　150

围绕银差的成立:关于明代徭役银纳化的一个问题

　　·································· ［日］岩见宏　154

明代杂役的赋课:均徭法与九等法 ········· ［日］岩见宏　168

均徭法、九等法和均徭事例 ··············· ［日］岩见宏　188

关于《山东经会录》 ······················· ［日］岩见宏　200

书评:岩见宏《明代徭役制度研究》 ········· ［日］山根幸夫　217

明代的畸零户 ···························· ［日］鹤见尚弘　224

明代的十段法 ···························· ［日］小山正明　246

书评:小山正明《明清社会经济史研究》 …………… ［日］岸本美绪　296

一条鞭法的成立及展开 …………………………… ［日］谷口规矩雄　301

明代华北银差成立研究:以山东门银的成立为中心

　　…………………………………………… ［日］谷口规矩雄　340

书评:谷口规矩雄《明代徭役制度史研究》 ………… ［日］山根幸夫　369

一条鞭法研究的课题与展望(节选) …………… ［日］黑木国泰　378

明末的役困:均田均役法的前提 …………… ［日］滨岛敦俊　387

明末浙江的均田均役法 …………………… ［日］滨岛敦俊　426

书评:滨岛敦俊《明代江南农村社会研究》 ………… ［日］山本英史　485

自封投柜制的结构 …………………………… ［日］山本英史　494

书评:山本英史《清代中国的地域支配》 ………… ［日］岸本美绪　513

书评:岩井茂树《中国近世财政史研究》 ………… ［日］岸本美绪　523

编译后记 ………………………………………………… 吴　滔　534

编　译　序

　　编译本书缘于 2009 年北京大学历史学系郭润涛教授访学东京。郭教授为了解日本学者对中国明清赋役制度变革史的研究，于 2009 年 12 月 23 日和 2010 年 1 月 19 日，两次前往拜访老一辈史学者鹤见尚弘先生。我作为翻译一同前往并作了访谈记录。郭润涛教授主要向鹤见先生咨询了如下三个问题：

　　1. 你们这一代学者在做关于明清赋役的研究时，心中设定的目标是什么，即最终想解决什么问题？

　　2. 你们做到哪一个程度？遇到的困难或者说困惑是什么？

　　3. 您觉得关于明清赋役，接下来最值得做的问题是什么？

　　鹤见先生极其热心，两次访谈，每次都从下午到晚上，持续将近十个小时。鹤见先生为我们详细介绍了他们这一代学者研究中国明清赋役制度的缘由及梗概，兼及他与众多老一辈研究者的日常生活琐事。其中不乏已经过世的田中正俊先生、重田德先生、小山正明先生等史学巨擘的事迹。鹤见先生与诸位学者感情深厚，娓娓述来，宛如昨日重现。我们不但受益匪浅，更是感动于鹤见先生的史学热忱，觉得有必要作更深入的访谈，分享给中国的史学者。而鹤见先生则建议选粹编译专书更有价值，于是我有幸成为助手。

　　与田中正俊先生等那个时代许多日本的中国史研究者一样，鹤见先生之所以选择研究中国史，是因为他们苦难的战争经历。鹤见先生出生于中国吉林的公主岭地区，父母是被当时日本政府欺骗来到中国东北开荒的日本移民。他们家被分配在辽河岸边的一处平野，那片地是盐碱地，他们用水一遍一遍把盐冲洗掉，几年后，那地才能耕种。当时粮食根本不够，一家人基本靠猎物、野果和辽河的鱼来补充营养。在 12 岁时，鹤见先生到锦州上中学，不久后，日本宣布投降，抗日战争结束，鹤见先生的父母和姐姐都在苏联进军东北三省时遭遇不测,鹤见先生也成了苏联的俘虏,苏联把他交给中国军队,于是他过了两年多的俘虏生活。按照鹤见先生自己的说法:

> 后来战争结束,我被俘虏,每天都是吃高粱,一天两顿。我虚岁 15 岁时,实岁才 13 岁,体重只有 40 公斤。但是俘虏经常需搬运 60 公斤以上的货物。我站在卡车下,60 公斤的货物放在我背上,根本背不动,货就掉下去,那掉下去了就更扛不起来了。这样看守的就经常说我没有干劲。当然日本对中国人做了那么多坏事,他们对我不友好也是当然的。但是时间一久,从手指到手臂到半身,经常觉得冰冷,不好受。当时我父母已经不在世了,姐姐也不在世了,半身冰凉时,我经常想,活得这么苦,还不如死了好。这种想法有过好几次。但是那时候我还从来没有去过日本。那时候我想,因为我是日本人才受这么多苦,但是我还从来没有见过日本,所以我想死也至少要看一下日本,然后再死也不迟吧。这种想法就成了我当时活下去的动力。这样两年后,我终于回到日本。当时身体和体力都不行了,现在还记得很清楚,刚回日本时,医学部的学生给我做体检,他用听诊器测我心脏,结果心跳太弱,他们开玩笑说我的心脏是不是不长在左边。当时我很累,觉得这样的玩笑无聊透顶,这样的话没有任何回答的意义,当时我什么都不想说。那时候我的身体很弱,又没有亲人,中学复学了,不得不自己去挣钱。当时一万日元可以供普通人过三个月,我在乡下积攒了一万日元,来到东京。那时候东京夜里路边有大排档,比如烧鸡的店,他们杀鸡后,鸡肠子一般扔掉,我去请求他们不要扔掉,给我拿回去,洗干净了做着吃,当时我就那么坚持过来了。因为当俘虏的时候,我学会怎么把难吃的东西吃下去,所以在我看来,什么都是好吃的。很多人吃东西都会有嫌不好的时候,我觉得都是好吃的。

后来鹤见先生考入东京教育大学,经田中正俊老师特许,经常前往东京大学旁听田中老师上课。当时他和小山正明一起组建了赋役制度史方面的研究学习小组,后来山根幸夫也加入进来。日本战后赋役制度研究领域,最早发表论文的是岩见宏,山根幸夫年龄稍长于岩见宏,不过他们开始研究赋役制度的时期差不多,只是岩见宏论文发表时间稍早。鹤见尚弘、小山正明研究起步比两位学者稍晚,但是基本属于同一时期。谷口规矩雄是岩见宏的学生,算是比他们小一辈。滨岛敦俊是田中正俊先生的学生,但是年龄上比鹤见先生晚一辈,差不多与谷口规矩雄同辈。然后山本英史、岩井茂树各位学者则比滨岛敦俊再晚一辈。

本书在顺序编排上,前三篇是关于二战前和二战后赋役制度研究史的综述,松本善海的选文是关于二战前研究的概述,小山正明和谷口规矩雄的文章是关于二战后的研究综述。其后从山根幸夫的研究论文开始到岩井茂树,其排列顺序基本与上述各位学者的辈分顺序重合。但是本书的编排顺序,主要是按照各位学者论著论及的赋役制度变革内容所发生的时期顺序,只是这个顺序与各位学者辈分顺序恰巧吻合。由于篇幅的关系,只选择这几位学者的部分论文作为代表,他们的著作都很有价值。还有不少优秀的论著没能予以选择和翻译。比如在岩见宏和山根幸夫的著作中,也都有关于自二战前至二战以后的学说史整理,出于篇幅考虑,鹤见先生只选择了小山正明和谷口规矩雄所整理的研究史作为代表。当然即使在研究史综述中,研究者们也没有直接交待他们的研究目的。而日本老一辈史学者之所以研究中国赋役制度变革史,基本上都是为了搞清楚给周边国家乃至日本自身带来深重灾难的侵略战争为何没能被阻止。对此鹤见先生说道:

　　当时很多人套用欧洲的想法,认为日本的明治维新是成功实现了近代化。但是历史学者认为明治维新的近代化不一定是成功的,或者说是不成功的。认为明治维新成功的人,只是把富国强兵等同于近代化,但是这是建立在对亚洲殖民的基础上的,如果探讨近代化内涵的话,那么会发现很多地方没有近代化。比如近代化的一个重要标志是个人自由的确立,但是在明治维新后的日本,个人自由并没有确立。大家都知道,日本发动侵略战争时,当然有不少人反对,但是无法提出抗议。结果发动了侵略战争,给周边国家带来了麻烦,最后失败了,给自己的国家也带来了灾难。因此战败后的日本,最大的国民性课题可以说就在于如何消灭封建专制的残余,确立民主主义。这样就需要弄清楚日本国家统治支配的性质,即封建专制达到什么程度。这不但是日本史研究者的目标,也是日本的外国史研究者的目标。特别是中国史,因为日本的很多制度借鉴于中国,日本以前是学习中国走过来的。而且日本所残存的封建遗制被认为非常强固,其源流被认为是中国。所以学者们认为研究中国的国家统治支配问题,有助于理解日本的国家支配性质。赋役制度史研究的目标就在于此。当然上述这些,我们没有写在论文里,因为写论文的人虽然都有某种目的,但是学术论文必须讲究"禁欲",就是这些带有个人情感的感性问题意识文字,需要在论文里被回避。所以日本学者研究中国,不单是要了解中国,更是为了理解自己。当时,明末清初被认为是近代化的黎明期,处于一种封建制末期的世界所共有的历史形态,所以最受关注。其实不但是明清史,秦汉、唐宋史研究的目标都一样,就是要探明国家专制支配或者说国家权力的性质。

所以对于老一辈日本学者来说,研究明代的赋役制度变革史,不仅仅是为了探明赋役制度变化这一事实本身,在鹤见先生看来,单单探明历史事实本身,是没有意义的。他们的目的是在探明历史事实的基础上,探讨其历史意义所在,进而能为将来人类社会的制度设计提供借鉴意义。所以,首先需要搞清楚事实关系,特别是赋役制度的变化和改革。当然,对于当时日本的中国历史研究者来说,研究明代的赋役制度变革史,有不少困难。其一是中日之间长期没有建交所带来的史料问题。其二是赋役制度改革实际施行的地域性差异,非常复杂。

就像上次我也说过的,我觉得关于赋役制度的研究,一个很重要的地方,就是应该把制度史和实施实态区分开来。我们觉得不能单单研究制度变化本身,必须关注实际施行的情况。但是我们发现,赋役制度实施的实际情况因地域的不同有很大的不同,我们研究的地方越多,发现的差异也越多,我和小山、山根每个人的发现都不一样。这样我们的研究就像走入了一个泥潭,我们的研究可以更加细致化,但是我们遇到的最大难题是无法予以归纳总结。比如里甲制因地域不同而各不相同,粮长也是,一条鞭法也是。现在东洋文库也有人在利用档案做法制史方面的研究。但是,和法制史相比,赋役制度更加麻烦。因为法制史里,制度和实态的差距没有那么大,制度和实态的差距是个较难以解决的地方。我们遇到的另一个问题是史料。我认为最大的局限是史料的问题,我们能够利用的主要是实录、会典、地方志、文集和一些法制史资料。其中实录和会典偏向于制度,地方志和文集可能会涉及一些实态,但问题是,这两种史料是当时的文人们写的。前近代文人的记述具有两个问题:一是具有承袭先人、先例的倾向,比如祖宗之法,或者引用权威的文字,比如抄袭会典规定的制度;二是并非从庶民的眼光看问题,记述带有理念化、理想化的取向,这样就可能故意歪曲事实。因此儒学修养,对于史料是个障碍,他们记述的很可能不是事实。地方志是一种很重要的资料,但是多看地方志就知道,有很多连县名的由来也会错,地方志里的内容,值得怀疑的地方太多。但是问题是,你又不得不用它,离开它或者过于注意史料存在的问题,那就什么论文也没法写了。这是很令人郁闷的地方。所以我上次说希望中国方面能提供一些地方文书、地方官厅档案这样的资料。会典和方志这些史料主要体现的是制度,文书体现的一般是地方的实际施行情况。(20 世纪)80 年代初期,我们去中国交流,当时最希望看到的就是文书。除了史料之外,我们也很想知道不同国家学者的想法。中国学者对于资料的理解可能超过日本的学者,比如一些通假字,日本学者按照训读方法经常搞错意思。还有文字背后的意思以及一些方言,比如徽州文书,中国的学者应该更能理解。而且你们的问题意识不同,可能带有别的新鲜感,能读出新的发现。我们当时最想邀请的是傅衣凌和刘大年两位先生。所以我们自己就去打工,筹集资金,有钱了我们就先把傅衣凌先生请了过来,后来又请了刘大年先生。傅衣凌先生是田中正俊先生出面请的,我到成田机场去接了,一直送到下榻的地方。……

两次长谈下来,我们对日本学者的中国赋役制度史研究过程有了更清晰的认识,对鹤见先生的经历深感震撼,对他们邀请中国学者的经费居然是自己去打工筹集的感到诧异和惭愧,更敬佩他们这份学术热忱。鹤见先生却始终正襟危坐,语气平淡,略带微笑地说着这些经历。而平淡的语气中却深沉地透露出他对永久和平的期望以及对中国的特殊感情:

其实现在日本年轻学者中,也没有人做赋役制度研究了。我想这其中有两个理由。一个是研究史学的出发点不同。比如我个人,当时日本战败后，我最想了解的是发起战争的理由，希望以后再也不要有战争，这种想法非常强烈。现在的年轻人，他们没有这种经历，根本不懂战争，即使有些人知道战争的故事，那也只觉得是故事，和我们的深刻体验相去甚远。所以现在年轻人的史学动机都不清晰，问题意识也是莫名其妙，我不喜欢这些年轻人这样做的东西。其次，现在讲业绩主义，年轻的一代都希望早出业绩，所以都选择逃避这个课题。

······

我觉得中华料理是最好吃的。我做得不好吃，但我是真的认为中华料理是世界上最好的。小山（正明）和我就不一样，他在日本长大，喝日本酒，吃日本菜，不喜欢吃中华料理。我记得他就吃过两次中华料理，就不吃了。我不一样，我喜欢中国菜，喜欢去中国各地进行交流。

中日建交以后，鹤见先生是第一批来到中国作学术交流的日本史学者，其后多次来中国寻访史料并实地考察农村生产生活。近年，他更是把自己担任日本横滨国立大学教务长及山梨县立大学校长期间所收集的中国史研究相关藏书，全部无偿捐赠给厦门大学图书馆。鹤见先生一定是希望，这些藏书和这本编译著作一样，能够帮助中国志趣相投的学术同仁，理解并达成他们这一代学者的学问目标和心愿。

陈永福

2022 年 8 月于厦门大学

日本学者明清赋役制度史研究的
回顾与展望
——山本英史教授访谈录

［日］山本英史[*]　［日］佐藤仁史^{**}

佐藤仁史按：

关于这篇访谈与这本书的渊源，此处作一简单介绍。2017 年 4 月，在香港过学术假的时候，我参加了中山大学举办的"明清江南社会经济史基本问题"学术研讨会。在会上，本书的主编吴滔教授和陈永福教授告诉了我本书计划，并邀请我帮助审读译文。翻看本书的目录便可知，准确翻译如此大量且高度专业的论文，需要投入相当多的时间和精力。所以直到五年多以后的 2022 年 7 月，负责协调此书出版事项的于薇教授才对我说初稿翻译终于完成，问我能否帮忙联系鹤见尚弘教授，请他惠赐原计划中的全书序言。我们当时已经考虑到鹤见教授的高龄，商议如果无法撰文，不知可否由我去拜见访谈，无论如何，记录下鹤见教授与此书的渊源以及思考。我的导师山本英史教授与鹤见教授相熟，我因此得以直接电话联系。我向鹤见教授汇报了此书的出版进展并询问序言事宜。非常遗憾，鹤见教授告诉我，九十高龄下，他的身体确实已经无法承担写作和访谈的负担。

虽然没能完成"任务"，但在电话中，我还是感受到了前辈学者与中国研究的深刻连接。而就在结束通话翻阅书稿时，我在最后部分看到了山本英史老师的文章。我恍然大悟。这本论文集的主线是 20 世纪 70 年代以来日本的明清赋役史研究，而山本老师研究的出发点之一也在于此。他是这段学术史的重要亲历者。山本老师非常熟悉日本学界 1940—1970 年代、1970—2010

---

　　* 日本庆应义塾大学荣誉教授。

　　** 日本一桥大学大学院社会学研究科教授。

年代日本社会经济史的研究脉络,如果与他进行对谈,围绕相关课题进行反思,应该不仅能触及鹤见教授的学术思考,也能成为从日本学者角度对本书的一种"导读"。我相信,对谈的表达方式很平易,讨论集中于核心概念和论点,所以阅读本文应该有助于读者理解书中各篇文章在学术脉络中的位置。这样,也算是对鹤见教授序言阙缺遗憾的一点弥补吧。

受访人:山本英史
采访人:佐藤仁史
访问日:2022 年 8 月 31 日
访问地点:山本英史教授家

一、日本的"国家与社会"研究史

战前日本对于中国的理解以及战后的变化

佐藤:您曾在大作中提到了战前日本学界对于中国社会特征的认识,即认为
　　"国家与社会"处在相互割裂、毫无交集的并行状态,集权体制的统治
　　范围最多也仅能覆盖到州县,自治社会团体的存在非常突出。那么战
　　前持有这样观点的代表性学者和著作都有哪些呢?

山本:我认为并不是某人在某地这样说过,某种意义上来说,这在战前更像
　　是一种不言自明的认识。因为现实是,即使王朝更迭,社会也并没有
　　变化;虽然经历了辛亥革命,结果中国还是在四分五裂中看不到近代
　　改革的愿景。受到基于这种现实的中国观的影响,于是中国社会被理
　　解成一个无发展的社会。

　　　　从内藤湖南开始,包括稻叶岩吉、矢野仁一以及和田清等在内的
　　战前著名学者们也是这么认为的吧。根岸佶就是该观点的典型代
　　表。①他认为国家和社会处于分离状态,无论王朝如何更迭,基层社会
　　都没有变化。国家只关心征税和治安,并不参与民众的生活。作为可

---

① 　主要相关著作有[日]根岸佶《支那ギルドの研究》,东京:斯文书院,1932 年;同作者《中国社会における指导层:中国耆老绅士の研究》,东京:平和书房,1947 年。

以保护自己的团体,民众发展出了宗族和同业公会等。因此似乎有这样一种共识,即国家和社会一直处在分离的状态。

佐藤:这就是所谓的中国社会停滞论吧。现在知道当时的学者曾用这样的框架来思考中国,您对日本社会接受中国社会停滞论思想的时代背景有什么看法?

山本:我认为研究本身在现实的世界形势中受到了影响,反过来,研究也自然会导出这种日本的中国观。这是一种无法期待中国自主发展或近代化的感觉,对扩大日本在东亚的主导力这种舆论的形成发挥了巨大作用。明治以后,停滞论基于这种模糊的想法而形成,到了 20 世纪,随着时代发展出现了新的倾向。

佐藤:我想知道,在转折点甲午战争后,中国社会停滞论这样的观点是以怎样的形式加强的?

山本:近代日本学者治学的功利性很强。以东京大学为首的官立研究机构的治学倾向尤其如此。1904 年,东京大学中国史学科从原来的和汉文学科独立出来,1910 年改称东洋史学科。而 1904 年是日俄战争开始的一年,1910 年签订《日韩合并条约》,这正是象征着国家的海外扩张。自然而然,中国研究也向着这个方向发展了。随着国家的关注点向中亚扩大,研究对象也不再只局限于中国。因此,当时的东洋史学,带有相当浓郁的政治色彩。中国史研究也在这种情况下与日本的大陆政策紧密结合、发展开来。而所谓取代中国来保护东亚的意识则一直存在于这种背景之下。

佐藤:这是亚洲主义式的理解吧。在中国停滞论这种认知占主流的情况下,松本善海则重视对国家和社会的统一理解,关注了国家权力的优越性及其对社会渗透的力度。① 他的论点对战败后日本的研究有着怎样的影响呢?

山本:松本是战后初期东京大学的中国社会史的带头人。战前他虽然没有明确指出,但对于国家社会分离论,他还是抱有怀疑态度。到了战后,他主张国家不单纯只是征收赋税,还与征收对象——村落之间有着很

---

① ［日］松本善海:《中国村落制度の史的研究》,东京:岩波书店,1977 年。

深的联系,两者是在相互关联中发展下去的。但是在松本的感觉中,王朝也仍是威严的存在,其中的强势是不可否认的。所以虽然他指出了国家与社会之间的相互影响,但也是在国家具有很强统治力量的认识下来试图理解赋役制度以及村落制度的。

世界史的一般规律和中国史

佐藤:看来试图与停滞论拉开距离去认识中国,依然无法摆脱专制国家论的束缚。在这之后,认为与欧洲历史发展共通的过程在中国也存在并展开的,就是马克思主义史学的观点吧。

山本:也不完全是马克思主义史学。受马克斯·韦伯影响的大塚久雄,其主张的资本主义发展阶段论也有着明显的类似倾向。①

佐藤:原来如此。我想,如何将"世界史的一般规律"应用于中国,是改变对中国认识的出发点之一。那么,他们是如何试图将"世界史的一般规律"应用于中国的,又为何要用"世界史的一般规律"去看中国,其间经历了怎样的过程呢?

山本:战前也不是没有用马克思主义去理解中国史的倾向,但使用这种方法,即使像魏特夫一样能理解专制国家的特征,但终究无法捕捉到自所谓原始共同体以来的变化。由于马克思主义被认为是一种不仅全面适用于经济学,而且全面适用于哲学、历史和一般社会科学的理论,因此,其主张的发展阶段论和"世界史的一般规律"在理论上是适用于所有国家和地域的。那么,说到中国呢,中国共产党在战后不久就取得了政权,这个事件被理解为是一场"社会主义革命"。在这种情况下,弄清中国为什么爆发了社会主义革命成为当时日本的重大课题。

　　但是,这里也有一个问题。仅就对马克思主义的教条式理解而言,教条地去理解马克思主义,就会陷入某种逻辑中去。这种逻辑认为,如果中国发生了社会主义革命的话,中国必然存在社会发展,如果存在社会发展,这种发展必然是基于马克思主义的发展。也就是说,

---

① 关于大塚久雄的历史观,参见《共同体の基础理论:经济史总论讲义案》,东京:岩波书店,1955 年。

如何将中国社会纳入马克思主义的社会形态变成了主要问题。在日本,因为经历了从古代王朝国家中产生武士政权的历史过程,所以与西洋社会的发展进程有着相对共通的特点,这使它与韦伯和马克思的思想相吻合。所以他们认为,既然这种理论能适应于日本和西洋,那它就能适用于全世界。

佐藤:现在看来,这是相当粗糙的观点。

山本:另一方面,当时年轻的研究者大多是经历过战争的人。对他们来说,在战后蔓延的虚无感中,自己今后应该如何生活下去是一个迫切的问题。当时存在这样一种强烈的想法,即幸存者应该替死者肩负更大的使命,至少要纠正在战争中形成的对中国的错误认识。对当时的知识分子来说,纠正对中国的既有看法与自我变革直接相关,因此,这种目的明确的中国史研究从某种角度来说是非常有意义的。对于未经历过战争的我们来说,很难与这样的意识或感觉共情,但也并非不能理解。

佐藤:因为是与自我的存在直接关联的课题吧。反过来说,这与我们这个年代的人所认识的中国有着很大的差异。当然,如果在中国生活过,或有过留学经验的话,会觉得中国是一个很近的存在;但对于和中国没有太多接触的人来说,自我的存在和中国之间相隔很远。所以,对通过中国去思考历史和社会这样的课题的诉求变得非常低,而现在正是最为低迷的时期。

山本:日本的外国史学者中,研究中国史的学者比例一直在下降,便象征着这一现象。在过去,中国对日本人来说不只是一个外国,而是一个特殊的"外国"。中国不但对于日本的国家形成产生了深刻的影响,从江户幕府时代末期开始,包括在战中战后都有着非常强烈的影响。思考中国也意味着对日本人的历史观和世界观的追问。所以,就有了其存在的意义。现在,随着与多样的国家和地域间关系的加深,对于日本来说,中国在外国里所占的比重相对下降。但是对于现今的日本来说,与中国的关系依然是特殊的,不是单纯的一个外国。

20 世纪 40 年代后期到 50 年代的社会经济史研究

佐藤:下面进入赋役制度史研究的具体问题。20 世纪 40 年代后期到 50 年代,出现了很多针对江南地区的商品生产以及地主制的研究,这些研究的意义具体体现在哪些方面?

山本:就像刚才所说的,被认为"没有发展"的中国发生了社会主义革命,这个事件带来的冲击是非常巨大的。发生社会主义革命意味着其全过程中一定存在着资本主义社会。学者认为在什么都没有的阶段不会突然发生社会主义革命。

对比日本来说,日本多少存在与西洋相近的封建制,并经历了在19世纪解体的过程。所以,学者会觉得中国应该也有共通的阶段。但是,中国展现了与日本不同的特殊的发展历程,学者们努力试图在这种特殊中找出一般性。前田直典是其中的先驱者。[1]1948年,前田提出古代是奴隶制的时代,套到中国史上的话则延续至唐朝中期,并认为唐末五代是奴隶制解体、封建制确立的时代,是从古代到中世的过渡期。他还进一步指出,日本和朝鲜在12—13世纪也发生了同样的现象,因此在时代的发展上有相关性,并试图将东亚史融入世界史的叙述框架。前田的观点其实是把内藤湖南的唐宋变革论从马克思主义角度重新解读的产物,此后引起了很多对中国各个时代的认识的争论。

针对前田没怎么论述的中国封建制的解体、近世的开端等课题,西嶋定生是率先从明末清初寻求答案的学者。[2]西嶋从中国何时出现资本主义萌芽这一问题意识出发,并试图通过江南棉业的实态对其进行解答。这个方法虽然是基于日本东洋史学的传统——实证史学下的正统研究,但通过广泛搜集一直以来被忽视的地方志和个人文集,证明了在中国也存在商品生产的发展。与之呼应,研究对象进一步扩大到丝绸和陶器等的商品生产。

在中国寻找资本主义萌芽的努力,也引起了人们对农业经营领域的注意。这是对从宋代开始的地主制在明末清初如何变化的追问,再加上中国实施土地改革、地主制的解体,也引起了人们对寻求被推翻

---

① ［日］前田直典:《东アジアにおける古代の终末》,《历史》第1卷第4号,1948年。后收录于［日］铃木俊、［日］西嶋定生编《中国史の时代区分》,东京:东京大学出版会,1957年。

② ［日］西嶋定生:《中国经济史研究》第三部《商品生产展开の构造:中国初期棉业史の研究》,东京:东京大学出版会,1966年。

的地主制度的起源的兴趣。如果没有地主制，肯定也谈不上打倒。我
认为，学者们关注地主制与商品生产，体现了一种追寻中国史上资本
主义萌芽的意识。

佐藤：也就是要从这两个要素来看中国的资本主义的形成过程和发展过程
吧。初期的研究地主制的研究者都有谁呢？

山本：从北村敬直开始，再到古岛和雄①、小山正明②，这三位大家可以说在
地主制研究史上一定会被提及的学者。实证研究最出色的是小山，特
别是他年轻时发表了很多论文。而且，他都是运用正统的实证研究的
方法，一边大量地引用史料，一边展开论证，是非常有说服力的。他最
初以江南的地主制为研究对象，描述了明代停留在奴仆地位的佃户随
着明末清初生产力的发展而得以自立的过程。之后，他关注与这种社
会变化同时期出现的国家统治的变化，将研究方向转向了赋役制
度史。

佐藤：当时的商品生产研究和地主制研究存在着怎样的问题或课题呢？

山本：虽然西嶋的研究对发现中国封建制解体、资本主义萌芽的实态作出了
非常大的贡献，但在谈到这种萌芽是否能与和资本主义社会成立挂钩
的产业资本发展直接建立起联系时，却存在局限性。另一方面，他得
出结论，即专制的王朝国家仍威严地存续着，强有力的官僚统治和重
税负担最终抑制了资本主义的发展。西嶋在这之后把研究对象转向
古代，开始研究专制国家本身的形态。

　　　同一时期，在中国也发生了关于资本主义萌芽的争论。这也与日
本的背景相同。也就是说，因为发生了社会主义革命，所以中国一定
在之前存在过资本主义。因此，大家纷纷想要找到可被视为资本主义
萌芽的东西。虽然的确发掘出了很多事实，并且未知的史料得到开发
利用，对日本学界产生了不小的影响，但没有得出结论就偃旗息鼓了。
与此同时，在中国以阶级论为基础的人民革命斗争史研究兴盛，这些
研究同样对日本学界产生了巨大影响。但这方面的研究有些简单化，

①　［日］古岛和雄：《中国近代社会史研究》，东京：研文出版，1982 年。
②　［日］小山正明：《明清社会经济史研究》，东京：东京大学出版会，1992 年。

认为只要能验证"人民在抗议",就能证明历史的进步。

佐藤:就是说,如果发现了抗议的证据,就变成了人民在斗争。

山本:虽然研究是以这样的形式展开的,但关键问题还是如何说明为什么在中国的王朝如此强力。而这正是自松本善海以来的课题。世界其他地域的古代国家很早之前就解体了。欧洲自不用说,日本也是如此。但在中国,直到20世纪初,专制国家权力作为一种现象仍强势地存续着。那么这样的中国的王朝在各个时代的社会中到底应该如何定位?用阶级论去理解中国王朝是非常困难的。这个时期,由于过度重视验证社会发展,对于国家的定位反而关注不足。

20世纪60年代初期田中正俊的提议

佐藤:在这样的情况下,20世纪60年代初期,田中正俊提议必须重视王朝统治这一要素。这个提议的内容是怎样的,其对日本的中国史学界有着怎样的影响呢?

山本:商品生产研究和地主制研究都是偏向所谓社会的下层基础的。因为过度关注社会的发展,王朝国家或专制统治这些就被搁置了。不过,像刚才所讲的那样,只以阶级分析的方法去讨论中国社会是存在局限性的,学者们再次意识到必须在社会发展中为专制国家寻找定位。田中指出了"如何通过'中世'中国所固有的、特定的、具体的媒介,将该历史阶段的国家权力与所谓的地主—佃户关系联系起来"这个问题的必要性。我认为这是面对中国史特有的形态所必然要考虑的吧。小山正明也有过类似的提议。总之,社会情况与国家统治的问题如何联系起来是当时面临的课题。但是,这只是鹤见尚弘在自己的论文中介绍的田中在学会上的发言,[1]田中自己在那之后并没有将其写成论文。然后,小山的提议也只在座谈会中,他也没有将其写成论文。[2]

佐藤:原来小山的发言也没有形成论文,只是座谈会上的发言。

山本:是的。当时只不过是初步提出了用这种框架分析的重要性。但是,对

---

① ［日］鹤见尚弘:《明代の畸零户について》,《东洋学报》第47卷第3号,1964年。

② ［日］筑摩书房编辑部编:《世界の历史 第11 ゆらぐ中华帝国》,东京:筑摩书房,1969年。

于一直将社会作为重点、忽视国家定位的研究者来说,是相当具有冲击力的发言。

佐藤:说句题外话,听说田中正俊是一位论文著作较少的学者。这件事在《近代中国研究入门》所收论文中所展示的其对学术的严谨态度也可见一斑。①

山本:从整体看,确实是非常少。他有着某种完美主义,经常说:"如果还有推敲的余地,就不应该下笔。"作为研究者来说,非常严谨,而且对于细节的把握很独到。他的思维很敏锐,但在成形之前需要耗费更多的时间。结果就感觉没有留下什么代表性的论文。例如,《民变·抗租奴变》、《起义的农民》(《起ちあがる农民たち》)是非常有名的论文。②但因为被分类为面向普通人的启蒙书,不被视为学术论文,不过我认为它们仍是有关邓茂七之乱研究的先驱成果。后来,这些著作在其去世后被加上注释,收录到《田中正俊历史论集》中,现在取得了学术论文的地位。③

佐藤:听说田中梦中还出现过邓茂七。

山本:是的。似乎是他写毕业论文的时候累得睡着了,梦中出现了明代的农民,然后这个农民对他说:"一定要告诉大家我们的想法,只能靠你了。"听了这些,我觉得邓茂七和田中说不定面貌上有些相似之处(笑)。总之,田中的确有过碎片式的、敏锐的发言。

小山正明的明清赋役史研究

佐藤:小山正明的赋役制度史研究的意义体现在哪些地方? 与小山研究对话的滨岛敦俊和川胜守的研究成果的意义又如何呢?

山本:赋役制度的研究当然不是从小山开始的,战前就已经很兴盛。总之,作为基于文献考证学研究的一个分支,这是一个试图阐明制度运作的

---

① [日]坂野正高、[日]田中正俊、[日]卫藤沈吉编:《近代中国研究入门》,东京:东京大学出版会,1974 年。

② 这些论文分别收录于[日]筑摩书房编辑部编《世界の历史 第 11 ゆらぐ中华帝国》、[日]民主主义科学者协会历史部编《世界历史讲座》第 2 卷(东京:三一书房,1954 年)。

③ [日]田中正俊:《田中正俊历史论集》,东京:汲古书院,2005 年。

研究,在各个时代都存在。但是关于明代以后的关注很少,正如松本善海在《明代史研究的贫困》这篇论文①中,对明史研究该部分的空白所批判的那样,除了清水泰次以外,这方面的研究并不活跃。

与之相对,战后对明清时代的赋役制度史的研究受到了关注。首先是《明史食货志译注》②的刊行。该书是藤井宏和山根幸夫等小山世代之前的研究者根据战前的研究累积所总结的成果。同时期,以地方志中的赋役志等记录的解读为中心、阐释制度运行机制的研究变得非常活跃。一条鞭法研究就是其中的典型,出现了大量相关论文。但是,这些讨论逐渐进入细枝末节,外人渐渐无法跟上其节奏。

小山开始关注的是地主制,随着地主制研究的深入,他开始对如何去描述国家这一问题产生了兴趣。国家意志的具体表现形式之一是剥夺形态,这具体体现在赋役制度上。如果说国家意志发生了变化,则可以在赋役制度的变化中来对其进行解读。以前的赋役制度史研究,即便阐明了每个时代的制度结构,对其变化也没有那么关心。而小山将赋役制度理解为国家统治的实态,这一点在将其与当地社会的阶级变更结合在一起思考这件事上有着重大意义。

但是,我认为小山并没有将地主制和赋役制度以一体化的形式加以讨论。与此相对,滨岛敦俊在小山的研究基础上,把两者放在一起论述,③并将地主制的变型——乡绅的出现与明末清初的赋役制度改革直接联系了起来。

滨岛受其师西嶋的影响,进入明清社会经济史研究的领域,对于如何批判地继承小山的共同体论产生出强烈的兴趣。这也是小山关注了赋役制度所产生的影响吧。对于本来的赋役制度史研究持批判态度,他对均田均役法的研究,正是在这种问题意识下形成的。

---

① ［日］松本善海:《明代史研究の贫困》,《历史学研究》第 4 卷第 5 号,1935 年。

② ［日］和田清编:《明史食货志译注》上、下,东京:东洋文库,1957 年。该书由和田清教授举办的"食货志研究会"成员松本善海、藤井宏、佐久间重男、星斌夫、中山八郎、百濑弘、山根幸夫分别担担,给《明史·食货志》加以详细译注。后来山根幸夫加以若干补订,再版《明史食货志译注 补订版》全 2 卷(东京:汲古书院,1996 年)。

③ 滨岛敦俊和川胜守的著作分别为:［日］滨岛敦俊《明代江南农村社会の研究》,东京:东京大学出版会,1982 年;［日］川胜守《中国封建国家の支配构造:明清赋役制度史の研究》,东京:东京大学出版会,1980 年。

佐藤：原来如此。川胜守也研究类似的题目。他的特征又是什么呢？

山本：川胜的研究特征，在于对小山的论述框架中的矛盾点进行了批判。但其关注的主体还是共同体论，即使看上去他晚年对农业论更加感兴趣。针对均田均役法的研究，他基本上沿袭滨岛的议论。

重田德的乡绅论

佐藤：赋役制度史研究从 20 世纪 60 年代开始一直延续到 80 年代初期，并渐渐显示出局限性。在这种情况下，重田德的乡绅统治论的意义和局限是什么呢？①

山本：当时的一大课题，是将以阶级论的理论框架去理解中国史作为不言自明的前提，然后思考如何把中国这个有些特殊的世界收束进阶级论的框架中去。中国史的一大特征是，近代以前，在中央集权的国家体制下一直都没有产生封建领主。然而，西方和日本的封建领主即使隶属于国王，至少也要拥有可以从领民处收取税金的领地，形成独立的武装集团，在领地内能进行排他性的统治。说到日本史的话，武家政权下的御家人以及大名就正好是这样的。

佐藤：的确，日本历史更容易套用阶级论。

山本：江户时代的幕藩体制，虽然德川幕府的力量非常强大，但还是与欧洲有着很相似的一面。中国在唐宋变革期出现了取代没落贵族的新兴地主阶层，因此宋朝进一步加强了王朝集权的体制。中央派往地方的官僚有着最大的行政权力，兵权也被中央派遣的文官掌控。而且新兴地主阶层在新的科举制度下也被吸纳为官僚，从结果来说，君主独裁制反而被加强了。因此在"世界史的一般规律"下，如何把中国的新兴地主跟所谓的西洋封建领主进行对比，是考量中国封建制的重大课题。所以我想，重田的论点正是对这一问题进行深刻思考的成果。

　　聚集大规模土地并与生产地相分离的寄生地主，在货币经济、商品生产的发展下而上位的商人，利用科举制度成为国家一员并获得特权的官僚，这种三位一体、各要素都具备的新兴地主阶层，亦即乡绅阶

---

① 　[日]重田德：《清代社会经济史研究》，东京：岩波书店，1975 年。

层,是明末清初广泛出现的地主的新形态。重田注意到了这一点,乡绅及其支配,超越了单纯的地主支配的范畴,通过经济上的、经济外的关系,特别是与国家权力之间若即若离的联系,不仅仅实现了对佃户的支配,甚而对以自耕农为中心的其他诸阶层,亦可说是实现了一种"不基于土地所有的支配",这种支配关系成为所在社会的基础单位。重田进而评价道:"这种未能实现领主化而带有封建性质的支配者,利用集权制的庇护,将实际的支配关系扩展到最大化。"所以,对于重田来说,乡绅的出现就意味着中国特殊的封建地主的诞生。

　　重田的论述犹如给中国封建社会论吹了一股新风,当时得到了很高的评价。为什么这样说,因为其前提是马克思主义的理论与中国历史之间没有矛盾。所以,乡绅支配论作为克服理论矛盾的一种思路一度甚为流行。

佐藤:非常清楚其意义了。他的乡绅支配论的局限性又体现在哪些方面呢?

山本:它体现在乡绅的权力是通过什么来支撑这个问题上。有官僚经验而隐退乡里的乡绅,拥有免除徭役赋税的特权。这使其得以扩大土地积累,隐然提高其在当地的势力。我认为,最先关注到乡绅优免特权的是酒井忠夫。①

　　有关通过优免特权的取得而形成乡绅的权利基础的争论,集中在这一现象是否仅限于明末清初的时期。就是说,获得官僚身份进而获取徭役优免特权在宋代就有,并不是明末清初的特有产物。此外,如果说乡绅权利的基础是徭役优免的特权的话,那么就会产生一个问题,亦即因地丁银的成立,徭役不再存在,此时乡绅的权利靠什么来支撑?

　　另外一个依然存在的问题就是如何去定位自耕农。把它看作地主—佃户之主导关系之下的一种次要的存在是难以理解的。重田的乡绅支配论中提到,乡绅不仅仅是对耕作自己土地的佃户,还对地域中的自耕农进行了"不基于土地所有的支配",然而自耕农依然直接受到国家支配的这一实态如何解释也是一个问题。

佐藤:以前老师提过,在马克思主义史学的框架内进行的思考,到了20世纪

---

① ［日］酒井忠夫:《乡绅について》,《史潮》第47号,1952年。

70 年代末到 80 年代初,突然失去了原有的有效性。

山本:20 世纪 70 年代末还没有到这个地步。当时用乡绅论的理论逻辑去分析明末清初的研究有很多,我就是其中一人。但是,乡绅研究在大的争论依然对立的情况下,逐渐转向针对各个地域乡绅的具体行动进行分析的实证研究的方向。

中国史研究会的国家农奴制研究

佐藤:老师的大作中也提及了,中国史研究会的一个议题。①把作为小农的自耕农理解成国家的农奴,我不是很理解。把自耕农看作国家农奴的逻辑根据是什么呢?

山本:这个也还是在马克思主义阶级论的大前提下,试图在这个框架内探明中国的国家与社会。这是以京都的历史科学协议会的成员为中心所提倡的。京都既有汲取了内藤湖南以来所开创的中国学潮流的考证学传统的一面,也有以年轻研究者为中心重视理论的团体。对于这个学派来说,在阶级论中定位中国王朝权力是个大问题。在这个问题上,把国家作为阶级的一方,自耕农广泛存在其中的农民作为被支配的阶级,可以将其推定为农奴。如前面提到的那样,如何去理解王朝权力,以及如何去定位自耕农是问题所在。所以把中国封建制内的主要阶级关系放在王朝与自耕农的角度去理解,将其命名为国家农奴制。

佐藤:把自耕农看成小农这个问题,总之,从掠夺方式、法律制度等因素综合考虑,初看上去像自耕农,其实是小农吗?

山本:如果将阶级作为基准去考量的话,是支配阶级掌握国家权力支配农民,但在中国,如果地主阶层是支配阶级的话,很难去理解王朝的独自性。因此就把国家看作阶级。这样的话,国家支配下的农民就是佃户,向国家缴纳的租税可以看作佃租,这样就可以看成中国封建制下的主要生产关系。当然在这个学派的认知里,地主与佃户的生产关系也是存在的,但这个作为次要的部分,完全被忽略了。其构想虽然非常跨时代,但似乎不太有说服力。

---

① ［日］中国史研究会编:《中国专制国家と社会统合》,京都:文理阁,1990 年。

地域社会论

佐藤：20 世纪 80 年代到 90 年代作为新的潮流，森正夫所提倡的地域社会论
　　　在我的时代是非常有名的。①岸本美绪扩展森正夫的观点，摒弃国家与
　　　社会的二元论，提出了应该要考察"人们构造的各种秩序形态"的观
　　　点。②她并不是以国家和社会为出发点，而是暂且把这个问题放到一
　　　边，首先把"人们构造的各种秩序形态"弄清楚后，再去考虑国家和社
　　　会，是这样的一种研究方法。我在进行自己的研究时最初读了很多岸
　　　本的论文，感觉不太明白的地方是，"国家与社会机能上的同型性"这
　　　个概念。您与森正夫提出的地域社会论同处一个时代，对于地域社会
　　　论，您当时是怎样的印象？然后，岸本的"国家与社会机能的同型
　　　性"③，您又是如何理解的？希望您能不吝赐教。

山本：森正夫虽然是从阶级论的框架开始研究明清社会经济史的，但其一直
　　　对优免特权作为乡绅的权利基础持有疑问。当思考乡绅的威望从何
　　　而来这个问题时，只通过阶级论很难去把握，肯定还有其他方面。他
　　　受到谷川道雄所提出的南北朝时期共同体的理想型的影响很大。

　　　　　1981 年名古屋大学主办的明清史论坛，森首次提出适当地与阶级
　　　论保持距离，对地域社会的士大夫的领导地位作出评价。当时森并不
　　　是去否定阶级论，只是提起了要如何去理解单从阶级论无法弄明白的
　　　问题。但是，当时在现场被狠狠地批判。因为那个时代对阶级论提出
　　　疑问是比较困难的，所以，他的观点没有得到很高的评价。但是，80 年
　　　代后期，受国际社会动向的影响，日本的明清史研究迎来了新局面。
　　　在其中发挥中心作用的就是岸本美绪。

---

① ［日］森正夫：《中国前近代史研究における地域社会の视点：中国史シンポジウム"地域社
　会の视点——地域社会とリーダー"基调报告》，《森正夫明清史论集：第 3 卷　地域社会·
　研究方法》，东京：汲古书院，2006 年。
② ［日］岸本美绪：《明清交替と江南社会：17 世纪中国の秩序问题》第二章《明清时代の乡绅》，
　东京：东京大学出版会，1999 年。
③ 前引［日］岸本美绪《明清时代の乡绅》。山田贤进一步深化地域社会的概念，将其分成作为
　实体概念的地域和作为方法概念的地域。参见［日］山田贤《中国明清时代史研究における
　"地域社会论"の现状と课题》，《历史评论》第 580 号，1998 年。

佐藤：岸本最先是研究清代物价的吧？①

山本：她最初的研究主题是，利用中国台湾刊发的宫中档来研究清朝初期的物价变动。物价变动和景气变动虽然都是经济史，但和地主制研究有着不同的性质。

佐藤：历史并不是都以发展阶段的形式前进，更应该关注与"发展"未必有关联性的变动。

山本：这个过程中，岸本对普遍仅仅用发展阶段论或阶级论去论述社会的风潮持有疑问。岸本基于森的前论，进一步向地域社会论的方向发展。那么，地域社会论是什么呢？岸本首先针对以前的研究动向，"由于在中国的国家与各社会集团之间所展示的具有无限多样的强弱关系，试图用国家权力和民间集团的相互对立、分离、勾结等力学式隐喻对中国的构造进行理解的话，只能面临挫折"。所以，她提倡应该用更开放的视角去弹性地考察"人们构造的各种秩序形态"。也就是说，从更易理解的角度去分析当时的社会实态，并从当时人们的动机和意识出发去思考问题。但是，用这样的方式去把握历史历来被认为是一种禁忌。岸本颠覆了这股风潮。所以，当初她面临了相当大的外界压力。

佐藤："国家与社会的机能上的同型性"应该如何去理解呢？

山本：针对明清时代国家体制既集权又分权，国家权力和民间势力既对抗又合作，而这一秩序形态给社会带来了安宁，基于此，岸本给出的解释是国家和民间势力之间具有同型的秩序维持功能。对于民众来说，考虑自己的生计时，他们应该投靠哪里，是国家还是地方精英，对于他们来说其实是一样的。所以她认为不应该被是国家优先还是社会优先这样的二元论束缚。但是，我还是有一些保留意见。地域社会的各类纠纷通常依赖地方政府的裁定，从这种裁定所实际发挥的保证安宁的机能来看，国家与社会之间还是有一些区别的。我认为国家所拥有的威望和巨大的权力，还是与地方精英们有着完全不同的量级的。

---

① ［日］岸本美绪：《清代中国の物价と经济变动》，东京：研文出版，1997 年。

对地域社会论的不解之处

佐藤：这与地方精英论有些关系。虽然根据地域和时代的不同有所区别，乡绅还是有着国家的科举资格，获得了国家认可才能成为乡绅。无论是大地主还是大商人，最终为了保持资产的目的，让子孙后代参加科举，让其家族获得官方的威望，从这方面看，国家还是要更强大一些。

山本：与国家相比，民间势力是非常不安定的。对于民间势力，国家常常会肆意收夺，在均分继承的基础上，更无法做到世代都能积聚财富，如果无法获得官僚身份，就很难维持现状。另外重要的一点是，乡绅缺乏军事力量。

佐藤：确实作为力量源泉的暴力机器被国家独占了。

山本：到了紧要关头，必要的暴力机器被国家独占了。这一点非常强势，乡绅是无法动用军队的。虽然其拥有恶棍团伙，还是无法达到私兵的程度。当然像曾国藩这样所拥有的清末乡勇另当别论。

佐藤：针对这一点，从"刀狩"的角度去考量东亚整体是非常有意思的。日本的"刀狩"，连农民的火枪也被没收了。但是，中国却没有听说"刀狩"、没收火枪这样的事情。有可能农民根本就没有武装，或者被清朝政府征收了。当然，比如云南这样的边境地区，一个毫不掩饰威权的所谓"蛮夷"之地，肯定是有武器存在的，但相关的议论却很少见。

山本：的确是没有"刀狩令"这样的事情。

佐藤：比如白莲教也是这样，它的武装到底达到怎么样的程度呢？太平天国的武装又是怎样的呢？这种与军事相关的研究在日本被认为是军事业余爱好者的领域。但是，军事作为政治力量，是应该被切实研究的。

山本：确实是这样。就日本史来说，无论农民如何揭竿而起，武器无非就是锄头、铁锹、镰刀之类的。第一，武术训练并不是每天都在进行，所以，武装冲突时马上就被作为战斗专家的武士所击溃。但，中国不一样，农民起义不是简单可以平息的，弄不好连县城都会被夺取，其力量之强，太平天国就是非常好的例子。太平天国初起时只有一百人左右的武装，为什么没有被击溃？有谁研究这样的问题呢？

对中国的区域史研究的理解

佐藤：刚才一直针对日本的研究动向对您进行提问，在中国，20世纪80年代末以后，将以华南地区为中心的区域史作为基础，研究明清以后国家与社会关系特征的研究者积累了大量研究成果。他们通过积极的田野调查，在当地发现了大量民间文献。最具代表性的，比如和片山刚老师有着深交的刘志伟先生，还有郑振满先生等研究者，被称为"华南学派"。从80年代迄今的研究，针对中国区域史研究的动向和研究手法，老师持有何种印象呢？

山本：中国区域史研究我虽然不是特别熟悉，但就中国学界情况来说，"文革"开始前的20世纪60年代前期，既有刚才所说的资本主义萌芽论，人民革命斗争史的研究也相当活跃。"文革"结束后，虽然研究活动重新开始，但70年代基本上学术整体上都处于停滞状态。80年代改革开放以后到90年代左右，这期间"下海"的人变多，也没有育成年轻的研究者。年长的研究者虽然重新开始做研究，但基本上专注于考证学的研究。

　　逐渐发生转变是在90年代后期。方法论上还是以马克思主义为基础，但开始出现一些不同的研究。"华南学派"是否属于这个范畴我虽然不是很清楚，但厦门大学的宗族研究、地方文书研究以及田野调查等都是在这一时期兴起的。社会史研究也逐渐增多。

　　这些研究与日本不以马克思主义为前提的80年代以后的研究动向相结合，出现了许多日本人也很容易理解的论文。特别是在宗族研究领域，很多日本没有的史料被大量介绍。还有利用地方档案的研究等，非常具体且切合实际的议论开始展开。出现了日本的研究者也感兴趣的各种研究。而且，在90年代后期，逐渐形成不被阶级论束缚，非常如实自然地去追溯历史的倾向。虽然还不知道在中国这种方向转换是被谁提倡的。

佐藤：早期有意识地去进行方向转换的就是"华南学派"的学者，也就是刚才我提到的刘志伟和香港地区的科大卫等学者。该学派以香港和广州的研究者为中心，深受西洋的学术，特别是人类学的影响。将历史学和人类学相结合的历史学新潮流，与转向社会史研究的新潮流是同一时期开始的。

与之相关的是,80 年代森正夫邀请杨国桢老师召开的座谈会,这种新的学术动向马上被森正夫察觉。听说,福建的地域社会情况几乎没有国家方面的记录,地方志的记载也很少。因此,只能依赖民间收藏的族谱、契约文书等民间文献的信息。森老师很早就察觉出新动向,并致力于进一步促进学术交流。之后在日本,和周绍泉老师的交流也有很大意义。90 年代初,通过与周先生进行的交流,基于民间文献进行研究的魅力被传播开来。我觉得这两个方面是非常重要的。

山本:本来,社会学和人类学在中国是不被重视的学问,伴随改革开放政策,这类学科再度得以复兴,以至于产生了"社会史"。傅衣凌在 60 年代已经用土地契约等民间文书发表了多篇研究,给我们年轻的日本研究者带来了很大影响。这在当时的中国可能并不能被称为主流。

佐藤:中国也有着形形色色的研究风格,"华南学派"的学者,于 80 年代末开始进行田野调查,发掘民间一手史料。并且,华南地区宗族意识很强,因此,受弗里德曼(Maurice Freedman)等人类学家的影响,产生了历史人类学这种独特的风格。中国幅员辽阔,各地的地域史研究也呈现其独特性,比如,徽学也是如此。

山本:脱离阶级论转向社会史的契机是什么呢?

佐藤:还是香港作为窗口起到了很大作用。香港宗族直接在英国殖民统治之下,并没有被打倒,依然存在。但在内地,宗族因为土地改革一时间全部解体。从这个意义层面上来讲,香港是可儿弘明老师经常提到的"被残留下来的中国"①。

"华南学派"的研究,特别重视如何用与国家制度相关联的方式去理解区域史。也就是说,不单单只是研究地域实态,更注重探究地域怎样与制度产生关系,这一关系如何用来规范地域。我认为日本的赋役制度史研究成果得到关注,是始于对这种问题意识的关心。不仅仅是到 70 年代为止的日本赋役制度史研究,在区域社会史研究的基础

---

① [日]可儿弘明:《民众道教の周边》,东京:风响社,2004 年,第 257—258 页。按:这个概念是由弗里德曼的讨论衍生的。

上,深入理解赋役制度的重要性,老师您如何看这个问题?

山本:是个很难的问题。日本赋役制度史,是在阶级论的框架下飞跃发展的产物,因此,这个论点是否可以对当下的问题意识产生影响,我也不是很清楚。我个人认为无法马上产生直接助力。不过,如何继承到目前为止开拓的实证性成果,这对研究的重新思考很有意义,也能促进日本研究成果的产生。然而,能够取得怎样的成果我也不是很清楚。为什么这么说,因为赋役制度史是从地方志等文献史料中残存的记载中引申出来的。地方志还是有其局限性,仅仅通过地方志的情报去分析赋役史,是非常枯燥无味的。如果能够很好地结合新发现的地方档案等诸多史料的话,还是能成为非常有趣的研究的。

佐藤:比如,研究华南的片山老师①和刘志伟老师,从图甲制和宗族的关联性的视点开展研究。这种动态性解读我认为还是很不错的。

"当为"与"实态"的理解方法

佐藤:最近重新拜读了您的三本大作,再次强烈感受到老师的研究一贯关心的问题,即中国王朝支配的"当为"与"实态"这个题目的重要性。像刚才我们谈到的"华南学派"研究潮流所展示的那样,中国王朝最终目标不是将"当为"彻底渗透,社会方面也不是完全无视"当为"的存在。也就是说,"当为"和"实态"不是零和关系,"当为"是最小、最核心的,是无法逃避的大框架。与之相应的社会方面,也有一种在不断摸索与之相适配的感觉。换而言之,是互补的关系。虽然是很抽象的表现,特别是在拜读了《乡役与溺女》②之后,产生了这样的想法。针对"当为"和"实态"的关系,想听一听老师您的看法。

山本:在中国存在着广大的疆域以及庞大的人民都是在皇帝专制下统一的历史脉络。但是现实是否如此,却不是这么简单可以说明的。总体来说,所谓的专制统治是一种"当为",它有时可以得到证实但有时又像历史一样变动不居,"当为"是"应当要如此的姿态",而不是实际"如此

① 〔日〕片山刚:《清代珠江デルタ图甲制の研究》,大阪:大阪大学出版会,2018年。
② 〔日〕山本英史:《乡役と溺女:近代中国乡村管理研究》,东京:汲古书院,2021年。

的姿态"。而且,它也不是想要成为的那种"理想型",是并不期待其全部实现的"原则"。所以,这种原则表面上看得到了贯彻,而实际上,从某种意义上讲,灵活地去应对才是其实态。比如,"一君万民"说的是在皇帝一人之下,所有人都被平等地统治的王朝体制,可实际上这个状态没有实现过。一直说秦汉帝国实现了中央集权制度,实际上如何呢?豪族势力依然强势地延续下来。隋唐的均田制也被看作在全国统一实施,但同时存在着贵族的大土地所有的现实矛盾。如果按"一君万民"的原则来看,豪族和贵族的土地所有是不能存在的。

中国,虽然一直用文字作为媒介去记录历史,但其中也存在一定的"当为"。记录的人虽然未必想得那么深,但有可能如此去记录。"当为"和"实态",某种意义上来说是互补的。我们一直认为王朝的权力越强,历史记载中的"当为"要素越强。但实际上,王朝权力弱的情况下,由于"王朝应该是一种强势存在"意识的驱动,"当为"反而增强。当然日本也有真实意见和表面理由的区别,但我感觉在中国,两者之间相差的幅度大好几个量级。所以,外国研究者在解读史料时,如何去看清中国史的这些侧面是非常重要的。中国很像是倔强不服老的老爷爷。

佐藤:我在教学中感觉到,年轻的学生们过于认真,追求明快的回答和结论。像刚才那样的议论,他们非常不自在,认为无法理解。

山本:中国是一个多面体的世界,从外面看呈现很多面。所以,无论用什么样的理论去解读,肯定有适合的一面,从这个面得到的结论去试图了解整体这样的做法也有很多。用马克思主义理论去套用中国史,确实有不少适合的因素。但是,仅凭此去说明中国史的多样性,就会有很多方面无法解释。因此,"中国是 A"这样的判断很难做到,虽然也有 A 的部分,但也能说成 B,某些情况下也有可能是 C。再展开来讲,也可能既有 A 又有 B 也有 C。这样的特异性解释也是挑战中国史的魅力所在,但日本年轻人对于这种暧昧模糊的不可解的概念非常地不适应,渐渐地抱有忌讳心理,敬而远之。

用"京都的茶泡饭"来讲诉京都人的气质时,经常被举的例子就是,说的和想的恰相反,外来人往往并不喜欢这种气质。京都有着悠久的历史,处于与外界隔绝的盆地,因此有着非常特殊的人际关系和价值观。这对于外来人非常地难以理解。但是,如果不突破这一点,就一直无法理解京都的本质。对于日本人来说,中国研究也有共通的部分。

二、明清史研究和一手史料

一手史料和一般化问题

佐藤:针对《清代中国之地域统治》①,老师把研究和原始史料的关系分为 3 期进行了总结。确实,史料和历史观紧密相连,历史学无法从史料脱离。延伸来讲,现在正好在第 3 期的延长线上。即,利用以档案和民间文献为首的各种史料的同时,田野调查也变得活跃起来。运用通过田野调查所获得的以族谱以及各种各样的私人文书(ego documents)、契约文书为首的地方文书,所取得的研究成果及其局限性,您是怎么看的呢?

山本:和中国没有建交之前,我们只能用日本的史料进行研究,但 20 世纪 90 年代之后我们可以阅读很多只有中国有的史料。这期间很多史料集发行,还有很多到目前为止秘藏的文献问世,也发现了新的档案史料,因此现在的史料阅读环境和以前有了很大改变。这样虽然很好,但讽刺的是,情报量飞速增加,人的阅读量又是有限的,这就造成很多书读不完这种"幸福的烦恼"产生。面对大量的史料,遇到有效的史料的几率就变得更低,能够遇到当然最好,如果遇不到就要费很多精力。在这一点上,以中文为母语的中国研究者也是一样的,但外国人还有签证滞留日期的制约。

　　比如清代巴县档案。在中国,跟日本的古文书相反,这些依附于地域的原始文书很难流传后世,事实上,除了一部分以外,用这类史料去做研究是很困难的。但是,到了 20 世纪 90 年代,在中国也发现了类似的原始文书。其中清代四川重庆府的巴县档案是现存可以确认的保存最完整的清代地方档案。因此这里所呈现的新情报与以前的刊

---

① ［日］山本英史:《清代中国の地域支配》,东京:庆应义塾大学出版会,2007 年。

刻史料相比,无论在质上还是量上都是空前的。问题在于情报数量过于庞大,研究者个人穷极一生也很难参透,这就陷入了想搞懂整体如果不全部阅读又无从谈起这样的怪圈。这也是个大问题。

　　还有一点,无论多么贵重的史料,这些史料所展示的也只是重庆一个县的内容。即便把巴县的情况理解透彻,其他的县又是怎样一种情况,这些情况是否是巴县特有,延伸开来,其对于中国全体是否有普遍性,如果没有能够比较的档案,这些问题是没办法解明的。

佐藤:确实存在个别事例如何普遍化这样的问题。

山本:中国的学者们甚少注意到偏重于特定地域的文书情报如何才能普遍化这个问题。用安徽南部偶然发现的同样以数量庞大著称的徽州文书进行研究的中国学者一直在研究徽州地区,但从中得出的结论在整体的中国史中如何去定位基本上没有被提到。用巴县档案的研究也一点一点增加,但还是有着同样的问题。

佐藤:以前日本史研究也曾经被提起研究的碎片化。这个问题在中国史的地域史研究也一样存在。

山本:出生在当地,为了了解当地历史而进行当地研究,这是很自然的,本身没有太大问题,但如何去说明和中国没有太大因缘的外国人为什么去研究中国的特定区域还是比较困难的。

佐藤:老师一直强调,对地域统治的理解中,判牍所具有的重要性。大作《新官上任》①中大量使用判牍。的确,档案和民间文献等原始文件都是手写的,从这方面讲确实能够带来真实感,但说实话,档案就是对同样的内容反复争论,从中取得有效情报就好像沙中淘金一样。从这点来讲,当时的人编辑的史料虽然其"一手性"比不上原始文件,但里面蕴含着很多他们所认知为重要的部分,因此针对这一点,麻烦您解说一下判牍史料的意义。

山本:档案史料是原始文件,这些情报是非常系统并且具体的,比起刊刻史料,加工也少,因此作为原始史料具有非常大的价值,但其只存在于特

---

① ［日］山本英史:《赴任する知県:清代の地方行政官とその人间环境》,东京:研文出版,2016年。该书的中文版为《新官上任》,将由北京师范大学出版社出版。

定的地域。与之相比,以这些档案为基础进行编辑的用于刊刻裁判文
书集的判牍与档案不同,判牍提供了全国各地的情报,并且明清时期
数量庞大。其内容确实比起档案来说过于简单,从这点来说,比起档
案,判牍作为史料的价值要稍微逊色一些,但好在判牍简约明了非常
容易使用。当然编辑的时候,必然反映了编者即实际参与裁判的地方
官的意志,并且仅凭判牍记事很难弄清事件的背景,会突然出现没有
任何说明的人物。也许是以实际文书上记载的内容为底稿,进行简单
总结才产生了这样的表现形式,但是文书的原本没有留下,详细内容
还是没办法弄清楚。如果碰巧判牍和档案对同一事件进行解读,是最
好不过了,但很遗憾,到目前为止,还没有发现。如果有,判牍应该如
何去定位,它又是如何被书写出来的,就可以了解个中一二。

　　巴县档案中裁判关系的文书也非常多,仅凭判牍还是无法全面掌
握的裁判流程很多都由此弄清楚了。以前的法制史对于地方裁判主
要是运用判牍史料进行研究。学者通过利用台湾的淡新档案,弄清了
裁判的具体运作机制。这是档案的好处。但是,对社会史领域来说就
非常困难了。为什么这么说呢?通过档案可以弄清当地的具体状态,
但无法将其普遍化。仅仅是裁判运作机制的话,基本都是大体相似的
体系,不考虑地域差别也没太大问题。

佐藤:确实是这样。如果体系都不同也就没办法裁判了。

山本:所以,用档案去分析裁判制度会了解得更具体。但想通过档案去了解
　　地域社会的存在形态时,却没有那么简单。所以,对于社会史研究来
　　说,我个人还是认为历时久且跨越多个地域的判牍更加便于运用。

佐藤:原来如此。老师您在《新官上任》中已经非常全面地使用了判牍。判
　　牍的发掘以及利用是否还有更大的空间呢?

山本:判牍是社会史研究的宝库。就判牍的好处来说,至死也无法在历史中
　　留名的老百姓的名字也会正式出现。地方志只会涉及那些著名人物
　　和模范人物,不会出现平民百姓的名字。与之相对,判牍中不但出现
　　杀人、强盗等恶性犯罪,像诈骗、诬告、诱拐等具体的故事也甚为丰富,
　　可以更加真实地呈现当时普罗大众的姿态。而且,与通奸、婚姻纠纷
　　关联的内容也有很多,对于女性史研究也大有裨益。被收录于官僚个

人文集等的新的判牍的发掘非常值得期待。

佐藤：也就是说判牍对社会史研究和女性史研究也非常有帮助。

山本：判牍在女性史研究中的运用才刚刚开始。明清时代的女性史研究，无
     论是美国还是中国台湾地区都逐渐盛行起来，判牍也因此开始逐渐受
     到瞩目。

佐藤：原来如此，这样来看，判牍也存在真实感的一面。

出版史料和未刊史料

佐藤：我认为史料的出处也是有地域性的。最近中国的地域社会史研究，通
     过田野调查发现了大量的史料，其中一部分已经出版发行。2013—
     2015 年我频繁参加相关的学会时，像这样被发现的地方文书以及裁判
     史料经常听相关人员提起。比如，浙江大学和龙泉市档案馆就联手整
     理了龙泉档案。肯定还有尚存一手史料的地域，但社会流动性很高的
     江南地区，无论如何进行田野调查也很难发现大量的地方文书。当然
     像村松祐次的研究中使用的租栈账簿等还是存在的，但很难听到大量
     发现新的民间文献的信息。与之相比，最近数据化的趋势非常明显，
     以前很难接触的史料现在也可以利用。另外，因为江南地区出版文化
     非常发达，所以地方志、文集、公文集等出版史料本身就有很多。所
     以，活用这些资料进行研究还是可行的。

     　最近我在考虑的是，问题其实出在视角上。当然，对历史学来说，
     思考有被史料所束缚的侧面。但是如果我们把视角加以转变，旧史料
     也可以成为新史料。虽然老师非常强调地方志的局限性，①但我个人
     觉得乡镇志非常有趣。随着数据化的发展，有关书写乡镇志的精英群
     体的史料也在出现，精读这些史料，就会不由自主地想去了解为什么
     会写乡镇志，为什么要这样去记录等问题。关于旧史料的使用方法，
     老师您是怎么看的呢？

山本：乡镇志在地方志之中还是使用非常广泛的史料。我认为成为问题的
     是县级别的地方志，县志从总体来讲，编辑时还是会非常重视表面的

---

① 　［日］山本英史：《清代中国の地域支配》第九章《地方志に编纂と地域社会》。

世界,所以不可避免地充斥着对于自己家乡的赞美和讴歌。当然根据编者不同,不乏有敢说真话的县志,但数量极少。而且,新的史料出来后,马上就用它去发表科研成果看上去很厉害,学者还是有这样的心态吧。

佐藤:是的,我年轻时就这样想过。

山本:如果用新的史料,基于这些史料的论点就一定是新论。就算用旧的框架去分析,实证方面也是新的理论。这样来说,大家都想用新的史料去写东西。基于某种问题意识已经被使用过的史料,就因为这个史料已经被使用过了,所以被简单地一扫而过的现象也有很多。但这些史料如果以不同的视角再一次去研讨时,还是十分有意义的。但是总体来说,学界还是有用旧的史料写的论文感受不到新意这样的气氛。

佐藤:我五年前也是这样想的。认真地去进行田野调查,是因为得到的实地资料都是只有自己才有的。虽然是理所当然的事情,但因为田野调查是以特定的个别事例作为对象,所以活动也往往只是局限于从很狭隘的世界去思考,如果自己察觉不到就变成当地文史工作者了。虽然自己因拿到了鲜活的资料而非常兴奋,但是,周围的人对此并不太感兴趣。意识到这对于研究来说并不是好事,自己的主张是什么,又是以怎样的问题意识、带有怎样的问题去与历史对话等问题,如果说不清楚是不行的,因此做了自我反省。当然,如果有好的新史料最好,如果没有,用不同的视角去看旧的史料,也可能有其他的发现。

　　老师曾经提到过县志就像地域同窗会影集,所以很可能就会流于表面,毁于虚荣。

山本:是的,所以只会出现优秀的人物。

佐藤:的确是这样。肯定不会是恶党传、任侠传。

山本:但是,有时候地方志也会出来恶党。知县出钱主导撰写地方志时,地方乡绅也不敢说不行。因此,记述的内容就不仅仅是这个地域好的事情,一些不同的论述也会包括在内。

佐藤:这里就出现了真实性了。

山本:更极端来说,数量虽然很少,但也有对乡绅持有不满的生员们独自编

写的地方志。无锡知识人黄卬写的《锡金识小录》就是这样的典型,①
只写了当地人们的坏话。当然,这是局外人写的,因此不被认同是正
宗的地方志。像《锡金识小录》这样反映真实声音的地方志是非常有
意思的。这样的史料再次解读时,也许会有新的发现也说不定。

　　而且,就新的史料来说,无论是人民革命斗争史还是地主制,以前
在日本盛行的研究都有着史料的制约,亦即是在无法看到中国所藏史
料的情况下累积的。随着时代的变迁,对这些题目失去了兴趣,研究
也戛然而止。但是,现在随着新的史料大量出现,所以我在想,用这些
新的史料再去分析旧的研究课题其实也可以做出非常有魅力的研究。

　　我如果现在有空闲的话,非常想通过现在的观点用以前入手的《苏
州明报》去分析苏州的地主制。以前日本对于清末民国初期江南地主制
的研究只能依据《申报》等一些中央报刊零碎的记事。但《苏州明报》等
当地报纸描写的情报,无论在质还是量上都好很多倍。因此,我认为如
果用这些史料再次去研究地主制,也许会有着当时想不到的结论出现。

三、日本人的中国史研究

中国史研究的出发点

佐藤:最近,我经常思考的是,对于日本人来说,中国史研究是什么,有着怎
样的意义?

　　中国史研究的出发点是从日本的殖民地统治开始的,与政治紧密
关联,如华北农村惯行调查所代表的那样,是从占领地、殖民地统治的
现实必要性出发的。而且支撑这些的理论是停滞论,就像刚才提到的
那样,日本学校制度中的东洋史就是为了支撑这个政策而建立起来的
学科。战后,中国史研究则是从对侵略以及殖民地统治的赎罪意识出
发的。

　　针对这个问题,我们这个世代对于中国史研究的动机应该怎样概

---

① 关于《锡金识小录》及其地方叙述,参见[日]森正夫《〈锡金识小录〉の性格について》,载前引
《森正夫明清史论集:第3卷　地域社会·研究方法》,第217—244页;[日]山本英史《清代
中国の地域支配》第九章《地方志に编纂と地域社会》。

括呢？您觉得呢？老师当然不是从赎罪意识以及马克思主义史学出发的。老师您是带着怎样的问题关心来研究中国史的呢？对于日本来说，中国史研究又有着怎样的意义呢？

山本：哪一个学术领域都存在被称作"○○史"的东西，其主要目的是去分析过去而确认研究对象的发展过程。这些对通过时间先后顺序去理解现在的研究对象非常有效。从某种意义上讲，目的意识明确，不需要为"为什么研究"这个问题去烦恼。但是，这与本来的历史学研究还是多少有所不同。

　　所谓历史学，跟我们应该如何去看现实世界，如何通过历史去理解这些有着非常大的意义。但是，"○○史"的话，往往是已经对自己生活的世界有一个定论，然后追溯过去去确认定位的。

　　典型的就是依据马克思主义的社会经济史。它不是依据中国历史进程而追求理论，而是马克思主义这个不动的理论已经存在，然后如何把这个理论套用定位到中国历史的进程中去。但是，这和我们本来的历史学还是不同的，从赎罪意识出发也是如此，先有了"中国社会不是停滞的社会"这样的结论。

　　因为研究目的非常明确，反过来说也很有做的价值，实证去证明这个事情本身也很有意义。但是，这是本来历史该有的样子吗？我觉得不是。"现状认识规定历史"，也就是说历史是从属于"现状认识"的。年轻的时候我也在不自觉中做了很多"目的意识明确的"研究。但是，内心却感觉无趣。

　　我认为，历史学从这种桎梏中解放的今天，不以这些框架为前提，通过对现实存在的理解，可以看见很多东西。不被意识形态所束缚的历史研究，某种意义上讲不聚焦，不知道自己为什么要做这件事。但是，不是说把焦点放到我为什么要做这个研究上就一定能够正确地理解历史。这种认知困难是切实存在的。关于为什么要研究历史学这个问题，如果设定一个"为什么要研究"作为前提就无法研究历史学的话，"为什么要研究"这个问题提起本身就变得没有意义了。

佐藤：比如，日本人研究日本史的动机非常好理解，与自己的民族意识、自己本身形成这个问题是直接关联的。并且，可以通过欧美历史中也有值得学习的地方作为前提来把握。到现在为止,日本人还有着很强的"脱亚入欧"的精神影响。但是,对中国,政策需要、现实需要、赎罪意识等动机更多被提起。对这些动机抽丝剥茧去剖析时,中国史学习的意义又是什么呢? 当然,有很多备选的答案。在人员流动和文化交往中,中国非常重要,是离日本最近的大国,对日本有着直接影响等地缘政治学观点的答案能够被想到。迄今为止,文化等广义的范畴中,也有日本同在这个文明圈中的理由。但是,每一个说明都有些力不从心。至少无法勾起现代日本年轻人的兴趣。

　　如果脱离中国去思考这个问题,比如,为什么对阿拉伯世界感兴趣,为什么对非洲感兴趣等问题,因为感兴趣这样的动机已经足够且重要。如果没兴趣根本不想去知道。

山本:这是一个非常难的问题。研究外国史这个问题是一个永远的课题。另一方面,因为你是日本人所以要研究日本史这种想当然的想法,也有着进一步商量的余地。

佐藤:至少日本学生,抱着这样的动机选择日本史专业的人很多。

山本:我也知道是这样。那么,为什么要研究西洋史这一个问题,不但从明治时代开始,其实现在也都还没有弄明白。西洋史的研究者对研究西洋史的意义是怎样回答的,我也不是很清楚。

佐藤:研究法国地方历史和想要研究中国江南史,我认为大致相同。如果说到和日本史之间的关系,感觉是很遥远的世界。

山本:研究西洋史的人很少把欧洲全域作为对象,各自对比如英国史、法国史、德国史等根据个别地域对象进行区分。为什么以这个国家为对象呢,学生给我的反馈是:"我读了那个国家的文学作品,或者去旅行时接触到了古迹,对此产生了兴趣。"这是比较单纯又直接的表白。但是,作为专业的研究者,这样说的话就没有太大的说服力。

　　那么,我们为什么要以中国为研究对象呢? 像刚才所说的那样,中、日两国历史上关系很深厚,距离很近,影响力很大,等等,可以列举很多理由,但是如果仅仅是这些,那么其他的东亚国家都可以。所以中国还是具有其他国家所不具有的魅力。

　　为什么要研究中国这个问题,我个人观点很单纯,就是因为非常有趣。以前开始就是邻居,相处很长时间,但到现在也不是很了解,身形庞大却粗中有细,感觉他很放得开但却很爱面子,在我看来简直就是个"奇怪的人"。而且,又无法搬家,所以以后还必须要相处,所以没办法当作看不见。对于这个邻居,会产生"为什么他会这样做"诸如此类的兴趣,这就产生了想要了解这个人的欲求。"秋深感哀悲,邻人将何为"①,这首俳句就非常能代表这种心情。

　　另外,不该被忽视的还有,在我们觉得中国是"奇怪的人"的同时,中国也觉得我们很"奇怪"。如果我们以逆向思维去比较思考我们日本人为什么觉得中国人很"奇怪",为什么觉得日本人不会采取像中国一样的行动模式,中国某种程度上可以当作与自身作对比理解的"一种镜子"。从这个层面来看,对于日本人,中国是再好不过的邻居。

佐藤:因为我也有时会想到"镜子"这个表现形式,听到您和我有同样的想法,我增加了不少勇气。无论以哪个国家为对象,看到观察中的自己,为什么我们要有这种目光这个问题本身非常重要。

"历史综合"科和中国史

佐藤:这几年,全球史的呼声很高,所以在高中也开始了一种叫作"历史综合"科的新课程。②通过"地方""国家""地域""全球"的多层性、多角度的解释方法备受重视。特别是从高中教育的现场去考虑的话,这里"地方"的前提是我们的周边地区。我觉得把周边地区作为前提是因

---

① 这是松尾芭蕉去世的两周前吟咏的一首俳句。原文为"秋深き　隣は何をする人ぞ"。
② 有关"历史综合"科的讨论,很多研究会进行研讨并出版相关的书籍,不胜枚举。[日]历史学会编:《"历史综合"世界と日本:激变する地球人类の未来を読み解く》,东京:戎光祥出版,2022年;[日]历史学研究会编:《"历史综合"をつむぐ:新しい历史实践へのいざない》,东京:东京大学出版会,2022年;[日]小川幸司、[日]成田龙一编:《世界史の考え方》,シリーズ历史综合を学ぶ①,东京:岩波书店,2022年;[日]成田龙一:《历史像を伝える:"历史叙述"と"历史实践"》,シリーズ历史综合を学ぶ②,东京:岩波书店,2022年。
　　(日本)历史学会这五年每年举行有关"历史综合"科的研讨会,每年的题目为:第1回(2018年)"现在思考'历史综合'科";第2回(2019年)"'近代化'的讨论方法:明治维新与世界";第3回(2020年)"国际秩序的变化和大众化的讨论方法:从1910年代到50年代的世界";第4回(2021年)"'全球化'的讨论方法:我们的生活与世界";第5回(2022年)"从地域(local)思考世界"。

为可以实际去田野调查或现场调查。但是，外国史研究中的"地方"，对于更多人来说是非常不熟悉的存在。所以，如何在"历史综合"科中去考虑这个"地方"呢？

山本：“历史综合”科是世界史和日本史一起教的意思吗？

佐藤：是的。内容从 18 世纪开始。也就是说，用全球化的角度去把握和现在有直接联系的近现代史。

山本：如果这样的话，无论如何都是以日本的现代化为话题的中心。那么，像以前一样的框架范畴中的西洋近代社会形成，明治以后日本的西洋文明开化肯定是要学的。在这里，亚洲的历史基本上就被排除了。

佐藤：结果，就变为"西方冲击"。提起和亚洲的关联，侵略、战争、殖民地统治还是会被作为焦点。当然这些知识的确有必要知道。但是，考虑中国史时，中国的近代是很晚才开始的。那是因为明清时代的制度、国家与社会的关系等，在某种意义上已经是一个完成的形态，因此中国异常艰辛地清算这些。对其完全不去了解就开始学习近代，结局就好像西方冲击才带来近代化一样，变成一种隔世的认知状态。中国如果不从长时段去进行把握是无法理解的。

山本：说从全球化去理解，但实际上，前近代中国对日本产生的影响将完全被舍弃。

佐藤：的确是这样。就是要通过"世界史探寻"科学习的意思吧。

山本：不需要我们刻意强调，中国的律令制度以及儒家、佛教对日本文化有着无法估量的影响。"历史综合"科的话，这些将全部消失。

佐藤：只是用"历史综合"科的范畴，无法被说明的东西有很多。"地方"，比如像以日本的多摩市和町田市为出发点的历史还相对比较容易分析。但只是用近现代的范畴把江南的县或城镇、四川巴县跟民族、地域结合起来，是非常困难的。

山本：只要是从对于中国的兴趣关心，也就是"好奇心"出发的话，其实研究哪个地区都可以。但是，正因为想把它做到普遍化所以才难，而且也不知道普遍化到底有怎样的意义，更不知道普遍化是正确还是错误。而且，做到哪个地步为止可以普遍化也是一个问题。再者，外国人去做要耗费大量精力。

　　我觉得正因为历史研究的目的模糊不明确,反而可以从理论的束缚中解放出来,也觉得自由地去研究、不被指责是最好的。而且,到这个年代,你研究这个问题有什么意义这样的责难也减少了。就在这之前,研究的意义经常被说起。我的前辈中有一个人,说中国史要是有封建制就好了,如果有封建制,就会有资本制,也会产生社会主义,所以主张一定要找到封建制。但是如果带着这种心情去研究中国史就太枯燥了。历史经常被称为科学,但我现在认为并不是这样。我反而觉得历史不应该被隶属于科学。

尹国花 译　高飞 校

中国地方自治的发展史(明朝)

［日］松本善海

一、明初地方行政机构的改革

制度是"统治"一词的具体表现,在这种意义的中国制度史上,元代可以说是一个转折点。一般认为,中国的制度在唐代得到完善后,宋朝自不必说,就算是在少数民族统治的辽、金、元诸朝,统治汉人的方式也都以唐制为根据,仅进行少部分的变通。这一制度逐渐僵化,变得不再适合时势进展时,明太祖进行了根本性的改革,之后,这一制度大体上被清朝所继承。这种说法虽然没错,但同时我们需要注意一个过程,即早在元代时,唐以来的旧制度就开始逐渐泯灭,明以后的新制度也已经在生成。总之,在这个时代(元代——译者注),作为保守主义者、尚古主义者的汉人不容易进行的一些改革,都由少数民族的蒙古人大胆地实施。然而由于灭亡过于急促,元朝没有余力对各个改革进行充分整理、统合,又或者因此,这些改革被掩盖在明太祖推行的轰轰烈烈的改革身影之下。一直以来,我们对作为转折点的元朝的重要性缺乏足够的认识。

另一方面,与中国北方不同,中国南方在元代第一次受到少数民族的压制。因此在南方,与"异民族"斗争的口号体现了政治、社会上的压迫,易于被大众所接受。这不禁让人想起,起兵于江南之地的明太祖取得成功的原因之一也正在于把握了这一潮流。明太祖在发布至中原的檄文中说道:"盖我中国之民,天必命中国之人以安之矣,夷狄何得而治哉!"①从此话可以看出废除元朝之"夷狄"制度而回归中华制度的意思。事实上,正如太祖所说,

---

① 《皇明诏令》卷一《太祖高皇帝》。

"元以夷变夏,民染其俗,先王之礼几乎熄矣……庶几复古之治也"①,各领域都在向此方向努力改革。然而不该忘记,改革中面目一新的新政被实施的例子有很多。

总之,可以说,明初的改革继承、整顿了元代的各项改革;至于整顿的方向,是以回归《周礼》之古制为最终理想,以回归汉唐旧制为现实目标的。而且,那些具有复古倾向的东西不应该只作为民族感情的表现来看待,应该与基于多年战乱的社会经济情势的逆转这一事态结合起来进行考察。这时最应该注意的是,在废弃元制的口号下被断然实行的诸改革,总是很巧妙地沿着伸张帝权这一目的被推进。最显著的例子是洪武十三年(1380)正月,废除历来的政务中枢机构中书省,将其权力分给六部,六部直属于皇帝;同时将军务中枢机构都督府的权力一分为五,设五军都督府;②翌年,更将最高监察官厅的御史台改为都察院,设置监察御史八人,代替以前的左右都御史。不得不说,这些都是以天子独裁的极端集权制为目的的改革,这些改革在地方上更是先一步被推行。洪武九年(1376)六月废除行中书省,每省并立设置承宣布政使司、提刑按察使司和都指挥使司,统辖一省之政事、纠察和军旅,③最终不设置统率这三司之官职正是此意。但是,明太祖的这种企图并没有持续很长时间,不久,一手掌权的集权者开始出现,在中央为殿阁大学士,在地方为总督、巡抚,并且这种制度在明中期以后逐渐成为定制。④

那么经过明初的这种改革而确立的明代地方行政机构是什么样的呢? 大体如左图所示。

明代最高的行政区划和元一样称为省,洪武九年(1376)行中书省废止以后,省也被惯用为指称承宣布政使司的管辖区域,但并不是正确的称呼。如前所述,行省的疆域自元代就因宣慰使司、分省的设置有细分化的倾向,明初行省被废除时,除

（左栏图示）

布政使司 —— 直隶

分守道

直隶州 —— 府

　　州

县　县　县

---

①　《大明太祖实录》"洪武五年三月辛亥"条。
②　《大明太祖实录》"洪武十三年正月癸卯"条。
③　《大明太祖实录》"洪武九年六月甲午"条。
④　《明史》卷七五《职官志四》。

隶属于六部的京师应天府(今南京)及其周围的地区(今江苏、安徽)外,全国被分为浙江、江西、湖广、四川、福建、广东、广西、山东、北平、河南、山西、陕西十二个布政使司,之后又有云南、贵州,短期的还有交趾,也都设置了布政使司。另外,永乐元年(1403)改北平布政使司的土地归直隶管辖,从前的直隶地改为南直隶;这是因为成祖迁都北京,顺天府(今北京)及其周围之地(今河北)归六部,应天府等地隶属南京六部。如此,明代的最高地方行政区划简单来说为十五省。不过,在这些行政区划之外还有辽东等纯粹的军政地带,这些地方仅设都指挥使司。在承宣布政使司设左右布政使各一人,左右参政、参议若干名。布政使作为长官,其职责为掌管一省的政令,接收并传播朝廷的德泽、禁令,将其下达给有司,即一手掌管户口、赋役、廪禄、科举、祭祀、驿站等几乎所有一般行政事务,仅将刑狱、纠察委托给按察使,军事委托给都指挥使而已。参政、参议作为辅佐官,有分管一省之特殊事务者,有出外监督若干府州县者,前者称为分司道,有督粮道和督册道两种;后者称为分守道,例如山西分为以太原为中心的冀宁道、以蒲州为中心的河东道、以大同为中心的冀北道、以汾州为中心的冀南道四道,各省也如山西般被分为三至九道。这样一来,前者(分司道——译者注)仅为布政使的辅助机关,后者(分守道——译者)则具有省与府州之间地方官厅的性质,这是后来第二级地方区划——道的渊源。同样分司道与分巡道的区别也在于按察使司,从"分巡道"这一名称可以推测,最初只是某一限定区域的临时巡视,但很快就成为定期的巡视,最终在其中心地常设,应该是经历了这样的过程,分巡道这一官职才成立。

　　下面是关于布政使司统辖的中级地方官厅的介绍。元代路、府、州中的路被废除,整顿成府和直隶州两种;此外,治路的录事司也被废除,结果,府完全成为州县的结合体。府成为各州县的结合体,使府的行政权通过所属的州县进行,而府自身则没有直接统治之地。另一方面,与府规格相同的直隶州,同其他属州相同,亲自管辖其固有区域的行政。如此,府与直隶州的差异可以说是以附郭的有无为区别的,即府治必包含一个以上的县治,府城和县城为同一个,而直隶州治与其下属的县治,却不在一城。例如庐州府城与其附郭合肥县城是同一个,但东边的和州城则与其下属的含山县城是完全不同的存在。另外,最底层的地方官厅是州和县,这一点和元代一样。府中设知府一人,同知、通判若干名,推官一人。州中设知州一人,同知、判官若干名。县中设知县一人,县丞一人,主簿一人。府州县数虽因时而异,在《明史·地理志》中有这样的记载:"其分统之府百有四十,州百九十有三,县千一百三十有八;羁縻之府十有九,州四十有七,县六,编里六万九千五百五十有六。"①最后的这个"里"即是当时自上而来的行政上的地方自治区划。

二、明初的租税对策和里甲制

"元统元年六月大霖雨,京畿水平地丈余,饥民四十余万,诏以钞四万锭赈之。泾河溢,关中水灾。黄河大溢,河南水灾。两淮旱,民大饥。""元统二年三月庚子,杭州、镇江、嘉兴、常州、松江、江阴水旱疾疫,敕有司发义仓粮,赈饥民五十七万二千户。"②除《元史》本纪的这些记载外,元朝最后的皇帝顺帝即位时,大规模的自然灾害每年都发生,因藏传佛教僧人的跋扈等原因陷入极度紊乱的元朝财政已无力进行救济。加上农村极度穷乏,接着是农民的逃散和暴动,这些每到王朝末期就重复的现象开始出现,整个社会陷入不安和混乱之中。不久,爆发了自称宋徽宗八世孙的韩山童的叛乱,至正十一年(1351)起义与白莲教的迷信结合起来,之后,四分五裂的战乱时代持续了约二十年。

将国家从元末混乱中救出,将蒙古人驱逐到长城外而达成天下统一大业的是明太祖朱元璋。在太祖统一事业的背后,上述与"异民族"斗争的口号是其精神支柱。与此同时,太祖还迅速确保江南地方成为其物质支柱。与其他地域相比,当时江南地方在农业生产力和运输便利上最为卓越,已经完全成长为中国的基本经济地带。凭借两个有力的武器,中国的政治统一既然已经达成,自然会希望以江南为据点,进一步达成全国经济的统一。要实现此目标,先决问题是濒死农村的再建。因为如果不能完全确保税役负担者——农民,并找到一个永久维持的办法,经济统一等只能是空言;没有经济的统一,前述中央集权的强化也只能停留于一片梦想。

---

① 《明史》卷四〇《地理志一》。
② 《元史》卷三八《顺帝本纪》。

　　因此,问题就是,明初为了农村再建采取的方策是什么? 将流民招回因多年战乱而荒废的田地等这些直接以恢复农业生产力为目的的诸般工作并没有值得论述的新颖之处,这与各王朝在创设期的做法相同。但是,从村落统治机构的再组织这一政治视角去看时,我们能发现明代独特的新组织。当然,中国的村落统治机构正如我们在历史长河中常见到的那样,是置于最底层地方官厅——州县的直接监督下的一种行政上的辅助机构。因此,这种统治机构一方面构成了地方区划,另一方面也被要求维持区划内的治安。然而,王朝最根本的目的是通过这个组织征收一定的税役,并通过组织成员的共同连带责任确保征收额,明代在这一点上也不例外,甚至可以说,当时被称为里甲的组织正是其典型。这样的话,"村落统治机构的再组织"一词可能可以置换为"新税制的确立",而且税制的确立同时是全国经济统一的第一要件。那么,首先要弄清楚明初税制是如何确立的。

　　首先,明代的正税是田赋,而且据说在太祖即位的前一年,其常额已经被设定好。[1]但是,它继承了唐以来的通制,是通过两税法来征收的。当然,这个两税法和当初制定的两税法性质不同,是完全地租化的两税法。每年七月(后来改为八月)为一征收期,对夏天的收获课夏税;十二月(后来改为翌年二月)为又一征收期,对秋天的收获课秋粮。对水田征收米,对旱田征收麦子、粟、豆,对桑地征收丝,对棉地征收棉花。然而,洪武九年(1376)以后,允许以银、钞、绢代纳,直接征收生产物的方式称为本色,代纳的称为折色。[2]据《大明会典》,其税率为"洪武初,令官田起科每亩五升三合五勺,民田每亩三升三合五勺,重租田每亩八升五合五勺,芦地每亩五合三勺四抄,草塥地每亩三合一勺"[3]。乍看这好像是有明一代的定制,实际上仅为一例。正如丘濬在其著作《大学衍义补》中提到的那样,"以天下之垦田定天下之赋税,因其地宜立为等则"[4],各省、府州、州县以官田、民田等土地所有关系的不同,田地、山塘等土地利用状况的不同,制定了如上、中、下几等的课税规则,基于这些规则决定每亩地征收几斗几升。然而,征收数额的计算标准并

①　《明史》卷七八《食货志二·赋役》。
②　《大明太祖实录》"洪武九年四月己丑"条。
③　正德《大明会典》卷一九《户部四·州县二·田土》。
④　《大学衍义补》卷二二《制国用》"贡赋之常"。

不是地价,它的根本是政府为了得到每年所必要的收入,会给各州县分摊一定的数额,这个数额再按比例分摊给州县内的土地。这样决定的数额被记载在赋役台账黄册上,至少在黄册编造的十年间不会被改废。应交数额是对应所持田地数,以家为单位来决定的,但是在这之上,当时的村落单位——里应交的数额也已确定,里内的各户同时必须交纳里的负担额,结果,刚才所说的各家数额就变得没有意义。在这一点上,定纳制是有缺陷的。但是另一方面,因此而产生的连带性强化,就巩固了村落的自治结合力,有防止外来毒害渗透到农村内部的好处,尤其是因为这种结合,中间机构的榨取也变得非常困难。

接着是和税相并列的徭役。明代的户称为籍别,以职业为别分为民户、军户、匠户、灶户等,一般的徭役以民户为主,民户中16—60岁的男子称为成丁,只有成丁才是服役的对象。然而,明代役法的特点是,不止以丁数为对象,持有田地、财产的多寡也被考虑在内,两者的总数成为差役赋课的基准。明初的徭役是洪武元年(1368)二月为了得到营造国都必要的劳力,对直隶、江西等二十一个府州的民众所课的"田一顷出丁夫一人"的均工夫役,①此外,还有征收税粮的粮长、负责村落教化的里老、水马站的站夫等各种杂役存在,这之间没有任何统一。这种情况直到洪武十四年(1381)里甲制确立后,徭役所具有的税的征收、村落的统治等有最重要意义的内容都被这一制度吸收,这在整个明代都是正役,除此之外的附加役都为杂役,杂役也是通过里甲来实行的。从此,明代租税体系全面统一。然而,使此统一成为可能的是这一年户籍法的完善。

像中国这样政治统一的国家,户籍制度常常是不可欠缺的基本制度之一。因为它是以田地和人丁数的调查为目的的,田地和人丁数是形成国家财政收入基础的课税、差役的对象。同时,只有通过这个调查,各家的构成、成员的统属关系才能弄明白,治安事务才能顺利运行。明律规定"人户并以籍为定,若诈冒脱免、避重就轻者,杖八十,其官司妄准脱免及变乱版籍者,罪同"②,其原因也在此。

---

① 《大明太祖实录》"洪武元年二月乙丑"条。
② 《明律·户律·户役》"人户以籍为定"条。

因此,太祖统一天下后即在洪武三年(1370)十一月发布了明代最初的户籍法——户帖式。①据说这一制度效法了洪武元年(1368)之前两年宁国知府陈瓘在其管内实行的制度,②此制需要登记各家的乡贯、丁口数及其姓名、年龄、家产,然而,此仅为一种过渡办法。在那之后经过几次讨论,最终基于户部尚书范敏的提议,③洪武十四年(1381)正月命令天下郡县编造统一的新户籍簿——赋役黄册。④将地域相邻的赋役义务户一百一十户编为一里(城中的称为一坊,城附近的称为一厢),其中将丁粮较多的十户作为里(坊、厢)长户除外,剩余的一百户再分为十甲,每甲十户,这样的户称为甲首户,以里、甲担当编造黄册的事务。另外,将居住在里(坊、厢)内的鳏、寡、孤、独等无亲属及与直接赋役没有关系的人称为畸零户,使其附属于里。因此,这时编造的黄册并不是我们想象中的纯粹的户口簿。黄册是为了赋役而编造的,官吏没有被编入。另外,正如身份体现徭役,军、匠、灶等户分别被登记入其他的册子,除此之外的民户才成为一般黄册的编造对象。另外,黄册编造时采取了严密的原籍主义,外郡寄庄的人也同上述人(畸零户——译者注)一样处理,这点与租税的原额主义是互为表里的。

那么,黄册是以什么样的形式,经过了怎样的手续编造而成的呢? 我们无法知道洪武十四年(1381)第一回编造时的样子,但洪武二十四年(1391)第二回编造时,公布了详细的格式。⑤据此,每十年,到了黄册编造之年时,根据户部命令,州县的官吏誊写印刷一户样式的册籍,并将其发给管下各里长,十个里长户命令自己统率的甲内人家,按照样式申告各户的人丁事产总数。一户册籍的样式如下:

　　户籍　　官(军、民、匠、灶)籍
　　一户某人
　　某乡某都某图(里)某籍

记录了以上内容后,再并列记载丁口(成丁、不成丁、妇女)数,田、地、山、塘

---

① 《大明太祖实录》“洪武三年十一月辛亥”条。
② 《明史》卷二八一《陈瓘传》。
③ 《明史》卷一三八《范敏传》。
④ 《大明太祖实录》“洪武十四年正月”条。
⑤ 正德《大明会典》卷二一《户部六·户口二·攒造黄册》。

(官、民)数及课税规则,税粮(夏税、秋税)数,房屋、牛只等事产的数量。①如此,一甲十一户(包含里长户)的户册籍合并在一起,各甲的文册就做成了;当年的里长进一步将十甲一百一十户的册籍总结在一起,各里的文册就做成了,这就是赋役正册。另外,添加畸零册、籍贯不同者的文册等,并在册首附上里内地图,送付所属州县。据说里内地图除了描画村落四境、山水道路状况、人户位置等外,还将田地按所有者分成段,并照其形状描出,以此表示所有关系。②事实上,好像只有统计表而已。

接着,州县的官吏将各里送上的新编册籍与前回原册进行比较对照,调查两者之间的变化,明确户口上的旧管和实在、田地上的开除和新收等实情,以此决定接下来十年间的税粮赋课分担比例。例如,当里长发生死亡等事故,因其丁粮数减少,不再具有作为里长的资格时,将选择丁粮靠上的人为里长以补充之;里内有废户、绝户产生,不足规定户数时,用前回因幼小而被定义为畸零户者,甚至是邻里的多余户数来补充。因此,一州县内的编里数因人户的增减,每十年产生偏差是理所当然的事情,这里就包含了里甲组织的通融性这一长处和另一面的浮动性这一短处。这样检阅完各里的文册后,将其总结为一本,再把统一了各里地图的州县图附上。与此同时,另外计算州县全体的户口、田地、税粮等的总数,做成州县总册"计账",送达所属府。府也同样做成府总册送达布政使司,布政使司再经过相同的手续,最后提交给户部,这个给户部的进呈册被转送往南京后湖(玄武湖)的黄册库,在这里进行全国性的调查并公布统计数据,之后,这些文册就被收管在库架上了。

以上是黄册编造手续的大要,以洪武十四年(1381)为起点,规定每十年进行一回,到明末的崇祯十五年(1642),约二百六十年间,共进行了二十七回。其间的第三回洪武三十四年(1401)因靖难之役没能进行,成祖继位的洪武三十五年(1402)终于实行,之后每次便都推后一年举行。但是嘉靖四十一年(1562)的第十九回以后,因受到一条鞭法实施的影响,黄册编造变成形式性的操作。

---

① 《图书编》卷九〇《本朝坊厢里甲》;《大学衍义补》卷三一《制国用》"傅算之籍"。
② 朱蓬吉:《牧民心鉴》卷下《原赋役》。

我刚才叙述到黄册编造的单位是里、甲组织,编造事务的担当者是里长户。这句话虽然没有错,但是组织里、甲的真正目的是为了使其成为税役赋课的单位,选择里长户为编造担当者的真正目的是使其统率里甲这个新组织,完成租税征收的任务。因此,里长、甲首是明代的职役,被称为里甲之役,是形成当时徭役中心的正役。那么,作为徭役的里甲是怎样被运用的呢? 首先,以赋役义务户一百一十户编成一里,从其中选出丁粮较多的十户为里长户,并依次每年使一人成为里长,最终十年一轮回。当年的里长称为见年里长,其他九人称为排年里长。除掉这十户,剩下的一百户分成十甲,他们之间也设十人的见年甲首和九十人的排年甲首,仍然是十年一轮回。如此,第一年里长率领第一年甲首十人……第十年里长率领第十年甲首十人担当一年间(例如从冬至到翌年冬至①)的职务。因此,根据看法的不同,以十一户为一甲②这样的说法也是有道理的。

关于里长的职责,《实录》《会典》都笼统地写道:"管摄一里之事。"《明律》中有"催办钱粮,勾摄公事"③之句。钱粮先不说,公事的内容是什么呢?这里并没有指明。虽说没有指明,但其最大的任务和宋初的里正等一样,是征收税粮。正如上文反复提到的,税粮是原额主义的,因此,可以认为里长从州县官那里承包下里内的税收额,征收前的职责是附加在此之上的。例如税粮征收的根源——田地的监察,即是否有隐瞒正确数额的不正事端,田地所有权移让等之际的报告有无遗漏,等等,这些事情必须不断注意。据《明律》,有以移丘、换段、诡寄、花分等不正欺瞒田粮,从版籍脱漏田地者,里长知而不报,与犯人同罪。④此外,里长还有一些职责,如为了不使一里的原额产生不足,要进行劝农;水、旱、冷、虫等诸害造成收获减少时,要正确报告;如果出现收税额不足的情况,不足额作为逋税转入第二年征收,里长必须承担这个责任;因欺瞒、逃绝而产生欠额时,里长和里甲内人户一起赔纳。第二个职责是任期最后一年的黄册编造,关于此点已经有所论述,这时对于

① 万历《新昌县志》卷六。
② 万历《大明会典》卷二〇《户部七·户口二·黄册》"嘉靖九年题准"。
③ 《明律·户律·户役》"禁革主保里长"条。
④ 《明律·户律·田宅》"欺隐田粮"条。

脱户、漏户、逃户等户口脱漏的惩罚规定,《明律》中有记载。①第三个职责是里内的治安维持。里长是一里之统率者,而且是里内的有力者,从这一点来看,治安维持当然是里长附随的任务;但是另外还设有里老人,在治安维持上,里长只不过是起补充作用。《明律》中记有知有伪造宝钞、私铸铜钱不举者各杖一百②等连坐二三里长的规定,但同时规定不知则不坐,可见里长虽有这方面的义务,却是很小部分而已,这原本可能就是根据表面规定所作的想象。

另外,除见年里长、甲首外,对其余之户,在里甲正役之外还要课杂役,用当时的话说,即是杂泛之役。杂役和田赋一样分了等级,基于等级进行分摊。如洪武十八年(1385)计算民户丁粮多寡、财产厚薄,将其分为上、中、下三等,这个等级被明记在赋役黄册中。③包含在杂役中的徭役有粮长、解户、马头、馆夫、水夫、马夫、祗候、弓兵、皂隶、门禁、厨斗等,④各种各样。里甲之役是定期的,分摊也是轮流的,与此相比,杂泛之役是非定期的,分摊额也由地方官吏自由裁定,可以推测会产生无视既定之上、中、下三等等级的弊端;而且随着时代发展,徭役种类增加,再加上徭役过重,对徭役不均的指责也变得很严重。然而,这种杂泛之役已经被看作一州县的经常收入,将其废止而断绝祸根这一做法也已经不可能,在此,(政府)索性将增加的徭役承认为常役,并将其法制化,设立征收方式和限度,以此来缓和对于征收不均的指责,由此而开始的法即是均徭法。

均徭法是正统初年江西佥事夏时在同省试行的制度,⑤后逐渐普及到四方,在天顺时已经成为一般通行的制度,⑥弘治元年(1488)规定于全国统一实施。⑦其特点是在赋役黄册之外另编造均徭册,户等分为上、中、下三等,或者根据情况分为九等,按册籍顺序,与里甲之役错开,十年一回地进行轮番分担,即里甲之役结束后的第五年要履行均徭之役。另外,这个均徭册也被

---

① 《明律·户律·户役》"脱漏户口"条。
② 《明律·刑律·诈伪》"伪造宝钞"条。
③ 《大明太祖实录》"洪武十八年正月己卯"条。
④ 何塘:《民财空虚之弊议》,《皇明经世文编》卷一三五。
⑤ 《明史》卷一六一《夏时传》;《大明英宗实录》"正统十年十二月乙巳"条。
⑥ 《明史》卷一七八《朱英传》。
⑦ 正德《大明会典》卷二二《户部七·户口三·赋役》。

称为鼠尾册或龙头蛇尾册,这个先例在宋元时代即已存在,从上等户经中等户至下等户,并列书写的户名像老鼠的尾巴,越到末梢越小,因而有此喻称。按理,均徭法施行后,杂泛之役应被其吸收而消亡,然而事实并非如此,结果,新的均徭之役只是被加进了明初的里甲、杂泛之役之间。《明史·食货志》中记载有"役曰里甲,曰均徭,曰杂泛,凡三等"①,正是在叙述明中期以后的这种赋役状态。然而,在均徭法施行过程中产生的意义,最重大的事情是银差,即开了以纳银来代替赋役的先例,这是中国税制史上划时代变革的开端。

三、明初的教化政策与里老人

长期战乱后诞生的新王朝通常都面临着在经济上恢复农业生产力、在政治上再建村落统治机构这种表里一体的课题。元朝设置了司农司作为劝农衙门,通过它组织社,以此来解决农业生产力的恢复问题。明朝也在吴元年(1366)设置司农司,而且还在两年前制定了相当于元代社规第三条的劝农规则。然而,没有设置社制或者类似社制的村制,在村落统治机构再建这一点上,看不出有任何积极的努力。不但如此,值得注意的是,"自今民有犯者毋连坐"②,吴元年禁止民众对犯罪负连带责任,而且以妨碍农事为由使广德府的乡兵即民义四百六十人返乡,这些事情表明明太祖没有想要采纳自古以来的做法。正如保甲之名显示的那样,自古以来,犯罪防止、救援义务都被要求由村落团体来负担。当然,这也是应该与军队及治安组织的完备结合起来考虑的事。总之,这时明朝只是尊重村民自发的农村再建,采取了全部委托给村民自己的态度。

接下来的洪武初年,明朝的村落对策也非常消极,仅仅停留在从教化角度进行指导的范围。这种教化政策首先是从对村民宗教生活的规制开始的,即在元年(1368)、三年(1370)命令在家庭里祭祀祖先和灶神,在乡村举行里社和乡厉的祭祀,同时,宣布禁止各种淫祠邪教。接着在五年(1372)四月,下达了在村落内也举行乡饮酒礼的诏书,礼部在采用唐宋礼仪的基础上

① 《明史》卷七八《食货志二·赋役》;《古今治平略》卷二《国朝户役》。
② 《大明太祖实录》"吴元年九月戊寅"条。

加入了周官读法的宗旨,民间里社以一百家为一会,粮长或里长主持,每年两回——正月十五和十月一日举行乡饮酒礼,并规定举行乡饮酒礼之际捧读律令及刑部编撰的《申明戒谕书》。①这里规定一百家为一会,《洪武礼制》里记载的里社祭祀、乡厉祭祀也同样以百户为单位,看起来好像是以百户为单位的里组织趁机被导入村落,实际上是因原样采用唐宋之制而插入的规定而已。本来这些制度也是通过唐宋之制来憧憬其根源——周官的产物,这种憧憬在五年(1372)下达的《正礼仪风俗》诏中有着非常直接的表现。

其中,作为设置在村落内的教化设施,稍有特点的可能是申明亭和社学。申明亭是为了防止田野之民不知禁令常常误犯刑宪,五年(1372)二月在各乡的里社建立的,亭上会榜示犯罪者的姓名及其罪状,以此来惩戒犯罪者。②另外,据《诸司职掌》可知,与申明亭配套的旌善亭也有设置,但设置年代不明。社学当然是与元代的社制有密切关系的义学的复活,在八年(1375)正月被设置,正如其名显示的那样,是以五十户为单位的。

如上所述,十数年间,明朝都采取了消极的政策,然而,这并不意味着其间放弃了村落统治机构的再组织。明超越元的社制,为回归唐代的里制进行了准备,即向新组建的村落团体征收一定税役,并通过组织人的共同连带责任确保收纳额。就这样,洪武十四年(1381)公布了里甲制,然而,在村落内强制组织具备上述性质的里甲,当然会破坏一直以来自然发生的邻保团结的纽带而引起不少混乱,然而如果不强制执行的话,新组织反过来会被旧组织吸收,国家财政基础就会有脆弱化的危险。因此,无论如何也要采取一定的办法,来强化作为组织成员的各户之间的连带性,促进他们在精神上的结合,将这个人为的新组织在背后予以维持。

此时,首先考虑到的就是使里甲成为唯一的村落自治体,即改组既有的诸教化组织,使其适合里。恐怕也正是因此,一度废止的社学在十六年(1383)十月复活时,其经营权由官移向民,同时,向来以五十户为单位,自此变更成每里一处,社学被置于里的统制之下。另外,由之后的事例可知,申明亭也不知从何时起开始作为里的裁判所使用,因此,可以想象其间有了同

---

① 《大明太祖实录》"洪武五年四月戊戌"条。
② 《大明太祖实录》"洪武五年二月"条。

样的变化。另外,十六年(1383)礼部颁布了《乡饮酒礼图式》①,规定一会的编制是"以里长主席,其余百人……",这一改正正好让人联想到里甲的乡饮酒礼。此外,还将举行的日期改为春秋的里社祭日,试图令里社祭祀和乡饮酒礼一体化。结果,各里的乡饮酒礼成为里社祭祀的附属物,同时,其中包含的读法之仪也以别的形式发展开来,即《御制大诰》的讲读。二十年(1387)闰六月,为了彻底贯彻教化,(政府)选择讲读一年甚至两年前颁布的众多教育敕语,乃至可称作为民心得的《大诰》《大诰续编》《大诰三编》,以此来彻底贯彻教化(对于小孩,则命令在社学里教诵他们这些)。这些活动应该以新设的里为单位,举行活动的设施也应该被设置在新设的里内。

和这些做法相并行可以考虑的另一个办法是,通过里使村民的自治精神充分地伸张,换言之,是将他们被尊重的共同生活中所包含的义务的东西移入里的组织之中。比如,可以采取以下方法:依据里的责任,容许其有施行某种程度制裁的权能,或者将私的协助制度作为公的东西法令化,等等。在这一点上,有意思的是各里中耆宿的设置。其设置年代虽然不明,从"令天下郡县选民间年高有德行者,里置一人,谓之耆宿"②看,应该是里甲制颁布以后的事情。耆宿的任务是"质正里中是非",即指上述赋予制裁权能之事。不仅如此,耆宿甚至可以将地方官治理政治的功过陈诉给京师,③不得不说,这的确如隋之乡正的复活。而且,耆宿也同乡正一样有着强烈的官僚主义社会特有的弊端,即官一旦将一定的权能给予从民众中选出的人,立即就会产生权能的滥用及对民众的压迫,因此,二十一年(1388)八月,这一制度被废止。此外,这一时期还通过里民的相互约束来排除游民的寄食,以达到纯化村落的目的。④

然而任何的尝试,缺乏中心指导者时都不能充分发挥作用,这是自明之理,因此里中有里长。然而,即便只有税粮征收,里长的负担也非常大,再加上年年交替,又是从丁粮多的人中顺次选任,里民能够心服的德高有识者并不一定能被选中,因此,无论如何都要选出被称为耆民的里内中心人物,长

---

① 正德《大明会典》卷七八《礼部三七·乡饮酒礼》。
② 《大明太祖实录》"洪武二十一年八月壬子"条。
③ 《御制大诰》"耆民奏有司善恶"条。
④ 《大明太祖实录》"洪武十九年四月壬寅"条。

期赋予他们推行司法、教化、劝农等事业的职责与权能,这些事业都是里内自治统制所必要的,需要通过他们的手,来统合各种一直以来没有取得充分成果的尝试,或许耆宿的设置正是出于这样的目的。虽然这种做法失败了,但是它告诉我们失败的不是耆宿制度,而是人选如何。因此,这个教训不是放弃通过以上方法巩固里的存在——你可能这样想了吧。太祖斥退了请求施行乡约之法的上奏、复活社法的上奏,正表明了他拥护里制的意向,不赞同将异质组织导入村落。

就这样到了洪武末年的二十七年(1394)四月,出现了里老人制。一直以来由于官吏的怠慢,州县的小诉讼事件不能顺利解决,直接上诉到京师的事件不断出现,(京师方面)不胜其烦。作为防止手段采取的措施是,从民间的耆民中选出里老人,授予他民事及轻微刑事事件的裁判权,而且给他提供记录有应遵守准则的《教民榜文》。[①]到三十年(1397)九月又增加了里老人在教化及劝农上的责任,而且发布了里内相扶助的条令。[②]三十一年(1398)三月,这两条规定合并,除此之外,还合并了之前已被命令实施的与村落统制有很深关联的诸规定,发布了新的四十一条《教民榜文》。[③]这包含了至今为止叙述的与村落统制深切相关的一切,所有这一切在通过里老人强化里的统制力这一点上,是统一的。这正是太祖村落政策的综合体现,也是其最终走向。《教民榜文》的全文被《皇明制书》采录,下文将以此为基础展开进一步的考察。

《教民榜文》四十一条之中的前半部分主要说的是洪武二十七年(1394)条令规定的老人裁判权的内容,这是元代《至元新格》所规定的社长裁判权的再版,同时也被认为是在村落内部一直自律地施行着的私刑的合法化,即村民间的户婚、田地、斗殴、相争等一系列小事都委托德高年长、民众推服[④]的里老人裁判,奸盗、诈伪、人命等重大事情才会上诉到州县。如果无视里老人的存在而把这些小事直接上诉到州县的话,不问虚实如何,直接认定为越级上诉,处杖六十之刑外,还要将上诉驳回里老人那里(第一条)。里老人

---

① 《大明太祖实录》"洪武二十七年四月壬午"条。

② 《大明太祖实录》"洪武三十年九月辛亥"条。

③ 《皇明大训记》卷九"洪武三十一年三月十九日"条。

④ 《明律·户律·户役》"禁革主保里长"条。

应该处理的词讼种类有：户婚、田地、斗殴、争占、失火、盗窃、骂詈、钱债、赌博、擅食田园瓜果等，私宰耕牛、弃毁器物稼穑等、畜产咬杀人、卑幼私擅用财、亵渎神明、子孙违反教令、师巫邪术、六畜践食禾稼等，以及均分水利这十九个项目(第二条)。其中除去争占等四项，其他在明律中都有条文，将这十九项与条文对比的话可以看出，虽然大部分都是民事事件，然而刑事事件的一部分也被委托给里老人。不过，据说只有初犯者的刑事事件才交给里老人处理。①但是，初犯者以外的事件，除去十恶、强盗、杀人，如果里民请求调停的话，也允许里老人进行裁决(第十一条)。里老人在申明亭进行裁判，下判决的同时(第三条)，命令代理人执行基于法律规定的笞刑、杖刑等(第二条)。但是，里老人没有拘禁犯人的权力，里内不允许设置牢狱(第十三条)。此外，裁判之际设置由众老人担任的判事三名乃至十名予以辅佐，当年的里长、甲首也参加其中(第三条)。这些众老人有裁决里老人自身犯罪的权力，如果是重大事情的话，则有权将事件上诉到京师(第七条)。另外，如果事件错综复杂难以判决，或者是同他里之间发生事件时，与他里的里老人及众老人一起进行裁决(第三、五条)。不管怎样，是采取一种自治方式来解决问题。如果地方官从旁干涉，有扰乱上面规定的行为时，将处以极刑(序文)。另一方面，如果里老人自身对裁判迟疑不决或者夹杂私情作出不公正处置，里民不得已越级上诉时，处以里老人杖六十之刑(第二条)。

以上是里老人裁判权的大体内容。里老人不单单掌管诉讼、裁决犯罪者等惩罚恶事之责，还要承担告诉民众其应行之道这种教化的任务(第十六条)。劝民为善的手段有很多种，如从村长老的立场，训诫犯罪者或者不至于犯罪却有给里民增加麻烦之行为者(第二十一条)；或者里内有孝子顺孙、义夫节妇等可称一善者，将其通报给上司以求褒赏(第十七条)；但最具体的手段还是木铎老人的设置，每里或者每甲都备一木铎，选里内的年老、残疾、失明等贫困者，使其持木铎一边唱诵后来被称为"太祖六谕"的孝顺父母、尊敬长上、和睦乡里、教训子孙、各安生理、毋作非为的格言，一边在里内巡回，里老人监督其行为(第十九条)。另外，里老人还有以下一些任务：农村守护神祭祀——春、秋两回的里社之祭和一年三回的乡厉之祭时，里老人执行祭

---

① 余健吉：《治谱续集》"听讼"。

祀仪礼(第三十八条);尤其是春、秋社祭的当日,以风俗纯化为目的举行乡饮酒礼(第二十七条);管理效仿元代设置的社学,致力于子弟的教化(第三十一条);通过乡饮酒礼对里民,通过社学对里民的子弟讲读《大诰三编》,这种讲读模仿了《周礼》的读法制度,在《大诰三编》中,太祖亲自叙述了臣民应该永远遵循的规范(第三十六条)。以上四项,此前作为个别命令都被发布过,实际执行情况如何先不说,单就表面字义来看,由里民遵守至今的内容,此时通过《教民榜文》再次被强调,里老人被置于其运行的中心。

另外,劝农也是里老人的主要任务之一。为了复兴因元末明初的大乱而荒废的农村,与开垦并行,劝农也受到很大重视,或者专设治农官,或者使州县官兼任劝农官,使其督促耕种。然而此时,这些事情都被委托给里老人,即每里都置劝农鼓一面,到农种时,早上五更擂鼓,以使里民不忘记耕作时间;如果有听到鼓声还不进田耕作者,里老人可以进行责罚(第二十四条)。另外,据洪武三年(1370)的命令,每十亩田要种植桑、麻、木棉等各半亩,一方面防备米麦的歉收,一方面使其作为租税的一部分征收,并命地方官来监视,①然而这个监视权也被转移到里老人手中(第二十九条)。除此之外,还有确定水利灌溉计策并将其绘制成图进京汇报的规定(第三十条)。

与上述自上而下维持秩序的诸手段——平讼、教化、劝农不同,《教民榜文》中有奖励里民相互扶助的条款。相互扶助精神最好的表现场景,是吉礼、凶礼等礼制施行现场,尤其是像中国这样重视形式之礼的国家,婚姻死丧等所需费用对于贫穷人家来说是过于高额的负担,《教民榜文》劝说里中各家都拿出钱或米若干进行资助,以使这些礼能容易进行(第二十五条),这同时也是六谕中和睦乡里的一个手段。

《教民榜文》规定了里内发生强盗等事件时,应该将强盗捉住送往官府(第十三条),然而,关于自卫团组织却丝毫没有提及。另外,《教民榜文》还规定里老人或者里长等位于领导地位的人必须对里中发生的犯罪事件负某种责任(第十五条),但是对于邻家的犯罪却没有负连带责任的必要,这是应当注意的地方。这些都说明里老人之制并没有继承宋代的保甲制系统,而是模仿了元代的社制。如前所述,这是必须与当时军队组织的完备情况、治

---

① 正德《大明会典》卷一九《户部四·州县二·农桑》。

安组织的确立情况结合起来进行考虑的问题。

四、银的流通与一条鞭法

如上所述，明初租税都是以户为对象进行征收的，而户的结合体——甲和里被定为征收的基准，换言之，明初的税制都是以里甲组织为中心运作的。那么，为何像里甲这样以户为单位的组织能被实行呢？这要归功于中国土地所有的主要形态是零散的小土地所有，自营农民占压倒性多数这一点。但是，也不能仅仅归结于中国历史上小土地所有一直占主流这一点上。因为元末的大乱是以激烈的农民暴动开始的，当然就会有大领有地的分割，同时，动乱之后空闲土地增加，政府不得不制定政策奖励开垦，这些都会助长土地所有的零细化。因此，里甲这样以户为单位的组织是基于以上两重结果的产物。因此，随着时代的发展，凭借经济甚至经济以外的方法，土地逐渐集中到官僚、商人及放高利贷者等人群手中，不能成为税役征收对象的小作农相对于自作农的比例逐渐增大，这样以户为单位的组织就容易走向解体，这也是大土地所有产生的开端。与这个过程表里一体、将里甲制引向解体的还有伴随着国内商业发展的银的流通，而且，正是银的流通促进了税役由物纳向金纳发展，最终带来了中国税制上最大的变革。

由徭役的代金纳带来的向雇役的转化，宋代以来已经有很多，所以，明代役法虽然暂且回归到力役，却早在洪武年间就表现出了代纳的特征。然而，这种转化变得更为普遍则是在允许田赋银纳的正统以后。如前所述，田赋中有相对于本色的折色，另外从洪武末年开始，作为整理未纳额的一种手段，用代纳来填补未纳额的例子也开始出现。例如，洪武三十年（1397）时，二十八年前的田赋未纳额允许用钞、金、银（一两折为四石）、绢、棉布、苎布、棉花等来折纳，[①]但是这些都是作为特别恩典实行的临时措施而已，尤其是在永乐年间，因为采用了钞专用的通货政策，折纳先不说，在折纳时使用银是绝对看不到的。

正如已叙述的那样，明太祖成功的重要一点是很快地占领了农业生产

[①]　《大明太祖实录》"洪武三十年十月癸未"条。

力和运输便利优于其他地区的江南,在断绝元军粮道的同时,也巩固了明军的物质支柱。鉴于这样的经验,太祖完成全国统一的霸业后,为了牢牢掌握上述谷仓地带,便将都城定在还未曾被选为统一帝国首都的南京。然而,退回故土的蒙古民族并没有马上丧失其势力,他们一直在窥视侵入的机会,他们的存在对明朝来说是种常在的威胁,因此,长城沿线北方诸省的战略重要性日益增大,这种军事要求最终使成祖将都城由南京迁到北京。这样一来,政治上=军事上的中心地和经济上的中心地分处南北,给明代的社会、经济造成了重大的影响。上述分离概括来说是生产地和消费地的分离,因此,可以想象必然导致交换经济的发达、货币流通额的增大,而且这些消费是人为地集中起来的庞大的军队和官僚的消费这一点问题的核心所在。

　　此时,北京文武官僚俸禄,钞,绢和一小部分的米在北京发放,大部分的米则在南京发放,不想要的东西可以在北京折换成钞。但是在南京发放的俸米,要么让代理人凭票去南京领取后搬运回北京,要么换成其他物品运回北京,无论是哪一种,对于受领者来说都十分不便。再加上宣德年间一旦碰上丰收,票米七八石才能折银一两,这实际上变成了一种减薪状态。[①]因此,像布帛一样运输便利的必要物资,或者能充分发挥货币机能的银的支给,从当初就被期待能代替米。另一方面,虽说江南各地河川、沟渠发达,到南京的运粮负担对农民来说可能不是十分沉重,但是江南也有舟楫不通的地方,这就会变成很大的负担,因此,大家也希望用轻便物资代纳。这两个希望合在一起,终于在正统元年(1436)产生了南方诸省租税用银或者帛来折征的命令。虽说使这个命令变得可能的是,屡次被禁却依然在江南这个经济先进地带作为货币流通的银的流通量的增加,以及与银流通量增加互为表里的农家副业衣料(绢及棉布)的生产额的增大;然而,即便是违反祖法也要强行执行的原因还是与官僚们的便利有关。

　　正统元年(1436)八月,从南直隶、浙江、江西、湖广诸省到南京的起运,允许想要折色的人用银或帛来折纳,这些银、帛被运往北京充军官明年的俸粮,剩余的供帝室御用。[②]两年后的二月,这个制度(的应用范围)就扩大到广

---

① 《国朝献征录》卷六〇《周忱传》。
② 《大明英宗实录》"正统元年八月庚辰""正统元年十月辛巳"条。

东、广西、福建沿海诸省，①随即折纳的银额也逐渐增加，正统七年(1442)，南直隶土地夏税的农桑绢也被允许用银折纳；同年，北京建立了收纳折粮银的太仓库；到了景泰元年(1450)，北京文官的俸粮也效仿武官，将一部分折为以银支给。②这样到了最后，就如会典规定的那样，南方诸省的税粮四百万石折为银一百万两③北送。④这里应该注意的是，正统元年(1436)确定的米四石折银一两的换算率——这和洪武三十年(1397)的换算率相同——在那之后，与米和银的比价变动无关，一直被维持着。这正如顾炎武所说："相传至今而国家所收之银不复知其为米矣。"⑤征收折粮银本是用代金纳代替物纳而采取的措施，但这一事情已被忘记，甚至是被无视。因此，如《钦定续文献通考》所说"自是遂以银为正赋"，把这个现象解释为田赋的一部分由物纳转化为金纳，也未必是错误的。

与此相并的赋役方面，在用力役缴纳的力差之外，用银折纳的道路也打开了，如上所述，这被称为"银差"。伴随着逐年普及的银的流通，银差也开始盛行起来。这样一来，均徭法的实施从另一个角度来说就是"贫者出力，富者出财，各因其有余而用之，不足者不强也，各随其所能而任之，不能者不强也"⑥，是对应银差这一赋役征收方法的变化而采取的措施。可以想象被整理为里甲、均徭、杂泛的明代役法因此而获得了暂时的安定，然而这个安定并没能持续很长时间。

总之，复杂繁琐的明代税制通过里甲组织得以统一，如前所述，里甲组织的基础是赋役黄册。因此可以想象，作为组织中心的黄册一旦有所变乱，就会立即导致税役整体的混乱。所以，将如此重要的黄册的编造委托给平民，可以说这里必然潜藏着欺瞒、脱漏等各种弊害发生的原因。事实上，这样的弊害不断发生，⑦结果造成了贫者的负担过大、国库的收入减少。这种问题虽然也可

① 《大明英宗实录》"正统二年二月甲戌"条。
② 正德《大明会典》卷二九《户部一四·廪禄二·俸给一》。
③ 万历《大明会典》卷二八《户部一五·会计四·京粮》。
④ ［日］清水泰次：《明代における租税银纳の发达》，《东洋学报》第 22 卷第 3 号，1935 年；［日］堀井一雄：《金花银の展开》，《东洋史研究》第 5 卷第 3 号，1940 年。
⑤ 顾炎武：《日知录》卷一一《银》。
⑥ 《大明宪宗实录》"成化二年八月辛丑"条。
⑦ ［日］清水泰次：《明代の税役と诡寄》，《东洋学报》第 17 卷第 3、4 号，1928 年。

以和政令的弛缓结合起来考虑,然而更根本的是黄册编造价值的低下这样一种倾向在同时发生着,这是徭役赋课的对象由人丁向田地转换的事实。

从明初开始就在说人丁事产的总数、丁粮的多寡,田地数虽然与人丁一起作为徭役赋课的对象被纳入考虑范围,但是在很多场合,只有人丁多寡成为主要考虑对象,田地多寡并没有被十分重视。这是因为黄册只不过是户籍簿,却想使其兼负赋役台账与土地台账的功能,有点勉强。这点从以下事情也可以看出:在黄册之外,明初有作为土地台账的鱼鳞图册,明中期有作为新赋役台账的均徭册来弥补其缺陷。然而,如果江南的土地所有集中化变得严重,这些地方以人丁为本位的徭役赋课方法就会变得难以继续,尤其是因均徭法的施行,户等变得重要,其结果是田地的作用在徭役编审时重新变得重要起来,与此同时,针对人丁少、田地多的地主阶级的差役,开了以银代纳之途,以此来应付这样的事态。以人丁调查为本来目的的黄册的价值越来越低的理由就在这里,这进而还使以户为单位的组织发生裂痕,随之,以此为基础建立的税制就开始动摇。《海盐县志》指出了这个问题并作了如下叙述:"国初编审黄册以人户为主……后渐参验田粮多寡,不专论丁,而东南开垦益多,地利逾广,其势不得不倚重田亩以佥派里役。于是黄册之编审皆以田若干为一里,不复以户为里。"接着得出如下结论:"此江北之以丁定差者,今尚有真户籍,江南之以田定差者,今概无实口数,弊所为独甚也。"①由此我们可知,在中国南方地区,以田地为本位、人丁为辅助的倾向已经很普遍,然而,中国北方依然维持着以人丁为本位、田地为辅助的传统做法。随之也可以看出,如宋元时代看到的那样,中国南方和北方在社会经济发展上不一致,中国又会有分裂为两大经济圈的倾向。

另外,明中期以后,作为里甲制基本形态的十年一审之法衰退,逐渐变为五年、三年、两年甚至每年一审。导致税制改革的原因虽各种各样,暂且忽视这些,直述结论:经历了上述变化,到了嘉靖年间,税制改革终于成为议论纷纷的话题,随之,各种试行方案被采用,但是这些试行方案总是将重点放在使复杂多歧的征税法单一化这一事情上,即各种徭役的合并和银的折纳——事实上是用银收纳。这种办法虽在不同时间不同地方以不同的名字被

---

① 顾炎武:《天下郡国利病书》卷八四《浙江二》。

地方官实行,但到了隆庆、万历时,被命名为一条鞭法,作为新税制得到统一。

　　一条鞭法的根本目标是融合税和役,是企图将人头税算入土地税的制度,①它的名字在嘉靖十年(1531)左右既已出现,②大概嘉靖二十年(1541)时主要出现在江南,不久传遍全国。这不是由中央政府命令统一推行的,而是由地方官的自由意志自发地推行的制度。其中,最有名的是嘉靖四十四年(1565)浙江巡按御史庞尚鹏在同省推行这一制度,即他为了除去同省赋役的不均等,首先推行了十段锦法,接着将馆夫、库子等十九项赋役变成银差雇役,以丁为征收基准,总算一州县之赋役,规定每丁出多少银两,贫户根据丁数分摊;另一方面,对于富户,查验其土地的多寡、肥瘠等,并将这些换算为丁数后再使其分摊。然而,这个分摊额附于每年的夏税和秋粮,分为两回进行征收。③这样一来,赋役征收的方法就变得十分合理,解决了官的不便,也减轻了民的困苦,因此,将此制推向全国的形势也逐渐高涨起来。但是,此制是对太祖祖制,甚至是对唐代租庸调法被废以来一直遵奉至今的税制的全面否定,当然会有各种反对的论调出现,尤其是以下两点成为非难的对象。第一点是在田地的田赋之上再征收赋役银。这对田地所有者,尤其是其中的自作农来说是十分痛苦的事情。④另外一点是将农作物交换为银后征银为税。这中间就会存在榨取,对于小农来说,负担比一直以来的物纳要大。⑤而且,这些反对论调在中国北方比较有力,与江南相比,此地方土地所有集中化还不甚严重,银的流通也比较缓慢。结果,对施行一条鞭法的赞、否两论以地域不同为背景呈现为对立之状。最终,万历五年(1577),户科都给事中光懋上奏:"然其法在江南犹有称其便者,而最不便于江北……请今后江北赋役各照旧例,在江南者听抚按酌议。"这一意见被采纳,朝廷决定根据各地方情况,听从民之便利,不允许一律强行。⑥然而,学界一般都采用《明史·食货志》等中万历九年(1581)通行一条鞭法之说,⑦并认为在同年由大

① 〔日〕清水泰次:《一条鞭法》,《桑原博士还历记念东洋史论丛》,东京:弘文堂,1931年。
② 《大明世宗实录》"嘉靖十年三月己酉"条。
③ 庞尚鹏:《百可亭摘稿》卷一《奏疏》。
④ 《大明穆宗实录》"隆庆元年四月戊申"条。
⑤ 于慎行:《谷山笔麈》卷一二《赋币》。
⑥ 《大明神宗实录》"万历五年正月辛亥"条。
⑦ 《明史》卷七八《食货志二·赋役》。

学士张居正推行到全国,这是错误的。张居正只是果断推行了全国性的土地丈量,土地丈量是一条鞭法推行的基础,这表现了他对税制统一的积极态度,然而也仅停留于意向,此意向未完成,他便去世了。而后,大体地概括一下的话便是,南、北施行着样式不同的两种税制。

但是,即便在一条鞭法中,以人丁为基础的赋役也没有消失,而且伴随着人丁的增减,征收额也不断地变动。然而,征收额是以一州县为单位,查验丁田数后进行平均分派的,所以作为课税单位的里甲就变得没有存在意义,另外,因为是年年出办,甲轮流当值的轮年制也归于无用。这样一来,甲这一单位在税制上所具有的价值几乎等同于零。关于里长,村落统制的事情先不说,丁田数的调查、税役的分摊及缴纳事务只要还存在,他的责任虽比以前减轻却仍然残存。然而,用雇役来代替里长的例子也是存在的。①

五、乡约、保甲制下的村落自治

明初再建村落统治机构时,根本方针是使其成为税役赋课的对象,在户籍法完备之前,使其组成以一百一十户为单位的里组织。然而,这个事情破坏了一直以来在村落内部存在的、自然发生的邻保团结的纽带,并意味着在必要大的地域内建立新的村落自治体,即新的自治行政区。于是,为了维持这个人为的新组织,无论如何都需要采取一些方策,去巩固这一百一十户的连带性,促进构成人员间的精神结合,这是里老人制被采用的直接原因。不用说这个制度是通过里老人之手,使关系到村落生活之共同利害的一切问题——虽说如此,还是制定了一定的界限——得以自治地解决,进而使母体之里成为具备统制机能的地缘团体,同时,决策者企图通过其教化的一面,为消极的治安助一臂之力。利用各村落中传统老人的优越性,赋予他们劝农、教化等所有村落自治统制所必要的权能,使他们成为政府的代言人,这一尝试早在秦汉的乡三老时就已开始,元代的社长也是一样,里老人又是典型的一例。

然而,使里老人制成为里甲组织的精神支柱有一个难点,那就是里老人

———————————————

① 万历《望江县志》卷四。

制一旦确立,以里老人为中心会产生新的地缘关系,并很快固定化,这时就会产生新的自然村,这样的话,无视地理条件、历史传统,整齐划一地被强行实施且每十年重组的行政单位里甲,和这个自然村之间,难道不会产生不一致甚至分裂吗? 如果产生分裂的话,根据当时的史料性质,里老人制当然会从历史舞台消失。此外,正如已叙述过的那样,里甲组织在方法上带有强制性,在土地和耕者相结合时还能行得通,随着土地所有集中化的加重,会变得十分困难。而且,这样的时期到来时,村落自治体内会形成有别于里老人的另一种形式的权力阶层,里老人有可能沦为那些人的傀儡,这个可能性也需要考虑。

先不说这些,里老人制究竟经历了什么? 为何半世纪不到就废弛了? 仅据史料而言,它与隋的乡正、明初的耆宿经历了相似的命运。即宣德三年(1428),山东新城知县董谅以里老人玩弄法制、累民极多,请求加以惩罚,针对这一上告,宣宗晓谕户部,祖宗之世时,里老人必推德高年长者任之,然而近年不再由里民推举,而是靠贿赂求得此位,上诘官,下害民,以私灭公。①如此状态,里民便不再同意被里老人裁决,而是直接将诉讼送到官府。事实上,同时期陕西佥事林时的上奏中就可以看到这样的内容:近年即便是小事,里民也不依靠里老人裁决,而是直接去上一级的地方,因此诉讼变得繁多。②作为《教民榜文》之重点的乡里裁判制度尚且如此的话,那些附带的可有可无的各种制度,其命运也可想而知。然而,这并不意味着村落自治的衰退,相反,这不正表明了主动权由官移向民的手中吗? 但是,这个民的主体又是谁呢? 这是个问题。

虽然通过《教民榜文》表现的里老人制对于以征税为目的被组织的里甲来说,只是使其成为具有统制机能的村落自治体的一种辅助工作,然而从强制性这一点来看,将其看作国家对村民征收的一种赋役也未必不可,这样说绝不是夸张。当时的人们,如《嘉定县志》中有"初嘉定之为役有四,曰粮长、曰塘长、曰里长、曰老人"③,承认了其为赋役之事。因此,在里老人制被公布之前,里社、乡饮酒礼、社学、读诰这些要求村落民众遵奉的以教化为目的的

① 《大明宣宗实录》"宣德三年九月乙亥"条。
② 《大明宣宗实录》"宣德七年正月乙酉"条。
③ 《天下郡国利病书》卷二〇《江南八》。

诸多制度,总是在礼部的管辖之内,与此相反,《教民榜文》由户部公布给天下,并且关于里老人的条例被放入明律的"户律户役"条,这绝不是没有意义的事情。

但是现在里老人制的废弛使村落自治从一切带赋役色彩的东西那里解放出来,这样一来,"回归至协同的自治机能的自然村"①也是可以想见的。同时,这也与以下事实相对应,即税役赋课的对象由人丁向田地移动,不再像过去那样严厉要求里甲基于户数编成。这可能也说明了里甲接近自然聚落,其领域在固定化中。进一步使这种趋势确定化的是一条鞭法的施行,由于一条鞭法的施行,丧失了一半征税机能的里甲制不得不变成与当初的形态完全异质的东西。这同时也导致了曾经作为里甲制支柱的村落自治的消灭,或者说是村落自治从里甲制脱离。这样,明中期以后乡约、保甲之制取代里老人制兴起,在一条鞭法盛行的同时,这些也逐渐普遍起来。

乡约、保甲之制是宋代遗制的复活,然而"乡约"这一名称开始在史书上出现是洪武二十一年(1388),庶吉士解缙叙述了教化之法未备的原因,作为对策,他请求将治家之礼的郑氏家范、睦邻之法的吕氏乡约公布天下,②这是乡约出现的最早例子。然而,这个请求没有被认可。另外,永乐刊本的《牧民心鉴》中也有类似于乡约之法的详细记载,③然而那只是一种理想的表达,能够确认它确实被实行的还是里老人制废弛时的正统初年。即潮州知府王源在管内村落中建立亭子,使村民选举约正、约士,约正、约士在亭子内讲读吕氏乡约,④这大概是最初的例子。另一方面,太祖在建朝之前,曾经想要组织保甲。⑤实际上,在衢州从丁壮六丁中选一丁组成保甲,平时从事农耕,一旦有警报,立即组成游击军,剩余五丁负担食费这样的例子也存在。⑥兵制确立后,这些农兵被官兵吸收,此外,军和民完全异籍,这种类似保甲的组织就没有得到承认,《教民榜文》中也没有加入有关自卫团的条规。之后仁宗时,

---

① ［日］清水盛光:《支那における村落自治》,《支那社会の研究》,东京:岩波书店,1939年,第229页。
② 解缙:《大庖西封事》,《皇明经世文编》卷一一。
③ 《牧民心鉴》卷上"立教"条。
④ 《明史》卷二八一《王源传》。
⑤ 《大明太祖实录》"戊戌十一月辛丑"条。
⑥ 《大明太祖实录》"壬寅二月乙未"条。

(这种组织)仅在大理寺卿虞谦的上奏①等中作为请求内容出现过,到了正统年间,御史柳华因福建矿盗多,危害极大,就在村内筑望楼,编民为甲,选富裕之家为甲长,以进行防备。②

　　明代乡约及保甲之法的大规模出现,是在正德十一年(1516)南赣巡抚王守仁在以江西省南部为首的区域内实施该方法之后。这些方法以大儒王阳明之名被大加宣传,其过程与朱熹的社仓相似。该方法在《王文成公全书》中也可以看到,明末清初人陈龙正特摘录其中一节作成《阳明先生乡约法》和《阳明先生保甲法》,此两者也有所流传。据说,正德十二年(1517)到达任职地的王守仁立即以在城中剪除盗贼、安养良民为名而建立了十家牌法,其实际目的则是防止当地民众向盗贼通风报信。根据此法,不问军户、官户、民户还是客户,凡邻近十家编为一甲(一家一牌),每家都做一个写有各家籍贯、姓名、年貌、行业等的牌子,十家每日轮流到各家按牌视察,如果见到面生可疑者,立即报告官府,请其究问。有隐匿实情者,如若发现,使十家连坐其罪。此外,这些牌册被保留在县内以备查证。后来,这种做法扩展到乡村,但是由于地方官吏的怠慢,只注重形式,内容却等同虚无,所以,地方官从证明十家牌法的立场出发,将其与从来只有部分被实施的乡约结合起来,强调了其教化的一面。翌年出现的南赣乡约正是这样的。根据此乡约,大体上一村为一约,从约中选德高年长且众人信服者为约长,另置约副二人、约正四人、约史四人、约知四人、约赞二人,备文簿三扇,一扇为约之名簿,每月望日在约所举行旌善、纠恶的集会,并将此两项事项记入其他二扇。另外,也通过这个乡约使其成员相互扶助,但是这只不过是原样采用了吕氏乡约的精神和形式而已。不过,有斗殴等不平之事时,要诉诸约长,这样的规定可以说是里老人制的复活。既然设立了约正等这样的统率者,十家牌法就没有理由再坚持一直以来的主义,即顾虑上司权威所存在的弊端而不设立统率者。除了上述不便,盗贼侵入时,各家各自抵抗难以应付的困难也受到重视,于是重新在每村内设保长一人,同时在各村建望楼,备大鼓一面,作为紧急情况时的联络信号。

---

① 《国朝献征录》卷六八《虞谦传》。
② 《明史》卷一六五《丁瑄传》。

以上是王守仁施行的乡约和保甲法的大概样子,以此为契机,两法作为"奸伪无所容而盗贼亦可息矣……小民益知争斗之非,而词讼亦可简矣……则一邑之治真可以不劳而致"①的良法被各地的地方官采纳,从嘉靖至隆庆、万历,形成村落自治机能的重要一环。然而这只是地方官方便执行的措施,而不是像过去里甲乃至里老人制那样根据中央命令统一施行的制度,这一点与一条鞭法的情况相同。其理由可能有以下两点:尽管是名义上的东西,但现行法典仍然保留了里甲制或里老人制最初的形式,因此无法将这些与之矛盾、冲突的规定进行法律明文化;此外,它也不会直接关系到作为国家存在基础的税收制度,因而(中央)缺乏足够的热情。尤其是与前者关联不得不注意的是,明中期的乡约总是依照吕氏乡约,以其四纲领为中心题目,与此相对,明末期的乡约则以《教民榜文》中的太祖六谕来代替,即将六谕记入圣谕牌,安置在乡约座的中央,讲读此内容是最重要的仪式。②这个六谕就是《教民榜文》中的劝民为善,即由其教化面压缩而来的东西,是当初木铎老人走遍里中唱诵的内容。从这里我们可以看到,虽然事实上以乡约代替了里老人制,但是在观念上,想贯彻祖法的意愿表现了出来。正如天启五年(1625)刑部尚书乔允升在上疏中说的:"至乡约、保甲二法,我太祖高皇帝易海内治万事之要诀也。"③正描述了其间的情况。然而,这并不意味着乡约和《教民榜文》相通就与里甲制联系了起来,乡约只是取代了里老人制,正如里甲与里老人制的关系一样,乡约与保甲制是互为表里的,至少在明代,乡约与保甲之间有密切的关联。

能很好地表现这一点的例子是万历十九年(1591)山西巡抚吕坤在内长城线以南的山西省施行的乡甲法。此法在其文集《去伪斋文集》中也可以看到,因被收录进《实政录》而闻名于世。他在文中将乡约和保甲编为一条,在同一基础上编成两者,即以百家为一约,置约正一人、约副一人、约史一人、约讲一人,使其推行乡约;同时,以十家为一甲,选甲长一人,置于约正之下,使其担任劝惩之职务;另外,每百家选一保正,使其担任治安维持的职务,在

---

① 《王文成公全书》卷一七《公移·申谕十家牌法》。
② [日]和田清:《明の太祖と教育敕语》,《白鸟博士还历记念东洋史论丛》,东京:岩波书店,1925 年。
③ 《两朝从信录》卷二二"天启四年五月"条。

防盗之际,甲长处于保长的统率之下。

此外,冯应京《经世实用编》记述:以社、都、图、乡、保等村落区划为单位组成约,在区内寺观旧址建乡约所,安置圣谕牌,约正、约副亲手推行乡约,同时在乡约所的东面建立社塾,西面建立社仓,约正等监督其使用。另外,编十家为一牌,每牌都制作牌册,备兵杖十件、水桶一件、锣一面、铳一杆,由选中的牌头每日轮流管理这些东西。再以十甲即百家为一保,每甲置任期一年的甲长一人,以百甲即千家为十保,每保置任期三年的保长一人,使他们致力于村落内的治安保障,这个保长也处于约正、约副的统率之下。①

将当时能考虑到的村落自治的要素,以乡约为中心会集到一处这样的尝试,早在嘉靖二十八年(1549)刊刻的黄佐(泰泉)《乡礼》七卷中就有明确的记载。在这里,管理一乡政事的乡约、管理教事的乡校、管理养事的社仓、管理祀事的乡社和管理戎事的保甲被联结到一处,乡校的教读、社仓的管仓乡老、乡社的社祝、保甲的保长及甲总等都由乡约的代表者约正、约副统率。然而黄佐的记述不过是一个建议,由于其强烈的理想主义色彩,实现的可能性是十分可疑的。总之,里老人制废弛后,将变得七零八落的村落自治诸要素再次统一的尝试,从嘉靖时期开始逐渐表面化。如《图书编》中的"每百家或二三百家随其远近联为一会"或者"各随地里远近、人户多寡,酌量立为一会",②现在称这种统一的地缘团体为"会"的话,作为由明代里甲制向清代保甲制变化的过渡期存在的村落自治组织,可以说这个"会"有着重要的地位。而且相对于其他两个组织是由官府强行实行的他律性的组织,不得不说这个"会"是"比较自然的自由组织,在这一点上,作为自治团体反而是值得注意的东西"③。

(原载于[日]松本善海《中国村落制度の史的研究》,东京:岩波书店,1977 年)

谭娟 译　时坚 校

①　冯应京:《经世实用编》卷一七《利集三・任人》"保约仓塾"条。
②　《图书编》卷九二《乡约总叙・保甲条规》。
③　[日]山田秀二:《明清时代の村落自治について》,《历史学研究》第 2 卷第 3 号,1934 年,第 28 页。

赋·役制度的变革

[日]小山正明

一、引　言

　　梁方仲曾指出,确立于明末的一条鞭法,形成了其后清代乃至民国时期田赋制度的基本框架,并认为当时的国家征收体系的历史起源应该追溯至此。[①]这一观点放到现在的时间点可以说,战后中华人民共和国的形成过程中,以土地改革为基轴所进行的各类改革,被当作改革对象的旧中国社会的历史起点就是明末清初。[②]此外众所周知的事实是,包含一条鞭法在内的明末清初赋·役改革彻底抛弃了唐宋过渡期以来的两税法体系,大略来说,明末清初就是所谓唐宋过渡期确立的体制朝着成为战后土地改革对象的新体制过渡的时期。本章将论述这个制度史上具有划时代意义的明末清初所进行的赋·役[③]制度改革的过程。

二、里甲制下的赋役制度

(一) 里甲组织

　　明代国家的主要征收内容包括以土地生产物为主的田赋和各种徭役,因这种赋役征收而产生的基础组织就是所谓的里甲。里甲组织自洪武二、三年(1369、1370)开始在若干地区出现,但直到洪武十四年(1381)才开始在

---

① 梁方仲:《一条鞭法》,《中国近代经济史研究集刊》第 4 卷第 1 期,1936 年,第 2—3 页。
② 当然,这一点的前提是,鸦片战争后,中国作为半殖民地成为世界性体系的资本主义的一部分,明末清初确立的统治体系经过一定的变化,面向资本主义对中国的统治扮演了新的角色,而此转变具有划时代的意义。
③ 本文论述的时期有时以"赋役"一词单指徭役,有时又指代田赋与徭役,故而以"赋·役"来指后者。

全国范围内通过第一次赋役黄册攒造得以统一实施,洪武二十四年(1391)第二次赋役黄册攒造时发布了详细规定。①一里的主要构成成员是正管户一百一十户,其中户内"多丁粮者"十户为里长户,其他一百户则是甲首户。一里内分为十甲,一甲由一里长户和十甲首户构成,该一里长户和十甲首户等于一甲,十个甲组成一里。里内的各甲每年轮流承担里甲正役(后文详述),每十年一轮。且每隔十年会调查各户内的人丁、事产的变动,为科派赋・役攒造新的户籍台账,即赋役黄册,以此为基础整编里甲。②

里内除正管户之外,还有不定数的畸零户会被"带管"。根据第二次赋役黄册攒造时的规定,畸零户是指年老残疾、十岁以下幼儿、寡妇、外郡寄庄人户③。此外,包括"丁粮绝少""其丁产不任役者"这类被认定无法负担里甲正役的零细土地所有者,也会作为畸零户被带管。④

以上里甲组织是州县之下赋役征收的基础组织,但是在整个国家财政中占重要地位的长江流域地带,州县与里甲之间还设有粮长。⑤洪武四年(1371)以秋粮一万石为基准初设粮长,洪武十五年(1382)一度废止,但洪武十八年(1385)该职务再度恢复。恢复后的粮长一职,是以在南宋以来的行政区划——都⑥的基础上加以分割或统合而成的区为单位进行设置的。粮长的主要职责是征收区内各里税粮,并运纳至规定的仓库,除此之外,还有区内各里的徭役科派、乡村官司、区内耕地维持及荒废田地调查、与里长共同组织水利机构等劝农事务,可以说几乎全面统辖着乡村统治的各项工作。

---

① 可参考[日]鹤见尚弘《明代の畸零户について》,《东洋学报》第 47 卷第 3 号,1964 年;[日]山根幸夫《明代徭役制度の展开》第一章第二节,东京:东京女子大学学会,1966 年。

② 关于赋役黄册,可参考韦庆远《明代黄册制度》,北京:中华书局,1961 年。

③ 原籍地在其他州县的寄庄户,承担原籍地的里甲正役。

④ [日]鹤见尚弘:《明代の畸零户について》,《东洋学报》第 47 卷第 3 号。此外不拥有土地的佃户也被归入畸零户。见[日]山根幸夫《明代徭役制度の展开》,第 35 页。

⑤ 关于粮长,可参考梁方仲《明代粮长制度》,上海:上海人民出版社,1957 年;[日]小山正明《明代の粮长について》,《东洋史研究》第 27 卷第 4 号,1969 年,该文收录于本书(编者按:即本文出处《明清社会经济史研究》,东京:东京大学出版会,1992 年。本文以下脚注中出现"本书"时均指此书)。此外华北大户不像粮长那样统辖所管的里,只被课以运粮役,关于大户,可参考[日]谷口规矩雄《明代华北の"大户"について》,《东洋史研究》第 27 卷第 4 号。

⑥ 关于"都",可参考[日]周藤吉之《南宋乡都の税制と土地所有》,《宋代经济史研究》,东京:东京大学出版社,1962 年;[日]柳田节子《乡村制の展开》,收录于《岩波讲座　世界历史》第 9 卷(东アジア世界の展开Ⅰ)。

里内在里长下设有掌管赋役科派账簿类的里书,区则在粮长下设区书,整个州县则有州总、县总,任职者从粮长中选出。所以州县之下的赋役征收系统的整个结构就是州·县总(整个州·县)—粮长·区书(区)—里长·里书(里)。

(二) 里甲正役

编成里甲的各户大致可以分为四籍,即普通民户、承担军役的军户、承担匠役的匠户、承担盐课的灶户。户籍的类别世袭,原则上不可更改。但不论是何种户籍,每到攒造赋役黄册时,登记为里长户、甲首户的户每十年一律都要承担一次里甲正役。[①]里甲正役[②]的内容大致可分为 A、B 两项。

　　A　(1)里内的税粮征收。明初的田赋制度继承了唐朝中期以来的两税法,分为夏、秋两税,现年里甲需要负责一里的税粮征收,特别是在没有粮长的地区,里长有时还需要负责把征得的税粮运纳至规定的仓库。(2)维护里内治安。里内设"老人"[③],负责乡村官司,但里长和甲首也需要和里老人一同参与审判过程。除此之外,还要承担杀人案、失火案、盗窃案、勾捕逃犯等。(3)攒造黄册。承担每十年一次的赋役黄册的攒造。

　　以上 A 项内的部分,主要与里内的行政性管理相关;B 项包含的是更为直接的物质负担。

　　B　(1)上供物料。国都宫廷及各官衙需要的各类物品会根据各地物产分配,要求各地上供,上供之物被称为上供物料,由现年里甲负责征调。这些物品的内容繁多,借用山根幸夫整理的成果,主要有牲口、皮张、羽毛、药材、颜料、武器及其他。[④]永乐年间开始,物料的品目和数量都逐渐增加,原先每年需要分担的叫做额办,其后临时科派但是分摊至两到三年完成的叫做

---

① 军户、匠户、灶户在后面提到的杂役方面各自在一定范围内获得优免,但不免除里甲正役。这类特殊户籍的户成为里长户、甲首户的具体事例,可参考[日]山根幸夫《十六世纪中国における或る户口统计について》,《东洋大学纪要》第 6 集,1954 年。轮到里甲正役的里长、甲首为现年,该年,未轮到的则为排年、递年。此外本章略去了关于军户、匠户、灶户的徭役负担的论述。

② 关于里甲正役,可参考前面提到的[日]山根幸夫《明代徭役制度の展开》第一章第三节。

③ 关于里老人,可参考[日]山根幸夫《明代徭役制度の展开》第一章第三节"老人"及其他论文;还可参考[日]细野浩二《里老人と众老人——〈教民榜文〉の理解に関连して》,《史学杂志》第 78 编第 7 号,1996 年。

④ 具体可参照[日]山根幸夫《明代徭役制度の展开》第 43 页及以下。

派办,额办和派办之外临时科派的叫杂办。正如分类所示,上供物料成为里甲正役重要的物质负担。现年里甲内的物料负担的比例原则上是,里长负责整体的三成,十甲首均摊剩余的七成。(2)地方公费。上供物料是用于国都宫廷和各官衙的物品调度,而公费则是地方官衙行政所需的物品和费用。根据山根幸夫的整理,包括官衙使用的各种用品(包括从心红、纸张到油烛、柴炭等),庆贺、接诏、乡饮酒礼等仪典费,各类祭祀费,给举人、贡生等的盘缠费(差旅费),废疾、孤老等的救恤费,上司过客的供应物品和费用,人夫调度,等等,这些也和上供物料一样,成了现年里甲的沉重负担。[1](3)里甲夫马。在没有设置驿传的街道,现年里甲需要负担马、船、人夫等。(4)甲首夫。现年里甲负责出夫役一名,用于官衙杂用,此项一般从十名甲首中抽调。

　　以上就是里甲正役的主要内容,里甲正役即使是官僚之家也不能优免,承担里甲正役的户即正管户,是与畸零户相区别的里内正规构成成员。

(三) 杂役

　　以上里甲正役之外的徭役,概而言之就是杂泛差役或称杂役,但杂役根据科派方法可分为两大类。

　　第一是中央和地方各官衙的各种行政、治安时的使役,包括皂隶、禁子、门子、马夫、斋夫、膳夫、弓兵、斗级、库子、解户、巡拦、柴夫、闸夫、坝夫、浅夫等种类繁多的役目。[2]编入里甲的各户依照户内的"丁粮多寡、事产厚薄",即人丁数与田地等动产、不动产进行综合评估,在三等九则的九级户则中定级,然后依照这些杂役的轻重和各户的户则进行分配。第二是驿传相关的杂役。[3]

---

[1]　也有观点认为,以上上供物料,特别是地方公费的现年里甲负担是从明中期开始的。可参考[日]岩见宏《明代地方财政的一考察——广东の均平银について》,《研究》第 3 号,1953年,后收录于同氏著《明代徭役制度の研究》。

[2]　关于这些役的内容,可参考[日]山根幸夫《明代徭役制度の展开》第 65 页及以下。

[3]　关于驿传,可参考[日]山根幸夫《明代徭役制度の展开》第一章第四节"驿递に关する役"、第二章第四节"驿传"及所引论文;苏同炳《明代驿递制度》,台北:"中华丛书编审委员会",1969年;[日]星斌夫《明代の驿传制における船只について》,《东洋史研究》第 26 卷第 2 号,1967年;[日]星斌夫《明代の驿传制における马户について》,《集刊东洋学》第 20 号,1968年;[日]星斌夫《明代の驿传制における水夫等について》,《历史の研究》第 13 号,1968年;[日]星斌夫《明代における驿传银と协济制度》,《东洋学报》第 52 卷第 2 号,1969年,此文与该作者上述其他文章一并收入同氏著《明清时代交通史の研究》,东京:山川出版社,1971年。

为了官用的交通运输、送达公文书等,各地设置有水马驿、递运所、急递铺,都相应配备有牛、马、船只和各种夫役,这些夫役的分配主要不是根据户则,而是以田土额(或粮额)为基准进行的。构成以上杂役主干并在整个明代最成为问题的是第一类目下的部分,以下提到的杂役,如无特别说明就是单指这一部分。

明初杂役的科派主要依照上述三等九则的户则,但在里甲内如何分配并不明确。宣德(1426—1435)、正统(1436—1449)以后,杂役基本与里甲正役一样以里内各甲为单位进行轮流分配。最初推行的是江南巡抚周忱,对现年里长之外的排年里长每三年一次课以杂役,并让各里长管辖下的甲首户进行辅助。①其后正统年间,均徭法在江西创始,经过 15 世纪后半叶在全国推行。均徭法②是将杂役与里甲正役一样按年轮流科派到里内各甲,如果某年第一甲摊到里甲正役的话,那么属于第六甲的各户就负担杂役;次年第二甲负担里甲正役,第七甲负担杂役;这样,原则上以五年为间隔,让里内各甲分别轮流承担正役和杂役,如此下来,十年间各甲都会负担正役、徭役各一次,十年一轮回。随着这种均徭法的确立,形成了正役和徭役都以里内各甲为科派单位的制度。根据均徭法科派的杂役(属于上文中第一类的部分)称为均徭,轮到里甲正役的里甲称为现年里甲,轮到均徭的里甲称为均徭里甲。③

关于上述里甲制度下的赋·役征收,首先人们关注的是以下三点。第一,上述杂役根据各役轻重,按户则分配,其实税粮也是按照户则科派的。④各地区分摊的税粮根据财政上的需要,内部分设繁杂的名目,其中的每个名目都有折色纳与本色纳之别、起运和存留之差,此外起运和存留中会因最终

①　[日]森正夫:《十五世纪前半苏州における徭役劳动制の改革》,《名古屋大学文学部研究论集》第 41 集,1966 年,后收入同氏著《明代江南土地制度の研究》。
②　关于均徭法,可参照[日]山根幸夫《明代徭役制度の展开》第二章第一节。
③　从均徭法成立开始,明代的徭役就分为里甲、均徭、驿传三大类。以正统十四年(1449)的"土木堡之变"为契机,在全国范围内设置了民壮,加上前述的三役,共称"四差",其称法广泛普及。
④　关于税粮的科征与户则的关系,可参考[日]岩见宏《〈山东经会录〉について》,《清水博士追悼记念明代史论丛》,东京:大安,1962 年,后收入同氏著《明代徭役制度の研究》;[日]小山正明《明代における税粮の科征と户则との关系》,《千叶大学文理学部文化科学纪要》第 7辑,1965 年,该文收入本书。

纳粮地的差异存在条件上的差异,根据该条件上的差异附加的加耗以及其他附加税,即便是折色也会因折色率产生差异。于是乎,即便是同样一石的粮额,纳粮者的实际负担却不同,会产生轻重差异。原则上,实际负担较重的重粮派给户则高的户,反过来,负担较轻的轻粮派给户则低的户。这样一来,即使是同质同面积的土地,实际上的负担也不同,与其说税粮的直接科派对象是土地,不如说与杂役一样是以按照户则分等级的各户为基准进行科派的。第二,里甲正役、杂役都是里内各甲每年按顺序轮流承担,该正役、徭役到了明代后期虽然有所加重,但在相对特定的时期,每种役都保持在每年一定的总额内;该总额每年分摊到各甲,为顺利完成征收,里内各甲的徭役承担能力要尽量均等,所以需要以此为原则编定里甲。另一方面,编入里甲内的各户按照三等九则分级,在经济方面存在不均,所以编定里甲是以里内各户的经济不均为前提的。将这种经济上不均的户根据一甲=十一户(一里长户、十甲首户)的户数原则编成里甲,为使里内各甲的徭役承担能力平均化,需要国家人为组合各户,如此便是编定里甲组织的原则。此外,按照这样的户数原则,在编定里甲时为维持里内各甲徭役承担能力的平均状态,必须避免土地过度集中在特定户,对于土地集中的人家会强制要求分家另立多户,称为"析户"。从以上几点来看,编定里甲是以确保国家每年徭役均等收取为基轴,抽调各户予以人为组织,如此编定里甲的方式与以按照户则分级的各户为基准科派的赋·役科派原则之间是有着相互关联的。①第三,以江南地区为例,州县下的赋役征收机构按粮长—里长户—甲首户—畸零户依次排序,这不仅仅是为赋役征收设置的行政序列,粮长对里长户以及其他农民保持着极其优越的身份地位。里长户对所管的农民也有尊卑之别,以里甲制为基础的赋役征收机构同时也是该社会中多重身份关系的体现和规定。②以里甲制

---

① 关于以上这一点,可参考[日]小山正明《明代の十段法について(二)》,《千叶大学文理学部文化科学纪要》第 10 辑,1968 年,该文收入本书。关于里甲编定中的析户,前引鹤见尚弘论文《明代の畸零户について》第 64 页的注 46 已经指出。与以上里甲编定原则的观点不同,也有观点认为,里甲编定与村落或者一定的地域区划具有统一性,这种观点可参考[日]清水盛光《中国の乡村统治と村落》,《社会构成史大系》2,东京:日本评论社,1949 年,后收入同氏著《中国乡村社会论》,东京:岩波书店,1951 年;[日]奥崎裕司《明代における地主の思想の一考察》,《东洋学报》第 51 卷第 2 号,1968 年,第 33 页及以下。

② [日]小山正明:《明代の粮长について》(本书所收)第 46 页及以下。

为基础的赋·役征收机构正是因为包含如此身份序列,才使得国家征收得以实现。

三、赋役银纳化的发展

(一) 田赋的银纳化

上节已经提到,明初税粮以米麦为主,徭役则以征调实际的劳动力为主,赋·役均以收取实物为主基调。但到了宣德、正统年间,以田赋银纳化的出现为契机,明代后半期的赋·役银纳化不断推进。随着宋以来显著发展的货币经济的渗透,国家财政内的货币比重增加,役法方面也实行了免役钱制度,但因元末蔓延全国的农民起义,实物经济一时复活,明初赋·役征收的实物主义也是基于这种态势而产生的。然而,随着洪武、永乐之后王朝的统治体系渐趋安定,货币经济恢复并且以超过前朝的势头不断发展。在这种趋势下,明初为维持王朝对作为基本通货的银的垄断地位,继承了元代的钞法强行让钞流通,但最终无法抵抗银流通根深蒂固的强大力量,加上明代的钞是不可兑换纸币(即不以金属货币作为基础——译者),最后政府放弃了钞流通的强制政策,反过来自上而下推行赋·役的银纳化以获取白银。[1]

划时代的赋·役银纳化改革是于宣德八年(1433)由江南巡抚周忱推行的,原本是为了解决江南官田[2]的滞纳问题而进行的田赋改革,后来以正统元年(1436)在京武官俸米改为白银支给为契机,此后华中、华南的田赋银纳化不断推进。[3]而从几乎同时期的正统年间开始,占财政支出很大比重的北边军卫的年饷补给也开始转为白银支给,从华北各地区的北边民运粮转向

---

① [日]清水泰次:《明代における租税银纳の发达》,《东洋学报》第 22 卷第 3 号,1935 年;[日]清水泰次:《中国近世社会经济史》,东京:西野书店,1950 年;[日]鼇宫谷英夫:《近世中国における赋·役改革(一)、(二)》,《历史评论》第 1 卷第 2、3 号,1946 年;[日]田中正俊、[日]佐伯有一:《十五世纪における福建の农民叛乱(一)》,《历史学研究》第 167 号,1954 年;[日]永江信枝:《明代钞法の变迁》,《史论》第 9 号,1961 年。

② 关于明代初期的江南官田,可参考[日]森正夫《明初江南の官田について(上)、(下)》,《东洋史研究》第 19 卷第 3、4 号,1960、1961 年,后收入同氏著《明代江南土地制度の研究》。

③ 可参考本页注①的各篇论文。

银纳可以看出，①就此田赋银纳化已经在全国推进。

关于田赋银纳化需要注意的是，不单是税粮从米麦等实物转化为白银形式，银纳化的同时，税粮的科派方法本身也开始出现变化。从当时国家财政的重要地带江南于宣德八年进行的田赋改革来看，可以指出下面这一点。②这场改革以加耗与折征为主轴，加耗是对每石正粮征收一石七斗至一石九斗，称为"平米"，以这七斗到九斗作为夏税、上供物料（很可能是其中一部分）及其他起运粮米的附加税，同时将这种被称作"平米"的全税粮的一定部分折征为白银和棉布，折征部分全部科派给斗则较重的重则官田，本色则科派给轻则民田。③在这种情况下，特别是夏税已经不再作为独立项目征收，而是包含在七斗到九斗的加耗部分与秋粮合并了。④出现夏税和秋税合并征收，以及本色、折色内的各项目不以各户户则高下区分，而是逐渐变为根据田土上的民田、官田各自的斗则即田地本身进行科派，这种变化很值得注意。这里的项目合并征收（在这一阶段，仅停留在夏税并入秋粮）、不以田赋户则为媒介而以田土本身进行科派——且本色、折色，以及本色、折色内包含的诸多项目，还有这些项目以官田、民田之别为主轴对应复杂的斗则进行分摊的情况仍然存续——这一趋势构成了之后的赋·役改革的基本内容，且该趋势首先出现在江南，显示出这一地区在之后的赋·役改革中的主导地位。

（二）徭役的银纳化——十段法与门银、丁银

宣德、正统年间开始的田赋银纳化，显示国家征收开始转向白银形式，

---

① ［日］寺田隆信：《明代における边饷问题の一侧面》，《清水博士追悼记念明代史论丛》；
［日］寺田隆信：《民运粮と屯田粮》，《东洋史研究》第 21 卷第 2 号，1962 年；［日］寺田隆信：《开中法の展开》，《明代满蒙史研究》，京都：京都大学文学部，1963 年。以上各篇均收入同氏著《山西商人の研究》。

② 关于宣德八年的江南田赋改革，可参考［日］森正夫《十五世纪前半太湖周边地带における国家と农民》，《名古屋大学文学部研究论集》第 38 辑，1965 年；［日］小山正明《明代における税粮の科征と户则との关系》，此文收入本书。

③ 此时基本上以粮四石＝银一两的比例折色为银的是金花银，此外折色为棉布的部分之后也转为折银。关于金花银，可参考［日］堀井一雄《金花银の展开》，《东洋史研究》第 5 卷第 2 号，1940 年。

④ 浙江于弘治年间（1488—1505）将夏税合并入秋粮进行征收（《秀水县志》卷三《食货志》；崇祯《海昌外志》卷二《田赋志》）。随着田赋银纳化的发展，华中、华南也产生了同样的趋势。

其后徭役方面也被波及，我们首先从里甲正役(以物料、公费为中心的里甲正役 B 的部分)进行考察。

里甲正役的变化与田赋一样，是宣德九年(1434)在江南三角洲地区开始出现的。此时的变化仅发生在上供物料部分，每年一里所承担的物料被定额在五十石米，将这些分摊给现年里甲，十户甲首户各承担五石，里长则要承担甲内事故或消亡人户的负担部分以及处理布货的代纳等，即里长的责任是保证五十石米的完纳并负责运送以实物买办的物品。①这里值得关注的是，上供物料中的各品目被统一为米的单一形式，并定额化为每年现年里甲承担米五十石，每甲首户五石。而之后的景泰(1450—1456)年间前后出现了货币形态的征收，其后经过 15 世纪后半叶，各地开始普及名为"甲首钱"(浙江)、"均平钱"(广东、南直隶)等以铜钱进行的折纳，并且到了正德(1506—1521)、嘉靖(1522—1566)年间则统一为折纳白银，这些一般被称为"里甲银"，此外还有"纲银"(福建)、"均平银"(广东、浙江)、"会银"(河南)等称呼。②从各个地区的情况来看，广东是在成化(1465—1487)、弘治(1488—1505)年间将现年里甲的承担部分定额化为折纳钱，即所谓"均平钱"；其后额外的科派增加了，嘉靖十二年(1533)、二十七年(1548)、三十八年(1559)三次试图整理里甲正役并定额化，同时开始从钱纳转化为银纳。③福建也在成化、弘治年间推行了里甲正役的钱纳化，被称为"纲(钱)"，之后物料和公费也分别银纳化，其中物料是在正德十五年(1520)(也有记载为十四年的)创行八分法后，以民米一石、每个男子成丁承担银八分(银数额根据地区有所差异)作为物料的承担部分；之后到了嘉靖年间，物料的银纳定额化虽有持续推进，但这部分丁料被从现年里甲承担内容中去掉，改为每年对全州、县内的人丁与田地加以赋课。另一方面，公费于正德八年(1513)银纳化，称为"纲银"；正德十五年，公费分为正纲、杂纲两项，对于现年里甲内包含的人

---

① 前引[日]森正夫《十五世纪前半苏州府における徭役劳动制の改革》。

② [日]山根幸夫《明代徭役制度の展开》第二章第二节"里甲银の确立"；[日]栗林宣夫《里甲银に关する研究》，《东洋史研究论集》第 2 辑，1954 年，后收入同氏著《里甲制の研究》，大阪：文理书院，1971 年。

③ [日]岩见宏《明代地方财政の一考察》；[日]山根幸夫《明代徭役制度の展开》。且在广东，里甲正役中的上供物料被从现年里甲的负担中移除，转而作为每年全州县内的秋粮附加税加以科派。

丁与粮额,将总额一律按照人丁四、粮额六的比例进行科派;此后,由于额外赋课的增加,嘉靖末年废除了正、杂二纲的区别,一体化为纲银。①

如上所述,里甲正役在 15、16 世纪不断从钱纳向银纳发展,里甲正役中的各项目统一为银形式进行一次性征收,称为"里甲银"。这里值得注意的是这种里甲银的科派方法。过去虽说里长户和甲首户分摊到的现年里甲的负担有差别,甲首户之间则是均摊份额的。在黄册内等级分为里长户、甲首户的各户,都是以户为单位进行分派的。与此相比,在已经开始钱纳化的阶段,这种铜钱形式所显示的里甲正役的总额并非以户为基准单位,而是根据现年里甲中所包含的人丁和田土(或粮额),以每丁若干钱、每亩(或每石粮)若干钱的形式分派,可以说已经出现里甲正役直接科派到现年里甲中的丁、田(或粮)的现象。②

接下来将介绍杂役,即均徭之役的银纳化过程。均徭中所包含的诸役中,最早银纳化的是配属给各个官僚的柴薪皂隶、马夫、斋夫、膳夫这四项役目。③这些直到弘治年间前后才确立银纳化,已经银纳化的诸役目被称为"办银夫役",仍以力役保留的诸役目被称为"用力夫役"等。到了正德年间,前者被称为"银差",后者被称为"力差",这样的称呼在全国得以确定下来。④

银差、力差确立后,经过嘉靖时期力差所包含的力役的银纳化逐渐推进,银差的役目虽有所增加,但银差成立之初,力差内的力役自不待言,银差所包含的各个役目仍然根据户则分摊给各户,即以每户为单位承担每个役目规定的银额。从这一点上来看,虽然银差已经确立,但是明初以来依照户则的杂役科派原则仍然维持着。不过均徭的银纳化过程中,听差(也称为余

---

① ［日］山根幸夫:《明代徭役制度の展开》第二章第二节"福建の丁料と纲银"。
② 如此将里甲正役向现年里甲内丁、田直接科派后,部分地区便将该里甲负担称为"丁田"。可参考［日］栗林宣夫《浙江の"丁田"》,《山崎先生退官记念东洋学论集》,东京:大安,1967年,后收入同氏著《里甲制の研究》。
③ ［日］岩见宏:《银差の成立をめぐって——明代徭役の银纳化に关する一问题》,《史林》第 40卷第 5 号,1957 年,后收入同氏著《明代徭役制度の研究》。这些配置给官僚个人的役目银纳化后,该役就被看作这些役所隶属的各官僚的俸禄的一部分,关于这一点正如岩见氏所指出的,初期徭役银纳化首先是建立在官僚获取银的需求之上的。
④ ［日］山根幸夫:《明代徭役制度の展开》第二章第一节"二　均徭法の银纳化——银差の出现"。

剩均徭)的部分——均徭里甲内的各户分摊到均徭后,并不课以实役,而是对剩下的人户科派白银作为预备费的费用——开始出现与里甲正役的里甲银在现年里甲内一律以丁、田(或粮)为对象直接科派相同的现象。而这种听差,最初只是对均徭里甲内的余剩人户的人丁和田土(或粮)进行一律均等的赋课,但很快变成由均徭里甲内的全部丁、田(或粮)分摊。这一点与里甲银的科派方法是一致的。[①]以听差的形式对均徭里甲内丁、田(或粮)进行一律均等科派的方法的出现,可知根据户则科派杂役这种明初以来的杂役科派原则,已经出现了变革的萌芽。

此处必须注意的是,从成化、弘治年间开始,关于这种包含听差在内的均徭科派,在华北地区实行的是不同于华中、华南的均徭法,是被称为九等法或九则法的方法。九等法就是在进行均徭科派时,不但均徭里甲内的人户,每年全州县内的人户都要分摊杂役,于是里内各甲每十年负担一次均徭这种以里甲为单位的均徭科派就被废止了。相应的,听差也不是针对均徭里甲内的余剩人户,而是科派给全州县内的余剩人户。这种情况下,在华北看到的,不是如华中、华南那样按丁、田(或粮)进行一律均等科派,而是如正德年间《朝邑县志》卷一的"田赋"中所记载的那样,从上户的每丁九钱到畸零户的每丁一钱进行科派,而作为分摊听差对象的人丁是根据户则划分等级的,可见依据户则的杂役科派原则仍顽固地保留着。[②]这种华中、华南与华北听差科派方法的差异,在银纳化进一步发展的嘉靖年间,前者最终形成十段法(后文详述),后者最终形成门银、丁银。

---

① [日]小山正明:《明代の十段法について(二)》,收入本书。

② [日]岩见宏:《明代における杂役の赋课について:均徭法と九等法》,《东洋史研究》第24卷第3号,1965年,后收入同氏著《明代徭役制度の研究》。且华北的听差最初只以余剩人户为对象,但很快便开始科派给全州县内的人户。本文所引《朝邑县志》记载了从上户丁至畸零丁的所有听差银额,这也是上述事实的佐证。此外关于华北的均徭科派,从九等法中可看出,以里内各甲为单位的十年一役原则之所以无法继续维持,是因为相对于华中、华南的稻米种植地区,华北的旱地区域受限于生产力低下的基本条件,两处情况存在差异。华中、华南的州县基本都包含数百个里,与此相对,华北则只有十数个里至数十个里,极端的还存在不足十里的情况;另一方面,根据各衙门的规模,其所需要的杂役数量并没有那么大的差异,加之明代中期以后杂役负担加重,这个差距就渐渐变得过大了。《大学衍义补》卷三一《制国用》"傅算之籍"认为:"均徭之法可行于江南,不可行于江北;可行于大县,不可行于小县。"此言正点明了当时的此种情形,正是此种情形导致里甲单位的十年一役无法继续维持,并使得将均徭按年科派给全州县内人户的九等法问世。

　　十段法①于成化时期开始出现,后历嘉靖朝,主要在华中、华南普及,内容主要是根据户数原则编成的里内各甲的人丁和田土(或粮)额相互融通并均等化,在均等化之后的各甲丁、田(或粮)基础上,将里甲银一律均等科派给现年里甲,并把银形式的均徭一律均等地科派给均徭里甲。关于这种十段法有以下几点值得一提。第一,如前所述,里甲正役的银纳化过程中,钱或银形式的里甲负担——均徭的情况则是听差——针对现年里甲或均徭里甲内的丁、田(或粮)进行直接均等一律科派的方法虽然已经出现,此时的里甲仍然是基于户数原则编成的。与之相对,在十段法中编户虽然也是前提,但实际科派徭役时作为科派单位的里甲已经不再受户数限制,而是以均等的丁、田(或粮)额为单位,可以说,根据户数原则编户的里甲这一明初以来的体制实际上已经崩溃了。第二,作为十段法的终极形态,不仅均徭内的银差,连力差也以银综合计算,该均徭银总额被科派到均等化了的均徭里甲内的丁、田(或粮),原来的先分役目再根据户则摊派给各户的杂役科派原则被废止,以银为媒介,均徭内诸项目的合算一条化以及将总额统一予以分派的趋势非常明显。②这种趋势也成了后文详述的一条鞭法的直接前提。第三,原先编定里甲虽然是依据户数原则,但在组合各户时,原则上是要把里内各甲的徭役负担能力尽量平均化,如此编定里甲时,析户发挥了重要功能,这一点前文已经提到过。而十段法中,在科派徭役时不受户数原则束缚,而是根据丁、田(或粮)额本身在里内各甲均摊,很明显,原先的里甲编定原则将无法继续维持。这一点值得关注的地方在于,十段法的施行与当时通常被称为乡绅的官僚、举人、生员等徭役优免户是相联系的。明代初期,官僚之家的杂役可全部免除,然而正统朝以后,反复出台规定以限制这些户的杂役优免额。③这与伴

① 关于十段法,可参考梁方仲《明代十段锦法》,《中国社会经济史集刊》第 7 卷第 1 期,1944 年;[日]岩见宏《明の嘉靖前后における赋役改革について》,《东洋史研究》第 10 卷第 5 号,1949 年,后收入同氏著《明代徭役制度の研究》;[日]山根幸夫《明代徭役制度の展开》第二章第一节"三　均徭法の变革——十段法";[日]小山正明《明代の十段法について(一)》,《仁井田陞博士追悼论文集》第 1 卷《前近代アジアの法と社会》,东京:劲草书房,1967 年;[日]小山正明《明代の十段法について(二)》,《千叶大学文理学部文化科学纪要》第 10 辑,两篇论文均收入本书。

② 但在十段法阶段,力差方面还存在许多一时更改为征收役银,而后又恢复通过里甲科派实役的情况,原则上被摊派到实役的户可以依照役的内容得到工食银。

③ 可参考[日]酒井忠夫《中国善书研究》,东京:弘文堂,1960 年,第 199 页注 25。

随徭役银纳化出现的对丁、田（或粮）的直接一律科派的发展是相呼应的，但同时也反映了这些官僚、举人、生员等对地方政治的话语权开始增强，他们与其他平民相区别的统治身份和社会地位逐渐确立，乡绅这一特殊的历史用语也是在这样的背景下诞生的。这样的事态在十段法已经普及的嘉靖年间显著出现了。这些乡绅同时也是大土地所有者，在里甲编定时会产生大量析户，被析户出来的每个户如果都使用优免规定，国家的徭役征收就必然会遇到重大困难，且只要想维持根据户数原则编定的里甲，就无法避免这样的事态发生。十段法之所以在实际徭役科派时不为户数原则的里甲所限制，而是根据丁、田（或粮）额本身在里内各甲平均化均摊，其目的就是为了避免析户导致的优免规定适用范围扩大化。可以说，这正是为了应对明代后半期乡绅社会地位的确立而采取的方法。

前文中提到过，明代中期以后的徭役银纳化过程中，到嘉靖朝，华中、华南最终发展成十段法；几乎同时，在华北则发展出门银、丁银的形式。[①]在九等法的阶段，华北的均徭已经废除了以里甲为单位的科派，转变为每年对全州县下的人户分摊。随着均徭内更进一步银纳化的役目的出现，在正德末期到嘉靖初期形成"以户出资者""以丁出役者"的分类，前者即银差的役目，后者则是包含力差的役目。银纳化进一步发展后，属于银差的役目增加，力差内的役目也变为以银额表示，于是形成了与各户则相对应的徭役承担基准的门银、丁银。这种门银、丁银的显著特点在于，正如上上户门银若干两、丁银若干两，上中户门银若干两、丁银若干两这些表达方式所示，全州县下的各户从上上户直到下下户，都依照三等九则的户则，对应固定额度的门银、丁银额。此外，最初阶段各户根据户则分摊到的徭役的各种役目已经被门银、丁银额所代替（比如上上户门银十两、丁银一两，某上上户有二人丁的情况下，该户需要承担共计十二两份额的徭役），而力差还是需要实际承担。但是到了隆庆（1567—1572）年间，以山东为例，已经出现了一种趋势，即，将银差、力差合算，得出的总银额不是按照役目分配，而是一并以门银、丁银的

---

① 关于门银和丁银，可参考［日］谷口规矩雄《明代华北における银差成立の一研究：山东の门银成立を中心にして》，《东洋史研究》第 20 卷第 3 号，1961 年；［日］山根幸夫《明代徭役制度の展开》附论《明代华北における役法の特质》。

形式向全州县人分摊征收。①这就出现了与十段法相同的趋势。但在这种情况下,从门银、丁银是按户则分摊这一点来看,根据户则科派杂役这一明初以来的原则仍然得到延续,这也体现了华北相对于华中、华南的落后性。

四、从一条鞭法到地丁银制

(一) 一条鞭法和均田均役

由上文可知,徭役银纳化的发展趋势可概括为,到嘉靖年间,华中、华南最终形成了十段法,华北则形成了门银、丁银,徭役内各项目呈现出以银为媒介综合计算的单一化及整体一并分摊的倾向。这个趋势再向前推进,最后发展出试图对以里甲为单位进行徭役科派、以户则为媒介进行赋・役分摊这一明初以来赋・役科派原则进行彻底改革的一条鞭法。

目前已经明确的是,一条鞭法原型首次被提出是在嘉靖九年(1530),这一年,大学士桂萼上呈了一系列赋・役改革意见,对于他的意见,户部给出的议案中已经显示这种原型。亦即,在科派均徭之役时,先统计出各里内的人丁、粮额总数,将这个数目集中到以州县甚至府、布政司为单位一起计算,如此计算得出整个布政司的全部丁、粮总额,再计算出官吏、贡生、生员等优免的丁、粮额,将这部分优免减掉之后,剩下的部分按照银形式统一合算出的均徭银总额一律均等地分摊至全省的丁、粮(按照如"每粮一石银若干、每丁审银若干"的形式)。这样的均徭科派方法,在《明实录》"嘉靖十年三月己酉"条所载的御史傅汉臣的上言中被称为"一条鞭法",可知户部议案中所载的均徭科派法当时被称为"一条鞭法"。②这种方法的特征,除了以布政司整体为单位进行徭役科派这一点之外,还在于:第一,均徭内的各役目根据户则分摊这一明初以来的杂役科派原则被废止,银形式的均徭内各项目的合算一条化,以及该均徭银总额不以户则为媒介,而是直接一律按丁、粮进行科派;第二,以里甲为单位的每十年一役的均徭科派方法被废止,改为每年

① ［日］岩见宏:《嘉靖年间の力差について》,《田村博士颂寿东洋史论丛》,1968 年,后收入同氏著《明代徭役制度の研究》。
② ［日］藤井宏:《创行期の一条鞭法:傅汉臣の上言をめぐる诸问题》,《北海道大学文学部纪要》第 9 号,1961 年。

按照全州县内的丁、粮进行分摊。将此与十段法和门银、丁银比较,可见第一点中的均徭银总额不以户则为媒介,而是按照丁田(或粮)直接一律科派的方式在十段法中得到了显著体现,而第二点中十段法还保留着以里甲为单位的十年一役原则。至于门银、丁银的情况,第二点中的不以里甲为单位而每年摊派给全州县的方案被推行,但第一点中不以户则为媒介而直接一律向丁粮摊派这一点则尚未实现。

该户部案被裁定可行,然而在整个嘉靖朝,该户部案所示的役法上的一条鞭法的推行绝非一帆风顺,与该户部案最为类似的方法首先出现在赋·役改革先行的江南三角洲地区。常州府于嘉靖十六年(1537)实行了"通编里甲均徭法"。该方法是将里甲银与均徭银综合计算,每年将合算额一并以每丁银若干、每亩银若干的形式分摊给全县内的丁田。同样的方法也可以在苏州府、松江府看到。①此时均徭银和里甲银被合算科派,比起户部案的均徭各项合并一条化又更进了一步;但之后十段法在常州府再度复活,②苏州府也采用以里甲为单位的科派方法,即里甲银派给现年里甲,均徭派给均徭里甲(嘉靖《吴江县志》卷一〇《食货志》)。所以在嘉靖一朝,即便是江南三角洲地区,也没有一下子实现一条鞭法。③这是因为力差内的重役在此阶段未能实现全面银纳化,即便是在通编里甲均徭法等情况下,也是一边对其他项目征收白银,一边对力差仍然实行实役科派给均徭里甲的方法。此力差内剩余重役全面银纳化之后,才得以进一步发展到一条鞭法。

不过,一条鞭法这一试图将所有项目合并一条化,将其总额不以户则而是以丁、田为单位一并分摊的方法,不但在徭役方面出现问题,甚至还波及税粮的科派。其实在嘉靖年间,关于税粮的一条鞭法更受瞩目。在税粮方面实质上相当于一条鞭法的政策,是在与前述通编里甲均徭法等相关的同

---

① ［日］岩见宏:《明の嘉靖前后における赋役改革について》;［日］栗林宣夫:《一条鞭法の形成について》,《清水博士追悼记念明代史论丛》,后收入同氏著《里甲制の研究》;［日］森正夫:《十六世纪太湖周边地带における官田制度の改革(下)》,《东洋史研究》第 22 卷第 1 号,1963 年,后收入同氏著《明代江南土地制度の研究》)。

② ［日］小山正明:《明代の十段法について(一)》,第 370 页及以下。

③ 嘉靖三十五年、四十五年(1556、1566)曾两次试图在江西推行一条鞭法,但未能实现。关于这一点,可参考［日］岩见宏《江西一条鞭法杂考》,《研究》第 35 号,1965 年,后收入同氏著《明代徭役制度の研究》。

时期的江南三角洲地区施行的。上文已介绍,这一地区在宣德年间进行了田赋改革,出现了不以户则为单位而是直接向田土本身进行税粮科派的变化,但官田、民田之间的差别所导致的复杂斗则依然存在,税粮内的各项目是以此斗则为基准按项目分摊的。其后的正德年间,依照户则进行的税粮科派重新复活,到了嘉靖朝第二个十年,通过调整耗米的分摊方法,基本将每亩的税粮征收额平均化,同时也将以平米形式表示的全税粮内的本色、折色比例定额化,基于此比例对每亩一律征收银若干、米若干的方法得以实现。①通过这次改革,税粮内的所有项目一并合算,实质上每亩的银、米负担额得以固定化,税粮内各项目的合并一条化,以及其总额不以户则为媒介而直接向田土一并分摊的方法终于确立。同时期的四川也推行了同种改革,名为"一把连征派之法"。②而在华北,比如山东在嘉靖二十至四十年间,已经不再像原来那样分项目按户则科派税粮内各项目,而是出现了不按户则而是将税粮总额直接分摊到田土的方法,而且此时这样的税粮科派方法已经明确被称为"一条鞭法"。③

如此可见,历经嘉靖一朝,税粮的一条鞭法在不断发展,但徭役方面明确出现一条鞭法则要到嘉靖末年之后。作为较早期的改革案例,可举巡按御史庞尚鹏在浙江推行的改革为例。此案例中,均平银总额以及均徭银总额都是一律分摊到全州县的丁、田的。而隆庆二年(1568),巡抚刘光济在江西推行的改革中,不仅里甲银、均徭银,甚至包括驿传、民壮的四差在内的总银额也被统一科派至丁、粮,④徭役各项目的合并一体化得以进一步推进。⑤此后到了万历年间,以华中、华南为首,全国范围内都推行了一条鞭法,华北则是以役银中分摊给田土的部分作为地银,以征收地银、丁银的形式取代了

① [日]岩见宏:《明の嘉靖前后における赋役改革について》;[日]森正夫:《十六世纪太湖周边地带における官田制度の改革(上)、(下)》,《东洋史研究》第21卷第4号、第22卷第1号,1963年。
② [日]小山正明:《明代における税粮の科征と户则との关系》,第51页及以下。
③ 前引[日]藤井宏《创行期の一条鞭法:傅汉臣の上言をめぐる诸问题》;前引[日]岩见宏《〈山东经会录〉について》;[日]小山正明:《明代华北赋·役制度改革史研究の一检讨》,《东洋文化》第37号,1964年,收入本书。
④ 嘉靖年间驿传、民壮相关诸役已普及了银纳化。可参考[日]山根幸夫《明代徭役制度の展开》第二章第三、四节。
⑤ 前引[日]栗林宣夫《一条鞭法の形成について》;前引[日]岩见宏《江西一条鞭法杂考》。

原有的门银、丁银。①华中、华南在徭役银纳化过程中,役银不再以户则为单位而改为按照丁、田(或粮)直接一律科派的方式已经不断发展;而华北因为是旱地地区,生产力低下且难以提高,所以与华中、华南不同,门银、丁银代表的依据户则科派杂役这一明初以来的原则依然根深蒂固地维持着,正因为如此,一条鞭法这一改革办法在华北显得尤为激进。事实上,在华北并不是向每丁平均赋课丁银,按照户则分等级赋课的方式仍然普遍存在,直到清初才逐渐均一化,到地丁银制度确立才最终完成按丁平均赋课的改革。如此,嘉靖、隆庆朝以后,赋、役两方面同时推行的一条鞭法一旦形成,不但税粮内或徭役内各项目被一条化,而且必然出现粮银与役银合并,并且将总额以银的形式一并按照丁、田(或粮)分摊的趋势。事实上,赋、役的合并一条化及一并科派的趋势,就是一条鞭法的最终形态。②

　　如上所述,一条鞭法确立后,里甲正役(其中 B 的部分)和杂役基本都改为银纳,并且按年科派给全州县内的丁、田(或粮),明初以来的以里甲为单位科派徭役的方式被废止。但以里内行政管理为内容的里甲正役 A 的部分依然保持实役形态,且这部分的役是在户数原则基础上通过里甲组织以里甲为单位分摊的,而十段法之所以仍然以按户数原则的里甲编制为前提,也是源于此里甲正役 A 的残存。而且,原初由现年里甲,特别是里长总包式承担的里甲正役 A 内所包含的税粮征收、维持治安等各项役务,开始逐渐分化为独立役目,而粮长方面也出现了同样的变化趋势。这种趋势最初出现在成化年间,当时水利相关的役务从粮长身上剥离出来,设置了管辖一区内水利的塘长。其后嘉靖至万历年间,粮长分化为北运、南运、收兑粮长、收银总催等,同时里长也根据具体役务分化为总甲(里内治安及其他各项杂务)、经催(催督税粮)、里长(收纳税粮、管理里内公务)、小塘长(水利相关)等,并成为各个独立役目,这些都由里长户按顺序轮流负责,里长户每十年会轮摊到三至四次役务。③而

① 前引[日]山根幸夫《明代徭役制度の展开》附论《明代华北における役法の特质》。

② 前引梁方仲《一条鞭法》。这种形态最早期的例子可举隆庆二年(1568)的浙江余姚县。可参考[日]栗林宣夫《一条鞭法の形成について》。

③ 可参考[日]栗林宣夫《明代后期の农村と里甲制》,《东洋史学论集》第 4 辑,1955 年,后收入同氏著《里甲制の研究》;梁方仲《明代粮长制度》,第 40 页、第 80 页及以下;[日]山根幸夫《明代徭役制度の展开》第二章第二节"三　里甲正役の分化"。

分化独立出来的各役在实行过程中不仅要求承担实役劳务,并且承担者也会被强行要求以金钱支付沉重的费用。一条鞭法实行后也试图改革作为实役存留的里甲正役的 A 部分,其具体方式就是从明万历年间至清代初期以华中为中心实施的均田均役。

均田均役①创始于万历初年浙江的长江三角洲地区,具体实施办法是,以州县内的里数除以已减去优免额后剩下的全部田土额,将州县内每里的田土额均等化,并将各里内田土额分为十等份,使里内各甲的田土额也均等化,然后将前文提到的里甲正役 A 所含的各役目,对照均等划一的田土额科派给里内各甲。后来各役目本身也出现了由银代纳的趋势,此役银及其役目实行过程中所伴随的各项费用被一并核算,并按田土额分摊给该里甲,随着均田均役的推行,全部徭役都出现了银纳化趋势。不过,明末浙江开始的均田均役,拥有均等田土额的各里也形成了一定的地区区划,如此一来,所拥有的土地分散在多个里中的人户,就会变成对其土地所在的各个里都要同时承担纳粮和徭役的义务,结果必然导致赋・役征收的混乱。面对这种情况,康熙五年(1666)松江府娄县在实行均田均役时,将各户所拥有的田土以户为单位汇总,各户组合编定成田土额均等的里甲的同时,将总甲变革成相当于邻保组织的保甲制,废除里长、塘长等残余役目。这成为后来江南均田均役制度的典型模式,这一改革所导致的趋势便是——明代以来里甲相关各役随着银纳化而最终消亡。而明末到清初的官收官解法的实施使得粮长系统的解运各役也几乎全部废止。正如均田均役中以均等田土额编定里甲这一点所示,每年收取均等徭役这一明代里甲制的基本原则尽管仍然保留,但里甲已不再是根据户数原则编定,而是仅依据田土额编定,性质已然

① 关于均田均役,可参考[日]鼋宫谷英夫《近世中国における赋・役改革(二)》;[日]小畑龙雄《浙江海盐县的里甲》,《东方学报》(京都)第 18 册,1950 年;[日]小畑龙雄《江南における里甲の编成について》,《史林》第 39 卷第 2 号,1956 年;[日]小畑龙雄《里甲编成に关する诸问题》,《山口大学文学会志》第 9 卷第 1 号,1958 年;[日]小畑龙雄《江北における里甲の改编》,《山口大学文学会志》第 16 卷第 2 号,1965 年;[日]藤冈次郎《清代の徭役》,《历史教育》第 12 卷第 9 号,1964 年;[日]滨岛敦俊《明代江南农村社会の研究》,东京:东京大学出版会,1982。小畑氏举出了嘉靖年间均田均役的例子,但均田均役是否可追溯到这一时期尚存疑问。而且,不是根据一定田土额,而是根据粮额、丁额编定里中的均田均役之例亦有若干例,可参考小畑氏的介绍。

完全不同，十段法中出现的里甲制解体趋势到均田均役这一阶段已经更加明确了。

（二）地丁银制的确立和顺庄编里

由上可见，一条鞭法的确立、普及，以及几乎同时期展开的均田均役带来的结果就是，以里甲制为基础的全徭役的银纳化，且徭役本身最终基本消亡，明代的役法体系全面解体。而且在此全面性解体的过程中，税粮、徭役的科派方式从原先以按户则分等的户为单位进行摊派，完全变成按照田土科派。而且与之同时，里甲组织本身也废除了户数原则，正如均田均役中根据一定田土额编定这一点所显示出的那样，作为国家主要收取内容的赋·役，其科派对象呈现出仅仅依照田土的趋势。这一趋势从明末清初丁银的变化过程也可略见一斑。一条鞭法中的役银分为两块，一块是摊派到田土的部分，一块是以人丁赋课的部分。负担丁银的人丁，原则上由编审确定。然而正如前文所述，明末以来，通过对田土若干亩（或粮额，以及其银形态的地银额）附加一丁份丁银的形式，丁银实质性地转向向田土科派的方法已经在广泛地区不断发展。[1]即便在重视人丁倾向较强的华北，比如在山东兖州府属的曹州、单县是"照地论丁"，济宁州只对有地的人丁科以丁银，齐东县则是把本来应该对康熙十一年（1672）以后增加的人丁科派的丁银全部归入夏税银内，[2]河南则出现了"本州历来丁不派银，入地亩条鞭银内一例派征"（顺治《光州志》卷三《图籍考》"户丁"）的趋势。

只要丁银负担实质性地转向田土，人丁编审就必然失去意义。比如浙江东阳县和遂昌县、河南扶沟县在隆庆朝以后，浙江海宁县在万历十年（1582）以后，人丁额呈现固定化，编审在实际上被放弃（康熙《东阳县志》卷二《职方类》"户口"；乾隆《遂昌县志》卷二《职役志》"户口"；康熙《扶沟县志》卷二《赋役志》；乾隆《宁志余闻》卷四《丁银》），甚至还出现了黄册攒造本身

---

① ［日］北村敬直：《清代における租税改革（地丁并征）》，《社会经济史学》第 15 卷第 3、4 号，1949 年，第 14 页及以下。

② ［日］藤田敬一：《清初山东における赋役制について》，《东洋史研究》第 24 卷第 2 号，1965 年，第 15 页及以下。

也被停止的地区。①从康熙五十二年(1713)的上谕中可确认这一趋势已在全国出现,该上谕中明确以康熙五十年(1711)编审的丁数作为定额,以后增加的人丁被称为"盛世滋生丁",不再作为丁银科派的对象,负担丁银的人丁额被固定下来。康熙五十五年(1716),云南道御史董之燧上疏建议将全县的丁银总额摊派到每亩田土,进行平均赋课。董之燧的上疏无疑是要明确地丁银制度,该上疏被户部驳回未被采纳;然而同年,广东省对地银一两附加丁银一钱六厘四毫,全部丁银额折算入地银,于是丁银完全成为地银的附加税,地丁银制已名副其实地成立了。其后,以雍正(1723—1735)朝为中心,地丁银制普及到全国,丁银负担被转嫁入田土,国家收取的赋·役直接科派给田土本身的体制最终得以确立。②伴随这一变化,人丁编审也于乾隆三十七(1772)年在全国范围内停止(《光绪会典事例》卷一五七《户部》"户口编审"条)。

　　如上所述,随着地丁银制的确立,国家收取变成直接以田土为基础,明代以来作为赋·役征收机构的里甲制也最终解体,出现了被称为顺庄编里的新型村落组织。上文已述,在里甲制下,以向里内各甲均等收取徭役为原则对各户进行组合,在此原则之下,里甲并不必然以村落为基础,在根据户数原则编定里甲时自不待言,即便是在根据一定田土额编定里甲的均田均役制度之下,都会出现同一村落内的人户属于不同里甲,以及同一里甲的人户分散在几个村落的情况。如此编定的方式,在赋·役以分等户则为基准

----

① 关于从一条鞭法到地丁银制确立之间这段时间的丁银,比起将负担实质性转向田土,也有些论者更重视按人丁承担役银的侧面,并认为这是对古而有之的"个别人身支配"理念的继承,将由地丁银制确立而导致的丁银消亡看作古代社会结构向封建社会结构变迁的标志。可参考[日]重田德《清朝农民支配の历史的特质:地丁银成立のいみするもの》,《仁井田陞博士追悼论文集》第1卷《前近代アジアの法と社会》,后收入同氏著《清代社会经济史研究》,东京:岩波书店,1975年;[日]重田德《一条鞭法と地丁银との间》,《人文研究》第18卷第3号,1967年,后收入同氏著《清代社会经济史研究》。

② [日]北村敬直:《清代における租税改革(地丁并征)》。在实施地丁银制时,像广东这样对每两地银附加丁银的情况,如董之燧上疏所说,分摊到每亩田土时会因地区不同存在若干差异,且既有以一整个省为单位施行的,也有以州县为单位施行的。关于四川省的情况,可参考[日]铃木正孝《四川省における地丁银の成立》,《历史》第16辑,(日本)东北史学会,1958年。地丁银制确立后,根据各地实情还保留了河川浚渫、堤岸修理等必须的若干力役。即便如此,可以看到每一定面积派人夫若干种以田土为基准的分派已经普遍化,可以说,这些力役也贯穿了以田土为基准的徭役科派方法。

进行科派的明代最初时期是适用的,但随着赋·役银纳化以及赋·役转向按照田土直接科派方式的发展,特别是地丁银确立之后,国家收取的基础完全依据田土本身,该体制的确立,使得由国家人为组合人户而成的里甲组织和仅仅以田土为基础的国家收取系统之间产生了背离和矛盾。面对这一事态,顺庄编里便代替里甲组织,作为以村落为基础的崭新赋·役征收组织诞生了。

顺庄编里首先于康熙(1662—1722)年间出现在华北地区,当时在该地区,根据户数原则进行里甲编定的方式仍然广泛施行,于是赋役转向向田土科派与里内人户分散在各村落的现实情况之间的矛盾激化,这一地区便开始出现顺庄编里。即各人户分散在各里的土地所分摊到的负担份额,一并纳入该人户所居住的村落,若干村落又合并为庄,以庄为征税单位的同时,将同一村落内相邻五户或十户为一组登记在名为"滚单"的纳税簿上,根据"滚单"催征。①与华北不同,在均田均役已普及的华中地区,顺庄编里是从雍正年间开始实施的。首先雍正五年(1727)由浙江巡抚李卫在嘉兴、秀水、海盐三县试行,次年的雍正六年(1728)之后推广到全浙江。实施办法大致是:第一,均田均役制度下,所拥有的土地分散在各里的人户,在其所居住的村庄一并纳粮,并废除均田均役;第二,通过作为邻保组织的保甲制向各户派发相当于催税通知书的易知由单,从而全面废除了里长及其他以前的里甲相关各役;第三,对于原籍在其他县的寄庄户,则对其佃户直接征税。②雍正六年推行的这种顺庄编里成为定例(《光绪会典事例》卷一七二《户部·田赋》"归辖改征"项),其后不仅在浙江,包括江苏、安徽等华中地区都普及了顺庄编里,而与地丁银制几乎同步出现的顺庄编里,使得国家收取对象的基轴转移至田土,村落成为其征税＝统治基础的崭新体制明确出现了。

五、结　语

以上主要从制度史侧面考察了明至清初的赋·役制度变化。关于制度

---

①　前引[日]清水盛光《中国乡村统治と村落》;前引[日]藤田敬一《清初山东における赋役制について》。

②　可参考《雍正朱批谕旨》第 8 函第 2 册,"徐鼎"(雍正五年十月初二日);嘉庆《嘉兴府志》卷二二《田赋》所收《今定催科法编立顺庄规条永遵碑记》及其他清代浙江地方志;[日]川胜守《中国封建国家の支配构造》第十一章,东京:东京大学出版会,1980 年。

上出现的变化所孕育的问题点,为了有裨于今后的研究,这里将不避夹杂推测地阐述一些笔者的思考。

明代最初赋和役的征收都是以户为基准进行科派的,且作为征收机构的里甲组织也是以户数为单位进行编定的。从这一点可知,当时赋·役是以国家对各户的户别掌控为基础的。这里的户有正管户和畸零户之分,正管户中还有根据户则分定的等级以及里长户、甲首户之差别,而在华中地区,里长户上面还有粮长;也即是说,从对国家徭役的负担能力存有差异中可以看到当时社会存在多重的阶层差异,而这种阶层差异基本上与粮长—里长户—甲首户—畸零户的社会身份序列是对应的。①里甲组织以各年均等收取徭役为原则,是根据户数原则对存在阶层差异的各户进行组合编定而成。之所以通过这种里甲能够保障国家的收取工作,依靠的就是以里甲组织为基石的赋·役征收机构对其中所存在的身份关系的整合。

在这样的体制下,徭役的银纳化开始出现。其中值得注意的是,出现银纳化的同时,将役银一律科派给丁、田(或粮)的方式出现了。首先看里甲正役的情况,原先里甲正役的负担是根据里长户、甲首户之差等摊派给作为里长户、甲首户的各户的。然而,作为里甲正役银纳化形态的里甲银,是直接一律科派给现年里甲内所含的丁、田(或粮)的,在这种科派方式中,里甲正役负担中的里长户、甲首户的区别消失了。不仅如此,这种对现年里甲内丁、田(或粮)的直接一律科派也显示出一种趋势——以役法上是否负担里甲正役进行区分的正管户与畸零户之间的差异也将走向消亡。在只根据一定田土额编定里甲的均田均役中,也明确出现了这种趋势。杂役方面也出现了同样的情况。作为杂役银纳化形态的均徭银是直接科派给均徭里甲内的丁、田(或粮)的,因此在承担杂役时所区分的正管户内的户则差异以及正管户与畸零户之间的区别都将消亡,这一变化可以说在十段法中尤为明显。

---

① 虽然目前还没看到直接显示甲首户与畸零户身份差异的史料。但包含甲首户的正管户负担的里甲正役为军、民、匠、灶的所有籍共通,且官僚之家原则上也不可优免;负担里甲正役的户是里甲的正规构成成员(一里=一百一十户),以此可以推测,被排除在里甲正役直接承担者之外的畸零户与里甲正役直接承担者的甲首户之间,在地的具体社会关系方面是存在一定差异的。

　　如此,徭役银纳化所伴随的役银直接一律向丁、田(或粮)科派的方式显示出,国家已放弃对编入里甲制内各户的阶层性的掌握,这种趋势也表现在里甲编定本身。在十段法中,虽然基本以根据户数原则进行的里甲编定为前提,但实际进行徭役科派时,里内各甲根据丁、田(或粮)额而均等化,里长户、甲首户、畸零户的区别实质上在走向消亡。而到了均田均役,通过只依据一定田土额进行的里甲编定,上述区别可以说完全失去了意义。从徭役科派、里甲编定可以看出,国家放弃了对各户阶层性的掌握,这种放弃也显示出以里甲组织为基石的赋·役征收机构所内涵、体现出的社会多重身份关系的崩溃。与这些过程同步进行的是,原先由粮长、里长汇总实行的各役务,独立分化成各个役目,这种现象显示出粮长、里长阶层社会地位的衰退。里甲制变质和解体的基础在于赋·役征收机构内所体现出的多重身份关系的崩溃。此种情况在十段法确立、普及的嘉靖年间已经十分显著。十段法后的一条鞭法中,赋和役两者都已全面放弃了以户为基准的科派方法(不过较为落后的华北还在相当程度上保留着根据户则进行的丁银科派方式),同时,随着役银向全州县内丁、田(或粮)直接科派的推行,作为徭役科派单位的里甲的存在意义被显著削弱,里甲组织经过均田均役的过渡性阶段,到顺庄编里就最终解体了。

　　如上所述,明末清初赋·役改革所显示的是赋·役征收机构内体现的多重身份关系的崩溃,那么在此过程中,作为崭新统治身份出现的就是以科举制为基础的乡绅。乡绅问题在役法上明确出现是在十段法(前文已述)中,其后一条鞭法、均田均役等一系列改革都和乡绅的优免相关,从这一点可看出,要如何在国家赋·役收取的框架内重新把握新统治身份逐渐确立的乡绅的土地占有,是贯穿这些改革的基调,随着以户为基准的徭役科派、根据户数原则编定里甲方式——为了限制因析户而扩大优免适用范围的规定——的废除,其最终结果便是地丁银制和顺庄编里的确立。

　　但如果将明末清初赋·役改革的最终形态确定为将国家收取对象仅限于土地的地丁银和将征收/统治基础置于村落的顺庄编里,目前仍有一个问题需要探讨。前文已经提到,从里甲组织的编定原理来看,主要是将各户分别抽出进行组合的,并不一定以村落为基础。这一事实反映出明代小农经济仍不稳定,以及小农相互间的地缘性结合仍然薄弱。而明末清初农业技术的进一步集约化与商品生产(特别是农村手工业的商品化)的发展,提高了小农经济的相对稳定性,并强化了小农相互间的地缘性结合度。而里甲制这一国家主导的人为组合的赋·役征收机构的解体、其中所体现出的多重身份关系的崩溃、国家收取对象缩小至田土及其征收/统治基础转移到村落等现象的根本性原因,正是小农经营的发展和地缘性结合的增强。此外,国家收取的对象仅限定于田土之后,国家将直接生产者的小农作为单一身份阶层进行直接掌握也就成为必然趋势,浙江的顺庄编里中的寄庄户(明代以来,特别是在江南地区,跨州县的土地所有已广泛存在)的田赋是向佃户征收的,而到了清代,地主和佃户之间的主仆名分最终被明确否定,①雍正年间还进行了一系列贱民解放活动,②这些都明确显示出国家试图将被统治的农民作为单一身份阶层进行直接掌控。这样宏观来看,到了清代,包含官僚机构在内的科举体系内的乡绅,以及位于科举体系之外、以农民为核心的平民这两种明显是对立关系的身份关系,已经固定下来,取代了明代里甲制下的多重身份关系。

上述里甲制解体以及取代里甲制的顺庄编里确立的事态下,留下的问题是,里甲制解体后,原先依靠粮长或里长实行的赋·役征收功能转移到了谁的手里?明末均田均役的出现明确显示了里甲制的解体,从均田均役出现伊始就提倡纳粮户将自己的粮银直接解运交纳的方法,称为自封投柜。然而,自封投柜并非对所有身份阶层实施,而是作为乡绅的一种特权,③一般农民则是由胥吏承包进行征收的。④胥吏不仅是州县下定额配置的,其顶峰时曾拥有大量人员,其中相当一部分是由曾经附属于粮长、里长的区书、里书转变而来的,各自承包所管辖地区的征税,这种征税权甚至作为一种物权成为世袭和买卖的对象。而胥吏中有不少是由乡绅的奴仆,或者与乡绅有

①　[日]仁井田陞:《中国の农奴·雇佣人の法的身分の形成と变质——主仆の分について》,《中国法制史研究》第 3 卷《奴隶农奴法·家族村落法》,东京:东京大学出版社,1962 年。

②　[日]寺田隆信:《雍正帝の贱民解放令について》,《东洋史研究》第 18 卷第 2 号,1959 年。

③　比如浙江的事例,可参考[日]佐佐木正哉《咸丰二年鄞县の抗粮暴动》,《近代中国史研究》第 5 辑,1963 年,第 189 页及该文注 2。

④　关于这一点的先驱性研究,可参考[日]细井昌治《清初の胥吏》,《社会经济史学》第 14 卷第 6 号,1944 年;前引[日]鳖宫谷英夫《近世中国における赋·役改革(二)》,第 62 页。

着密切关系的人充当的,①于是,乡绅对州县内征税的影响力相当巨大。乡绅在清代地方行政中行使的政治权力就是以对征税机构的影响力为重要基础的。乡绅胥吏阵营成为支撑清朝统治的实体性支柱,也成为乡绅对农民的统治和实现乡绅土地所有的杠杆。

(原载于[日]小山正明《明清社会经济史研究》,

东京:东京大学出版会,1992)

陈永福 译校

---

① [日]小山正明:《明末清初の大土地所有(二)》,《史学杂志》第 67 编第 1 号,1958 年,第 68 页及以下,收入本书。根据《清朝文献通考》卷二三《职役三》,雍正七年(1729)禁止乡绅的奴仆充当书役(胥吏),表明这样的例子是相当普遍的。

日本的明代徭役制度研究

［日］谷口规矩雄

一、前　　言

　　明史研究被认为是第二次世界大战后取得最大发展的领域之一。其中,关于徭役制度的研究非常活跃,提出了多种新的见解和问题。这当然与该领域从战前积累的研究成果有关,但和中国史研究的其他领域一样,也受到和战前研究全然不同的战后的状况和问题意识的强烈影响。特别是日本的战败和中华人民共和国的建立,迫使日本的中国史研究作出根本的反省,有必要找出一个新的研究方向。在今天看来,迅速地把克服"东洋社会停滞论"——日本将对亚洲的侵略正当化的理论——作为课题提出,可以说是很理所当然的。明清史研究也在同样的问题意识之下,向学界提出了一个个指向克服停滞论的新成果。毋庸赘言,其中西嶋定生的一系列关于松江棉业史的研究,①通过他敏锐的问题意识以及崭新而深刻的讨论,给明清社会经济史带来了全新的一面。笔者至今也无法忘记,学生时代读这些论文时所感受到的极大的震撼与激动。

　　如众多学者所指出的,明代的徭役制度研究也在同样的问题意识之下展开,很多研究试图通过徭役制度去解释明清作为王朝国家的构造,以及其时代的性质。所谓徭役,是指与作为土地税的田赋并列的、王朝国家向人民征收的活生生的劳动力。因此,阐明徭役的征收方法,即徭役制度的形式、实质,是理解王朝国家和人民关系的最重要的方面之一。小山正明、重田德等人从这一观点出发,试图通过徭役制度的新进展,即一条鞭法的确立这一事实,对明清的时代划分,即明末清初的时代划分展

---

① 　西嶋定生的研究总括收录于同氏著《中国经济史研究》,东京:东京大学出版会,1966 年。

开研究,①给明清史研究整体带来了很大的启发。但 20 世纪 80 年代以后,中国史研究曾经一度热烈的气氛骤然冷却,研究专门化、个别化的趋势越来越显著。不能否认的是,之后的中国自身的大变动也是其中一部分原因。之前的研究以中华人民共和国的成立为契机,从对新中国未来充满的期待出发,试图重新理解中国的过去。但在此后的从"文革"到 80 年代末的不断的形势变动中,不得不对这样的研究态度作出思考。对把新中国的成立作为一个归结点来考虑的中国社会发展阶段论,以及作为其中一个环节的明清社会的时代划分等问题的关心,急速变淡了。随着连接未来和过去的观点的丧失,对于问题的关注点也不得不回到现实本身上来。因此,对过去个别事象本身的关心变得更强,与此同时,对其功能和形态的探求成为最被关心的话题。

在这样的情况下,曾经备受瞩目的徭役制度史研究忽然之间变得不再热门。以徭役制度为主题的研究在数量上也有所减少。本文以战后的研究成果为中心,在考察其意义的同时,想对尚残留的问题发表若干个人见解。

二、战前的徭役制度史研究

前辈学者们的主流见解认为,战前的明史研究,相比其他时代而言,似乎相当落后。学者的数量很少,因而成果也较少。②其中相对研究得比较好的是政治、社会经济的领域。就徭役制度史研究的领域而言,明代徭役课征的基础是洪武十四年(1381)制定的里甲制。关于里甲制,体现战前最高水准的,是和田清编《中国地方自治的发展史》③所载的松本善海所写的第四章《明代》(编者按:已收入本书)。在其中的第三节中,松本把里甲制定义为以税役征收为目的,以一百一十户赋役义务户为基本单位编成的村落组织。

---

① 关于重田德的研究,在本稿中没有提到,但可以举出同氏著《清代社会经济史研究》,东京:岩波书店,1975 年。
② 例如山根幸夫所著书《明代徭役制度の展开》(东京:东京女子大学学会,1966 年)的序文(岩见宏执笔)中,表达了同样的见解。
③ 《支那地方自治发达史》,中华民国法制研究会,1939 年;之后经过改名,1975 年在汲古书院复刻。

松本在这里还指出了里长的职责，并同时论及杂役。但是，关于杂役的见解总体没有超过《明史·食货志》"赋役"条的记述。相比而言，其特征倒是更强调里老人设置的重要性。在第五节中，松本论证了把征税作为主要目的、人为组织起来的里甲制是使村落具有自治功能的原因。该组织中设置了作为核心存在的里老人，承担着"使关系到村落生活之共同利害的一切问题得以自治地解决"的同时，又通过对村人的教化，对消极的治安保障有一定帮助。关于里老人的工作，松本的评价对直到战后的研究都有影响。此后，他还发表了《明代里制的创立》①，对上述论点作了更详细的研究。

相对于松本把里甲制定义为被人为编成的村落组织，清水盛光《旧中国村落的自治》②则认为里甲制是以自然村落的统一性为基础建立的。这一完全对立的研究观点的提出，成为战后里甲制研究的基础。围绕这种被称为里甲制的组织自身特征的问题，因为偏离本稿的主题，在这里就不再更多地提及了。战后（日本学界）倒是对随着里甲制建立而担当重要工作的里长的职责问题展开了具体的探究。

在战前的徭役史研究中有一定积累的，是关于税、役的折银收纳以及被当作其结果的一条鞭法的研究。真正开拓了明代的社会、经济方面研究的功臣之一是清水泰次。他很早就发表了《一条鞭法》③，其见解到战后的一定时期为止作为学界的定论占据着重要的位置。即一条鞭法的本质是以税和役的融合为目的，试图将人头税并入土地税。这可以说是将一条鞭法理解为唐末两税法以来的又一全面改革，以及清代地丁银制的先驱。在沼田鞆雄《明代一条鞭法序说：关于租税和银的关系》④和前揭《中国地方自治的发展史》第四章第四节"银的流通和一条鞭法"中，松本善海也承袭了这一观点。而且，在战后不久发表的鼇宫谷英夫《近世中国的赋役改革》⑤中，关于一条鞭法也是以清水的见解为基础的。

如上所述，很早就有研究将一条鞭法视为两税法以来的又一改革而展

---

① 《明代における里制の创立》，《东方学报》（东京）第 12 卷第 1 号，1941 年；此后收入同氏著《中国村落制度の史的研究》，东京：岩波书店，1977 年。

② 《旧支那における村落の自治》，同氏著《支那社会の研究》，东京：岩波书店，1941 年。

③ 《一条鞭法》，《桑原博士还历记念东洋史论丛》，京都：弘文堂，1931 年。

④ 《明代一条鞭法序说——租税と银との关系について》，《历史と地理》10，1934 年。

⑤ 《近世中国における赋·役の改革》，《历史评论》第 1 卷第 2、3 号，1946 年。

开。讨论一条鞭法时，自然而然地就会涉及作为其前提的税、役折银收纳的问题。由白银流通所引致的货币经济的发达，给明代的社会和经济等多方面带来了重大影响。租税、徭役的折银收纳也作为其直接的结果之一受到关注。处理一条鞭法前一问题的是前揭沼田的论文，继此发表的则是清水的《明代租税银纳的发展》①。这篇论文阐明了，明初的租税虽以米麦实物收纳(本色)为原则，但在种种条件下，折纳被认可，之后折纳也出现以白银收纳为主体的趋势，直到正统元年(1436)金花银出现的过程。关于金花银，堀井一雄《金花银的发展》②对其创立过程作了较深入的研究，阐明了宣德八年(1433)周忱在苏松地方实施的田赋折银收纳为其起源，直到嘉靖年间这个名称在全国普遍化等问题。关于金花银，这两位学者的研究到今天为止也是最基本的见解。清水的《明代役法的变迁》③概观了徭役制度史的变化。

我认为，战前的徭役制度史研究从 1930 年前后开始就有了一定的积累，但不可否认的是，这些研究的重心还是在解释《明史·食货志》。清水的一系列研究显著地体现了这一点。这些研究的主要方法是，将《明史·食货志》中被认为记述不正确或错误的地方首先与《明史稿》对比，然后进一步研究与其相关的《明会要》和万历《大明会典》等政书，以及《明实录》。虽然此时地方志和文集等也被较多地使用，但是与今天的使用情况相比，难免显得只是部分、不彻底的。如果考虑到当时的史料存在情况和收集的困难，这可能也是不可避免的。也可以解释说，在当时的历史研究中，社会经济史的重要性没有被充分认识到，历史观还没有从正史中心史观中脱离出来。

三、战后的徭役制度史研究

(一) 围绕里甲正役的诸问题

像前言中提到的那样，战后的明史研究有着很大的转变。发表了很多从新的问题意识出发的研究，徭役制度史研究也是构成其中的一部分。一般认为，明代徭役制度在洪武十四年(1381)确立，其基础是同年施行的里甲

---

① 《明代における租税银纳の发达》，《东洋学报》第 22 卷第 3 号，1935 年。
② 《金花银の展开》，《东洋史研究》第 5 卷第 2 号，1940 年。
③ 《明代における役法の变迁》，《史观》第 8 号，1935 年。

制。关于如何思考这样的由一百一十户民户为基本单位的里甲制的特点，还有很多问题存在。战后被视为最引人注目的成果之一的，是鹤见尚弘的《明代的畸零户》①。这篇论文明确了在洪武十四年(1381)里甲制建立以前的洪武二、三年(1369、1370)间，已有一种极类似于里甲制的制度在江南的一部分地方实施。与此同时，这篇论文指出，在里甲制的构成人户中存在着的从来没有被注意到的"带管户"，并明确了这种带管户包含零细土地所有者在内，相当于税粮和里甲正役以外的杂役负担者。也就是说，实际上，要是将里甲内的人户以阶层来分类，可以排列为里长户、甲首户、带管户、畸零户，其中里长户、甲长户等正管户和带管户的区别，不是一直以来认为的土地的有无，而是是否负担里甲正役，这个问题在这篇论文中被明确指出。通过这些问题，鹤见主张，里甲制中这种阶层序列的存在，是王朝权力所容忍的农村现实阶级诸关系和身份关系，王朝试图以此为媒介构筑统一的权力体系。在这样的情况下，由包括畸零户在内的种种农村固有的户组成的里甲编制，必然是以现实村落共同体的诸功能为前提的。鹤见这篇论文，应该说为解释里甲制结构推进了重要的一步，是划时代的作品，对里甲制的理解提出了重要的论点。其论点之一是正管户和带管户区别的问题。但是如果说区别这两者的，是是否承担里甲正役，那么在里甲内，负担里甲正役户和不负担的户之间，就应该有断然的区别。然而，当现年里甲的负担被白银化，转向对丁、田(或粮)征收赋课的同时，出现根据亩数或粮额等进行里甲编制，那么作为结果，正管户和带管户的区别必然被消解。如果说，在明代后半期赋役制度改革的过程中，正管户、带管户的区别被逐渐废除，这一区别的存在和废止具有什么样的意味呢？还有，这一事实与作为里甲制成立前提的"现实的村落共同体的诸功能"是如何相关的？可以说鹤见的论文给之后的研究留下了一个课题，那就是在理解里甲制的性质之上，需要进行更深入的探究。

虽然对里甲制自身的讨论不是本稿的任务，但是笔者希望可以通过这一角度切入里甲正役的问题。在维持、运营里甲制上所需的徭役是里甲正役(有时也称作"里甲役"或仅仅是"正役")，即里长、甲首、里老人、粮长，

---

① 《明代の畸零户について》，《东洋学报》第 47 卷第 3 号，1964 年(编者按：已收入本书)。

部分地区还包括塘长等。战前的研究重视里长、甲首的工作，主要是作为其职务的 1.税粮的征收和搬运、2.黄册的编造、3.里内的治安维持（参与辅佐里老人进行轻微事件的裁判）等。但是，战后的研究除了上述职务外，还明确了存在着作为重要义务的"上供、公费"的负担。山根幸夫《关于明代里长职责的考察》①就是在讨论这个问题。而且，在这里展开的山根的见解，可以说也是此后学界在理解里长的职责问题上的一个定论。然而，最近岩见宏提出了一个修正山根论争的重要见解，关于这一点，在下文中会展开比较详细的论述。

与里长并列的一个重要职务是里老人。前章（编者按：即本文第二节）中提到的松本善海的见解，是强调其为村落自治功能的中坚力量及其重要性。战后，关于里老人制及其工作的研究被进一步推进。早期有小畑龙雄的《明代最初的老人制》②《明代乡村的教化和裁判》③两篇论文。前者讨论了老人制建立以前设置的耆宿（耆民、耆老）在里内的工作，考察其与老人制的联系。后者阐明了其转变的过程：乡村内为裁判和教化设置的申明亭、旌善亭是以里老人为中心来运作的，虽在乡村统治中起到了一定的作用，但随着里甲制的松弛也逐渐消失了。

里老人制是在全国范围内施行的，在里甲制权力体制中占有重要地位，但是关于制度的内容和特点却未必明确。关于它的建立年代，有几种说法，而且，关于里老人的法定人数，虽然从来都被认为是每里一人，最近却出现了另一种说法，认为有更多的人数，甚至在里老人之外，还有辅佐他工作的其他老人。④关于这个问题以及里老人的工作，细野浩二的见解和松本、小畑等人完全不同。⑤总之，因为里老人制的问题与理解里甲制的特征相关，期待今后有研究可以从老人制的具体内容和里甲制的制度内容这两个方面进行进一步探讨。

关于粮长，可以说，战后才开始对其自身的内容和性质进行具体讨论。

① 《明代里长の职责に关する一考察》，《东方学》第 3 辑，1952 年（编者按：已收入本书）。
② 《明代极初の老人制》，《山口大学文学会志》第 1 卷，1950 年。
③ 《明代乡村の教化と裁判》，《东洋史研究》第 11 卷第 5、6 号，1952 年。
④ ［日］细野浩二：《里老人と众老人》，《史学杂志》第 78 编第 7 号，1969 年。
⑤ ［日］细野浩二：《耆宿制から里老人制へ——太祖の"方巾御史"创出をめぐって》，收入《中山八郎教授退休记念明清史论丛》。

相对较早的研究是川濑智寿子《明代的粮长》①、西野正次《明代太湖周边的粮长——特别是以苏州府吴江县为中心》②,纷纷讨论了在国家财政上的基本经济地带——长江中下游中心地区——设置的该制度的具体内容和变迁等问题。特别值得瞩目的是,前者强调了作为一种徭役的粮长的工作,不应该说成仅仅是杂役,而是具有正役的功能。此外,考察粮长在漕运中的功能的,还有星斌夫的《明代粮长在漕运中的工作》③。此后发表的小山正明的《关于明代的粮长——特别以明前期的江南三角洲地带为中心》④,可以说是关于粮长最详细的研究。在这篇论文中,小山在充分利用到当时为止的国内外研究的基础上,阐明了关于粮长功能的几个重要问题。其中值得关注的是,他指出粮长不仅负担税粮,还负担徭役的赋课;还阐明了粮长在水利方面所起到的重要作用。与此相关,他还强调了作为乡村行政区划的区在县和里之中的定位,这也是该研究的特点。他还进一步指出了粮长和里长、一般人户之间身份差异(包括服装上的差异等)的存在。总之,在乡村中,从功能和社会立场来看,粮长在乡村统治中占有核心的地位,具有统率里长的身份。但是,从这些方面来考虑的话,"明代的乡村社会是由具有重大区别的粮长、里长户、一般农民三种身份序列构成的",这一身份序列共同组成王朝的赋役征收机构。结论是,"即役法体系具有规制与之相对应的社会身份序列的功能,在役法体系中占有什么位置,区分了该家庭的社会身份"。就像小山自己所说的那样,该论点是以设想明末清初该身份序列解体、新政权权力体制成立为前提的。小山的见解建立于他对上述鹤见论文中提出的里甲制内部结构的独自理解,因此读起来更为深刻、耐人寻味。但明代的乡村,真的是在里甲制的权力体制下,如此彻底地贯彻这一身份序列的吗?尤其是役法体系——这里特别是里甲正役负担的身份决定了社会身份的区别,但已有研究阐明作为里甲职务中相当重要的负担的上供、公费负担在明

---

① 《明代の粮长》,《文化》第 17 卷第 6 号,1952 年。
② 《明代太湖周边の粮长——特に苏州府吴江县を中心として》,《金泽大学法文学部论集》第 7 卷,1960 年。
③ 《明代粮长の漕运における役割》,《山形大学纪要》第 1 号,1950 年。
④ 《明代の粮长について——特に前半期の江南デルタ地带を中心にして》,《东洋史研究》第 27 卷第 4 号,1969 年;后收入同氏著《明清社会经济史研究》,东京:东京大学出版社,1992 年。

初并不存在,而明中期以降则因为种种理由成为里甲的负担(关于这一点以后再说)。①如果里甲正役的内容自身有大的变化,当然可以认为它给正役负担的存在方式带来了某种变化。如果说正役负担的存在方式决定社会身份序列,上述事实也会给身份序列带来某种变化吧? 如果再从其他方面思考小山的社会身份序列,中国社会(特别是南部地域)中可以说是像强劲的根系一样扩展的族的结合(宗族等),和身份序列是否有某种关系? 笔者的陋见是,如果考虑中国近世(特别是明清时代)的社会身份序列,宗族等族的结合之下的身份序列以及科举制度之下的身份序列之排序方式在决定"社会身份序列"上更加具有影响力。所以很难想象"社会身份序列"的决定主要与负担里甲正役的方式相关。因此有必要考虑在宗族结合度高的地域,国家的徭役制度等是否会有所改变。在这一意义上,根据最近在中国开始刊行的徽州文书等作出的研究很引人注目。即使如此,小山的论文通过分析粮长在农村中的功能,对徭役制度和国家权力体制的关系作出积极提示,这一点有重要意义。关于里甲正役,其他地方性的塘长、总甲、小甲也被举出,在此就省略不提了。

最后,想要提及作为里甲正役中重要问题之一的上供物料、地方公费的负担。笔者已指出,该负担是里长职务上重要的一部分。关于这个问题,在前揭山根的论文中已被明确,也已大概成为定说。但是,最近岩见宏发表了接近修正山根说法的见解。②上供物料,就像字面上表示的那样,是供应宫廷、中央官府御用的各种物资;公费则是指地方官府必需的各种调度物品和费用。这些物资和费用实际上包括了种种东西在内,关于它们详细的内容,山根的论文已经明示,无需在这里重复。顺便说,关于这些负担何时开始成为里甲的义务,山根并没有指出明确的时期。但是,如果从山根论文文脉整体来判断,应该理解为是从洪武年间就开始的,这也是现在通常的认识。与此相对,岩见详细地再次研究明初的法令等的结果表明,对应于上供物料和地方公费这些里长、甲首职务的负担的规定并不存在。但是,因为这些物资和费用为宫廷、官府所必需,种种筹措、支付方法应该还是存在的。

---

① ［日］岩见宏:《明代徭役制度の研究》第一、二、三章,京都:同朋舍,1986 年。
② ［日］岩见宏:《明代徭役制度の研究》第一、二、三章。

因此，上供物料是通过以下五种方式来筹措的：1.令本来的生产者向政府缴纳的东西；2.政府役使人民获取的东西——采办方式；3.令人民将税粮的一部分以代纳的形式缴纳的东西——折纳方式；4.以抽分的形式从商人那里征收的实物；5.从民间购买上来的东西——买办方式。在这些方式中，第一到第三种方式都是从生产者那里直接征收物资，但是随着时代的推进，伴随着商品经济的发展，第五种买办方式的比重越来越大。这一点也得到明确。

以上是从收纳方式来看上供物料筹措的内容，而这些物料的筹措还随着时间的推移而增多。因为数量的增多以及状况的变化，人民不可能直接上纳的物料依然要分派，或者为了满足物料需求量的增加，甚至连土地中不产出的东西也要分派，这样的情形也屡次出现。这时，政府就指示要采用买办方式来筹措，实际上这种方式也经常是不合适的。所谓买办方式，是指政府拿出资金来购买必需品，因此，对人民而言，本来应该什么负担都不存在。但是，实际上因为差役没有对产地作充分的调查，对各府州县征收一样的物资，府州县从人民那里强制收集资金，再以此买入物品并上纳，这样的事例可以说很多。此外，地方当局不支付价钱，使里长负担物料，或者在买办之际支付额还不到实际价格的十分之一，这样的情况也很多。从以上事实，岩见得出结论，认为上供物料的筹措，是以买办为名，实际上却让里长负担物料，同时也就是让一般人民来负担，这样的事情广泛地发生着。但是，如果从以上事实来看，不能认为从明初开始，上供物料的负担就被作为里甲役的一部分，成为一种义务。

此外，地方公费可以说也一样。照岩见看来，因为地方公费是地方行政运作必要的经费，本来应该是从征收来的租税中支付的，以其他途径向人民分派应该不是本来的形态。但是，在现存的明代地方志中，多处记载了明代后半期向人民分派的形式。因此，该状态是否从明初开始就存在，还是一个需要研究的课题。然后，通过逐一研究嘉靖《广东通志》"徭役"项中的公费各项目的内容，岩见得出结论，认为在明初，原则上地方公费也是由一应官钱、官粮来支付的。

从以上事实来看，明初上供物料和地方公费都和里甲役没有关系。这是近乎修正一直以来的通说的重要见解，阐明了明初里甲役的一个方面，具有很重要的意义。

如果这样的话,这两者和徭役的关系是在何时、以何种形式发展起来的,这就成了紧接着的问题。岩见指出,上供物料的负担已经伴随着买办之名出现,向里长和一般人民征收种种物资。公费也成为人民的负担,这也是中央政府在一定程度之内默认的(岩见对此给出了具体的例子)。其费用由里长、甲首负担,对地方官而言是最便宜的方法。即预先从里甲征收一定数额的货币,在需要的时候再相应地支出,可以判断这种方法实施的区域,应该比残存的史料中可见的更加广泛。采用这种形式的上供、公费成为里甲的负担,根据岩见的研究,是明中期——景泰、成化、弘治时期的事情。

那么,上供、公费和均徭又是什么关系呢?

(二) 围绕杂役(徭役)的诸问题

在此问题上,岩见的见解也很重要,我们将以此为中心来论述。但在此之前,不能不先提及战后的重要成果。在明代的徭役制度中,里甲正役以外的徭役全部被称为杂役或杂泛差役,官府随时根据其需要,不定期地课征。该杂役的课征,是基于综合评价"丁粮多寡、事产厚薄",也就是人丁数和田土等动产、不动产的三等户则(但该时期的三等九则并不明确)分派的。但是,关于杂役的课征方法没有较此更明确的标准,而且,杂役的负担与时俱增。然后,以合理化该杂役负担为目的而实施的,就是均徭法。关于均徭法,山根幸夫的《十五、十六世纪中国赋役劳动制度的改革——以均徭法为中心》[①],详细讨论了其建立过程和改革的意义等问题,其中的见解现在被公认为定说。由于均徭法的建立,杂役也和里甲正役一样,由里内各甲每十年负担一次(只是正役和杂役不在同一年,而是保持着五年的间隔)被定式化。同时,根据三等九则的户则规定的各役,在轻重相对应的各人户间分派。也就是说,从均徭法开始,杂役的分派被定期化、定量化。因此,根据均徭法来征收的杂役都被称作均徭,相对于被分派承担里甲正役、被称作现年里甲的里甲,被分派均徭的役的里甲被称为均徭里甲。不过,在这里受到关注的,

---

① 《十五・六世纪中国における赋役劳动制の改革》,《史学杂志》第 56 编第 12 号,1951 年;作了部分增订后收载于同氏著《明代徭役制度の展开》第二章,东京:东京女子大学学会,1966 年。

是他指出了田土被作为均徭分派的基准而受到重视。

这篇论文阐明的另一重要论点，是围绕着均徭以白银收纳的问题。一直以来，流行着一种基于《明史·食货志》记载的错误见解，认为在均徭法创立之初，银差、力差就出现了区别。但是，山根详细、实证地说明了，银差的成立，即均徭折银收纳的出现在较晚的 16 世纪初——弘治末年到正德间，并详细讨论了其出现的过程。他还指出，银差出现的主要原因之一，是公认银差的方式比起力差负担较轻，即有着出于减轻负担的社会政策的意味。

关于银差出现的原因，此后岩见宏的《围绕银差的成立：关于明代徭役银纳化的一个问题》[①]对山根的见解提出了质疑。岩见从银差所包含的诸杂役中，选取了最具代表性的柴薪皂隶、马夫、斋夫、膳夫四种役，对它们折银收纳的过程作了详细的分析。结果表明，官僚对白银的要求，对于这些役出现折银收纳的契机起了很强作用。即结论为，银差的成立是以官僚对银的欲求为重要契机出现的。与田赋折银收纳发展的情况一样，徭役折银收纳的直接契机也是官僚对银的欲求。明确这一点对我们来说是重要的认识。

在讨论徭役折银收纳之前，还有一个不得不提的问题。那就是本节[编者按：即本节"（二）"]起首处言及的岩见的新见解。这和他所著《明代徭役制度的研究》第三章第二、三节的"上供、公费和徭役（一）：围绕着九等法"和"上供、公费和均徭（二）：关于听差"中论述的事实相关。岩见在这两节中，讨论了上供、公费和均徭的关系，其中的见解在笔者看来是非常值得注目的。以下说明其要点。首先，第二节的内容，非常重要的一点是，明中期以降，伴随着上供物料向地方分派的增加，该上供物料被包含在根据九等法分派的均徭之中。九等法在著名的丘濬的《大学衍义补》卷三一《制国用》中，以相对比于均徭法的形态被记述，已经是众所周知的事实，但其具体意义还没有完全被了解。岩见将其与上述的分派相联系，研究了万历《大明会典》卷二〇《户部》"赋役"条中成化十五年令和九等法的关系，结果证明，存在着和均徭法一起使用的九等法。作为具体例证，可以举出何乔新在湖广实施的均徭法。在这一事例中，根据原来的均徭法分派徭役和根据九等法分派

---

① 《银差の成立をめぐって——明代徭役の银纳化に关する一问题》，《史林》第 40 卷第 5 号，1957 年；后收入同氏著《明代徭役制度の研究》后篇。

上供物料,两者都同时被包含在内。即如果认为上供物料的负担也是徭役的一部分或者一种,那么九等法应该也是均徭法的一种。接下来,第三节举出了听差。明代后期华北的地方志中,经常可以看到均徭被分成银差、力差、听差三项的例子。其中听差被解释为不是差,而是听候差用,也就是类似于预备费性质的东西。岩见详细研究了听差的内容和分派方法,结果表明,听差是:1.为了筹措上供物料的负担而设立的;2.原先被确定的是征收的分派额,实际的花费要等到上级命令时才支出,即采用的是预先征收定额预备银两的资金池方式;3.银两的分派不论采用何种方式,总是按照成化十五年令的方针,对应于九等的户等区别负担额。这三点被明确了。其中指出听差是基于九等户则分派尤为重要。像岩见自己所说的那样,从山东地方开始,在嘉靖以后,门银、丁银制度在华北推广实行,即对应于从上上到下下的九等户则交纳定额的银两。考虑如上事实,这并不是嘉靖年间突然发生的事,九等法之类的东西早就存在,这种方式扩大到全部杂役,成为门银、丁银,应该说也很自然吧。指出这一点的确很重要。因为既往研究无法说明华北为什么会从均徭法变成门银、丁银制度。

（三）围绕里甲正役、均徭折银收纳的诸问题

上供、公费这些里甲正役中重要的负担,根据岩见的见解,在明初并不存在,明中期——从正统到成化、弘治间——开始,才成为里长、甲首的负担。而且物资和费用是包含在上供、公费内而成为里甲的负担,还是包含在均徭内,应该认为没有明确的区别,这在第一节[编者按:即本节"(一)"]中已经说过。上供、公费的负担随着时间的推移而增加,另一方面,被均徭折银收纳——银差的建立催逼着,该负担也被逐次整理、统合且折银收纳。上供、公费的负担折银收纳的形式一般被称作里甲银。关于里甲银,有相当多的研究。根据岩见宏的《明代地方财政的考察——关于广东的均平银》①、栗林宣夫的《关于里甲银的考察》②、栗林宣夫的《里甲制的研究》③第二章"里甲役和折银收

---

① 《明代地方财政の一考察——广东の均平银について》,《研究》第 3 号,1953 年;此后收入同氏著《明代徭役制度の研究》后篇。
② 《里甲银に关する考察》,《东洋史学论集》第 2 辑《中国の社会と宗教》,1954 年。
③ 《里甲制の研究》,东京:文理书院,1971 年。

纳"、山根幸夫的《丁料与纲银——福建里甲的均平化》①等,明晰课征折银收纳过程的同时,这些银不再像以前一样在里长户、甲首户等各户之间分派,而是对应于现年里甲内的人丁和田土(或者说粮额),像每丁银若干、每亩(或者说每粮一石)银若干这样,变成直接分派到丁、田(粮)中的统一赋课,这一点受到关注。与此同时,里甲正役自身性质的变化也被研究得更明晰了。②

另一方面,关于徭役折银收纳的发展也有重要的研究成果。关于银差的出现,前一节[编者按:即本节"(二)"]中已经说过。但在最初,被称作力差的力役才是正常的;包含在银差内的役,也是根据各户的户则去分配被各个役目规定的银额。但是,随着均徭折银收纳的进展,向里内各甲的人丁和田土(或者粮额)均等地征收徭役银的方法出现了。在这种情况下,存在着根据一百一十户的户数原则编成的里甲制下的各甲,其中包含的人丁、田土(粮)额应该也不同程度地存在不均等的现象。而且,嘉靖年间前后,土地显著地向具有免除徭役特权的乡绅手中集中,作为徭役分派基本对象的各甲人丁、田土额变得更不均等。均徭法施行后,在江南,如果徭役赋课的对象中土地被特别重视的倾向加强,不能不得出结论,认为田土额不均等的问题进一步加重。这种情况下,如果课征定额化的均徭银,当然会出现负担额不公平。因此,就相互融合从而均等化里内各甲的人丁、田土(粮)额,对均等化了的各甲丁、田(粮)一律均等课征里甲银和徭役银。为了把各甲作为单位,里内自然要十等分。因此,就出现了一般被称为十段法的方法。

关于十段法,岩见宏早在《明代嘉靖前后的赋役改革》③中就讨论过,山根前揭书第二章第一节"三　均徭法的变革:十段法"中也有较详细的讨论。但是,对十段法作最详细且与社会结构变化相关联的论述的,是小山正明的《明代的十段法(一)、(二)》④。十段法是与一条鞭法直接联系的徭役改革,

---

① 《丁料と纲银——福建における里甲の均平化》,《和田博士古稀记念东洋史论丛》,1961 年;后收入同氏著《明代徭役制度の展开》第二章第二节。

② 关于这一点,有[日]山根幸夫《明代徭役制度の展开》第二章第二节"三";[日]栗林宣夫《里甲制の研究》第三章第二节;等等。

③ 《明の嘉靖前后における赋役改革について》,《东洋史研究》第 10 卷第 5 号,1949 年;后收入同氏著《明代徭役制度の研究》后篇。

④ 《明代の十段法について》,《仁井田陞博士追悼论文集》第 1 卷《前近代アジアの法と社会》,1967 年;《明代の十段法について(二)》,《千叶大学文理学部文化科学纪要》第 10 辑,1968 年;后收入同氏著《明清社会经济史研究》。

这一点岩见、山根都已经说明,而小山的论文则明确了,将州县的丁、田(粮)额均分为十段,具体就是将州县的里内各甲的丁、田(粮)额十等分。小山一方面执着地探究该制度面的具体内容,同时明确了关于该制度基本性质的几个重要问题点。作为十段法的出现背景,小山正明首先指出,明代里甲编制是以户数原则和谋求各里各甲间徭役负担能力平等的形式推行的。但是,明代后半期开始,里甲组织的不均衡变得明显起来。其背景是土地向有势力的人户集中的事态一直在发展,为了维持户数原则和各里甲间徭役负担能力的均等,不得不避免土地向特定的甲中特定的户过度集中。因此,政府针对土地过度集中的户,分割了他们户籍上的户,也就是析户。小山已经对这种析户的见解进行了批判,①称析户是作为无视地缘关系、以一定户数编成里甲的手段来推行的,但是,里甲制真的是这么抽象的存在吗? 关于析户和里甲编成的关系,应该还存在需要研究的更具体的问题。

这里再次回到小山的见解,如上所述,为了维持里甲编成和各里甲间的徭役负担能力的平等性,析户被推行,其对象是土地集中的户,即乡绅的家庭。众所周知,乡绅利用徭役免除特权(优免政策)推进土地集中。乡绅家庭根据析户原则,在户籍被分割时,就产生了一个新的乡绅家庭。这个乡绅家庭仍适用优免政策,其结果是,有徭役免除特权的户进一步增加,各甲徭役负担能力的平等性更加崩坏。从而产生的作为更正各里甲间不均衡的方法实施的,就是十段法。

如前所述,十段法:1.是为了让里内各甲的丁、田(粮)额均等,而综合了各甲的丁、田(粮)额,然后按照各甲所拥有的丁、田(或者粮)额予以均等化,并且每十年一次轮流分派里甲正役的银纳化部分(里甲银)和银纳化的均徭。具体地说,就是在被分派到的年份,以每丁一丁银若干、每田一亩(粮一石)银若干的方法,向丁、田(粮)直接、平等地征收徭役银。2.因而,十段法依然保持了以甲为单位、按户数原则编制的里甲组织自身,也维持着十年一次的轮役制。里甲正役中没有折银收纳的部分,即里内的税粮征收、搬运、治安维持、水利灌溉事业等职务,还以原来的形式存留着。但是,里内的总丁

_____

① [日]川胜守:《明代里甲制の变质过程——小山正明氏の"析户の意义"论の批判》,《史渊》第112辑,1975年。

数、田（粮）额，作为折银收纳的徭役的分派对象，被均匀地十等分，而无视了户数原则。因而，十段法由于这一点，也就不再具有一直以来的里甲组织的实质，可以说成了明代里甲制解体的明确的第一步。3.明代的里甲制，是以十一户一甲的户数原则和各里各甲的徭役负担能力的平等性为基础编成的。但是，现在户数原则变得没有实际意义，析户的规定已经用不到，乡绅优免政策通过析户而扩大、分散的情况停止了。即，十段法是"将作为徭役科派基准的里甲组织，不是根据户数原则，而是直接根据丁、田（粮）额均等化了。从国家的角度，消除了强制析户的必要性，既可以容忍乡绅的大土地所有，又将其优免规定限制在本户的徭役收取之内"。通过上述考察，小山得出结论，认为导致十段法和此后一系列明末清初赋役改革的基本原因，是该时期乡绅土地所有的确立。

　　小山的这篇论文阐明了十段法的具体内容，同时，指出了这项改革的历史意义，可以说具有划时代的意义。小山的十段法研究不仅仅考察了作为徭役制度史一环的该改革的意义，他独特的时代区分论，即把明末清初视为中国"封建制体制的确立期"，从该立场出发，论证了作为这个社会新支配阶级的"乡绅"之社会基础的"乡绅土地所有"的确立。在这一意义上，将这篇论文单纯作为徭役制度改革论来评论并不能完全体现其价值。包含这篇论文在内，应该将对小山一系列研究的评价修正为综合的"乡绅论"。而且，森正夫的《关于日本明清史研究中的乡绅论》①已经指出其基本的问题点。笔者很遗憾不能增添更进一步的见解，但是，如果大胆地赘言几句的话，"乡绅"的存在在宋代已经出现，通过元、明时期，其社会存在的基础应该被逐渐强化了吧？这种情况下，他们的社会基础（包括土地所有）是否依靠与科举制度的联系，始终得以保持甚至强化了呢？那么，16世纪有什么独特的契机使得乡绅土地所有制在此时才确立呢？这就成为基本的问题。当然，这一点森正夫早已指出，这里不过是用笔者的语言复述罢了。

　　此外，如果思考均徭折银的话，还有一个不得不考虑的问题。在一条鞭法以前的阶段，徭役折银的最高进展是十段法，这一点之前已经说过。大约

---

① 《日本の明清时代史研究における乡绅论について》，《历史评论》第308、312、314号，1975—1976年。

同时,华北则在实施被称为"门银—丁银制"的方法。谷口规矩雄的《明代华北银差成立研究:以山东门银的成立为中心》①、山根幸夫的《明代华北役法的特征》②阐明了该制度的建立和内容。根据这些研究,均徭折银开始时,即正德末到嘉靖初的时期,建立了"按户出资者""按丁出资者"等分类项目,前者担当的是银差徭役项目,后者担当的是力差徭役项目。而且,随着折银的进展,力差内的徭役项目也开始以银额表示,各项的银被分派给按三等九则划分的户和丁,就这样成立了门银—丁银制度。因而,最初门银、丁银被设定为计算各户对应于户则负担的徭役银额的手段,力差的原则还是以与丁银额相称的形式负担实际劳役。但是,力差一旦实质性地银纳化,就可以将银差和力差合算,总括在一起的总银额也就可以无关役目,以门银、丁银的形式在全部州县下的各户中分派,即出现了和十段法一样的情形。不过,在这一阶段的华北,虽然基于户则向户、丁征收赋课,但还没有出现向土地征税,这个问题也被注意到了。

　　那么,在这里成为问题的,是从均徭法到门银—丁银的发展过程。如上所述,在均徭法中,徭役赋课的主要基准是田土或者税粮。在江南地方,这个方向被彻底化,以丁、田(粮)为基准课税的十段法等出现。但是,门银—丁银制与此相当不同,实施的是基于户则的课税。从前的研究无法对此矛盾作出充分的说明。但是,如第二节〔编者按:即本节"(二)"〕所说,如果采用岩见的说法,即均徭法是包含两种途径在内的赋课方式,在华北,其中的九等方式扩大成为门银、丁银,这个问题就能够得到合理的说明。根据岩见的这个说法,就有可能说明华北从均徭法到门银、丁银制,再到一条鞭法的发展都是一贯的。

(四) 围绕一条鞭法的诸问题

　　从一条鞭法是唐末两税法以来税制的全面改革这一观点出发,该研究从战前开始就被推进,关于这一点,在第二章(编者按:即本文第二节)中已经指出。但是,从多方面展开接近其本质的研究,应该说还是从战后开始

---

① 《明代華北における銀差成立の一研究——山東の門銀成立を中心として》,《東洋史研究》第 20 卷第 3 号,1961 年。

② 《明代華北における役法の特质》,同氏著《明代徭役制度の展開》附論。

的。其中，从战前到战后的某个时期为止，清水泰次的说法还是理解一条鞭法的基本见解。即如上所述，把一条鞭法理解为将人头税(徭役)向土地税(田赋)合并的办法。他的《条鞭》①基于这一理解，对一条鞭法作了多方面的考察。藤井宏的《一条鞭法的一个侧面》②对清水的这一理解的基本点提出疑问并加以批判。藤井认为，一条鞭法的本质以诸税折银收纳为前提，将税役诸项目机械地并为一条，但并没有将课税对象合一。即论证了并非如清水所说，丁税向土地税合并，而是作为课税对象的人丁和土地始终并存。藤井的这一见解是划时代的，可以说成为今天理解一条鞭法的基础。

接着提出一条鞭法研究中重大问题的，是山崎武治的《一条鞭法的创行》③。关于一条鞭法的创行，山崎批判了清水、曾我部的两种说法，④说明了两者都将与一条鞭法名称不相符的部分徭役负担改革混入，基本认同了藤井对一条鞭法的理解。但同时，他推断创立期的一条鞭法并非像藤井所说的那样，是关于税、役两方面的，而是仅仅以役法为对象的改革。

藤井宏的《创行期的一条鞭法：围绕着傅汉臣的上言的诸问题》⑤对此进行了反驳。藤井详细且从多方面研究了被视为关于一条鞭法最初推行的史料的《明实录》"嘉靖十年三月己酉"条中御史傅汉臣之上言的意义。首先，他明确了嘉靖九年(1530)提出的户部议案和傅的上言间的关系。户部的议案是着眼于华中、华南水田地带立案的，要直接向丁、田(或者粮)课征均徭。傅汉臣的上言一方面立足于这个户部议案，同时，对于通晓华北农业的他而言，因为这个形式不适用于华北地域，他又增加了独特的解释，以其独特的方式实施一条鞭法。他独特的方式是，"把以白银缴纳的均徭总汇为一项，对丁直接、同等分派，同时，把以白银缴纳的税粮总汇为一项，对每一亩土地同等分派"。靠着均徭和税粮的折银收纳，得以将诸种税合为一条，傅汉臣称此为一条鞭法。藤井的史料解释和推理都极为精致，但是，如果傅汉臣的

---

① 《条鞭》，《中国近世社会经济史》第 4 章，东京：西野书店，1950 年。
② 《一条鞭法の一側面》，《和田博士还历记念东洋史论丛》，1951 年。
③ 《一条鞭法の创行について》，《立命馆文学》第 152 号，1958 年。
④ 清水的说法见同氏著《中国近世社会经济史》同章；[日]曾我部静雄《一条鞭法の诞生地》，《文化》第 17 卷第 6 号，1953 年。
⑤ 《创行期の一条鞭法——傅汉臣の上言をめぐる诸问题》，《北海道大学文学部纪要》第 9 号，1961 年。

一条鞭法真的像藤井推论的那样的话,应该说它是相当特殊的东西,因为这样的一条鞭法的实例在华北完全看不到。而且,藤井还说,像傅汉臣那样只向人丁征收均徭,是取用了何瑭的《均徭私论》中已经说过的方式。其核心部分是"却算本州银力差,该用银共计若干两,方令三等九则户丁,差等出银,期足供银差力差之用而已"。他把"三等九则户丁"解释成了"划分为三等九则的各户的丁"。但是,笔者认为,因为是分派银差和力差,此文应该解释成"三等九则的户和丁",何瑭此文的确显示了门银、丁银实体的确立(笔者这样认为的意义将在后述拙稿中阐明)。因此,将《均徭私论》中所述均徭解释为"划分为三等九则户则的户内的丁"是不妥当的。如上所述,藤井和笔者的见解不一,但是,这篇论文在考察华北的一条鞭法上给出了许多重要的提示,还强调了税粮方面的一条鞭法最早于嘉靖二十年(1541)在山东实施,这些内容都值得瞩目。

此后,一条鞭法的研究,在追求地方特点的方向上有着更多方面的进展。1962 年刊行的《清水博士追悼纪念明代史论丛》①中刊载了四篇关于一条鞭法的论文,而且其中多至三篇都是关于华北的。虽然已经提过其中山根的论文,但还没有提到其中另一个重要的论点。他指出,在实行门银—丁银制的华北,废止门银、巩固地银和丁银大概才是华北一条鞭法的确立。片冈芝子的《华北的土地所有和一条鞭法》②将华北一条鞭法的展开和地主的土地所有形态联系起来考察,可以看到其意欲突破单纯制度史研究的框架。但是,在华北,棉花栽培的普及使华北的农业生产力增强,因此,地主阶层并没有把土地纳税负担的增加当作大事。片冈将此与一条鞭法的普及相联系的主张,是否真的能得到具体的确认,尚需更多论证。

岩见宏的《关于〈山东经会录〉》③介绍了至此为止不为人所知的内藤湖南旧藏中的如标题所示的书,同时也介绍了根据该书可以知道的一些一条鞭法的事例。据此,一条鞭法实施以前,山东的均徭和税粮都是对应着轻重不同的杂多的项目,基于三等九则的户则,在各户之间分派的。因而,税粮的一条鞭法,除了税粮内诸项目的合算一条化外,还包括与此存在对应关系

① 《清水博士追悼记念明代史论丛》,东京:大安,1962 年。
② 《华北の土地所有と一条鞭法》。
③ 《〈山东经会录〉について》。

的户则的一条化,即户则的废止。而徭役的一条鞭法,则是仅仅一条化了均徭中的银差,力差依旧残存。该文阐明了这样的事例。他指出,无论哪种对一条鞭法的理解,都是有意义的见识,这也足可以看出一条鞭法的多样性。

以上三篇之外的另一篇,栗林宣夫的《关于一条鞭法的形成》①,主要以华中、华南为中心,尝试整理了一条鞭法据时间、地域变化的种种内容。栗林主张,把赋役之外的各种贡纳总编为一条,以此为主的贡纳负担以州县为单位向丁、地(粮)课派,以及征银输纳,具备这三种条件的方法开始实行,这就是一条鞭法的创立。但是,不得不说这有些过于形式地理解一条鞭法了。

以上所说的诸研究可以说略为加深对一条鞭法的理解。但是,在考察明清时代历史的性质中,应该从什么角度来考察赋役制度,还没有被充分重视。小山正明一贯保持着寻找其中赋役制度和国家权力体制的关联的态度。小山在《明代华北赋役制度改革史的检讨》②中,探讨了当时对华北徭役制度的研究,并直接以上述岩见关于山东税粮一条鞭法的见解为基础,论证了明代赋役课派对象从户到田土的转移。根据小山的观点,明代华北的赋、役科派方法,都是以根据户则划分的户为对象来分派的。但是,明后半期以后,从一条鞭法到地丁银的赋役改革的基调是,科派对象从户向田土转移。结论是,这意味着国家的基本控制对象由户转换成了田土。《明代税粮的科征和户则的关系》③作为小山对其论点的补充,也已经发表。虽然小山该论点被认为是非常大胆的假说,但可以说,这也是从小山多年来的说法,即把明末清初看作中国封建制体制的确立期,该论文也是从此观点出发,保持了小山一贯的理论。不过,作为该论点的基础的,是华北的实例,其中户则被特别强调,且被认为作为赋役课征的基准而具有重要意义。但根据从华北的实例抽象出的理论,推论整个中国的体制,不就有很大问题了吗?

此后,岩见又发表了《江西一条鞭法杂考》④,阐明了新的事实。这篇论文以隆庆年间刘光济在江西地方实施的一条鞭法为中心,详细讨论了其前

---

① 《一条鞭法の形成について》。
② 《明代华北赋·役制度改革史の一检讨》,《东洋文化》第 37 号,1964 年。
③ 《明代における税粮の科征と户则との关系》,《千叶大学文理学部文化科学纪要》第 7 辑,1965 年。
④ 《江西一条鞭法杂考》,《研究》第 35 号,1965 年。

后江西的情况等问题。一直以来，一条鞭法是各地方官应对当地实情，个别创立推行的。但是，江西的情况稍稍有些不同，是领会了中央的意向之后再推行改革的。岩见具体考察了这一点，从刘光济和中央政府的徐阶的关系，说明了江西实施一条鞭法的脉络。同时还指出，嘉靖末年，中央政府关于一条鞭法有一定的具体方案和实施意图，江西的情况也是其适用的一个例子。岩见的这篇论文的意义在于，他阐明了一直以来不明晰的有关一条鞭法实施的一面。

虽然，此后还有栗林《里甲制的研究》第三章"一条鞭法和里甲制"，但关于一条鞭法的研究几乎不再有新的成果发表了。如上文所提，这是因为从这段时间以后，研究者关心的焦点急速远离徭役制度史。但是，还是想举出最近发表的拙稿——谷口规矩雄的《明代华北一条鞭法的展开》①，基于上述岩见、山根和笔者自己的研究，描绘了华北从丁银—门银制到丁银—地银制暨一条鞭法的发展。在此文中，谷口的基本态度是把华北徭役方面的一条鞭法当成与税粮方面的一条鞭法完全不同的东西，把从丁银—门银制到丁银—地银制的建立，作为徭役制度方面的改革来把握。丁银—门银制下的门银被废止，由地银代替，即徭役向土地课征。该文说明，华北对此存在着根深蒂固的反对意见，以及经过怎样的过程才实现徭役向土地课征。谷口在明确了这一过程的同时，指出最初在华北实现这一改革的是当时东阿县知县白栋的一条鞭法。他能够成功实施一条鞭法，要考虑到获得山东巡抚李世达的赞同，还有在中央得到张居正的承认等事。此外，在华北也存在着在实施一条鞭法时未能顺利展开的情况。考察一条鞭法的发展，虽然在同一地域，但仍有根据时间而相异的内容，对此需做更具体的研究。

以上按照时间总结了战后一条鞭法研究的成果，但仍不得不感慨，对其本质的理解尚留有很多问题。一直以来的研究基本局限于制度史框架内的问题，可能也有这方面原因。简单地把徭役制度定位为支配体制也是一个问题。在这里，笔者没有能力提示什么新的研究方向。但是，如果大胆地多说几句的话，现在，对逐渐被普遍知道的《山东经会录》作一次彻底解读，将

---

① 《明代华北における一条鞭法の展開》，《明末清初期の研究》，京都：京都大学人文科学研究所，1989 年。

它与地方志、文集的记录作一次对照,对于进一步逼近一条鞭法的具体实相,是非常有必要的。还有,不可否认,一直以来的徭役制度研究仅仅集中在里甲正役和均徭,对其他徭役,即与运河的运营相关的役、和驿传相关的役,关心度还不够高。但是,如果说为了探讨相关政治体制的话,研究这些方面的徭役也就足够了吧? 当然,也可以进一步扩大徭役制度研究的框架,从更多方面考察徭役的本质。

最后,必须说,本稿未能涉及均田均役制。里甲正役作为一条鞭法中未能包含的残留下来的徭役,均田均役对其改革具有重要意义,这一点众所周知,有关内容则要让给其他的机会,希望能得到原谅。

(原载于[日]谷口规矩雄《明代徭役制度史研究》,京都:同朋舍,1998 年)

毛亦可 译　菅野智博 校

关于明代里长职责的考察

[日]山根幸夫

一

在中国，自古以来，他律性的自治机构被国家权力强制地组织起来，作为官僚支配的末端组织，扮演着其补助性机构的角色。这种他律性自治机构最主要的职能，是征税和维持治安。当然，随着时代的不同，有偏重于其中一方的时候，但大体上是两者兼具，有时也有两个各具其职能的机构并存的情况。

在明代，作为相关自治机构被组织起来的是"里甲制"。洪武十四年（1381）正月，明太祖向天下公布了里甲制，以百十户为一里，其中丁粮多者十户为里长户，余百户分为十甲，分别为甲首户。每年，各里出里长一人、甲首十人，承担役事。这些当值的里长、甲首通常被称作"见年"或"该年"，未轮到值年的那些被称为"排年"或"递年"。担当里长、甲首的这种事情被称作"里甲正役"，或者单称"正役"。然而，被称为正役的除里长、甲首之外，与自治机构相关的粮长、老人、塘长、书手、总小甲等，他们也被包含在其中的例子屡屡可以看到。例如，《图书编》卷九〇《论差役》①，将里长、甲首、老人、粮长、总小甲都看作正役。根据各地的地方志，也可以看到如下所示的诸例：

表1

	里长	甲首	老人	粮长	总小甲	书手	塘长
浙江兰溪县②	○	○	○	○	○		
浙江乐清县③	○	○	○	○	○		

---

① 译者注：照原文格式，此处"论差役"为条目名。但该条目应在《图书编》卷九〇《江西差役事宜》"条内，史料原文无单独的"《论差役》"条。

② 万历《兰溪县志》卷一《役法》。

③ 隆庆《乐清县志》卷三《财用志·徭役》。

（续表）

	里长	甲首	老人	粮长	总小甲	书手	塘长
浙江乌程县①	○	○	○	○	○	里书	○
福建福清县②	○	○	○				
湖广耒阳县③	○	○	○	粮里		书算	
南直华亭县④	○	○	○	○			○
南直上海县⑤	○	○	○	○			○
山西孟县⑥	○	○	○	粮头	○	○	
北直元氏县⑦	○	催头		大户		书算	

如上所示，不止里长和甲首，老人以下的诸役被叫做正役的事例也很多见。像小畑龙雄那样，⑧仅根据《天下郡国利病书》卷二《江南八》所载《嘉定县志·徭役》所说"粮、塘、老人，均杂役。惟里长为正役"就断定老人以下诸役均为杂役，是否太草率了呢？当然，也有仅仅将里长和甲首看作正役（嘉靖《惠州府志》⑨和弘治《兴化府志》⑩），或者将里长、甲首和老人当作正役（《闽书》⑪）的，但《常熟县志》卷三上《赋役志》就说，老人、粮长、塘长等役"虽非册定，要皆出自里甲者"，这些归根结底是与自治机构相关的职役，还是应该把它们看作正役吧。如此一来，与里甲制相关的职役除了里长、甲首之外，还有若干种。不过，里甲制中根本的职役还是里长和甲首。

那么，里长和甲首的职责是什么呢？《大明会典》中规定，里长的职责是"管摄一里之事"，《明律·户律》"户役"条说是"催办钱粮，勾摄公事"，此外，

① 崇祯《乌程县志》卷三《赋役》。
② 嘉靖《福清县志》卷四《官制类·役法》。
③ 康熙《耒阳县志》卷三《田赋志·徭役》。
④ 正德《华亭县志》卷四《户口·徭役》。
⑤ 嘉靖《上海县志》卷二《户役》。
⑥ 《天下郡国利病书》卷四六《山西二》所载《孟县志·役法》。
⑦ 崇祯《元氏县志》卷二《户口》。
⑧ ［日］小畑龙雄：《明初の地方制度と里甲制》，《人文科学》第1卷第4号。
⑨ 嘉靖《惠州府志》卷五《户口志》。
⑩ 弘治《兴化府志》卷一二《户纪·徭役志》。
⑪ 崇祯《闽书》卷三九《版籍志·赋役》。

还有所谓"黄册编定"①的任务。因此,松本善海在《中国地方自治的发展史》
(《支那地方自治发达史》)中举出的里长职责,第一是征收税粮,②第二是编
造黄册,第三是维持里内的治安。这些当然都是里长重要的负担,但此外还
有一项重要的负担,之前一直都被忽略了。例如嘉靖《吴江县志》卷一〇《食
货志二》"徭役"中关于里长、甲首说道:"里中催征、勾摄、供应之事,皆责
焉。"《闽书》卷三九《版籍志》"赋役"中说:"见役里甲专掌催钱粮、勾摄公事,
及出办上供物料。"还有《图书编》卷九〇《论差役》说:"今诸上供、公费,出于
田赋之外者,皆目之,曰里甲。概言阖县里甲所当任也。"都说明见年里长、
甲首有出办上供物料等公费的义务。那么,上供物料或者说公费的内容,究
竟是怎样的呢? 接下来,就让我们对上供物料以及公费作出进一步考察。

二

如万历《兰溪县志》卷一"历代杂赋"条③所说:"凡民出其土产之物,以供
上用,谓之岁办。"上供是指为供上用而出办的物料。其名称在各地不同,或
称"贡献",也有叫做"供亿""土贡""方物"等的情况。而供天子御用的物品,
被特别地称为"岁进",供国用的物品被称为"岁派"或"岁办"。④关于上供的
负担,如《闽书》卷三九《版籍志》"上供"所说:"国初,贡物甚少。后以经费所
需,始派各色物料。"国初上供的种类比较少,负担也轻微。例如,正德《嘉善
县志》卷三《土贡》说:"今观嘉善土贡,在国初,止于竹箭、翎毛及野味、皮张。
随有胖袄、药材及农桑绢之征。"万历《永福县志》卷二《政纪》"赋役"说:"上
供之数,洪武间,有杂色皮、翎毛、角、弓弦箭及荒丝之贡。其后,又有红白
糖、药味、黄白蜡、细茶、牲口诸色物料。"此外,《天下郡国利病书》卷九五《福
建五·邵武府》"上供二办"条说:"洪武间,有杂色皮、翎毛、角、弓弦箭之贡。

---

① 正德《江宁县志》卷三《力役》;嘉靖《常熟县志》卷二《徭役志》;嘉靖《上海县志》卷二《户役》。
② 在设粮长的州县,直接承担税粮收解的是粮长,里长专门负责催督,所以,在这种情况下,说
催办或者是催征税粮可能更适当。
③ 译者注:原文如此,应为同书卷三"杂赋"条。
④ 万历《温州府志》卷五《食货志》"贡赋""差役"条分为岁进和岁派;康熙《金华府志》卷七《贡
赋》说:"按明制,供御用,曰岁进;供国用,曰岁办。"

永乐之间,有白糖、霜糖、沙哩别之贡。"如上所述,洪武年间只限于野味、皮张、弓箭、翎毛等极少数的种类,永乐以后次第增加,负担也随之增大。如此一来,随着种类的增加,上供中也产生出额办、派办、杂办的区别。如万历《兰溪县志》卷一《杂赋》所说:"额办者,皆常年所供。"所谓额办,大概是指国初规定的物料。其次,派办也被称为"坐办",最初是"临期酌议"①之物,或者说是"一时所取,或取之,或取彼,初无定规。而所取多寡,亦无常数"②之物。也就是说,派办是在额办以外,未必限定每年都要征收。但是,随着时代的发展,这也渐渐地固定下来。此外,关于派办的起源,《兰溪县志》说:"其或非土所有,则官给价钞,或准折税粮,令民收买送官。谓之买办。后因价钞多为官吏所侵,惠不及民。由是,不复支给故直。谓之派办。"说明派办是基于买办而产生的。但这究竟在多大程度上可信还有疑问。其次,如万历《永福县志》卷二《政纪》"赋役"条所说:"杂办者,于二办^{额办}_{派办}之外,又有泛杂名色者也。"杂办是指额办、派办以外被赋课的杂多的种类。③

　　此外,在把上供分为这样三类的情况下,南方一般用额办、派办、杂办的名称,北方则通常使用额支、待支、杂支的称呼。然而,这三者的区别在各地都不同,多种多样,要看出一定的原则大概是不可能的。其次,可以根据各地的地方志,列举出一部分被征收的上供物料的种类,如下所示:

表 2

牲口	鹅鹁、鸠、斑鸠、雁、兔、野鸡、羯羊、活鹿獐、麂、玉面狸、肥猪、石首鱼、龙头鱼、鳖鱼、鲈鱼、鲻鱼、鳗鱼
皮张	鹿皮、獐皮、狐皮、水牛底皮、羊皮
羽毛	翎毛、翠毛、黄棕毛
药材	茯苓、吴茱萸、菝葜、半夏、前胡、青皮、枳实、南星、蔓荆子、薏苡仁、天门冬、山栀子
颜料	槐花、乌梅、栀子、银朱、黄热铜、红熟铜、金箔

① 万历《广德府志》卷三《食货志》"徭里"。
② 万历《兰溪县志》卷一《役法》。
③ 后来,在上供和公费被统合起来的情况下,额办、派办之中包含上供物料,杂办专门充当如下所述的公费,这样的例子在浙江地方屡屡可以见到。例如,康熙《金华府志》卷七《贡赋》说:"岁办之中,分类征派,又有额办、坐办之差。二办,国之大课。……官府公费,曰杂办。"

（续表）

军露①	弓、弦、箭、胖袄、裤鞋
其他	叶茶、芽茶、壳菜、石发菜、金豆、金桔、生葛、莲心、白砂糖、黑砂糖、沙哩别、蜂蜜、黄蜡、白蜡、生漆、桐油

根据上表,可以想象上供的内容有多么不一致吧。其次,根据《天下郡国利病书》的记载,②可以用下表表示福建邵武府的额办、派办、杂办的内容:

表 3

额办	药材、牲口、历日纸张、缎匹、弓、弦、箭、军器、杂皮、翎毛
派(岁)办	蜡、茶、水牛底皮、石大青、黑铅、银朱、铜铁、金箔、牛筋、绵羊皮、楠木、柜木、杉木
杂办	生漆、棕毛、杂皮、黄蜡、水胶、白麻布、皮纸张、线罗、幌丝、纩丝、铁线、木炭

这些物料,最初不用说,是用本色征收的。但是,当被分摊到本地方不产出的物品时,产生折纳是自然的趋势,自然而然,折色就有所增加。如万历《兰溪县志》所说:"诸物料,旧解本色,今往往多折价矣。"最初是本色的,也次第改为折色了。最初作为折价基准的是钞,但随着钞的流通的停滞,就规定代之以钱来折价,而银的流通普遍化以后,又改为折银。

这些上供物料的出办,在见年里长和甲首之间是以怎样的比例来分担的呢?关于这一点,地方志等也完全没有记载,无法掌握其具体情况。只是在《英宗实录》卷二八一"天顺五年八月戊戌"条,有四川重庆府永川县民邓镇的上言:"洪武年间,每里百一十家内,以丁粮多者十家,逐年轮充里长。其余轮充十年甲首。遇有朝廷科征,里长自出十之三,十甲共出十之七。所以民有一月之劳,而有九年之逸。"所谓"朝廷科征"恐怕是指上供物料,所以,在这种场合,里长负担了全体的三成,剩余的七成由甲首十人分担。这只不过是四川的一例,这样三七开的比率未必在全国都实行。但不管怎么说,里长、甲首是基于一定的比率来分担上供物料的吧。然而,当里长奸恶的情况下,也可能将一定比率以上的负担转嫁给甲首户。因此,嘉靖《高陵

---

① 译者注:原文如此,疑当为"军需"。
② 《天下郡国利病书》卷九五《福建五·邵武府》。

县志》卷二《人物传下》高恕的传中说："尝应里长，自具饮食。分毫不以科派于里中。"特别赞扬了他自己出办饮食费用、不科派于其他甲首户的事迹。然而，基于一定的比率分担的方法，其后随着里甲内部贫富差的增大而产生矛盾，变成根据见年里长、甲首所有丁田的多寡来决定分担额。①

三

接下来要对公费加以考察。公费也叫做"岁费"，是官厅等每年必要费用的称谓。但这不单指费用，其中也包括役使。《天下郡国利病书》卷八二《福建二·福宁州》"纲役"说："国初之制，以一百一十户，为一里。……坊长……乡长②……甲首……每年役其一长，使供公事用度，使奉公事役使。十年而周。"其内容被分为公事用度和公事役使两种。那么公事用度＝公费的内容是怎样的呢？以下将举出数例。万历《永福县志》卷二《政纪》"赋役"说："见年里长者，率诸甲首，供应官府诸费。如庆贺、接诏、迎春、视学、祀典、乡饮、校文、阅武之赏赉，举人贡士之路费，废疾孤老之衣粮，行部及士大夫往来之饩牵。"嘉靖《江阴县志》卷五《食货纪》说："里甲之役，……曰庆贺，曰祭祀，曰乡饮，曰科贡，曰恤政，曰公费，曰备用。……俱于里甲征收。"还有万历《宁国府志》卷八《食货志》也说："岁费之目，十又二。曰诸司供用，曰春秋祭祀，曰乡饮酒礼，曰科贡盘缠，曰运船料价，曰解扛脚价，曰江海兵防，曰孤老衣薪，曰里甲供应，曰春牛桃符，曰决囚公费，曰器物案衣。"其中所述的内容未必一致，多少有些出入，但若进行大类的区分，大体可以像以下这样分类吧：

（一）官府使用的各种费用（例如，心红、纸札不用说，油烛、柴炭③也包含在其中）；

（二）庆典接诏等仪典费；

（三）春、秋二季举行的各种祭祀费；

---

① 万历《兰溪县志》卷一《役法》说："往时，皆验里均派。近年，又以丁粮多寡，而派纳焉。"
② 所谓乡长，据前后关系推断，当是指里长。
③ 《天下郡国利病书》卷四六《山西二》所载《孟县志·役法》说："今之正役，索费百端，有以灯油钱名之者，有以柴炭钱名之者。"这说的虽然可能是稍为后来的情况，但最初恐怕也有征收现物的。

（四）乡饮酒礼之际必要的费用；

（五）举人、贡生等的旅费；

（六）废疾、孤老等的救济事业费；

（七）由里甲直接备用，上司、过客通过之际充当供应的费用。

上面举出的是主要项目，其他，还有官员转任时的送别宴会费，新任官员的官舍修缮费、家伙新调费，甚至其欢迎会的费用，都系见年里长、甲首出办。关于这些公费的出办，在坊长和里长之间各分担几分，似乎并不相同。万历《金华县志》卷四《官政类》"役法"条说："正役，在城隅则名坊长。责之营办什物，罗列酒筵。在乡都则名里长。责之供应下程，走递马匹。"天启《衢州府志》卷八《国计志》"旧赋额"说："坊长……在官，催攒钱粮，出备器用，铺设酒席。……里长……轮班值日，出备下程，拨夫，杂色支应。"可以看出，坊长主要出办什物、器具的营办和酒宴的费用，同时，里长分担了下程的供应、人夫的提供和杂色的支应。

其次，公事的役使究竟是指什么呢？因为各官厅中普通的杂役已经以徭役的形式被分担，此外还有什么样的役使呢？例如，《英宗实录》卷一四"正统元年二月壬寅"条，四川永宁宣抚司土官同知王瑄的建言五事中说："各处有司，设皂隶，不行采割薪刍。却令里甲逐日供应，病损小民。"像这样役使里甲以取代皂隶的例子也可以看到。还有，嘉靖《永嘉县志》卷三《食货志》"赋役"说："甲首夫……每里，甲首十名，朋出皂隶一名。分拨在县，并佐贰官听差等用。"可以知道，甲首十人共同朋出一名皂隶，供官役使，称为"甲首夫"。这最初恐怕是甲首十人中的一人自己出役的吧。

虽然也可以看到这样役使里甲的例子，但最重要的役使是里甲夫马。当然，明代也和前代一样，沿着重要道路设有驿传设备，但在没有驿传设备、沿着相对不重要的道路的地方，还设有里甲夫马，代替驿传的作用。就像《图书编》卷九〇《论差役》说的那样："有夫马。夫马以代本色之驿传。"所谓夫马，当然是说夫役和马，通常被叫做"里甲夫"以及"里甲马"，由见年里甲来出办。①此外，在水边的地方，也有使用船来代替马的情况。关于这种夫马

---

① 出办里甲夫马原则上是见年里甲的负担。嘉靖《耀州志》卷四《田赋志》说："银力二差外，又有接递夫（里甲夫）。他州县率用见役里甲。耀州，以里甲少，乃合概州徭丁，三抽一，用之。"根据这一特殊事情，可以知道不使用见年里甲的情形也存在。

的出办,嘉靖《宁波府志》卷一三《物土志》"徭役"说,以鄞县为例:"每三里,轮流一名,在官听拨。……遇上司一时并临,暂令每里各出一夫,事后放还。"万历《宁国府志》卷八《食货志》说:"凡夫马,取诸见年里中,以备过宾将送之役。前时,里出长夫、短夫各一名。凡五里,马一匹。"还有嘉靖《抚州府志》卷七《人道志一》"户役籍"说:"里出夫一人,八里共出马一匹,以共(原文脱去"共"字,据嘉靖《抚州府志》补——译者)官府公使宾旅迎送之役。"出办的基准各自不同,但都与当地的特殊情况相应,由见年里甲分担夫役及马。此外,于此之际,如《桃源县志》所说:"夫役,出自里甲人户。"出役里甲夫役的也可能是甲首户。①

表 4

地名	里	夫役	里	马
宁波府(鄞县)	3(1)	1名(1名)		
宁国府	1	长夫1、短夫1	5	1匹
抚州府	1	1名	8	1匹

里甲夫的夫役也有叫做"接递夫""走递夫""排夫"等的,还有长夫、短夫的区别。有些时候也称为青夫、白夫。②里甲马又叫做"走递马""脚马"。

根据上述内容,公费、役使的内容大体已经了解了,但其负担以怎样的比率让里长、甲首分担,还不明了。总而言之,国初,里长、甲首分担与上供的情况一样,是基于一定比率的。然而,在多数情况下直接服役的是甲首,里长主要承担的是费用的出办。

四

在上文我提到,里长、甲首的职责除了至今列举出的诸项之外,还有上供物料、公费的出办这一重大负担,并对此内容进行了考察。然而,各地上供、公费出办的内容非常不同,出办的方法也无法法制化,所以掌握其实际

---

① 万历《桃源县志》卷上《人文志上》"里甲"。
② 山东可以看到很多这种例子。

情况非常困难，我尝试的考察也还不充分。

　　然而，对里长而言，此项负担难道不是比催办税粮和勾摄公事更重吗？国初比较轻微的此项负担，随着时代的进展也变成对见年里甲的百般需索。这样的负担增大，伴随着里甲内部各户贫富差的激化，按照一定比率在里长和甲首间分担这一方法的矛盾也表面化了。如万历《兰溪县志》卷一《役法》所说："往时，皆验里均派。近年，又以丁粮多寡，而派纳焉。"按见年里甲所有丁粮（或丁田）的多寡相应安排该负担的方法被采用了。因此，可以看到称里甲正役为"丁田之役"的例子。①

　　而且，与田赋的折银收纳、徭役的折银收纳同时，这种上供、公费的出办也折银收纳了——如上所述，在此以前，也可以看到钞纳、钱纳的例子——在此统合了上供、公费的出办，变成一并向见年里甲科派。这就是从福建的"纲银"②开始相继出现的"里甲银""均平银"③或"会银"④等的制度。

（原载于《东方学》第 3 辑，1952 年）

毛亦可 译　菅野智博 校

---

①　万历《秀水县志》。
②　纲银的名称，除福建以外，也在山西的部分地区使用。
③　均平银的名称，主要在广东、浙江、湖广等地方通行。
④　会银的名称在河南通行。

明代中期徭役制度的展开①

[日]山根幸夫

一、均徭法的成立及发展

明初的徭役比较轻,除了里甲正役之外,尚未成体系,不过是不定期、不定量地进行科派。但是随着时间推移,国家的统治机构越来越复杂、越来越膨胀,政府对人民的劳动力要求也在不断强化。科派杂役的标准原本定为上、中、下三等,但是徭役制度的实际操作几乎都交由地方官员自行裁量。

如《天下郡国利病书》卷八七《浙江五·永康县》记载:

> 凡杂役皆点差。而以上、中、下三等定其轻重。盖有司得随事专制,非若里甲有一定之役次。是以放富差贫,那移②作弊之。

趁制度尚不完备,官吏与富豪、奸民相勾结,科派徭役之时开展各种不正当的行动,因此出现了徭役负担不均衡的问题。为此,到了明代中期,朝廷不得不对建朝以来的徭役制度进行改革,寻求促进徭役科派方法体系化的途径。

(一)均徭法的成立

明初受到元末战乱影响,特别是华北地区的土地已经平均化,但是到了宣德、正统年间,再次出现了土地集中化倾向,贫富差距逐渐明显。如前所述,科派杂役时决定户则的要素是丁粮的多少和产业的厚薄,其中最为重要的一点是税粮=田土所有额。因此,拥有大量田土的富裕地主,理所当然应当负担重

---

① 本文曾以"十五·六世纪中国における赋役劳动制の改革——均徭法を中心として"为题发表于《史学杂志》第60编第11号上,本文对旧稿进行了修订。

② "那移"是"挪动"之意,土地所有者屡屡改写土地名义人,使纳税人身份不明,以此逃避税、役。

役。这些地主为了逃避重役,自然就会和官吏勾结,做出不正当行为。最早显露出这样的问题的是土地集中化严重的江南地方。因此,徭役制度的改革也是先从江南地方开始的。宣德年间(1426—1435),在苏州、松江地方,江南巡抚周忱为了改善繁杂的徭役和科派不公平的现象,推行了如下政策。

弘治《常熟县志》卷三《叙官治》"差役"条记载:

> 岁以各都图十里正①内,除见役②并催粮里正外,其余以里定立年分,轮拨差役……各衙门隶兵③等类照前例,里正领充甲首均贴。众轻易举,民不知难。其水马站夫等重役,按产富实者充当。

也就是说,这个制度规定,除了当年担任里长、甲首及粮长者外,其余排年的里甲在预定承担杂役的年份,每年轮流承担杂役。分派方法是,现任里长一次性领充,均贴④给里长以下的甲首户。总之,这一制度改善了之前科派杂役的方法,结果是"众轻易举",人民不再感觉到痛苦。但是,周忱的改革实际上是否彻底执行还存在疑问。⑤

接下来尝试的改革是由江西按察司佥事夏时推行的,他在江西取得了好成绩,也就是所谓的"均徭法"。《明史》卷七八《食货志二》"赋役"条中记载了均徭法:

> 正统初⑥,佥事夏时创,行于江西,他省仿行之,役以稍平。

在此对其内容略加讨论。《英宗实录》"正统九年八月己未"条中记载了广西布政使杨稽的进言:

---

① "里正"在此处是"里长"的同义词。
② "见役"是"见役里正"的略称,指现在轮值的里长,也称"见年""值年""该年"。之后的"催粮里正"的意思虽然不明确,但大概用作粮长之意。
③ "隶兵"指皂隶。
④ 如后所述,有种杂役分为正户和贴户,实际服劳役的是正户,贴户则出费用,协助正户。这里里长户是正户,甲首户是贴户。
⑤ 有关周忱的役法改革,后世编撰的地方志,例如乾隆《江南通志》、光绪《嘉定县志》等中记载:每户三年分摊一次徭役,且用银子缴纳,每名每次纳一两银。这些记述是否符合事实,令人生疑。恐怕是正德《姑苏志》卷一五《田赋志》、嘉靖《常熟县志》卷二《徭役志》等的记述有误,才出现了如上说法。因此,鼋宫谷英夫在《近世中国における赋·役改革(二)》(《历史评论》第 1 卷第 3 号)中将周忱的改革看作均徭法,恐怕过于草率了。
⑥ 根据后面的叙述可知,实际上不是正统之初,而是正统中期。

（A）近从江西佥事夏时言，编定均徭图籍，凡民间徭役，按图更代。然广西地边，人少役繁，难拘定式，请如旧制，相时差遣为便，从之。

这份上奏被批准。同样的，在《实录》"正统十年十二月乙巳"条中，记载了江西等地罢免"均徭册"的事情：

（B）至是，时为参议，行部至临江府，编本府粮户为布、按二司隶兵。掌府事江西右参政朱得奏："时多以上等粮户为隶兵，①意在逐年取用，未免民害，乞罢均徭册（原文为"均徭役"——译者）。"事下廷臣议："均徭本以便民，今时所奏施行未及三年，身先犯之，诚非经久之计。宜从得奏革去。"从之。

并且《实录》"景泰元年十一月乙巳"条中，记载了礼科给事中金远的进言：

（C）臣窃观，江西按察司佥事夏时奏行均徭之法，五年而正役之，又五年而杂役之。此法至善，一旦为参政朱得怀忿，构诬奏沮，乞重将均徭之法举行。

这份上奏也被批准了。《实录》"天顺元年八月戊戌"条中记载：

（D）先是，徭役里长多卖富差贫。正统间，江西参议②夏时建议造册，以税粮多寡为差，官为定其徭役，谓之均徭册。民初以为便。

以上（A）、（B）、（C）、（D）的记述均为《英宗实录》中与夏时的"均徭法"相关的史料。根据这些史料可以得知，均徭法是这样一种制度：

1. 史料（B）中说"施行未及三年"，因此创立均徭法的时期应该是在正统八年（1443）。③这时不仅是江西，全国各地业已传达，其中也有如广西这样限于特殊地理条件而推迟施行的地方［史料（A）］。

2. 均徭法中以"甲"为单位服杂役，因此就任里甲正役后的第五年，应就

① 明初，皂隶科派给税粮二至三石的户，是比较轻的赋役。将众多隶兵科派给上等粮户，违背了徭役科派的原则，文中为指责之意。

② 《英宗实录》"正统七年十一月辛未"条中记载"江西右参议夏时，云云"，一般认为夏时升任为参议是在正统七年十一月之前。因此，施行均徭法时，不是佥事夏时，而是如（D）中所说，是参议夏时。

③ 可能均徭法相关的上奏、批准是在正统七年（1442），正式实施是从正统八年（1443）开始。如此的话，如上页注释⑥所述，均徭法的创设不是在"正统之初"，而是在"正统中期"。

杂役[史料(C)]。以前不定期科派的杂役,变成在十年内定期服役一次。

3. 因此,除了赋役黄册外,还编撰了"均徭册"(或者均徭图籍)[史料(A)、(B)、(C)],这是为分派徭役制作的台账。编册之时,主要的标准是税粮的多寡[史料(D)]。

以上可以明确的是,夏时均徭法的特色是将之前不定期、不定量科派的杂役,改为与里甲正役相同的定期(服里甲正役五年后)十年内科派一次。结果,一里十甲中,每年一甲服杂役。

正统八年(1443),夏时在江西创行的均徭法,因江西右参政朱得对夏时的个人怨恨而受到阻碍,正统十年(1445)一度被废除[史料(B)、(C)],到了景泰元年(1450)又再次复行[史料(C)],其后推行至全国各地。景泰年间(1450—1456),右参议朱英在广东①推行,右参政杨璿在山西推行;②右布政使崔恭也在江西复行均徭法。③到了天顺年间(1457—1464),各地方都开始实施均徭法:四川(开始推行),④巡抚都御史崔恭在江南推行,⑤历任福建、陕西布政使的朱英在两地推行。⑥到了成化年间(1465—1487),《宪宗实录》"成化二年八月辛丑"条中记载了给事中丘弘的进言:

> 今也,均徭既行,以十甲之人户定十年之差徭,官吏、里书乘造册而取民财,豪富、奸狡通贿赂以避重役。

如文中记载,当时均徭法已经在全国各地普及了。至弘治元年(1488),全国基本施行。正德《大明会典》卷二二《户部》"赋役"条记载:

> 弘治元年,今各处审编均徭。先查该年人户丁田,分为等第,止编本等差役,分外不许加增余银。若贫难下户及逃亡之数,听其空闲,亦不许预收余银负累见在里甲。

这里明确了有关均徭编审的规定。至此,正统八年(1443)夏时在江西创设

---

① 《明史》卷一七八《朱英传》。雍正《广东通志》卷二七《职官志》记载朱英去广东赴任是景泰四年(1453)。
② 康熙《山西通志》卷八《名宦志上》。
③ 《明史》卷一五九《崔恭传》。
④ 《英宗实录》"天顺元年八月戊戌"条。
⑤ 乾隆《江南通志》卷七六《食货志》"徭役"。
⑥ 《明史》卷一七八《朱英传》。

的均徭法在全国予以实施。

如前所述,均徭法的特色是将此前不定期科派的杂役改为十年定期科派一次。其具体方法如《天下郡国利病书》卷八七《浙江五·永康县》中记载:

> 弘治元年,始定均徭之制。其制照里甲定籍,年役一甲,以五年与里甲互役。

如果最初第一甲是里甲正役的话,第六甲须就均徭之役,此五年后相反,第一甲服均徭,第六甲服正役。承担均徭役的里长、甲首被称为"均徭里甲"。这是与服里甲正役的"现年里甲""该年里甲"相对的称呼。一般而言,正役与均徭之间的间隔满五年,例如《枫山章先生集》卷四《东园先生张君小传》中记载:

> 成化丙戌进士,授严州遂安知县……前政以里甲、均徭二役相继,民弗能堪。则以均徭移后四年,①而劳者始获息肩。

因此也有像遂安县这样,在里甲正役的翌年科派均徭的例子。但是,这样两年连续进行,人民的苦难深重,所以知县张惠将其改为间隔五年。

为了科派均徭役而编造的簿册"均徭册"按照户则的高低,从上等户开始按顺序记录各州县符合均徭里甲的各户,各户下面标记了应该分派的徭役条目。《大学衍义补》卷三一《制国用》"傅算之籍"中记载:

> 量其人丁事产,分为九等。一以黄册为主。
>
> 随据州县,一年该应之役几何,当费之财几何,某户当某役,各填注其下。

关于何种户应该充当何种役,有"轻而易者则一力独当,重而难者则合众并力,贫者任其力,富者资其财"②的考量。另外,万历《宜兴县志》卷四《食货志》"徭役"记载:

> 编差,中户或一差,中上户或数差,最上户或数十差,下户或以数名朋一差。

如此,给中等户分派一差、中上户分派数差、最上户分派数十差,另一方面,

---

① 将均徭移后四年是指,原本正役是第一年,均徭是第二年,而后将均徭移至第六年,变成间隔五年。

② 《大学衍义补》卷三一《制国用》"傅算之籍"。

下户数人朋充一差。

均徭册的户则如丘濬所言,"一以黄册为主",当然是以赋役黄册为根据,但是也有无视黄册,①只重视税粮＝土地所有额的情况。天顺元年(1457)四川实施均徭法时,重庆府永川县民邓锁上奏②曰:

> 今惟以税粮定其科差,则富商、巨贾力役不及,而农民终年无休息之日矣。臣恐数岁之后,民皆弃本趋末。为患非细……乞敕该部革去新例,止遵旧制。

这里新例是指均徭,旧制是指原来科派的方法。邓锁批判均徭法只以土地为对象科派徭役。如前所述,明初以来,重视土地＝税粮的多寡,实施均徭法时,激化了其弊端。《王文恪公集》卷三六《吴中赋税书与巡抚李司空》也认为:

> 均徭者,大率以田为定。田多为上户,上户则重。田少则轻,无田又轻。亦不计其资力之如何也。

史料指出了均徭过于看重土地的缺点。此处必须要考虑的是,这些指责与其说是批判均徭的缺点,不如说是强调基于税粮＝土地的科派徭役的方法引发了社会问题。

以土地为重点进行科派的均徭法,当然不受土地所有者所喜,为了与之对抗,出现了各种不法行为。为了防止这些不法行为,公平分派徭役负担,各地期许朝廷能够采取一定措施。

(二) 均徭的银纳化——银差的出现

税粮(田赋)的银纳化,早在正统元年(1436)就已经大幅度实施。也就是所谓的"金花银"开始出现。③税粮的银纳化标志着向来严格控制银流通的明朝的统治力逐渐松弛,同时也说明政府对获得银两具有强烈的需求。但是,田赋银纳制度化七年后创设的均徭法,当时完全没有显示出银纳化的趋势。

---

① 参见《西村集》卷五《上中丞侣相公书》。
② 《英宗实录》"天顺元年八月戊戌"条。
③ 有关税粮银纳化的研究有:[日]堀井一雄《明代における租税银纳の发达》,《东洋学报》第23卷第3号;[日]清水泰次《中国近世社会经济史》。特别是有关金花银的研究,有[日]堀井一雄《金花银の展开》,《东洋史研究》第5卷第2号。

　　以前论及均徭法,直接就会解释成银差、力差之法,从均徭法成立之初开始,就有银差、力差之别的误解。①《明史·食货志》的编者也持有这样的看法,在《钦定续文献通考》卷一六《职役考》中也记载:

　　　　今考银差、力差之制,史亦不详其所始。《食货志》言,正统初,议均徭之法,令以旧编力差、银差之法,当丁粮之数,酌其中役以应差。则其制当在英宗前也。

这份史料认为银差、力差之法在均徭法之前就已经存在了。《续通考》的编者是在均徭以银差、力差为基础成立的前提下给出了这样的判断,如前所述,这与均徭法的实际情况完全不符。

　　当然,在一些特殊的役种上,也有很早就开始施行银纳的情况。例如《正德会典》卷一二五《兵部二十》记载:

　　　　宣德间,令随从皂隶系不愿应当者,每名月办柴薪银一两。

随从皂隶的役的银纳化是公认的。岩见宏推测当时是宣德四年(1429)。②并且《英宗实录》"正统十二年五月癸丑"条中记载了常熟县致仕知县郭南复任的内容:

　　　　先是,邑民当役者,苦于科扰。(郭)南与之约曰:"尔辈若出米四石,准役一年,愿否。"皆曰:"往者,一年之役需银五六两。今若此只一两银,无有不愿者。"于是,为仓贮之,一年支用,才三之二。

清水博士将此看作银纳徭役的例子。③但是,郭南实际上是将徭役折算为米,"只一两银"不过是指米四石的价格。④随后,在成化二年(1466)⑤、四年(1468)⑥、七年(1471)⑦、九年(1473)⑧等,也可以找到银纳徭役的实例。但

---

① 松本善海认为均徭法的成立和银差的出现是在同一时期。([日]和田清编:《支那地方自治发达史》,第102页)。因此根据松本说法而作的鼈宫谷英夫的论文也犯了同样的错误。

② [日]岩见宏:《银差の成立をめぐって——明代徭役の银纳化に关する一问题》,《史林》第40卷第5号。

③ [日]清水泰次:《明代における役法の变迁》,《史观》第8号。

④ 郭南说"为仓贮之",通常仓是指谷仓,储存银的地方叫做库,所以这里是指用米缴纳赋役。

⑤ 《宪宗实录》"成化二年八月辛丑"条。

⑥ 《正德会典》卷一六三《工部》"砍柴夫"条。

⑦ 《宪宗实录》"成化七年九月壬辰"条。银纳的是检钞夫役。

⑧ 《宪宗实录》"成化九年十月乙亥"条。银纳的是柴夫。

是,这些例子基本上都只是特定的情况,用银纳来完成特定的赋役。

银纳徭役的事例普及开来是在稍后一段时期,本来在赋役劳动制＝役法自身当中,就含有徭役货币化的若干可能性。

第一,徭役制度自古存在"代役"制。也就是说,明初的均工夫役承认"田多丁少者,以佃人充夫",①《宪宗实录》"成化二年八月辛丑"条,给事中丘弘进言曰:

> 均徭未行,但随时量以户以定差……贫者出力,富者出财,各随所有,听从其便。

丘濬在叙述均徭法时也指出:"贫者任其力,富者资其财。"②这是承认了穷人直接服力役,而富人通过财力雇用他人进行代役的事实。既然承认存在代役,那么富人不是雇用他人并支付代价,而是直接向官方缴纳钱财,那么官员自行招募人力的事情就有可能发生。

第二,均徭役中,头户(或者说正户)和贴户有所不同。例如《闽书》卷三九《版籍志》"赋役"条记载:

> 往时,编某为某役,某为头户,某为贴户。

嘉靖《吴江县志》卷一〇《食货志二》"差役"条记载:

> 黄册既定,则按册轮年差其丁粮,上中者役之,下者贴之。名曰均徭。

也就是说,某一役数户朋充,数户中有些被定为正户,其他被定为贴户,实际赋役的只有正户,贴户仅出办协助。崇祯《元氏县志》卷二《户口》记载:

> 每役三年,各佥一头,挨年出官应当。余户贴以银力有差。

这说明有头户和贴户之别。贴户协助头户的方法是用银子分担一部分费用,也有用劳力援助的情况,但主要还是以前者为主。因此,贴户出银说明徭役自身蕴含了发展成银纳的契机。

第三,丘濬在《大学衍义补》卷三一《制国用》"傅算之籍"中写道:

---

① 参见［日］山根幸夫《明代徭役制度の展开》,东京:东京女子大学学会,1966年,第9页。
② 《大学衍义补》卷三一《制国用》"傅算之籍"。

> 均徭之法，十年而一役。其间九年之歇……一时良法行之。江南
> 大县，固为民便。但民多役少之处往往多有余剩户。编次者每用中下
> 户而留上户俾出钱，以为公用，因而入己。

如此，有些地方的均徭里甲当中，只用两三户已经足够，会出现剩余户，这些
地方的剩余户需缴纳货币。①并且，正德《朝邑县志》卷上《田赋》中也记载：

> 弘治以前，丁赋、力差，供岁足则止，不派。故能以三十六里更用迭
> 休之。以后乃通取焉。所以然者，以用听差者。听差者，差已足，无差
> 而听差也。听差者，官尽收银而贮之库。

这段的意思是说弘治以前没有施行均徭法的时候，按照必要的徭役进行分
配，徭役足够后不再科派。但是，弘治元年（1488）开始实施均徭法以后，当
没有徭役需要科派时——均徭里甲中出现剩余户时——让剩余户纳银，（将
银）贮藏在银库中，以备他日之用。这就是所谓的"听差"。②听差本身就是一
种银纳化，这种听差的推广，是促进各个徭役银纳化的一个原因。

前述各因素是银纳徭役的原因，另一方面，从社会政策观点来看，也要
求银纳徭役。无法雇用代役的小农，直接服力役的话就意味着在服役期间
放弃了自己的农业生产。并且，为了赶赴服役的地方，还必须花费相当的时
日和费用，服役后又会受到当地监督官员的种种压榨，与实际服力役相比，
银纳的方法更为容易。例如，万历《上虞县志》卷八《食货志》"均差考"记载：

> 盖立法之本意，银差所以待贫民，以力差待富室。

可见，银差本来就是以贫民为对象科派的方案。但是也有完全相反的记述，
《海瑞集》之《淳安县兴革条例·户属》记载：

> 均徭，富者宜当重差、当银差，贫者宜当轻差、当力差。

这里主张富者当重差＝银差，贫者当轻差＝力差。在这一点上，我刚才提到

---

① 丘濬叙述时虽然使用的是钱（铜钱），但也可以用作广义的货币的意思，可以解释为也包含
　银在内。
② 除了听差的名称外，还有如《王文恪公集》卷三六《与李司空论均徭赋》中"役少人多时，则储
　为公用，谓之余剩均徭"中的"余剩均徭"的说法。

的银差从"社会政策角度"对小农适用的观点①受到了岩见宏的批判。②先不论华北等银流通迟缓的地区,华中或者华南等较早实现银流通的地方,银纳徭役对农民而言是减轻了负担。银纳徭役对徭役的负担者而言是具有便利性的,这也促进了均徭的银纳化。

其次,正统元年(1436)开始,田赋也使用银纳,此后迅速普及到全国,银纳田赋的趋势从侧面刺激了徭役的银纳化。

那么,均徭法中普遍使用银纳是什么时候呢? 这当然是均徭中出现银差和力差区别之时。那么银差和力差的区别又是在什么时候明确划定的呢? 下面将对这一问题进行讨论,嘉靖《徽州府志》卷八《食货志》"岁役"中记载:

> 旧志③,弘治十四年,均徭未分银、力差。

弘治十六年(1503)编纂的福建《兴化府志》将徭役分为"用银夫役"和"用力夫役"。④但是,值得注意的是,这时还没有使用银差和力差的名称。而在正德年间编纂的《姑苏志》和《松江府志》等所载役法条中,也没有区分银差和力差。《天下郡国利病书》卷一〇一《广东五》"雷州府"条中记载:

> 正德始定银差、力差之例。

《天下郡国利病书》卷九八《广东二》"广州府"条中同样记载:

> 正德十五年,御史程昌,奏定银差、力差之例。⑤

因此,最终确定各地银差、力差条例应该是在弘治末年至正德之间,也就是16世纪初期。但是,如岩见宏所言,最早出现银差名称的是《武宗实录》"正德元年十一月乙酉"条中记载的顺天巡抚柳应辰的进言。

然而,即使银差、力差的条例已经确定,这两者之间的区别也不是绝对的。《天下郡国利病书》卷二一《江南九》所载《松江府志》"查力差、银差、听

---

① 拙稿《十五・六世纪中国における赋役劳动制の改革——均徭法を中心として》,《史学杂志》第60编第11号。

② [日]岩见宏:《银差の成立をめぐって——明代徭役の银纳化に关する一问题》,《史林》第40卷第5号。

③ 旧志是指弘治十五年刊的《徽州府志》(12卷)。

④ 弘治《兴化府志》卷一二《户纪・徭役志》。

⑤ 嘉靖《香山县志》中也记载了"御史程昌,巡按时,始定银差、力差为例"。

差之故"①中记载：

> 又其后，派银雇役，力差变为银差。

万历《建昌府志》卷三"四差"条中也记载：

> 正德、嘉靖中，银、力二差，互为交易。

这表明银、力两者之间不断相互变动，或力差变为银差。特别是对于负担较重的力差，出现了改为银差的趋势。例如万历《琼州府志》卷五《赋役志》"均徭"条中记载：

> 后以力差苦累（库子②、解户等役，无不破家相望），陆续改编觅役③
> （以御史庞尚鹏奏改银差通行）。

最初定为力差的重役，也逐渐改为银差。因此，起初银差比力差多得多，但逐渐地，银差开始增多。这种变化趋势如下表所示：

表 1

省、府县	年　代	银　差	力　差	出　　典
福建建宁府	嘉靖二十年	884 役	2 147 役	嘉靖《建宁府志》
福建龙岩府	嘉靖三十六年	63 役	276 役	嘉靖《龙岩县志》
浙江海宁县	嘉靖三十六年	664 役	483.5 役	嘉靖《海宁县志》
福建尤溪县	旧	120 役	303 役	崇祯《尤溪县志》
广东雷州府	旧	107 役	84 役	《天下郡国利病书》卷一〇一④
广东海康县	旧	66.5 役	239 役	《天下郡国利病书》卷一〇一
广东遂溪县	旧	63 役	283 役	《天下郡国利病书》卷一〇一
广东琼州府	旧	942 役	1 645 役	万历《琼州府志》

到了嘉靖年间，各地方志"徭役"条中记载的力差的各役种也明确标记了银额，力差的总额也用银两来记录。但是，这并不是说力差已经全部变为

---

①　这一内容在《白石樵真稿》卷一二《议》中也有记载。
②　括号内是对原文的夹注。
③　"觅役"是银差的意思。
④　万历《云南通志》卷六《赋役志》。

银纳了,《天下郡国利病书》卷九九《肇庆府》中记载:

> 力差……亦计银者,准(银差之)工食也。

并且在同书卷八七《浙江五·永康县》中有记载:

> 力差但准银以定差而不征银。听其身自执役,或请人代役。

也就是说,力差的负担是以银两为标准记录的。这种事例在西欧也出现过。①

那么最初定为银差的役种是什么呢? 例如《天下郡国利病书》卷五《北直四》所载《大名府志·徭役志》记载:

> 夫徭役……地里远近不同。故以其身入庸者曰力差。所待于府州县境内者是也。入其庸之直而听官转募者曰银差。所待于京师职署及他州驿递之类是也。

此外,天启《海盐县图经》卷六《食货篇》"役法"记载:

> 均徭之役于各衙门者,远则为银差……近则为力差。

赶赴远处的官署或者驿递服役是"远役",这些役种先开始了银纳。当然,这样的例子很多,正如岩见宏所言,②最早开始银纳的是皂隶、马夫③、斋夫和膳夫这四种。下表收录了各地方银差和力差的区别,同时也能证明上述观点。

表 2

省、府县	解户	弓兵	隶兵	门子	斗级	库子	巡拦	禁子	馆夫	铺兵	皂隶	祗候	马夫	斋夫	膳夫
福建龙岩县	×	×	×	×	×	×		×		×	○	○	○	○	○
福建建宁府							○						○	○	○

---

① 英国在 13 世纪有很多土地台账,上面记载了赋役相对应的金额。法国也有这种使用货币估价的史料,根据アンリ·セエ(Henri Sée)的研究,代纳的情况并不少。在英国也一样,这并不是表示代纳,而只是意味着选择力役或者纳金。(参考[日]铃木成高《封建社会の研究》)

② [日]岩见宏:《银差の成立をめぐって——明代徭役の银纳化に关する一问题》,《史林》第 40 卷第 5 号。

③ 马夫不是指驿站的马夫,而是服务于官员的杂役。参见[日]山根幸夫《明代徭役制度の展开》,第 70 页。

（续表）

省、府县	解户	弓兵	隶兵	门子	斗级	库子	巡拦	禁子	馆夫	铺兵	皂隶	祗候	马夫	斋夫	膳夫
福建大田县			×	×		×						○	○	○	○
福建福清县			×	×	×	×	×	×	×	×		○	○	○	○
福建永福县	○			×	×				×	×	○	○	○	○	○
福建沙县	×	×	×	×	×	×	○	×		×	○	○	○	○	○
南直吴江县	○	×	×	×	×	×		×		×	○×		○	○	○
南直宁国府	×	×	×	×	×	×		×		×	○×		○	○	○
南直滁州	×	×	×	×	×		×	×	○		○×		○	○	○

说明：上表中的○表示银差，×表示力差。①

由上表可知，皂隶以下的五个役种，几乎完全银纳化了。我之前提到，相对比较轻微的单纯的杂役，被定为银差，②岩见宏认为如此一概而论存在不足。但是不能否认的是，解户、斗级、库子等的负担很重，没有合适的应募者，它们再改为银差已经是更晚的事情。

如前所述，均徭法银纳方式的演进比田赋的银纳化（金花银）晚了约半个世纪，是在16世纪初期才出现的。田赋银纳化是政府为了获取银两而强行实施的财政政策，徭役银纳化则主要是因为徭役制度自身蕴含了发展成货币缴纳的因素，这种因素在徭役制度的发展过程中不断扩大。换言之，银差是徭役制度体系化、合理化的必然结果。

岩见宏曾指出："笔者的观点是，官僚对银两的需求是银差出现的重要契机。"多数既有研究已经表明，毫无疑问，官僚对银两的强烈需求是促进银纳田赋的契机。但是，对于徭役而言，不能将重点仅置于此。如果徭役与田赋存在

---

① 本表根据各地方志制作。一个役种同时包括银差和力差的情况很少见，为了简单明了，省略了这类事例。

② 拙稿《十五・六世纪中国における赋役劳动制の改革——均徭法を中心として》，《史学杂志》第60编第11号。

同样的条件,那么银纳徭役为何比田赋晚出现了半个多世纪呢? 而徭役银纳化为何又是缓慢地部分地向前推动呢? 诚然,如岩见宏所言,柴薪皂隶和马夫是"在补充官僚生活费用的意义上开始银纳化的。官僚的需求促进了银纳行为",这是不可否认的事实,但是并不意味着可以以此类推到所有徭役。

(三) 均徭法的变革——十段法

《大学衍义补》卷三一《制国用》"傅算之籍"中记载:

> 均徭之法,可行于江南,不可行于江北。可行于大县,不可行于小县。可行于大户,不可行于贫民。

这里举出的理由是江北或者小县人丁稀少、役额繁重,在这些地区很难固守均徭法的"十年一役"的原则,必须十年服役两三次,而且对于没有充足家底的贫民来说,一次重担都很难承受。事实上,无法维持十年一役(合算上里甲正役的话是五年一役)原则的州县,逐渐变成了五年一役,甚至是三年一役、两年一役,最终每年都会科派赋役。如此缩短徭役的编审间隔,就意味着人民的负担成比例地加倍了。因此,有些地方采取了不缩短徭役的编审间隔,将徭役负担的一部分编入土地＝税粮,维持十年一役的原则,不再增加小农负担的政策。

之前已经反复论及,从明初开始,作为科派徭役的标准,土地一直很受重视,特别是在均徭法中,这一倾向更加显著。当然,这不是说就土地自身科派徭役,而是因为将土地作为分派徭役的标准,因此对其很重视。然而,随着徭役的负担过重,官员采取了将部分徭役负担直接派入土地的措施。例如江南巡抚周忱基于"劝借之说",用税粮来补充徭役负担的不足。[①]其后,将徭役编入土地的比重逐渐增大,丁四粮六或者丁三粮七等,徭役负担的六成至七成被科派到土地或者税粮中。这样将徭役编入土地(或者税粮)的方法有两种,第一种是直接将徭役科派给土地(或者税粮)。例如万历《宁国府志》卷八《食货志》记载:

> 初均徭十年一编审。弘治以前,每田一亩审银二分有奇,后增至五分。

---

① 万历《上元县志》卷二《田赋》;卷一二《艺文志・大名守姚汝循丁粮议》。

可见这种方法是,每亩田(或者每石税粮)需缴纳若干银两,通过这种形式将徭役负担加派给土地(或者粮)。

第二种方法是,将土地或者税粮换算成丁,相反也有将丁换算为土地(以亩为单位)或者粮食(以石为单位)的情况,即以每丁若干银(或者每亩、每石若干银)的方法分派。例如五亩到十亩田地为一丁,税粮一石为一丁等,这样的例子很多。

徭役编入土地的背后,有各州县地理因素的影响,也有以里甲组织为基础的均徭科派方法中的矛盾扩大的问题。明初,乡村的土地所有相对比较平均,随着时代的变迁,土地集中化越来越严重;另一方面,没落的小农不断增多。这种情况下,甲里多集中了大土地所有者,乙里多是贫民,即使在同一个里中,丙甲和丁甲之间也出现了明显的不平衡。而且各里的户口减少,出现了有些里少于一百一十户定数的情况。例如《四友斋丛说》卷一三《史九》记载:

> 每里有排年①十人,分作十甲。每甲十户,则是一里,总一百户。今积渐损耗,所存无几……今一甲所存,无四五户,复三四人朋一里长。

上述现象在各地都可以看到。而每年科派的役额,几乎是一定的,万历《江西省大志》卷二《均书》中记载:

> 均徭之法,每岁通县徭银数一定,不可复减,而各甲丁粮多寡不一。甲之丁粮多,则其年派银数轻;丁粮少,则其派银数重。固已不均而所当之差又复不齐。

如上,各里、各甲之间的均徭负担已经非常不均衡。因此,人民理所当然会从负担重的甲逃到负担轻的甲,或者从负担重的里逃到负担轻的里。《江西省大志》中记载了这一时期的事情:

> 奸民避重就轻,往往入籍于丁粮数多之甲。以故重者愈重,轻者愈轻。况所充之差,又复倍蓗什百,大相殊绝者。②

---

① "排年"用作里长户之意。
② 《江西省大志》卷二《均书》中还记述了类似的内容:"盖人户丁粮,有附册悬绝者。人人以甲粮多者为利,愈趋之,则寡者愈寡之,无胜至逃。而甲粮多者非豪则奸。"

这是指各甲之间的移动,各里之间也出现了同样的现象,恶性循环不断反复,弊害丛生。

从《江西省大志》的记录中可以看出,一些人为了避开重役,采取了移甲的手段,更直接地玩弄起逃脱徭役的奸策。避免徭役的方法是隐匿被当作科派对象的土地=税粮,或者将其移至他人名下,尽量糊弄自己的土地所有额。这种将自己的土地写至他人名下以逃脱负担的方法叫做"诡寄"。①万历《杭州府志》卷三一《征役》中记载:

> 令甲有优免例,而平民不与。田多者欲规其免也,则或托乡大夫②为户焉,或托举监、博士弟子③为户焉,或托吏承、灶籍、贫甲④为户焉。一人之田分入数户……其名曰诡寄。

成为诡寄对象的首先是被赋予减免徭役特殊待遇的官吏、生员等的家,或者灶户。官吏的优免最早只是规定免除"杂泛差役";强化对土地的徭役科派后,官吏滥用其免役的特权,接受他人土地的寄托,企图逃避徭役。结果诡寄的危害越来越大,到了嘉靖二十四年(1545),朝廷限制了对官吏的优免额度。⑤针对京官的优免额,如下表所示:

表 3

官　品	一品	二品	三品	四品	五品	六品	七品	八品	九品
税粮额度(石)	30	24	20	16	14	12	10	8	6
土地⑥(亩)	1 000	800	670	537	470	400	335	270	200
丁额(丁)	30	24	20	16	14	12	10	8	6

外官(地方官)的话,是上表数额的一半。教官、监生、生员等各免除粮二石(准田四十亩),人丁二人。此外,退休官僚按现任官吏的十分之七免

---

① [日]清水泰次:《明代の税役と诡寄》,《东洋学报》第 17 卷第 3、4 号。

② "乡大夫"指乡绅,大概是指退休官僚。

③ "举监、博士弟子"指监生、生员等。

④ "贫甲"指被免除徭役的老弱户或者妇女户。

⑤ 万历《大明会典》卷二○《户部七》"赋役·嘉靖二十七年"条;万历《余姚县志》卷一○《食货志上》"田赋"条。

⑥ 三十石税粮换算为一千亩田地。因此以田亩为标准分派徭役的时候,千亩(十顷)以下免役。以下也是以同比率换算。

除。但是即使在限制了官僚的优免额之后，也不难想象人们并没有严格遵守规则。崇祯《吴县志》卷九《役法》中周尔发《吴县均役书序》写道：

> 岁编三等（上、中、下）役，当用田四万余亩。有田免役者，居其十七，而拥巨资者复役。

由此可见，吴县的优免土地占了总面积的七成。①当然优免不仅限于官僚，但即使如此，一般人民也蒙受了很大的损失。万历《上海县志》卷四《赋役志下》"徭役"中记录了如下优免额。根据下表可知，优免额的人丁、田地占了实际额度的两成左右，其中官吏的优免约占 10%，大部分则是针对灶户的优免。仅看这一例的话，也许可以说针对官吏的优免并没有造成问题，但是无法就此推断整体情况。不容否认的是，一般而言，土地所有者将自己的田地寄于官吏家中，享受他们的优免额，这时，作为接受委托的代价，官吏一方会收取相当数额的名义费。

表 4

		丁 额	田地额
优免额	官户②	705 丁	252 顷 74 亩
	灶户	12 084 丁	2 453 顷 23 亩
	计	12 789 丁	2 705 顷 97 亩
实际额		70 623 丁	14 806 顷 4 亩

此外也有减免贫下户徭役的例子，土地所有者细分自己的田地，设立空假户头，分割寄于多数贫户。③这些不法行为被称为"花分""飞洒"等。

另一种逃避徭役的方法是，富豪、大户在本籍贯地以外的州县购置田地，即所谓的"寄庄户"。嘉靖《香山县志》卷二《民物志》"田赋"中记载：

> 富豪人户置买别县田产，立作寄庄，坐享租利，不行纳粮……及至轮编差役，则又恃其隔涉不服拘唤……香山粮止二万，而寄庄已及八千。

---

① 优免土地占到全部土地的七成有些夸张，也可能是极端的说法。
② 包括乡宦、举监、生员、杂职、省察、知印、吏承等户。
③ 《西村集》卷五《革奸对》中记载："假借妇女、老弱之名曰带管。"是不法行为的一种。

寄庄户住在远处,有恃无恐,企图在实质上逃脱赋役。而且各地的寄庄户在逐渐增加。南直隶的上元县在明初只有一成寄庄户,其数量却逐年增加。①这种情况在江南地区特别盛行。不用说,寄庄户基本上是富豪、大户,如果他们的所有地与本籍贯一致的话,当然必须负担沉重的徭役。为了对抗他们这种不法行为,出现了针对寄庄户直接科派土地徭役的讨论。也就是姚汝循的《寄庄议》:

> 今议者动欲借口恤民,而遂抑寄庄,每至审编,凡寄庄则论田以报丁口。

这里讨论的是将寄庄户的田地换算为丁额,以此科派徭役。对此,姚汝循认为编审应该以户籍为标准,寄庄户本来有各自的籍贯,应该让他们在本籍贯服役;而徭役是针对丁科派的,如果将田地换算为丁额,一个人就会身负两三个役种,这很不合理,因此他反对这种做法。姚汝循的说法实际上是为寄庄户的利益作辩解,而为了防止通过寄庄的方式逃避赋役,还是不得不采取上述这一方法。

　　维持均徭法十年一役的原则,对抗上述富豪、大户等的不法行为,最合理的科派徭役的方案是"十段法"。②最早的事例并没有使用"十段法"这样的名称,这一改革是由福建巡按御史盛颙于天顺中期(1457—1464)在福建实施的。《闽书》卷四五《文莅志·盛颙传》记载:

> 先是,郡中徭役多从里书推举……颙,通举一县之丁田数,定为十

---

①　万历《上元县志》卷二《版籍》。但是因为上元县是应天府(南京)府治,是华中地区的政治中心,所以可能增加了特别多的寄庄户。

②　十段法也被称为"十段文册法""十段锦册法"。清水泰次博士将其区别开来(《明代における役法の変遷》),实际上应都看作"十段法"。有关十段法,参照[日]岩见宏《明の嘉靖前后における赋役改革について》,《东洋史研究》第10卷第5号。
　　在1965年10月23日召开的中国中世史研究会上(在东洋文库召开),小山正明发表了《明代の十段法について》,介绍了有关明代十段法的多份史料。小山正明指出十段法的特点包括:(1)针对丁、田进行科派;(2)取消正管户和带管户的区别;(3)取消军、民、匠籍的区别。小山的发表在近期将正式刊行[编者按:后分为(一)、(二)分别发表于《仁井田陞博士追悼论文集》第1卷《前近代アジアの法と社会》及《千叶大学文理学部文化科学纪要》第10辑],具体内容届时再讨论。但是,即使实施十段法,只要还残存里甲制,正管户和带管户的区别就无法消解,只要卫所制度还继续存在,军户的籍贯就无法取消。

甲，以一年①丁粮，应一年徭役。

也就是说，将全县的丁田数分为十等份，即十甲（十段）。此外，有关正德年间（1506—1521）南直武进县施行的十段法，《天下郡国利病书》卷二三《江南十一》所载《武进县志·里徭》中记载：

> 正德间，本（常州）府同知马，议将通县田地均分十段，别造十段文册，每年编审一段。初甚便之。

据此可知，常州府的十段法只是将田地分为十等份，现实当中是将土地、人丁的总额分为十等份。《闽书》卷三九《版籍志》"赋役"条中也记载：

> 十段法将概县之实差丁粮以甲为次，分作十段，每年轮以一段编差。

这里是将丁粮（或者丁田）分为十等份。但是上述例子没有具体说明十段法的内容。在嘉靖十四年（1535），武进县知县马汝章再次实施了十段法，由此可知其详细内容。《天下郡国利病书》卷二三《江南十一》所载《武进县志·额赋》中记载：

> 嘉靖十四年，据武进县里书开报轮审人户。丁田数目，到县查对征、黄二册，多有奸徒通同里书。那前移后，花分、诡寄躲避差徭。武进县知县马汝章议，将概县官田一千三百九十六顷六十二亩七分，每五亩折民田一亩，共折民田二百五十九顷三十三亩五分。实在民田一万二千九百五十八顷八十一亩四分。山荡七百五十四顷七十八亩，每十亩折民田一亩，共折民田七十五顷四十七亩八分。人丁十二万四千三百九十八丁，每丁折民田一亩，共折民田一千二百四十三顷九十八亩。四项共折民田一万四千五百五十七顷五十九亩七（原文为"八"——译者）分有奇。内，除第一年、二年审过外，民田一万一千六百四十六顷七亩七分九厘二毫，画为八年，每年轮民田一千三百三十顷（原文为"一千四百五十五顷"——译者）七十五亩九分七厘四毫五丝，攒造（十段）文册，

___
① 比起一年的丁粮，一甲的丁粮更为合适。将全县的丁田数分为十等份，使每一甲服一年的徭役。

刻立石碑,每年以一段编金。此所谓十段册也。

这里采用了将田地、人丁全部换算成民田的方法。下表展示了上述换算额:

表 5

	原　　额	与民田 的比率	换算额
官田	一千三百九十六顷六十二亩七分	一对五	二百五十九顷三十三亩五分
民田	一万二千九百五十八顷八十一亩四分		一万二千九百五十八顷八十一亩四分
山荡	七百五十四顷七十八亩	一对十	七十五顷四十七亩八分
人丁	十二万四千三百九十八丁	一对一	一千二百四十三顷九十八亩
合计			一万四千五百五十七顷五十九亩七分

如上可知,武进县丁田总额为一万四千五百五十七顷五十九亩七分。其十分之一的一千四百五十五顷七十五亩九分为一段,已经编审为第一甲、第二甲,所以剩余的丁田被分为八等份,每一段为一千三百三十顷七十五亩九分,每年将均徭分给其中一段。

然而,武进县的十段法也没有实施很长时间。嘉靖二十一年(1542),知县徐良傅为匡正均徭法的弊害,提出恢复马汝章的十段法。上述《天下郡国利病书》中继续记载道:

> 不若先年十段册。将概县丁田分作十段,多寡之数大略相等。一年一段,较若画一,官民两便,经久可行也。……可以革旧时那移之弊,……可以免近年骚屑之患。

他主张通过十段法可以阻止挪移的弊端。不仅在江南,十段法在各地都有实施。《世宗实录》"嘉靖十八年闰七月庚申"条中收录了巡按福建御史李元阳的进言:

> 均徭分定十段,以杜飞(洒)、诡(寄)。

嘉靖《沙县志》卷四"赋役"条中可以看到"十段册"的名称,虽然与天顺年间盛颙实施的变革有所不同,但是可知福建在嘉靖第二个十年间(1531—

1540)也实施了十段法。到了嘉靖末期,泉州府下辖地区全部实施了十段法。万历《泉州府志》卷六《版籍志上》"赋役"中记载:

> 嘉靖之季年……各县将实差丁米,分为十段派编。

云南(年代不明)也实施了十段法。万历《云南通志》卷六《赋役志三》"民役志"条中记载:

> 各州县俱照十段征银在库,官吏支销,里甲归农。

万历《江西省大志》卷二《均书》中也记录了十段法的内容,因此江西也许亦实施了十段法。但是,十段法最有名的是嘉靖四十四年(1565)温如璋在江南地区实施的情况,即所谓的"十段锦册法"①。《世宗实录》"嘉靖四十四年二月丁丑"条中记载:

> 巡按直隶御史温如璋,条陈议处江西兵食三事。一、品官优免太滥,诡寄日滋。今不必另定限制,惟仿十段锦册之法行之。

这说明,温如璋为了抑制品官优免的滥用和寄庄、诡寄的弊端,主张采用此前实施的十段法。另外,万历《大明会典》卷二〇《户部七》"赋役"中记载:

> (嘉靖)四十四年,议准江南行十段锦册法。

江南开始实施十段法。下面就有关十段锦册法的内容,将《实录》《会典》的记录进行对比:

表6

《实　录》	《会　典》
其法算该力差、银差之数,总计十甲之田,派为定则。如一甲之田有余,则留以为二甲之用。不足则提二甲补之。剂量适均,轻重合一。	算该每年银、力差若干,总计十甲之田,派为定则。如一甲有余则留二三甲用,不足即提二甲补之。

《实录》和《会典》中都出现了"十甲之田",而不是"十甲之丁田",这与上述的各十段法有所不同。②一甲有余,通融次甲,相反不足之时,提次甲补充,

---

① 十段法也被称为"十段文册法""十段锦册法"。清水泰次博士将其区别开来(《明代における役法の变迁》),实际上应都看作"十段法"。有关十段法,参照[日]岩见宏《明の嘉靖前后における赋役改革について》,《东洋史研究》第10卷第5号。

② "十甲之田"不止田地,还包括了换算为田的人丁。

这种所谓的"提编"的规定也是在这里首次出现。万历《大明会典》在上述史料后面继续记述：

> 乡宦免田，十年之内止免一年，一年之内止于本户，寄庄田亩不拘同府、别府，但已经原籍优免者，不许再免。①

据此可以看出十段锦册法实施的意图所在。

即使在科派里甲银②时，十段法也是适用的。③此外，一条鞭法实施后，科派税粮相关的役时也采用了"十段法"。④万历《温州府志》卷五《食货志》"永嘉县"条中记载：

> 隆庆六年，知县伍士望奉文议，将一应均平⑤等项钱粮，均为十段条鞭，派各里甲，逐年出办。

隆庆《乐清县志》卷三《财用》"徭役"条中也记载：

> 巡院谢公，则又定十段一条鞭法。

具体内容虽不明确，但是称为"十段条鞭"，所以应该是温州府实施的综合了十段法和一条鞭法的制度。

如前所述，到了16世纪初期，为了适应当时的社会经济形势，改正均徭法的缺陷，有官员强行将徭役的一部分编入田地。其结果就是出现了十段法。当然十段法并没有在全国普遍实施，但是十段法展示出了改革徭役制度的方向。而由于十段法未能修复所有矛盾，所以还必须进一步发展到一条鞭法。

综上所述，明初以来，应需要而随时科派的杂役，到了15世纪中期，通过江西创行的均徭法发展成定期的、定量的、十年分派一次的赋役。其背景是，建朝之初杂役不重，随着明朝不断扩充统治机构，杂役逐渐膨胀，科派赋役的方法有必要体系化。从15世纪中期开始的税粮的银纳化（金花银）和

---

① 《世宗实录》的同条也记录了几乎相同的内容，但是《会典》更详细一些。
② 参见［日］山根幸夫《明代徭役制度の展开》，第129页。
③ 万历《云南通志》卷六《赋役志》。
④ 根据天启《衢州府志》和崇祯《开化县志》可知，易仿之（万历十七年［1589］任）为了金派大户，实施了十段法。
⑤ 均平如后所述，是指统一现年里甲的上供、公费负担，因为是通过货币缴纳，所以相当于里甲银。

银流通的盛行,与徭役制度自身蕴含的货币缴纳的各要素相辅相成,决定了徭役银纳(银差)的发展方向。银纳徭役的普及是在 16 世纪初期完成的。

当时中国农村社会结构开始出现大的变化。富豪、大户的土地进一步集中,结果是没落的小农不断出现。为了补充之前由小农承担的徭役,并且对抗以优免特权之便逃避徭役的富豪、大户,官方实施了针对田地直接科派徭役的政策,出现了所谓的"十段法"。通过十段法,维持了均徭法十年一役的原则,同时也抑制了土地所有者逃避徭役的现象。

二、里甲正役的发展

里甲正役中,现年里长、甲首的最大负担是贡纳上供物料,以及出办官厅公费。起初,上供和出办公费,以及科派方法都没有清楚的标准,而是根据需要随时提出要求。

但是从 15 世纪中期起,银纳田赋(金花银)开始出现,杂役被整理、统一为均徭,促进了银纳均徭(银差),上供、公费的负担也被逐步整理、统合,出现了货币缴纳的契机。像这种用银两缴纳上供、公费等的负担被称为"里甲银"。岩见宏在《明代地方财政的考察——关于广东的均平银》(《明代地方财政の一考察—広东の均平银について—》)[1]当中考察了广东一带里甲银的成立过程。栗林宣夫在《关于里甲银的考察》(《里甲银に关する考察》)[2]中全面考察了里甲银。笔者也发表了《丁料与纲银——福建里甲的均平化》(《丁料と纲银—福建における里甲の均平化—》)[3]一文,讨论了福建里甲银的成立及其特点。本节将考察全国里甲银的成立,并尝试追寻里甲正役的发展和变化情况。

(一) 里甲银的成立

重庆府永川县将上供物料的费用如此分配:现年里甲负担 30%,剩下的

---

① ［日］岩见宏撰,载于《研究》第 3 号,1953 年。

② ［日］栗林宣夫:《中国の社会と宗教》,《东洋史学集》第 2 号,1954 年。

③ ［日］山根幸夫《和田博士古稀记念东洋史论丛》收录。

70%由十个甲首平均分配,每人承担 7%。①这样一来,现年里甲的负担,除了里长之外,甲首的负担是由十个人均分的。但是,随着时代的变化,这些负担不断增加,并且其内容变得十分繁杂。万历《琼州府志》卷五《赋役志》中记载:

> 郡里役,旧例止输物料给差使。景泰后,凡百官需,悉令出办,凡岁祭、表笺、乡饮、科贡、料价、夫马等项,民苦之。

景泰以后,上供、公费的负担迅速增加,官府不断提出各种要求。《天下郡国利病书》卷九二《福建二·福宁州》"纲役"条中也记载了上供、公费的内容:

> 国初,官吏守法,量入为出,民无愁叹之声。其后,法网维疏,暴官或剥民以媚上,奸民或瘦人以肥己。

由此可见,现年里甲的出办不仅增大,还出现了暴官、奸民的弊害,上供、公费的科派方法本身出现了问题。

首先,暂且不论里长,各甲首承担了同比率的现年里甲的负担,这是一直以来的习惯。也就是说,现年甲首相互之间,即使土地所有额相当不同,其负担却是相同的。可是,却出现了不像此前的将里长、甲首的负担比率均一,而是根据现年里甲所有丁田额进行科派的倾向。嘉靖《惠州府志》卷五《户口志》中记载:

> 洪武末,永乐以后,当见年里长者,凡里内一应之追勾、干办,皆责之。行之百年,户有登耗。成化、弘治间,议令里长并甲首,②计丁粮赋钱,名曰均平。③收储以待不时之费。既出此钱,甲首放回,里长在役勾摄,免其丁钱。

《天下郡国利病书》卷九二《福建二·福宁州》"纲役"中也记载:

---

① 参见[日]山根幸夫《明代徭役制度の展开》,第 47 页。
② 里长并入甲首是指如《天下郡国利病书》卷一〇一《广东五·雷州府》"成、弘年间,甲长(同甲首——笔者注)随丁田,敛钱于里长,以供官府一岁之用,听其身归于农,命曰均平"中所载,从前甲首的负担总括起来用钱收纳,甲首的杂役并入里长。
③ 赋钱所以称为"均平钱"。在广东,最早的均平钱出现在《明史》卷二八一《丁绩传》中"民出钱输官供役,名曰均平钱"。据岩见宏研究,丁绩是在成化十四年(1478)成为新会县知县的,所以可以推断实施均平钱的年代是在成化中期以后。(《明代地方财政の一考察》)

　　成、弘之间，乃令见役里长，①随其丁田赋钱输官，以供一年用度者，谓之纲。

以往为了应对需要进行科派，随时征收物品出办上供、物料，根据现年里长、甲首的丁田（或丁粮）的多寡预先分派钱数，令其用货币向官府缴纳。这里举一具体例子，万历《琼州府志》卷五《赋役志》中有如下记录：

　　弘治末，副使王楗，始减则例，定均平钱。人一丁出钱三百文，米[米]一石出钱三百三十四文，谓之均平。不敷则另派补。而额外之供有甚于则内②者。

由此可知，广东琼州府，上供、公费的负担，要求预先按照每丁钱三百文、每石粮钱三百三十四文的标准缴纳，将其存入官库，应必要之时从中支出。如此一来，用钱缴纳的赋役在广东被称为"均平钱"。但是，即使规定了均平钱，如果出现金额不足时，又会额外进行科派，有时还会出现额外科派的金额反而比均平钱的定额更多的情况。

　　河南也实施了同样的政策。《孝宗实录》"弘治八年九月庚子"条中记载了南京刑部郎中喻宗府上奏八事，其中包括：

　　一清差役，谓河南各府州县，有里甲之弊。往年，都御史韩雍虑里甲科派无度，命该年里甲出银收库，以足一年之用。贪官乘此以十派百，任意花销……最为民害。乞一切禁止。

可以看出，大约在天顺年间，③河南都御史韩雍要求该年里甲的出办全部用银缴纳。而这种里甲银的输纳在弘治八年（1495）已经实施，贪官的弊病很大，喻宗府要求予以取缔。

　　在此之前，景泰年间，韩雍任江西巡抚时实施了岁办法，④据说要求"里

---

① 现年里长毋宁说应作为现年"里甲"，里长、甲首均应丁、田纳钱。
② "则内"是指则例内规定的份额，也就是均平钱的定额。如此，一旦确定定额，又屡次额外科派的话，如《明史》卷二八一《丁绩传》中记述"其后，吏贪，复使甲首出钱供用，称为当月钱"，同一弊端不断循环。
③ 根据《明史》卷一七八《韩雍传》可知，景泰二年（1451）韩雍担任广东副使，之后作为右佥都御史担任江西巡抚，天顺初年又担任山西副使，之后又回归到右佥都御史。
④ 《宪宗实录》"成化十五年四月癸卯"条中记载了韩雍的去世，其中记述了韩雍的略历："雍至，首行均徭岁办法，人便焉。"

甲酿银贮官,有役则估价支给,择户领解"①。一般认为,河南首先推行了里甲银,韩雍在江西进行了试验,主要是针对现年里甲,改革科派上供、公费的方法。但是,河南、江西的确是在这一时期征收银两的吗? 这一点还存在疑问。也有可能是类似广东的情况,实际上征收了钱。另外,如岩见宏所言,浙江海盐县在天顺年间也推行了"甲首钱"。

现年里甲的上供、公费的负担如前所述是用钱或银统一预先缴纳,根据需要由官府支出的。这种方法原则上十分合理,对人民也比较便利。但是现实是无法遵守定额,常常出现额外的科派,如上述琼州府志的编纂者所指出的那样。《天下郡国利病书》卷九九《广东三》"广州赋役志"也指出:

> 其法盖始于成化、弘治中。有司多不能守。费不经里甲,复直日供具。

可见一方面让现年里甲出具里甲钱,另一方面又限制排年里甲,让他们出办直接费用。这样一来,就丧失了好不容易确立起来的法律的意义,现年里甲的负担并没有减轻。但是,划一科派给现年里甲的负担是根据他们的丁田(或丁粮)分配的,这一惯例的出现可以说是一种进步。

在广东,有关均平的再改革开始于嘉靖十四年(1535)左右。万历《琼州府志》卷五《赋役志》"均平"中记载:

> 嘉靖乙未,御史戴璟,虽定均平录,而不能禁班头扫柜之扰。②

同样在嘉靖《惠州府志》卷五《户口志》中也有记载:

> 近年③定为均平录。计本府总该银二千四百五十五两九钱三分三厘。

《惠州府志·户口志》中记录了具体的明细。暂不论其他地方,广东地区将迄今为止的"均平钱"在此发展成了"均平银"。并且在嘉靖《香山县志》卷二《民物志》"徭役"条中也有记载:

---

① [日]岩见宏:《明代地方财政の一考察》;康熙《山西通志》卷一八《名宦志上》。
② 该条的夹注中记载:"同知王某,始立班头收柜。月终余钱尽没入,另派下手,谓之扫柜。"
③ "近年"是指嘉靖十四年(1535)。嘉靖《惠州府志》是在嘉靖二十一年(1542)刊刻的。

> 嘉靖十二年①,巡按御史戴璟,始为均平录,每田一顷递年随粮带征银一钱四分四厘。

均平银是对田每顷征银一钱四分四厘,换言之,科派比率是每亩田一厘四毫四丝。在均徭法已然普及的时候,银纳均徭的成立也是必然的趋势。但是,根据均平录实施"均平银"未能收到充分的效果。到了嘉靖二十七年(1548),官府再次筹划均平银的改革。《天下郡国利病书》卷九九《广东三·广州府》"赋役"条中记载:

> 御史黄如桂,又议增之。而有司终不能守。直日如故。上司行部下程、夫马与诸岁额,皆令(该年)里甲自办。数多滥溢,原议银少,偿者十倍。尚有无名之费出于均平之外……里甲大苦。

根据黄如桂的改革,虽然增加了上述嘉靖十四年(1535)均平录中规定的银额,但是官府仍然不能严格遵守定额,额外科派给该年里甲的问题不断重复。原本确定"均平银"的目的,是为了将此前该年里甲不定量的出办定量化。明确定额后,如果无法严格遵守,里甲负担也就不可能定量化。

于是官府开始了第三次均平银改革,在嘉靖三十八年(1559),巡按御史潘季驯实施了"均平里甲之法"。②岩见宏在《明代地方财政的考察》中详细论述了该法,在此不再赘述。但是,需要注意的是,广东整顿的均平银只限于公费,如岩见宏所述,上供被派入田赋之中。

而在江南地区,现年里甲的上供、公费的出办,也较早实现了货币缴纳,但是尚未确认其具体实施的年代。《天下郡国利病书》卷三二《江南二十·歙志风土论》中记载:

> 婺邑,五年一徭,十年一役。后改为均平。均平者,见年里甲赋钱于官,给一岁用也。

这里记述了歙县(似应为婺源县——译者)实施均平钱的情况,但是无法确

---

① 上述《琼州府志》中有"嘉靖乙未"的记述,《香山县志》中的嘉靖十二年(1533)的说法恐怕才是正确的。
② 《世宗实录》"嘉靖四十年正月庚寅"条。岩见宏主要使用的嘉靖《广东通志》卷二二《民物志三》"徭役"条的记述是最为详细的史料。

定其具体年代。一同制定里甲银是在嘉靖十六年(1537)。《天下郡国利病书》卷二〇《江南八》所载《嘉定县志·徭役》中记载:

> 嘉靖十六年,郡守王公仪,曾为县令,深悉民所苦,通计一县里甲备用之数,为银一千一百七十二两。

同书卷一四《江南二·上元县》中记载:

> 嘉靖十六年,石江欧阳公巡抚,悉举里甲诸项并入秋粮,名曰均摊。事则简便矣。

同书同卷《江浦县》中记载:

> 嘉靖十六年,巡抚都御史欧阳铎,会议派摊田赋,始秋粮带征里甲米。

由此可见,往常现年里甲的出办都开始使用银纳,几乎都编入了税粮当中。并且,武进县等地,还采取了将里甲和均徭合并科派给丁田的措施。①关于江南里甲银成立的问题,留待日后讨论。

河南也重新确立了银纳里甲负担。万历《彰德府续志》卷上《田赋志》中记载:

> 旧例,州县之里甲,轮役以十年为一周。其该应者,率计丁粮审编,靡费不訾,冲繁尤甚。万历六年,郡守常公(仁存),酌量烦简,议定会银。例,分为三等,必用公费者,名曰额支,数最多。带征用备者,名曰待支,次之。其名曰杂支者,备额外不时之需,又次之。有余抵作来岁正数。概县通融征银……银有定额,用有常度。下达各属通行之,宿弊顿革,每岁省金数万,民赖以苏。

如前所述,韩雍在河南施行了里甲银的制度,万历六年(1578)再次商定里甲银的额度,命名为"会银",取得了较好的成果。而且,河南还将会银的内容分为额支、待支、杂支三类。

以上考察了部分地方里甲银成立的过程,下面将以福建为例进行详细讨论。

---

① 《天下郡国利病书》卷二三《江南十一》所载《武进县志·里徭》。

（二）福建的丁料与纲银

如前所述,现年里甲的上供、公费的负担,多是通过地方的里甲银、均平银或者会银等名称,实现银纳赋役,并且统一了起来。而在福建,却未能实现统一,上供和公费一直是分开的。前者被称为"丁料",①后者被称为"纲银"。当然,两者都是由现年里甲负担的。

上供物料的内容涉及多个方面,十分繁杂。并且上供的品种不断变化,数量也不确定。不同年份或增或减,或征或不征,非常复杂,即使是官吏一方,也无法详细把握每个物料的来历。因此,负责实际征收的胥吏借收纳之际,使奸耍滑,甚至分配不必要的品种,征收超过必要数量的物料,以中饱私囊,此类弊病丛生,现年里甲甚苦。②

为此,巡抚御史沈灼洞察现年里甲之苦,为了抑制吏胥的奸猾,减轻人民的负担,沈灼在正德十五年(1520)创行"八分法"。③八分法是将之前缴纳现货或者折纳的物料都改为银纳,万历《永福县志》卷二《政纪》"赋役"条中记载了这种科派方法:

> 通计各县丁米,每民米④一石、男子成丁⑤,各征银八分,通融该县应办物料,送府转输。

即每石税粮及每个成丁,各自分派银八分。这样征收的丁料银由各县送至府,府编签长解⑥,长解由府支给银,调运必要物料,运送至京师缴纳给户部。⑦实施八分法之前的状态,在嘉靖《惠安县志》卷七"上供"条中有记载:

> 异时,物料皆征价,令民市之所产地,以输京师。大贾往往设高价以待之,物入藏吏,又责以不中程度,邀乞无厌。故多有耗折、逋欠者。

由此可见,当时惠安县存在多种矛盾和弊端,但是通过实施八分法去除了大部分弊端,里甲之苦也有所减轻。

---

① 以下内容以拙稿《丁料と纲银—福建における里甲の均平化—》为基础。
② 《闽书》卷三九《版籍志》"上供"条;万历《福州府志》卷三一《食货志》"盐钞"条。
③ 有些地方也称"六分法"。
④ "民米"是指民田的税粮。
⑤ 明代的成丁是指十六岁以上、六十岁以下。
⑥ 送往京师需长途解运物料,称为"长解"。
⑦ 万历《漳州府志》卷八《赋役志上》"土贡"。

八分法如其名称所示,征银八分,但是延平府及沙县等地征收银六分,被称为"六分丁料"。①同样在延平府永安县征收银六分五厘六毫三丝六微七纤七沙,②建宁府寿宁县征收银七分三厘,③其他如福州府古田县征收银六分八厘四毫一丝二忽七微九纤五沙。④并且,万历《漳州府志》卷八《赋役志·田赋考》⑤中记载:

> 贡料,以丁若米对编。有八分法。每民米一石,每丁一丁,岁征银各八分办料。隆庆以后,改七分。

也就是说,此地最早实施的是银八分,但是从隆庆以后改为七分。因此虽然被称为八分法,但是实际上是从六分至八分。

八分法的最大特点是,在此之前,上供物料为十年出办一次,仅由现年里甲承担,但随着八分法的实施,改为由所有的里甲(一百一十户)承担,每年出办。正如崇祯《海澄县志》卷四《赋役志》"户口"条中所载:

> 凡岁办物料及差役,十年一次承当……正德间,御史沈灼,酌行八分法,每丁岁征八分,以充办料。惟差役仍旧十年一次。

可见物料也好,均徭也好,原本是十年一次的负担,现在改为每年都有物料负担,为缴纳银八分。这是只有福建才能看到的特别现象。第二个特点是,丁料具有人头税的性质。当然,丁料不仅是对丁,也对粮进行科派,值得注意的是,针对丁的科派不分贫富,一律为银八分。

并且,八分银还有在税粮征收时附带征收的情况。崇祯《尤溪县志》卷三《赋役志》记载:

> 正德末,沈御史查将本甲丁苗,同秋粮带征。每丁、石,派银八分。

但是尚不确定是否福建所有地方都由秋粮带征。到了嘉靖二十六年(1547)⑥,

---

① 《天下郡国利病书》卷九二《福建二·延平府》"清查粮田";嘉靖《沙县志》卷四《赋役》。
② 万历《永安县志》卷四"贡料"条。
③ 崇祯《寿宁县志》卷上"赋税"条。
④ 万历《古田县志》卷四《食货志》"田赋"条。
⑤ 译者注:万历《漳州府志》卷五为《赋役志》,此段引文可见于康熙《漳州府志》卷一一《赋役志上·田赋考》。
⑥ 万历《福州府志》卷三一《食货志》"盐钞"条中把这一年当作嘉靖三十六年(1557),这应该是该志编纂者的失误。

官府对八分法再次进行了改革。如《闽书》卷三九《版籍志》"上供"条中记载：

> 嘉靖二十六年，议附徭贴①征银，解布政司支应。

由此可见，八分银是附在徭贴（均徭册）与役银一起征收的，并且之前是由各府买办现货运送至京师，这次改革之后改为将银直接缴纳至布政司，由布政司置办必要物料运送至北京。

这样，福建通过实施八分法，将上供物料的负担统一科派给丁料，并且不仅针对现年里甲，而是针对所有里甲（一百一十户）每年分派。因为是根据各户丁粮（或者丁田）的多寡进行科派，所以各户的负担非常平均。虽然说十年一次的负担变为每年出办，但是银额较少，所以很容易负担。

在八分料银中，不仅包含了上供物料的费用，也混入了其他费用。例如万历《漳州府志》卷九《赋役志下》"杂项饷税"条中记载：

> 杂色课者，酒醋、房屋诸税，旧折收钞贯，后改入八分料银内支办。

这里，漳州府的八分银中混入了酒醋税和房屋税。此外，《天下郡国利病书》卷九五《福建五·泉州府》"盐课"条中记载：

> 嘉靖七年，御史聂豹，议将户口钞价②并入八分料银内征纳。盖以八分之银太多，故取三分以足盐钞也。

因此，泉州府也从八分银中支取户口食盐钞的银额。如此，八分料银不仅充当了上供物料的费用，也充当了杂课和户口食盐钞的费用。

现年里甲出办公费的内容也非常杂多，其负担逐渐增加。而且公费征收时期不同，其费用目录也不同，负担额也完全没有固定下来。此外，与上供物料一样，胥吏徇私舞弊、负担不均衡等矛盾逐渐浮出水面。例如，《闽书》卷三九《版籍志》"赋役"条中记载：

> 至于杂供私馈，无名百出，一纸下征，刻不容缓，加以里皂③抑索其

---

① 徭贴在多数史料中被写为"由贴"，与其说是由贴，毋宁说应该解释为"均徭册"。
② 户口钞价是指"户口食盐钞"的意思。有关食盐法的研究，有［日］藤井宏《明代的户口食盐法について》，《社会经济史学》第 13 卷第 3 号。
③ 里皂是里书（胥吏）、皂隶的简称。

间,里甲动至破产。①

万历《福州府志》卷二九《食货志》"纲派"中记载:

> 杂物私馈,多为靡费。吏皂如虎,抑索沓至。故有米石丁一而费至
> 数金者。

这表明,没有正当理由的科派无限制地增加,官府的要求无止境,并且胥吏
的勒索也不断加剧。因此,为了改正这一问题,与上供一样,成化、弘治年间
开始,官府推行起改革。《天下郡国利病书》卷九二《福建二·福宁州》"纲
役"条中记载:

> 成弘之间,乃令见役里长随其丁田,赋钱输官,以供一年用度者,谓
> 之纲。

此处将此前随时科派的繁杂的公费负担,改为根据现年里甲所有的丁田额
计算得出数值,用钱缴纳,官府收取后将其贮存,用于必要支出。这与之前
提到的广东的均平钱的情况是相同的。这种方式被称为"纲钱"。

如此一来,官府开始实施统一征收纲钱的政策,但是固定的纲钱逐渐又
无法满足支出所需,再次出现了向现年里甲加派纲钱以外负担的情况。结
果,现年里甲既要承担纲钱,又要承担其他公费,身负两重负担。这一点与
上述广东均平钱的情况也是相同的过程。因此,官府很快停止科派纲钱,恢
复到明初的制度,由现年里甲供给用度,②改革最终失败了。

正德八年(1513),又开启了第二次改革。嘉靖《惠安县志》卷七"支费"
条中记载:

> 正德八年,御史李如圭,患民力不堪,令里甲以丁米出银若干。盖
> 为常例。③

巡按御史李如圭恢复了征收"纲银"的方法。但是这一次仍然未获成功。这是
因为官吏将费劲征收来的银两原封不动存入银库,却又和原来一样要求现年

---

① 万历《泉州府志》卷六《版籍志上》中也能看到与《闽书》大致相同的记述。
② 《天下郡国利病书》卷九二《福建二·福宁州》"纲役"条。
③ 万历年以后编纂的地方志中几乎没有记载李如圭的纲银改革,以笔者管见,只有嘉靖《惠安
　县志》中有所记载。

里甲支付必要经费。因此八年后的正德十五年(1520),前述"八分法"的制定者沈灼又尝试开展第三次改革。《闽书》卷三九《版籍志》"赋役"条中记载:

> 沈御史灼议将通县费用分正、杂二纲,以丁四粮六法科派……正纲费用,可得稽按,杂则私而难考矣。

也就是说,沈灼主张将公费负担分为正纲和杂纲两列,通过丁四粮六的办法分派给现年里甲的丁田。丁四粮六的办法是指,假设某县纲银总额为 X,将 X 按照丁四、粮六的比例分开,用 $0.4X$ 除以现年里甲的总丁数,此为每丁的负担额,再用 $0.6X$ 除以现年里甲的税粮总额(单位为石),得出每石的负担额。通过沈灼的改革,正纲暂且确定下来,但是杂纲的方法仍然十分繁琐,由于其支办逐次增加,好不容易开始的改革最终又失败了。

接着,嘉靖十六年(1537)御史李元阳又开始着手改革。万历《泉州府志》卷六《版籍志上》中记载:

> 御史李元阳,悯闾阎受弊,再议征银储库,用度各有定则。

李元阳的政策沿袭了沈灼的纲银法。但是对纲银的各支出项目确定了规则,这样,纲银总额也得以确定下来,是一种进步。下面介绍当时科派纲银的一个例子,取自嘉靖二十四年(1545)编纂的《沙县志》卷四《赋役志》:

> 秋祭纲银……银四百三十二两三钱五分
>
> 通县实丁一千五百七十九丁
>
> 每丁银一钱九厘五毫三丝
>
> 米七百三十九石一斗五升
>
> 每石银三钱五分一厘
>
> 逐年照见年里甲实在①(丁、石)均派。

但是,即使在李元阳的改革中,在必须缴纳超过定额费用的时候,还存在要求现年里甲贴办的特殊规定,②最终导致矛盾激化。现年里甲应该负担的银

---

① 见年里甲的"实在"是指,如前述八分法一样,不是向全部里甲科派,而是按照见年里甲的丁、粮进行科派。另,嘉靖二十一年(1542)沙县的户数为 14 305 户,税粮为官、民田合计 17 089 石有余。

② 万历《泉州府志》卷六《版籍志》"赋役"条及《闽书》三九《版籍志》"赋役"条。

额达到正、杂二纲所规定的总额的两倍,现年里甲的痛苦与之前相比并没有发生变化。此外,官绅往来频繁,来往者"皆拥宾,多数携辎重行李",现年里甲为了供办人夫和食粮,根本没有休养生息的时间。[1]因此,到了嘉靖四十四年(1565)[2],官府仍然在推行纲银的改革。《闽书》卷三九《版籍志》"赋役"条中记载:

> 抚按两院,始令各县除正杂之名,止称纲银,以一年应用通计实数,只据见年丁粮多寡,每户征银若干,审定规则。

这时的改革又将之前正纲、杂纲分开的状态统一改为纲银,之所以会与纲银法反其道而行之,主要是为了去除杂纲。由于存在杂纲,所以额外加派几乎是半公认的状态,废止杂纲后,纲银定额才能奏效。也就是说,在此去除了在定额外无限制加派的弊端。这样一来,经历了迂回曲折的纲银法改革,在嘉靖末年终于完成了。纲银每丁、每石的负担额根据各州县的情况千差万别。具体如下表所示:

表 7

州县名	每丁派银							每石派银						
	钱	分	厘	毫	丝	忽	微	纤	钱	分	厘	毫	丝	忽	微	纤
闽　县		4	2	6	9	9	2	2		9	9	6	0	1	5	1
侯官县		3	7	5	5	6	5	9		8	7	6	3	2	0	5
长乐县		2	8	8	2	9	7			6	7	2	6	9	3	
连江县		3	1	9	5	6	8			7	4	5	6	5	8	
罗源县		4	5	9	3	2	3		1	0	7	1	5	2		
古田县		2	4	7	6	6	1			5	7	7	8	7	5	1
闽清县		3	5	7	9	5	2	1		8	3	5	2	2	2	
永福县		5	4	8	3	9	4	6	1	2	1	9	5	8	7	4
福清县		1	9	7	1	2	5			4	5	9	9	5	8	4
沙　县	1	0	9	5	3				3	5	1					
归化县		4	2	3	7	3	2		1	1	3	4	1	1	2	
福宁州		1	9	0	6	6				6	4	5	5	5		
永安县		2	8	1	9	4	9	9		6	5	7	8	8	3	1

[1]　万历《泉州府志》卷六《版籍志》"赋役"条及《闽书》三九《版籍志》"赋役"条。

[2]　《闽书》《福州府志》《泉州府志》等都记载为"嘉靖末年",但是在万历《漳州府志》卷八《赋役志上》"四差"条中,明确记载为嘉靖四十四年(1565)。

如上表所示,每丁出银最低是二分以下,最高是一钱以上;每石出银最低是略少于四分六厘,最高达三钱五分。可见当时不同州县有相当大的差异。但是这些数字未必来自同一年代,所以也不宜将其机械地进行比较。

上面分析了福建丁料和纲银的成立过程,福建上供与公费的出办是分开的,前者每年由里甲全员负担,后者与从前一样只由现年里甲负担。为何会出现这种情况呢,这是今后将要继续探讨的课题。

综上所述,现年里甲负担的上供、公费的出办,最初是输纳现货,而且里长、甲首按照一定的比率承担划一的负担。但是到了成化、弘治年间,或者是正德年间,这种里长、甲首划一负担不能适应当时土地所有的实际情况,各种矛盾浮出水面,因此与均徭法的情况相同,官府将其改为根据现年里甲的丁田(或者丁粮)多寡,要求输纳银两,尝试将现年里甲的负担额固定下来。

然而,里甲银被固定后,现年里甲的出办额即使是定额,官方仍旧按照以往的习惯,根据需要科派,任意分配额外额度,破坏了制定里甲银的意义。结果里甲负担在定额及变动之间不断反复,及至嘉靖末年,达成了设定的宗旨,确立了里甲银制度。但是华北地方更多地是从万历年间开始实施里甲银的,而且,有些地方是在一条鞭法推行的同时制定里甲银。例如,万历《新昌县志》卷六《民赋志》中记载:

> 嘉靖四十五年,巡按御史庞尚鹏,始议均平里甲,每岁约为定费,将概县丁田通融均派,征银在官,凡诸公费悉领银应办,坊里(长)惟催攒而已。

由此可见,浙江新会县(当为新昌县——译者)在庞尚鹏实施一条鞭法之际,也确立了均平银的制度。

里甲银中并非总括所有上供、公费负担,有些地方也会将部分上供、公费派入均徭之中。例如南直隶的靖江县①、青浦县②,浙江的湖州府③,湖广的汉阳府④、衡州府⑤,江西的建昌府⑥,云南的楚雄府⑦,等等,部分公费被

---

① 万历《靖江县志》卷四《徭役》。
② 万历《青浦县志》卷二《田赋》"均徭"条。
③ 嘉靖《湖州府志》卷八《食货志》。
④ 万历《汉阳府志》卷五《食货志》"徭役"条。
⑤ 万历《衡州府志》卷四《赋役志》。
⑥ 万历《建昌府志》卷三《均徭》。
⑦ 隆庆《楚雄府志》卷二《食货志》"赋役"条。

派入均徭银差中。但是最显著的是华北各地,多数上供、公费都被编入银差当中。以山东莱州府的情况为例,万历《莱州府志》卷三《田赋志》"徭役"条中记载掖县的银差包括户部折色黄蜡银、工部屯田司料银、礼部药材银、红黄纸银、祭祀文庙银、乡饮银、岁贡银、盘缠长夫银、县学祭祀银等。这些项目中既包括上供,也包括公费。

(三) 里甲正役的分化[①]

如前所述,现年里甲的负担不断增多、繁杂的话,土地所有的不均衡就会扩大,促使上供、公费的出办发展成里甲银的形态。另一方面,里长、甲首等职役本身被分割为若干个役,出现了其负担减轻的趋势。下面将考察各职役的分化过程。

1. 里长、甲首

明初,里长、甲首掌握的职权只有"催征税粮,勾摄公事",后逐渐增加了出办上供物料、承担官府公费、役使等,这是相当沉重的负担。因此出现了将上供、公费的负担固定下来,根据现年里甲的丁田多寡进行科派的"里甲银",这样一来,一定程度上缓和了现年里甲的负担,并且科派方法也具有一定的公平性。

但是,仅仅如此绝不能完全解除现年里甲的痛苦,即使是里长户,单独一户也不能完成里长的职责,所以(民间)采用了数户朋充里长的对策。而且还出现了将里长的职责分为若干个职能,各自承担不同的职役的趋势。里甲制矛盾特别显著的江南地方,这一问题迅速蔓延,康熙《无锡县志》卷三〇"徭役"条中记载:

> 轮年应役,周而复始。后因公务纷烦,里长一人难以支应。更定现年为里长,先里长一年为总甲,后里长一年为税书。[②]

万历《宜兴县志》卷四《食货志》"徭役"条中记载:

---

① 有关里甲正役的研究,[日]栗林宣夫《明代后期の农村と里甲制》(《东洋史学论集》第4辑)第四节在里甲制的弱化中有所论及。

② 康熙《无锡县志》中记载了这些役所掌管的内容:"总甲管本年一图之事务。凡不公、不法、人命、盗贼,皆为其责。里长管本年一图之钱粮,凡盈缩、完欠、追催、比较,皆其责。税书管本年一图之钱粮册籍。"

> 后因事繁役少,更定今年为里长,次年为粮头,又次年为书手……役分而事易集,上下便之。

同样在万历《江阴县志》卷五《食货纪》"徭役"条中有记载:

> 今年,役里长一人,甲首十人,协办之,明年役粮头一人,又明年役总甲一人,又明年役书手一人。每十年为一周。

万历《上海县志》卷四《赋役志》"徭役"条中记载:

> 每里设甲长①十人,每岁轮一人为总甲,管里中杂事。一人为小塘长,管起夫、浚河。一人为里长,听候差解。一人为分催,管办钱粮。

此外,万历《青浦县志》卷三《役法》中记载:

> 里长,即分催、旧制里长……每里轮一甲为总甲,管里中杂事。轮一甲为分催,管勾摄公事,催办钱粮。轮一甲为塘长,管起夫、开河。余七甲皆空闲。

如以上五个例子所示,尽管"公务纷烦",但"役少",因此将之前十年分派一次的里长职责分割开来,变成十年服役三次或四次。通过分割职责,每个役的负担内容就会有所减轻。

以上五个例子如下表所示:

表 8

府　县	管杂事	催办钱粮	勾摄公事	起夫开河	管册籍
松江上海县	总甲	分催	里长	小塘长	
松江青浦县	总甲	分催		塘长	
常州宜兴县		粮头	里长		书手
常州江阴县	总甲	粮头	里长		书手
常州无锡县	总甲	里长			税书

江南诸县里长的职役分化,据栗林宣夫研究,如下表所示:②

---

① "甲长"应该是里长的错写。
② [日]栗林宣夫:《明代后期の农村と里甲制》第四节,《东洋史学论集》第4辑。栗林宣夫所引用的康熙《无锡县志》,本文也已经引用,因此在表中省略了无锡县的内容。

表 9

万历《上海县志》	嘉庆《上海县志》	光绪《华亭县志》	乾隆《长洲县志》
总甲	总甲	总甲	见年总甲
分催 里长	经催 总催	经催 总催	经催 图催
			总书 图书
小塘长	塘长	塘长	塘长
		老人	

上述这些例子都是属于南直隶的松江、常州二府的各县的事例,不仅是南直隶,在浙江也有里长职责分化的情况。《天下郡国利病书》卷八四《浙江二·海盐县》中记载:

> 嘉靖中……里长十年之中充粮长①者一次,充见年者亦一次……以奉各办之役。

可见里长分化为粮长和现年两个职役。像这种里长职役的分化现象不只局限于江南、浙江一带,也波及各地。

出现这种现象的原因是,里甲的职务"以一人难支应",而"事繁役少"。另一方面,原本充当里长户的多是乡村土地所有者中有实力的户,但是其中一部分或成为官户,或以寄庄户的形式居住在城市,试图逃避里甲正役,结果留在乡村充当里长户的不再是有实力的大户。总之,里长职役分化后,暂且使眼前的问题变得事"易集"。

关于里长职责分化的方法,各地方随意地采用了独特的形态和名称。虽然这些名称迥异,但是根据其职责分类的话,大体可以分为以下几种:

（1）里内充当催办税粮的职役;

（2）官府中出办差解的职役;

（3）维持治安等,掌管里内杂事的职役。

除此之外,负责起夫、浚河等的塘长②（或小塘长）主要是在江南运河地

---

① 这里的粮长不是指以一万石的税粮为单位（区）设置的职务,而是表示负责催办一里之税粮的职务,也可称为小粮长。

② 这里的塘长也是以里为单位的职役,称为小塘长更为合适。

带设置,还有负责管理、编造税粮册籍的书手、税书、图书等职役,但是最为重要的还是上述的三种。

如上所述,里长的职责被分为三种或更多的职役,因此打破了之前里甲正役十年一编的原则,变成十年三编或者十年四编。这与上述均徭编审间隔缩短也是一致的。里长职役的分化,看似减轻了负担,但是从十年的维度来看的话,十年一役变为十年三役或四役,结果负担相应增加了。而且缩短编审期间也逐渐向每年编审一次的方向发展。

2. 粮长

前面已经提到,粮长的职责是相当沉重的负担,而在另一方面,官府也赋予其相应的特权,因此不时造成弊端。为此,出现了多次废止和恢复粮长的反复情形,但对政府而言,粮长在征收税粮时是不可或缺的职役。万历《江阴县志》卷五《食货纪上》"徭役"条中记载:

> 每乡,金富厚者一人,总其(税粮的)敛运,谓之粮长。弘治间,民应是役,率以为常。间有营充者,私规为利,旋亦取败。大抵利害之数,害者常寡也。

由此可见,即使历经曲折,也因为粮长的职役有很多便利之处,所以官府一直使其存在下来。但是到了正德年间,粮长制度的矛盾也进一步激化。其中之一是贪官污吏的横征暴敛越发严重。上述《江阴县志》中记载:

> 正德以来,渐不同矣。最大上户轮役既频,加以他故,其家鲜有不亡。

如上所述,粮长真正变成了苦差事。李承勋的《条陈弊收疏》①中也写道:

> 家有千金之产,充粮长一年,有即为乞丐者矣。家有壮丁十余,充粮长一年,有即为绝户者矣。以致民避粮长之役。

这里是说,一旦当了粮长,其负担太重,一定会导致破产。②所以嘉靖《上海县

---

① 《皇明奏疏类抄》卷四所收。系嘉靖六年(1527)上奏。
② 万历《江阴县志》中记载了大学士许讚刚开始担任吏部尚书时(嘉靖十五年,1536)所作的十首浙江民歌,其中有一首是唱粮长的弊端:弘治间人营着役,正德间人营脱役,近年着役势如死,富家家业几倾圮,串名四五犹未已。

志》中也记载了"三吴诸役,唯粮长难为"①。就这样,粮长的负担愈加繁重,一旦充当粮长,大户多也没落了。另一方面,尚未服役者则想尽各种办法,逃避粮长的差役,最终本应充当粮长的有实力的大户就不存在了。针对这一事态,上述《江阴县志》中(记载民间)采取了如下对策:

> 又不得已而取诸下户,四五人串名朋当,财力单薄,每患不足。他日无家可亡,隐然之忧,其可言乎。

李承勋在《条陈弊收疏》中也写道:

> 官府无如之何。或有每岁一换之例,或为数十家朋当之条。始也破一家,数岁则沿乡无不破家矣。②

当然,李承勋所言数十家朋充粮长一人,是有些极端的表达。此前乡村有实力的大户或没落或逃避,结果由中户或者下户,三四人或者七八人朋充是必然的趋势。并且,此前不需要每年交替,现在也不得不每年轮流交替进行。但是这些也不过是只顾眼前的糊涂计策,无法解决根本问题。因此,与上述里长一样,不得不分割粮长的职责,减轻其负担。

万历《青浦县志》中记载粮长的职责是"有催、有收、有解"③,据此可以将粮长的职能大致分为税粮的催办、征收和解运。粮长必须以一人之身处理这些职务,其负担非常沉重。天启《海盐县图经》卷六《食货篇二之下·役法》"粮长"条中记载:

> 嘉靖间,吾[五]邑额定粮长,大抵四十二人为常。均平事例行后始照里分,每岁轮[输]一百六十一人为粮长,征收秋粮。其运纳银米诸差,亦金其人为之,复名之日解户。

可见粮长的职责只限定在税粮的催办和征收,解运的是另外的金解户,让其负担之前粮长的部分职务。而且粮长的人数比以往增加了近三倍多,结果是,粮长的负担有所减轻。另外,万历《上海县志》卷四《赋役志》"徭役"条

---

① 嘉靖《上海县志》卷二"户役"条。

② 《天下郡国利病书》卷二〇《江南八·嘉定县》"徭役"条中也记载:"粮长大抵家破。则轮充,又朋充,有三四人,或五六,或七八。"叙述了不得不让多个户朋充的情景。

③ 万历《青浦县志》卷三《役法》。

记载：

> 每区设粮长一名，而分三色。管征粮者曰催办，近改为总催。①管收粮者曰收兑。管解运者曰听解。俱五年一编审。

这里将粮长的职责分为征粮、收粮和解运，由总催、收兑、听解分担各自责任。由此可见，粮长职责的分化在嘉靖末年已经出现。②上海县被分为五十六个区，总催在每个区必定设置一人，收兑共四十四名，听解共三十三名。除此之外，上海县还有南运粮长两名，北运粮长二十三名，负责向南京和北京运送白粮。

万历《青浦县志》卷三"役法"条中也记载：

> 以粮长督一区之赋……迩来粮长改为总催，里长改为分催，③分催轮甲以次受役。而总催与收解则五年一编。其收米者，别名收兑。以其收于民而兑于军也。收银者则为柜收。

即使在青浦县，粮长也分化为负责催征税粮的总催，以及管辖收粮、解运的收解。收解中包括征收税粮的收兑和征收银两的柜收。上海、青浦两县的职役人员数如下表所示：

表 10

	区数	总催	分催（里长）	收兑	听解	备　考
上海县	56	56 名	398 名	44 名	33 名	
青浦县	53	53 名	224 名	收兑 43 名，柜收 4 名		收兑、柜收合称为"收解"

上述分析虽然只涉及上海、青浦两县的例子，但是粮长分化的倾向已经波及各地。

3. 书算

明初里长担任了黄册的编造事务。④其后与黄册相关的事务从里长手中

---

① 上海县在隆庆三年(1569)将催办改为"总催"，是由知县张嵩推行的改革。（万历《上海县志》卷四《赋役志下》"徭役"）
② 催办改为总催是在隆庆三年(1569)，催办等分化为三役比这更早，最迟在嘉靖末年。
③ 参见［日］山根幸夫《明代徭役制度的展开》，第 145 页。
④ 参见［日］山根幸夫《明代徭役制度的展开》，第 42 页。

脱离,呈现出向单独职役转化的倾向。正德十六年(1521),唐龙的《请均田役疏》①中记载:

> 图总、都总、县总,每图令造流水册各十本,每甲各收一本。

"图总"是分担各里管理赋役黄册事务的职役。正如笔者对里长分化的论述,②南直隶常州府里长的职责分化后,出现了税书、书手等职役。并且万历《琼州府志》卷五《赋役志》"徭役"中也记载:

> 日书算以攒造黄册用。府州县各有总书,厢都皆有里书。又选里中通数法者以充算首,主攒造各厢里赋役黄册。

可见,琼州府中也设置了被称为里书、算首的职役。

里长手中编造黄册的事务被分离出去,设置书手、里书的原因当然是为了减轻里长的职责,而之前提到,编造黄册是十年一次的职务。接受这项任务的一般是第九年、第十年度的里长,这一年担任里长负担特别沉重,因此编造黄册的职务自然地就从里长那里脱离出来了。

(四) 里甲夫马银

对现年里甲而言,里甲夫马的负担相当沉重。现年里甲的上供、公费的负担逐步改由货币缴纳,伴随这一过程,不难想象,里甲夫马的出办也从之前的出里甲夫、出办马驴等现货缴纳的形态渐渐变为货币缴纳。里甲夫马逐渐改为银纳大概是和里甲银的成立过程同时进行的。但是在目前的研究阶段,笔者还无法完全说明里甲夫马银的确立过程。

即使如此,如上所述,华北地区的里甲夫马的负担占了相当大的比重。里甲银中里甲夫马所占比重如以下事例所示。山东莱州府的掖县,里甲夫马及额、杂两办银,合计2 818两有余,其中里甲夫马占了1 770两,③相当于总额的65%。而万历《汶上县志》卷四《政纪志》"赋役"条将里甲银、额办银和杂办银三项并列,记录了如下数据:

---

① 《明臣奏议》卷一六所收。
② 参见[日]山根幸夫《明代徭役制度の展开》,第144—147页。
③ 万历《莱州府志》卷三《田赋志》"徭役"条。

里甲银四千七百二十二两四钱。

额办银三百三十五两八钱六厘三毫。

杂办银四百七十二两五钱一分。

以上三项中,只有里甲银中包含了里甲夫马相关的费用,即:

走递青夫一百名,每名八两,共银八百两,每年摊派闰月二十六两四钱。

走递白夫二百名,每名十二两,共银二千四百两,每年摊派闰月银八十两。

杠头三百两。

走递马三十匹,每匹草料工食二十四两,共银七百二十两,每年摊派闰月银二十四两。

走递驴三十头,每头草料工食十二两,共银三百六十两,每年摊派闰月银十二两。

这里的里甲银是里甲夫马银的代名词。汶上县里甲、额、杂三银总和当中,里甲夫马银的占比实际达到85%。里甲夫马银占比较大的状况不仅限于山东。万历《卫辉府志》卷四《田赋志》“徭役”条中记载卫辉府总数为:

里甲　公费会银四千九百五十两,青夫八百二十五名,走递马二百五十七匹。

接着,在汲县条中记载青夫“每名银七两二钱”,走递马“每匹银二十四两”,因此青夫和走递马合计为七千四百六十四两。在这里,里甲夫马所占比重也很大。

华北地区,特别是山东、河南的里甲夫马的负担十分沉重,这主要是因为这里地处南京和北京两京之间,这些负担给华北人民造成了很大的痛苦。

本节首先考察了明初以来里甲正役的负担随着时代的变迁逐渐加重,并且愈加繁杂的状况,而明初各户土地所有较为均衡的前提下,现年里甲的上供、公费的负担被定为相同的标准,而随着所有土地的差距日渐扩大,这一科派方法的矛盾也逐渐凸显出来。结果是,现年里甲的上供、公费的出办必须按照土地所有的实际情况进行分配,根据现年里甲的丁粮(或者丁田)多寡,采用货币缴纳的方法出台了。最初是使用铜钱缴纳,但在均徭银差发展的刺激之下,现年的负担也开始使用银纳,之前不定量地无限制地科派的上供、公费出现了固定额度的趋势。这样,所谓的"里甲银"(或者均平银、纲银、会银)逐渐确立了。但是,里甲银制度的确立是在嘉靖末年。

与里甲银的形成过程同时进行的,是里甲正役自身开始逐渐分化。粮长、里长等职役的负担十分繁重,因此这些负担被分割为若干个内容,以减轻重役的负担。里甲正役的分化在税粮负担沉重且土地兼并严重的江南地区,被最为强力地推行。正役分化的倾向在嘉靖后半期开始愈发显著,在一条鞭法实施之前,算是大致完成了。

三、民   壮

明代在国内要冲之地设立卫所,配置官军。官军与一般的民户不同,是从世袭的应该担任士兵的军户中金派。明初设立军户时,其基础是从征(明太祖起义以来,从军的士兵)及归附(被明太祖降服的群雄的士兵和元朝的军队),之后又补充了摘发(犯罪充军者)和垛集(从一般民户中征募的士兵)。①而卫所制度的经济基础是屯田制(军屯②),卫所采取自给自足的政策。但是到了宣德、正统年间,军屯制的矛盾激化,北边的士兵逃亡人数增加,另一方面,高级军官兼并军屯,出现了土地私有化的现象,以致动摇了卫所制度的根基。

于是卫所制度开始崩溃,而在明朝军事力量衰退的时间点,正统十四年(1449)瓦剌的也先大举入侵,引起"土木堡之变"。为了应对紧急事态,明朝打破了此前只从军户金派的原则,临时从民户征募士兵,这就是民壮。③

---

① 《明史》卷九〇《兵志二》"卫所"。

② 有关军屯的研究,有[日]清水泰次《明初における军屯の展开とその组织》,《史学杂志》第44编第5、6号;[日]清水泰次《明代军屯の崩坏》,《史观》第5号;王毓铨《明代军屯制度的历史渊源及其特点》,《历史研究》1959年第6期;王毓铨《明代的军屯》,北京:中华书局,1965年。

③ 有关民壮的研究,有梁方仲《明代的民兵》,《中国社会经济史集刊》第5卷第2期;[日]佐伯富《明清时代の民壮について》,《东洋史研究》第15卷第4号;[日]岩见宏《明代の民壮と北边防卫》,《东洋史研究》第19卷第2号。

（一）民壮制度的发展

有关民壮的创立，《明史》卷九一《兵志三》"民壮土兵"条中记载："正统二年，始募所在军余、民壮愿自效者。"看起来民壮在正统二年（1437）时已经存在。佐伯富也指出："基于这些资料考虑的话，虽然民壮在地方早已存在，但正统末年也先侵入，这些人被再编为全国性的组织。"①这是将上述《明史》中正统二年（1437）的记述看作民壮的一个事例，仍然坚持民壮的起源是在正统十四年（1449）。即民壮起源如《正德会典》卷一一二《兵部七》"金充民壮"条中所载：

> 正统十四年，令各处招募民壮，就本处官司率领、操练，遇警调用，事定仍复为民。

这种看法是准确的。此外，民壮的名称在各地各有不同。陕西、广西等边境称为"土兵"，广西还称作"民类"，江南等地称作"会手""刽手"，河南、江西等地称作"机兵"，或者"打手""快手"。②其他还有称作民兵的情况，但是民兵是更为广义的称呼，民壮是民兵的一种，民兵一般来讲包括民壮。③

根据上述《会典》的记述，看似正统十四年（1449）全国都开始招募民壮，但是实际上这时只有华北各地在进行招募。"土木堡之变"后不久，户科给事中李保进言的三件事中就包括了招募民壮的事情，李保提出应紧急向直隶、山东、河南、山西、陕西各地派遣有能力的官员，每府训练五十名民壮，从中选两千名赶赴京师防卫，这一主张与其他两件进言一起被采纳了。④此后，北边防卫开始利用华北的民壮，对此，岩见宏已经进行了详细的论述。

这样一来，起初为了防卫北边而设立的民壮变成了永久的制度，普及到全国。《宪宗实录》"成化十四年八月戊戌"条中记载：

> 兵部奉旨议上救灾事宜……一、中外火夫、民壮、快手、机兵，专以备盗。所司多私役之。宜通行禁戒。不论岁之丰凶，止令自备兵器巡

① ［日］佐伯富：《明清时代の民壮について》，《东洋史研究》第 15 卷第 4 号。
② 参见梁方仲《明代的民兵》，《中国社会经济史集刊》第 5 卷第 2 期。
③ 参见梁方仲《明代的民兵》，《中国社会经济史集刊》第 5 卷第 2 期；［日］岩见宏《明代の民壮と北边防卫》，《东洋史研究》第 19 卷第 2 号。
④ ［日］岩见宏：《明代の民壮と北边防卫》，《东洋史研究》第 19 卷第 2 号；《英宗实录》"正统十四年八月丁未"条。

逻、缉捕,盗息则听其各事本业。……报可。

这表明,民壮不是用来防卫北边,而是专门以防备盗贼为本职,而且被上级官员私役①的例子也很多。总之民壮丧失了制度创设之初的辅助官军的职能,成为专门从事追捕盗贼的职务。根据佐伯富的研究,各地方志中散见"巡捕民壮""巡盐民壮""盐捕民壮"等称呼。②除此之外,还有"常随民壮"等充当官僚的随从,以及看守仓库、监狱的民壮。

随着民壮存在方式的变化,各地陆续发生了各种问题。《孝宗实录》"弘治八年十一月甲申"条中记载了礼部尚书倪岳的进言:

> 近令各省点佥民壮。而吏胥为奸,民心愁怨。今后,除山陕边方并编佥已定者,及福建汀州、江西赣州等处,宜从巡抚、兵备等官斟酌点用,其余腹里无事地方,请悉停止俾各归农。

倪岳主张除了特定地方外,应该停止佥派民壮。此外,弘治十一年(1498)礼科左给事中刘孟的进言③、弘治十三年(1500)户科给事中丘俊的进言④都主张为了减轻民众负担,停止佥派民壮。并且,《孝宗实录》"弘治十八年四月甲子"条中记载了吏部主事杨子器的进言:

> 天下有巡检司州县,宜收旁近地方人户,照额佥充弓兵抵作民壮,操练守御。无巡检司者,即将民壮抵作应捕人数,在官缉捕,其余机兵、快手、民快、民壮一切革出。

这是主张调整从事捕盗事务的民壮与弓兵、机兵、快手等之间的关系,除了重复的部分外,统一、整顿的趋势出现了。

但是,另一方面,这一时期还有新设民壮的地方。广东琼州府在弘治末年、⑤南直隶靖江县在正德二年(1507)、⑥福建福清县在正德七年(1512)⑦,

---

① 禁止私役民壮可见万历《大明会典》卷一三七《兵部二十》"佥充民壮"条中记载:"(弘治)六年令,官司私役民壮者,依照私役军之例问罪。"

② [日]佐伯富:《明清时代の民壮について》,《东洋史研究》第15卷第4号。

③ 《孝宗实录》"弘治十一年十一月癸巳"条。

④ 《孝宗实录》"弘治十三年二月乙未"条。

⑤ 万历《琼州府志》卷五《赋役志》"民壮"。

⑥ 万历《靖江县志》卷四《徭役志》"兵役"。

⑦ 嘉靖《福清县志》卷四《官制类》"民壮"。

都各自新设了民壮。

到了嘉靖年间,民壮的危害愈发显著。《世宗实录》"嘉靖二十四年三月丁卯"条中记载了巡按直隶御史王言的上奏:

> 国家于卫外兼设民兵。法意严,最善。第今佥选,未精。教械无实,徒糜饩廪。缓急何赖。

可以看出,民壮没有发挥实际作用。尽管民壮没有在捕盗上面发挥充分的作用,到了嘉靖中期以后,倭寇活动频繁,民壮的人数又有所增加。《明史》卷九一《兵志三》"民壮土兵"条中记载:

> 嘉靖二十二年,增州县民壮额。大者千人,次六七百,小者五百。

可见为了防备倭寇,民壮的人数增加了。万历《长洲县志》卷九《兵防志》"民壮"条中也记载:

> 嘉靖三十三年,倭奴内寇,四郊多垒,不堪征剿。另为召募。

万历《靖江县志》卷四《徭役志》"兵役"条中记载:

> 民壮,正德二年,设二百名。嘉靖三十二年,倭警,增至六百名。四十二年,汰为五百名。明年,复汰为四百名。

据此可知,为了抵抗倭寇,增加了民壮的人数;但是在平定倭寇之后,又减少了民壮的人数。倭寇猖獗之际增加民壮的人数是一种非常措施,所以如《靖江县志》的记载所示,嘉靖末年倭寇被镇压后,大都减少了民壮的人数。

即使如此,民壮没有实际功用的情况仍旧没有改变。万历《琼州府志》卷五《赋役志》"民壮"条中记载:

> 民壮之役,古寓兵于农意也。今雇募所存于州县者,惟供各衙门役与防守库狱数名已耳。

这表明民壮被专供作官吏的私役,变得和皂隶等没有区别。正如佐伯富教授所言:"民壮充当衙役大致和银纳招募一起兴盛起来。"[1]明末已经出现了民壮充当衙役的现象,清代的民壮也继承了这一点。

---

[1]　[日]佐伯富:《明清时代の民壮について》,《东洋史研究》第 15 卷第 4 号。

(二) 科派民壮

民壮科派给民户,采用的是何种方法呢?正统十四年(1449)初设民壮制度之时,官府招募遴选民壮。《正德会典》卷一一二《兵部七》"佥充民壮"条中记载:

> 天顺元年,令招募民壮,鞍马、器械悉从官给。本户有粮与免五石,仍免户下二丁,以资供给。

由此可见,早期招募民壮,应募者如果家中有税粮时优免五石,杂役也免除二丁。总之,民壮是招募制。到了弘治二年(1489),民壮变成了科派的徭役。《正德会典》同条中记载:

> 弘治二年,令选取民壮。须年二十以上、五十以下精壮之人。州县七八百里者每里佥二名,五百里者每里三名,三百里者每里四名,一百里以上者每里五名。

如此,官府向各里科派一定人数的民壮。这时,里数越多的大县,每里的定额越少,小县则每里的定额越多。①这种科派民壮的方法被称为"佥民壮法"。

那么民壮具体是怎样科派给民户的呢?《孝宗实录》"弘治七年十月己未"条中记载了兵部覆奏礼科给事中孙孺有关民壮的进言:

> 俱于丁粮相应之家,选年精壮者以充籍。

也就是说,民壮是按照丁、粮的标准进行科派的。万历《新会县志》卷二《公署》"民壮"条中记载:

> 天顺七年,始定……皆各里轮派,甲首当之。不愿当者……雇人代当。

这就是说向每个里科派,由甲首充当。同书接着记述道:

> 弘治、正德间,乃通县编之,与原法不同。每米六十石编一名,册有人二丁者准米一石。凡单丁无米者、逃亡死绝者,免补贴。

---

① 《陔馀丛考》卷二七"民壮"条中的记载与此相反,七八百里以上的县每里五名,以下四名、三名。如佐伯富所言,这是赵翼的误解。

可见有了金民壮法之后，重新通融全县、以丁粮为标准科派的方法确立下来。嘉靖《福清县志》卷四《官制类》"民壮"条中也记载：

> 正德七年，始定其法，本县以丁粮通融编金三百名。许其雇倩精壮之人。

由上可知，大约在正德初年，①之前根据里甲单位的编金，变成了通融全县、根据丁粮的多寡进行科派。并且，在上述新会县，每六十石粮②科派民壮一人，每二丁视为米一石。嘉靖《香山县志》卷二《民物志》"徭役"条中也记载：

> 民壮……每名，朋编丁粮四十六石二斗二升二合。

这里是四十六石多一点的粮编派一名民壮，丁的换算比例不明确。此外，顺德县是每七八十石粮编派一名民壮。③嘉靖《袁州府志》卷五"民兵"条中记载：

> 民兵……每名粮四十石，人丁六十。

这种情况粮四十石，丁六十人，进行换算的话就是一丁半为粮一石的比率。这种以丁粮为标准科派民壮时，或换算为粮，或换算为丁。如果是换算为粮的话，广东省最高是七八十石或者六十石、四十六石多金派一名民壮；江西省袁州府是粮四十石金派一名民壮。虽然没有丁粮换算的具体比率，但是新会县是二丁换算为一石，袁州府是一丁半换算为一石。

除了以丁粮为标准外，也有以田亩为标准的科派。万历《宁国府志》卷八《食货志》中记载：

> 民兵④，初与江淮卫水夫，并十年一审。（每一千亩田审一名）

可见，在宁国府，一千亩田（十顷）科派一名民壮。

民壮从该徭役原本的目的来看，需要强壮的壮丁，因此从一开始就允许

---

① 福建永春县也是在正德七年（1512），以一县之丁粮通融编派民壮。据梁方仲《明代的民兵》，《中国社会经济史集刊》第5卷第2期。
② 万历《新会县志》中接着上述引用记载："嘉靖十三年，知县陈豪，再将米五十石编一名。"所以到了嘉靖十三年（1534），科派的标准从六十石降为五十石。
③ 梁方仲：《明代的民兵》，《中国社会经济史集刊》第5卷第2期。
④ 这里的民兵与民壮是同一个意思。

代役。上述《新会县志》中记有"不愿当者……雇人代当",同样,《福清县志》中也有"许雇倩其精壮之人"。嘉靖《沙县志》卷四《赋役》中记载:

> 民兵……有丁自当,无者听其雇募。

因此,一般而言,是允许雇用他人来代替服役的。最初承认代役,这是促进银纳民壮的一个原因。而科派民壮的标准是税粮六十石乃至四十石,因此,与一人充当的情况相比,多人朋当的情况更多,当然这时会有正户、贴户之别。如万历《福宁州志》卷四《食货志》"差役"条中记载:

> 旧例,民壮之工食,每甲丁粮多者以为正户,少者为贴户。

嘉靖《惠州府志》卷八《兵防志》"民壮"条中记载:

> 今制,以粮审编。多者为正户,少者为贴户。

嘉靖《香山县志》中也记述民壮有正户和贴户。这种区分正户、贴户的情况,与笔者论述均徭法时相同,①两者的关系是只有正户实际服役,贴户出资协助。万历《福宁州志》中还记载:

> 给与由贴,(贴户)自追抽饷银,纳民壮于官。

可见,贴户一开始就是需要出钱的,所以其中充分存在货币缴纳的因素。

那么,银纳民壮是从何时开始的呢? 这是在制定金民壮法之后不久的弘治十年(1497)。《孝宗实录》"弘治十年七月乙卯"条中记载了巡抚大同都御史刘璥的进言:

> 大同西路咸远卫……虽调山西民壮千三百人戍守,缘秋来春去,更代不常,中间又多老弱,不得实用。乞……其民壮尽数放免,每名岁纳银二两于官,类解山西行都司收贮,以备买马之用。

同样在同书"弘治十二年四月戊戌"条中,刑科给事中李举也进言驻守三关的山西民壮,令其纳银。但是,这两份进言都没有获准。②实际上,银纳民壮

---

① 参见[日]山根幸夫《明代徭役制度の展开》,第111页。
② 佐伯富在《明清时代の民壮について》一文中指出这两份上奏都得以获准,认为是"免除民壮的赋役,用这些银两充当买马的费用",这是一种误解。

的第一步如岩见宏所言,①是在弘治十年(1497)八月及正德二年(1507)七月。但是,这里使用银纳是一种特殊的处理措施,银纳民壮的真正普及是在嘉靖中期。

万历《琼州府志》卷五《赋役志》"民壮"条中记载:

> 民壮……弘治末,始用丁差。嘉靖壬寅(二十一年)复议追银,不过五两……辛亥(三十年)后再抽追银,通改七两四钱。

可见琼州府是在嘉靖二十一年(1542)开始了银纳民壮。而随着北虏、南倭问题的激化,更加促进了银纳民壮,用以补充军饷不足的费用。《世宗实录》"嘉靖二十九年十月戊子"条中记载了户部奉诏计处兵食事宜,其中之一是:

> 革直隶、浙江、福建、山东、河南、湖广民壮、机决[快]之半,征银解京。

此奏获准后,大范围地开始银纳民壮。此外,同书"嘉靖三十二年九月癸丑"条中也记载了:

> 总督粮储巡抚应天侍郎彭黯以江南连年倭寇,兵饷不给,乞暂留布四、船料、事例、折粮、民壮、弓兵银,以济军兴。

同书"嘉靖三十三年十二月乙亥"条中记载了兵部覆奏巡按直隶御史徐绅的三议,其中"一备倭"中写道:

> 应天、徽、宁、池、太、庐州、安庆、滁、和、广德等府州所属民壮、弓兵,于十分之内,其六存留守御,其四暂免应役,每名输工食银七两二钱给军。

可以看出,徐绅的建议是逐次扩大银纳民壮,银纳②的民壮银,或为军饷,或充当军器修理费,以致被用作练军犒赏的费用。

如上所述,银纳民壮完全脱离了创立民壮的本来目的,成为庞大军事费用的补充。《天下郡国利病书》卷三四《江南二十二》所载《泗州志》中记载:

---

① [日]岩见宏:《明代の民壮と北边防卫》,《东洋史研究》第 19 卷第 2 号。岩见宏在讨论银纳民壮时,认为其与一般徭役的银纳化不同,具有民壮特有的理由。根据《实录》的记载指出,民壮中多老弱者,不能充分发挥防卫边境的效果;如果征人民为民壮,那么人民就无法从事农事交纳赋税;如果免除实际徭役征收银两的话,民力充裕,同时国力也能增强。
② 佐伯富在《明清时代の民壮について》一文中列举了各地银纳民壮的具体事例。

征其(民壮)银,而用之各有名色,浸失初意远矣。无名之征,此其
大者。

这里强调民壮银丧失了初创时的宗旨,成为没有意义的征收,但是事实上,
至此,民壮的事情形态发生了很大变化。

综上,本节简略论述了民壮的创立及其发展的过程,如上所述,民壮原
本是为了防卫北边而招募的民兵。但是到了弘治二年(1489),民壮变成科
派的徭役。也就是说,除了此前的徭役之外,还新增加了民壮的徭役。为
此,人民的负担相应地更加沉重了。而到了嘉靖中期,由于倭寇极为猖獗,
民壮的负担骤增,同时也促进了银纳民壮。民壮银专用于补充军事费用,完
全丧失了创立民壮的初衷。

如此,民壮从明代中期开始作为新的徭役出现,因此常被当作与之前的
里甲和均徭不同,是与这些徭役并列的役。①但是在华北地区,民壮均被当作
均徭中的一个役种。

四、驿　传

本文已经考察了均徭、里甲和民壮。除此之外,还有驿传的徭役。有关
明代的驿传制度,清水泰次博士在晚年集中进行了制度史的考察,但是未及
完成,清水博士就去世了。清水博士生前发表的有关驿传的研究有:

《明代的驿递》(《明代の驿递》,《东洋史学论集》第3号,1954年);
《明代的驿夫》(《明代の驿夫》,《史观》第43、44号合并号,1955年);
《明代驿传的基本研究》(《明代驿传の基本的研究》,《泷川博士还
历记念论文集》,1957年);
《明代驿传中江南对华北的协济》(《明代驿传における江南から华北
への协济》,《史观》第50号,1957年)。

清水博士的这些研究,主要目的在于探究驿传的制度史问题,本文主要是从

---

① 岩见宏在《明代の民壮と北边防卫》一文中指出:"各地在处理作为徭役的民壮时各有不同,
例如有些地方将民壮当作均徭的一个种目,有些地方将其当作与驿递、里甲、均徭并列的徭
役,即所谓的四差之一。"

徭役制度的侧面出发考察驿递。

从明初开始,科派驿站的标准是税粮的多寡。但是《孝宗实录》"弘治七年十月丁卯"条中记载:

> 巡抚保定等府都御史张琳言,北直隶各府自永乐年间编造驿传文册。凡买马、驴、牛、车、船,及工食、草料,科征价银。谓之站钱。[1]中间有计地亩者,有计人丁者,有兼计地与丁者,有征粮地一顷而止纳站钱三分之一者。有全纳者,有全不纳者,又有贫民地已卖与人而站钱犹累贫民代纳者。

由此可见,这些科派的标准未必相同,而且其佥派方法也种类杂多。也就是说,科派驿递,不仅是针对田粮,也有针对人丁分派的情况。《武宗实录》"正德二年五月辛未"条中记载了兵部尚书刘宇的进言:

> 驿站夫役,支应丁粮,殊无定例。有司任意派征,其弊甚多。

显然,存在将驿传负担支给丁粮的例子,因此不能一概断定驿传只科派给田土＝税粮。此外,《天下郡国利病书》卷八九《浙江五·永康县》中也记载:

> 国初,驿站之役皆点充。所谓丁佥也。其后,渐至通验田粮,用补之。所谓粮佥也。

可见明初驿传的徭役也有丁佥,也就是以人丁为标准进行科派的情况。那么服役驿传时,具体采用怎样的方法呢? 崇祯《大田县志》卷九《版籍志》"驿传"条中记载:

> 初,驿递之法,籍田粮上户为夫首,为马驴首,以中下户凑补之。

可以看出,实际服役的人丁或从事驿夫,或从事马首、驴首[2]。这样实际服役的正户是田粮较多的上户,中、下户为贴户,出资凑补正户。但是万历《彰德府续志》卷上《田赋志》中记载:

> 先年,驿传……审编上户应役。虽五年一更,非至倾产不已也。

---

① 这里使用了"站钱"一词,还有"科征价银",虽说是站钱,但并不是铜钱,而是银两。

② 马首、驴首有时也被称为马头、驴头。

这里是说一旦服役,五年间必须一直服役,除非财产耗尽,否则不可替换,这对人民来说是非常沉重的负担。贴户暂且不论,对正户而言,服役驿传是十分痛苦的,而且其科派方法也有很多矛盾。因此为了让驿传的科派方法变得合理,在上述《天下郡国利病书》中的永康县部分可以看到使用了"粮金",只以税粮额为标准进行科派。上述《孝宗实录》"弘治七年十月丁卯"条中记载了保定巡抚张琳的进言:

> 有田者,各照地亩、粮数,依旧例分派上、中、下等第。如马、牛、驴、及红站船①,各该粮若干,定数办纳。

可见,张琳建议按照地亩或者税粮的多寡科派驿传的徭役。万历《琼州府志》卷五《赋役志》"驿传"条中也记载:

> 正德初……始计粮朋签,定为马夫五百四十名。每名编米八十石,简僻者编七十石。

由此可见,琼州府也在正德初年改为粮金。虽然如此,粮金也是由正户实际服役的,这一点并无任何变化,所以驿传的弊端也还没有解决。这时出现了"官当法"。《天下郡国利病书》卷九三《福建三·漳州府》中记载:

> 驿传之为民害尤甚。旧例,夫马首截排日子,依次应当,五年一周,谓之苗当。正德中,改征银(每米一石征银一钱二分),解官给发。铺陈、马匹支银买办,谓之官当。

由此可知,漳州府将此前的粮金(苗当)改为征银,所需经费以税粮为标准征收银两。崇祯《大田县志》卷九《版籍志》中也记载:

> 正德末,欧阳公铎,始为官当之法。

嘉靖《沙县志》卷四"赋役"条中对欧阳铎的官当法进行了论述:

> 先郡守欧阳公铎,始将六县田粮通融计算,除虚浮、乡宦、举人、生员、吏承优免外,每粮一石,派银四钱一分五厘,檄令各县每年查照,每年征收秋粮事例,于各里甲名下征完解府,每季仲月,听各驿递官吏支

---

① 《正德会典》卷一二一《兵部十六》"递运所"条中记载:"递运所船只,俱用红油刷饰。"递运所的船被刷了红色,所以被称为红船。

领雇役充应,诚为简便。

如上可知,福建建宁府实施了知府欧阳铎的官当法后,全府通融计算田粮,
人民每一石粮纳银四钱一分五厘。相应地,人民没有了服役的必要,驿官领
取银两雇用役夫,还可以买办马匹,所以显著改善了中间压榨的弊端,人民
也称赞其便利。然而没过多久,建宁府废除了官当法。①《天下郡国利病书》
卷九三《福建·漳州府》中还记载:

> 未几复变苗当。嘉靖中,罢苗当,又议募民之有强力者给银,养赡、
> 策应。

漳州府也废除了官当法,恢复到之前的苗当法。但是到了嘉靖年间,漳州府
又恢复了官当法。崇祯《大田县志》卷九《版籍志》中记载:

> 嘉靖乙亥年(十八年)知府裴公椿,毅然行之。每一石米征银四钱
> 一分。如故之雇役之法。民咸称便。

嘉靖十八年(1539),建宁府知府裴椿复行官当法,开启了驿传的全面银纳化。
这种趋势不限于福建,而是各地一起实施。《天下郡国利病书》卷一〇一
《广东五·雷州府》中也记载:

> 嘉靖间,用御史戴璟议,始照粮派银带征②。按季给驿,而存其羡
> 以待。

由此可知,广东也在推行银纳化。此外,康熙《灵寿县志》卷四《田赋志上》
"站银"条中也记载:

> 嘉靖三年,巡抚周公③,建议保河大广顺六府州县,地亩通融,每亩
> 出钱十一文,解府转发各驿……民甚便之。

由此可知,北直隶从嘉靖三年(1524)起也开始推行驿传的银纳化。隆庆《楚
雄府志》卷二《食货志》"赋役"条中亦记载:

---

① 嘉靖《沙县志》卷四《服役》"驿传"项。
② 这里的"带征"是指"照粮派银",随秋粮带征的意思。
③ 根据《明督抚年表》可知,担任保定巡抚的周季风于正德十六年(1521)至嘉靖二年(1523)四
月在任,这里的巡抚周公指的应当是周季风。但是周季风于嘉靖二年(1523)四月转任南京
右副都御史,与嘉靖三年(1524)矛盾。

> 凡站马,向令亲当。民不胜累。嘉靖间,议征银,给发东西四驿,官
> 支……较前颇便。

由此可知,云南从嘉靖年间也开始了银纳驿传。

如上所述,从嘉靖年间起,银纳驿传迅速发展,这些被称为"驿传银""站银"等。而科派驿传银的标准是税粮,每一石粮科派若干驿传银。结果是,以前官吏从中作梗,增减派征的弊端消失了,可以非常高效地科派。之前提到,驿传与其他的徭役不同,原则上完全只依据田粮征银,这使得驿传银带有了田赋附加税的色彩,丧失了本来作为徭役的性质。

并且,在上一节已经论述,到了嘉靖中期,银纳民壮迅速发展,民壮银多用于充当军饷、军器等军事费用,驿传银也是如此。正如万历《大明会典》卷一四八《兵部三十一》"驿递事例"中记载的:

> 凡站银。嘉靖三十七年题准,各该地方旧额,并协济银两,量留十
> 分之五以备正差支给,余银尽行速解户部,以充边费。

万历《琼州府志》卷五《赋役志》"驿传"条中也记载:

> 嘉、隆之间,裁革殆尽……然革驿而存差,以充兵饷。

可见,银纳化之后的驿传银也丧失了本来的用途,以致充当边费、军饷。不用说,这些措施都是为了补充因北虏、倭寇猖獗而急速膨胀的军事开支。

结语——四差

至此,本文探讨了明代中期徭役中的里甲、均徭、民壮和驿传,这四者也可并列称为"四差"。《图书编》卷九〇"本朝差役图"如下所示:

表 11

里甲	里甲例无优免 每丁派银若干 每石派银若干	均徭	每丁派银若干 每石派银若干	驿传	每丁派银若干① 每石派银若干	民壮	每丁派银若干 每石派银若干

---

① 驿传通常仅科派给田亩＝税粮,这里可知还可以科派给人丁。

以上四差,每丁通共派银若干,每石通共派银若干,外户口盐钞①每
丁派银若干,每口派银若干。

这里用了"四差"的名称。《天下郡国利病书》卷九三《福建三·漳州府》"四
差"条中也记载:

设法有四,曰里甲,曰均徭,曰驿传,曰机兵。

同样在《天下郡国利病书》卷八〇《江西二·吉安府》中,有记载:

隆庆中,始易为条编。分均役、里甲、民兵、驿传,名曰四差。

这说明在实施条鞭之际,出现了四差。万历《建昌府志》卷三"四差"条中记载:

厥制,初惟里甲、徭役二者。……隆庆三年,条鞭之法行,于里甲、
徭役中,分设驿传、民兵,合为四差。

也就是说,随着条鞭的实施,产生了"四差"的名称。但是四差出现未必是一
条鞭法确立的结果。②这是因为,在条鞭确立之前,嘉靖《惠州府志》和嘉靖
《沙县志》等"徭役"条中都明确叙述了徭役分为四差的内容,这些地方志的
编纂时期都是在条鞭法确立之前。

　　并且,如第三节末尾所述,华北地区的民壮包含在均徭之中,这里不是
四差,而只是"三差"。因此华北地区没有使用过"四差"的说法。

　　四差中的里甲(或者均平、纲银、会银)在明初是由现年里甲负担,上供、
公费等诸项目被汇总为一个役种用钱缴纳,由此发展成银纳。里甲银系现
年里甲的出办,根据他们丁粮的多寡进行科派。只是,不仅有像福建八分法
那样的现年里甲,也有全里甲每年一律出办的情况。

　　均徭是明初杂役中,除了有关驿传之外所有杂役的统合。均徭是正统
七年(1442),江西佥事夏时设立之法,将之前分散科派的杂役有组织地、高
效地科派,模仿里甲正役十年一编,正役服役之后五年再行科派。可以说,
均徭是按照里甲正役的科派方法,新制定出的"杂役的科派方法"。并且,均

───────────

① 户口钞价是指"户口食盐钞"的意思。有关食盐法的研究,有[日]藤井宏《明代の户口食盐法
　について》《社会经济史学》第13卷第3号。
② 梁方仲在《明代的民兵》中认为"一条鞭法"与"四差名称的来源相关,参见崇祯江西《清江县
　志》卷四《赋役志·四差说"》,但是遗憾的是,我无法参阅《清江县志》。

徭中不仅包括了明初杂役中包含的内容,还包括部分正役负担的上供、公费等。

民壮在明初并不存在,正统十四年(1449)"土木堡之变"之际被召集的民兵,经过四十年到了弘治二年(1489),才开始作为徭役被科派。但是华北地区,民壮不是单独的"一差",而是被包括在均徭之中。华南地区多称为"机兵",而不是民壮。

驿传在明初是被包含在杂役中与驿递相关的徭役,最初为丁金,之后改为粮金,主要是依据田粮的多寡进行科派。上述三差都是根据丁粮(或丁田)科派,而驿传原则上只根据田粮的多寡进行科派,也就是说,实质上近似于田赋的附加税。

以上四差在明初都是力役或者缴纳原物的形态,但是随着银纳税粮＝金花银的不断发展,银纳徭役也逐渐得以推进,到了正德、嘉靖年间,银纳徭役已经确定下来了。明确表明这种趋势的,是均徭法中出现银差和力差的区别,里甲银(纲银、均平银、会银)形成,以及民壮银(机兵银)、驿传银(站银)也形成了。

而且,值得注意的是,与上述银纳化趋势同时出现的是,徭役负担中的丁、粮比率逐渐出现比起人丁更重视田粮的倾向。随着徭役负担逐步加重,田粮的比重也增大了。正德年间,沈灼在福建实施纲银法,采用了丁四粮六的比率。并且各地的均徭、里甲等采用丁三粮七的比率的情况也增加了。由此可见,徭役负担中,田粮占的比重在不断增大,人丁的意义在下降。

到了嘉靖中期,北虏、南倭的危害凸显,为了进行防卫,明朝的国家财政急速扩张,不得不支出巨额的军事费用。如第三节和第四节所述,这反而促进了银纳民壮和驿递,使其脱离原本的目的,被挪用为军事费用。同时,对人民的各种科派都得以强化,人民愈发苦不堪言。而且国家财政的矛盾也逐渐浮出水面,这样下去,国家财政将入不敷出。因此,必须对赋役制度进行全面改革,重新整理财政。这时,明朝提出的税制改革方法就是"一条鞭法"。

(原载于[日]山根幸夫《明代徭役制度の展开》,

东京:东京女子大学学会,1966 年)

罗敏 译　梁敏玲、张叶 校

书评:山根幸夫《明代徭役制度的展开》

［日］谷口规矩雄

　　山根幸夫是战后明代徭役制度研究有力的推进者之一,这在现在是不言自明的。此次,他在已发表的众多关于徭役制度的论文的基础上,更对此大作增补,并采纳了其他研究者的成果和批评,出版了《明代徭役制度的展开》(《明代徭役制度の展开》)这一力作。关于山根幸夫在明代徭役制度研究上所获取的成果,岩见宏已经在此书序言中予以高度评价,在此不再重复。我也是被他的论文所引导,才刚刚在明代徭役制度研究中勉强入门。山根的处女作《十五、十六世纪中国赋役劳动制度的改革》(《十五·六世纪中国における赋役劳动制の改革》)与《关于明代里长职责的考察》(《明代里长の职责に关する一考察》)等论文,给予了我的研究多大程度的教导,我想读过关于山东门银的拙稿的人应该了然。让我这个入门者担负起评论山根此次大作的大任,不用说,这是过于沉重的负担。因此,必须先向著者及诸位说明,这一评论只是阅读本书之后的感想,将疑问之处率直地说出来而已。

　　此书从略述中国历代徭役制度特征的序说开始,由题为"明初的徭役制度"的第一章、"明代中期徭役制度的展开"的第二章及附论《明代华北役法的特征》组成。因而本书的中心是第一章和第二章,这两章详细讨论了从明初的均工夫役的制定到一条鞭法实施之前明代徭役制度的发展和特质。以下,将尝试以章为次序简单介绍其内容,并同时叙述我的感想和评论。

　　首先,第一章由以下四节组成。第一节"均工夫的制定"、第二节"里甲制的成立"、第三节"里甲正役"、第四节"杂役",最后附上结语总结此章全章。从各节的题目也可以看出,这一章除均工夫役的问题外,还详细讨论了作为明代徭役制度基础的里甲制的成立,以及明初徭役制度的内容及其变化。

　　第一节讨论了明初最先作为徭役出现的均工夫的役。书中首先说明,该役是洪武元年(1368)制定,由直隶的应天十八府州以及江西的九江、饶州、南康三府分担,此时被科派该役的只有田土(民田)所有者(地主、自耕农),每田一顷出均工夫一人,官田耕作者不课该役,而且,此后在洪武三年(1370),为了维护该制度,编造了台账"均工图册"作为科派的基础,后来还将其施行地域扩大到江西全省。然后,该役于每年从冬十月至十二月的农闲期调发,干满一个月,由工部指挥,以在京师从事修筑国都和浚渫河道等为主要内容。顺便一说,均工夫原来是如上所述为了营造国都而设定的临时的徭役,在完成之后,也曾一时停止,但却又长期存续下去;直至宣德年间,还有被叫做"均工民夫"的,承担城河的修治。以上是第一节的概要。山根幸夫在此根据藤井宏的批评,[①]订正了旧稿《明初的均工夫》(《明初の均工夫について》,《东洋学报》第39卷第3号)的错误,即"如服均工夫役,将被给予免除税粮的特典"这一点。但另一方面,针对藤井所说,该役的性质至少在洪武前期与其他徭役没有本质上的不同(几乎所有的徭役都以田土面积作为科派的基准),他指出,存在免除作为里甲正役的里长役,而不免除均工夫役的例子;并说,这种役毕竟还是应该作为与其他徭役不同的特殊的役来对待。虽然山根幸夫对均工夫性质的解明还留有疑问,但针对藤井的结论,他只指出这一点,说服力是不是还是弱了一些呢?

接下来,第二节中讨论了关于里甲制成立的问题,以及其作为制度的确立和赋役黄册的编造等问题。关于里甲制度的成立,一直以来都认为是以洪武十四年(1381)为始,在此之前,税役的征收不要说是以里甲为媒介,甚至都没有统一推行过。鹤见尚弘在论文《明代的畸零户》(《明代の畸零户について》,《东洋学报》第47卷第3号)中明确指出,在江南三角洲地带,洪武二、三年间(1369、370)已经成立了应称为里甲制前身的制度,特别是在湖州府被命名为"小黄册图"之法。山根也从这种小黄册图之法中寻求里甲制的前身,明晰了其制度方面的特征。更进一步,还讨论了暗示着这种里甲制在湖州以外多大地域范围内实行的"户帖"的制度。这种"户帖"制度用以调查全国的户口,是为了编造户籍而于洪武三年(1370)在全国实施的制度。户

---

① ［日］藤井宏:《明初における均工夫と税粮との关系——山根幸夫氏の新说をめぐる诸问题》,《东洋学报》第44卷第4号,1962年。

帖在记入各户的乡贯、丁口、姓名、年龄的同时,还记入田土、家屋、役畜等事产。因此,山根根据这一事实推论,户帖不仅仅是为了户籍制作的目的,更是为了对赋役科派起作用;还有,洪武三年这一户帖制度向全国公布,与湖州府里甲制的成立＝小黄册的编造,不会没有什么关联。我虽然赞成他的推论,但户帖制与小黄册的具体关系还没有明晰。如果能够证实两者的关系,就可以得到结论,里甲制(小黄册图之法)的施行不仅止于湖州府下,而且在相当广范围内得到实施,由此也就能具体地理解,王朝权力是通过这样的在地组织掌握了农民,户帖也从而对赋役科派起作用。

不管怎么说,基于这种小黄册图之法,或者说户帖＝户籍制度,洪武十四年,终于确立了里甲制并编造了户籍黄册。只是,洪武十四年最初的赋役黄册(以下简称"黄册")的编造中,不完备之处和错误还很多,洪武二十四年(1391)的第二次编造完善了这些地方,对里甲编成的原则也有了更具体的规定。特别是在第二回编造中,记入了此前洪武十四年时没有任何指示的上、中、下三等户则,关于畸零户的规定等也变得更具体。山根在此还引用了韦庆远在其所著《明代黄册制度》中介绍的"清册供单",具体说明了黄册编造的过程。只是,关于上、中、下三等户则的设定,虽然记入黄册是从洪武二十四年开始的,但在此之前,洪武十八年(1385)造赋役册时,已在其中设定了上、中、下三等户则,记入黄册是承袭了该赋役册的户则。然后,山根在此节的最后探讨了赋役册和黄册的关系。他引用清水泰次的见解,推测在黄册之外好像还存在赋役册,赋役册是专门作为徭役科派的基准来编造的。但是,关于这一点,也有见解认为赋役册被黄册吸收了。[①]我想这还是需要再探讨的问题。与此同时,如藤井所指出的,相对于洪武十八年以前的徭役科派以田土(粮)为基准,此后就不仅仅是田土,人丁、事产也一并被考虑进来,基于田土之外也综合评价人丁和事产的上、中、下户则的徭役科派被施行,但是,这具体的理由是什么呢? 还有关于里甲的组织原则,山根说正管户中不编入佃户,与此相对,鹤见在前揭论文中指出了编入佃户的可能性。我认为这一点在解明里甲制内部构造上是非常重要的问题,而如果能具体明晰

---

① ［日］岩见宏:《明代における杂役の赋课について——均徭法と九等法》,《东洋史研究》第24卷第3号,1965年。

这一点的话，那么，对明代徭役的赋课对象只限于田土所有者的原则，就不得不重新探讨了吧？虽然我认为关于里甲制还有很多问题有待进一步研究，但对山根的结论——里甲制设定的意图是作为彻底地科派、征收税役的机构，以及赋役黄册不仅仅是户籍簿，还发挥着为赋役科派作台账的重要的机能，是里甲制施行的基础——对这些点，我完全同意。

第三节中讨论了，为了发挥里甲制的功能而设置的里长、甲首等的职责，即关于里甲正役的问题。说到里甲正役，一般会举出里长、甲首、老人等，但在有些地方，粮长、塘长、总小甲、书手等也被包含其中。要言之，关于里甲正役的人员，各地各时都有不同，关于这一点，山根指出，将在里甲制运营上与之有密切联系的徭役作为"里甲正役"来考虑，是妥当的。关于役种，产生这样地方性的、时代性的差别，也可以说是当然的，但要去追究这样的差别，才能得到明晰地方农村具体状况的线索。我认为在这种情况下，正确把握各役的机能的侧面是重要的，而在这个意义上，山根所指出的正是不得不注意的。从这种观点出发，他选择了正役，讨论了与它相关的各种问题。首先，关于里长、甲首，指出里长继承了元代里正的职役，与此同时，讨论了其职责。在此应该注意向来与催办税粮并列的里长的另一项职责"勾摄公事"。他明了地指出，所谓公事要包含出办各种别项费用，并明确化了把这各种费用的负担作为上供、公费来出办，即所谓"勾摄公事"是另一种不同的重要的职责。更进一步，他还明确指出，公费的内容不仅是各种费用，还包含役使，而役使中最重要的是"里甲夫马"等。据此，我们能具体地理解里长、甲首担负了怎样杂多的负担。还有关于老人，在担当教化里民、劝农职任的同时，他们还被给予了轻微诉讼事件的裁判权，所以，作为乡村的自治机能的担负者，也应认为具有与徭役稍稍不同的性质。但因为其在现实中是被利用为官治机构的末端，所以还是应该被看作徭役。其次，关于粮长，他强调该役应该被认为是里甲正役的一种。分配粮长的单位是区，而这不只是出一万石税粮的区域，还是被设定由若干里组合而成，因为粮长是从若干里中选出来的。换言之，"粮长是站在里甲制的基础上，被选出的区内有力的里长户"。不过，在此，关于山根简单言及的华北的"大户"，也存在"大户"被分配的区域与粮长不同、是杂役的一种这种情况。将其视为与粮长相同的职役合适吗？我对此还有疑问。最后，关于从来没有成为过问题的总小甲制,他也论述了其为里甲正役的一种。

接下来,第四节选取了明初的杂役。杂役是指里甲正役以外的全部徭役,包含非常杂多的种类。山根将其分为如下五类:1.中央及地方官厅中的杂役;2.从事官用交通、通信、运输的役;3.担任地方治安维持的役;4.负责税粮征收和运输的役;5.关于土木工事的杂役。然后,关于被认为属于以上各项的各个役种,详细讨论了其内容与科派的基准等。特别是与驿递相关的役,虽然以前清水泰次也讨论过相关问题,但并非从徭役方面来考察。还有,关于土木工事的役,虽然涉及了一部分,但并没有作为杂役的一种被全面研究过。在这一点上,山根按照不同的内容分类整理了杂多的役种,我想,明确这些役的职责会给今后的研究带来非常大的便利。最后,他还讨论了以前几乎没有研究的杂役户的役,因为该役非常特殊,又很轻微,富裕民户为了脱免一般的徭役,就去投充某种杂役户,他明晰了这一事实。如果该事实获得普遍的认同,那么,就像山根提出的问题一样,这在明代徭役制度的考察上是很有意思的。以上是第四节的概要。如同山根通过这一节所明晰的那样,杂役的科派是完全不定期的,内容也不统一。而且,随着时代的进展,杂役的负担也在加重,有力户利用科派方法的不完备,使用种种不正当手段,免除重的杂役负担,反倒让无力的农民负担重负,徭役制度的运营变得困难了。因此,要解决这样的徭役制度的矛盾,就要求新的、合理的、保证公平杂役科派的制度。接下来的第二章,就是接着这些问题来讨论新的徭役制度的展开的。

第二章以"明代中期徭役制度的展开"为题,由第一节"均徭法的成立及发展"、第二节"里甲正役的发展"、第三节"民壮"、第四节"驿传"四节组成,最后,作为结语,有此章的总结。第一节中首先指出,明初的徭役制度,除里甲正役外,还没有体系化,不过是不定期、不定量的科派,而且,虽然定下了一应以上、中、下三等户则作为科派的基准,徭役制度的实际应用几乎是听凭地方官的恣意酌量。另外,户则作为杂役科派的基准,其决定要素有丁粮的多寡、事产的厚薄,其中最被重视的是税粮=田土所有额。可是,另一方面,随着土地集中化的倾向从宣德、正统年间开始产生,贫富差异明显起来。这种情况下按上述户则科派杂役的话,拥有大量田土的富裕地主当然要负担重役。因此,他们为了躲避重役,做了种种结托官府的不正当行为。最早呈现出这样弊害的,是在土地发生集中化的江南地方。所以,徭役制度的改革就首先在江南地方着手,而这次改革最重要的是正统八年(1443)佥事夏时在江西创行的均徭法。在叙述以上经过之后,山根又接着讨论了围绕着均徭法施行的问题及其特征等。即,均徭法的特征中最重要之处,是以"甲"为单位服杂役,在服里甲正役之后第五年担任杂役,为此,在赋役黄册之外要编造"均徭册",这是以分配徭役为目的的台账,根据户则①来分配役。换言之,以前不定期、不定量科派的杂役,和里甲正役的情况一样,变成定期的十年科派一次(每年一里十甲之中有一甲服杂役),而且科派的役种是根据户则来确定的。均徭册的户则专门重视税粮=田土所有额。以上是均徭法主要的改革点,这样,杂役的科派方法就通过均徭法的改革被合理化了。此后,在均徭法的内部又产生了重大变化,这就是所谓"银差"的出现。关于银差的成立,岩见已在序文中对山根所明确的点作出了评价,在此不再重述。还有,关于徭役折银收纳过程中出现的问题点,对山根的见解,过去岩见也进行过批评。②关于这一点,山根在此书中已一一论及,故在此也不再重复。只是关于两者的见解,相对于山根重视役自身内在的折银收纳的主要原因,以及社会政策的观点,岩见强调的是官僚对银的需求的一面。笔者也认同岩见强调的那一面,但对其是否适用于全部的徭役存疑。关于这个问题,如山根指出的那样,在细致地追究各个役的折银收纳过程的同时,还必须具体明晰白银流通的地方性的差别等。关于银差虽然还有这样的问题,但确实能如山根结论性地总结的那样,"银差是徭役制度体系化、合理化的必然结果"吧。不过,在均徭法中一应确立的徭役科派的定期化、定量化的方向,到此后的 16 世纪初,更进一步被推进了。这就是"十段法"的出现。山根将其作为"均徭法的变革"来把握,讨论了十段法出现的过程、在中国各地实施的

①　关于均徭法中的户则,最近岩见在《明代における杂役の赋课について——均徭法と九等法》一文中提出了重大问题,其中之一是,均徭册中的户则与之前黄册中的户则基于不同基准来设定,这种情况是不是很多呢? 还有,在这种情况下,重视田土(税粮)意味着什么? 另一个问题是,初期的均徭法承袭了此前上、中、下三等户则,那是否也采用了三等九则的户则呢? 读了岩见的论文,会明白这个问题不仅仅是户则的问题,我认为,如果不详细地重新探讨均徭法的普及其变质的过程,就不能解决这个问题。

②　[日]岩见宏:《银差の成立をめぐって——明代徭役の银纳化に关する一问题》,《史林》第 40卷第 5 号,1957 年。

状况以及其改革的意义。据他所说,该改革的社会背景是,在当时的中国农村中,富豪、大户浮出表面,土地所有向他们手中集中,以及小农没落的现象。另一方面,随着时代的进展,徭役的科派加重,均徭法不再能守住"十年一役"的原则。因此,为了不破坏这个原则,补充以前一般由小农负担的徭役,对靠种种不正当手段回避徭役的富豪、大户科派与田土所有额相应的徭役,就要采取对田土直接科派徭役的对策。作为其结果出现的就是"十段法"。他还对这场改革给予了如下评价:"十段法展示出了改革徭役制度的方向。而由于十段法未能修复所有矛盾,所以还必须进一步发展到一条鞭法。"给予了十段法以一条鞭法的先行改革的位置。对于山根的评价,笔者也完全同意,但如果可以大胆提出若干疑问的话,那就是以下这一点:十段法改革以一州县的丁田(丁粮)为对象,将之均分为十段,此时的各段与从前里甲制中的各甲是什么关系呢? 山根认为里甲制在十段法中也承袭了原来的样子,但我认为现在应该更为具体地讨论这两者的关系。

　　接着进入第二节。本节的中心讨论了在第一章第三节中已经考察过的里甲正役,特别是现年里长、甲首的最大负担——上供物料、公费的出办——其后如何改革的问题,以及里甲正役的分化的问题。里甲正役的负担涉及方方面面,而且随着时代的进展有渐次加重的倾向,这已经在前一章中说明了。特别是里长、甲首负担的上供、公费的出办,变得非常多种多样,其科派方法也没有明确的基准。但从 15 世纪中期起,田赋折银收纳(金花银)开始了,杂役被整理、统一为均徭,均徭的折银收纳(银差)被促进,此时上供、公费的负担也被逐次整理、统合、被货币化,这样的机会产生了。就这样,上供、公费等负担被折银收纳,成了所谓"里甲银"。他考察了里甲银确立的过程,这在某些地区也被称为"均平银""钢银"①"会银"等,他还论述了这些负担也是相应于现年里甲的丁粮(丁田)的多寡来分配的。他明确指出,只有在福建,虽然上供、公费的负担折银收纳了,但没有归并为一,前者被称为"丁料",后者被称为"钢银"②,分立为二,其科派方法与其他地方相比采取了特殊的形式。还应该注意到,里甲银并非总括了所有上供、公费的负担,而是随着地方的不同,将其中的一部分编入均徭中。像华北那样,把其

---

① ②　译者注:原文如此,应为"纲银"。

中很大一部分派入银差中的情况,也是存在的。

　　接着,山根又讨论了里甲银的成立以及发展了的里甲正役自身的分化。如前一章第三节中已经明晰的那样,在里甲正役中担当最重要的职务的,是里长、甲首和粮长。他还指出,这些职役的负担增大,有繁杂化的倾向。里甲银的成立,至少稍稍缓和了现年里甲负担的增大,是公平化的努力。只是里长、甲首的负担不仅限于上供、公费的出办,所以仅有里甲银的成立不足以消解现年里甲的苦痛。接下来,他讨论了采用数户充当一里长的"朋充"制、里长的职役分割为若干职能以及产生出各种各样别种职役的趋势等问题;结果,各地分别采用了独自的形态与名称,总之是被分割为以下三部分:1.负责催办里内税粮的役;2.出办应官府差解的役;3.掌管维持治安等里内杂事的役。还有,当初在里长手中的黄册编造事务也分离了,变成了单独的役。在里长职责分化的同时,粮长的职责也分化了。粮长的职责大致可以分为税粮的催办、征收、解运三者,而它们分化成了各自独立的职役。以上是里甲职役分化的概要,而对出现这种分化现象的理由,山根就里长指出:"原本充当里长户的多是乡村土地所有者中有实力的户,但是其中一部分或成为官户,或以寄庄户的形式居住在城市,试图逃避里甲正役,结果留在乡村充当里长户的不再是有实力的大户。"关于粮长,他也叙述了同样的问题,这一点非常能激起人的兴趣。最后,他特别论及了在华北成为里甲重大负担的里甲夫马银,但其确立过程仍不明晰,问题被留给了以后的研究。

　　接着,第三节选取了民壮的役。该役在明初并不存在,最初是在正统十四年(1449)"土木堡之变"之际从华北各地招募的民兵。他还明晰了,这些民壮丧失了防卫北边的本来职责,在弘治二年(1489)"金民壮法"制定以后被作为徭役科派的经过,以及嘉靖年间开始的折银收纳的发展,民壮银被充作补充军事费不足的费用,失去了当初的意义。

　　接着,第四节是关于驿传的。该役在明初是被包含在杂役中的与驿递相关的徭役,原则上只以田粮多寡为科派基准。他还明确了,从嘉靖年间开始,该役的折银收纳急速发展,被叫做"驿传银""站银"等。只以田粮为依据征银的结果,是驿传银具有田赋附加税的色彩,丧失了本来作为徭役的性质。第三、四节是以折银收纳过程为中心,考察明代中期与里甲、均徭并称为"四差"的民壮、驿传。

以上,介绍了作为本书中心的第一章、第二章的内容概要,虽然每一部分都提出了若干疑问和感想,但是由于篇幅有限,最后我想就整体阐述一些感想来结束本稿。如山根所述,本书的中心是讨论从明初到一条鞭法实施为止的这一时段的徭役制度。换用笔者的话来说,即本书的中心题目是系统地阐明在一条鞭法实施前夕的阶段,徭役制度所出现的问题。本书以均徭法的发展与变革、里甲银的成立为中心,现阶段的研究已经十分具体地明确了这些问题。还有,关于明初徭役制度的确立,在史料的严重制约中,山根尽可能地考察了与元代的联系,可以说这也指出了今后的一个研究方向。不过,本书只是从制度史的方面讨论明代徭役制度的发展——我想山根应该是将问题限定在这一方面——所以,里甲制的变化、其背后的农村结构的变化及其与徭役制度变化的具体关联,每一次都止于仅仅指出而已。这一点,感觉还有若干遗憾,这应是明代徭役制度史学者今后的课题。关于附论,笔者自身曾表述过拙见,而且山根自己在补记中已经谈论了这个问题点,所以在此就不再重新谈论。尽管如此,最近在对徭役制度和里甲制的关联的思考上,鹤见提出了重要的问题,[1]关于均徭法中户则的意义,岩见也提出了重大的问题。还有,对一条鞭法的本质的理解,小山正明提出了新问题,[2]我们正能看到明代徭役制度研究的新发展。当此之时,笔者确信无疑,本书不止是集以往研究之大成,还将作为今后研究的牢固的基础发挥重大作用。

（原载于《东洋史研究》第 25 卷第 3 号,1967 年）

毛亦可 译　菅野智博 校

---

[1]　［日］鹤见尚弘:《明代の畸零户について》,《东洋学报》第 47 卷第 3 号,1965 年。关于该论文提出的问题的意义,小山正明的《明清社会经济史研究の回顾》(《社会经济史学》第 31 卷第 1—5 号)有恰如其分的讨论。

[2]　［日］小山正明:《明代华北赋·役制度改革史研究の一检讨》,《东洋文化》第 37 号,1964 年。关于这一点,山根在后记中也涉及了。

《明代徭役制度的研究》序

[日] 岩见宏

　　明代史研究在第二次世界大战后有着引人注目的进展,其中役法即徭役制度的研究是特别显著的领域之一。二战前,最能代表该领域研究水准的是和田清编《中国地方自治的发展史》(《支那地方自治发达史》)中的第四章《明代》。然而不得不说,该书所阐述的观点,在当今需要大幅度地修正,或是大幅度地增补。以下就这一点,进行具体的说明。

　　《中国地方自治的发展史》指出:明代初期"存在着各种各样的役,没有任何统一"。随着洪武十四年里甲制的实行,确立了正役。正役之外的役被称为杂役,也通过里甲摊派下去。里甲制的大致情况已经众所周知,这里就不再赘言了。但是,关于里长的职责,和下面的问题有着密切的关联,所以在这里需要说明一下。《中国地方自治的发展史》引用《大明会典》和《大明律》,对里长的职责指出以下三点。第一点是税粮的征收,这一点还包括田地的监察等征收之前的职责。第二点是在任期最后一年的黄册编造。与这一点相关的是,里长需要对户口的遗漏负责。第三点是里内的治安维持。关于这一点,里长只是起到辅佐里老人的作用而已。另外,对里长、甲首之外的民户,每年摊派杂役或是杂泛差役。由于摊派的时期不定,并且摊派还任由地方官自主决定,所以随着时代的进展,差役的不均成了问题。为了解决这些征收方式以及限度问题,正统初年在江西开始实施均徭法。均徭法的特征是:均徭册的编造、对三等或九等户等的决定、十年一次的定期摊派等。其最大的意义可以说是银差,即开始以银纳差役之例。《中国地方自治的发展史》指出:"按理,均徭法施行后,杂泛差役应被其吸收而消亡,然而事实并非如此,新的均徭之役只是被加进了明初的里甲、杂泛之役之间。"但是,该书并没有对均徭法实施以后的杂泛差役进行具体地说明,书中关于役法的记述只是提到均徭法之后马上发展到一条鞭法,差役全面变为银纳的

状况;还提到了作为过渡阶段的十段锦法,但是仅仅提到其名称而已,并没
有任何具体的说明。

　　相对于此,战后的研究有以下几点成果。首先是关于里甲制度本身。
有研究阐明:里甲在洪武十四年之前就已经存在了。①洪武三年,湖州府编制
了里甲,苏州府吴江县也在洪武二年实施了被称为里甲的村落编制。虽然
这些里甲组织与洪武十四年之后的里甲制有些不同,但是也有着很多的共
同点,因此可以认为是一贯的制度。这样的研究成果也使我们认为:洪武十
四年是把在一部分地方实施的里甲制正式扩展到全国范围的年份。另外,
关于里甲组织实际上的问题,也有很多相关研究,②在这里就不一一介绍了。

　　其次,是关于作为徭役的里长和甲长的职责问题。综合法令的规定,里
长和甲长的职责是税粮的催办、公事的勾摄、黄册的编造。其中,公事的勾
摄里,还包括上述治安维持,所指的内容更加广泛了。然而,更重要的是,除
了以上三点之外,还有第四个职责,那就是没有在法令中规定的上供物料、
地方公费等的经济负担。③这一点也被认为是以地方志为主要史料而展开的
役法研究的重要成果之一。

　　接下来是杂役。关于杂役,从种种意义上来说,均徭法是一个很关键的
问题。有研究阐明:均徭法的征收基准,不在于以前所强调的户等,而主要
在于税粮的数目;银差不是与均徭法同时出现的,而是比均徭法的确立晚了
很多,从正德年间才开始。④关于这一点,笔者也在研究中论述:杂役中的四
项目的差役,个别变为银纳之后,作为分类项目,有了银差和力差的区别;在
银纳化进展的背后,除了白银流通的社会背景和徭役制度本身的内在条件,

① 藤井宏的《明初における均工夫と税粮との関係——山根幸夫氏の新説をめぐる問題》
　　(《东洋学报》第 44 卷第 4 号,1962 年)一文首先论述了这个问题;之后,鹤见尚弘的《明代の
　　畸零户について》(《东洋学报》第 47 卷第 3 号,1964 年)一文进行了详细的探讨。另外,栗
　　林宣夫的《里甲制度の研究》(东京:文理书院,1971 年)从不同角度进行了分析。
② 〔日〕小畑龙雄:《明初の地方制度と里甲制》,《人文科学》第 1 卷第 4 号,1947 年;〔日〕鹤见
　　尚弘:《明代の畸零户について》;〔日〕山根幸夫:《明代徭役制度の展开》,东京:东京女子大
　　学学会,1966 年;〔日〕栗林宣夫:《里甲制度の研究》。
③ 〔日〕山根幸夫:《明代里长の职责に关する一考察》,《东方学》第 3 辑,1952 年。
④ 以上两点参照〔日〕山根幸夫《十五・六世纪中国における赋役劳动制の改革——均徭法を
　　中心として》,《史学杂志》第 60 编第 11 号,1951 年。

还有初期阶段官员为了补充低俸禄而对银两产生的强烈需求。①《中国地方自治的发展史》中指出,均徭是新加到里甲和杂泛之间的差役。关于这一点,虽然没有明确的探讨,但是作为战后研究的共识,所谓的杂役大致都包括在均徭之内。

战后的研究,对在《中国地方自治的发展史》中仅仅是提到名称而已的粮长以及十段法进行了详细的分析。②另外,还对该书中完全没有提到的新问题也展开了讨论,那就是,明代后期,也是一条鞭法之前的阶段,在华北一带广泛实施的门银、丁银的制度。门银以户、丁银以丁为征收对象,两者都按照从上上到下下的九等户等(或是户则)征收一定的银两,以此供应均徭。这些也被称为门均徭和丁均徭,但并不直接与银差、力差是同义词。换句话说,门银和丁银源自科派基准的差别,其范畴不同于银差和力差。然而,门均徭和丁均徭发生区别的时期,也就是华中、华南发生银差和力差的区别的时期。③

如果把门银和丁银当作均徭的一个形态,那么它们还包括了与上述创行期的均徭法没有直接关联的要素。关于这一点,有研究认为,这与金、元在华北的制度有关系。④倘若这一说法是正确的,却没有办法解释明代前期

---

① ［日］岩见宏:《银差の成立をめぐって——明代徭役の银纳化に关する一问题》,《史林》第40卷第5号,1957年(收录在本书［编者按:本文脚注中所称"本书"指《明代徭役制度の研究》］后篇第三)。

② 关于粮长,在中国,有梁方仲《明代粮长制度》,上海:上海人民出版社,1957年。在日本,有［日］星斌夫《明代粮长の漕运における役割》,《山形大学纪要》第1号,1950年(收录于《明代漕运の研究》,东京:日本学术振兴会,1963年);［日］川濑智寿子《明代の粮长》,《文化》第17卷第6号,1953年;［日］西野正次《明代太湖周边の粮长について——特に苏州府吴江县を中心として》,《金泽大学法文学部论集哲学史学篇》第7卷,1959年;［日］小山正明《明代の粮长について——とくに前半期の江南デルタ地带を中心にして》,《东洋史研究》第27卷第4号,1969年。关于十段法,有［日］岩见宏《嘉靖前后における赋役改革について》,《东洋史研究》第10卷第5号,1949年,收录于本书后篇第一;［日］小山正明《明代の十段法について(一)》,收录于仁井田陞博士追悼论文集编纂委员会编《仁井田陞博士追悼论文集》第1卷《前近代アジアの法と社会》,东京:劲草书房,1967年;［日］小山正明《明代の十段法について(二)》,《千叶大学文理学部文化科学纪要》第10辑,1968年。

③ 关于门银、丁银制,谷口规矩雄的《明代华北における银差成立の一研究——山东の门银成立を中心にして》(《东洋史研究》第20卷第3号,1961年)和山根幸夫的《明代华北における役法の特质》(收录于清水博士追悼记念明代史论丛编纂委员会编《清水博士追悼记念明代史论丛》,东京:大安,1962年,还收录于［日］山根幸夫前引《明代徭役制度の展开》),基本上看法一致。

④ ［日］山根幸夫:《明代华北における役法の特质》。

看不到华北的特别性,而到后期才发现这一问题。门银和丁银严密的九等则制,是从哪里开始与均徭有所关联的呢? 随着研究的进展,我们论证了很多之前所不知道的事实,同时又出现了很多新的疑问。新的疑问不仅仅是这一个。譬如,有研究指出:在华北,以往被视为里长职责的上供物料以及地方公费的负担,很多被包括在银差之中。①这样的话,作为战后的研究成果而被认知的里长职责论②真的不需要订正吗? 这些问题也还需要我们更进一步地探讨。

　　本书着眼于伴随上述研究进展所发现的新的疑问,试图对明代徭役制度的实际情况进行探讨。主要以上述的第二个问题为中心展开分析。首先,在概观明代初期的徭役制度之后,探讨上供物料和地方公费最初是以什么样的形式,由谁来负担的。在此基础上,分析这些与里甲或均徭之间的关系,以及这些关系成立的开端和之后的经过。关于上述的第一个疑问,笔者认为在进行分析的过程中就能一定程度自然而然地解决了。

　　（原载于［日］岩见宏《明代徭役制度の研究》,京都:同朋舍,1986 年）

菅野智博 译　梁敏玲 校

---

①　关于这一点,谷口规矩雄在前引《明代华北における银差成立の一研究》中有指出。另外,小山正明的《明代华北赋役改革史研究の一检讨》(《东洋文化》第 37 号,1964 年)追加了事例。

②　山根幸夫认为上述上供和公费的负担包含在里甲正役之中。小山正明的《赋·役制度の变革》(收录于《岩波讲座　世界历史》第 12 卷,1971 年)依然沿袭了这一看法。虽然他发现了一些不一致的事实,但是却没有进一步寻求其内容。

围绕银差的成立:关于明代徭役银纳化的一个问题

［日］岩见宏

关于明代役法的研究,很早就有了进展。特别是围绕着里甲制的诸问题,已经得到了相当详细的解答。①然而,相对于被称为"正役"的里甲,正役以外各种各样的役,即所谓的杂役,一直以来却很少被研究。唯有前些年发表的山根幸夫氏的研究②是一篇好论文,此文全面探讨了明代役法,特别是杂役的内容和变迁。笔者赞同他提出的大多数新见解,尤其是均徭法刚刚成立时并不存在银差和力差之别这一点,可以说是纠正了明史研究中一直以来的误解。然而,其中也有一些和笔者见解不同的点。笔者在本文中要探讨的问题,在山根的论文中只回答了一部分;而且在考虑明代役法的变迁时,这个问题占据了极其重要的位置。笔者认为,针对此问题提出与山根氏略有差异的若干私见并非无用,故写下此篇文章,恳请以山根氏为首的有识

---

① 早期关于明代役法的研究,有［日］清水泰次《明初の赋役》,《东亚经济研究》第 18 卷第 2 号;［日］清水泰次《明代における役法の变迁》,《史观》第 8 号;［日］和田清编《支那地方自治发达史》里明代的部分,也作了非常好的整理。特别是关于里甲制,除了《支那地方自治发达史》以外,还有很多研究。譬如,［日］松本善海《明代における里制の创立》,《东方学报》(东京)第 12 卷第 1 号;［日］小畑龙雄《明初の地方制度と里甲制》,《人文科学》第 1 卷第 4 号;［日］小畑龙雄《浙江海盐县の里甲》,《东方学报》(京都)第 18 册;［日］小畑龙雄《明代极初の老人制》,《山口大学文学会志》第 1 卷;［日］小畑龙雄《明代乡村の教化と裁判》,《东洋史研究》第 11 卷第 5、6 号;［日］小畑龙雄《江南における里甲の编成について》,《史林》第 39 卷第 2 号;［日］清水盛光《中国の乡村统治と村落》,收录于《社会构成史大系》2《中国乡村社会论》;［日］山根幸夫《明代里长の职责に关する一考察》,《东方学》第 3 辑;［日］栗林宣夫《里甲银に关する考察》,收录于《东洋史学论集》第 2 辑;［日］栗林宣夫《明代后期の农村と里甲制》,收录于《东洋史学论集》第 4 辑;［日］岩见宏《明代地方财政の一考察》,《研究》第 3 号,亦收录在《明代徭役制度の研究》后篇第二。
② ［日］山根幸夫:《十五・六世纪中国における赋役劳动制の改革——均徭法を中心として》,《史学杂志》第 60 编第 11 号。

之士不吝赐教。

一

为了论述上的方便，首先简略记述明代役法的概要，并阐明银差在其中所占的地位。

明代的徭役，大体可分为正役和杂役。正役指里甲制的里长、甲首等役，其他的役都可称作杂役。①随着时代的发展，杂役的负担越来越重，负担不均衡等弊端也出现了。为了谋求负担的均衡，正统年间（1436—1449）开始实行均徭法，进行改革并整顿了摊派方法。均徭法从江西开始，随后逐渐在全国实施。与此同时，根据均徭法摊派的杂役本身也开始被称为均徭。不久之后，在均徭中出现了一些银纳化的役，被称作银差。与此相对，跟以往一样提供实际劳动力的役则被称作力差。均徭里全面出现银差，是基于均徭中有相当一部分役都实现了银纳化这一事实。其背景无疑是银的流通被接受及扩大，尤其是在田赋中银纳制的广泛采用。若是只有一两个役施行了银纳，或只是作为临时的特例施行的话，是不会产生银差这一概念的。事实上，应该是在被看作银差的役形成若干年之后，"银差"这一词语才出现。

如此，均徭中银差的产生标志着徭役银纳化第一阶段的完成。这种银纳化的倾向会随着时代的发展变得越发显著，即属于银差的役在增加，属于力差的役在减少。最后到了一条鞭法，便实现了全面银纳化，此事实无须赘述。

本文中笔者想要论述的主要是上述银纳化中的第一阶段。换言之，笔者想要阐明特定的役的银纳化（即产生银差的前提）的情形，并同时探究是什么力量直接推动了这样的银纳化。

---

① 《明史》卷七八《食货志》"赋役"的条目中，将差役分为里甲、均徭、杂泛三种。和田前引《支那地方自治发达史》对此内容进行解说，认为：杂役被整理后成为均徭，之后的临时征用和其他不包括在均徭内的杂役被视为杂泛。然而，《食货志》将三种同时并列在一起是一个误解，杂泛是杂泛差役，应该视为正役（里甲）以外的各种役的总称（参照万历《大明会典》卷二〇《赋役》）。在地方志中，（明代）中期以后，多数把役分为里甲、均徭、驿传、民壮等四种，也就是说，杂泛所指的应是后三者的总称。均徭与驿传、民壮之间的分类，因地而异。与驿传相关差役的一部分和民壮，多数包括在均徭之内。

二

　　那么,银差成立的前提——役的银纳化,就不再是局限于某个时期某个役的临时特例,而必须是针对特定的役,并长期固定下来。为了阐明这一点,既要比较分析地方志中所记载的银差的内容,又要调查与此相关的规定。首先通过地方志的记载来探讨属于银差的役的种类。在这里需要注意的是,银纳化随着时代的发展而推进,但各地推进的速度有慢有快,并不相同。因此,通过分析编纂时期各不相同的地方志,可以看到不同阶段银纳化的各种形态。另外,均徭的役的种类中包含很多地区性的、特殊的役,本文尽量按全国共通这一基准来选择役,以便我们进行分析。在这个意义上可以指出的役有弓兵、门子、斗级、库子、馆夫、铺兵、皂隶、祗候、马夫(马丁)、斋夫、膳夫、禁子(狱卒)、巡拦等。特别关于银差的是,尽管上文我们提到要考虑多样性,柴薪皂隶(祗候)、马夫、斋夫、膳夫这四者,不管在什么地区,不管记载于什么年代的地方志,只要有银、力二差的区别,它们就全都属于银差。①另外,把银差、力差区分开来记载的地方志中,银差至少包含这四种役。②因此,暂

---

①　在山根论文的表Ⅱ(第57页)中,所有地方的银差中都有祗候,另外有些地方把力差的内容混在皂隶之中。如同下述,皂隶分为随从和公使两种,前者很早就银纳化了,被称为柴薪皂隶。地方志中所能看到的祗候应该跟柴薪皂隶是同一种役。譬如,弘治《兴化府志》卷一二《户纪·徭役志》中,没有柴薪皂隶,有祗候;除了祗候的数目与柴薪皂隶所规定的数目一致以外,注有"办柴薪银十二两"这一点也与柴薪皂隶相同。另外,万历《宁国府志》卷八《食货志》有记载,虽然府整体使用"祗候"这一名称,但是各个县有称"祗候"的,也有称"柴薪皂隶"的,还有只称"柴薪"的,各不相同。以下,本文统一使用"柴薪皂隶",不使用"祗候"。"祗候"这一名称主要用于福建地方,山根的表Ⅱ中所举的6个例子中,5例是福建的。
　　另外,山根的表中还有3个是皂隶中混有银差和力差的例子。如果不分柴薪皂隶和公使皂隶,就会这样。不过,只是看柴薪皂隶的话,就全部都是银差。
　　3个例子中,就吴江县的例子而言,嘉靖《吴江县志》卷一〇《徭役》中,关于均徭,记载了嘉靖十七年和嘉靖三十五年两种的详细内容。后者中,皂隶全部是银差;前者中,只有柴薪皂隶是银差。
②　例如,在嘉靖《邵武府志》卷五《版籍》以及嘉靖《宁波府志》卷一三《徭役》、嘉靖《耀州志》卷四《田赋志》等中,银差的内容只有这四种役,嘉靖《青神县志》卷四《食货》的记载中,四种役中缺少马夫(同县志的力差中也找不到马夫)。但是,《耀州志》和《青神县志》的话,银差中包括了岁贡银和祭祀银等本来不是差役的内容,关于这些,姑且先不考虑。另外,前引山根表Ⅱ中,属于银差的多数只有四种差役,就算多的话,也仅仅有五种差役。

且不提"银差"这一名称,这四种役全部实现银纳化的时期,便可看作银差事实上成立的时期。

以下考察上述最早实现银纳化的四种役各自实现的年代。首先关于柴薪皂隶,《会典》中记载了宣德年间的令。①

宣德间,令随从皂隶不愿应当者,每名月办柴薪银一两。

皂隶分两种:一种是分配给官员个人的,一种是分配到官府的。随从皂隶指的是前者。根据上述的令可看出,缴纳柴薪银可免除实役,因此也被称为柴薪皂隶②等。与此相对,后者被称为公使的皂隶或是直堂、直厅的皂隶,被称为隶兵、隶卒的,很可能也是一样的。③不过,根据官品,随从皂隶的分配人数也不同,从一品、二品官的 12 名,到七、八、九品官的 2 名。④上述宣德年间的令规定,分配给官员个人的皂隶,不愿服役者,每月出银一两,即可免除实役。因此,该令并未规定普遍的银纳。不过,若我们能着眼于此规定出台的缘由,反倒可以这么说:事实上,以该令出台为契机,至少京官的随从皂隶已经大致全面银纳化。此规定出台的缘由如下。

当时的都御史顾佐,以宪度严明闻名。有官员上告称顾佐向皂隶收受贿赂后,将皂隶放走。皇帝暗地里将诉状给杨士奇看,杨士奇答此事属实,并称朝官因俸禄微薄,令皂隶出薪刍的钱,使其半数归耕,他自己也不例外,自永乐以来就是这样。仁宗也回答说自己早已知情。于是皇帝便公认这样的情况,将其法令化。虽无法准确判明是哪一年,但大概是宣德四年前后。⑤在这里必须要注意的是,银纳化首先是作为官僚的俸禄的补充而产生的。

---

① 该内容在正德《大明会典》卷一二五《兵部·皂隶》中可以看到,山根也有引用(前引论文第 52 页),万历《大明会典》卷一五七《兵部·皂隶》之中能看到。关于万历《大明会典》的内容,我曾在对清水泰次《中国近世社会经济史》的书评(《东洋史研究》第 12 卷第 2 号)中指出。

② 已经在第 156 页注①中指出,有些地方使用"祗候"这一名称。

③ 例如,在嘉靖《浙江通志》卷一七《贡赋》的银差中能看到直堂隶卒,力差中能看到隶兵;从看不到皂隶的名称这一点可以判断,这些应该是和公使皂隶相同。

④ 万历《大明会典》卷一五七《兵部·皂隶》。

⑤ 作为标明年月的记录,《大政纂要》卷一九和《明通鉴》卷二〇的宣德四年十一月的内容中有记载。《明书》本纪也是同样。另外,《皇明从信录》卷一六的同年二月中有记载。《国朝列卿记》卷七二的顾佐的行实,只是将其作为宣德四年发生的事记录了下来。

兼之,从这一事实可以发现,尽管当时在交易中,银的使用还未解禁,实际上至少在北京的市场中,已经在相当程度上使用银了。①尽管通常认为银的解禁始于江南的田赋银纳化,②但柴薪皂隶被公认这一事实表明,银的使用在宣德年间就零星开始了。

不过,从人民的角度来看,上述随从皂隶的银纳之门被打开,意味着什么呢? 向北京的官僚提供随从皂隶的是哪些地方呢? 除北直隶各府以外,山东、山西、河南三省也接受摊派。③当时,表面上是禁止银的使用的,那么就很难想象这些地方的人民,尤其是农民,是普遍以银来获得收入的。因此,如果强制实行银纳的话,服役的农民恐怕会觉得很难获取银。可以想象,不管是银还是钱,华北的农民是无法有很多现金收入的。因为尚无法想象此时的华北农村有商品作物的栽培。而且还是每月一两,每年十二两这样的银额,可以说,这是相当大的负担。上述规定仅对有意愿的人实行银纳,这样的表达方式很有可能也是考虑到这样的情况。然而,官僚方面已经对银有很强的欲求,从这一点来看就很容易理解,在规定上是可选择的银纳,实质上可能已经发展成强制性的了。事实上可以认为,天顺年间已经基本实现了银纳化。④

以上专门阐述了京官的情况。刚才所说的规定中,出柴薪银的皂隶不

---

① 明朝为了维持钞的价格,往往颁布禁止使用银的禁令。永乐初期更是以极刑来处理,但是也没办法控制银流通的趋势。特别是成祖迁都北京,必然促进银流通的扩大。迁都北京后,一直以实物支付的官俸,除每月一石的食米以外,仍在南京支付。由于不能由个人前去领取,所以各官衙派代表前去领取,并在领取后马上将其换为银两带回北京。再往后,直接在北京把票据卖给商人(参照《廿二史札记》卷三二"明官俸最薄"之条)。所以,宣德时期京官的生活已经用银来维持了。关于迁都北京给银流通带来的影响,请参照[日]北村敬直《清代の时代的位置》,《思想》第 292 卷。宣德之后的正统年间,政府官员对银的欲求,以及对此他们所采取的态度,请参照[日]田中正俊、[日]佐伯有一《十五世纪における福建の农民叛乱》,《历史学研究》第 167 卷。
② 关于正统元年开始的田赋的银纳,也就是金花银,有以下研究:[日]清水泰次《明代における租税银纳の发达》,《东洋学报》第 22 卷第 3 号;[日]清水泰次《中国近世社会经济史》第三章《折纳》,东京:西野书店,1950 年;[日]堀井一雄《金花银の展开》,《东洋史研究》第 5 卷第 2 号。
③ 万历《大明会典》卷一五七《兵部·皂隶》。
④ 《明书》卷一二〇《杨士奇传》关于随从皂隶叙述道:"宣德间始有纳银免役者。因士奇言京官禄薄,改名曰柴薪银。天顺以来,始以官品隆卑定立名数,每岁银解部以巨万计。"这里将以官品隆卑定立名数作为天顺以来的事情有错误,正统十四年已经定立了详细的名数(参照前引万历《大明会典》),而且这好像还是修订之前的规定中所制定的内容。

一定是京官的随从。地方官的随从的银纳化很有可能也在渐渐发展,或许跟京官的情况是一样的。然而遗憾的是,目前还没有史料明确指出地方官随从的银纳化是从什么时候开始的、进行到什么程度。不过,下述可见,出台公使的皂隶的银纳规定是在弘治三年左右,姑且可以认为,在此之前,地方官的随从已经实现银纳化了。

关于柴薪皂隶,目前有必要阐述的内容大致如上。此外,再简单阐述另一种公使的皂隶的银纳化是如何发展的。公使的皂隶在最初还是这样的规定:对不愿应当的人允许银纳。那时是弘治三年,银额是每年十两。①最后在规定上明确"正身应当"的是弘治十一年,②因此可以认为,公使的皂隶大部分是此后不久实现银纳化的。然而,地方志中也可以看到在很久之后仍未实现银纳化的少数实例。③因此,还是应将随从皂隶和公使的皂隶区别开来。

如上所述,允许随从皂隶的银纳化,将其称为柴薪皂隶等的契机,与其说是方便于民,不如说是官僚对银的强烈欲求,这是毋庸置疑的事实。而公使的皂隶的银纳化发展缓慢,至少在形式上与其无法成为官僚个人收入的性质不无关系。

接下来我们来探讨马夫。要注意的是,跟随从皂隶一样,马夫也是从属于官员个人的。因为有马的配给,必然需要马夫。洪武二十四年制定的最初的制度中,给布、按二司二十匹,府十匹,州、县五匹,十户养一匹马。④进而

---

① 前引《会典》中记载:"弘治初,令:凡两京公使并仓库秤子等役,不愿应当者,每名岁出工食银十两。"这应该与《孝宗实录》"弘治三年十二月丙子"条"诏:京官皂隶银两仍旧;余两京各衙门直堂并守门皂隶看仓看库秤子等夫役,每名止银十两;各学膳夫,每名止银四两"相同。

② 前引《会典》有记载:"弘治十一年题准,各衙门直堂看监等项皂隶,正身应当,一年已满,新拨交替。"

③ 嘉靖《浙江通志》卷一七《贡赋》中能看到的隶兵是其中一个例子。另外,嘉靖《广东通志》卷二二《民物志三》"徭役"的皂兵、嘉靖《邵武府志》的隶兵、嘉靖《吴江县志》以及嘉靖《青神县志》等的皂隶都包括在力差之内。但是,就像第156页注①所述的那样,吴江县在嘉靖三十五年之制时已经没有力差的皂隶了。

④ 万历《大明会典》卷二〇《户部·赋役》中只简单记载:"(洪武二十四年)令:在外布政司、按察司、府、州、县官,俱给官钱买马,市民轮流看养。"《太祖实录》"洪武二十四年五月丁亥朔"条中有详细记载:"上谕兵部试尚书茹瑺,曰:礼莫大于别贵贱明等威。今在外布政使、按察使,皆方面重臣。府、州、县官,民之师帅。初到任,多无马乘。有跨驴出入者,非所以示民也。或假借于人,因被浸润,不能举职者有之,甚乖治体。其官为市马,布政使、按察使二十匹,府减其半,州县又减府之半。一马率十户饲之,岁终则更其役。"这一内容在《今言》一(《纪录汇编》卷一四四)中也有基本同样的记载,但不知道为什么,年份记载为己巳(〔洪武〕二十二年)。

在景泰元年的令里规定,马夫二十丁买马,十丁养马,并同时从市民中佥发。①在最初的制度里,马本身是官方配给的,到景泰元年,买马也成了人民的负担。在这里,把三十丁作为一组的话,其中二十丁尽管是服马夫的役,但只是买马而已,那么这个役就已经不再是提供劳动力,而成了单纯的金钱负担。如果是用银支付的话,马夫就跟银纳几乎没有区别。

可以认为,最初从制度上明确银纳事实的,是以下弘治七年的令:

> 布、按二司及各府官马夫,于所属州县各佥中等三丁人户,十户共出银四十两,解送掌印官处,分给各官,自行买马喂养。其州县者,于隔别府分佥充,亦征银解送各掌印官,分给买马喂养。②

这个规定并没有指出人民可以按意愿选择银纳,那么就可以认为是一律实施了银纳。马是给个人乘用而分配的,那么养马的马夫也应该可以算作是分配给官员个人的。如上所述,一律实行银纳化就意味着,跟随从皂隶一样,马夫也是作为官僚生活费的补助实行了银纳化,即可推断,是官僚的欲求推动了银纳化的发展。

接着是斋夫和膳夫。两者都是设置在儒学里的。《会典》里天顺六年的规定写道:府学配置膳夫四名和斋夫八名,州学配置膳夫三名和斋夫六名,县学配置膳夫两名和斋夫四名。其中,关于膳夫的银纳,有中央下发的规定,即弘治三年奏准里所示"膳夫每人每年出柴薪银四两,以此备作会馔之用",弘治八年令里,此金额变为十两。③地方志里记载的膳夫的银额,通常是一役十两。虽然《会典》里没有明示,但是从弘治八年开始,实役被免除,变为只负担柴薪

---

① 《会典》前引条。需要注意的是,能看到从市民中佥充马夫这一点。很容易想象,在银流通发展的中途阶段,城市和农村之间显然不同。本文讨论银纳化时,设想役的负担者主要为农民。如果负担者为市民的话,情况就不一样了。在这里简单作一个补充,明代的役法中有规定让市民负担一部分特定的役目。除了本文所提到的马夫以外,巡拦也是其中一个(万历《大明会典》卷二○《赋役》,洪武二十一年令)。如此,除一部分有特殊规定的役之外,基本上都是由人民来承担的,自然而然,农民是主体。《明史》卷七八《食货志·赋役》中记载的"凡祗应禁子弓兵,悉佥市民,毋役粮户"应该是某种错误。《会典》中看不到类似的记载,反而有征用粮户的规定(万历《大明会典》卷一五七《兵部·皂隶》"佥派征解"条中能看到洪武元年令)。参照《明史食货志译注》第 240 页,注 523。

② 万历《大明会典》卷二○《户部·赋役》。

③ 以上关于膳夫、斋夫的规定出自万历《大明会典》卷七八《礼部·学校》项。并且弘治三年的奏准与第 159 页注①里所揭的《实录》同年十二月丙子条的记事里的膳夫相关部分一样。

银。可以认为，之后根据中央的规定，膳夫也一律实行银纳化。并且，从这些
银用于儒学师生的会馔上来看，可以理解为与柴薪皂隶的情况相似。

但遗憾的是，并没有找到关于斋夫的此类规定。不过，各地方志一致将
斋夫纳入银差，并统一银额为十二两，由此推定这是中央的规定应该无误。
此外，有史料表明斋夫数量与教官数量相关，十二两的银额也与柴薪皂隶的
银额一致，两者结合起来即可推测，就像给一般官僚配备柴薪皂隶一样，给
没有配备皂隶的教官配备了斋夫。①

若上述内容没有大的错误，那么可以认为，关于膳夫和斋夫，仍是由中
央下发规定自上而下地实施了银纳，并且这意味着，此种做法满足了想要收
到上交银两的官僚的欲求。

通过以上考察可以得出这样的结论：配备给官员个人的皂隶、配备给官
员个人的马夫以及儒学里的斋夫和膳夫四种役的银纳化，是由官僚方的诉
求单方面推动的。

不过，若将这四种役的银纳化的全部实现大体上作为银差成立的条件，
那么这是在什么时期实现的呢？理论上应该是以上四种役中最晚实现银纳
化的一种实现的时期。关于斋夫，并不明确，因此暂且不谈。根据前文所考
察的，柴薪皂隶最早，马夫是弘治七年，膳夫是弘治八年，由此可知在弘治前
期大体实现了银纳化。不过归根结底，这只是必要条件完成的时期，实际上
要推进到银差、力差的成立，不得不作分类整理，把银纳的役和其他的役区
分开。最早实施这样分类整理的一个实例是在福建的兴化府。弘治十六年
编纂的《兴化府志》里，已经将相当于银纳的役和非银纳的役，以"办银夫役"

---

① 万历《大明会典》卷一五七《兵部·皂隶》的"扣补"条里有下述记载："嘉靖元年题准，顺天府
缺官皂隶斋夫银两，通查解部，不许别项动支。""（嘉靖）三十三年题准，凡有差出官员，带家
小住扎行事者，查照各官应得柴薪，就于附近衙门，扣除缺官柴薪马丁斋夫银两，有余照旧
解还本部，缺少以本处赃罚银两补给。"

　　两者均是同等看待斋夫和柴薪皂隶及马夫。另外，嘉靖《青神县志》(此书是有嘉靖三
十年的序的刊本，但记事内容包含到万历三十年代前半期)卷四《庸调》"银差"条里载有"儒
学斋夫银七十二两，万历三十四年裁减训导一员，实编四十八两"。由此可见斋夫的数量是
根据教官数量定的。除去从九品的府学教授，儒学的教官都是未入流的，所以不给他们分
配柴薪皂隶。恐怕取而代之的就是斋夫银。并且，海瑞记述教谕、训导每年的常例道："斋膳
夫每一两加收一两，共二两。今已革去。"此述可作为上述推定的佐证。(《海忠介文集》卷三
《淳安县政事》"吏属"条)

"用力夫役"的名称区别开来,并且各自分为"旧额"与"新额"两项。毋庸置疑,旧额是在编纂府志数年之前就存在的,估计与上述四种役全部完成银纳化的时期相隔不久,就以这样的形式被整理了。可以推断,属于旧额办银夫役的就只有上述四种役。①

以上将银纳的役和非银纳的役进行整理分类的做法,逐渐在其他地方推广开来。之后,不知何处开始使用"银差""力差"这样的名称,最终这对名称成为通用词。到目前为止,据笔者所知,"银差"的名称最早可见于《武宗实录》"正德元年十一月乙酉"条里记载的顺天巡抚柳应辰的上言中。②这时是否同时使用了"力差"一词并不明确,但在地方志的记载中,有数例证明银差、力差的分类是在正德年间确立的。③因此,即使整理分类的事实是从弘治年间开始的,随着银差、力差名称的使用而被普及开来则是在正德年间。

三

关于银差的出现,笔者管见所及之要点,基本尽于前节所述。笔者所主张的一点是,官僚对银的欲求是银差出现的重要契机。实际上,这一点就是本文最开始所说的笔者与山根氏看法上的分歧。以这一点为中心再详细说的话,还可以指出两三点分歧。譬如说银差出现和扩大的过程、在此过程中起作用的原则或基准等。山根氏认为银纳化是被逐渐广泛推行的,并且认为银纳化的倾向是从银差的出现再到银差相对力差的比重逐渐增大。从大的视角上,笔者完全赞同他的观点。只是,在如何认识银纳化的进行方式这一点上,我们的观点并不一致。为了补足前节所论,下面笔者想要探明上述分歧点。

(一) 银纳在"社会政策上的意义"

首先,山根氏指出了徭役银纳化的内在契机和外在契机。其中将外在

---

① 在该府志的旧额办银夫役项下可见的役的种类只有祗候、马夫、斋夫、膳夫四项。其中祗候可看作与柴薪皂隶相同。第 156 页注①有述。

② 第 165 页注①的第三条史料。

③ 山根氏已指出过《天下郡国利病书》中广东雷州府、广州府的例子,此外在嘉靖《抚州志》卷七《户赋籍》中可见:

　　　　均徭。临川县。自正德年间,额编银力二差,共一千九百三十七两六钱。

契机与田赋银纳的全国普及相提并论,阐述了"社会政策上的意义"。[①]他指出,一般来说,银纳比力役更容易,小农期望的是银差,于是银纳最初的实施对象是小农,即徭役的银纳化有着减轻负担的意义。可问题是,第一,银差真的比力差负担要轻吗? 第二,银差真的是以小农为对象创造的吗? 如果可以肯定这两点,就可以像山根氏那样考量。不过笔者认为,答案未必是肯定的。由于时代和地区不同,答案可能是肯定的,也可能是否定的,有各种各样的情况。尤其是在银纳化发展的初期阶段,即银差和力差之别确立期前后,应该说会出现否定的答案。

首先从第一点开始分析。前节也略有提及,为了使银纳容易推行,在缴纳方的人民中需要有银的流通。尤其是农民,他们必须进行商品生产,得到现银收入。宏观来看,明代的租税徭役中银纳的发展,无疑与银的流通互为表里。问题是哪个是因,哪个是果。如果以承认银的普遍流通为前提,并且银差的评价额较低,那么第一点的回答就是肯定的。不过,前节所述的四种役中,银纳化开始时期可以追溯到宣德年间的是随从皂隶,在这一时期,除了极其有限的地方,在农村,银的普遍流通很困难。可以视作银差的出现期的弘治到正德时期,很多地区,特别是华北农村,情况也是一样的。[②]在这种情况下,银纳对于人民来说,未必有减轻负担的意义,反而让人民苦于获取银。另外,关于银差的评价额的高低如何,这是个很难回答的问题。尽管如此,只要承认各地区经济状况有差异,那么就极不可能让中央统一规定的额度无论在哪个地区都具有同样的价值。至少,前节所述的四种役,如果考虑到银纳比从事实役的负担更轻,那么是不可能规定纳银额的。地方志中,力差也有以银两表示评价额的,据此计算银差和力差每役的平均额来比较的话,上述情况更加明显。例如,陕西华州的例子中,银差平均是六两一钱强,与此相对,力差的平均仅为二两五钱弱。[③]这表示此地区劳动力低廉,同时在

---

① 前揭山根氏论文第四节。以下所引山根氏的论文均出于此。

② 后述陕西华州力差的评价额非常低的事也可作为一个例证。并且也可举出清水泰次指出的,河南伊阳县的农民将钱作为主要的货币使用而几乎不使用银的例子(《中国近世社会经济史》第192页及以下)。

③ 据隆庆《华州志》卷八《田赋志》计算得出。但是在此书的银差中,与第156页注②中《耀州志》和《青神县志》的论述一样,包含了本来不属于徭役的内容,这些无法算到役的数量里,因此从计算中除去。

一定程度上表明，银的流通也很少。从以上数字可以看出，即使是同样一役，力差的负担也远远更轻。南方的事例里，两者尽管没有如此大的差异，比如说浙江鄞县，银差平均七两四钱弱，但与此相对的力差是四两九钱弱。①再看福建邵武府的例子，银差平均七两弱，而力差平均四两三钱弱。②仅从这些数字可见，虽有程度之差，比起银差，力差的负担更轻。最重要的是，上面的数字在性质上有不能简单比较的一面。③另外也不是没有这样的情况，比如在浙江秀水县的例子中，银差和力差的关系则是相反的。④不过，一般来说，银差、力差都换算成银的时候，平均下来，前者更贵，从这一点来看，很难说银差负担更轻，并且具有社会政策的意义。而且，属于力差的役中，有一些史料说明其负担非常重，⑤但根据本页注③所述的情况，这并非制度原本该有的样子。

　　第二个问题，银差究竟是不是以小农为对象创造的？如果第一个问题能像上述那样看待，第二个问题也无需多言。换言之，徭役的负担如果能按

① 根据嘉靖《宁波府志》卷一三《徭役》鄞县条计算得出。但是，银差和力差可以分为原额和新增两部分，这里只计算了原额部分。
② 根据嘉靖《邵武府志》卷五《版籍》计算得出。
③ 地方志中将力差用银额表示有两种情况：一种情况如山根氏所指出的，摊派的基准是表示出相当于银几两，这种情况下，力差还是指实际提供的劳役；另一种情况是，全面银纳化施行之后，过去存在的区别仅留下名目，用银差、力差称呼。不用说，前者是更旧的形式，但两者演变的时期在各地不同。大体的倾向是，嘉靖、隆庆时期的地方志里，两者皆有；万历以后的地方志里，几乎都是后者的形式。
　　关于力差的银额表示，除了这两种情况，因为力差是直接在官衙服役的，除了做分内的工作，应付官僚和胥吏额外要求的情况也很多。因此，就算是制定了相当于银几两的基准，经常存在实际负担远超银两额度的情况（参照本页注⑤）。将这样的情况纳入考虑范围的话，本文所示的数字的比较就会变得毫无意义。但是，官吏向服力差的人民提出要求这样的事态，不是预料中应有的事情，而是伴随力差产生的弊端，姑且应与制度本身分开讨论。由此，本文中银差和力差在数字上的比较也并非毫无意义，可以认为能作为推定制度本来意图或性质的材料之一。
④ 万历《秀水县志》卷三《食货志》"均徭"条的前文里，有这样的记述："银差总四百六十五役，共银一千八百九十二两三千七分一厘五毫。力差总二百九十三役，共银一千九百一十一两八钱。"由此算出每役的平均额的话，银差大约四两，力差六两五钱多。银差平均两两，会让人觉得过于少，由于没有每个役目的记载，无法确认是否是数字有误。
⑤ 关于这一点，在前述拙著《明の嘉靖前后における赋役改革について》（《东洋史研究》第 10 卷第 5 号，即《明代徭役制度の研究》后篇第一）的末尾有不充分的论述。在被山根氏引用的万历《永福县志》里有同样的事例，描写力差是"额外负担达到数倍"，同样说明本页注③所述的力差评价额基准已被制定。就算现实里打破基准的情况很多，也不能说最初就预料到服力差的人会理所当然地应付官员的额外要求。

照资产人丁的多寡公正地赋课，当然小农应该负担轻的役。从第一点的结论来看，很多情况下，小农应该负担的是力差。实际问题是，小农被摊派银差，或无论银差、力差，被摊派了很重的役，这样的事实数不胜数。如果依据制度的表面化主张，认为制度改革是追求赋课公正，就难免会得到山根这样的结论。然而关于这一点，山根氏所举史料中有很多与他的意图相反，反而能支持笔者的结论。①

　　以上分析了两点，结论是，两者的答案都是否定的。也就是说，把追求赋课公正的所谓"社会政策的意义"作为促使徭役银纳化的原因来考虑，基本是不可行的。关于银差的出现，笔者的看法如前节所述。因此，对于笔者来说，这是理所当然的结果。

（二）银差、力差的决定基准

　　接下来，山根氏论及了如何决定银差与力差的区别。他认为首先从远

---

① 为证明此点，山根氏列举了三条史料。第一条是万历《上虞县志》："盖其立法本意，银差所以待贫民，而力差以待富室。"诚然是全面支持山根氏的说法的史料，但这只是笔者的解读，是否具有普遍性，不经过大量考证是无法明确的。在这一点上，有必要注意此记述的地域和年代。万历年间浙江绍兴府周边的话，估计银已经普遍流通，前述力差带来的弊端已几乎成为常态，在这样的环境下当然会作出上述判断。然而，从笔者已经论述的地方来看，银差的成立期与这样的判断几乎完全不契合。山根氏列举的以下两条年代更早的史料，则与上述《上虞县志》的记述意义相反。

　　第二条被列举的是倪岳的上言，《孝宗实录》"弘治十二年二月戊戌"条中户部复奏倪岳等人所陈六事写道：

　　　　其曰祛民病者。凡天下有司，编金均徭，责令下户出银，及受理词讼、滥罚纸价者，请治以罪。

这里把"责令下户出银"看作民病，为杜绝这样的事情，建议处罚有此类行为的地方官。在这个议论背后的原则是"勿让下户出银"。换言之，让贫者承担实役是理所当然的。这样的话，该史料就呈现了与山根氏论旨相反的意义。

　　第三条史料是柳应辰的上言，与上述史料意思相同：

　　　　审户虽有三等九则之名，而上则常巧于规免。论差虽有出银出力之异，而下户不免于银差。

他只是陈述了"差役不均"的现状，这里所说的"下户不免于银差"，可以解释为本来下户是应该出力的，但不幸也没能免服银差。

　　总而言之，在山根氏列举的关于这个问题的史料里，陈述了本来银差应是以贫民为对象的，只有最初的一例，后两例反而陈述了本来力差才是以贫民为对象的。这种从史料中找出的相互矛盾的事实，需要结合年代或者地域的经济状态差异，才能理解。

役（服役场所较远的役）开始推行银纳化，近的役中，从轻微的役开始改为银差。从前节所述可以推测，关于这一点，笔者也有不同见解。首先是远役先推行银纳化这一点。如前所述，笔者所举的最早实现银纳化的四种役，是中央根据种类自上而下地决定银纳化的。无法想象中央是站在负担者方的立场，考虑了服役场所的远近而决定的。诚然如其中京官的随从皂隶，对人民来说属于远役。然而，地方官也有随从皂隶，这种情况下应该是近役。另外，儒学的斋夫、膳夫等，因为只有府、州、县才有配置，从整体来看可以视为近役。因此不得不说，远近混合的役和近役分别同样推行银纳化的事实，表明了在推行银纳化时，远近并非用于区别的基准。①

接下来，近役中是从轻微的役开始变为银差的事实，也无法一概而论。前文中已比较了银差和力差的评价额，得到了银差更重的结论。从这一点看，一般来说，银纳化的早晚未必与役的轻重有关。比较上述各地银差的平均额，在四种役中，柴薪皂隶或斋夫是十二两，膳夫是十两等，负担相当重。与此相对，马夫一户三丁额度四两，负担非常轻。另外在力差中，一役二两或三两这样轻微的役也有几个。关于第二个表，山根氏提到，在官府服的单纯杂役几乎都变成了银差。实际上，那个表中作为银差所表示的，大部分都是中央决定银纳化的四种役。只从这一点即可明确，役的轻重并非决定银差的原则。

山根氏指出的远近或轻重这样的基准，笔者并不想全盘否定。银纳化发展的第二阶段，即出现的银差继续吸收力差并渐渐扩大的过程中，很大可能可以在一定程度上认同这一观点。②不过，只把问题局限在银差的成立期

---

① 关于这一点，山根氏引用的《大名府志》和《海盐县图经》的记述里，确实有支持他的说法的内容，但对此，笔者的解释与第 165 页注①相同。地方志中有时会从很狭窄的视角作出判断，因此会有不同地方对同一事物记述不同的情况。《大名府志》的执笔者恐怕是根据此地京官的柴薪皂隶等的数量非常大，由此导出极为粗略的思考。如果有作详细的调查，就能承认近役中早就存在银纳化的例子。《大名府志》里没有役的细目（可能原文里有，而《利病书》里省略了），无法具体论证，但从上述可以得出大致的结论。总而言之，《大名府志》的记述没有考虑时间的前后关系，而是从量上进行概述，因此不能说近役里没有银差，或者说近役的银纳化一定晚。另一条天启《海盐县图经》的史料也能同样说明这种情况。

② 如第 164 页注③所述，这一阶段，官僚胥吏向服力差的人民提出额外要求的现象日益严重，表面上作为力差留下来的役是重役，但如前所述，应当将此与制度本身的性质区别开来。另一方面，因为银差的出现，官僚胥吏额外要求的直接承担对象就变为只限定于服力差的人，因此这种现象变得更为显著。此外，考虑到在这一阶段，力差里的某个役变为银差的情况，确实是相对轻松的役变为了银差。正如山根氏所言，重难之役，就算银纳雇役化，也不容易招募到应征之人。

前后的话,就能导出前文的看法。

　　以上论述得出的结论是,均徭法中被称为"银差"的出现,与田赋中的银纳化发展的情况相同,官僚对银的欲求是直接的契机,因此要从中找到追求赋课公正的所谓"社会政策的意义",是非常困难的。此文可能还有论述不充分乃至武断之处,还请读者不吝斧正。

　　附记

　　本论文成稿后,东洋文库出版了《明史食货志译注》,其中当然有很多需要参照的点,但因时间有限,如有重复或不恰当的地方,敬请谅解。

　　　　　(原载于[日]岩见宏《明代徭役制度の研究》,京都:同朋舍,1986 年)

　　　　　　　　　　　　　　　　　　孙嘉睿 译　梁敏玲 校

明代杂役的赋课:均徭法与九等法

[日]岩见宏

前　言

关于明代役法的研究,战后发表了很多成果。有的弄清了过去不明的事实,也有不少纠正了被误解之处。尽管如此,如果说尚未解决的问题仍大量存在,也绝非言过其实。尤其是关于明代中期,还有相关史料缺乏的问题,要追寻其变迁的轨迹是非常困难的。因此,如果一定要讨论有明一代的变迁,就要将部分的观点扩大到全体,又或以明初或后期非常确定的事实为基础进行推论,除此两种以外别无他法。说到本文所提出的关于杂役的问题,若将几年前的研究成果按照笔者的想法简单总结的话,大致为如下情况。即,里甲正役,也就是里甲和甲首等徭役,为十年一次的轮番制;与此相对,正役以外从事庞杂的官府劳务的杂役,一般以上、中、下三等的户等为标准被区分开,但服役的周期是不固定的,其标准也在过了一段时期后变得非常暧昧,任由地方官佥派徭役的情况很多。再加上杂役整体的量也在增多,负担不均衡的问题日益加剧。作为对此弊病的改革手段,十年一役的均徭法出现了,于正统年间在江西开始施行,之后逐渐普及到全国。不久,到了正德、嘉靖时期,又进行了各种新的改革,这些改革与杂役以外的正役甚至田赋问题都有关联,促成了作为综合性赋役改革的一条鞭法的普及。其间,伴随着均徭中银纳的发展,虽然生出了银差与力差的区别,但到了一条鞭法后,就全部变为银纳了。①

以上总结虽非常简略,但应无大错。不过根据 1961 年发表的谷口规矩

---

① 作为以杂役为中心研究明代役法变迁的论文,山根幸夫写有《十五·六世纪中国における赋役劳动制の改革》(《史学杂志》第 60 编第 11 号),其在《一条鞭法と地丁银》(筑摩书房《世界の历史》第 9 卷所收)中也进行了简洁的讨论。

雄氏的论文①以及 1962 年发表的山根幸夫氏的论文②所阐明的内容,在以山东为中心的华北,在一条鞭法推行以前,杂役以门银、丁银的形式征收,呈现出了与同时期江南及其他地方的均徭十分不同的形态;但另一方面,对于门银、丁银也使用"均徭"这一名称,因此仅从名称上来说,与前文的总结似乎并不矛盾。但是,均徭中实际上存在着两种形态,并可以认为一条鞭法以前杂役的银纳化就已经完成了。如此一来,门银、丁银是如何出现的,与过去的均徭法之间的关系如何等很多新问题就出现了。

　　笔者试图通过本文,以户等的问题为轴心,追溯杂役的赋课标准的变迁,同时可以给门银的起源问题提供一些思路。不过,全面阐明上述诸问题则非本文的目的。

一、明初杂役赋课的标准

　　按照一直以来的说法,明初的杂役以三等九则的户等为标准进行分配。虽然大致而言是这样的,但若稍微详细地看下去,以户等为标准是洪武十八年(1385)以后的事情了。即《明太祖实录》该年"一月己卯"条中有:

　　　　命天下府州县官,第其民户上、中、下三等,为赋役册,贮于厅事。凡遇徭役,发册验其轻重而役之,以革吏弊。③

---

① ［日］谷口规矩雄:《明代华北における银差成立の一研究——山东の门银成立を中心として》,《东洋史研究》第 20 卷第 3 号。
② ［日］山根幸夫:《明代华北における役法の特质》,收入《清水博士追悼记念明代史论丛》。本文以下提及的谷口、山根两氏有关门银、丁银的见解,皆引自前注和本注的论文。
③ 小山正明氏于《明代における税粮の科征と户则との关系》(《千叶大学文理学部文化科学纪要》第 7 辑)一文中已引用过这条记载。后文引用的《诸司职掌》的两条也是同样情况。另外,作为正式的规定,《实录》洪武十八年所载为最早的记录。但小山氏引用了比这条记录更早的《实录》"洪武十七年八月壬辰"条中所见南昌府丰城县民曾伯敬的向上陈辞。其中讲道:"宜以赋税之家,编为等第。凡有差役,定注其名。"且作为实行的例子,从洪武四年到八年,宋濂对在任济宁知府方克勤有如下叙述:"先生与民约,定为简书,列为丁产,为上、中、下三等,等复析为三。每有征发,恒视书为则,吏不敢并缘为奸。"(《宋学士文集》卷四七《故愚庵先生方公墓版文》)因为说到将上、中、下三等进一步再各分三等,所以就是从上上到下下分为九则。何孟春也在《余冬序录》卷二四中引用此文,说道:"春按:此今日三等九则之法也。"像这样将户等分为九则的做法,是仿效了宋代的先例,此点自不消说。此外,方克勤是例子中方孝孺的父亲,以上事实在《明史》卷二八一《循吏传》以及《明书》卷一三八《循良传》中也能见到。

该记载即为始端。众所周知,在这之前已经实施里甲制,编造了作为户籍兼赋役的赋课簿册的赋役黄册。①然而上述记事中的赋役册,被认为是在下达命令的最初阶段在黄册以外另编的册子。黄册为每十年编造一次,这个时候使用的应该是洪武十四年(1381)所造之册,因此如果不另做其他簿册,下令在黄册中标记出户等应该就足够了。而"为赋役册,贮于厅事"这一说法,明显是编造了新的簿册的意思,并非表示对原有的簿册内容进行添加。

但从洪武二十四年(1391)黄册编造之时起,是否会另作一份上述的赋役册呢? 这件事仍存有疑问。即不仅没有明确记载能表明赋役册为另外编造的簿册,而且黄册本身登记有户等,并且官府以此为标准摊派杂役。黄册中登记有户等一事,《太祖实录》"洪武二十三年八月丙寅"条有记载。户部为准备进行下一年的黄册编造而上奏,其中记有:

> 其上、中、下三等人户,亦依原定编类,不许更改。

万历《大明会典》卷二〇"黄册"条中所见洪武二十四年奏准的攒造黄册格式中也有同样的句子,并有如下进一步的叙述:

> 果有消乏事故,有司验其丁产,从公定夺。

另外,洪武二十六年制定的行政法典《诸司职掌》中,有两处表明了黄册与户等的关系,并写到应将其作为徭役分配的标准。两处都可以在《户部职掌》的"民科"中看到,首先"丁口"条中有:

> ……仍每十年本部具奏,行移各布政司府州县,攒造黄册,编排里甲,分豁上、中、下三等人户。遇有差役,以凭点差。

此外"赋役"条中有:

> 凡各处有司,十年一造黄册,分豁上、中、下三等人户,仍开军民灶匠等籍。除非年里甲依次充当外,其大小杂泛差役,各照所分上、中、下三等人户点差。

---

① 过去很长一段时间认为,里甲制的制定及黄册的编造是从洪武十四年开始的。而近年在研究者中间逐渐出现以下定论,即洪武二、三年开始,至少在一部分地区已经组织有与洪武十四年以后几乎相同的里甲。关于这一点,可参照鹤见尚弘《明代の畸零户について》(《东洋学报》第47卷第3号,1964年)第37页以后的内容。

以上两条都表明在黄册记载的人户中附加了上、中、下之等级,并按照这个等级来摊派差役。如果像这样,黄册中记载有户等,并以其为标准进行差役摊派的话,就不会仅仅为了表示各户的户等而另编造一个簿册。因此,认为洪武十八年的赋役册被吸收进了黄册是比较妥当的。

总之,如果这样以户等为标准的摊派是洪武十八年以后的事情的话,虽然时期较短,但这之前的摊派标准是什么,有必要进行确认。对此,洪武元年(1368)制定的《大明令》就成了材料之一。这一明代最初的行政法典并不完备,但包括了关于徭役的若干规定,这些规定都是能在兵令中看到的内容。首先"额设祗候人等"的条目中,规定了关于祗候、禁子、弓兵三种杂役,其方法为摊派给纳粮二石以上、三石以下之户;另外,关于水站的水夫,派给五石以上、十石以下的纳粮户;关于急递铺的铺司及铺兵,规定"有丁力粮近一石五斗之上、二石之下者点充"。这些是《大明令》中能看到的关于徭役的全部内容,可以看到,其中的共通之处是,摊派的标准在于税粮的负担额。虽然除了从洪武初期摊派标准便明确的徭役,其他的还有以田地面积为标准的均工夫。但因为均工夫是明代初期从首都附近的地方征发的特殊徭役,最后于宣德年间消失,所以在讨论其后年代变迁的本文中,将其排除在外。[1]

上述在《大明令》中以纳粮额为标准的赋役摊派,要说是否由于前述洪武十八年的命令而全部变为以户等为标准,其实也未必如此。《诸司职掌》中记载的规定是洪武二十六年(1393)当时所施行的,而如果试着探讨其中与《大明令》中的规定有何变化,就会发现有关弓兵仅有《兵部职掌》"职方部·设置巡检司"一条中"于丁粮相应人户内佥点"的记录,而有关祗候和禁子则没有明文记载。个别没有明文记载的内容会被认为是遵照一般的规定,因此可以认为祗候和禁子仍遵照前引"赋役"一条的规定,按照户等摊派。关于弓兵的规定也和以户等为标准一事并不矛盾,只是表述换了一种说法。或者可以认为,作为户等的具体内容,有丁和粮两个要素。《都察院职掌》的"出巡"一条中列举的事项中有:

---

[1]　关于均工夫,山根幸夫的《明初の均工夫について》(《东洋学报》第39卷第3号,1956年)及批判该文的藤井宏的《明初における均工夫と税粮との关系》(《东洋学报》第44卷第4号,1962年)中有所论述。

> 科差赋役，仰本府，凡有一应差役，须于黄册丁粮相应人户内，周而
> 复始，从公点差。……

此处应与《户部职掌》的"赋役"一条相对应，彼处有"所分上、中、下三等人
户"，此处则为"丁粮相应人户"。①

无论如何，关于祗候、禁子、弓兵三者，可以认为是按照户等进行摊派
的，与之相对，看过《兵部职掌》"驾部·驿传"一条中的内容会发现，有关其
他的铺司、铺兵以及水站水夫，原封不动地沿袭了《大明令》的规定，即仍然
根据纳粮额摊派。不仅如此，马驿的驿夫、递运所的人夫、水夫等与驿传相
关的杂役，皆以税粮额为标准，分别为役夫上马一百石，中马八十石，下马六
十石，递运所的人夫十五石，水夫则由五石以下的粮户点充。但是，以五石
以上为标准的水夫诸役，不是必须由一户承担，粮额合计能够达到标准额的
数户共同交替服役的形式也得到承认。

驿传相关杂役中，除铺司、铺兵外，其他到了明代后期多与里甲、均徭、
民壮三者并称为"四差"。与被归到均徭的一般杂役相对，驿传之役是被区
别开来、特别处理的，这是因为从洪武年间开始，它就已经像这样以摊派标
准不同的方式出现了。

关于如此将标准变为两种的理由或者意义，虽然目前尚无余力深究，但
仅从采用户等方式的角度考虑，可以得出被摊派杂役的对象不限于农民的
结论。对于居住在城市、在那里拥有宅地或房屋的人，如果考察其产业来定
户等，某种程度上会出现评为上等人户的情况。这样一来，仅以税粮作为标
准的话，不是摊派对象的户，由于采用户等方式，是不是就要接受新的杂役
摊派呢？这应该是一种可能性。与此相关，在上述未提及的杂役里，还必须
注意专门以市民即城市的住民为赋课对象的役的出现。其中之一是税课
司、税课局的巡拦。万历《大明会典》卷二〇"赋役"一条中，可看到如下

---

① 关于户等由什么标准决定，藤井宏就明代后期的史料，在《创行期の一条鞭法——傅汉臣の
上言をめぐる诸问题》（《北海道大学文学部纪要》第9号）中有详细论述。另外山根、谷口两
氏也将其视为一个问题。但明代初期的相关史料缺乏，法规上自然也没有明文规定。不过
本文论述以外，另有万历《大明会典》卷二〇《户部·赋役》中记载的洪武十七年的法令："各
处徭役，必验丁粮多寡、产业厚薄，以均其力。违者罪之。"由于次年便出台了关于户等的规
定，而且将上述标准等级清楚地表现出来的就是户等，因此作为决定户等的标准，可以认为
不仅是丁粮多少，产业如何也被考虑了进去。

记载：

> 洪武二十一年令，税课司局巡拦，止取市民殷实户应当，不许佥点
> 农民。

还有一个是洪武二十四年设置的马夫之役，关于其出现，前文已有论述，[①]这里不再重复，而其在由市民充当的特点上和巡拦相同。

一般来说，像这样给市民摊派杂役时，税粮无法成为标准，因此有必要制定不同于农民的摊派标准。此时如果根据几个要素来设定好户等的话，每次摊派各种杂役的时候，就能节省考量种种条件的工夫。而且通过农民、市民的分类，还能够权衡相应的负担。

通过以上的探讨，可以认为，明初杂役赋课最初以税粮额为标准，随后除了驿传相关的杂役以外，赋课标准变为户等。在以税粮额为标准的情况中，一定额度的税粮与一定的役种具有对应关系，这一点已如大家所见。然而，在以户等为标准进行摊派的情况中，户等和役种之间的对应关系是怎样的呢？正如已论述的内容所示，关于这一点还找不到统一的规定。而实际情况下，州、县不同，上、中、下户之间的比率也不同。而且在户等和役种之间规定固定的对应关系，反而会滋生不平衡，所以没有规定也是理所当然。但是，在各个州、县中，根据各自的实际情况，应该也会在某种程度上设定户等与役种之间的对应关系。《牧民心鉴》中便划分了户等，认为应该固定几等户充何杂役。[②]另外，后期的记录，例如弘治《常熟县志》卷三"差役"一条中可以看到上户充离京师远、难办理的一类杂役，中户充隶兵、斋夫、门禁一类杂役，下户免杂役这样的情况；康熙《朝邑县志》卷八《艺文》中收录的万历二年（1574）进士雷士桢的《代知县赵公条鞭议》一文中，大概列举出四种旧规摊派给上户的杂役，五种摊派给中户的杂役。但即使如此，根据县的规定，

---

① 参照[日]岩见宏《银差の成立をめぐって——明代徭役の银纳化に关する一问题》，《史林》第 40 卷第 5 号，1957 年，第 61 页。

② 小山氏已经引用了此内容（参见第 169 页注③），即《牧民心鉴》卷下"均力役"条中可见下述记载："官有差役，民须为之。民有富贫，官宜斟酌。如校尉、巡拦、斗级、库子、水马驿递运所夫、皂隶、弓兵、铺兵等项，役有难易，事有轻重，皆须上依典章，下验民力，分为三等九甲。何等之户，可充何役，编成等第，籍为定册。"这个意见是在说应该根据州县的实际情况来决定户等与役种之间的对应关系。反过来，就是表明了户等与役目之间不具备统一的对应关系。

在上户和中户的界限处,有根据年份不同而出现役种变动的情况,所以未必能够认为这种对应关系是固定的。

二、均徭法与户等的关系

关于明代初期的问题,如果暂且按照前节所述去理解并进一步探讨,关于杂役的改革最初被大力宣传的是均徭法。关于均徭法,早已有山根氏的研究①,没有必要再进行说明,所以仅在这里列举对于本文来说必要的观点。

根据山根氏的结论,均徭法的要点为:1.在甲这一单位上服役,服正役后五年充当杂役。也就是说,仅就杂役而言,十年一次定期摊派。2.在赋役黄册以外编定均徭册作为台账,即主要以税粮的多寡作为标准。如果先不考虑均徭册这样的簿册,那么均徭法与过去的不同之处就在于,十年一次的定期摊派以及其标准主要根据税粮的多寡这两点。关于第一点,如果除去轮番制,向来没有其他规定,可以认为是不定期的;关于第二点,后来反而是以田土为标准的情况较多。无论如何,户等是否早已经失去了实际的意义成为一个问题。

对此再稍作进一步的思考则会发现,因均徭册是按照户等的高低,从上等户开始顺次排列书写的,仅在这点上,户等似乎还有着重要的意义。不过根据山根氏所论,虽然户则的排序应以黄册为标准,但很多情况却无视黄册,只重视田土(或税粮)的多寡。那么从这里可以考虑两点。第一,均徭册中根据与一直以来的黄册所不同的标准设定户则的情况很多。第二,以田土或税粮这样的单一要素为标准决定户则的话,未必能合理实现;但如果直接以田土面积或者税粮额为标准,就应该能很容易正确地完成均徭册的等级排序。也就是说,均徭册中的户则完全成为形式上的东西,失去了实际的意义。正是因为斟酌了多个要素而设定,户则才拥有实际的意义,如果只根据单一要素的话,反过来说就等于可以设立无数个等级。如果仅仅为了把户按照顺序排列,这样做完全是多余的。而且考量多个要素后设定的黄册

① 第168页注①中所列举的第一篇论文。

的户等，也并没有在实际的徭役摊派中发挥作用，再次成为无用之物。

　　这样考虑的话，对于均徭法来说，户等的意义是非常形式化的。即便粗略地分上、中、下等这样的做法有其便利之处，但再进一步细分为九则等做法并非均徭法施行的必要条件。然而关于这一点，以往的观点未必十分明确。相反，大多数人理解的均徭法的特色之一，是按照三等九则划分户等，并根据其负担能力摊派杂役。确实有可以这样解读的史料，但关于初期均徭法的记述中，并没有提及户等、户则。考虑到这一点，只能将均徭法的三等九则看作是对洪武十八年以来上、中、下三等区分法的继承。而发展到九则，不用说作为规定正式施行，即使作为惯行，其普遍化也要等到成化以后了。①总之，过去被认为不可分的均徭法与三等九则户则之间的联系，仅就其开创期而言，无论是理论层面还是实证层面，其证据都十分薄弱。如果两者有联系，比较妥当的分析应是，这种联系是后来被附加上的，体现了均徭法的普及过程或者其后的一个变异。

　　此外，近年研究清楚的山东的门银、丁银，在与户等、户则的关系方面表现出了显著的特色。也就是说，两者都是根据三等九则划分户的等级，并以此为标准进行赋课。例如每个州、县都明确地规定门银为上上户若干两，上中户若干两。必须要说的是，这一点与前面提到的初期均徭法中户等作用十分暧昧的情况差别很大。同时，门银、丁银每年向全体负担者征收，②这一点也可以说和均徭法的轮番制明显不同。但麻烦在于，与初期均徭法存在极大差异的门银、丁银，仍然有被称作均徭的情况。实质已经改变却仍沿用过去名称这样的事情，是随处可见的现象，因此这件事本身并不稀奇。不过此时为了避免混乱，有必要按照广义和狭义对均徭法进行区分。即，狭义概

----

①　这样下结论或许有一些问题。即使在成化以前，除了已经在第 169 页注③中指出的方克勤的例子，关于正式实行户等制以后的事情，第 173 页注②中列举的《牧民心鉴》也提到了三等九甲。但是该书为永乐初年所写，所以与均徭法并没有直接的关系。另外，景泰年间任江西都昌县知县的孔镛说到将户分为九等进而决定赋役（《明史》卷一七二）。由于江西的均徭法一度被废止，景泰元年得以恢复（第 168 页注①第一篇论文的第 50 页），所以这里可能指的是均徭法相关的事情。但又因均徭法中一般没有分为九等这样的事情，所以孔镛的方法有可能是被特别记载下来的。总之，在摊派徭役上将户分为九则的例子存在一些，但还没有能够证明其与均徭法之间存在联结关系的史料。

②　关于这一点，小山氏有若干疑问（《明代华北赋·役制度改革史研究の一检讨》，《东洋文化》第 37 号，1964 年，第 105 页），但笔者认为没有问题。

念为,如前所述具有草创期体现出的特点的均徭法;广义概念为,明代中期以后对杂役摊派的总称。门银、丁银被称为门均徭、丁均徭,自然属于广义概念。但是本文在以下论述中,一般使用其狭义概念。

这样的门银、丁银的出现,作为一条鞭法之前的杂役赋课改革,具有十分重要的意义。但有关其起源,现在尚有一处不明。谷口、山根两氏都以嘉靖《山东通志》的记载为据,进行了如下论述。嘉靖初年在山东施行"以地出庸者""以户出资者""以社出牧者""以丁出役者"这样的分类,其中"以户出资者"相当于华中、华南的银差,"以丁出役者"相当于力差。此后杂役全面银纳化的同时,开始以门银、丁银这样的名目征收。有人认为"以户出资者""以丁出役者"这样的分类确立的时期可以对应到华中和华南出现银差、力差区分的时期,具体是指经弘治到正德这段时期。而转变为门银、丁银形式的时间,根据谷口氏的推断为嘉靖二十年(1541)。另外,根据山根氏的研究,通过门银、丁银负担杂役的方式,不仅是山东,在北直隶、山西、河南等广阔的华北一带均有施行。而这种杂役负担方式随着一条鞭法的实施再次变换形态,成了地银、丁银。

门银、丁银这种形式,从名字也能看出,是杂役全面银纳化过程中开始出现的东西。而以三等九则等级为标准这件事是银纳化时出现的,还是之前就有的? 另外,说到银纳化,进入银纳化时期是从部分银纳化的"以户出资者"的出现开始,还是从"以丁出役者"的出现才开始的呢? 抱着这样的疑问,从前述的初期均徭法到门银、丁银,如果不将研究再推进一些,就无法简单地建立起这一期间两者的关系。因此,接下来笔者以成化到正德时期为中心,试图探明一些事实,进而为以上问题提供思路。

三、丘濬的所谓九等法

前节笔者特别强调均徭法和门银、丁银没有直接联系这层意思,实际上是因为重视了如下所示的丘濬的记述,即《大学衍义补》卷三一《制国用》"傅算之籍"一节中的记载:

> 窃尝以九等之法,与均徭之法计之。譬如官有粟十石焉,九等之法,官使民日负一石,十日而尽其十石也;均徭之法,官使民一日而负十

石之粟。日负一石，虽有往返之劳，然轻而易举也。一日而负十石，往返虽不烦，然以一人一日而为十日十人之事，虽强有力者，固有所不堪矣，况单弱者哉。

这里将九等之法这一方式与均徭法进行了对比。其大意如下：例如，官有十石的粟，九等之法是让民每天搬运一石，十天完成；而均徭法是让民一天搬运十石。如果一天搬运一石的话，虽然每天都要花时间往返，但因为轻，所以比较容易。让民一天搬运十石的话，往返次数只需一次便可完成，好像很简单，但在搬运量上，就变成了一人十日份，或一日十人份，即使是力气很大的人，也无法搬完。这个比喻不再加上一些条件的话，并不十分妥当，但这里想说的是，相对均徭法的十年一役，九等法是每年都有分配，这样负担额就变成了十年一役情况下的十分之一，如此一来，百姓就变得轻松了。

这里论述的均徭法和九等法，哪一个与门银、丁银有更近的关系，就不需要再重新解释了吧。九等法这个名称本身就让人们想起门银、丁银赋课标准的三等九则，另外，每年都征收这一点也是共通的。但是九等法是否实际推行了呢？关于这一点，虽然这个词在我们看来很陌生，但丘濬自身表现出来的方式，是以读者知道这是什么或至少知道名字为前提而进行书写的。另外，从将其与实际推行了的均徭法同样看待这一点，也可以判断九等法是实际推行了的。

如上一节所述，一直以来，将均徭法与三等九则制度结合到一起考虑的情况有很多。实际上，史籍中散见的根据三等九则的户等摊派杂役之类推行九则之法的记载，没有使用"均徭法"这一名称，但叙述了均徭法的内容，这一点笔者自身也是最近才明白。但如果如上所述，九等法作为与均徭法不同的制度并存的话，过去被粗略地与均徭法联系到一起的三等九则的相关史料，就有必要全部重新探讨了。但实际上，那些史料极其简略，能够探讨具体内容的史料几乎不存在。因此在这里仅指出一个丘濬脑海中可能的想法。

这个想法就是何乔新在湖广所推行的事情。他的文集《椒丘文集外集》中所收《椒丘先生传》中有如下记载：

　　　　已升湖广右布政使。……荆民以徭役不均，讼于台。刘公又檄先

生理之。先生验其丁口登耗资产厚薄,列为九等,以轻重授役焉。民咸
称便。

何乔新在成化十六年(1480)从湖广布政使转职为山西巡抚,所以在任湖广
是那之前几年的事情。而且文中的刘公是指从成化十年(1474)三月到十五
年(1479)九月任湖广巡抚的刘敷,因此上文是成化十五年九月以前的事情。
这件事发生在《大学衍义补》完成前八年或者十三年,从年代上看,它被加到
《大学衍义补》的叙述中也并不矛盾。另外,因为内容的记述十分简略,所以
分析"九等"这一词语与九等法的关系是唯一的线索。但是现在欲进一步推
进这一问题,并非没有其他线索。《椒丘文集》卷三二中收录的《题为隐匿贼
情等事》这一上奏,是何乔新在成化二十年(1484)做刑部右侍郎时,被特派
调查四川湖广省界处的播州土司杨爱相关事件后,第二年报告的调查结果,
其中有如下一节:

> 本年二月内,有本州里老张洪等,连名告称:凡遇进贡等项公差人
> 员,递年俱于各里点差人夫。津贴盘缠,节被差去之人分外勒取数多,
> 情愿预先认纳银两,免致临期逼迫。杨爱准听。照依有司均徭事例,上
> 户纳银十两,中户纳银四两,下户纳银一两五钱,备造手册。委头目周
> 从羆,照依等第,征收在官。遇有公差人员,量计程途远近,将前银
> 支给。

开头的"本年"是指成化十九年(1483)。这里所讲的事情自然是土司内的事
情,而"照依有司均徭事例"这一句需要注意,这句话体现了非土司的一般地
方官管辖下发生的情况。而且这里表面上只分了三等,但摊派给各等的十
两、四两、一两五钱这组银额数字可以理解为,实际上存在着上户十两、八
两、六两;中户四两、三两、二两;下户一两五钱、一两、五钱这样从上上到下
下的九则。①如果可以这么理解的话,前面何乔新作为布政使在湖广分九等
摊派杂役是不是这种做法的开始呢? 只是这种情况下,并不清楚对应户等
的银额是否为每年进行摊派,但也没有特别标明为几年摊派一次,所以也并

---

① 湖广郴州人何孟春在其著作《余冬序录》卷五六中有"今日之法,户列九等,门分三则"的表
述,这也从侧面表明了在湖广存在九等。

非不能理解为是每年进行摊派的意思。总之,可以判断这里将丘濬所说的九等法考虑进去的可能性很大。

而且何乔新与丘濬之间有着非常密切的关系。两人都是景泰五年(1454)的进士,也就是所谓同年的关系。且丘濬的文集中有丘濬送何乔新赴任福建按察司副使的序文,反过来也有何乔新寄给丘濬的信以及丘濬去世时何乔新所写的祭文。[①]考虑到这样的关系,丘濬很可能对何乔新在地方实施的政策有所耳闻。

综合以上诸点判断的话,可以推测丘濬在叙述九等法的时候,恐怕脑海中想的是何乔新在湖广推行的制度。

但是九等法如果只在湖广推行了,那么将其与随后华北的门银结合起来考虑就会比较困难。虽然如此,但实际上,同样的方法可能在非常广阔的地区被推行开来。即使只从名称来看,例如盛颙于天顺年间(1457—1464)在北直隶束鹿县以及之后于成化十九年到二十一年(1483—1485)在山东巡抚任内推行的九则法[②]等,有可能就是同样的东西。

无论以上的事实如何,仅采用丘濬的记述的话,可知道成化年间已有与均徭法并立的九等法。关于所谓的"九等",必须要注意成化年间推出的一项规定,这就是万历《大明会典》卷二〇"赋役"条中所见法令:

> 成化十五年令,各处差徭,户分九等,门分三甲,凡遇上司坐派买办采办,务因所派多少,定民输纳。不许隔年通征银两在官。

这一条恐怕是明代法令中规定将户分为九等而不是三等的最早记录。表述虽然不同,但意思完全就是分为三等九则。不过,这里被叫做差徭的东西,其内容是由上司摊派的买办、采办,这与目前为止所举的杂役有些不同。按照一直以来的理解,这应该是作为上供或公费,由里甲负担,即加入正役中的项目。

但是这里笔者想起了一个史实。关于门银,正如山根、谷口两氏已经指

---

① 有关丘濬,笔者查阅了《丘海二公文集》所收《丘文庄公文集》;有关何乔新,笔者查阅了前引的《椒丘文集》。关于丘濬,如果精查《琼台类稿》可能会发现更多的史料。

② 《孝宗实录》"弘治五年正月丁酉"条的"盛颙传",或者《明史》卷一六二《杨瑄传》中附带的盛颙的传记中可见。

出的,华中、华南里甲负担的上供物料和公费,在华北的银差中非常多见。这个现象不仅在华北,在四川、湖广和南直隶等地也可见到。①另外,即使同样在华北,不同省的实际情况似乎也有差异,②但总之,这一现象是在相当广的范围内存在的。关于这一点,目前还没有研究发表,仅限笔者所知,并没有记录表明本来由里甲负担的正役后来转移到杂役之中。至少从相当早的时期开始,门银就是被当作杂役摊派的。而且根据里甲负担的研究,③这种负担从成化时期开始,其数量和金额都有急剧的增加。成化十五年的法令,可以理解成是在这一新负担骤增的状况下,为了尽量公平地摊派赋役所推行之令。同时,应该让里甲负担,还是应作为杂役摊派给民众,关于这个问题,没有任何的规定。那么,对此最妥当的解释应该为,由于地方的情况和向来的习惯不同,最终出现了在华中、华南是让里甲负担,在华北和四川、湖广等地则作为杂役摊派的局面。那么在这些地方,适用于九等分户等的摊派方式是否也同时普及了呢?

关于成化十五年令,如果可以按照上述理解的话,那么从成化到弘治(其后的时代也包括在内),华北等地的杂役被附加了很多新项目。而且这种杂役是以银的形式负担,即使上司摊派之时被要求以物的形式上缴,最终也是以银的形式支付。另一方面,过去就存在的杂役也开始用银上缴。虽然杂役中出现了银差、力差这样的区别,但正如之前所说,如果时期是弘治中期以后④的话,华北的银差中自然应该包含这样的新项目。而且因为从项目数看,新项目更多,所以不论之前的杂役摊派是以怎样的标准进行,现在即使基于九等户则摊派的新方式普及到整个银差也并不稀奇。如果从成化十五年令出发考虑,应该可以看到,银差在其名称普及前,实际上已经被推行下去了。如此一来,不论丘濬的九等法是否像前面所推论的那样考虑到

---

① 参照[日]小山正明《明代华北赋·役制度改革史研究的一检讨》,《东洋文化》第 37 号,第 105 页。另外,南直隶的情况,仅限于凤阳巡抚的管辖下,也就是大致与今安徽省相当的地域范围内可见。

② 关于这一点,谷口氏也已稍作提及(前引论文第 24 页)。上供物料和公费的摊派有三类情况:全部纳入银差;一部分纳入银差,一部分由里甲负担;纳入银差、听差与里甲。

③ 参照山根幸夫的《明代里长的职责に关する一考察》(《东方学》第 3 辑,1952 年)、《丁料と纲银——福建における里甲の均平化》(收入《和田博士古稀记念东洋史论丛》)等。

④ 参照第 168 页注①第一篇论文的第 55 页以及第 173 页注①岩见宏的论文等。

了何乔新推行的政策,都完全可以认为,在华北等地称作九等法的杂役摊派在其他地方也实际存在。

四、从九等法到门银

在上一节中,笔者将丘濬的九等法与成化十五年令结合起来,叙述了自己的观点。但仅凭这点的话,还是推测的部分多,而且也基本不清楚地方的实情。但在目前的阶段,《大学衍义补》和同时期的地方史料中基本没有这方面的记载。这一点,在敬待有识之士说明之前,笔者在此作为补充,将列举一些能够填补弘治以后、门银和丁银出现前这段时间的空白的若干史料。但是必须提前说明,这些史料也还远远不够,不能完全建立起九等法和门银之间的联系,只能说是为了找到两者的联系而寻找线索的史料。

首先笔者注意到的是在正德《朝邑县志》卷一《田赋》中能看到的以下记述:

> 弘治以前,丁赋力差,供岁足,则止不派。故能以三十六里,更用而迭休之,以后乃通取焉。所以然者,以用听差者。听差者,差已足,无差而听差也。听差者,官尽收银而贮之库,上户丁九钱至七钱,中户丁六钱至四钱,下户丁三钱至一钱,畸零者丁一钱,于是无空民矣。①

根据这里的叙述,以弘治为界,听差成立,所谓听差就是不符合力差标准的户丁,根据九则的户征收白银。像这样施行听差的话,就没有空民了。这句话是什么意思呢? 没有空民这句话可以理解为强调对畸零的丁也要摊派听差。但如果从前面使用"迭休""通取"这两个词的地方来思考的话,应该作如下理解,即所有的民不是负担力差,就是负担听差,也就是说,由于听差的出现,从轮番制变成了每年皆役。

那么这样的听差是从什么时候出现的呢? 根据上述《朝邑县志》中的表

---

① 这一记述早已由山根氏引用过一部分(第168页注①第一篇论文第54页),近年谷口氏(第169页注①论文第31页注51)、鹤见氏(第170页注①论文第54页)也进行了引用。尤其是鹤见的论文,对全文进行了简略的解读,值得参照。另外谷口的论文根据这一记述解释称,在《朝邑县志》出版的正德十四年(1519)前后,已经实行了银差、力差、听差这样的分类。而笔者的看法与其不同之处将在以下正文中阐明。

述,可以理解为弘治之前没有听差。但其中也没有明确说是正德之后出现的,表述很暧昧。而"听差"这个词本身在弘治元年(1488)的法令中已经出现,也就是如下所示万历《大明会典》卷二〇"赋役"条中记载的内容:

> 弘治元年令,各处编审均徭,查照岁额,差使于该年均徭人户,丁粮有力之家,止编本等差役,不许分外加增余剩银两。贫难下户并逃亡之数,听其空闲,不许征银及额外滥设听差等项科差。违者听按抚等官纠察问罪,奏请改调。不举者坐罪。镇守衙门,不许干预均徭。

这则史料说明了均徭一直以来都是全国范围内实行的制度。现在将这一点暂且搁置一旁,这则史料中,听差作为禁止事项被列举出来,这可以表明该时期"听差"这一名称在实际中被大量地使用。这样的话,可以认为成化末年已经有一些地方出现了听差。即使不清楚朝邑县的情况如何,但作为一种可能性,仍可以说听差开始于成化末年。

进一步说,如果不拘泥于"听差"这一名称,从事实来考虑的话,《宪宗实录》"成化二年八月辛丑"条中记载的给事中丘弘上奏的言辞中,有如下值得注意的叙述:

> 只凭籍册,漫定科差,孤寡老幼,皆不免差。空闲人户,亦令出银。故一里之中,甲无一户之闲。十年之内,人无一岁之息。

这段史料有力地说明了自均徭施行以来,徭役的摊派变得荒唐不合理,本来不应该被摊派徭役的人也被摊派了徭役,另外,没有轮到的户也被命令出银,结果实际上导致了每年所有的户都负担徭役的情况。这与《朝邑县志》中关于听差的叙述正是同样的情况。丘弘上奏建议应该严禁这种不合理的现象,但实际上当然无法根绝。相反可以认为,在有些地方,这种状态已经被固定下来,其中"听差"这样的词语也会出现。

关于听差,虽然是和银差、力差并列的概念,但如果按照上述思路,其出现的时期比我们所知道的银差、力差还要早一些。从词语的意思看,也未必一定要将其与银差、力差放到一起考虑。可以认为只是单纯作为差役中的特殊部分而被称为听差。此外其实际的形式,如《朝邑县志》所记录的那样,如果根据九则的户则征收白银的话,与丘濬说的九等法名字虽然不同,但内容是相同的。如果能在与《大学衍义补》最接近的年代,找到地方上与九等法相当者,听差一定是极其有力的候补。

不过正如《朝邑县志》中记录的听差的语义,以及弘治元年令中额外滥设等内容所表明的那样,起初听差并不被认为是与九等法相当的形式,而是有预备费用的性质。但是随着上面的摊派越来越多,听差也逐渐膨胀,早已本末倒置,人们将银纳的杂役全部用听差代替上缴。而且根据弘治元年令,人们对"听差"这个名称的使用存有顾虑。所以除了一些地方,杂役分类项目中的"听差"这一名称并没有固定下来。即使前文的朝邑县,到了万历《续朝邑县志》,银差和力差都有记录细目,但仍没有出现听差。也就是说,"听差"这个名称可能被银差所替代。

正如其名字所示,听差不止是预备费用性质的东西。这一点,通过北直隶将其作为杂役的分类项目固定下来的例子也可以判断。例如《天下郡国利病书》中收录的《大名府志·徭役志》中,在语义说明以外,另外写有:

　　　岁计所入天子牺牲果品物料之需,以及岁贡科第,诸所杂出之费者,曰听差。

也有一些地方志具体地记录了金额,但是在这些例子中,听差整体上一直与大额的银差并存。①因此让人产生疑问,听差是否只不过是杂役的一部分呢? 但刚刚的朝邑县等情况并没有另举银差,只记录了听差。而且听差的摊派额在那个时期算得上十分庞大。②因此必须把这一点也考虑进来,将其与后来相当于银差的东西放到一起理解。不过此时出现了一个问题:这里的听差是针对丁进行赋课的,而根据目前为止的研究成果,银差是作为门银被摊派下去的,这样一来,如果摊派给丁的听差变成银差,则无法直接和门银产生联系。

关于这一点应该如何认识呢? 朝邑县本身没有相关的线索,仅以其他

---

① 例如嘉靖《真定府志》卷一二《籍赋》的"均徭"条中记录,与银差七万五千余两、力差七万四千余两相对,听差是九千六百两。而且银差中也包括一部分的上供和公费。崇祯《元氏县志》的例子中,听差所占比例更少,银差为六千四百余两,力差为二千余两,相对的听差仅有三十两。

② 摊派到丁的情况,一直比摊派到户的摊派额要少。山根氏所引用的万历《蒲台县志》的例子是嘉靖年间的事,即相对于门银的从上上户四两到下中户一钱,丁银则是从上上户七钱递减到下下户七分。这里的丁银比朝邑县的听差还少。另外,万历《武定州志》中所见丁银的额度,虽然是从上中开始递减,但从八钱递减到下下的一钱,正好和朝邑县的听差的情况相同。虽然也有几个额度更高的例子,但必须考虑到,无论是哪个例子,都远晚于朝邑县听差所处时期。

地方的例子作为参考，一个是万历《泽州志》卷七"徭役"条中可见的如下记述：

> 泽之差银，不编于地亩，而编于人丁。虽九则与他处同，而上丁征银至二两七钱，则他省直所未有也。

这里是作为地银的替代对丁进行赋课的事情，恐怕讲的是一条鞭法实施以后的事情。这之前的情况无法判断，但从下面的蔚州的例子来考虑的话，也有本来就不存在门银的可能性。那么就引用一条崇祯《蔚州志》卷三《徭差》中所见史料：

> 均徭银差，上上户每丁银九钱，上中八钱，……下下一钱，共征银二千九百三十三两……〇力差随户级高下轻重定之，系本户自行雇觅，与别处征条鞭银不同。

这条史料是一个将银差以丁银的形式进行赋课的十分清楚的例子，可以认为朝邑县的情况也和蔚州相同。这样一来就不能一概而论地说，银差以门银的形式进行摊派、力差变为丁银。再举一个北直隶怀柔县的例子。万历《怀柔县志》卷二"徭役"条首先依据旧府志列出"编头五六顷，该银三二四四两"之类的数字，之后又有"今征各则丁银共一三〇八两钱"表明总数，并列记了从上上到下下的丁银的单位额，接着下面列记了十三名作为力差的天财库库夫；同时，不存在其他的银差或者门银、地银之类的项目。这样看来，这种情况下，只能将最初的丁银看作与银差相当。以上《怀柔县志》的例子让人想到何瑭对北畿的州、县的记述。与此相关，有《何柏齐先生文集》卷六《均徭私论》，藤井宏氏已经引用过这篇文章并进行了详细讨论。[①]该文有以下记述：

> 或曰：祖宗差役之法，今亦有行之者乎？曰：北畿州县，审编均徭，初止审三等九户则户门，并不注定差银多寡数目。审定户则，然后通算三等人户，除役占优免外，该当差者共有若干，却算本州县银力差，该用银共计若干两。方令三等九则户丁，差等出银，期足供银差力差之用而已。此盖遵祖宗之法，而又通其变者也。

---

① 参照第 172 页注①中论文第 32 页。

正如藤井氏所指出的,这里的摊派对象不是三等九则的户,而是对丁摊派。这篇文章被认为写于嘉靖十一二年(1532/1533),考虑到这一点,正如在北直隶《怀柔县志》中所见一样,可以认为银差摊派到丁的做法并非最初的一般形式。

这样一来,在合算杂役中的银纳并对应户则摊派下去的阶段,很难迅速断定其摊派对象是户还是丁。相反,比较稳妥的想法是认为两种情况都存在。山东和山西有"以户出资者"这样的名称,自然可以看出是以户为对象,但山西也有泽州这样的例子。所以仅以名称判断的话,对没有例子的其他地方就未免难下判断。因此,以户为对象也好,以丁为对象也好,根据划为九则的户则,每年把役银的负担摊派下去,将这样的过程称为九等法应该没有问题。如果再考虑之后与门银的关系的话,可以认为一些地方到了某个时期,摊派方式统一为以户为对象。

以上,笔者以《朝邑县志》的听差为中心,试着探讨了接近九等法的役法形式存在的可能性。下面笔者将试着追溯门银这一形式出现的时间上限。原本山根氏暂未考虑名称,认为门银的实质形成时期便是银差、力差这一差别出现的时期。这一观点与谷口氏不同。谷口认为门银和丁银是对应的名词,在力差银纳化、丁银形成的时期,门银也形成了。但是笔者认为门银不是单纯的以户为对象摊派役银,笔者想指出的是对应户则摊派定额役银这一门银的特色。因此即便银差形成,如果是对本来的役种单位以某役若干两这样的形式进行摊派的话,还不能叫做门银。因为有这个问题,所以门银成立的时期还是要从史料上进行具体的探讨。

提到这一点的是有嘉靖元年序的《彰德府志》,其中卷四《田赋》中有如下记述:

> 有力赋,门子、皂隶、库子、斗子、禁子、铺兵、防夫。有银赋,上户十二两,递减至下中户四钱而止。

这个力赋、银赋的名称暂且不论是实际使用的,还是编者套用的表述,正如谷口氏所指出的,这实际上就是相当于力差和银差的概念。[1]银赋上户从十

---

[1]　参照第169页注[1]论文第32页注51。其中谷口氏引用了"力赋""银赋"这两个名称。

二两开始递减到下中户四钱,这可以解释为户从上上到下下分为九则,其中上面的八则负担银赋,下下户免除银赋。像这样以分为九则的户为对象摊派银赋的方式,完全可以视为实质上的门银。小山氏已经指出的康熙《扶沟县志》中的例子也记录了,嘉靖四年(1525)从上上到下下、从五两递降到二钱的银差的负担。该情况中也只有银差是按照户则进行摊派的,小山氏称:"至少可以看到,在河南的一些地方,嘉靖四年的时候门银已经形成了。"①"门银"这个名称本身在《扶沟县志》和《彰德府志》中都没有出现,但即使下下户是否负担银赋这点有所不同,《彰德府志》中的银赋实质上就是门银这点是没有争议的。而且在没有使用门银这一名称的地方,还可以看到其形成初期的状况。另外,如果根据嘉靖元年(1522)写成的《彰德府志》的记载,可以判断像这种被看作门银的形式,在正德末年就已存在了。也就是说,门银出现的上限,在河南可以追溯到正德末年。而且值得注意的是,正如谷口氏所考虑的,门银与丁银不是不可分离的一对概念。不看名称,仅就实质而言,门银其实很早就形成了。

但是,嘉靖十一二年,巡抚吴山在河南推行了将银摊派到丁、田的均徭则例。②所以,虽然不能直接将类似《彰德府志》中像是门银的形式与门银、丁银中的门银联系起来,但是,即使过程有一些复杂,仍可以认为这种形式是有与丁银对应意味的门银的前身。同时,门银形成的上限如果追溯到此,从时期上来看,应该与前述《朝邑县志》中能看到的听差有接续关系。由于不是同一地域在时间上连续的材料,本不能轻率断言,但通过本节的考察,笔者认为应该可以从丘濬所谓的九等法中找到门银起源的可能性。

后　　记

以上四节所述,多为推测,没有可以下结论的内容,甚至似乎连逻辑贯通的假说都算不上。不过暂且以对应前言的形式来总结的话,虽然可能与

---

① 参照第 180 页注①论文第 111 页注 7。
② 《何柏齐先生文集》卷六《均徭私论》中可见如下叙述:"近闻巡抚吴公所定均徭则例,每地一顷,出银四钱。每人一丁,上上户出银一两二钱,以次各照户则出银不等。"详细可参照第172 页注①论文第 44 页以后的内容。

本文的叙述在着力点上多少有些不同,但大概为如下内容:

明代杂役的赋课,最初以户缴纳的税粮额为标准而确立。洪武十八年后,除了与驿传相关者外,其余杂役以上、中、下三等的户等为标准进行摊派。虽然已经实施了均徭法,形式上没有改变以户等为标准的方式,但中、南部地方实际上已经变成以田土面积或者税粮额为标准,户等所持有的意义变得十分淡薄。另一方面,成化时期以后,对未负担均徭的户征收税银的习惯开始普及,同时对上供物料和公费进行了新的摊派,这些摊派规定以划为九则的户则为标准来进行。在华北,很多这种上供物料或公费被编入杂役中,每年根据户则摊派,这就是称为九等法或者九则法的形式。但是实际上,摊派的对象未必局限于户,也有对丁摊派的情况。另外还有将这种摊派称为"听差"的例子。到了嘉靖年间,杂役普遍被分为银差和力差后,银差大致根据户则摊派到户,后来又被叫做门银。另一方面,力差也银纳化成为丁银,但由于丁银还是以户则为标准进行摊派,所以一条鞭法在华北实施前,作为杂役赋课的标准,九则户则仍然明确存在。

以上实属十分粗略的考察。笔者仅就应向何处寻求门银制度的起源,如何理解明代杂役的变迁,陈述了几点私见。当然,应该论及但没有论及,或者讨论了但仍然不足的地方也有很多。笔者自身也知道有很多问题,但为了接受有识者的批评,还是尝试写成了这篇论文。如若他日能够以充分的形式再作讨论,将倍感荣幸之至。

（原载于［日］岩见宏《明代徭役制度の研究》,京都:同朋舍,1986 年）

辛孟轲　译　梁敏玲　校

均徭法、九等法和均徭事例①

[日]岩见宏

在明代的制度中,徭役通常可分为两种,一种是与里甲制度相关的里长、甲首等正役(里甲役),另一种是其他的杂役。在明代后期的地方志中,多数把徭役分为里甲、均徭、驿传、民壮等四差。四差的分法,是把驿传和民壮作为特殊的差役从杂役中分类出来,不包括在这两种之内的杂役被统称为均徭。均徭主要指的是,行政上或官府运作上所需要的劳务,相当于唐代的杂役或番役。本文针对明代的均徭,在整理日本学者以往研究的基础上,叙述一些笔者的个人见解。

一

首先看一下为什么杂役会被称为徭役。正统年间开始实行均徭法,科派杂役。此后,被均徭法科派的杂役也称为均徭。

关于均徭或均徭法,《明史·食货志》"赋役"中有所记载(史料一),其内容为:均徭有银差和力差之别,正统初由金事夏时在江西创行。然而,这样的记述并不太正确。有研究已经阐明:均徭创行于正统八年(1443)前后,银差和力差的区分也是从弘治、正德左右(15世纪末到16世纪初)才开始的。②

---

① 译者注:关于本文,作者有一篇题目相同的中文论文——[日]岩见宏《均徭法、九等法和均徭事例》,收录于明清史国际学术论讨会秘书处论文组《明清史国际学术论讨会论文集》,天津:天津人民出版社,1982年。译者在翻译过程中并没有参考,译后才发现该会议论文。
② [日]山根幸夫:《十五·六世纪中国における赋役劳动制の改革——均徭法を中心として》,《史学杂志》第60编第11号,1951年;[日]岩见宏:《银差の成立をめぐって——明代徭役の银纳化に关する一问题》,《史林》第40卷第5号,1957年,亦收录于《明代徭役制度の研究》后篇第三。

那么,为什么《食货志》的记载会有这样的错误呢? 其主要原因是,在理解均徭法的时候,将不同时期的史料凑在一起利用。换句话说,认为均徭法自创行以来没有任何变化。实际上,如下所述,均徭法随着时间的推移有着很大的变化。因此,有必要将创行期的均徭法和明代后期的均徭法分开考虑。不过,有关创行期均徭法的史料极少,主要只能依靠《英宗实录》中的相关内容(史料二)。

以下简单地整理一下《英宗实录》中所能看到的创行期的均徭法。如上所述,均徭法是金事夏时于正统八年前后在江西创行的,之后由中央政府通告全国实施。其中也有像广西那样,因特殊原因而被免除实施的地方。均徭法的内容是:杂役也与正役一样,按十年一次的轮番制,具体是在里甲正役后第五年充当杂役。关于这一点,据其他史料的记载,应役的频率可以按照各地方情况制定为五年一次,或是三年、两年一次。其频率主要按照州、县户口的多少来决定。① 姑且不谈频率是多少,将杂役的科派也定为定期的轮番制,这可以说是均徭法的重要特征。另外,作为科派的簿册,除了赋役黄册之外,还编造了被称为均徭册或均徭图籍等的簿册。从这里我们也能看出,初期的均徭法的科派是依照丁、粮的多寡,户等并没有受到重视。

正统十年(1445)末,因在创始地江西发生的官员之间的纠纷,政府一度发出指示废除均徭法。之后,在景泰元年(1450)的时候又批准再次实施。从此后的一些史料中可以看到,均徭法在各地纷纷实施或复活,大致在全国普遍推行。②

均徭法所科派的杂役的具体内容是什么呢? 基本上是,明令上有记载的祇候、禁子、弓兵以外,还有巡拦、马夫、随从皂隶、儒学的斋夫、膳夫等内容。其中,祇候在后来常常被称为皂隶或隶兵,有些地方将随从皂隶称为祇候。另外,还有门子、斗级、库子,这些是被视为从皂隶分化出来的。除此之外,急递铺的铺司和铺兵也常常包括在均徭之内。如果把渡夫、纤夫、浅夫等这些地区性的杂役从全国各地方志中挑选出来加上去的话,杂役的种类可说是相当之多。在这里,我们把正役以外,这些官府运作或行政上所需要

---

① ［日]岩见宏:《均徭法に关する一史料》,内田吟风博士颂寿记念会编《内田吟风博士颂寿记念东洋史论集》,京都:同朋舍,1978 年;亦收录于《明代徭役制度の研究》后篇第八。

② 前引［日]山根幸夫《十五・六世纪中国における赋役劳动制の改革》。

的劳务征收,称为本来的杂役。之所以这样称呼,是因为在明代中期以后,杂役或杂徭的名称中还包含了劳务以外的经济上的负担,为了和这些内容有所区分,所以这样称呼。

那么,在均徭这种通过均徭法科派的杂役之中,为什么会出现银差和力差的区别呢? 毋庸赘述,这个问题我们有必要从明代的白银流通扩大这一大趋势中理解。然而,银差的出现并不仅仅是官府为了应对经济趋势而将一部分杂役变为银纳,在此过程中还存在着更特殊的情况。换句话说,各种杂役中,配属给官员个人的随从皂隶、马夫以及被认为是与此相等的儒学的斋夫、膳夫,这四种杂役变为银纳,它们在杂役中独自组成了一个群体,与以往的以劳务征收为主的杂役群之间产生了区别。我们最早能从弘治十六年(1503)编纂的《兴化府志》中看到这样的区分,分为办银夫役和用力夫役。上述四种差役中,最先被银纳化的是随从皂隶,大概在宣德四年(1429)左右。相对较晚的是马夫和膳夫,前者于弘治七年(1494),后者于弘治八年(1495)。所以,兴化府的办银和用力夫役的分类,应该是在弘治八年之后的数年内进行的。其他地方也逐渐地开始了同样的分类,与此同时,应该是在某个地方开始使用"银差"和"力差"的称呼。"银差"一词在史料上最早见于正德元年(1506)(史料三)。

配属给官员个人的随从皂隶转变为银纳,与迁都北京而发生的事实上的官俸减少有着很密切的关系。受到这样待遇的中央政府官员,为了添补生计上的不足,开始免除皂隶的役,令其归农,并交纳柴薪银作为代价。宣德四年左右,这样的方法被制度化,柴薪银成为官俸的一部分。虽然时期要晚一点,马夫的情况也和皂隶一样。另外,斋夫、膳夫虽然没有详细的史料,但斋夫银成为没有派给皂隶的未入流教官的俸禄的一部分,可以说与流内官的柴薪银有着同样的意义。综合以上的过程,我们能了解到杂役银纳的最初契机是官俸问题。当然,主要也因为这些官员在城市的生活,是在以白银为中心的流通经济中经营的。

杂役银纳化的直接契机如上所述,然而从经济的角度来看,银纳可以说是大势所趋。一旦有了银差和力差的区别之后,随着年代的推移,属于银差的役越来越多,属于力差的役慢慢减少。但是,上述四役的纳银额是由中央政府规定的,与此相对,之后变为银纳的各役的纳银额则是因地制宜,各不相同。另外,为了把各役的负担量标准化,属于力差的役也像银差一样,开始标示每个役相当于银多少两。就这样,嘉靖以后的多数地方志,把均徭区分为银差和力差,在记载各自役种名目的同时,还记录了两者各自的银额。①

二

标明了差役的负担量以后,就不像之前那么笼统,即丁粮多的户承担重差,丁粮少的户承担轻差,可以把各户的负担能力和役的负担量更加精密地对应起来。所以,这也是把役的负担公平化的方法。也就是说,往往多数以县为单位来考虑,单位内的丁数和粮额(或是田土面积)的总数分别是多少,相对于此所需要的杂役的总额是多少,另外还需要把丁的负担量和粮的负担量区分出来,就像一丁负担多少、粮每石负担多少那样,分别计算丁粮的平均负担量。譬如,一户所负担的杂役总数,是按照"每丁的负担量×该户的丁数"再加上"每石的负担量×该户的交纳粮数"来计算的。杂役与正役相同,维持十年一次的轮番制。十段法就是采用这一方法,在江南和华南被广泛运用。这样按照丁粮比例负担的方法,不仅仅用于杂役,也常常适用于附加给正役的经济负担。②

华北与江南和华南不同,采用了其他的计算方式,那就是门银、丁银制。关于门银和丁银,虽然在《明史·食货志》中完全没有记载,但在华北各地的地方志中能广泛看到。该制度把民户从上上到下下分为九等(或是九则),按照户等规定每户应该负担的银额,并称之为门银。丁所需要负担的银额,也按照户等定下来的。以下是万历《蒲台县志》中所记载的嘉靖年间门银和丁银的数目:

---

① 前引[日]岩见宏《银差の成立をめぐって》。

② [日]小山正明:《明代の十段法について(一)》,收录于仁井田陞博士追悼论文集编集委员会编《仁井田陞博士追悼论文集》第 1 卷《前近代アジアの法と社会》,东京:劲草书房,1967年;[日]小山正明:《明代の十段法について(二)》,《千叶大学文理学部文化科学纪要》第 10辑,1968 年;[日]栗林宣夫:《浙江の"丁田"について》,收录于山崎先生退官记念会编《东洋史学论集——山崎先生退官记念》,东京:山崎先生退官记念会,1967 年。

户等	上上	上中	上下	中上	中中	中下	下上	下中	下下
门银	四两	三两	二两	一两	九钱	七钱	四钱	一钱	免
丁银	七钱	六钱	五钱	四钱	三钱	二钱	二钱	一钱五分	七分

例如,户等中上的民户有三丁的话,那么其门银是一两,丁银是四钱乘以三,所以该户需要负担相当于银额二两二钱的杂役。门银和丁银是计算每户负担的方法,其全额并不一定都用银来征收。①而且,县内的门银和丁银的总额原则上有必要规定与该县所需要的银差和力差的总额相等。门银、丁银制的开始时期并不确定,据推断应该是嘉靖二十年(1541)左右。②

那么,这样把民户划分九等,按照其相应的户等规定银额,并来计算杂役负担量的方法,是从什么时候开始的呢? 划分九等的方法不仅仅在《周礼》中有记载,在唐宋时期也有实施过,只要是官员,谁都应当知道其形态。实际上,明代也有一些在地方行政上运用这一方法的先例。明初的制度有规定把民户划分为三等,并对相应的户等金派差役(史料四),但是这时候还没有将其细分为九等。在《牧民心鉴》上,有应当把民户划分为三等并对相应的户等金派差役的记述,然而,这只是作者朱逢吉的意见。并且,这些都是在杂役转变为银纳之前,与规定相应户等之银额的方法没有关联。初期的均徭法,也没有考虑九等制的方法。那么,像门银和丁银这样的方法是从哪里来的呢? 在思考这一问题时,门银和丁银的研究成果给予我们一个线索,那就是华北的银差中不仅仅包含了本来的杂役,还包含着上供物料以及公费的一部分负担这一事实。这些中,有的原本是人们以其他形式负担的内容,或者有的应是政府征购而不是人们应该负担的内容,再或者有的是应该从一般税收中支付的内容,总之,这些原本都是与杂役没有任何关系的。③

---

① ［日］岩见宏:《嘉靖年间の力差について》,田村博士退官记念事业会编《田村博士颂寿东洋史论丛》,京都:田村博士退官记念事业会,1968 年;亦收录于《明代徭役制度の研究》后篇第七。

② ［日］谷口规矩雄:《明代华北における银差成立の一研究——山东の门银成立を中心にして》,《东洋史研究》第 20 卷第 3 号,1961 年;［日］山根幸夫:《明代华北における役法の特质》,收录于清水博士追悼记念明代史论丛编纂委员会编《清水博士追悼记念明代史论丛》,东京:大安,1962 年,还收录在［日］山根幸夫《明代徭役制度の展开》,东京:东京女子大学学会,1966 年。

③ ［日］岩见宏:《明代における上供物料と徭役》,《东洋学报》第 55 卷第 2 号,亦见于《明代徭役制度の研究》前篇第二章第一、二节。

然而,到了明代中期以后,这些负担都被转嫁给人们,作为徭役的一部分来
处理。在华中、华南,这些多数成了附随里甲正役的负担。①在华北,公费的
一部分也成了里甲正役的负担,上供物料以及公费的一部分被编入均徭之
中,被当作徭役来看待。《宪宗实录》“成化二年八月辛丑”条中有记,给事中
丘弘上言说:采取均徭以来,孤寡老幼皆不免差,空闲人户亦令出银,故一里
之中,甲无一户之闲,十年之内,人无一岁之息。这也显示,除了按轮番制佥
派的本来的杂役之外,已经采取每年摊派银两的政策了。虽然不知道这些
银两是为何而征收的,但从种种情况推断,应该是为了支办上供物料或
公费。

面对这样的情况,中央政府需要用一些措施对银两的科派进行限制,因
此成化十五年(1479)出台了一个规定,以下称之为成化十五年令(史料五)。
此令规定,就上供物料等负担而言,把民户划分为九等,对相应户等摊派银
两。在明代的法规中,这也应该是第一个明确地把民户划分为九等的规定。
在这里所提到的方法当初被称为九等法。在《大学衍义补》中,丘濬对比均
徭法,对九等法进行论述(史料六),这里提到的九等法应该就是成化十五年
令的方法。丘濬认为:均徭法为十年一次,一次的负担量较大;相对于此,九
等法为每年负担,一次的负担为均徭法的十分之一,所以对于人们来说,九
等法更容易负担。

丘濬所指的九等法是成化十五年令的方式,然而九等法这一名称并没
有其他使用的事例。但这并不代表九等法没有实施。何乔新在任职湖广布
政使时所实施的徭役改革可以认为是九等法。关于何乔新所实施的内容,
我们只知道是将民户分为九等并以其轻重派役。之后,成化十九年(1483),
播州土司依照有司的均徭事例,划分户等,并按照户等使之纳银,其银额为
上户十两,中户四两,下户一两五钱。姑且不论数目是否与有司的均徭事例
完全相同,但我们可以认为这暗示了九等的存在。其数目为:上上户十两,
上中户八两,上下户六两,中上户四两,中中户三两,中下户二两,下上户一
两五钱,下中户一两,下下户五钱。这样的话,我们能够推断,何乔新在湖广
实施的上供物料等的银两的摊派,是结合成化十五年令的。另外,我们从丘

①　[日]山根幸夫:《明代里长の职责に关する一考察》,《东方学》第3辑,1952年。

濬和何乔新的关系可以判断：丘濬提到的九等法，不但是成化十五年令本身，而且还是在了解这样的实施情况的基础上所写的。①

三

不过，有一个问题是，这样划分户等交纳银两的方法被称为均徭事例。均徭事例又被称为均徭则例，大概是各个省为了实施均徭法所制定的规则。最初，只是针对本来的杂役之科派所制定的规则，随着上供物料等负担被转嫁给徭役，放在已有的徭役系统内被作为杂役看待时，它们也就自然而然地成为均徭的一部分。所以，均徭事例中包括了本来的杂役科派的部分和上供物料等科派的部分；另外也包括了不同的科派方式，即本来的杂役为轮番制，而上供物料等为九等法。均徭，本来意味着把徭役的负担公平化，此名称本身并不与任何特别的科派方式联结在一起。因此，把九等法新加到均徭事例中，就算不改名称也不会产生任何矛盾。正是这样，像丘濬一样对科派方式有特别关心的人，才会写下"九等法"这一名称。但是，大体上来说，大概此名称也埋没在均徭法之中，其本身并没有成为固定的名称。要是跟均徭法对比鲜明的话，"九等法"这一名称应该在史料中更多出现，但是实际上，我们很少看得到"九等法"这一名称，这大概也和上述的原因有关系。

虽然成化十五年令的主旨，是按照需要以及户等科派银两，但实际上，多数是上供物料等每年已经确定的负担，除了这些以外，还有临时的科派。要是每次接到上级官府的指示之后再科派给民户的话，对于官民来说都不胜其烦。所以，在实际运作时，大概先把可预算到的一年间的负担额算出来，再按照户等科派给民户。要是预算临时科派的话，就会先科派若干的预备费，这就是被称为"听差"的部分。"听差"这一用词，在弘治元年令（史料七）中就可以看到，被认为是违法的、应该禁止的。然而，实际上在此后，"听差"这一名称在以华北为中心的相当大的范围里固定下来。

"听差"这一用词指的是，虽然目前没有立即需要，却要预先征收以备听

---

① ［日］岩见宏：《明代における杂役の赋课について——均徭法と九等法》，《东洋史研究》第24卷第3号，亦收录于《明代徭役制度の研究》后篇第六。

科派。史料记载,官员征收银两并将其储存在库中(史料八),主要目的是以备他日不时之用,所以将其解释为有预备性质的费用。听差的方法,除了预先征收一定银两储存在库中之外,还有一个方式就是指定一部分的民户为听差户,有需要时对其科派所需要的银两(史料九)。这个大概是为了规避弘治元年令中禁止以"听差"为名预先征收银两的规定而采用的方法。之后,伴随着年代的推移,弘治元年令的规定慢慢地受到忽略,开始出现以"听差"为名义征收银两。正德《朝邑县志》中所能看到的应该是早期的事例(史料八)。在这里记载有:从上上户的丁九钱,到下下户以及畸零户的一钱,每年以"听差"为名义征收银两。《朝邑县志》中没有记载其用途。但是,这样的方法一旦确立之后,好像还有一些地方把上供以及公费的负担全部都以"听差"的名义来征收(史料十)。然而,多数的地方在银差和力差的区别普及之后,将上供的负担编入银差之中了。就算"听差"的名称还留下来,其所占比例已经很低了。从这一点来看,可以视为听差原本的预备费的性质被保留了下来。

在华北,本来的杂役变为银纳的部分,和上供物料等负担合并起来被称为银差的时候,我们可以认为科派方式采用了九等方式(包括本来的杂役在内)。但是,在采用九等方式的时候,就像上述朝邑县一样,有两种情况:一种是先以丁银科派的情况,另一种是先以门银科派的情况,还有的地方到最后都一直没有门银,只以丁银来处理。无论是以什么样的形式,我们都可以认为:按照九等的户等缴纳一定银两的方法,以成化十五年令为起点,如同九等法或听差那样,作为名称没有固定化、普及化,实质上却成为后来的门银、丁银制度。

如果把这个问题看作均徭事例或者均徭则例这样的法规问题来考虑的话,我们可以认为:最初只把本来的杂役作为对象,其科派方式是轮番制;后来把上供物料的负担等也作为对象,又包括了按照九等的户等每年科派银两的方式;银差成立以及普及以后,在华北,包括本来的杂役变为银纳的部分和上供物料等负担在内,银差变为以九等方式科派;在门银、丁银制出现以后,包括这些在内的全体有关杂役科派的法规,就是称为均徭则例的内容。总而言之,均徭或均徭则例,虽然其内容和方法都有着显著的变化,可是名称却一直被使用,始终没有变化。

史　料

（一）

一岁中诸色杂目应役者,编第均之,银力从所便,曰均徭。他杂役,曰杂泛。凡祗应、禁子、弓兵,悉佥市民,毋役粮户。额外科一钱役一夫者,罪流徙。后法稍弛。编徭役里甲者,以户为断,放大户而勾单小。于是议者言,均徭之法,按册籍丁粮,以资产为宗,核人户上下,以蓄藏得实也。稽册籍,则富商大贾免役,而土著困;核人户,则官吏里胥轻重其手,而小民益穷蹙。二者交病。然专论丁粮,庶几古人租庸调之意。乃令,以旧编力差、银差之数,当丁粮之数,难易轻重,酌其中役,以应差里甲,除当复者,论丁粮多少,编次先后,曰鼠尾册,按而征之。市民商贾家,殷足而无田产者,听自占,以佐银差。正统初,佥事夏时,创行于江西,他省仿行之,役以稍平。（《明史》卷七八《食货二·赋役》）

（二）

正统九年八月己未,广西布政使揭稽等奏:近从江西佥事夏时言,编定均徭图籍,凡民间徭役,悉按图更代。然广西地临边徼,人少役繁,难拘定式。请如旧制,相时差遣为便。从之。（《英宗实录》卷一二〇）

正统十年十二月乙巳,罢江西等处均徭册。初江西按察司佥事夏时奏准,各处造均徭册,令民均当徭役。至是,时为参议,行部至临江府,编本府粮户为布、按二司隶兵。掌府事江西右参政朱得奏:时多以上等粮户为隶兵,意在逐年取用,未免民害。乞罢均徭册。事下廷臣议:均徭本以便民,今时所奏,施行未及三年,身先犯之,诚非经久之计,宜从得奏革去。从之。（《英宗实录》卷一三六）

正统十二年四月乙未,江西左参议夏时,以均徭法,编布、按二司隶卒于临江府诸县,多增数十人。掌临江府事右参政朱得,执不遣。时躬至临江索之,亦不得。会巡按监察御史李玺及二司官,以得老病奏黜之,得赴京发其事。词连右布政使张斐、按察使李彝、副使周安,谓斐尝以私书求所增者,彝、安风宪,亦滥受之。事下。后巡按者覆,得其互相

奸利,请俱加罪。上命罚时俸一年,斐等三月,得致仕。(《英宗实录》卷一五二)

景泰元年十一月乙巳,礼科都给事中金达言二事:一、安民莫先于均徭役。臣窃观江西按察司佥事夏时奏行均徭之法,五年而正役之,又五年而杂役之。此法至善,一旦为参政朱得怀忿构诬奏沮,乞重将均徭之法举行。(中略)从之。(《英宗实录》卷一九八)

天顺元年八月戊戌,四川重庆府永川县民邓锜奏:政令一则人易守,科条繁则人易惑。祖宗数十年间,所以不轻出一令者,虑扰民也。切见四川民间赋役,俱有定制。其徭役临期量力差遣,近者官司轻于更变,造成均徭册,以民间税量多寡为差,分上、中、下三等,预先定其徭役。且川蜀之民,有税粮多而丁力财帛不足者,有税粮少而丁力财帛有余者。今惟以税粮定其科差,则富商钜贾,力役不及,而农民终年无休息之日矣。臣恐数岁之后,民皆弃本趋末,为患非细。又如民间税粮,旧制止于成都府广丰等仓上纳,别选有力之家,转运各边。一人所运,不过五斗。是以人不知疲,边储易足。近者均徭册成,粮多之家,独运一二十石赴边;粮少之家,亦运数石。且每粮一石,自家至边,计其路途所费,有用银一二两者,有用三四两者。是以农民益困,多致逃窜,边饷不足。乞敕该部,革去新例,止遵旧制。(中略)上命行其说于天下。先是徭役里长,多卖富差贫。正统间,江西参议夏时,建议造册,以税粮多寡为差,官为定其徭役,谓之均徭册,民初以为便。时四川按察副使刘清,请行其法于四川,而四川之民,反不便。议者谓:任法不如任人云。(《英宗实录》卷二八一)

(三)

正德元年十一月乙酉,巡抚顺天等府都御史柳应辰言:顺天、永平二府并各卫所,差役不均。审户虽有三等九则之名,而上则常巧于规免。论差虽有出银出力之异,而下户不免于银差。(《武宗实录》卷一九)

(四)

洪武十八年一月己卯,命天下府州县官,第其民户上、中、下三等,为赋役册,贮于厅事。凡遇徭役,发册验其轻重而役之,以革吏弊。
(《太祖实录》卷一七〇)

凡各处有司,十年一造黄册,分豁上、中、下三等人户,仍开军、民、
灶、匠等籍。除排年里甲依次充当外,其大小杂泛差役,各照所分上、
中、下三等人户点差。(《诸司职掌·户部·民科·赋役》)

(五)

成化十五年令,各处差徭,户分九等,门分三甲。凡遇上司坐派买
办采办,务因所派多少,定民输纳。不许隔年通征银两在官。(万历《大
明会典》卷二〇《户部·赋役》)

(六)

窃尝以九等之法与均徭之法计之。譬如官有粟十石焉。九等之
法,官使民日负一石,十日而尽其十石也;均徭之法,官使民一日而负十
石之粟。日负一石,虽有往返之劳,然轻而易举也。一日而负十石,往
返虽不烦,然以一人一日而为十日十人之事,虽强有力者,固有所不堪
矣,况单弱者哉。(《大学衍义补》卷二一《制国用》"傅算之籍")

(七)

弘治元年令,各处编审徭役,查照岁额,差使于该年均徭人户,丁粮
有力之家。止编本等差役,不许分外加增余剩银两。贫难下户及逃亡
之数,听其空闲,不许征银及额外滥设听差等项科差。违者听抚按等官
纠察问罪,奏请改调,不举者坐罪。镇守衙门,不许干预均徭。(万历
《大明会典》卷二〇《户部·赋役》)

(八)

弘治以前,丁赋力差,供岁足则止不派,故能以三十六里,更用而迭
休之。以后乃通取焉。所以然者,以用听差者。听差者,差已足,无差
而听差也。听差者,官尽收银而贮之库,上户丁九钱至七钱,中户丁六
钱至四钱,下户丁三钱至一钱,畸零者丁一钱,于是无空民矣。(正德

《朝邑县志》卷一《田赋》)

(九)

弘治七年十一月初三日,太子少保刑部尚书白等题为挨仇陷害等事。(中略)据山东按察司呈,准本司分巡济南道佥事陈宽问得,犯人汤壁招,系济南府临邑县礼房典吏。弘治六年正月十四日,本县奉上司明文为供应牲口事。坐派光禄寺肥猪八口,每口价银一两五银[钱];绵鸡(原文如此,"鸡"疑为衍字——校者)羊六只,每只价银八钱;鸡二十二只,每只价银二钱五钱[分]。其该二十二两三钱,俱于均徭人户内征解。壁系该房,随将前派牲口原定官价数目,写成付文,赴问革为民知县赵定处判押,十六日用印钤盖,未曾付送。彼时壁见赵定被人告发,要得乘机多派科钱使用,不合将派猪八口添作一十五口,及将羊鹅混作四十二只,通该银四十二两五钱余,正银外多派银二十两二钱。不合将原判十六日付文扯毁,诈为付文一纸,套尽赵定花押改判,十九日窥伺佥押公文,夹带盗用印信钤盖,付送户房。此有先问充军司吏田琏,不知壁改派前情,依文将均徭原审听差人户马狗儿等一十五日("日"字当衍)户,算派银三十八两八钱。(《皇明条法事类纂》卷三五《诈伪内外大小衙门文书调骗及科敛军民人等财物俱照指称衙门诓骗事例发边卫充军》)

(十)

岁计所入天子牺牲果品物料之需,以及岁贡科第,诸所杂出之费者,曰听差。(《天下郡国利病书》原编第二册《大名府志·徭役志》)

(原载于[日]岩见宏《明代徭役制度の研究》,京都:同朋舍,1986 年)

菅野智博 译　梁敏玲 校

关于《山东经会录》①

[日]岩见宏

　　本文所要介绍的《山东经会录》是内藤湖南博士的旧藏书籍。笔者于（日本）昭和三十三年（1958）夏及昭和三十四年（1959）春两次承蒙内藤乾吉、内藤戊申二位教授的厚意，获得了借阅并拍摄此书的机会。正如下文介绍的那样，在研究明代的赋税制度上，此书包含了极其有用且丰富的内容。笔者认为将此书与其他文献相对照之后，不仅可以探明各种各样的事实，而且通过本书可以首次了解到的事实也很多。并且笔者有些孤陋寡闻，从来没有听说过其他地方收藏有此书的事情，另外在笔者所翻检过的数种书目中，也没能找到任何关于此书的记载。无论是从内容方面，还是从稀缺性方面来看，笔者认为本书有很大的价值。能利用到如此价值贵重的书籍，离不开两位教授所给予的极大帮助，对此想再次表达谢意。

　　可非常遗憾的是，虽说如获至宝，但在这之后，笔者还没有获得时间来充分研究本书的内容。只是对于其中极其有限的一部分，在去年发表的小论②中进行了利用，而全面地去有效利用本书，这还要寄托于将来的研究课题。不过姑且还是想对本书进行一次简单的介绍，因为这不但可以说是对学术界的义务，而且考虑到既然被赐予了机会就要充分利用，于是笔者决定撰写此文。

一

　　《山东经会录》是十二卷十四册的刊行本，此书为线装，天地二十四厘米

---

①　本文初载于清水博士追悼纪念明代史论丛编纂委员会编《清水博士追悼纪念明代史论丛》，东京：大安，1962 年，第 197—220 页。
②　《明代の民壮と北边防卫》，《东洋史研究》第 19 卷第 2 号。

左右，书宽十七厘米左右。印刷和纸质都不能说是十分精良，有些地方甚至
到了只能勉强辨读的程度。各册的叶数也有着非常大的差别，从最少的四
十五叶到最多的一百零五叶，如果平均来算，每册有六十八叶多。我们对册
数、卷数、内容及叶数进行整理，如下表所示。

册　数	卷　数	内　容	叶　数
一		序	五
		目录	一
	一	税粮济兖东三府横图	四八
二	一	税粮济兖东三府横图	六七
三	二	税粮青莱登三府横图	五〇
四	二	税粮总额	四九
五	三	税粮因革	六九
六	四	税粮附录	四五
七	五	均徭横图	一〇五
八	六	均徭总额	五四
九	七	均徭因革上	八四
十	八	均徭因革下	九四
十一	九	均徭附录	八二
十二	十	里甲横图、总额、因革、附录	五四
十三	十一	驿传横图、总额、因革、附录	九一
十四	十二	马政横图、总额、因革、附录	四九
		盐法横图、总额、因革、附录	十六

　　如表格所示的内容之中，关于序文部分，很可惜的是，最初的第一叶已
经遗失，第二叶的下半部分也破损得面目全非。因此能够阅读的是第三叶
以后的内容。即使这样，因为第五叶只有四行便结束，所以从第三叶开始的
内容合计不过四十四行。在序文的末尾处，既没有作者的姓名，也没有日
期，只在第五叶的背面记有"隆庆伍年拾月　日刊行"的字样。尽管序文没
有日期，通过此处的记载应该也能够判明本书刊行的年代。而且虽然只有
这篇不完整的序文，但无论如何都能看出其与一般书籍的序文相比，主旨上

大为不同。此篇序文是一种官府公文,叙述了本书以巡抚与布政司及巡按与布政司之间的往来为中心的刊行过程。按照此类文章的形式,很有可能在最开始的部分载有执笔者的姓名和写作的日期,可是如上所述,最初的部分已经丢失,所以无法看到。但是从文章本身来判断,可以认为执笔者是布政使这一点大概是没有错的。

如果要举出这篇序文所记载事项的重点,可总结为如下几项:

● 为了本书的编纂而开了局;

● 主要承担这项工作的是周于德、钱普、景嵩三位推官;

● 刊行的经费是从布政司库所积攒的香税银中支出的,济南府同知牛若愚被安排经理此项经费。

另外,在文章的末尾处写有"刊刻合属分布,永世遵守"的宗旨。据以上几点,我们可以这样认为,很有可能最初部分缺少的内容是叙述了谁因为怎样的理由,计划编纂了此形式的书册。

序文中虽然还说明了关于本书的记述形式和主要部类被确定的经过,但如果要介绍这些的话,可就自然而然地成为对本书整体的解说了。从主要部类来看,其由一税粮马草、二均徭、三里甲、四驿传、五马政、六盐法等六部分组成。除了把税粮马草中的马草省略后单独写作税粮外,在前面列出的表格中所能看到的本书编排次序全部如上所述。

另外,如果看上面的表格,可知各部类分别由横图、总额、因革、附录等四部分组成,但在序文中,这种形式是用如下方式说明的——"第一先横图,载各县所派之额也。方寸之纸,载数甚多,颇属简便。"结合正文来看的话,比如说在税粮横图的地方将纸面横向划分为六段,分配给原额总数、起运总数、漕运仓口、起运仓口、存留总数、存留仓口等六项。州县名记载在栏外上边的地方,同样记载在栏外上边位置的还有夏税、秋粮、马草盐钞三者的区别,而在下栏中应该会记有包含在各大项目中的详细项目和数字。不过虽说同样是横图,横向的划分却根据部类而在形式和意思上有所差异。在均徭处,上四段分配给银差,而下两段则分配给了力差。因此,这里在意思上从上到下只要分成两段就好,可能是为了让样式整齐划一,所以分为六段。另外在里甲处,分成了青白夫、灯夫、解送公文人夫、看监夫、马骡驴、铺陈供应银等六段,而与税粮横图将各段再分成若干项目的情况有所不同的是,只这样进行项目划分就给人一种不必再细分的感觉。即使试着分成详细项目，也只能这样将第一段的青夫与白夫分开，将第五段的马与骡分开（并不拘泥于开头处的马骡驴，实际上只有马和骡，而驴并没有出现），将第六段的铺陈与供应银分开。顺便说一下，在这里出现的项目只是人们常说的与里甲夫马相关的项目，能够非常明显地看出其作为里甲的驿传辅助机关的性质。同时，必须注意到完全没有发现在南方各地区很多情况下成为里甲负担的项目这个明显的特征。相当于在南方被冠以里甲银或是均平银等名称的①很多项目，在山东实际上大部分出现在了均徭的银差项目中。

在驿传横图中，六段的划分是原额站地、马匹、驴头、水夫车夫、帮贴粮金马价、余站等六项。到这里为止，六段划分的方式无论如何都被保持，但到了下面的马政，可能是因为项目实在太少，即使分为六段也写不出什么，所以被缩减为四段。而且从上两段为种马、下两段为备用马的划分来看，把实际上划分成两段也可以的地方，为了尽可能看上去像图表而分成了四段。最后的盐法横图，关于盐场的部分被分成了本色引盐和折色银两段，但需要注意的是，上段所记的盐场和下段所记的盐场是完全不同的，从这个意义来说，将其上下排列，除了是作为图表样式的问题之外，没有任何意义。在这之后还有一个叫做民田灶地银的项目，虽然县名和银额依旧是按两段排列，这里的横向分段也是没有意义的，从这一点来看，和上面的情况没有区别。

第二部分的所谓总数是相对于横图中被分开表示的州县的数字，被解释为"载一省总数以便寻览"。从原文来看，记录了不同款项的一省总数，另外各府的数额作为其详细内容也有记载。

第三部分的因革是历年的因革，也就是说，各项的增减和移动以及各衙门条议的始末，按照"此条最多且详"所述，在数量上有很多令我等研究者感兴趣的内容被包含在其中。

最后的附录，指的是——因革条所不能尽载，或有可供日后采择的议论，都附缀于此。而附录里所记载的内容，可以说和因革条一样，甚至比因革条更能够让我们感兴趣。另外，作为因革和附录的内容被记载下来的史

---

① 关于其具体内容，可参照［日］山根幸夫《明代里长の职责に关する一考察》，《东方学》第 3 辑；拙稿《明代地方财政の一考察——广东の均平银について》，《研究》第 3 号；［日］栗林宣夫《里甲银に关する考察》，《东洋史学论集》第 2 辑；等等。

实,从年代来说,大体上是在进入嘉靖朝第二个十年以后,特别是有很多嘉靖末期到隆庆年间的记录。但是极少情况下也能看到称为成化的、时代上相当早的年号。但并不是说如此早先时代的事情被持续地记录下来,而是作为议论的材料以引用往事的形式出现。

<h2 style="text-align:center">一①</h2>

那么,接下来关于在"因革"和"附录"的条目中所能看到的有趣内容,笔者希望尝试作具体的介绍。虽说如此,就如在开头部分已经提到的那样,因为无法对各种各样的问题进行详细的论述,在此仅挑选出一些本书所包含的与"一条鞭法"相关的记述,提出若干的个人见解。另外,在本书中,除了有"一条鞭法"这个名称外,还有"壹条鞭""一条鞭派法"等叫法,但笔者将这些统一称为"一条鞭法"。

首先,在卷三的《税粮因革》中发现了如下文章:

> 肥城等县知县万鹏程等呈:肆拾贰年夏税内,农桑折绢、税丝、本色丝、丝绵肆项,共银贰万伍千壹百肆拾捌两陆钱柒厘捌毫壹丝,每年俱在壹条鞭之外,各另派征。今若与其余钱粮,俱为壹条鞭,每石折增不过分厘,不惟便民,抑且革弊。况上年,已该各府,并派壹次。今岁相应并入条鞭派征。

由此可以推测,在嘉靖四十二年,当时被称为"壹条鞭"的征税方式已经在进行了,并且税粮的很多款项中有相当多的部分好像是被要求统合折纳的。虽然在"因革"的条目中只有这一段记载,但在接下来的卷四《税粮附录》的条目中,可以发现有很多与"一条鞭法"相关联的记述。虽然篇幅会很长,但接下来还是想给大家看一下出现在其开头部分的一段文字:

> 嘉靖三十四年,巡抚都御史刘案验,为查议派征税粮厘宿弊以苏民因事。行司会同按察司税粮分巡等道,将派征税粮事宜,从长酌议。要

---

① 参照拙稿《明の嘉靖前后における赋役改革について》(《东洋史研究》第 10 卷第 5 号,收录于《明代徭役制度の研究》后篇第一)的注释 54。

见某府所属,田粮无大不均,贫富不甚相远,可用一条鞭之法。某府所属,田有肥瘠荒熟,人有贫富亡存,须用三等九则之法。……续据济南府申,知府项守礼关称,本府所属历城、长清二县,递年俱用一条鞭分派;章丘等二十六州县,俱用三等分派;新泰、莱芜二县,俱用四等派征。规制虽有不同,飞洒积弊则一。小民受累,相应议处。为今之计,莫若本司派粮之时,备查该县坐到京边某仓若干石,该折色银若干,存留某仓若干石,该收麦米若干,通共各仓,该折色银若干,本色若干,将本县递年原定粮数,通融均派,每粮壹石,该折色银若干,准收几钱几分,本色米麦若干,明撒单尾,发府转发该县。由壹石而上,为拾石百石,以至千万石。由壹石而下,为壹斗壹升壹合。百姓皆自能以类而推也。本府仍查,某县每粮壹石,该折色银几钱几分,本色米麦几斗几升,不许大户分外多收毫厘升合,刊刻告示,分发各处张挂,使小民晓然,皆知今年税粮每石应该本色若干。已有定价,各执自己递年原纳粮数,查照告示,随使纳与大户而已,不必使之知为何仓口,亦不必令里书零分细派。纳者既有定数,收者自不敢欺冒。仍行该县掌印官,将概县里分置簿,品搭均匀,大县分为八区,小县分为六区或四区,每区为一柜,金收本色大户二名,折色大户二名,各给与一柜由帖,照数征收,亦不必定为何仓口。大户责之里长,里长责之拾排,拾排责之花户,及时输纳。收粮既有定制,起解亦须及时。……或将兖、东二府,照济南府法行。而青、登诸府,尤杂以三等九则之法。……

从这段文章的开头部分可以看出,嘉靖三十四年当时,至少在一部分州县,与税粮相关的"一条鞭法"被实行是确切的事实。而且需要注意的是,无论在巡抚的话语中,还是济南知府的话语中,一条鞭之法和三等九则之法都被作了对比。知府在开头处所说的三等或四等,大概可以看成三等九则的省略形式或者说是变形。与税粮的征派相关联的,将这种叫做三等九则的户等作为问题来看的事例,恕孤陋寡闻,笔者并不知晓以往有谁介绍过。这个所谓的三等九则之法具体是什么呢?关于这一点,我想到后文再谈。而当下的问题是,如果能够认为一条鞭法是可以与三等九则之法作对比的话,那么,在上面引文末尾处的叫做济南府法的法规不就自然而然地在指一条鞭法了吗?济南府法,也就是说,上面引文中所详细说明的税粮征收法,从内容上来看确实具备了能够称为一条鞭法的特征。可是倡导此法的济南知府项守礼自身并没有赋予其"一条鞭法"的名称,同时也没有使用其他的名称。实质上,这就是一条鞭法,然而明确地称呼其为一条鞭法是有什么不方便的地方吗? 或者是因为完全知道所以不用必须叫成这个名称呢? 关于这一点,尚不清楚其原因。不管怎么样,如果去看《税粮附录》后半部分的内容,巡抚刘采①举出了前面项守礼的倡议这一事实,也就是在嘉靖三十四年刘所复述的条鞭之法,因为有了这些内容的记述,所以项守礼所说的税粮征收法归根结底就是在山东被认为是一条鞭法的法规,因此刚才长篇引用的文字是对当时山东一条鞭法的内容作了具体的说明。

"一条鞭法"这个词的意思,可以认为是涉及了田赋徭役的整体,或者说是将田赋以及徭役之中各自种类繁多的项目一条化了。②而山东的情况,按照目前为止所看到的内容,也不能认为有特别需要解释和变更的必要。但是在本书《税粮附录》的条目中,却出现了感觉与这种通常意思稍微相异的"一条鞭"这个词的实例。来看一看下面这段文字:

> 如历城县原额小麦壹万叁千陆百柒拾叁石贰斗壹升叁合捌勺,起运玖千捌百石,每石原派银肆钱叁分,共银肆千贰百壹拾肆两;存留叁千捌百柒拾叁石贰斗壹升叁合捌勺,俱本色。概县不分寄庄上、中、下户,通为一条鞭。每额麦壹石,实征折色起运,计该柒斗壹升陆合染勺叁抄。每斗以原坐银肆分叁厘计,该征银叁钱捌厘壹毫玖丝肆忽。本色存留,计该贰斗捌升叁合贰勺柒抄。每斗加耗捌合,连耗计该麦叁斗伍合玖勺叁抄壹撮陆圭,席草银肆厘叁毫伍丝。不必定出各项仓口,只责令花户,照由帖内银麦数目上纳。其余州县,俱照前例分派。及将勘有荒田沂、滕、胶、莒等处,亦一条鞭责令熟地人户先行追征。一面行令该府,严督各州县掌印官,将荒地勘明应办银麦,仍令概州县熟地人户,通融均摊,亦一条鞭带纳。

这里没有区分寄庄和上、中、下户,统统看作一条鞭,总而言之,就是不分户等的差别。如果这样的话,就不得不想起刚才引文中一条鞭法与三等九则

---

① 根据《明督抚年表》卷四,嘉靖三十四年当时的山东巡抚刘,正是前一年到任的刘采。

② 可参照第 203 页注①中提到的拙稿第 17 页。

之法被作对比的事。因为在与三等九则之法对比的情况下,毕竟所谓的一条鞭法也在某些点上与户等是有联系的,也就是带有户等意义的法规,这么认为的话是比较妥当的。在这里所能看到的,其意思如果是无视户等的差别统合为一条的话,那么在山东的一条鞭法的意思就与向来所被认为的在性质上有些许不同了吧。

但是在刚才所看到的内容里,对于山东的一条鞭法,按照以往的解释来说好像也并没有什么问题。即使在上面所列的记述中,将此处提到的征税法本身作为在以往解释中的一条鞭法来理解,并不能看出任何障碍。"不必定出各项仓口,只责令花户,照由帖内银麦数目上纳",此记述在意思上正是一直被大家所熟知的一条鞭法的内容。如果这样认为的话,对于为该征收法所起的名称就会有两种解释或意思了。的确是这样,虽然在这里出现的解释与向来的解释乍一看是不同的,但实际上只不过是展现了事物的另一面,可以认为并不与向来的解释相排斥。对此我们没有详细说明的时间,简单论述如下。

虽然一概而论称作税粮,其中却有种种繁杂的详细项目,这是众所周知的事实。如果要将详细项目一一列出的话,是折纳还是本色纳?是起运还是存留?或者既是起运又是存留,其最终的交纳处所到底是哪里?——有着各式各样不同的条件。而且由于这些条件的差异,附加于其上的加耗也不同,或者还有带有其他名称的附加税的情况。另外,如果是折色的情况,还会有折纳率的不同。这样的话,虽说是同样的一石粮,结合实际来看,纳税者一方的负担必然是不一样的,或者还不如说有相当大的差异。像这种在各项的负担中存在差异的情况,将其具体地分派给纳税者时,如果要考虑负担上的公平,当然就要把纳税者一方的条件纳入到考虑的范围里来了。就像前文所介绍的那样,在山东与税粮相关联的三等九则法之所以成为问题,正是基于这些因素。这在本书本卷稍后将介绍的"三等九则,以重粮派上户,中粮派中户,轻粮派下户"这一史料中,体现得更加明确了。而且虽说叫三等九则,实际上像在前面提到的济南府的事例中所能看到的那样,也有分成三等或者最多四等的情况。关于此时与户等相当的税粮的轻重,可以参照《葛端肃公文集》卷一五的题为"与姜蒙泉中丞论田赋"的书信中的内容——"闻,今布政司分粮,量为上、中、下,上者每石价九钱,中者八钱,下者六钱"。因为可以认为这封书信的收信人姜蒙泉中丞是指隆庆元年到四年之间担任山东巡抚的右副都御史姜廷颐，①所以书信中所说的"今"当然就处于他在职期间了。

如果按照上述内容来分析，针对税粮的征纳所考虑的户等，是与如下事实相对应的，即作为税粮的内容，存在负担不同的很多项目。因此，如果把详细项目消解，将所有项目合计再均等分派的话，与其对应的户等就没有了考虑的必要。另外，反过来说，在这种对应关系已经存在的情况下，如果要考虑不问户等差别的方法，除了合算各项的总负担额再均等分派之外，应该就没有别的方法了。以往只要考虑到"一条鞭"这个词的意思，就会想到是专指这种各项合算一条化的法规，但是碰巧在山东，有与之存在对应关系的户等一条化，让我们清晰地认识到这也可以是作为"一条鞭"这个词的意思来考虑的。即便如此，户等首先在山东提出一条化的要求，这是否可以说成了施行一条鞭法的开端？关于这一点，还没有能够发现任何可以成为决定性材料的记述。当下笔者推测，在山东所看到的门银等制度中，对户等有着强烈的意识。也正因如此，一条鞭法不需要户等这一问题受到了特别的关注，于是才产生了刚才这里所介绍的解释。

在《税粮附录》的条目中，除了以上所介绍的之外，从嘉靖四十年代到隆庆年间，围绕一条鞭法有过各种各样的变化，都被详细地记载下来。虽然这些最多的是直接以巡抚见解的形式出现，但希望推进一条鞭法的意见和反对推进的意见，另外还有各种意见的论据，以及在这之中所夹杂的当时税粮缴纳的具体结构等，都有非常大的参考价值。或者还不如说，《税粮附录》条目的大部分内容是以一条鞭法为中心的记载。这里只不过是介绍了其中的一部分。

关于税粮的一条鞭法，在卷九《均徭附录》中也有记载。有两点让人很感兴趣，一是本书中指出了一条鞭法施行的最早时间，还有一点就是税粮与一部分徭役是有关系的。这些内容记录在隆庆四年巡抚都御史梁②的案验中，特别是记载了同年四月十三日经由户部咨文转引的吏科左给事中光的

① 根据《明督抚年表》卷四。
② 根据《明督抚年表》，梁为梁梦龙。

条陈,其中称作"定取民之制"的条款言及了一条鞭法。下文引用了其中的一部分:

> 嘉靖叁拾年以后,未奉题准明例,不知何故,偶变而为一条鞭法,无复斗升之数、仓口之别,岁岁不同,则虽官府亦不能纤悉查算,小民何从知之。且又黄蜡、柴炭、颜料之属,旧规皆派于均徭,逐末者亦应有分,今入田赋中,富商大贾,脱然无与,而农家之苦,又增一倍矣。……

对于此文,关于户部的见解,其结论部分如下:

> 相应申明题请,恭候命下,咨行山东等处巡抚都御史,及咨都察院,转行巡按御史,严行司府州县掌印官,务要查审。尔来一条鞭法,如果于民无便,即便虚心酌议停止,毋事拘牵。其黄蜡、颜料、柴炭之属,旧规既系丁田均有所派,今独派之田赋,当即改正。已后两直隶十三布政司府州县官,不许擅将成法变易。……

也就是说,从户部向布政司下发了行文。而梁梦龙根据中央的这些意见,对于隆庆四年进行的隆庆五年、六年均徭的审编,发出了若干指示。在这之中,因为从上文作为问题提出的有关税粮的一条鞭法来看,并不是直接说一条鞭法如何如何,但是如果非要举出与前面引文有关联的地方,比如有此记载:"黄蜡、柴炭、牲口、果品、料价等项,仍遵成法编还均徭。"将原本包含于均徭的黄蜡、柴炭等项,作为一种徭役来科派,如此理解的话,根据上面所看到的内容,这些项目被纳入田赋,从这个事实以及为了田赋的征收而实行一条鞭法这一行为来看,这种情况下的一条鞭法难道不是将田赋和徭役的一部分统合了吗?①

　　关于最早在山东实施一条鞭法的时间,还想在这里补充说明一下。清水泰次博士在其《一条鞭法》的文章之中,曾经指出《葛端肃公文集》中有山

---

① 黄蜡、柴炭等项,如果作为折纳,大概会被总称为"料银"等吧。这样说来,此项被并入田赋中的事例,比如在嘉靖八年的广东就存在,并不是什么稀奇的事。关于这一点,参照[日]山崎武治《一条鞭法の创行について》,《立命馆文学》第152号。另外山东的情况,料银并入田赋好像并不是一条鞭法成立的动机,或者其名称的由来。因此在研究一条鞭法的成立和普及的时候,料银的问题大概只要作为附带的问题来看就可以了。

东在嘉靖二十年以来实行一条鞭法的记载。①之后笔者开始着手于明代史的研究,虽然受到清水博士业绩的引导,但在对待一条鞭法时,还是回避了上述观点。②究其原因,第一,除了上面葛守礼的记述以外,还无法找到记录嘉靖年间山东的一条鞭法相关内容的文献,因此并不能充分理解葛守礼所叙述的内容;第二,怀着如下的先入之见——与银纳化的问题相联系,华中地区到了嘉靖末年才开始实行的一条鞭法,而在被认为是经济上欠发达地区的山东,却提早了二十年就已经实行了,实在是不敢想象。但是等到看了《山东经会录》以后,如前面提到的,有嘉靖三十年以来一条鞭法被实行的记载,虽然与葛守礼所说的还有十年的差距,但不得不改变原有的华北地区一条鞭法的实施在万历以后这一见解,并回到清水博士所指出的观点上来。当然在这里只是将一条鞭法的名称作为问题来讨论,而嘉靖年间与万历以后的一条鞭法在内容上应该也并不相同。关于这一点的详细分析,必须留待日后的考察,但理所当然可以预测到的是,万历以后的一条鞭法中各项目的统合程度应该比之嘉靖年间更进一步地发展了。

另外,在《山东经会录》中出现的一条鞭法,不止有关于田赋的记述。在卷九《均徭附录》中也发现了关于均徭的记述,如下所示:

> 有一条鞭派法。隆庆二年,委官同知弋正等呈,为审编均徭事。照得,均徭除力差有倍加之费,俱编殷实人户应役外,其一切银差,止照原数征收。缘各审官分派之法,银以布政司坐单为序,人以该州县里分为序。照款逐项,次第挨编,非不均平,但差有缓急,里有丰疲。差之紧要者,或挨编于凋疲之里,追征不前;差之稍缓者,或挨编于富庶之里,沿袭不纳,以致征解掣肘。此自其公平者言之,尚有前弊。又有挑选富民,作柴薪马夫等项,以便己私,诚有如抚院所虑者。兼之奸豪之贿买,书写之那移,弊盖有难尽言者矣。要之皆立项款致之也。为今之计,合照抚院原行一条鞭之法,总计州县各项银差银若干,该州

县门丁若干,除上户编贴力差外,将余剩银两并下户应出之数,通融扣算,务与原额银差,数目相合,削去项款名色,逐里逐户,遍给由帖壹纸,止写该银若干,并不开系何项,通金殷实大户肆名,置簿给发一总,眼同收受。收过银两,查照原坐款目,如某项急,先尽某项完纳;起解稍缓者,以次完纳起解。其京班柴薪料价等项该解京者,付部运钱粮官代解。若胖袄等项该成造者,仍令金大户,照数给银成造起解,庶银差均平,不致加增,而书算亦免那移等弊。具呈巡抚都御史姜,批允遵行。

从上述的内容来判断,这里作为一条鞭法的内容,只有均徭中的银差会成为问题。应该就是通过将银差的各款项统一化,只以银额的多寡来标示,再来进行分派与征收的手续。也就是说,将徭役的一部分一条化了。此外,这种一条鞭法实施的时期在此处也成了问题。所谓的抚院原行的一条鞭法究竟是在什么时候被实行的呢? 还是说其并没有被实行,而是像上面提到的从隆庆二年才开始实施? 对于前者的情况,在那一时期确实是不明的,但即使被实行过一次,根据上文可以明确的是,一条鞭法在隆庆二年当时的情况下并没有被普遍实行。第三个问题,关于均徭的力差与银差的区别,笼统看来,以往一直认为两者是到了一条鞭法实施的时期才完成了统一化,可是如果像上面所示形式的一条鞭法存在的话,问题就不应该如此单纯地去理解了。也就是说,银差与力差的统一化,以及徭役的全面纳银化,暂且必须与一条鞭法分开来考虑。或者,如果要与一条鞭法相结合来考虑的话,必须这样来考虑,即根据内容将一条鞭法分为几个阶段。力差是在哪个阶段消失的? 在本书中所能看到的山东的情况,即使一条鞭法被实行,力差依然没有被统一化,而是继续存在。

　　本书在税粮方面记载了很多与一条鞭法相关的内容,但关于徭役的记载并不多。在卷七、八的《均徭因革》的条目中,完全看不到称为“一条鞭”或“一条鞭法”的文字。在《均徭附录》的条目中,除了这里介绍过的之外,非常遗憾,也看不到像样的记载。因此笔者的介绍也侧重于税粮方面,这也是不得已的事情,恳请读者见谅。虽说以上所论述的极为不完善,但还是要以此结束对本书部分内容的介绍。

三

如开头部分所述,笔者稍微尝试检索了一下中国和日本的书目,但是完全无法找到与本书相关的记载。当然这可能是由于笔者的不够用功、没有彻底进行调查的缘故。关于这一点,还要恳请博雅之士赐教。但是转念一想,可以认为,至少在清末以前的书目中,本书绝没有被记载过。因为这是与本书的性质相关联的问题,所以最后想就本书的性质稍作分析。

在像中国这样的从古时就开始实行文书行政的国度里,基于行政上的必要,制作各种各样的账簿是理所当然的事情。汉代便已形成如此详细的系统,这一点从近年来汉简的研究中就可以了解。而对于以唐代为中心的其前后的时代,从所谓的敦煌文书等史料中,也发现了形形色色的账簿,这也是众所周知的事实。在明代,赋役黄册和鱼鳞图册等,也是行政基础资料的代表性账簿,这无需赘言。而且这两者并不只是数据资料,也在实际分派田赋与徭役之时作为账册使用。这种性质的账簿,在明代还有均工夫图籍和均徭图册等是为世人所知的。[①]可以认为这些都是按照各自目的制作的徭役赋课的账册。

但是到了明代的后期,税役的各方面出现了种种变化或者进行了改革,与上面所提到的账簿的性质稍微相异,在某些行政机构,标示财政上基准的数字的册籍开始被制作。这恐怕在某方面属于会计册,也就是与总结实际财政的账簿相对应的册籍,但这是否可以认为与其并无关系,而是带有更大的意义才被制作出来的呢?这里所说的“基准的”并不只是代表基础的数据资料,而是带有着强烈的规范意义。当然,每个数字一定是以某个时期的实际为基础的,但作为整体,应该被认为是将存在于每个年度的特殊事件舍弃,成为将来可以被遵循的规范。因此这不止是被书写的产物,从被刊行这一点来看,也是有着很大特色的。这样的册籍多数是以实行某些改革为契机被制作出来的,另外在内容上并非都是全面的,也有的只限于某一部门。

---

①　参照[日]山根幸夫《十五・六世纪中国における赋役劳动制の改革》,《史学杂志》第60编第11号;《明初の均工夫について》,《东洋学报》第39卷第3号。

例如嘉靖三十八年在广东制作的《广东永平录》就是巡按御史潘季驯以实行关于里甲负担的改革为契机所刊行的册籍,其带有可以作为将来所遵循的规范的意义,内容上只与均平银有关,却可以认为是对于广东布政司全境的详细记录。今天非常遗憾的是,已经无法看到原本了,一般认为我们所能看到的嘉靖《广东通志》收录了其中的一部分,或者说是摘录。①而我们所能看到的是《钦依两浙均平录》,它与《广东永平录》拥有同样的内容。这是以嘉靖四十五年以浙江巡按御史庞尚鹏为核心制作的,现在收藏于东京的尊经阁文库。至于名称和内容上的类似,因为庞尚鹏是广东人,可以想象他有接触潘季驯《广东永平录》的机会,所以大致可以推断《钦依两浙均平录》是参照《广东永平录》制作的。另外,此书的序文中记载了刊行的缘起,是以浙江布政司的名义写成的题为"为节冗费定法守以苏里甲事"的文章,其体裁与《山东经会录》的序文相同,从"刊布后永世遵守"这个刊行的主旨来看,也可知两者有完全共通的性质。

这种刊行后对于将来带有规范意义的书册,还有比上面两种更早完成的,并且在内容上覆盖了税粮与役法的所有方面。作为实例,虽然关于这件"宝物"的存在与否无从得知,从文献上来看,有江南地区的被称为"赋役册"的书册,是在嘉靖十六年前后伴随着这一地区的赋役改革被制作的。因为此地是直隶地区,所以是以各府为单位。这究竟有没有覆盖到整个江南地区,还不清楚,但至少应天府、苏州府、松江府、常州府、镇江府等地的书册被制作了。②因为无法看到书册本身,所以不能具体并且准确地讨论其内容。但是在明末的地方志中,有一定程度上足以窥见其内容的记录,其中的一部分可能还是原封不动转载的。比如嘉靖《吴江县志·食货志》大篇幅地利用

---

① 参照第 203 页注①中提到的拙稿。

② 关于成为制作这种书册的机缘的税役改革,参照第 204 页注①中提到的拙稿。另外《明史》卷七八《食货志》"赋役"条中使用了"经赋册"的名称,但是从后文叙述的地方志来看,可以认为"赋役册"才是正确的名称,如果不是这样的话,"嘉靖十六年书册""王仪之书册"或者"应檟之书册"等含糊的名称也被使用过。"经赋册"大概是在与制作"赋役册"相同的地区,于万历十六七年制作的同样内容的书册,看来是《明史·食货志》将这两种书册弄混了。关于"经赋册",比如万历《嘉定县志》的凡例中载有"万历十六年,兵宪李公涞,刊行'经赋册',而税粮始清",在同书卷五《田赋》的条目中,可以找到关于这一点的更加详细的记述。另外在万历《镇江府志·赋役志》中,"万历十七年巡抚李公之经赋册"或"万历十七年经赋册"的名称也经常被引用。

了"嘉靖十七年知府王仪刊定书册",特别是转载了田赋与差役的详细项目和数字,展现了原书的部分面貌。而所谓的"王仪刊定书册",毋庸置疑,与被称作"赋役册"的书册所指的是同一书册。另外,在万历《上元县志》卷二《田赋》的序文中,还有根据巡抚欧阳铎所制书册的大纲而制作的田赋志的主旨,如下所示:

> 昔者欧阳公之抚留圻也,逮诸守宰,究心民瘼,殚精国计,作书二册,一摘略节与民周知,一详款目官府备照。大纲有四:曰以八事定税粮,以十有二事定里甲,以二事考均徭,以六事考驿传。垂为定则,无所容奸,民受其赐颇久。世远人亡,其书销毁。而父老所传,仅存抄本。今其细目虽已增损不同,大都不越纲要之外,是用纲仍其旧,目准诸今,作《田赋志》。

而且在正文的部分也原封不动地记载了这里所列举的"以八事定税粮"以下的纲目。除此之外,还存在若干处关于"赋役册"和其内容的记载。①

　　上面所说的"赋役册",在管见的这种被刊行的书册中是年代最早的实

---

① 关于应天府的情况,如上述《上元县志》记录得比较详细,另外万历《应天府志》中也有引用"嘉靖十六年书册"的名称。关于苏州府,除了本文所列举的《吴江县志》以外,嘉靖《常熟县志》卷二《徭役志》中也有记载:"王以台指创为'赋役册',以颁布之属邑。"说的是知府王仪接到了台指,也就是巡抚欧阳铎的指示,而制作了"赋役册"。万历《嘉定县志》卷五《田赋》的条目中记载:"初王公仪,取户部岁坐钱粮之目,编刻成书,谓之'赋役册',使后有考焉。"而在卷六《徭役》的条目中也能看到"赋役册"的名称。关于常州府,万历《常州府志》卷六《征输》的条目中引用了"嘉靖十七年书册",另外附载于同条末尾处的"应太守楷征输旧规"可能也是引用自同一书册。还有同书卷一〇的《应楷传》中,虽然看到的是制作了"与民周知册",不过因为这是本文记述的《上元县志》中所说的两种书册的一种,适用于"摘略节与民周知",可以认为应该还有一种书册,也就是"赋役册"在同时被制作了。关于同府,还有《天下郡国利病书》所载《武进县志》"征输"的条目,引用了"应知府楷书册"。清水泰次博士曾经在《明の世宗朝における苏州地方の丈量》(《东亚经济研究》第 26 卷第 1 号)的末尾处,根据崇祯《吴县志》列举了"嘉靖十七年刊定经赋册""嘉靖十七年刊定徭里册"等名称,而"经赋册"的名称可以认为是与之前注释中提到的万历年间的"经赋册"弄混所产生的错误。与镇江府相关的是,万历《镇江府志》从卷五到卷一〇的《赋役志》中,"嘉靖十六年巡抚欧阳公赋役册"或者单独写成"嘉靖十六年赋役册"经常被引用,特别是卷八《均徭》和卷十《驿传》的条目,从写法来看,好像完全是转载的原文。关于松江府,现在并没有找到进一步明确的记载,但在万历《上海县志》卷三《田赋》和卷四《徭役》等的条目中,记载了嘉靖十六年知府黄润进行了"以八事考税粮""以九事考里甲"的改革,另外因为还出现了"赋役册"的名称,可以认为情形上是与上述各府的情况相同。另外参照第 204 页注①的拙稿。

例。可以认为在这之后,相同性质的书册开始在各地刊行。同样是江南地区,在万历十六年,"经赋册"被制作。①在最近出版的《北京图书馆善本书目》卷三中,也记载有嘉靖刻本的《河南赋役总会文册》二册、万历刻本的《四川重刊赋役书册》四册,而万历以后各地"赋役全书"的制作是众所周知的事实。按照笔者个人的观点,嘉靖以后以各式各样名称制作的此种书册,在万历以后,其名称逐渐统一为"赋役全书",一直到清初都可以看到全国范围内统一的"赋役全书"的刊行。本文所论述的《山东经会录》也是在这样的潮流中出现的,可以将其作为那些书册的一种来理解吧。而且《山东经会录》是在时间上较早的一种,在同类书册残存可能性极小的今天,具有很大的存在价值。

而这些书册,如上所述,虽然是带有成为将来规范的意图被刊行的,但其颁布范围只限于通常管辖区域内的地方官府,因此估计刊行份数极少。而且,这类书册无论到何种程度,都还是官府的资料,即使被印刷装订成同样的外形,恐怕也不能认为是书籍,因此想来不会成为藏书家收藏的对象。根据这两个理由,成为个人收藏传世的机会非常少,即使在官府,随着时间的流逝,其记载与现实大相径庭的话,别说是作为规范,即使作为资料也已经没有任何用处,所以就不能逃避被丢弃的命运。嘉靖十六七年左右制作的应天府的书册,五十余年后在编纂《上元县志》时,已经只有抄本留存于世了。从前面提到的这件事,大概可以在一定程度上窥见这之间的情形。而《山东经会录》并没有被收录于明清的书目中,也可以认为完全基于上面的理由。著述的东西才是书籍,如果这样来考虑的话,确实《山东经会录》等无法进入书籍的范畴。这一类在书目中的登场,大概是从书籍的概念发生变化、书目收录范围扩大的近代才开始的事情。

补记

将本文发送给编者后,从北海道大学的藤井教授那里收到了惠赠的《创行期の一条鞭法:傅汉臣の上言をめぐる诸问题》(《北海道大学文学部纪要》第9号)。这篇论文的第五节题为"葛守礼における'一条鞭法'",按照

① 参照第213页注释②。

在山东葛守礼所记述的,论述了自嘉靖二十年始一条鞭法在一部分地区被实施,以及首先从税粮方面开始的事情。关于对葛守礼记述的评价,甚至山东一条鞭法实施的事实,这里大幅修正了以往见解的错误。由于这篇论文的出现,笔者在本文所论述的内容中,可能有些已经归为无用了。但因为本文是以资料的介绍为中心,其资料不期在某种程度上也许成了藤井教授论点的证据,以个人观点,虽然与藤井教授的论证有重复的地方(当然没能像藤井教授那样以彻底明白的形式提出),校正之时并没有加以修正。谨在此写明以恳请藤井教授及读者之谅解。

(原载于[日]岩见宏《明代徭役制度の研究》,京都:同朋舍,1986 年)

宋宇航 译   时坚 校

书评:岩见宏《明代徭役制度研究》

［日］山根幸夫

《明代徭役制度研究》(《明代徭役制度の研究》)一书是岩见宏研究明代徭役制度的集大成之作。我虽与他几乎同时开始研究明代徭役制度,但他在 1949 年就发表了处女作《明代嘉靖前后的赋役改革》(《明の嘉靖前后における赋役改革について》)。两年后我才发表论文《十五、十六世纪中国赋役劳动制度的改革——以均徭法为中心》(《十五·六世纪中国における赋役劳动制の改革——均徭法を中心として》),从此我们两人在这方面开始齐头并进。之后小山正明、栗林宣夫、森正夫、谷口规矩雄等也陆续参加进来,并且形成了关西以岩见宏为首、关东以我为首的两个不同的研究中心。

1966 年,东京女子大学学会出版了拙著《明代徭役制度的展开》(《明代徭役制度の展开》),它收辑了我在这方面研究的各项成果。应我之请,岩见宏为此书写序。以后我屡次希望能见到岩见宏的研究成果。1974 年,他在京都大学完成了博士论文《明代徭役制度研究》。由于杂务所缠,该文未能正式出版。直到 1986 年 5 月,岩见宏才将该文与其他论文收辑成书,仍定名为"明代徭役制度研究",由同朋舍正式出版。兹将全书的目录介绍如下:

前篇　明代徭役制度的变迁——以上供、地方公费及其关系为中心

第一章　明初的徭役制度

　第一节　均工夫

　第二节　杂役

　第三节　里甲正役

第二章　明初的上供物料与地方公费

　第一节　明初上供物料的办纳方式

　第二节　物料负担的增加

第三节　地方公费的支办原则

第三章　上供、地方公费和徭役之间的关系

第一节　上供、公费与里甲正役

第二节　上供、公费与均徭（一）——关于九等法

第三节　上供、公费与均徭（二）——关于听差

第四节　从九等法到门银、丁银

后篇均收以前发表之文，其中：

第一　明代嘉靖前后的赋役改革（《明の嘉靖前后における赋役改革について》，《东洋史研究》第 10 卷第 5 号，1949 年）

第二　明代地方财政的考察——关于广东的均平银（《明代地方财政の一考察——广东の均平银について》，《研究》第 3 号，1953 年）

第三　关于银差的建立——明代以银折役的一个问题（《银差の成立をめぐって——明代徭役の银纳化に关する一问题》，《史林》第 40 卷第 5 号，1957 年）

第四　明代的民壮与北疆的防卫（《明代の民壮と北边防卫》，《东洋史研究》第 19 卷第 2 号，1960 年）

第五　江西一条鞭法杂考（载《研究》第 35 号，1965 年）

第六　明代杂役的赋课——均徭法与九等法（《明代における杂役の赋课について——均徭法と九等法》，《东洋史研究》第 24 卷第 3 号，1956 年）

第七　嘉靖年间的力差（《嘉靖年间の力差について》，《田村博士颂寿记念东洋史论丛》，1968 年）

第八　关于均徭法的一则史料（《均徭法に关する一史料》，《内田吟风博士颂寿记念东洋史论丛》，1978 年）

第九　均徭法、九等法和均徭事例（《中华文史论丛》1981 年第 2 期；又收录于《明清史国际学术讨论会论文集》，1982 年）

附篇

第一　关于《山东经会录》（《〈山东经会录〉について》，《清水博士

追悼记念明代史论丛》,1963 年)

第二　关于《皇明条法事类纂》(《〈皇明条法事类纂〉について》,大安 12 之 11,1966 年)

"前篇"是岩见宏的博士论文,对明代徭役制度作了全面的解说,但以明代前期内容为主,故称"前篇"。其中第二章的第一、二两节,曾以"论明代上供物料与徭役的关系(明代における上供物料と徭役との关系)"为题在《东洋学报》第 55 卷第 2 号(1972)上发表过。"后篇"则是作者其他论文的汇辑,按发表年序排列,其内容与"前篇"无甚重复。书后所附两篇史籍介绍的文章,也与全书内容有关。由于我曾在史学杂志的"回顾与展望"专栏中对"后篇"的论文作过评介,此不赘。现仅就"前篇"作些评介。

"前篇"的要旨在于解释以下问题:上供物料与地方公费的负担是如何发生的? 它们由谁来承办? 这一制度如何形成?"前篇"写作的意图也许是对我的观点进行批评吧。我曾在讨论均徭法时,发表过《关于明代里长职责的考察》(《明代里长の职责に关する一考察》,《东洋学》第 3 号,1952 年),从许多方志中搜集了不少有关里长、甲首职责的史料,还找到有关上供、地方公费的史料。这些却不见于编年史、实录及政书中,对此我十分惊喜。因而相比最初发表关于均徭法的论文时,我对第二篇关于里长职责的论文更有自信。但是我并没有注意到上供、地方公费负担的起源,认为这一切似乎在明初就已存在。尽管我对这一问题没有下过肯定的结论,可是我在《明代徭役制度的展开》一书中提供了推测,认为一部分特殊的上供,可能是由明初的现年里甲负担。岩见宏就此与我商榷,他在《明代地方财政的考察——关于广东的均平银》一文中提出:上供、地方公费等现年里甲的负担,大概是从明代中叶开始出现的。

因而岩见宏在此书"杂役"一节中,首先引用洪武年间的《实录》《会典》《诸司职掌》等史料,详细地分析了各种杂役的实态,阐述在里甲制确立之后,里长、甲首的正役也得以确定,尔后才出现杂役。而且永乐以后也有若干附加杂役。文中分析了皂隶中分化出门子、库子的现象,还分析了均徭科派的基础"户等制"与税粮之间的关系。但是,均徭法实施时所制定的"均徭册"却没有明确地记载这些情况。因此,我认为他关于明初有杂役而无杂费的见解,是有不少可疑之处的。恐怕不宜过早地作出简单的结论。

　　第三节"里甲正役"特别阐述了作为里长职责的"勾摄公事"的内容。本节中指出,它对于户口、差役、税粮、田土等方面的不正当行为负有责任。过去我认为,这类公事中的公费负担要到明代后期史料中才见得到。但是,岩见宏认为明初并不存在上供、地方公费等现年里甲的负担,而在明代中期以后的各地方志中才见到关于上供、地方公费等史料。所以他认为,从明代中叶起,上供物、地方公费已成为"勾摄公事"的一部分。

　　以上是第一章的大旨,这一章也相当于全书的序说。而第二章《明初的上供物料与地方公费》、第三章《上供、地方公费和徭役之间的关系》,则是"前篇"的中心所在。

　　作者在第二章第一节"明初上供物料的办纳方式"详细而具体地指出:明初政府采用了实物主义的财政政策,在办纳必要的物资时,政府与其说是购入,不如说是以调配现物为主。文中依据《诸司职掌》分析了办纳物资的方式计五种:1.政府向产地的生产者直接征纳实物;2.政府强迫征纳实物;3.政府以折成税粮一部分的形式征纳实物;4.政府以抽分的形式向商人征取实物;5.政府用货币向民间购买实物。其中第二项大多为临时性措施,第四项则与一般民众无关,因此岩见宏着重以一、三、五项为考察中心,最后认为:随着流通经济的发展,明初的实物主义迅速崩溃。政府的物资办纳方式中,买办的比重逐渐增加。显然,他所说的买办是指第五项办纳方式。

　　作者在第二节"物料负担的增加"中,打破过去的惯例,不只是从上供物料数量、种类的增加来看问题,并且强调指出,随着年代的推移,一些不合理的负担日益加重。而且,从明初起,上供物料就以直接缴纳或以折纳税粮的形式,成为百姓的负担。

　　作者又指出,物料日益增加的部分,可能大多采用买办方式办纳,并举有例证。相对而言,比起实物征调,采用买办方式对民间更有利。他还介绍了"均役义仓"费用的支办情况,遗憾的是,书中并没有说明在支办一切上供物料的过程中是否都存在着买办的形式。

　　第三节"地方公费的支办原则"首先指出原先的地方公费是从征收的租税中扣除,别无他法。到明代后期,这些公费却有不少转变成额外摊派。我认为作者所说明初的情况,并不确切。因为作者以所引《广东通志》的史料当成其论均平银(即岁办、额办、杂办)的依据,同时还参考《诸司职掌》《实录》,虽然考证颇细,却是结论欠妥。鉴于其他项目史无明载,因而除木铎老人一项外,所有地方公费均由官费支出。这仅是岩见宏的推测而已,我们不能因明初史料的缺乏,而以后期的情况来臆断明初。我觉得与其取时间与明初相距较远的明后期为参考对象,还不如取明中叶的情况更为合适,因为明代中期在个别地方已出现了均平银,地方公费负担的制度化就有可能在明代中叶出现。不过作者经过考察,认为明初的上供及地方公费负担却与里甲正役并无关系,这点是可以断定的。

作者在第三章中试图说明:明初原先各种存在内在关系的上供、公费负担、徭役等,随着时间的推移,彼此发生了关系,甚至出现两者结合的情况。在第一节"上供、地方公费与里甲正役"中,岩见宏首先举例说明明代中期开始产生现年里甲负担上供及地方公费的例子。具体而言,在宣德、景泰或成化、弘治之际出现这种情况,并非明初就已存在。可是关于上供、地方公费的负担,据方志等史料记载,明初就由现年里甲负担。所以我认为岩见宏的看法是值得商榷的。

第二节"上供、地方公费与均徭(一)——关于九等法"中,作者依据成化十五年《会典》、丘濬《大学衍义补》来论述民户被分成九等,以承担物料的摊派。作者认为"九等法"(三等九则法)、"均徭法"的名称虽在成化以前没有出现,但当时实际上却已存在。书中还举出何乔新在湖广推行的赋役政策为例,来推测"九等法"的实施。由于缺乏史料,岩见宏并没有能够明确地说清"九等法"的内容,也没有介绍均徭法中是否包括上供、地方公费的负担。不过我认为他对"九等法"所作的推测,并不是没有道理的。

他的第三节"上供、地方公费和均徭(二)——关于听差"是依据散见于华北各地方志中有关听差的史料,来论证听差户是为负担上供物料而设置。书中指出,从嘉靖时期山东的门银、丁银制和"九等法"(听差仅其一种)的情况来看,它们并非在此时突然产生,应类似"九等法",早已存在。当这一方式扩大到所有杂役中,便形成了门银、丁银制。

第四节"从九等法到门银、丁银"中,作者论述成化以后,赋课施行的方式是"九等法"。虽然成化以前,上供、地方公费以各种各样的形式存在着,可是到成化十五年政府颁发命令后,"九等法"便得以普及。因而成化、弘治以后的均徭法,由十年一编轮番制的狭义均徭法,成为含有九等方式分摊赋课的广义的均徭法。这种广义的均徭法,在华北便发展成为门银、丁银制。

关于门银、丁银问题,谷口规矩雄曾发表《明代华北银差成立研究:以山东门银的成立为中心》(《明代华北における银差成立の一研究——山东の门银成立を中心として》,《东洋史研究》第20卷第3号,1961年),我也写了《明代华北役法的特征》(《明代华北における役法の特质》,《清水博士追悼记念明代史论丛》,1962年)。然而岩见宏与我们不同,他把门银的定义扩大了,即把嘉靖《彰德府志》所载银赋、康熙《扶沟县志》所载银差,统统称作"门银",而不称"差支"。丁银与门银也都是先形成,然后才有固定的名称。它们的名称是在嘉靖后期开始出现的。

通过考察,作者在"前篇"三章中得出这样的结论:里长本来并不负有承担上供物料的责任,自明代中叶开始,上供、地方公费才成为现年里甲承担的责任。杂役的一部分这时也以赋课的方式("九等法")出现。这样,在作为杂役总称的均徭中,包含着两种形式,一种是以"九等法"分派的上供、地方公费;一种是以轮番制为形式的徭役。在华北,均徭中的"九等法"方式得到扩大,出现了门银制,接着又出现了丁银制。具体而言,明初杂役以税粮为赋课的基准,自洪武十八年起,除了驿传役,以上、中、下三等户为摊派的基准。自正统年间起,实行均徭役,赋课的基准主要是以田土或者说税粮为主。成化、弘治之际,徭役可以用银代替,这一规定的结果,在地方公费及上供的征收中,出现了"九等法"。故而,当时地方上的均徭中存在着两种赋课方式,在华北,随着"九等法"的扩大,形成了门银、丁银制;在江南,出现了以丁和田为基准的"十段册法"。不久,出现了"一条鞭法"。

岩见宏通过上供、地方公费和徭役的关系,来说明徭役制度的变化大端,阐述上供与地方公费关系的由来与发展。经过颇为繁细的考证,他还论述了"九等法"、听差、门银与丁银制诸问题。从作者的论证中,我们可以看出几点:第一,作者主要考察的对象是华北,特别以山东为主。根据作者所说,"九等法"作为制度,主要在华北推行。门银、丁银制也是在华北一带推行。第二,作者对"九等法"颇感兴趣,他通过对华北徭役制度变化的考察,来说明"九等法"的普及。可是明代史料中有关"九等法"的记载极其缺乏,成化十八年之令是否施行,尚缺乏实证,不然华北的方志中为何不对"九等法"作具体的记载呢?第三,与我的观点相反,作者对明初现年里甲负担上供、地方公费一事予以否定。由于史料的缺乏,得出不同的推论,自然在所难免。但是,上供、地方公费的负担科派现年里甲,则在各地有很大的差别,如实施的年代、分摊的品目、支办的形式等,这些情况在各地方志中有所反映。据我所知,这种负担变化的最初方式是纳钱,它们被称作里甲钱、均平钱。后来随着徭役银纳化的进展,产生了里甲银、均平银,直到一条鞭法的产生。而这些大体上是由现年里甲来负担的。第四,作者的论述对象以华北为主,而华中、华南则有所不同。那么,为什么华北会产生这种特殊的徭役情况呢? 作者对此却很少论及,难免使人费解。

当然本书虽有一些不足之处,但字里行间毕竟时展新意,令人欣喜。此专著是作者多年研究明代徭役制度的结晶,我读后感到颇受启发,得益匪浅。我认为此书既是研究明代徭役制度的必读参考书,也是研究明代社会经济史、政治史的必读文献。

(原载于《东洋史研究》第 46 卷第 1 号,1987 年)

任道斌 译　时坚、张叶 校

明代的畸零户

[日]鹤见尚弘

一、序　言

关于中国史研究中基本生产关系的意见分歧,田中正俊先生曾在历史学研究会的古代和封建协作部会上[①]指出:"以秦汉帝国为中心的古代史研究中,基本生产关系被认为是专制君主对人民所进行的个体人身式统治,从而把国家权力当作基本生产关系所固有的构成要素来理解;但是在中世史研究中,基本生产关系被认为是地主与佃户这对直接的生产关系,国家权力并没有通过某种媒介与该基本生产关系发生联系,而是从基本生产关系中被分离甚至被忽视了。"因此,他又指出,中世史研究所面临的问题,是"该历史阶段的国家权力,具体是通过'中世'中国所固有的怎样的特定媒介,与所谓地主和佃户这对基本关系发生关联的呢?"

这个问题的提起,在已过三年多的今天仍然有效且迫切,而且问题涉及诸多方面。在包括土地制度和赋役制度等各制度史研究尚不充分的现状下,解决这些问题仍然是困难的。

因此当前解决该课题的方法之一,是必须切实地积累制度史研究,在不断地探究制度之间的关联性的过程中,努力把它们综合起来。基于这种观点,本文重新研究在国家权力和直接生产者之间产生诸种关系的实际场所——里甲体制。不过,我这篇文章不像过去的里甲体制研究中所看到那样,仅仅研究里甲制度是自然村制还是行政村制这样里甲编制形式上的问题,[②]而是基于"所

---

① "中世中国的国家政权与土地所有关系",1961年。

② [日]山田秀二:《明清时代の村落自治に就いて》,《历史学研究》第2卷第3、5—6号。[日]松本善海:《支那地方自治发达史》第四章《明代》;《明代における里甲制の创立》,《东方学报》(东京)第12卷第1号。[日]清水盛光:《支那社会の研究》;《中国の乡村统治と村落》,《社会构成史体系》第2部;《中国乡村社会论》。[日]小畑龙雄:《明初の地方制度と里甲制》,《人文科学》第1卷第4号。

谓的制度,一般是和现实不同的抽象物,在制度实际实行时,它往往会因时因地而出现某种特殊侧面"这一观点,通过畸零户的实际情况来管窥里甲制度之一斑。

过去一般认为,明代的里甲制度是将以土地所有者为中心编制作为其原理的,其本来的成员就是里长户和甲首户,这种观点在学术界早已成了定论。但是大家都知道,除了里长户和甲首户之外,还有被称作畸零户和带管户的户。关于畸零户的问题,有人根据《明实录》有关洪武十年施行里甲制的记录和《大明会典》有关洪武二十四年第二次攒造赋役黄册的记事认为,"是鳏寡孤独而与赋役无直接关系的人户"①,"是指年老残疾以及幼小十岁以下和寡妇、外郡的寄庄人户而言的"②,"把不能承役的鳏寡孤独者,置于一里一百十户之外,将它命名为畸零户"③。这样,他们把畸零户看作没有土地、与赋役没有直接关系的户,或者认为是没有赋役负担能力的户。

但我在探讨有关畸零户的地方志和文集等资料的过程中,碰到了用上述结论不能充分解释的几个例子,因而感到有必要重新研究畸零户的具体内容。这篇文章就是一个以考察畸零户的具体内容为目的的制度史研究,同时希望能成为探讨里甲制内部阶级关系的有用素材。

二、小黄册图之法

关于明代设里甲制的问题,人们向来认为是在洪武十四年正月④开始设置的,在此以前,税役不是通过里甲征收的,也没有任何统一规定。⑤可是人们看到几年前中国出版的收录于影印本《永乐大典》的《吴兴县志》的引文后才明白,湖州府早在洪武十四年以前就实行了小黄册图之法,设了里长户和甲首户,这样便产生了重新研究里甲制设置时间问题的必要性。

---

① 〔日〕松本善海:《支那地方自治发达史》第四章《明代》。
② 前引小畑龙雄论文。
③ 〔日〕山根幸夫:《十五·六世纪中国における赋役劳动制の改革——均徭法を中心として》,《史学杂志》第 60 编第 11 号;《十六世纪中国における户口统计》,《东洋大学纪要》第 6 集。
④⑤ 〔日〕松本善海:《支那地方自治发达史》第四章《明代》。

　　关于设置里甲的时期问题,已由藤井宏先生①、小山正明先生②和笔者指出过了。特别是小山正明先生在"实政录研究会"上作了题为"关于设置里甲制的年代"的报告③,指出从吴国时期起,根据元代的都保制就已经设了里长,从洪武二、三年起,逐渐在各地设了和洪武十四年在全国实行的里甲制具有相同性质的组织。④关于这一点,笔者也没有异论,但这与后面的论述有些关系,因此首先探讨一下《永乐大典》所载有关湖州府的记事。

　　《永乐大典》卷二二七七《湖州府三·田赋》引《吴兴县志》载:

　　　　役法。元各都设里正主首,后止设里正。以田及顷者,充催办税粮。……国初各都仍立里长。洪武三年以来,催办税粮军需,则为小黄册图之法。……黄册里长甲首,洪武三年为始,编置小黄册。每百⑤家画为一图,内推丁力田粮近上者十名为里长,余十名为甲首,每岁轮流。里长一名,管甲首十名,甲首一名,管人户九名,催办税粮。以十年一周。其数分见各县。

又在"长兴县"项下引《吴兴续志》载:

　　　　黄册里长,洪武三年定拟。每百家为一图,里长一名,甲首一十名。不尽畸零,九户以下附正图,十户之上者,亦为一图,设里长一名,甲首随户多寡设焉。共计四百三十四图,逐年轮当催办税粮。

这个记述中首先值得注意的是,元代的里正都是根据田土的多寡来选出的,但在洪武三年以后的里长,除了粮之外还要经调查丁力的多寡⑥才能决定。第二,正图和畸零的关系是,畸零户数不足十户时是附于正图的,

---

①　[日]藤井宏:《明初における均工夫と税粮との关系》,《东洋学报》第44卷第4号。
②　[日]鹤见尚弘:《中国の国家权力と农民支配——明初の自作农を中心として》,东洋文库谈话会,1962年5月12日。
③　小山正明1962年3月于东洋文库。
④　照元代的都保制建立的里甲制以粮多者充当里长,但在洪武十四年以后实行的里甲制,却要在查验丁粮之多寡之后决定里长和甲首。据前引小山正明的报告。
⑤　这件史料记载说百户为一图,但其中写着"里长一名,管甲首十名,甲首一名,管人户九户",因此也许和洪武十四年的令一样,将百十户当作一图。
⑥　同样的《永乐大典》"归安县"条载"每图以田多者一户为里长",这就等于说史料上是矛盾的,如第227页注①指出的那样,有关"归安县"条的记述是不正确的,因此在这里没有采用。

但超过十户时却造一图作为正图，设里长，并相应于户数之多少，适当地设甲首。①在这里，畸零户与有无赋役负担能力无关，"畸零户"这一用语是在编制户数时按尾数这种意思来使用的，与后来洪武十四年令中的畸零户的含意不同。如果确实实行了上述里甲编制法，那么可以推测，当然就会有不足百户的图。

下面让我稍微探讨一下这个问题。关于洪武初期在湖州府属下各县施行小黄册图之法时期的图数，幸好在《吴兴续志》中有记载；但是记载洪武十四年全国设里甲以后湖州府属下各县里数的，以成化八年的记录为最早。在全国设置里甲之后，经过九十几年的成化八年以前，很难说湖州府属下各县就完全没有改编过里甲数。但是明代设里甲的目的在于通过确保朝廷的税粮定额，安定王朝政权。因此，里甲制的矛盾不太明显的明初到中期，只要没有特别明显的户口数的变动，就没有大幅度地改过里甲的原数额。我这种看法大概不会有大错。

在这个前提下，下面让我比较一下湖州府属下各县小黄册图之法中所见的图数和成化八年的里数。

表1　湖州府下各县的户数统计②

年 县别	洪武初（民、匠户是洪武九年，军户是洪武十年）	洪武二十四年	宣德七年	天顺六年	成化八年
乌程县	57 211	58 617	39 944	36 940	37 071
归安县	58 377	61 950	45 285	41 579	41 490
长兴县	41 187	40 124	37 559	34 562	33 759
武康县	10 887	10 256	11 262	10 767	10 773
德清县	34 880	11 057	35 664	33 746	33 853
安吉县	17 696	18 044	16 486	14 727	14 547

① 《永乐大典》"归安县"条同样引《吴兴续志》载："黄册里甲洪武三年始定，每一百户为一图，每图以田多者一户为里长，管甲首一十名。不尽之数，九户以下附正图，十户以上自为一图，甲首随其户之多寡而置。编定十年一周。总计七千六百六十图。该里长七千六百六十名，甲首七万六千六百六十名。"这里，甲首户数远远超过了归安县的户数，显然是错误的，看来图、里长和甲首数多出一位数。并且，里长和甲首数也是图数乘以一和十来表现的固定数字，因此决不能认为它表示了实际的甲首数字。

② 洪武初的数字引自《永乐大典》卷二二七七《湖州府三》所载《吴兴续志》。户数所系《皇朝抄籍》六县军、民户，长兴、武康、德清各县户数表明其中包括匠户。统计是把洪武九年的民户和匠户同洪武十年的军户加起来，其外的户数据弘治《湖州府志》卷八《户口》。

表2　小黄册图之法时和成化八年的里(图)数及一里(图)的平均户数

里数,平均户数 / 县别	小黄册图之法		成化八年①	
	图数②	一图的平均户数	里数	一里的平均户数
乌程县	675	84.8	282	131.5
归安县	766③	76.2	309	134.3
长兴县	434	94.9	259	130.3
武康县	166	65.6	62	173.8
德清县	589	59.2	217	156
安吉县	195	90.7	90	161.6

据表1、表2,很明显,全县的小黄册图之法中所载的图数远远多于成化八年的里数,特别是以九十几年间户数变动很少的武康和安吉这两个县为例,则其变化更加明显。如果比较一下一里(图)的平均户数,在小黄册图之法中,一图的平均户数至多也不过九十五户,德清县却不到六十户;但是成化八年,一里的平均户数至少也超过一百三十户,武康县甚至超过一百七十户。

这件事表明,洪武三年施行的小黄册图之法中所见的图数原额,并不是照旧被当作洪武十四年以后的里甲数原额带下来的,而是后来作为编制里甲的原额规定了与小黄册图之法中所见的图数不同的里数。这样看来,洪武三年施行的小黄册图之法与洪武十四年以后在全国施行的里甲的编制方式是不同的,特别是我在前面所推测的那样,里甲编制上的畸零户和正图之间的关系是不同的,看来在洪武十四年以后曾有过变化。

下面看一下与湖州邻接,因赋役沉重而有名的苏州府吴江县的里甲制。吴江县早于湖州府各县,即在洪武二年已经施行了里甲制,据下表3可知,吴江县也和湖州府属下各县一样,从洪武到天顺期间和成化年间相比,户数有减少的倾向。不过,它与湖州府属下各县不同,里数却几乎没有什么变化。并且乾隆《吴江县志》卷十六《徭役》"明代役法"项下载:

---

① 据弘治《湖州府志》卷四《乡都》、卷八《户口》,户数和里数都是成化八年的统计数。

② 据《永乐大典》卷二二七七《湖州府三》所载《吴兴续志》,有些地方把里称为图。

③ 据第227页注①加以订正。(译者按:原文本页3条注释与正文对应有误,翻译时根据正文对注进行了调整。)

甲首每图十人，洪武初定制。民十户为一甲，曰甲首。又以丁田多
者一户领户，曰里长。凡十甲则一百一十户，谓之一里。……里甲本县
五百三十图，后增一十八图。凡里长五百四十八人，甲首五千四百八十
人。按洪武初五百三十图，时城郭六图，乡都五百二十四图。成化中则
五百四十八图，时城郭九图，乡都五百三十九图也。

这里所说的洪武初，是指洪武十四年以前还是指其以后，不得其详。不过这
里所言的洪武初的制度，和过去认为在洪武十四年之后所设置的百十户为
一里的里甲制是一样的，而且还说明当时里数是五百三十图。如表 4 所载，
嘉靖《吴江县志》所记载的洪武二年的里数是五百三十里，也就是说，洪武二
年的里数和洪武初的里数完全相同。因此可以认为，所谓洪武初的里数，不
管是指洪武二年的里数还是指洪武二年以后的里数，应该就是以洪武二年
的里数作为原额，在这个基础上进行编制的。

表 3　吴江县的户数统计①

年代	洪武四年	洪武九年	洪武二十四年	宣德七年	天顺六年	成化二十二年
户数	80 382	81 572	74 831	79 645	68 365	72 445

表 4　吴江县的里数和一里平均户数②

年　　　代	洪武二年	天顺六年	成化八年	成化二十二年
里数	530	549③	550	564
一里的平均户数	151.6	124.5	?	128.4

这样看来，一般认为洪武二年在吴江县施行的里甲制，可能和过去认为
洪武十四年以后施行的里甲制具有相同的编制原则，或者极其相似，因此可
以说，洪武二年的里甲制已经具备了明代里甲制的标准形式。

如果以上述那样来理解洪武初期的里甲制度，那么就可以说，从洪武二
三年时期起逐渐在各地施行的、调查丁粮多寡后编制的所谓里甲制度，是相

① 嘉靖《吴江县志》卷九《食货志一·户口》。
② 嘉靖《吴江县志》卷一《疆域》。洪武二年的每里平均户数，因该年户数统计不明，故用洪武四
　年的户数除以洪武二年的里数。
③ 虽然与弘治《湖州府志》卷四《乡都》、卷八《户口》所载的成化八年统计数有十年之差，但是没
　有更接近的史料，姑且用之。

应于各地区农村所固有的具体而特殊的情况,并且根据最适合于征收税役的形式,用各种形式来施行的。

相应于各种各样的现实情况,采取多种多样的形式在地方施行的所谓里甲制度,随着明朝王朝权力的确立,逐渐变成了整齐划一的具有统一形式的制度,这个时间可能是洪武十四年。

但是,一般所说的制度这种东西,经常是和现实相区别的一种抽象物,因此即使是具有统一形式的制度,它必须相应于特殊的现实情况,经常采取特殊形式才能实现,里甲制度也绝不例外。下面讨论里甲制度和畸零户的关系。

三、畸 零 户

一般认为明代的里甲制在全国范围内实行的时间是洪武十四年。过去作为有关里甲制度的最基本的史料,举出了《明实录》和《大明会典》等。《明实录》"洪武十四年正月"条载:

> 是月命天下郡县,编赋役黄册。其法以一百一十户为里,一里之中推丁粮多者十人为之长,余百户为十甲,甲凡十人,岁役里长一人,甲首十人,管摄一里之事。城中曰坊,近城曰厢,乡都曰里。凡十年一周,先后则各以丁粮多寡为次。每里编为一册,册之首总为一图。其里中鳏寡孤独不任役者,则带管于百一十户之外,而列于图后,名曰畸零。册成为四本,一以进户部,其三则布政司、府、县各留其一焉。

这是说:百十户作一里,在一个里中丁粮多的十人作里长,其余百户作十甲,每年由里长一人和甲首十人轮流服役,里中不能负担徭役的鳏寡孤独者则在百十户之外带管,称其为畸零户。

这条记述中,一里之人户被分为这样三类:(A)里长户,(B)甲首户,(C)畸零户。正德《大明会典》卷二一《户口二》"攒造黄册"条①也记载了同一份诏。但在正德《大明会典》有关洪武二十四年攒造黄册格式的奏准中却记载:

---

① 正德《大明会典》的记述在形式上几乎和《明实录》相同。其中记载:"……以一百一十户为里,推丁多者十人为长。……先后则各以丁数多寡为次。"但《明实录》却都记载为丁粮。

　　凡编排里长，务不出本都。且如一都有六百户，将五百五十户编为
　　五里，剩下五十户，分派本都，附各里长名下，带管当差。不许将别都人
　　口补辏。其畸零人户，许将年老残疾并幼小十岁以下及寡妇、外郡寄庄
　　人户编排。

意思是说：如果一都有六百户，用五百五十户编五个里，把剩下的五十户附
在都内各里长名之下，使各里带管，充当差役。剩下的这五十户，不允许补
充别都的人口来编制成一里；畸零人户则允许用年老、残疾、幼小十岁以下
者、寡妇和外郡寄庄人户来编排。可见这条史料更详细地说明了洪武十四
年令中有关畸零户的具体内容。

　　《大明会典》上的史料特别指出了，除了《明实录》所载(A)里长户、(B)甲
首户、(C)畸零户之外，还有(D)各里带管当差的户(以下简称"带管户"①)。
这种"带管户"是百十户正管户之外，在里长名下带管的户，因此原则上说，
它可能不是里甲正役的直接对象，但它是挑选丁粮多者百十户编成一里之
后剩下的户，并且是和由年老、残疾、幼小十岁以下、寡妇和外郡寄庄人户所
组成的畸零户相区别的，因此可以认为"带管户"就是有丁粮②而充当杂役
的户。

　　但在实际编制里甲时，所有村落的土地所有者不可能都是百十户的倍
数，因此实际编制里甲时当然就会有剩余户(D)。尽管如此，为什么在洪武
十四年的法令中没有记载(D)呢？一般来说，制度这种东西是根据一定的政
治意图，为了实现这种意图而设的，制度与现实绝不是无关的，但是制度本
身却包含着一定政治的主观意图，这是通例。并且像传统中国那样的专制
君主下，制度所体现的政治主观意图就是皇帝的观念，因此制度应该经常与
现实产生一定程度的乖离。③如果能这样理解制度的话，那么洪武十四年有
关里甲制的记事就是明太祖观念的最直接的表现。既然有丁粮户应该负担

① "带管户"就是相对于正管户的用语，正管户是由里长户和甲首户构成的百十户，带管户是
　百十户外带管的，故称带管户。在此，我没有把它当作一般的例子来用，而是与畸零户区别
　开来用的，故特作"带管户"。
② 所谓有丁粮户，不只是拥有丁和粮的这种户，其中可能还包括只拥有其中一种的户。
③ 例如，若研究一下明初以计口授田为中心的一系列自耕农的培养政策，就很清楚。田中
　正俊的《明初土地问题の一考察》(东京大学东洋史谈话会，1963年7月6日)讨论了这
　个问题。

里甲正役,而把没有丁粮、确实不堪于税役负担者当作畸零户带管于百十户之外,那么我们就可以认为,《明实录》洪武十四年的有关里甲制的记事就是主观上把所有有丁粮户划一地包括于各里百十户之内的、皇帝观念之原始形态的表现。但是,《大明会典》洪武二十四年的记述是某种程度上考虑到实际编制里甲过程中产生的问题以后发布的法令,因此它比洪武十四年诏令更具体、更实际。①

这样看来,明王朝意图的里甲内的阶层,具体地可以分为这样四类:(A)里长户,(B)甲首户,(D)"带管户",(C)畸零户。这就等于说,其中(D)是除里甲正役之外应杂役者,(C)才是《明实录》所谓的"鳏寡孤独不任役者"。

在户等关系上对这四类户说得最清楚的就是嘉靖《海宁县志》卷二《田赋志》"徭役"项:

> 国朝定制,凡府县都里每十年一造赋役黄册,②分辖上、中、下三户,三等人户内不拣军、民、灶、匠等籍。但一百一十户定为一里,内十名为里长,一百名为甲首,每里长一名领甲首十名。其外又有一等下户,编作带管。又下为畸零,分派于十里长下。排定十年,里甲依次轮当。

意思就是说:国家规定的制度是,每十年按府县都里将人户分为上、中、下三等,不论军、民、灶、匠等籍,攒造一次赋役黄册。③并且以十名为里长,百名为甲首,此外还编一等下户为"带管户",再把"带管户"之下的下等户当作畸零户,分派于十名里长之下。这表明,里甲内四个阶层相应于四等户乃至五等户,明确地被区别开来。

但在制度上表现出的王朝的意图在实际编制里甲的过程中,并不经常按原来的形态来贯彻。就处理畸零户的问题来说,王朝的观念和实际编制里甲之间是有很大出入的。也就是说,据嘉靖《惠州府志》卷五《户

---

① 洪武十四年的诏并不具体,这一点表明,与其说根据此诏在全国施行了新的里甲制,倒不如说是在此以前里甲制在各地已经施行到相当程度,因而该诏就是用统一的观点肯定里甲制这种倾向的结果。

② 松本善海在《支那地方自治发达史》第四章《明代》中认为,把黄册编造为户部进册、府州县总册、里文册等,但海宁县又特别编造了都册。

③ 松本善海在《支那地方自治发达史》第四章《明代》中认为:"身份能表示其徭役的军、匠、灶等户是分别记载于别的册籍的,编造黄册的对象仅限于民户。"但是据嘉靖和万历时期的史料来看,也有在黄册上一起记载的。参照[日]山根幸夫《十六世纪中国における户口统计》。

口志》载：

> 每一百一十户为一里，同一格眼谓之一图，立公正材干者为长，其
> 户十，甲首户百。在城曰坊长，在厢曰厢长，在乡曰里长。余者附于格
> 眼外，谓之畸零。

这是说：百十户为一里，以公正材干者十户为里长，以百户为甲首，如果有百
十户以上的户，则将它附于里之外，作为畸零户。这里所说的畸零户，不像
洪武十四年诏令所载那样，根据赋役负担能力的有无来区别，而是把百十户
以外的剩余户当作畸零户来对待。

畸零户的这种用例绝不是例外的，各地地方志上都能散见，这里举几个
例子。北直隶的天启《东安县志》卷二《补遗》"户口"条载：

> 每里十甲，每甲里长一户。又有畸零户，此十户之外附余者。洪武
> 初我邑编四十四里，该户四千八百四十，而畸零尚多，则户口概可见矣。

这是说：每一甲有里长一户，甲首十户，这十户之外的剩余户叫做畸零户；洪
武初有四十四里，其户四千八百四十户之外还有大批畸零户。①这种意思上
的畸零户可能是从明初开始的。

在南直隶，如果在一甲十户之外有畸零，就称它为畸零，如万历《上元县
志》卷一二《艺文志·寄庄议》"大名守姚汝循"项下载：

> 今夫一里十甲，一甲十排，一排十户，此正法也。十户之外有畸零，
> 则谓之畸零户。

乾隆《吴江县志》卷一六《徭役》"明代役法"项下也载：

> 甲首每图十人，洪武初定制。民十户为一甲，曰甲首。又以丁田多
> 者一户领户，曰里长。凡十甲则一百一十户，谓之一里，编成一图。有

---

① 地方志的户口统计中是否包括畸零户这个问题，是不能一概而论的，但万历《保定府志》卷
一九《户役志》"保定府"载："户口。户五万五百四十六，民户三万三千八百七十八，军户一万
三千六百六十二，杂户一千九百三十五，畸零户一千七十一。口六十四万八千五百八十
五。"并且在县别户口统计中，称寄庄户的，在二十个州县中四个州县的"该当"栏中有记载，
而这四个州县的寄庄户总数和府的畸零户数是一致的，可知保定府有一部分州县把寄庄户
当作畸零户向府报告。

余则附于各甲之后,曰畸零。

同样江南的乾隆《奉化县志》卷一《舆地志》"乡都"项中也记载了明代的制度:

> 里各以百十户,为十年。图年推一人为长,领甲首十户。不足者为带管畸零。每十年更造册籍,五年审察丁粮上下,以为正差杂役。

意思是说:一里为百十户,不足百十户不能编为一里,将它当作带管畸零。

福建的万历《宁德县志》卷一《舆地志》"疆域"中也载:

> 我朝……一图一长,而统十户,为一甲。或有过十户之外者,谓畸零。

这是说:一甲超过十户的,叫做畸零。事实上,这种用法不仅见于地方志,也见于《明实录》,"洪武二十三年八月丙寅"条载:

> 户部奏:重造黄册以册式一本并合行事宜条例颁行。……凡一十一户以附坊厢里长。坊厢里长以十甲所造册,凡一百一十户攒成一本。有余则附其后曰畸零户。

这是说:在一里一百十户的编制之外有余户时,把剩余户附于里之后称作畸零户。这一条实际上是为了在洪武二十四年第二次攒造赋役黄册时指示其方式,这些情况表明,实施里甲制以来,明王朝本身对畸零户有两种不同的理解。

如前一节所述,湖州府从洪武三年起施行小黄册图之法,把畸零户看作"附于正图",这就表明,有些地区是从明初开始把畸零户的意思当作不完全的户这种"畸零"原来的意思来使用的。由此可见,这种社会一般观念中表现出了洪武十四年法令"鳏寡孤独不任役者名曰畸零"的这种王朝方面的观念。

如果能这样理解畸零户,那么作为王朝观念和制度"当为"原则的所谓畸零户,的确可以叫做"鳏寡孤独不任役者",或叫做"年老残疾并幼小十岁以下及寡妇、外郡寄庄人户",不过我认为,在现实的里甲体制下叫做畸零户的户里,还包括编制里甲时从上等户到中等户、下等户这样挑出百十户作一里后的剩余户,也就是包括前述(D)"带管户"和相当于(C)畸零户的户。①嘉靖《香山县志》卷二《徭役》项下载：

> 里甲之制。洪武十四年始诏天下编赋役黄册，以一百十户为一里，同一格眼谓之一图。推丁粮多者一人为长，在城曰坊长，在乡曰里长。余一百人分十甲，每一甲则一长，管摄甲首十户。丁粮绝少及鳏寡孤独不任事者附于格眼外，谓之畸零户。轮年在官者曰见年里长，空歇者谓之排年，十岁而周。凡长自洪武来皆岁更。宣德初用户部建言，择丁产之尤殷者充之，自是非有大故者不更。②成化以后丁粮消长代换无定。

---

① 如果能这样理解里甲的编制形式，那么在特殊情况下，正管户中有佃户的可能性。关于这一点，现在还没有明确的史料。但在有万历四十五年序的《杜骗新书》中，题为"激友讼奸以败家"记载了这样的文章：

> 马自鸣浙江绍兴人，嬛巧小人，柔媚多奸。族弟马应璘，轻浮愚昧，家更富于自鸣。其父素与鸣父不睦，两相图而未发。自鸣见应璘愚呆，性又嗜酒，故时时与之会饮，亦连引诸人，共打平和。惟此两人深相结纳。人多厌之，不与共饮，二人乃对斟对酌，此唱彼和，自号为莫逆交。应璘有事，多取决于自鸣，自鸣亦时献小计，以效忠款。应璘素与亲兄不睦，数扬其短，欲状告之。自鸣反意劝阻，实于当机处，反言以激之，益深其怒。应璘遂先往告兄。经官断明，拟应璘殴兄之罪，又投分上解释，此为破家之始。又屡屡唆其与人争讼，家日破败。后自鸣往小户人家取债，见其妇幼美，归向应璘前夸曰："我今往其家取债，其媳妇生甚美貌，女流中西施也。我目挑之，俯首而过，其屋只一植。数往来于前。我神魂飘荡，不能自禁，又以笑语挑之，此妇亦笑脸回答，似亦可图。只怕其夫姑有碍，未敢施为。至今挂恋在心，寤寐思服。"应璘曰："此家是我甲首，又系佃户，图亦何难？我必先取之。"自鸣激之曰："汝若能得，我输你一大东道。依我说勿去惹此愚夫，若捉住彼粗拳真打死也。"应璘曰："未闻佃客敢殴主人者。"次日即往其家收条编，一见其妇即挑之，遣其婆出外曰："可外去觅菜来作午。"婆方出，璘即强抱其妇入房。妇在从否之间，见隔壁一妇窥见躲开，妇指之曰："其姆在隔壁窥见你，勿为此。"璘那肯休，只以为推托也。相缠已久，婆在外归，妇只得叫妈妈曰："主人如此野意。"婆作色叱璘。璘怒，先往县呈其拖欠条编，反凶殴里长。其佃人以强奸诉。官拘审邻妇窥见，亲姑捉获，其妇又貌美倾城，满堂聚观，啧啧叹赏。因审作强奸应拟死罪，后投分上，改作戏奸未就，而家业尽倾，田宅皆卖与。自鸣反责璘曰："我当初叫你勿为，你不听吾言，以至于此。"应璘曰："你口虽叫我勿为，先已造桥，送我在桥中去矣，难回步也。今欲怪你，又怪不得。孟子谓'非之无可举，刺之无可刺'，正你这样人也。"璘田卖尽，自鸣绝不与往来。朝夕相借，璘惟于谒亲兄，方知亲者终是亲，彼酒肉朋友。真伪情也。

这里出场的媳妇是里长马应璘里内的甲首，且记她为佃户，仅就这条史料来说，该媳妇之家既是佃户，又是甲首。但是没有确实证据说明该户不是自耕兼佃农。关于无地者变为一条鞭法对象这个问题，请读者参照第四节以下。

② 这就等于说，香山县在宣德以后根据户部的建议施行了里长永任制。

这里明确表明了,在畸零户中包括丁粮绝少户(丁粮很少之意①)和鳏寡孤独
而不任役者。

总之,"鳏寡孤独不任役者为畸零"这条规定,是在实际的税役负担上把
农民当作征收税役的对象,是以全面而最大限度地控制农民为目的的国家
意志的表现;反之,"百十户之外剩余户为畸零户"的规定是完全根据现实村
落结构的实际情况,以为了圆满而划一地实行里甲制度,从形式上整顿里甲
秩序作为其意图的。这样,把对征收税役的无限要求和实际征收税役中的
限度这两者统一起来,作为适应现实农村的具体规定,虽然在原则上,畸零
户里不包括"不任役者"以外有负担税役能力者,但实际上部分地存在有负
担能力的剩余户,如后所述,变成了负担税役的补充性的和预备性的队伍;
同时又造出了在形式上被置于里甲框框之外的"畸零户"这种形态。

四、畸零户和税役的关系

如前一节说明的,在里甲制内的所谓畸零户里,实际上是存在有丁粮户
的。下面看一下畸零户和税役的关系。关于畸零户的土地所有,在苏州府
吴江县人史鉴(宣德九年到弘治九年)的《西村集》"革奸对"项中有载:

> 或问邵监郡革奸之政于史,……曰:……今江南之税与役为天下
> 最,吾苏之税与役又为江南最。诸凡科率调遣征发,必视夫田之多寡轻
> 重,而第其则焉。以为布在方策,非如他货财可藏掩也。法既以之为
> 准,于是豪猾者益玩法焉。假妇女老弱之名曰带管,他郡别邑之名曰寄
> 庄,莫不多占良田侥幸免役。……惟我监郡公知其然。其始受任也,即
> 下令曰:凡带管户,户田十亩以下者听,逾此数者悉编入为正额,有不编
> 者罚无赦;凡寄庄户,户籍其田之数于官,官即牒本郡,若邑俾召役者有

---

① 诸桥辙次所著《大汉和辞典》中载称"非常少"。此外在王圻《续文献通考》卷二〇《户口考》
"册籍"项下载:"以一百一十户为一里,推其中丁粮多者十人为里长,余百户分为十甲,岁役
里长一人,管摄一里之事。……其田粮不及而附于一甲内者曰畸零。不在十户之限。"康熙
《石门县志》卷二《纪疆》"赋役"项下又载:"明洪武……十四年定以一里分一百一十户,设里
长十名,以一里长管十甲首。其丁田少者立为零户,附各甲后。"所谓零户,系指畸零户,根据
这条史料,把田少者当作畸零户这一点也是很清楚的。

所征焉,有不籍者罚无赦。……

这是说:明代中期,在江南的苏州府,豪猾者虽拥有大片土地,却玩弄法律,借妇女和老弱之名称带管户,①或者借他郡他邑之名称寄庄户而逃免税役。因此,为了防止税役不均,邵监郡②下令只把田土所有额在十亩以下者定为"带管户",而田土超过十亩的所谓"带管户"一概编入正管户内。由此可见,在明代中期的苏州府,有拥有田土的"带管户",制度上也承认了十亩以下土地所有者为"带管户"。

然而,十亩田土所有额对当时农民具有怎样的意义呢? 崇祯《乌程县志》卷三《赋役》载有曾任南京刑部尚书的归安县人沈演(嘉靖四十五年到崇祯十一年)的一段话:

> 以一夫十亩之家论之,一夫终岁勤动可耕十亩,一亩米二石亦称有年,计为米二十石。一夫食用可五石而赢,粪其田可四石而赢,盖所存止十石矣。实征米银正税亩可六斗而办,止余米四石耳。而妻孥之待哺,衣缕之盖形,皆取资焉。又将别立役银等项各色以困之。……又可轻言加派乎。

这是说:一农夫经营面积虽有十亩,但是办完税役就所剩无几了。此外,稍后时期的清顺治十年张履祥为海盐县澉浦的友人邬氏遗族所设计的农业经营计划③中载:

> 瘠田十亩,自耕尽可足一家之食,若雇人代耕则与石田无异。若佃于人则计租入,仅足供赋役而已。……勤力而节用,佐以女工,养生送死,可以无缺。

---

① 嘉靖《惠州府志》卷一《图经·长乐县图经》载有借女口之名称畸零户的例子:"嘉靖二十一年,畸零上言于县请。……长乐守御所富军,收买各图民田,秋粮一百六十余石,诡将女口寄籍计三十六户。多在琴江都良善,里长班下报作畸零。多肆刁顽,累及本眼。"
② 监郡可能是府之通判,邵监郡的经历不详。
③ 邬氏遗族有老母、妻、男儿二人和幼子一人,共五人。因老母和幼子不能养活自己,邬氏生前好友张履祥、韫斯、吴衷仲三人每年出米十石接济。因此,这个土地经营方案是计划通过一妻(遗孀)及男儿二人的劳动来养活邬氏遗族五人。这个家族三人这个数比当时家族平均数稍少,从靠妇女和子女的劳动力不足以经营土地的情况来看,它只能是粗放经营,产量也很低,因此这个家庭同当时标准的农家经营相比,不是特别富裕。(见《补农书》下卷附录《策邬氏生业》;《张杨园全集》卷一〇《书九·与吴衷仲》、卷一六《邬氏议恤序》)

意思是说:自耕十亩瘠田就够一家之食用,再加上勤俭节约和妇女做家内手工,就可以养生送死,过自给自足的生活。这就等于说,江南的十亩耕地是当时一个标准农民所能耕种的土地面积,①也表明了自耕十亩地,再加上妇女的家内手工劳动,是农民能勉强进行再生产的一个限度。

广东南海县人霍韬(成化二十三年到嘉靖十九年)的《霍文敏公全集》卷九上《吏部公行·咨广东巡按再将赋役册详议并查催广西文册由》里也记载:

> 验封清吏司案呈卷查,先奉本部送,据浙江布政司呈,送改议军民赋役文册,到部送司,查得册内事宜备云等因。案呈到部,看得巡按广东监察御史戴景已将广东一省赋役文册查议,造送到部册内事例。驿递、民壮等役,俱随粮带征。革去贪官赃弊,法固极善。惟州县官吏更不肯将驿递、民壮合用银数派入秋粮实征册内,致贪污官吏通同里胥多开条款。条款愈多奸利愈甚,须再行扣算。每县秋粮若干,驿递银若干,民壮银若干。除该优免人员及贫民田土十亩以下不算外,其余阖县通融派算,合征银两俱均派入秋粮实征册内。量分三限带征,勿俾多开条款以兹奸弊。

这里说:作为吏部的意见,广东应该将十亩以下土地所有者视为贫民,与其他人户区别对待,免除其税役。这表明广东和江南一样,可能维持再生产的自营农就是十亩以上的土地所有者。

胡世宁(成化五年到嘉靖九年)的《胡端敏奏议》卷三《定册籍以均赋役疏》中,作为四川均赋役以抚民之道,如此记载:

> 已卖田粮即行开符,其未卖者通计。本里逃绝田地,若够百亩上下则召佃一人,立户当差编作正管。五十亩以下编作畸零,其人不拘本乡或附籍客民。

这是说:在逃绝田召佃时,把佃耕百亩左右者编入正管户内,令其编户当差;

---

① 　[日]天野元之助:《陈旉の〈农书〉と水稻作技术の展开》,《东方学报》(京都)第 19、21 册;[日]佐伯有一、[日]田中正俊:《十六·七世纪の中国农村制丝·织绢业》,《世界史讲座》1 "特殊研究";[日]小山正明:《明末·清初の大土地所有(一)》,《史学杂志》第 66 编第 12 号。

若有佃耕五十亩以下者,则编为畸零户。这里所说的情况是逃绝田,可以推测这种田已经荒废,土地生产力相当低,因此可以认为这里所述情况表明,一标准自营农可能进行再生产的耕地面积比当时一般的标准耕地面积大,有百亩上下。

如上所述,在畸零户里,确实有拥有土地的人户,甚至地方官吏承认了畸零户的一定的土地所有额。可以认为,这种土地限额是根据各地区的劳动生产率和地区的特殊性来决定的。这就等于说,畸零户的所有地不足以维持再生产。这些所拥有的土地不足以维持再生产的人户被地方官视为畸零户。

下面我将探讨畸零户与税粮的关系。万历《新宁县志》卷七《人事考》"丁粮"项下载:

> 一议随粮派丁以除偏累事。……如活户粮至二三石者,编之一丁;五六石者,编之二丁。彼亦无辞。次则粮至石数,尚堪责其输纳。至于畸零小户,粮仅斗许,或止升合,吊户甚。而粮去户存者亦皆派之一丁,名曰寡丁。黄册里书借此,影射那移,其弊百出而穷民受累。因而逃闪贻及,里递赔贩,此偏之为累者二。

这意思是说:实行一条鞭法之时,尽管畸零小户的税粮是几斗、几升和几合这样很少(的量),但和无粮户一起分摊了一丁徭役。《霍文敏公全集》卷六下《书·与林汝桓》中说明了霍韬用公款赎回僧田给僧的做法之无益:

> 且曰寺田,自正管甲首以上尽数给僧。惟畸零小户乃充军饷。[①]夫寺观田土必十数项,非编里长则正管甲首,虽三尺童所能知也。今日畸零乃充军饷,则僧田无复有充军饷者矣。

这是说:由于耕种寺田的正管户专供寺僧,才有畸零小户负担军饷的情况。

湖广的嘉靖《大冶县志》卷二《田赋志》"秋粮"中也记载:

> 按田粮有定数,而积弊之为民害者久矣。如飞诡埋没减亩遗粮,

---

① 明代的军饷因嘉靖二十九年蒙古鞑靼部的首领俺答入侵而成了一大问题,增加一倍。(见[日]清水泰次《中国近世社会经济史》)不过霍韬在嘉靖十九年已经死去,因此这条史料表明了嘉靖十九年以前的情况。

无主虚赔者谓之无征,田去粮存者谓之坐户,民之害政之累也。知县赵鼐①先因驿传行查,劳逸不均,查出未上黄册寄出畸零户米一千一百四十三石六斗,不全上黄册并实征米三十二石三斗,已入黄册未入实征米三十六石,私收私除米四百余石。

由此可见,畸零户有负担税粮的情况。大概除了特殊情况外,拥有土地的畸零户都是负担了税役的。

下面谈畸零户和役的关系。如上所述,按明初的国家观念来说,"鳏寡孤独不任役者,则带管于百一十户之外。……名曰畸零"。因此畸零户本来就不是役法的对象。但《明实录》"宣德十年六月丁巳"条载:

应天府奏,上元、江宁二县坊厢长甲首俱洪武间起取殷实户充役,后经年久有投军充匠厨役及官医等户者,每遇造册辄赂官吏朦胧作带管,却编畸零户为大户,俾应前役以致负累,失所逃亡者众。

就像这样,殷实之户为逃避里甲之役,竟乱用畸零户不负担徭役的原则,贿赂官史变成"带管户",反之使畸零户变为大户,使之充当里甲正役。《明实录》"嘉靖九年三月戊戌"条也载:

户部复御史周(襗)所陈清册籍事宜言,册籍之设以定户口,均赋役也。祖宗立法不为不严。而法弛民奸弊端百出,那移诡寄飞走洒派,及故为破析寄顿,妄作畸零带附;或投仕宦以借名,或称绝户以影射。

由此可知那些殷实之户妄称"带管户"和畸零户,逃免税役的情况。但现实情况是,有关畸零户的原则并不是原原本本地在各州县都里中贯彻的。杨守陈(洪熙元年到弘治二年)的《杨文懿公金坡稿》卷五《墓志铭·明正奉大夫正治乡南京吏部左侍郎范公墓志铭》中载:

公讳理,字道济,一字士伦,号省庵,宋大傅觉民之后。世居台州。自临海徙天台,又九叶矣。……还朝,时重守令之选,拜知江陵县。作榜文谕民,恳且明,尽民口熟之。县当四方之冲,过客旁午,公严禁令,

---

① 赵鼐系云南河阳县人,于嘉靖十四年出任知县,是嘉靖《大冶县志》的编者,嘉靖十九年作序。

虽权贵无敢渔一钱。先是民累岁负租至十四万石,都御史征之严,公以民贫不能偿也,乃召将卒家之佃田号畸零户者,谕之曰:世言户役既佃田立户而免役可乎? 遂定其等,俾各出募役之米,因以偿负租毕完,且不讼徭。

这是说:范理在宣德年间当上江陵县知县时,该县有负租十四万石,但贫民却无力偿还。但范理在当地听到这样的议论,即在将卒之家佣田而称畸零户的人,虽佃田立户①却逃免徭役。于是他给这些人定户等,令其根据户等出募役米,这样便纳完了负租。这是个佃户称畸零户而出募役米以代替其徭役的例子,似乎不是永久性的。

另一方面,不是像这样的一时性的徭役,而是作为制度上承认的畸零户的规定,在陕西的正德《朝邑县志》卷一《田赋第四》中有载:

弘治以前丁赋力差供岁足则止不派,故能以三十六里更用,而迭休之。以后乃通取焉。所以然者,以用听差者,听差者差已足,无差而听差也。听差者官尽收银而贮之库,上户丁九钱至七钱,中户丁六钱至四钱,下户丁三钱至一钱,畸零者丁一钱。于是无空民矣。

这里说:自从弘治以后,畸零户在听差②的名义下每丁纳一钱代替徭役,因此畸零户不论其有无税粮,只要有丁,都变成银差的对象。

《明实录》"弘治八年十一月乙酉"条又载:

户部会各部都察院,议处明年漕运并各处合行事宜。……一直隶庐江县流民,请编甲择官,候造册之年编作畸零人户,听当轻差。其开垦田地照例起科七。……上曰:……准议。

意思是说:直隶的庐江县使流民定居、垦田,将他们当作畸零户编里甲,充当轻差,并且请求对其开垦田照例起科。这样看来,即使是开垦地的所有者和有丁之户,当他们被视为生活不安定时,也允许他们不充当里甲正役,只作

---

①　因为写成"佃田立户",所以这种情况下的佃户在户籍上形成了一个独立的户,表明国家已把它当作户来控制。

②　听差就是在均徭里甲中有剩余户时,使剩余户纳银,也称余剩均徭。(见[日]山根幸夫《十五・六世纪中国における赋役劳动制の改革》)

为畸零户承担轻差。①

　　过去一般认为,明代的税役原则上是以土地所有者为对象的,②但到明中期以后,有一些例子表明,无土地的户也成了役法对象。例如,吴县人王鏊(景泰元年到嘉靖三年)的《王文恪公集》卷三六《书·吴中赋税书与巡抚李司空③》中载:

　　　　今之所谓均徭者大率以田为定。田多为上户,上户则重,田少则轻,无田又轻,亦不计其资力之如何也。

由此可见,在十六世纪初期的江南,均徭主要视田之多少而定,田多则重,田少则轻,但是即使是无地之户也是应均徭的。并且藤井宏氏早已指出④《大明会典》卷二〇《户部七·户口二》"赋役"条载:

　　　　隆庆四年题准,江西布政司所属府州县各项差役,逐一较量轻重。系力差者则计其代当工食之费,量为增减。系银差者则计其扛解交纳之费,加以增耗。通计一岁共用银若干,照依丁粮编派,开载各户田贴,立限征收。其往年编某为某役,某为头户贴户者尽行查革。如有丁无粮者编为下户,仍纳丁银;有丁有粮者编为中户;及粮多丁少与丁粮俱多者编为上户。俱照丁粮并纳,著为定例。此一条鞭法之始。

这是有关江西省施行一条鞭法的记述,其中说有丁无粮者编为下户,仍纳丁银,这表明,即使无地的人户,只要有人丁就成了一条鞭法的对象。而且这条资料,是在描述均徭法的头户和贴户之后作为其代替物出现的,因此可以认为和前述苏州府一样,有丁无粮者也成了均徭役的对象。与这条资料大致相同的记事在崇祯《闽书》卷三九《版籍志》"赋役"中也有,其中说万历初年施行了一条鞭法,因此可以想象福建的情况和上述情况是一样的。

---

① 《明实录》"正统五年三月丁巳"条载:"监察御史丘俊言二事:一令直隶府州并各布政司通行所属每岁勘实见在人户,丁粮多者为上,次者为中,少者为下。其虽有粮而产去,及虽有丁而家贫者,为贫难户。凡遇差役验册金充,贫难者止听本县轻役。其有那移作弊,放富差贫者,治其官吏之罪。……从之。"这是允许贫难户充当较轻的差役。
② 《明史食货志译注》"役法"。
③ 李充嗣,内江人,从正德十三年到嘉靖二年任巡抚。后历任工部尚书、南京兵部尚书。
④ [日]藤井宏:《一条鞭法の一侧面》,《和田博士还历记念东洋史论丛》。

此外,天启《东安县志》卷二《补遗》"差役"中载:

> 东安土瘦民贫,比他州县斯为下矣,而差繁役重,实倍于他处。以地亩言之,霸州每亩出银六厘,他州县更又有轻者。东安县出银一分三厘,不既倍之乎。至于人丁,胡①知县奏议,霸州下下丁出银三钱,文安、大城二县止出二钱,惟独东安县出银四钱八分,当时已称过矣。目今下下户出至五钱五分,夫丁曰下下者为其无田产房屋生理也,为人佣力也,四方就食也。是安所出银乎? 况出而又倍之乎。

很明显,这里所说的下下丁就是没有土地的人。

如上所述,明中期以后,在有些地区,有丁无粮户确实也成了需要承担均徭役和一条鞭法的对象。这些户如前引《东安县志》所载下下户那样,都是最下层户,因此可以认为在编制里甲时,这些有丁无粮户大多都属于畸零户。

如果能这样理解的话,那么明代的所谓畸零户虽在原则上被免除了税役,但实际上一再变为具体的税役对象,这是很清楚的。那么这一事实该如何理解呢? 不能否认,畸零户和里甲的关系一方面在形式上具有外在于里甲的性质,但另一方面,它是继续维持里甲制所必须的。如《明实录》"洪武二十三年八月丙寅"条载:

> 户部奏,重造黄册,以册式一本,并合行事宜条例颁行。……其排年里甲,仍依原定次第应役。如有贫乏,则于百户内,选丁粮多者补充。事故绝者,于畸零户内选凑。其上、中、下三等人户,亦依原定编类,不许更改。

可知里甲内的正管户减员时,是以从畸零户中补选作为原则的。②正德《大明会典》卷二一《户口二·攒造黄册》"清理黄册"附事例载:

---

① 胡姓东安县的知县有嘉靖二年当上知县的胡瀹和嘉靖十四年任知县的胡汝辅这两个人,都是嘉靖年代的事。

② 万历《漳州府志》卷八《赋役志》"户口"条载:"令军、民、匠、灶等户各以本等名色占籍,民户丁多者许其开拆立户,惟军、匠等户不许开拆。"可知也有用拆户立户这种形式来补户籍的。嘉靖《惠州府志》卷一《图经·长乐县图经》又载:"嘉靖二十一年里老上言于县请……原额人户秋粮多者,除军户不拆籍外,其民户止许里长秋粮十石余、甲首秋粮三五石为一户。"这里记载了另立户时的标准。

> 图内有事故户绝者,于畸零内补辏。如无畸零,方许于邻图人户内
> 拨补。

由此可见,明初规定的里甲原额得到严格遵守,随意改废和合并里甲是不允许的,因此以畸零户的预备军式的存在为前提,才能保障里甲的改编和延续。

并且,如人们向来指出的那样,里甲制度是以正管户的户数单位为编制原则的,因此里甲制度是通过保护和培养正管户来稳定经营,从而实现恒常维持的。

如小山正明氏指出的那样,里甲编制下的正管户并不都是均等的小土地所有者,①其中包括各种阶层,因此可以说,各里甲的实际税役负担能力,从一开始就是不同的。即使一个县内的各里甲的税役负担额大致均等,②但是仅仅用这种均等负担是难以避免特定里甲的里长户和甲首户的过分沉重负担的。

由此可见,从防止由过分沉重的负担引起正管户衰落这种必要性出发,并且基于维持安定的经营这种意图出发,由畸零户来代替正管户的部分负担是必然会产生的问题。

由于这种情况,我们可以认为,如《大明会典》的法制规定的那样,从明初开始,畸零户就已经暂时性地和部分地替正管户负担了税役。但明中期以后,在过去里甲制下的农村再生产能力逐渐滑坡,里甲税役负担也不断增大,其结果是畸零户的负担逐渐变成永久性负担,后来地方官宪干脆把它从法令制度上固定了下来。

五、结 束 语

如上所述,明代畸零户的实际情况和王朝把"鳏寡孤独不任役者"当作畸零户的意图是不同的,实际上是王朝把里内的人户按户等进行分类,然后从上等户到下等户挑出百十户,把其余户称为畸零户。那么试问:这件事同

---

① 〔日〕小山正明:《明代华北赋·役制度改革史研究の一检讨》,《东洋文化》第 37 号。
② 〔日〕山根幸夫:《十五·六世纪中国における赋役劳动制の改革》。

所谓里甲体制有什么关系呢？原来，编制里甲的农村里就有其固有的阶级关系，因此设户等，把各户分为里长户、甲首户、"带管户"、畸零户这种阶层序列，这表明王朝承认并加强了农村的现实阶级关系，要通过这种关系来建立一个统一的统治体制。

由此可见，里甲制虽以百十户标准户数单位作为编制原则，不过在各村落内部，与其说是严格按照百十户这个绝对数来编制里甲，倒不如说是国家虽采取了控制百十户的里长户和甲首户这种形式，但具体做法是，通过包括畸零户在内的各村落所固有的户数来编制里甲，进而对农民进行统治。因此里甲制必然以现实的村落共同体性的各种机能作为其前提。

并且，在里甲内的畸零户中还存在有丁粮之户，而这些户又成了税役的具体对象。我们知道，同一县内各里甲之间，税役负担大体上是均等的，因此各里甲之间的实际税役负担能力的差别，必然会导致特定里甲的里长户和甲首户负担过分沉重的结果。

在这种情况下向畸零户转嫁税役负担的做法，起了缓冲特定里甲的里长户和甲首户沉重负担的作用，弥补了固定纳税制的缺陷，因而维护了里甲制度下农村共同体性再生产的安定。

这样看来，里甲制内的所谓的畸零户，对里甲制度来说，在形式上似乎是属于外部的、具有寄生性质的东西；反之，由于畸零户在里甲制度下的农村再生产过程中所起的固有作用，它又成了里甲制度所不可或缺的构成因素。因此也可以说，为了维持里甲制度，国家利用了其固有作用。

以上，以畸零户的问题为中心，进行了作为制度史研究素材的实证考察，但在行文中，完全没有述及畸零户同从两税法以来的主户、客户及元代的元管户、新收交参户、漏籍户、协济户之间的具体关系，这对于笔者来说都是很困难的问题。在此希望得到大方之家斧正和指教，并将之作为今后研究的课题。

最后，这篇文章是在东京教育大学中嶋敏先生的指导下，在和实政录研究会的各位先生讨论的基础上进行研究的成果，在此表示谢意。

（原载于《东洋学报》第 47 卷第 3 号，1964 年）

陈永福　译校

明代的十段法

[日]小山正明

一、序　言

　　明代的华中、华南地区，几乎都在实施一条鞭法之前进行了被称为十段法的徭役制度改革，有关这个问题，岩见宏和山根幸夫两位已经进行了讨论。①但是，有关十段法的史料非常零碎，很多内容还不明确，而且到底十段法在明代役法改革中占据怎样的地位，这个问题也未必已经清楚。因此，本文的内容虽然谈不上比既有研究更加丰富，但是将重新讨论十段法改革的相关问题。

　　既有研究中，有关十段法的内容经常使用的代表性史料主要有以下两则：

　　（1）嘉靖十四年，据武进县里书开报，轮审人户丁、田数目到县，查对征、黄二册，多有奸徒通同里书，挪前移后，花分诡寄，躲避差徭。武进县知县马汝彰议，将概县官田一千三百九十六顷六十二亩七分，每五亩折民田一亩，共折民田二百五十九顷三十三亩五分，实在民田一万二千九百五十八顷八十一亩四分；山荡七百五十四顷七十八亩，每十亩折民田一亩，共折民田七十五顷四十七亩八分。人丁一十二万四千三百九十八丁，每丁折民田一亩，共折民田一千二百四十三顷九十八亩。四项共折民田一万四千五百五十七顷五十九亩八分有奇。内除第一年二

---

①　[日]岩见宏《明の嘉靖前后における赋役改革について》（《东洋史研究》第 10 卷第 5 号，1949 年）、[日]山根幸夫《十五・六世纪中国における赋役劳动制の改革——均徭法を中心として》（《史学杂志》第 60 编第 11 号，1951 年）、[日]山根幸夫《明代徭役制度の展开》第二章第一节（东京：东京女子大学学会，1966 年）、[日]栗林宣夫《一条鞭法の形成について》（《清水博士追悼记念明代史论丛》，1962 年）、[日]岩见宏《江西一条鞭法杂考》（《研究》第 35 号，1965 年）等研究中部分涉及了十段法。

年审过外,民田一万一千六百四十六顷七亩七分九厘二毫,画为八年,每年轮民田一千四百十五顷七十五亩九分七厘四毫五丝。攒造文册,刻立石碑,每年以一段编金,此所谓十段册也。[无、江、宜、清亦无考,编法相同。一云,正德间,本府同知马议,将通县田地,均分十段,别造十段文册,每年编审一段。初甚便之。其后造册之时,富民巧为躲避者,人户消长参错多,有产去差存者。讼牒纷纭,官民病焉。](万历《常州府志》卷六《钱谷三》"征输")①

(2)巡按直隶御史温如璋条陈议处江南兵食三事。一、品官优免太滥,诡寄日滋。今不必另定限制,惟仿十段锦册之法行之。其法算该力差、银差之数,总计十甲之田,派为定则。如一甲之田有余,则留以为二甲之用,不足则提二甲补之。剂量适均,轻重合一。乡宦免田,十年之内止免一年,一年之内止于本户,其余子户不许一概混滥。……报可。(《明实录》"嘉靖四十四年二月丁丑"条)②

根据史料(1)的记载,常州府在正德年间曾一度实施十段法,到了嘉靖十四年,武进县知县马汝彰制定了详细的规定,内容包括官田、山荡、人丁按照各自比率换算为民田,③与原来的民田合计在一起,将总数分为十等份即十段,每年向其中一段分派差役。但是第一年和第二年的甲已经分摊完毕,所以实施剩下的八年的份额。

根据史料(2)的记载,将各里内十甲的田土④总额分为十等份,里内各甲的田土额按照这个均等额进行分配,每年向分为十等份的其中一段的田土科派力差和银差,也就是均徭。

基于这两份史料,岩见宏认为:"马汝彰的方法[史料(1)]是将全县看作一个整体均分为十等份,而史料(2)以里为单位,利用了从前的里甲组织。"指出十段法的内容可以分为以县为单位和以里为单位两种不同的情况。诚然,在常州府的事例中,正德年间是将"全县田地均分为十段",嘉靖十四年武进县的事例也可以作同样的理解。但是,这里的"全县田地均分为十段"

---

① 参见《天下郡国利病书》卷二三载《武进县志》"里徭"条。
② 参见万历《大明会典》卷二〇《户口二·赋役》"嘉靖四十四年"条。
③ 岩见宏与山根幸夫都指出,官田的换算额与史料中的数字不一致。
④ 这里仅列举田土,从武进县的事例可知,人丁换算为田土被加入其中。

具体是哪些内容？这与史料(2)中的将甲内田土额均等化的方法到底是否互不相容？仍然有必要进行讨论。

下面用更为一般的方法对史料(2)中记载的十段法的内容进行说明。

假设一州/县下设两个里(三里以上的情况,原理也是相同的),每个里的徭役负担能力用 A 、B 表示。各里分为十甲,徭役负担能力 A 的里内各甲的徭役负担能力用 a_1 、a_2……a_{10} 表示,同样 B 的里内各甲的徭役负担能力用 b_1 、b_2……b_{10} 表示,那么明代徭役最为基础的部分,里甲正役与杂役＝均徭役的原则是,每十年由里内的各甲各负担一次,所以该州/县所辖的某年的里甲正役或者均徭的负担能力是 $a_1 + b_1$,次年是 $a_2 + b_2$,第十年是 $a_{10} + b_{10}$ 。根据史料(2)的记载,科派均徭的对象田土是均等地分配给了里内各甲,所以 $a_1 = a_2 = a_3 = …… = a_{10}$,同样 $b_1 = b_2 = b_3 = …… = b_{10}$ 的条件成立。如果这一条件成立的话,州/县所辖的各里之间的徭役负担能力即使不均等,也就是即使 $A \neq B$, $a_1 + b_1 = a_2 + b_2 = a_3 + b_3 = …… = a_{10} + b_{10}$ 的情况也是成立的。史料(2)中所记载的十段法是通过将里内各甲的均徭负担能力均等化,以促使全州/县的每年的均徭负担能力均等化。此外, $a_1 + b_1 = a_2 + b_2 = a_3 + b_3 = …… = a_{10} + b_{10}$ 的条件存在,并不是和史料(1)记载的十段法的"全县田地均分十段"的方法互不相容,相反,正是这种方法的一个具体情况。但是,"全县田地均分十段"是一种可以有多种实施可能的抽象说法,并不能断言其一定表示徭役负担能力均等化这种含义,有关这一点,有必要对当时实施十段法的事例进行深入探讨。

二、十段法与里甲组织的关系

之前岩见宏认为十段法的内容之一是"全县为一个单位均分为十份",所使用的事例是前面提到的史料(1),我们首先来考虑这个问题。从这份史料本身来看,无法进一步梳理清楚常州府下设的武进县的十段法的内容,因此这里再来讨论一下常州府的役法改革。嘉靖十四年实施十段法之后,常州府在嘉靖十六年由知府应槚实施了被称为"通编里甲均徭法"的改革。[①]改

---

① 栗林宣夫的《一条鞭法の形成について》(《清水博士追悼记念明代史论丛》)中也有提及通编里甲均徭法。

革的具体内容在万历《常州府志》卷六《钱谷三》"征输"中有记载：

> 其旧系里甲出办者,亦并入均徭编派。各项合用数目,总会而并征
> 之。……武进县丁二十万五千六百四丁,民田地一万二千九百六十顷
> 六十三亩四分八厘一毫,该银一万八千五十六两五钱八分九毫,每丁编
> 银五分,每亩田编银六厘。无锡县丁一十六万四千六百九十丁,民田地
> 八千七百三十九顷五十六亩二分三厘一毫,该银一万四千三百五十二
> 两一钱九分三厘六毫,每一丁编银五分,每亩田编银七毫。江阴县丁一
> 十三万五千五百六十八丁,民田地九千五百六十四顷二十六亩五分八
> 厘一毫,该银一万二千九百九十五两一钱七分二厘八毫,每一丁编银五
> 分,每亩田编银六厘五毫。宜兴县丁一十三万二千九百五十八丁,民田
> 地一万一百三十六顷七十六亩五厘四毫,该银一万一千七百一十六两
> 二钱八分三毫,每一丁编银五分,每亩编银五厘。靖江县丁二万七千八
> 百五十五丁,民田地二千六百七十顷六十四亩二分,该银四千六十三两
> 三钱九分二厘,每一丁编银五分,每亩田编银一分。

由此可知,常州府总计现年里甲出办的相关的里甲银和均徭银,将这个总额
均等分派给每丁每亩。十段法的情况是均分为十段,将里甲、均徭每十年一
次科派给每段的丁、田;而根据通编里甲均徭法,徭役每年科派给全县所有
的丁、田,这相当于废除了十段法,是与役法中的一条鞭法极为类似的徭役
分派方法。

但是,这种通编里甲均徭法并没有持续下去,到了嘉靖二十一年,十段
法又再次恢复了。万历《常州府志》同卷中记载：

> 嘉靖二十一年,巡抚都御史夏邦谟札付。均徭旧规十年一编,本有
> 一劳九逸之宜。缘何建议更改,即今一年一编,似有众轻易举之便。缘
> 何民不乐从。二者之间要见何者便民,何为病民,何者经久可通,何为
> 窒碍难行。不许泛为两可及避嫌迁就,以贻民患。其已前役过自第六
> 甲至十甲人户,若与未役第一甲至第五甲人户,一概十年轮编,则役过
> 者似有偏累之亏,而未役者不无轻省之幸。务须衰益得宜,酌处停
> 当。……武进县知县徐良傅议得,……本县上自大夫下至闾阎小民,群
> 然以复十段册为善。及据无锡、江阴、宜兴、靖江申,各相同。呈府转详

巡按周。批,据议委曲详尽,着实举行。

如史料所述,常州府再次实施十段法。①这里需要注意的是,这份史料指出,通编里甲均徭法存在一个缺点,该法将每年的徭役银分派给全县的所有丁、田,所以在该法实施之前已经承担了徭役的各里内的甲,或者没有承担过徭役的甲,都一律须负担徭役银,这就滋生出不公平。在通编里甲均徭法实施之前,至少在武进县实施了十段法,结合史料对该法的批评可知,这个十段法是以与里甲组织结合在一起的形式实施的。而且在同府志同卷接下来的记事中,更加明确地说明了这一点:

> 隆庆二年(巡抚林润)又札开。……合无吊取各县十段丁、田,逐一查理,衰多益寡。务得其平。除已应役外,其未轮年分,各候该年。即有过割,不得听从规避。一年止编一段。即有别故,不得擅提下甲。

也就是说,一次等分为十段后,即使有其他的理由,也不得提前把第二年的甲编入今年,使其负担徭役。很明显,十段法是以与里甲组织有所关联的形式实施的。由以上几点可知,常州府的十段法在实施时与里甲组织有一定关联,其内容正如史料(2)所示,即通过均分里内各甲的丁、田额的方法将全县的丁、田均分为十段。

南直隶除了以上常州府的事例外,在嘉靖《吴江县志》卷一〇《食货志二》"徭役"中还记载:

> 黄册既定,则按册轮年差其丁粮上中者役之,下者贴之,名曰均徭。厥后挪移飞走,百计规避。正德中,巡按御史朱寔昌廉其弊,总计里中丁、粮,均为十甲。弊用稍除。……(嘉靖)二十九年,知府金城议立十段均徭,未几乞致仕去,不果。

由此可知,在嘉靖二十九年,苏州府知府金城打算实施以均徭为对象的十段法,虽然最终未能实施,但是据这份史料记载,正德中期进行了改革,总计里

---

① 万庐恺《枫潭集钞·行年状略》中记载:"予生在弘治乙丑三月十三日。……(嘉靖)戊戌,中茅瓒榜进士,奉旨依亲,庚子赴天官。三月十三日除无锡知县。……又徭役不均,括通县丁、粮,分为十段,刻册编定十年均徭。奸猾者无所规避,百姓便之。……癸卯行取无锡。"在嘉靖十九年至二十二年担任无锡县知县的万庐恺实施了十段法,这可以证明本文引用的嘉靖二十一年再次实施十段法的记载。

中的丁、粮,均分为十甲,当时没有使用"十段法"的名称,不过根据内容推
断,里内各甲的丁、粮额都被均等化,向均等化的各甲科派均徭,这和十段法
的内容是相同的。

此外,嘉靖《徽州府志》卷八《食货志》"岁供"在解说完现年里甲负担之
一的上供物料后记载:

> 夫任土作贡,今各部取办肥猪、壮鹅、靛花、黄蜡之类。朝廷责贡于
> 部,以财充贡,故有军需之征。嘉靖十七年,以前巡抚欧阳会议,照里甲
> 之丁与田而籍之,别为十岁,岁一敛焉。里有大小,各年粮有多寡,十段
> 之法善矣。

这段史料叙述了嘉靖十七年巡抚欧阳铎以上供物料为对象,实施十段法的
情况,这里的"照里甲之丁与田而籍之,别为十岁,岁一敛焉"是指按照全县
各里内包含的丁、田额向各里分派每年的物料,并且将各里内的丁、田额均
分为十等份,向每一等份科派每年的物料,所以这里的十段法也是将里内各
甲均等化。到了嘉靖后半期,徽州府更是将上供物料之外的里甲正役也按
照十段法科派。同府志卷八《食货志》"岁役"中记载:

> 三曰里甲之役。……知县郑国宾议,本县里役,旧规不论丁、粮多
> 寡,向系该年里甲充应。故祗应、夫钱、公费等项,每患不均,盖由十年
> 之内丁、米不一据。今止照年分坐派。则粮多之年,至有三千余石,故
> 其所费轻。粮少之年,止于一千八百有奇。……更有奸谲之民,因见该
> 年繁重,即便趋避,概将粮米飞洒别甲,以致粮多年分,以受诡而益多,
> 粮少年分,以花分而益少。本县将概县丁、粮,均作十段,每年照段出
> 办。如一甲粮少,取足于二甲,二甲粮少,取足于三甲。若已经应付过
> 祗应、夫钱、公费者,至其该役之年,止令勾摄公事,催办钱粮。则年分
> 不致挪移,多寡亦适均。

根据同府志卷五《县职官志》可知,郑国宾在嘉靖三十一年至三十五年担任
婺源县知县,由于里内各甲的丁、粮额不均等,所以出现了里甲正役内的祗
应、夫钱、公费等项目的负担不公平的问题,为了纠正这一问题,"将概县丁、
粮,均作十段",每年向其中一段科派徭役。这里均分十段的方法正是融通
里内各甲的丁、粮额,将其均分。同府志还记载:

知县谢廷杰(歙县知县,嘉靖四十三年任)值月议,本县乡都关隔二百五十六里,额派乡都二百三十七里,值月祗应。不论月分繁简,一月止以丁、粮二百五十石,每石正银七钱,繁月用至数倍。又在城额派值铺盖器用诸费,止照里分,不依丁、粮。而贫里与富里,一体措办,不均尤甚。今议,通县丁、米,分为十段。每年丁、粮四千六百有奇,大约月以三百为率。值月先三日,交银在官。金有力里长祗应,仍委老人经管记数。知县桂天祥(祁门县知县,嘉靖四十四年任)值月议,本县夫马、祗应,取给于里甲之雇募,月首照丁、粮旧额,齐各里夫钱,当堂验明,共储于匣,每日给之以票。掌匣里长照票发银,而录其数千簿。十日对数,算明则奸顽无掊克之弊。其概县丁、粮十段之法,悉与歙、婺议同。

上述史料表明了歙、祁门两县实施十段法的情况,虽然没有明确说明十段法的内容,但是由于和婺源县是相同的,所以也是将里内各甲的丁、粮额均等化的方法。

下面讨论江西的情况。江西的十段法在江西吉安府永丰县人聂豹的《双江聂先生文集》卷八《书·答东廓邹司成四》中有记载:

查得,正德以前洪武以后,每一百户内分为一里,每里分为十甲,每甲岁纳银六两,以足一年派办之费。虽里有充实,有残破不同,而六两之派无不同也,名曰板榜银,盖刻板以示,使民晓然,知里甲轮年派银无轻重也。成化以后,户口消耗,里甲逃散,实纳见在之数不谷之支费。嘉靖初年,巡抚盛都御史奉勘改议,将一府丁、粮分作十年,每年每石派银三钱五分,名曰里甲均平。正所以革偏重之弊。

由此可知,永丰县现年里甲的负担折银后原本称为板榜银,到了嘉靖初年,一府的丁、粮分为十年,每一年份每石科派银三钱五分,于是改称为里甲均平。根据《明督抚年表》记载巡抚盛都御史是嘉靖元年至三年在江西任巡抚的盛应期,这时盛应期以里甲正役为对象,将府下的丁、粮分为十等份科派徭役,实施十段法。①这里巡抚盛应期实施的"将一府丁、粮分作十年"这种

---

① 即使将丁、粮分为十等份后,课银也是"每石派银三钱五分",也就是只以粮额为单位。同书卷九《书·简张月泉》中记载:"安福、永新谓丁可均粮不可均者,其县之旧例,以一丁折银一石,贫无卓锥者,与万金之富同科。轻在大家,而重在小民。"即丁可以折算为粮一石,对一丁科派相当于一石粮份额的课银。

十等分的内容,仅从这份史料无法判断,但是汪思《方塘汪先生文萃》卷五《墓铭·三谷余先生墓志铭》中记载:

> 先生名棽,字宗器,姓余氏,婺源沱川人也。举应天府乡试,拜广昌知县。……先生之治广昌也,所陈六事者,匪徒言之,实力行之。凡民里例分十甲,甲岁轮役,岁费均也,而甲之丁、粮弗能均也。则例役之司平者若是乎。宜以十年通融十甲损益便,故曰照丁、粮均里役一。

这份史料叙述了正德十二年,建昌府广昌县知县余棽实施六项改革,其中之一是将岁费,也就是现年里甲的负担均等化。①其中记载"宜以十年通融十甲损益便""照丁、粮均里役一",这是说将里内各甲的丁、粮额均等化,向其分派现年里甲的负担,这种情况正是通过里内各甲均等化的方法来实施十段法。余棽推行的十段法,大概要比巡抚盛应期的十段法更早一些,这里已经出现了十段法的内容是将里内各甲的丁、粮额均等化,所以可以推测吉安府的"将一府丁、粮分作十年"这一分摊方式的具体内容,就是广昌县中记载的里内各甲的丁、粮额均等化的十段法。为了进一步确认这一点,下面引用万历《南昌府志》中的记载。即同府志卷八《差役》"里甲"中,在说明了现年里甲的负担为额办、岁派和杂派后,又记载:

> (嘉靖)三十六年,抚院马②以坊都各甲丁、粮多寡不同,而轮年编差轻重悬异,令各属总核十甲实在丁、粮,分为十段。如一甲有余,割之以遗二甲,不足取二甲补之,造十段册。

这里是说,嘉靖三十六年巡抚马森再次实施十段法,很明显,这里是通过里内各甲的丁、粮额均等化来实施十段法的。而且嘉靖三十六年的十段法,不仅仅是以里甲正役为对象,而且对均徭也实施。同府志卷八《差役》"均徭"项中记载:

> (嘉靖)三十六年,抚院马分丁、粮为十段,每年据以审编。

这里虽然没有涉及十段法的具体内容,但是既然以里甲正役为对象的十段

---

① 根据同治《广昌县志》卷四《秩官》"知县"可知,余棽正德十二年在任,下一任直到嘉靖三年也没有记载。
② 根据《明督抚年表》可知,嘉靖三十六年时的江西巡抚是嘉靖三十五年被任命的马森。

法的内容已经是里内各甲的丁、粮额均等化,那么均徭当然也是一样的。

以上说明了正德末年嘉靖初年之后的江西地区的十段法与之前提到的南直隶的情况是相同的,可知其内容是里内各甲的丁、粮额均等化,王宗沐《敬所王先生文集》卷二六《杂著·江西大志·均书》中对十段法进行了说明:

> 其法如一里十甲共万石粮,则一甲各千石,通融齐一。每岁编徭,据以定差。庶乎多寡轻重适均。

这里描述了里内各甲的均等化,如此描述是以上述江西的知识为背景的。[①]

此外,关于湖广地区,刘尧诲《虚籁集》卷二《赠州牧鹅峰入觐序》中记载:

> 桂阳汉古郡也,治沿自唐隶郴境。……嘉靖四十一年,我鹅峰公来守是州。……桂阳古称劲兵之地,且据足上游,使政平民足,奸宄不生。虽有外寇,无能为虐。乃阅赋书,计州之丁壮租石若千万,以里除之,里得若干,一里十户(指里长户),户承一甲,以甲除之,甲得若干。上甲余,则损之以益之,不即割下甲以益之,其次损益之视此。上户租石倍于下户者,析其户为二,余则再析之,不足者附于各户之下。其徭、里诸役,岁抄计簿,以次承代,无毛发盈缩。虽豪猾不得窥寻其间,贫民各以升斗受役,无所苦。

由此可见,从嘉靖四十一年到四十四年之间,桂阳州进行了对科派徭、里诸役,也就是均徭和里甲正役相关的改革。改革后,全州的丁、粮总额除以里数,将已经均等化的里再均分为十甲,不仅里内各甲,州内各里也被均等化了,这是里内各甲均等化一直达到里的十段法的例子。

有关四川,张时彻《芝园别集》公移卷三《查处里甲公费并走递夫马案》[②]中记述了以里甲夫马为对象的十段法:

> 一为定赋役以一政令以便遵守事。……又行据合属州县各申报,每年编派里甲夫马事规缘由到院。查得,各州县有路当冲要而编派夫马反少者;有路本偏僻而编派夫马反多者;有以见年里甲丁、粮编派者;

[①] 有关江西的十段法,岩见宏《江西一条鞭法杂考》(《研究》第 35 号,1965 年)也有涉及。

[②] 有关里甲夫马,参见[日]山根幸夫《明代里长の职责に关する一考察》,《东方学》第 3 辑,1952 年;《明代徭役制度の展开》第一章第三节。

有以通州县丁、粮编派者;有止令见年勾摄粮、差,却将排年佥派夫马应递者;有不论丁、粮多寡,止照各乡各甲分坐出备者;有不将丁、粮编佥,止令里甲各照丁、粮分定日期,随时出备者;有不将粮编,全以丁编者;有以粮编马,丁编夫者。及查双流、江安、纳溪、璧山等县,先年俱以见年里甲丁、粮均编。节据该县百姓告称,各甲丁、粮多寡不同,甚是偏累甲。奉抚按衙门准允,令其十年丁、粮,通融均编夫马。人皆称便,刻石遵守外。为照。里甲十年九空,专一备办走递夫马,各省皆然。如排年常川应役,则百姓终无休息,妨废农业,莫此为甚。至于排年之中则各甲丁、粮多寡不同,见年之中则各乡丁、粮多寡不同,若止照分乡,不免苦乐悬绝。……相应查照双流、璧山等县议处事规,酌量均派。查照今定事规,通将该州县原额丁、粮,均作十分。如一甲见役丁、粮数少,将二甲丁、粮拨补。若一甲丁、粮数多,留补二甲。其余甲分亦照前拨补。如遇里甲接役,照依各定夫马数日编派。

根据《明督抚年表》可知,张时彻在嘉靖二十四年至二十六年期间担任四川巡抚,这份史料是他四川巡抚在任时的一份公移,通过这份史料可以知道,当时四川科派里甲夫马时使用了各种各样的方法,里甲夫马是里甲正役的一种,原本应该是现年里甲的负担,但是也有被分派到排年里甲中的情况。为了统一这些繁多的科派方法,并且纠正负担不均衡的现象,于是官府推行已经在双流、江安、纳溪和璧山等县实施的方法,将各州、县的原额丁、粮分为十等份,向均分后的十分之一的丁、粮科派每年的里甲夫马,这种十等份的具体内容就是将里内各甲的丁、粮额均等化。由上可见,四川实施的十段法的内容也是将里内各甲的丁、粮额均等化。

有关云南地区,隆庆修万历补刊《云南通志》卷六《赋役志三》云南布政司"民役"项①中记载:

均徭。各州县丁、粮,不论多寡,皆分十段,每年审编一段。其有五年一徭者,亦分为五段,每年审编一段。此在州县官爱民真切,自知其妙。

里甲。各州县丁、粮,不论多寡,皆分为十段。每年将合用银数计

---

① 这条史料受益于鹤见尚弘的指点。

算明白。方将一段丁、粮之数,与合用银两打量。每丁、石应出银若干,
榜示晓谕,征收在库,官吏支销。

可见云南是以均徭、里甲正役为对象实施十段法的,有关这里的十段法的详
细内容,在同通志卷一○《官师志六之二》"政录·嘉靖以来申明政令"中进
行了说明,即:

> 均徭十段法流编法则。抚按批允布政司通行事宜。一、均徭优免
> 官吏等项数目若干,该甲计算不无偏重,今宜以州县优免丁、田总数若
> 干除外,然后自造册年为始,各州县十甲丁、粮,分作十段,每年点金一
> 段。每段丁若干,粮若干。常使十年之内,里甲均平,不多不少,一定不
> 移。则飞走诡寄、影射埋没之弊,不革自无矣。

这是说从州县的丁、田额中除去优免额,将剩下的"十甲丁、粮"均分为十段,
结果是,里甲都成了均平,所以这种情况也是将里内各甲的丁、粮额均等化。
这里的"十甲丁、粮"中的十甲,是指各里内的十甲。此外,在《里甲议处法
则》中也记载:

> 查得,里甲轮当,乃下贡上,故自二品以下文武官员,皆无优免之
> 例。均徭轮当,乃上役下,故自九品以上文武官员,皆有优免之典。今
> 轮当里甲而妄图优免者,负上者也。……今定银数,十甲流编,分为十
> 段,截长补短,挈矩均平。一丁一石,皆□□□,有一定等则。

这则史料叙述了里内十甲的丁、粮被均分为十段的情况。因此,云南的十段
法也是将丁、粮额均等化。

下面是福建,首先嘉靖《邵武府志》卷五《版籍·邵武令曹察均平徭役册
序》中记述了嘉靖十一年至十四年担任邵武县知县的曹察①以均徭为对象进
行役法改革的情况,其中记载:

> 嘉靖十一年,天下版图更始,属察以知邵武事。……物之不齐物之
> 情也,而紊乱版籍之议,于是纷然起矣。察又恩之,属耆老李轩辈问焉。
> 曰物理不可齐,宿弊独不可革乎,版籍不可乱,新例独不当奉行乎。察

---

① 嘉靖《邵武府志》卷四《秩官》。

日奈何。轩日：弘治中郡守夏公有平定均徭法者，其善后不知，为某公所坏，公修复之何如。察日奈何。日以一县之丁、粮均为十班，以十班之丁、粮均为一则。察日此例意也，得之矣。于是遂请于府、藩臬二司、守巡二道、督粮道，皆日可。越明年癸巳册告成，乃如议。事事核其丁、粮，同其总撒通融斟酌，定为十年均徭之则，编次成书。……于是为均平徭役册。是册也，丁计三万二千三百五十有二，粮计二万一千九百五十九名有奇，旧无税今升科者八石有奇，先失收今复入籍者二十一石有奇，通丁、粮为五万四千三百一十一石有奇。自嘉靖十二年为始，该应役者五千四百三十一石有奇。岁如例云。论曰：版籍之事，愚往不能晓也。……闻诸民之言日：粮苦差多，赋苦名多。若依前守盛颙、夏英，同知陆勉，知县曹察，通融一县丁、田均为十甲，十甲丁、田均为一则，一甲征科正敷一年之用，则贫富适均，而花分诡寄之弊可革。

根据同府志卷四《秩官》可知，上面史料中提到的实施平定均徭法的"弘治中郡守夏公"是指弘治十二年任知府的夏英，也就是"论曰"中的"前守夏英"。夏英施行的平定均徭法是指将县所属的丁、粮等分为十班，向等分后的每一班分派每年的均徭，这样的内容也应称作十段法。这种平定均徭法后来被"某公"废止了，但是在嘉靖十二年又被曹察恢复，编定了均平徭役册，使用和夏英相同的方法科派均徭。

但是上面史料中的"论曰"部分中，与十段法的实施者夏英、曹察并列，还列举了"前守盛颙""同知陆勉"，根据同府志卷四《秩官》可知，其中"同知陆勉"在弘治十三年在任，因此被认为是协助了夏英的改革，盛颙是天顺八年在任（其继任者到成化六年都没有记载），可以更加追溯到弘治年代。同府志卷一二《名宦》中记载了盛颙的传记：

盛颙字时望，无锡人。成化改元，由进士历官知邵武郡。……先是，徭役从里书推举，奸弊万端。颙乃通扣一县丁、田数为十甲，以一年丁、粮应一年徭役，周十甲而复始。民甚便之。

这里记述了盛颙推行的改革，也是将一县的丁、田等分为十甲，向等分后的一甲的丁、粮分派年度徭役，所以这和夏英之后实施的十段法是同样的内容。因此，邵武府在成化初年导入了十段法（盛颙任邵武知府是在天顺八年，翌年即成化元年),弘治中期再次实施,而又一度中止,到了嘉靖十二年得以恢复。

以上有关邵武府的十段法的史料都只是说将全县的丁、粮分为十等份分派均徭,没有涉及有关十等份的内容,和刚才提到的弘治中期与知府夏英一起实施十段法的同知陆勉有关的同府志的列传中,提供了如下线索,即同府志卷一二《名宦》中记载:

> 陆勉字懋昭,江阴人。由举人弘治十三年同知郡事。勤以莅政,廉以自守。时徭役失平,勉董造黄册,为通融均一之法。计十年丁、粮,衰多益寡,均为十班,编为定役,曰平定册。民甚称便。

这份史料叙述了十段法与编造赋役黄册的关联。不用说,编造赋役黄册就是调查十年间里内各户的丁、粮、事产的变动情况,将里甲再次组织起来,所以将这里的编造黄册与"计十年丁、粮,衰多益寡,均为十班"的记述结合起来考虑的话,总计里内各甲丁、粮额,将总额分为十等份,向其中一份科派徭役,正是将里内各甲的丁、粮额均等化的方法。因此邵武府的十段法的内容也是将里内各甲的丁、粮额均等化。

除此之外,嘉靖《龙岩县志》卷上《民物志第二》"徭役"中也记载了福建的十段法:

> 杂役岁编谓之均徭。嘉靖以前,只轮甲编金,随其岁直甲分,则尽甲内人户丁、粮,以应一年之差。间有轻重不均之叹。迩来通将概县丁、粮,裁为十段,次第相承,先后适均,谓之均徭。名称情矣。

嘉靖《沙县志》卷四《均徭》中记载:

> 右前二差(指力差和银差),力差为重。每年九月审编,十月一日着役。详具二十一年十段册及该年审编册。存户、兵二房。

这两份史料都说明,存在以均徭为对象的十段法,万历《泉州府志》卷六《赋役》中记载:

> 嘉靖之季年,邮券滥冒,往来如织。……于是,抚、按两院始令各县除正、杂之名,止称纲银。以丁四粮六审定规则,又谓之十甲轮差。遇有本甲丁、米少者,则银少而差轻。或本甲丁、米多者,则银多而差重。未免有不均之叹,乃又令各县,将实差丁、米分为十段派编。其法颇称详明。

这则史料叙述了嘉靖末年以纲银①,即里甲正役为对象实施十段法。这些内容也只记载了将一县的丁、粮分为十段,没有详细说明十段法的内容。而崇祯《闽书》卷三九《版籍志》"赋役"项中对十段法进行了说明:

> 按,均徭旧规十甲轮差。十段法,将概县实差丁、粮以甲为次,分作十段,每年轮以一段编差。盖以十甲轮差。遇有本甲丁、米多者,则银少而差轻。或有本甲丁、米少者,则银少而差重。未免有不均之叹,故更以十段,而均其丁、米。所以使十年编银无多寡之异,而任役无轻重之愚。

这里是说,为了纠正里内各甲的丁、粮不均衡而造成的均徭负担的偏差,"概县实差丁、粮以甲为次"均分为十段,所以很明显是在叙述将里内各甲的丁、粮均等化的十段法的内容。

通过以上各种事例可以看出,福建十段法的具体内容也是将里内各甲的丁、粮额均等化。

最后是浙江,首先《方山薛先生全集》卷五二《公移六·慈溪县行〈申革冗费·又〉》中记载:

> 一、各处每年派审均徭、里甲丁田,②俱照旧造黄册及改正驿递等项文册,似亦不能隐匿。但富豪之家奸猾之徒,当造册之年,贿通总书人等,将丁众田多之家并在一年。后来编审,因此年丁、田众多,各得轻省,致使其别年分,将丁、田寡薄之家亦当一年额定差徭。赋役不均,小民受累,莫此为甚。……乞著为定规。除以前五年役过编审者不开外,今年以后,就将概县册籍丁、田,不拘见役、递年,通融均算,预先派定,分作五年,次第应办。待后造册之年,通将概县均徭、丁田审派,分作十年,照前次第应办。则小民徭役得均,而里书亦无以容其奸矣。

---

① 有关福建纲银,参见[日]山根幸夫《丁料と纲银——福建における里甲の均平化》,《和田博士古稀记念东洋史论丛》,1960 年;《明代徭役制度の展开》第二章第二节。
② 里甲丁田在万历《秀水县志》卷三《食货志》"户赋"中有记载:"凡役者皆按籍而金之,计丁与田输银贮官,以给供费,谓之丁田。今名均平。其十年内,里长轮该见年,则各以其次受役。凡解京料价、祭祀、乡饮、备用夫马、轿匠、公私诸宴,皆籍此。"万历《杭州府志》卷三一《征役》中记载:"凡役皆按籍而定。其计丁、田输粮,以给公费者,谓之丁田(近又谓之均平)。十年之间见递里甲各以次一编。凡解京料价、祭祀、乡饮、雇觅夫马、船匠、公私诸宴会,胥自此出。"由此可见,现年里甲负担的上供物料、公费折银后,向现年里甲的丁、田(或者粮)科派。

薛应旂是在嘉靖十四年至十七年之间任慈溪县知县的,①史料是将均徭和现年里甲负担的丁田这两者都作为对象,除了已经分派过的前五甲外,将剩余里甲中包含的全县的丁、田分为五等份,每年向其中一份分别科派均徭、丁田,并且在下一个编造黄册的年份,将全县的丁、田分为十等份科派,所以这显然就是十段法。而且将全县的丁、田分为五等份或是十等份时,"不拘见役、递年,通融均算",也就是现年里甲和排年里甲没有区别,里内的全部甲的丁、田都要均分,所以这种将全县丁、田均分的方法也是将里内各甲的丁、田额均等化。

浙江有关的内容除了上面的史料外,嘉靖《瑞安县志》卷三《田赋志》"差役"中记载:

> 若里甲旧额,丁、田多寡不一。隅、厢里长一名,带甲管田至六七千亩者有之;乡都里长一名,带甲管田止一二十亩者有之。嘉靖三十一年造册,邑令刘畿立法均平,每坊长一名,带甲约限田八百亩;里长一名,带甲约限田五百亩。自是丁、田适均,役无偏累。

由此可见,各坊长、里长统辖的各甲内的丁、田额明显不均衡,造成了徭役负担存在偏差。为此,嘉靖三十一年开始,设置一名坊长,管辖的甲为大约八百亩;一名里长,管辖的甲为五百亩。所以一个坊当中的各甲大约包括田土八百亩,同样的,一个里当中的各甲包括五百亩,按照这样的标准分派,②这种方法也是通过坊、里内各甲的均等化来实现徭役负担的平均化,应该称之为十段法。此外崇祯《义乌县志》卷八《时务书》"田赋"中记载:

> 夫十段锦之行也,自嘉靖四十四年始也。其法每年算该银、力差若干,总计十甲之田,派为定则。如一甲有余,则留一二甲用,不足则提二甲补之,十年轮次编金。而徭役解费于是乎给。

这里叙述了嘉靖四十四年开始实施的十段法,但是这份史料,包括其中十段法内容的说明,都是依据前面引用的史料(2)解说的。

---

① 根据本文的史料可知,薛应旂担任慈溪县知县是在嘉靖十四年,而雍正《慈溪县志》卷三《秩官》中只记录了薛应旂的姓名,没有记载到任时间,其继任者是在嘉靖十七年到任,所以在此期间,薛应旂担任知县。

② 这里的各甲仅记录了田土数,因为记载"自是丁、田适均",所以应该考虑丁数是以何比例换算为田土加入其中的,只有纯粹的田土数不能构成各甲的内容。

　　上面考察了不同地域的十段法的具体事例,其中最早的是福建邵武府,在成化初年就实施过,该府在弘治中期也实施过;此外,南直隶常州府、苏州府以及江西建昌府广昌县在正德年间实施过。而且到了嘉靖年间,华中、华南的各地区都开始实施,如史料(2)所示,到了嘉靖四十四年,十段法在江南已经成为定例。《明实录》"隆庆元年十月庚寅"条中记载:

　　　　先是,上允言官议,将江南田粮诡寄花分诸弊,尽行查革。至是,巡
　　按直隶御史黄尧封奏,查出苏、松、常、镇四府投诡田一百九十九万五千
　　四百七十亩,花分田三百三十一万五千五百六十亩,因条上便宜事。……
　　五、平均徭。谓,取各县十段丁、田,遂为查审,衰多益寡,务得其平。

这份史料证明十段法已经普及。而且这里的十段法是将里内各甲丁、田(或者粮)额均等化,因此,岩见宏所说的十段法存在以县为单位和以里为单位两种方法这样的判断不够准确,实际上只有史料(2)中所表示的一种方法。

　　如上所述,十段法的内容就是将里内各甲的丁、田(或者粮)额均等化,一里是由包含了均等的丁、田(或者粮)额的十个甲组成的,参照一里百十户的户数原则,可知这时出现了一种与之前的里甲组织完全不同的里甲编成方法。那么是由于出现了十段法,遵守之前户数原则的里甲组织就被完全废弃了吗?恐怕并非如此。如前所述,十段法是以均徭或部分里甲正役为对象的,[①]不存在以全部里甲正役为对象,或者以整体的里甲正役和均徭为对象的事例,在四川,只有里甲正役中的里甲夫马是十段法的对象。在这种情况下,里甲正役中的上供物料、公费等,是通过之前以户数原则建立的里甲组织科派的。而在徽州府,最初里甲正役中只有上供物料是十段法的对象,后来地方公费的负担也被纳入十段法当中。因此十段法与按照户数原则的里甲组织并行,[②]只适用于特定部门的徭役,这些特定部门的徭役按照

---

①　里甲正役的内容如前人研究,主要是指:(A)①税粮征收,②维持里内治安,③编造黄册;(B)①上供物料,②地方公费,③里甲夫马,④甲首夫。成为十段法对象的只有(B)中包括的项目,(A)中的负担不是十段法的对象。

②　如前所述,福建泉州府在嘉靖末年开始实施十段法,根据山根幸夫《十六世纪中国における或る户口统计について——福建惠安县の场合》(《东洋大学纪要》第 6 辑,1954 年)一文的研究,泉州府管辖的惠安县在隆庆六年编造黄册之际,县里三十图编为里长户三万户,甲首户三千户,一里(里长户、甲首户)百十户的里甲。

十段法科派的台账就是十段文册。如史料（2）所示，十段法是"如一甲之田有余，则留以为二甲之用，不足则提二甲补之。剂量适均，轻重合一"，这句话只有以按照户数原则的里甲组织同时存在为前提时，才能真正理解。而且，完全废弃按照户数原则的里甲组织是在万历以后，随着实施均田均役法，出现了按照一定田额（或者粮额）编成里甲的现象，[①]可以说，十段法就是向均田均役法过渡的阶段。

如上所述，十段法并没有完全消解基于户数原则的明代的里甲组织，但是明代徭役的重要组成部分——徭役或者现年里甲的各种负担，并不是按照户数原则向里内各甲科派，而是变成直接向已经均分为十等份的里内的丁、田（或者粮）额直接科派，这一点在明代役法改革中具有重要意义。下面将对此展开深入讨论。

三、十段法和里甲组织的关系（续）

上面已经讨论了十段法与里甲组织之间的关系，但是之后发现了有关十段法的更为具体的史料，在介绍这些史料的同时，再对十段法和里甲组织的关系进行补充。

民国《江阴县续志》卷二二《石刻记二》"明"项中收录了嘉靖十三年设立的《优免徭役碑》，其碑面、碑阴内容如下：

【碑面】

直隶常州府江阴县为徭役事。准本县知县李元阳关，准本县关奉府帖，该蒙钦差总理粮储兼巡抚应天等地方都察院右副都御史陈，案验前事备关烦将嘉靖十三年分均徭役次银两，逐一遵照书册编派等因。续蒙钦差总理粮储兼巡抚应天等地方都察院右副都御史侯，案验前事备仰掌印官速将地方益于政务，便于军民应议事件。逐一会议，著实从

① 参见［日］小畑龙雄《浙江省海盐县の里甲》，《东方学报》（京都）第18册，1950年；《官图・儒图・僧图・军图について》，《山口大学文学会志》第6卷第2号，1955年；《江南における里甲の编成について》，《史林》第39卷第2号，1956年；《里甲编成に关する诸问题》，《山口大学文学会志》第9卷第1号，1958年；《江北における里甲の改编》，《山口大学文学会志》第16卷第2号，1966年。

长参酌停当，务图经久。限文到三日之内，即便备开揭帖缘由，□速□报，以凭覆处转达施行等因。准此。照得，嘉靖十三年均徭，轮到第十甲丁、田，佥点原于嘉靖三年，蒙巡按直隶监察御史朱，案验前事依蒙将轮编均程年公，令官宦、举人、监生、生员、承差吏典之家，照例优免外，通将概县官民田地山滩，不拘年分，通融牵扯均齐，造成白册。已经编点过九年，今查已上点过均徭册□田地数，比对县总缩欠田地。本职已经拘集算手，躬亲磨对，逐年逐□，仔细查出人户陆勉等各缩欠田亩，多至十项以上，少至十亩以下，多寡不等。□□□□□是人户里书通同作弊，每年未编均徭之先，暗将白册改洗，减缩田亩。及至点差已过，又案将原缩田亩，仍复改填旧数，以致弊端无查。□□□□□□□□□以为常。良善之民陪累重差，深为苦切。又查洗改之由，皆原奸民隐情捏故，朦胧告府，吊取白册，以致中路得以作弊洗改。今欲将本□□□□□□□每年佥点一段，备造草册，随印信付与掌印官收执，常年封锁牢固。凡一应查对佥点均徭之时开视，查过即行封锁，庶免前弊。今将查□□□□□江南积弊急切民隐，关烦转达候示，追究前项避差银两贮库，听候籴谷备赈等因。开关本县备由。申蒙钦差总理粮储兼巡抚应天等府地方都察院右副都御史侯　批开。据□甚美，俱依拟行。陆勉等革后不行改正，仍问应得罪名，并追避差银若干，人众陆续具招缴。巡按直隶监察御史李　批开，仰候申有巡抚衙门详示至日缴，依蒙将避差人犯陆勉等陆续具招申详外，缘照概县田有定数，各年徭有定差，应将田分十段，佥点十年徭役，庶力役均平，里书无所容弊。今集算□邹雨、徐坤等磨算，造成十段白册即钤，随印收掌，封锁在掌印官衙内。每年佥点徭役之时，当堂开析，取出一段田数，抄录一本，佥点已毕，仍著落吏书，取具结状，磨对无弊。方造鼠尾草册，酌量佥点。其佥点之法，又以权徭册为主，顺序亲注。又其间有优免官吏之例，必须查考十年内本官曾否优免，如照级免过一年，余年不得冒免。又有寄庄人户，或冒官员职名者，俱要查出重治。其官户亦止于该县该年田内优免，其寄庄者不得在优免之列。此皆奉有明例，不得夤缘私情，致使良善受累。今将白册总数，逐年开具，刻石县厅。每年点差，先于石上抄录田总，后乃取出白册，查对细数，每亩应出银几分，大约多不过九分三厘。若不照此编金，必致里书挪移。往年曾有每亩点至一二钱者，深为不便。今将分定丁、田数目，刻石于后。

嘉靖十三年闰二月吉旦

江阴县知县李元阳

县丞庐焕

彭进

　　　立石

韩珍

主簿咸大冒

典史倪鹏

【碑阴】

一均徭例免官吏丁粮则例。嘉靖十年十月初二日，奉府帖为授时任民事。该蒙钦差总理粮储兼巡抚应天等府地方都察院右副都御史毛　案验内开。嘉靖二年十二月二十二日具题，奉圣旨是，钦此。又为优免事。该锦衣卫百户赵镗告该本部议拟得，锦衣卫随朝官员，比照优免内臣事例，量其官职□□，将户下杂泛差徭，指挥免叁丁，千户卫镇抚免二丁，百户所镇抚免一丁，著为定例等因。嘉靖四年三月二十六日具题，奉圣旨。内官内使户内，照文职例优免，锦衣卫指挥免七丁，千户免五丁，镇抚、百户免三丁。钦此。已上例建纷纭，委无定则。某京官品秩崇卑，一概全户优免。此乃祖宗优待常朝官员极为隆厚，延今一百六十余年。官属众盛，差役浩繁，科派益频，民力日困。加以乡里亲戚，诡寄夤缘，里书畏势奉承，有司莫敢穷诘，致将滥免之数，一概知派小民。且京官品秩本有崇卑，而事彦（原文）人丁至有多寡，必须立为限制，庶可永塞弊源。合无除锦衣卫、指挥、千户、镇抚、百户，奉有前项钦依外，京官一品，免粮二十石，人丁二十丁；二品免粮一十八石，人丁一十八丁；三品免粮一十六石，人丁一十六丁；四品免粮一十四石，人丁一十四丁；五品免粮一十二石，人丁一十二丁；六品免粮一十石，人丁一十丁；七品免粮八石，人丁八丁；八品免粮六石，人丁六丁；九品免粮四石，人丁四丁；外任照例免一半；其举人、监生、生员，免粮二石，人丁二丁；省察、吏典,免粮一石,人丁一丁。

计开本县

人丁一十三万五千四百六十丁。

各则共折民田九千九百二十项十五亩三厘三毫。

官田地九百二十四项八十八亩七分九厘七毫。

民田地九千二百二十四项八十六亩二分三厘五毫。

新堪田二百八十项七亩八毫。

山滩九百三十三项八亩九分五厘。

第一段

人丁一万三千五百四十六丁。凤戈乡十九都三图宗起,土(至?)第二甲十八都四百(图?)□□止。

各则共折民田九百九十二项六亩五分三毫。

官田地一百八十一项二十六亩七分五厘六毫。青旸乡二十□□□□□□□,至第二甲东顺乡三十八都二图夏贯止。

民田地八百六十九项八十亩九分六厘一毫。青旸乡二十六都□图冯梗起,至第二甲东顺乡三十八都二图夏贯止。

新堪田四十二项五十五亩一分七厘七毫。白鹿乡四十一都九□□□□□第二甲太宁乡二十三都六图蔡明止。

山滩一百三项四十五亩七分五厘。青旸乡二十六都四图谢均恩起,至第二甲西顺乡三十七都七图沈谦止。

第二段

人丁一万三千五百四十六丁。凤戈乡十八都五图王谦起,至第二甲凤戈乡二十都三图徐孝止。

各则共折民田九百九十二项六亩五分三毫。

官田地三十一项九十二亩三分五厘四毫。东顺乡三十八都二图夏贯起,至第三甲良信乡五都九图吴仁止。

民田地九百六十一项六十七亩七分三厘八毫。东顺乡三十八都二图夏贯起,至第三甲良信乡五都十图吴美止。

新堪田九项八十七亩八分六厘六毫。东顺乡三十八都二图夏贯起,至第三甲顺□□汤沐止。

山滩九十四顷八十六亩五分五厘五毫。东顺乡三十八都二图夏贯起，至第三甲□□坊朱哲止。

（以下至第七段都是同样形式的记载）

第八段

人丁一万三千五百四十六丁。青旸乡二十六都四图周镇起，至第九甲青旸乡二十八都六图朱富止。

各则共折民田九百九十二顷六亩五分三毫。

官田地九十八顷七十七亩八分三厘。凤戈乡十八都四图王乾起，至本甲宝池乡五十都二图曹付止。

民田地八百九十九顷七十四亩四厘。凤戈乡十八都四图吴堂起，至本甲宝池乡五十都二图殷□止。

新堪田六十二顷九十八亩六分三厘四毫。白鹿乡四十一都九图景真起，至本甲宝池乡五十都二图唐太止。

山滩一百一十四顷四十二亩三分二厘三毫。凤戈乡十九都二图陈梗起，至本甲宝池乡五十都二图张允敬止。

第九段

人丁一万三千五百四十六丁。青旸乡二十八都六图陈琦起，至第十甲金凤乡三十一都五图戴方止。

各则共折民田九百九十二顷六亩五分三毫。

官田地七十六顷四十亩五分五厘一毫。宝池乡第八甲五十都二图薛培起，至第十甲顺化乡十三都三图蒋舜民止。

民田地九百二十五顷四亩五厘。宝池乡第八甲五十都二图郭□起，至第十甲顺化乡十三都三图蒋舜民止。

新堪田四十二顷五十九亩三分六厘六毫。宝池乡第八甲五十都五图薛□起，至第十甲顺化乡十一都十图胡源雀止。

山滩七十五顷二十四亩九分五厘一毫。宝池乡第八甲五十都三图李□起，至第十甲顺化乡十三都三图蒋舜民止。

第十段

人丁一万三千五百四十六丁。

各则共折民田九百九十二顷六亩五分三毫。

　　本甲

　　人丁四千六百二十丁。金凤乡三十一都八图高昌起,至宝池乡五十都五图□江止。

　　各则共折民田六百五十三顷三十七亩八分二厘七毫。

　　官田九十三顷三十七亩五分八厘九毫。顺化乡十三都三图吴□起,至宝池乡五十都五图钱海止。

　　民田五百九十七顷二十二亩七分六厘九毫。顺化乡十三都三图汤润起,至宝池乡五十都五图陈昌止。

　　新堪田二顷五十五亩二分八厘九毫。崇仁乡四十三都二图赵惟起,至宝池乡五十都二图张昌止。

　　山滩八十一顷八十六亩一分九厘五毫。顺化乡十三都三图孙时起,至宝池乡五十都五图钱阿四止。

　　扯第一甲

　　人丁八千九百二十六丁。

　　各则共折民田三百三十八顷六十八亩六分七厘六毫。①

---

①　下表是各段的内容,与章末附表格式相同。根据嘉靖《江阴县志》卷二《提封记·坊乡》可知,江阴县所辖乡、都、图的关系如下表所示:

乡名	永陵乡			良信乡				来春乡			顺化乡				昭闻乡			凤戈乡			太宁乡				青旸乡			
都名	第一都	第二都	第三都	第四都	第五都	第六都	第七都	第八都	第九都	第一〇都	第一一都	第一二都	第一三都	第一四都	第一五都	第一六都	第一七都	第一八都	第一九都	第二〇都	第二一都	第二二都	第二三都	第二四都	第二五都	第二六都	第二七都	第二八都
图数	4	4	6	7	9	10	4	6	7	6	10	5	6	3	10	6	8	6	4	5	6	4	12	5	13	6	7	6

乡名	金凤乡			长寿乡		清化乡		西顺乡		东顺乡		白鹿乡		崇仁乡		化成乡			宝池乡			顺化坊	太宁坊	来昭坊
都名	第二九都	第三〇都	第三一都	第三二都	第三三都	第三四都	第三五都	第三六都	第三七都	第三八都	第三九都	第四〇都	第四一都	第四二都	第四三都	第四四都	第四五都	第四六都	第四七都	第四八都	第四九都	第五〇都			
图数	5	6	11	4	4	6	5	10	8	12	14	10	10	4	5	7	4	5	6	3	5	5	4	3	2

碑面的文章,因为有剥落的现象,所以有几处无法完全辨认。在嘉靖十三年向县管辖的第十甲分派均徭时,"将田分十段,金点十年徭役",为此编造了十段白册。由此可知嘉靖十三年后,官府开始用十段法的方法来科派均徭。而且碑阴中记载的"计开本县"记录了十段法的具体内容。

碑阴记载的内容中值得注意的是:第一,碑面文章中虽然只记载将田分为十段,但是全县的人丁也被均分给各段,人丁也是十段法分派均徭的对象。上一节介绍的史料中,说明十段法时只记载将田土分为十段,仅仅拘泥于字面意思是不恰当的,虽然比田土占据了更大的比重,人丁仍然是科派徭役的对象,按照碑文这样理解才比较妥当。

第二,田土可以分为官田地、民田地、新堪田、山滩等四种,其中官田地、新堪田和山滩都是按照各自比例换算为民田,换算为民田的总额是九千九百二十余顷,均分给各段就是每段九百九十二顷余。但是在各段内,又按照各段所包含的四种田土的种类,指定应该负担均徭的人户。

第三,指定各段负担均徭的人户,是通过人丁、四种田土,如记载是"某乡某图某起,至第某甲某乡某都某图某止"。而且,例如第一段民田地的"第二甲东顺乡三十八都二图夏贯"正是第二段民田地中出现的夏贯,因此第二段中受到科派均徭的民田地的所属人户,是从属于第二甲的夏贯这里开始的,同样第四段的徐巨属于第四甲,第五段的袁修属于第五甲,第六段的黄銮属于第六甲,第七段的陶夫属于第七甲,第八段的吴堂属于第八甲,这种情况中的甲指的是县所管辖的各里内的甲。第七段新堪田的顺化乡十一都十图的陆玉属于第八甲,胡源雀属于同都同图第十甲。同样,五十都二图郭□(第九段民田地)、薛培(第九段官田地)属于第八甲;与此相对,同都同图的唐太(第八段新堪田)、张昌(第十段新堪田)、张允敬(第八段山滩)、殷□(第八段民田地)、曹付(第八段官田地)属于本甲,也就是第十甲;①而且五十都五图薛□(第九段新堪田)属于第八甲;与此相对,同都同图的钱阿四(第十段山滩)、□江(第十段人丁)、钱海(第十段官田地)、陈昌(第十段民田地)属于本甲。从以上几点来看,十段法是以县所辖各里内的甲为单位实施

---

① 这里所说的本甲的意思是,第十段被当作本甲。如碑面文章所示,嘉靖十三年由第十甲负担徭役,所以本甲指的是第十甲。

的。以田土为例,第一段充县所辖各里内的第一甲的人户的所有土地,总额均等分派给各段,九百九十二余顷出现不足时由第二甲所属人户的部分田土来充当;同样第二段是除了充当第一甲的部分外,充第二甲人户的田土,不足的部分由第三甲人户的田土补充……是这样的一种编成方式。第十段的末尾,"扯第一甲,人丁八千九百二十六丁,各则共折民田三百三十八顷六十八亩六分七厘六毫"。第十段是本甲,也就是说第十甲剩余人丁四千六百二十丁,各则共折合民田六百五十三余顷,而分派给各段的则是规定的一万三千五百四十六丁、九百九十二余顷,各有八千九百二十六丁、三百三十八余顷不足,所以不足的部分由第一甲充当。①

第四,这种十段法,如上所示,是以县所辖各里内的甲为单位。以甲为单位将县所辖人丁、田土均分为十段的方法,目前可以推测有以下两种可能:一种方法是,将县下所辖各里的各甲中的人户所拥有的人丁、田土,在全县范围内都按照甲为单位予以集中,以此为基础均分为十段。也就是,将全县人丁、田土的总额分别预先均等地分十段,再将县所辖各里的第一甲的人户所拥有的人丁、田土额进行集中统计,如果第一甲无法达到预先分段所定的人丁、田土额,不足的部分则从全县各里的第二甲的总数中获得补充。同样,全县各里的第二甲的统计总数不足时,则从第三甲的总数中补入。这种情况是以甲为单位,在全县层面均分为十段,没有必要对各里内各甲间的人丁、田土预先进行均等化。另一种方法是,将各里内各甲间的人丁、田土额预先进行均等化。这种情况下,全县也可以实现以甲单位均分为十段。那么江阴县的《优免徭役碑》中记载的十段法,到底是以上哪种方法呢?仅从记载来看,无法断定。所以,为了弄清楚这一点,还需要其他史料支撑,这里使用前面已经介绍过的云南十段法的史料。隆庆修万历补刊《云南通志》卷一〇《官师志六之二》"政录·嘉靖以来申明政令"中记载:

> 均徭十段流编法则。巡按批允布政司通行事宜。一、均徭优免官吏等项数若干,该甲计算不无偏重。今宜以州县优免丁、田总数共若干除外,然后自造册年为始,各州县十甲丁、粮,分作十段,每年点金一段,

① 而且关于田土部分,第八段和第九段的编成都不规则,这是因为第九甲所属人户的田土额比较贫弱,由第八甲和第十甲补充。

每段丁各若干,粮各若干。常使十年之内,里甲均平,不多不少,一定不移。则飞走诡寄、影射埋没之弊,不革自无矣。(均徭榜式)首开通县人丁、田粮,总有若干。次开州县徭役银、力差数共若干。三开授时任民勘合品级优免等则。四开州县乡官、生、吏,应该优免丁、田各若干。五开本年该编一段,自某部都图某甲某户起,至某都某图某甲某户止,实编人若干丁,米若干石。六开每丁、石本年编银钱几分,共银若干。(下略)

这份史料对十段法的内容进行了说明,这里的"均徭榜式"中,不论是表示通县的人丁、田粮总额,或授时任民勘合品级等则,或表示乡官、监生、生员、吏典等的优免的丁、田额的点,或有关各段包含的人户,或有关"自某部都图某甲某户起,至某都某图某甲某户止,实编人若干丁,米若干石"的记载的方法,等等,都和江阴县的《优免徭役碑》中的十段法的记载基本一致。因此,云南的十段法与江阴县的《优免徭役碑》的内容是相同的。但是值得注意的是,在云南用十段法编成科派徭役的结果是,"常使十年之内,里甲均平,不多不少"。很明显,这里的十段法是通过将里内各甲的丁、粮额均等化实施的。如果以上分析成立的话,那么与云南具有相同内容的江阴县的十段法也是通过将里内各甲的丁、粮额均等化的方法,将全县的丁、田额均分为十段实施。前面提到的十段法与里甲组织之间的关系,在这里也可以再次确认。

通过上述分析,十段法虽然是以按照之前的户数原则编成的里甲为前提,但是具体分派里甲正役、均徭役时,通融均分作为科派对象的里内各甲的丁、田(或者粮)额,通过这种方法,每年全州县所辖徭役负担能力都得以均等化。下节将考察十段法在分派徭役时的特点。

四、十段法科派徭役的特点

如前所述,十段法在分派部分里甲正役和均徭役时,是以按照户数原则编成的里甲为前提的,但是在具体分派这些徭役时,将里内各甲的丁、田(或者粮)额均等化,然后再将里甲正役科派给均等化了的现年里甲,并且将均徭役科派给均徭里甲。而且这种情况意味着,不是将里甲正役或者均徭役科派给现年里甲或者均徭里甲当中的各户,而是一律直接科派给均等化后

的各甲的丁、田(或者粮)。有关里甲正役,在前面提到的聂豹的《双江聂先生文集》卷八《书·答东廓邹司成四》中有记载:

> 嘉靖初年,巡抚盛都御史奉勘改议,将一府丁、粮分作十年,每年每石派银三钱五分,名曰里甲均平。

这里说明实施过程中会计算出每石相当于多少银额,有关均徭,江阴县《优免徭役碑》的碑面中记载了编成十段法的结果:

> 今将(十段)白册总数,逐年开具,刻石县厅。每年点差,先于石上抄录田总,后乃取出白册,查对细数。每亩应出银几分,大约多不过九分三厘。

这里明确记载了每亩相当于多少均徭银的负担额。①嘉靖《龙岩县志》卷上《民物志第二》"徭役"中记载:

> 杂役岁编谓之均徭。嘉靖以前,只轮甲编佥,随其岁直甲分,则尽甲内人户丁、粮,以应一年之差。间有轻重不均之叹。迩来通将概县丁、粮,裁为十段,次第相承,先后适均,谓之均徭。名称情实。……银、力二差共计银一千五百二十五两三钱,编佥丁粮一千九百八十六丁石零七升,每丁石该银七钱六分八厘。遇闰月,加银二十六两,增编丁粮三十三石二斗三升。

这则史料叙述了直接向丁、田(或者粮)科派均徭银。更清楚地叙述此段时期内情况的是隆庆修万历补刊的《云南通志》卷一〇《官师志六之二》"政录·嘉靖以来申明政令"中详细叙述了十段法,在"均徭十段流编法则"中:

> (均徭榜式)首开通县人丁、田粮,总有若干。次开州县徭役银、力差数共若干。三开授时任民勘合品级优免等则。四开州县乡官、生、吏,应该优免丁、田各若干。五开本年该编一段,自某部都图某甲某户起,至某都某图某甲某户止,实编人若干丁,米若干石。六开每丁、石本年编银钱几分,共银若干。七写榜身,照后格眼,填人户丁、米于上,填

---

① 这里没有出示每丁相当于多少银额,可能是省略,也可能是人丁按照一定的比例换算为田土了。

应编差银若干于中,填某差于下。此榜悬挂一月,不许该吏收藏,以恣
贪索。(榜身式)大理均徭榜无法,故吏得而舞之。今于每徭户款内,画
为四格眼。第一格填曰,某里某甲某户某人。第二格内填曰,人几丁,
粮几石斗。第三格内填曰,该差银几两几钱几分几厘几毫几丝。第四
格内填曰,编某样银差几两几钱,某样力差几钱几分。榜悬二月,徭户
承认完日始收,免其赂吏之费。(均徭帖法)一、均徭不许给由帖。盖旧
时每差一帖,该吏作弊,给与当差之人,而不与出差之户,以致勒取倍
追。今止许每户给帖一张,倍开各差于下,斯无弊矣。旧均徭分银、力
二差,祇为州县开一骗局,如库子、斗级之役,多至破产,禁子之役其费
五倍,本司呈允通行一例征银,不编力差,合省君民均沾恩泽。然其间
亦有不尽然者,在上司察之耳。

通过这份史料可知,(均徭榜式)第一揭示了全县丁、粮的总额,第二揭示了
银差、力差合计的均徭银总额,第三揭示了按照品级等级的优免政策,第四
揭示了根据优免政策,该县乡官、生员、吏典等优免的丁、粮额,第五确定了
各段负担均徭银的人户及该段的丁、粮额,第六揭示了每丁、粮一律科派的
均徭银的负担额,第七通过榜身式标明了各户的丁、粮额及与之对应的应负
担的银额。榜身式第一揭示了各人户的所属里甲,第二揭示了户内的丁、粮
额,第三揭示了其丁、粮额对应的应负担的均徭银额,第四揭示了与均徭银
额相符合的银差、力差的役种及其银额。

　　由上可知,这里的十段法是将每年均徭银的总额一律直接科派给各段
的每丁、粮,各户的均徭负担额是由各段所包含的户的丁、粮额决定的,榜身
式中记载"编某样银差几两几钱,某样力差几钱几分"以及向各户编派银差、
力差的具体的役种,这些不过都是形式上的内容而已。

　　如上所述,十段法是向里内丁、田(或者粮)额均等化的各甲之丁、田(或
者粮),一律直接科派里甲正役或者徭役。如此,为了能够一律直接向这些
丁、田(或者粮)科派,里甲正役或者均徭役需要按照单一的评价额——具体
是钱或者银——来表示,而且必须算出全体(在过渡时期则是算出其中的某
个部分)的总额度,那么这种徭役银纳化的过程是什么样的呢?

　　其中有关里甲正役的银纳化问题,已经有比较明确的结论:从景泰、天
顺到成化、弘治年间,各地开始出现用钱缴纳里甲负担的现象;之后统一为

银,出现了里甲银和均平银等说法,在货币缴纳的同时,已经在施行将里甲负担一律直接科派给现年里甲内的丁、田(或者粮)的方法。[①]这点和十段法中科派里甲负担的方法是相同的,但是一个非常重要的不同点在于,十段法出现之前,基于户数原则编成现年里甲,向甲内人户的所有丁、田(或者粮)一律科派,与此相对,十段法是只通过丁、田(或者粮)额将里内各甲均等化,向均等化后的丁、田(或者粮)一律科派。因此基于户数原则编成里甲的做法,在里甲负担相关层面上被废弃了。

　　与里甲正役不同,均徭役的银纳化过程,目前还没有明确的结论。根据既有研究[②]可知,从天顺到弘治年间,柴薪皂隶(祗候)、马夫、斋夫、膳夫四种徭役的银纳化已经确立,正德年间,这些实现银纳化的役种被分类为银差以及保留了力役役种的力差,其后随着银纳化的发展,银差内所包含的役种不断增加。而到了嘉靖以后,地方志中的记载不仅有银差,就连力差也用银额表示,银额表示力差可能有两种情况:一种是作为分派的标准用银额表示,实际上要求提供力役;另一种是全面实施银纳化后,只保留了过去存在的有所区别的名目,大体的情况是从前者逐渐转移到后者。根据以上观点,力差在实际已经银纳化的阶段,至少在一条鞭法实施之前,与银差共同采取与从前的杂役＝徭役科派同样的原则,每个具体的役种是以户则为媒介科派给各户的。因此,既有研究没有说明十段法中一律直接向里内各甲的丁、田(或者粮)科派均徭银的这一方向的直接前提。但是十段法的雏形,如上所述,在银差、力差成立之前的成化、弘治年间已经出现了,应该怎样理解这一时期的相关问题呢?

　　关于这一点,首先在万历《宁国府志》卷八《食货志》的记事中可以找到一个线索,该史料记载:

> 初均徭十年一编审。弘治以前,每田一亩审银二分有奇。后增至五分不足。乃易以五年一审。

---

①　参见［日］山根幸夫《明代徭役制度の展开》第二章第二节。而且里甲负担中的上供物料从现年里甲的负担中去除了,每年仅向全州县所辖的丁、田(或者粮)或田赋科派。

②　参见［日］山根幸夫《明代徭役制度の展开》第二章第一节"二";［日］岩见宏《银差の成立をめぐって——明代徭役の银纳化に关する一问题》,《史林》第40卷第5号,1957年。

这里是说弘治以前,科派均徭是每亩银二分多,其后变成不到五分。被科派二分多或者不到五分的银的田土,是均徭里甲内人户所拥有的田土,均徭十年一编审,后五年一审,也就是说每年给每两甲科派。因此,在这种情况下,向均徭里甲内的田土以银的形式一律直接科派均徭负担的方法,在弘治以前就已经出现了。而且正德年间到嘉靖初期的松江府华亭县人士顾清的《傍秋亭杂记》卷上中记载:

> 今之夏、秋二税,即古所谓粟米之征,唐之所谓租。农桑丝、绢即古所谓布缕之征,唐之所谓调。今之甲首、均徭即古所谓力役之征,唐之所谓庸。租出于田,调出于家,庸以身计,不相侵越者也。近岁均徭并计丁、产,甲首亦计田出钱。既出米,又以起庸,是固已非古矣。然姑以定物力之厚薄,不得不然。而均徭官田亩取银四分,民田亩六分,甲首民田亩取分五厘,官田亩一分。皆十岁一输,亩岁为钱四五文而止。犹未重也。

由此可见,均徭科派一律是官田每亩四分,民田六分,甲首即里甲正役科派一律是①民田每亩一分五厘,官田一分。而且史料还表明,向田土平均赋课均徭负担,赋课对象是均徭里甲内的田土,这与均徭、甲首一样"皆十岁一轮"。因此,松江府管辖地区至少在正德十二年以前②就已经向均徭里甲内

---

① 这里与均徭成对叙述的甲首是指现年里甲的负担,也就是里甲正役。均徭、甲首"皆十岁一轮",而且天启《海盐县图经》卷五《食货篇二之上》"税粮"所收的《张元忭庞公祠记》中记载:"略曰:天顺间,朱御史英所疏行两役法,籍县民分为十年,而统于坊、里之长。每一坊一里,长率十人,令民按丁若田。五年而率钱与长,为吏办公私费,坊主宴,里首馈,曰甲首钱。又五年而长率民,诣县庭审诸役,曰均徭。"可见现年里甲负担的公费实现了用钱缴纳,被称为甲首钱,这证实了上面的观点。

② 《傍秋亭杂记》在本文引文之后继续记载:"正德丁丑、戊寅以来,乃以田随人,户分九等。上户亩银二钱五分,甚者至五钱。盖尝有一户而输银七百两者。"这是说正德十二、十三年以后,废除了向田土一律科派的方法,按照户则向每亩的负担额设置差等。如拙稿《明代における税粮の科征と户则との关系》(《千叶大学文理学部文化科学纪要》第7辑,1965年)所述,松江府所辖地区在正德年间即使是科征税粮时,也出现了恢复重视户则的现象,这一现象到了嘉靖时期又再次消失了,役法问题上也是如此。并且如本文所引述的内容,只记载了均徭负担的田土分派额,但是《傍秋亭杂记》卷上中记载:"人户物力,每乡自分高下,然统一而论之,有均为一等而相去悬绝者。宗周编役,通计一县而差等之。某乡第一,某乡次之,故所差甚均。役法每丁使出银二钱五分。"在这里则记载了每丁应出的银额,所以对人丁也会科派。文中的宗周是指弘治十七年至正德二年期间的华亭县知县张岐(正德《华亭县志》卷一三"国朝知县"项)。拙稿《明代における税粮の科征と户则との关系》中将张宗周当作正德六年江西巡抚张凤,这是误解,特此订正。

田土一律科派均徭负担了。

上面虽然只举了两个例子,但是可以确认的是,一律直接向均徭里甲内的丁、田科派均徭负担,这在弘治之前就已经开始实施了,①可以说这种科派

---

① 成化、弘治年间,均徭役全都采用货币缴纳,直接科派给均徭里甲内的丁、田(或者粮),基于有关杂役银纳化的既有研究,这点很难理解。应该说,直接向均徭里甲内的丁、田(或者粮)进行科派,是从均徭负担中的某些部分开始的。虽然到底是从均徭负担的哪些部分开始直接科派,目前还不明确,但是与此关系密切的是,成化、弘治年间史料中出现的余剩均徭或者听差。山根幸夫《明代徭役制度の展开》(第112页)、岩见宏《明代における杂役の赋课について——均徭法と九等法》(《东洋史研究》第24卷第3号,1965年)已经论述了有关余剩均徭和听差的问题,但是《明实录》"成化二十二年二月庚子"条中记载:"直隶凤阳府知府章锐奏,……一、金点均徭。近年巧立编剩人户名色,剥削银钱,害民最甚。乞行禁约,止许丁力相应之甲。余悉优免。"同"弘治十六年七月辛卯"条记载:"先是,以西北边镇有警,户部请权行便宜十事。……一、取浙江等处均徭空间[闲]银两。"同"弘治十六年十月壬子"条中记载:"巡视浙江都御史王璟上救荒事宜,……又查浙江所属编剩均徭及里甲余银,发灾重府县赈济。"而且同"正德元年七月丙午条"记载:"户部议覆吏部主事杨子器所奏理财六事。一谓,各处司府州县审均徭,率多宽剩之银。上司不行查算,往往致侵匿。"由此可见,从成化到弘治、正德年间,余剩均徭和听差在全国各地都有出现。余剩均徭和听差与均徭内所包含的本来项目不同,是作为预备费用征收的,因此《明实录》"弘治十四年九月丁亥"条中记载:"巡抚直隶都御史王沂及巡按御史李良奏,真定一府,比之广平等三府,独多砍柴夫役。今年水蝗为灾,军兴累重,乞将真定等四府纳赎米价,通准作真定府砍柴夫价。及取各府州县在官脏罚等物,并真定、大名二府弘治十三年以前剩余听差人户银两,俱作真定府明春、夏二季夫价。"这里是说将真定、大名两府的剩余听差银充当真定府的砍柴夫价,而且"弘治十四年正月乙未"条中记载:"停革苏、松、常、镇四府导河夫役。初管河主事姚文灏奏,于四府每岁均徭外,令民纳雇役银,以备治水之用,谓之导河夫。其后官吏因之侵剥,民甚病之。至是巡抚御史彭礼以为言,命革之。"这种在均徭之外科派的导河夫的雇役银也是余剩均徭的一种。通过以上事例,也可以看出余剩均徭或者听差作为预备费的性质。那么问题在于这些余剩均徭或者听差的科派方法,《明实录》"成化二年八月辛丑条"中记载:"给事中丘弘言十一事,……革弊政,……今也均徭既行,以十甲之人,差十年之均徭。官吏、里书乘造册而取民财,豪富奸狡,通贿赂以避重役。以下作上,以亡为存。殊不思民之贫富,何常定之,消长不一。只凭籍册漫定科差,孤寡老幼皆不免差,空闲人户亦令出银。故一里之中,甲无一户之闲。十年之内,人无一岁之息。"这里说明,实施均徭法后,让那些不能接受徭役科派的空闲人户也出银两,这样一来,就陷于"一里之中,甲无一户之闲。十年之内,人无一岁之息"的状态。岩见宏基于这份史料指出,余剩均徭或者听差不是向均徭里甲,而是每年向全县所辖人户科派,是之后华北地区出现的门银和丁银的先例。仅从文字意思来看,可以得出像岩见宏这样的理解,而且如此,这种科派余剩均徭或者听差的方法与向里内各甲的丁、田(或者粮)每十年科派一次的十段法无法直接联系在一起。但是科派余剩均徭时,也有仅以均徭里甲为对象的情况。正德《大明会典》卷二二《户部七》"赋役"项中记载:"弘治元年令,各处审编均徭,先查该年人户丁、田,分为等第,止编本等差役。不许分外加增余银。若贫难下户逃亡之数,听其空间[闲]。亦不许预收余银,负累见在里甲。"这里叙述了有关科派均徭的注意事项,指出要"先查该年人户丁、田,分为等第",而且"不许预收余银,负(转下页)

(接上页)累见在里甲"。因此毋庸置疑,这里的均徭科派只以均徭里甲为对象。另外还规定禁止编派本等差役,也就是禁止向充当均徭内的役种的人户科派余银,而且也禁止向没有充当本等差役的贫难下户及逃亡人户科派余银,这些余银正是余剩均徭或者听差——这则弘治元年令,在万历《大明会典》卷二〇《户部七》"赋役"中有记载:"弘治元年令,各处审编均徭。查照岁额差使,于该年均徭人户丁、粮有力之家。止编本等差役,不许分外加增余剩银两。贫难下户并逃亡之数,听其空间[闲]。不许征银及额外滥设听差等项科差。"——这说明余剩均徭或者听差只分派给均徭里甲。而且王鏊的《王文恪公集》卷六三《书·与李司空论均徭赋》中记载:"鏊居乡数年,见民间甚苦均徭。富者或至毁家,贫者多至卖田鬻产伐树,继以逃亡。前此未有也。访其故,起于吴县尹郑轼。轼良吏也,轻变旧法,贻祸至今。盖旧法计里不计户,姑以长、吴二县论之。二县共一千二百五十二里,岁额共一千一百五十五役,里分役数大略相当。即有参差,自可随宜消息。每里共当一役。虽有重费,十户共之,不为甚苦。人户贫富,里长素谙,略为重轻,人亦能堪。自轼为县,谓里长不能舞弊也,悉召人户至县,人人面审,家家着役。役少人多,则储为公用,谓之余剩均徭。轼之为此亦甚均也。继其职者,不能如轼,多因之为利。"根据崇祯《吴县志》卷三一《职员三》可知,文中的吴县尹郑轼是在弘治元年至四年担任知县。根据王鏊的论述可知,苏州的均徭科派原本是对各里内的均徭里甲,大约平均科派一役,因此即使是重役,均徭里甲内的人户会共同负担,是可以承受的。——另外关于明代中期苏州的杂役科派问题,参见[日]森正夫《十五世纪前半苏州のおける徭役劳动制の改革》(《名古屋大学文学部研究论集》第41集,1966年)——然后郑轼推行改革后,将属于均徭里甲的人户招至县里分派徭役,人户比徭役的数量多,出现了不用充当徭役的人户后,就会向其科派余剩均徭,用作公用,这成了官吏需索的原因。由此可见,在这种情况下,余剩均徭也是科派给均徭里甲的。因此,余剩均徭或者听差有两种情况,既有如岩见宏所指出的科派给每年全县所辖人户的情况,也有只科派给均徭里甲的情况,原因恐怕在于华北和华中、华南地区的条件有所不同。《大学衍义补》卷三一《制国用》"傅算之籍"中记载:"或曰:近世均徭之法,十年而一役,民颇便之。若用此法,则不可行欤。曰均徭之法,行于江南,不可行于江北。可行于大县,不可行于小县。可行于大户,不可行于贫民。何也? 江北州县,民少而役多。大县民多,可待十年而一役。小县民少,役之三四年,已有周之者矣。大户产广丁多,产广则出财易,丁多则出力省。若夫贫下之户,以十年之役并用于一时,岂易当哉。"这份史料陈述了应该在江南实施均徭法,在江北很难实施的理由——大县、大户和小县、贫民的对比从整体上看,前者在江南较多,后者在江北较多——这在解释科派余剩均徭或者听差的差异问题上也是合理的。如上所述,如果在成化、弘治年间出现的余剩均徭或者听差存在只向均徭里甲科派的情况的话——大概是以华中、华南为中心——那么这些均徭负担没有特定的役种;而且另一方面,如本文所述,直接向均徭里甲内的丁、田(或者粮)科派均徭负担,与余剩均徭或者听差是同时期实施的,因此直接向均徭里甲内的丁、田(或者粮)科派的银两形式的均徭负担,首先是以余剩均徭或者听差的形式出现的。弘治《常熟县志》卷三《叙官治》"差役"中记载:"先抚臣周文襄公忧时,役法岁以各图十里正内,除见役并催粮里正外,其余里长,定立年分,轮拨差役。……其各衙门隶兵等类,照前例,里正领充,甲首均贴。重轻易举,民不知难。其水马站夫等重役,按产富贵者充当。今例岁按籍还差,不分里甲,将轮该年分内上户上次充京师远难料解之类,中户中次充里隶兵、斋夫、门(子)、禁(子)之类,惟下下户免役。其拨不尽人户,每丁出银若干,官民田每亩出银若干,轻重如额纳官,以应一岁公用。"这则史料将当时的例法与周忱的役法对比,指出由均徭里甲内的上户、中户充当实际的徭役,没有充当徭役的人户按照每丁、每亩一律缴纳银两。很明显,这些银两负担就是余剩均徭,说明了余剩均徭的科派方法。

方法与十段法是相联系的。但是即使这种情况,与之前的里甲银一样,在十
段法之前都是科派给按照户数原则编成的均徭里甲内的丁、田(或者粮)的,
十段法是将里内各甲的丁、田(或者粮)额本身都均等化,不考虑户数原则,
这是非常重要的不同点。

　　上面探讨了十段法相关的科派徭役的方法及其起源,那么十段法的出
现在明代役法变迁中占据了怎样的位置呢?明代役法本来的原则是,里甲
正役是充里长户和甲首户的户,一律每十年负担一次,而杂役是按照户则将
具体的役种科派给同户;均徭法成立后,基本上维持了这一点。从景泰到弘
治年间,里甲正役和部分均徭役开始使用钱,之后逐渐用银缴纳,采用这种
钱或银的形态的里甲正役或者均徭役不是对户科派,而是对现年里甲或者
均徭里甲内的丁、田(或者粮)一律直接科派,对徭役户进行科派的原则在一
定程度上崩溃了。但是在这一阶段,现年里甲或者均徭里甲内的丁、田(或
者粮)是按照户数原则编成的现年里甲或均徭里甲所属人户的丁、田(或者
粮)。然而,到了嘉靖年间,基本普及了十段法,被科派里甲正役或者均徭役
的里甲各甲的丁、田(或者粮)已经不再考虑户数原则,而是被均等化,这表
明无论是对徭役户的科派,还是编成里甲的户数原则,都出现了被废弃的趋
势,通过十段法,里甲制解体的第一个阶段被明确地展现了出来。云南在实
施十段法时,史料记载:

　　　旧均徭分银、力二差,祇为州县开一骗局。如库子、斗级之役,多至
　　破产,禁子之役其费五倍。本司呈允通行一例征银,不编力差。

如此,十段法的最终形态是包括力差在内的均徭银总额都被均等化了,一律
科派给里内各甲的丁、田(或者粮),废除了将力差内的具体役种科派给人户
的方法;而且除了继续维持里内各甲十年一役的原则外,可以说与一条鞭法
直接连接的形态确立了。下节将讨论预示里甲制全面解体的十段法是在怎
样的背景下确立的。

五、十段法成立的背景

　　关于十段法出现的原因,一般认为是明朝中期以后里甲农民分化的结

果,随着大土地所有制的发展,各里之间以及里内各甲之间的不均等性显著扩大。①诚然与十段法相关的史料中提到了各里各甲之间的不均等问题,这在前面的诸个例子中并不少见。例如,嘉靖《徽州府志》卷八《食货志》"岁供"中记载:

> 里有大小,各年粮有多寡,十段之法善矣。

同书"岁役"中记载:

> 知县谢廷杰值月议,……贫里与富里一体措办,不均尤甚。今议,通项丁、米,分为十段,每年丁、粮四千六百有奇。

并且,聂豹的《双江聂先生文集》卷八中叙述了江西以里甲均平为对象的十段法,其中《书·答东廓邹司成四》中记载:

> 虽里有充实,有残破不同,而六两之派无不同也。

万历《南昌府志》卷八《差役》"里甲"中记载:

> (嘉靖)三十六年,抚院马以坊都各甲丁、粮多寡不同,而轮年编差轻重悬异,令各属总核十甲实在丁、粮,分为十段。

这些记载都指出在实施十段法之前,各里各甲之间的徭役负担能力不均衡,十段法正是解决这一问题的对策。

但是,如果这些说辞是为了说明十段法是解决各里各甲之间不均衡的对策的话,相反,原来的里甲组织就暗含了为了维持里内各甲间徭役负担能力的均等性而被编成的目的,而且像这样的编成方式,从明代徭役的科派方法来看是理所当然的。那么为何无论是里甲正役还是杂役(均徭),其负担额都随着时代的变迁而增加了呢? 万历《杭州府志》卷三一《征役》中记载:

> 差役岁额,大都不相远。

而且嘉靖《海宁县志》卷二《徭役》中记载:

> 议曰:十甲一里,十年一徭,徭有定额,役有定银。

---

① ［日］山根幸夫:《明代徭役制度の展开》,第119页。

由此可知,每年徭役各自有几乎固定的总额,为了顺利地实施里内各甲每十年按顺序负担的方法,需要以里内各甲间的徭役负担能力基本均等为前提。而且,如森正夫所说,①宣德年间的苏州府,每里一律科派五十石的上供物料。正德《兰溪县志》卷二《官政类》中记载:

> 已上储物料,……往时皆验里均派,近年又以丁、粮多寡而派纳焉。

聂豹《双江聂先生文集》卷八《书·答东廓邹司成四》中记载:

> 查得,正德以前洪武以后,每一百户内分为一里,每里分为十甲,每甲岁纳银六两,以足一年派办之费。虽里有充实,有残破不同,而六两之派无不同也。

由此可见,现年里甲的负担是一律向各里科派同样的额度,那么不仅是里内各甲,也要求各里间的徭役负担能力是均等的。那么如何确保这种均等化呢? 关于这一点,山根幸夫在《明代徭役制度的展开》(《明代徭役制度の展开》)一书(第119页)中进行了以下论述:

> 明初,乡村的土地所有相对比较平均,随着时代的变迁,土地集中化越来越严重;另一方面,没落的小农不断增多。这种情况下,甲里集中了大土地所有者,乙里多是贫民,即使在同一个里当中,丙甲和丁甲之间也出现了明显的不平衡。

如果明初土地所有相对比较平均的话,里甲组织即使是按照户数原则编成,各里各甲之间的徭役负担能力也几乎是均等的。但是,里甲组织内的各户,从明初以来存在依户则分等级的情况,其前提不仅是各户之间的经济能力不均等,而且是在国家也认可这种不均等性的情况下编成里甲。②因此这种经济能力不均等的户按照户数原则编成了里甲,而为了维持各里各甲之间徭役负担能力的均等化,国家层面就必然要强制地人为组合,结果是每十年

---

① ［日］森正夫:《十五世纪前半苏州のおける徭役劳动制の改革》,《名古屋大学文学部研究论集》第41卷,1966年,第5—6页。
② 明初土地所有未必均等。关于苏州地区,参见［日］藤井宏《一条鞭法の一侧面》,《和田博士还历记念东洋史论丛》,1951年;关于华北地区,参见［日］片冈芝子《华北の土地所有と一条鞭法》,《清水博士追悼记念明代史论丛》,1962年。

编造黄册,并随之更新里甲组织。《明实录》"嘉靖十一年九月辛未"条中记载:

> 户部尚书许讚等应诏陈言六事,……一、今大造黄册之时,将消乏里分节年卖出诡寄无征粮米,取司府文册,一一清查。见在里分若干,以一年计之,各里田粮必均平如一。以十年计之,各甲田粮必均平如一。……疏入,上以其深切时弊,悉允行之。

由此可知,嘉靖十一年编造黄册之时,计划将各里各甲的田粮额均等化。仅从上面这则史料来看,似乎当时已经废弃了根据户数原则来编成里甲,像之后的均田均役法一样,全州、县一律以一定的田粮额组织里甲。但是从这种嘉靖十一年前后编造黄册的方式来看,并不能这样理解。首先根据《明实录》"正德十六年六月戊子"条记载:

> 户部覆御史宁钦奏国家攒造黄册事例。……今当攒造之期,宜申明前例,通行天下郡邑。每里务以实在人户一百一十户为准。如有消乏,许以附近流来有司军衙人丁,及军民官员事故遗下家人子弟,寄居日久,置成家业者补入。又不及额,许以相近外里归并。……议上,从之。

这里叙述了一里百十户的户数原则,万历《大明会典》卷二〇《户部七》"黄册"中记载:

> 嘉靖九年题准,各处州县,查审消乏里分,不成甲者,验其丁、产归并,务使一十一户为一甲。

这里强调里内各甲编成十一户(一里长户、十甲首户)。《明实录》"嘉靖三十九年十月戊戌"条中记载:

> 户部尚书高耀等议上大造黄册事宜,……一、各州县黄册,不许团局攒造,止以一户定式刻印,给发坊厢里保。每户将本家人丁、事产,依式开供,付之里长。里长以本户、甲首共十一户丁、产亲供,付四十一年见役者。见役者即以十个里长亲供丁、产一百一十户,类为一册,赴州县查算。……一、每里止许一百一十户。人户果系十岁以下,或年老残疾单丁寡妇,及外郡寄庄纳银者,许作带管畸零。其十岁以上并各分析

人口,俱编入正图。……诏允行。

这里维持了一里百十户、一甲十一户的原则。因此,直到嘉靖年间还维持着明初以来按照户数原则编成里甲的方式。前面提到的嘉靖十一年各里各甲之间的田粮额的均一化,也就是徭役负担能力的均等化,都是以户数原则为前提的。嘉靖《抚州府志》卷七《人道志》"户役籍"中记载:

> 国家之制,十户为甲。甲外一右户为里长统之。十甲为图,谓之一里。为户者百有十,为里长者十。岁轮一长以听官府之征令。以后征敛,以共勾摄。……十岁则更造版籍,均其里甲,以登其户口、田赋消长之数,献之天府,而存其副于郡县。……论曰:……又有均徭、驿传、民兵,皆从粮出。重大之役其费不赀,至于破产者,必粮多者,为之已有不胜其困。里甲之消长不齐,惟于造版时一均之足矣。

由此可见,每十年编造黄册时,在依据户数原则的同时,还要设法将各里各甲之间的徭役负担能力均等化。并且萧腾凤《议稿·两粤议稿》上卷中记载:

> 庆元府同知署宜山县事萧为乞严禁攒造黄册积弊,以均赋役以苏穷困事。……一、拨补里甲,限送供册听审之日,挨顺都图,见年公同十排结报,以凭核实。如某里逃绝果多,则拨附近某里多余人户补之。某甲消之,则拨某甲人户补之。务使一冬几里,一里十甲。正管、带管、畸零等户,均齐如一。其拨补之户,只许民籍,不许军、匠冒补。违者查出严治。

由此可见,编造黄册时,需要保证各里各甲"均齐如一",这句话的意思不仅是说一里百十户、一甲一十一户,正管户户数要统一,同时还包括徭役负担能力也要均等化。①《明实录》"万历八年十一月己丑"条中记载:

> 户部奏造黄册,将专督理,核田数,清户口,严里书,发寄庄,别飞诡,慎推收,均里甲诸项,刊刻成册,颁布天下府州县,著为式。

---

① 带管、畸零是指,除了正管户百十户之外的,附属于各里的不定数的户,将这些户也包含在内的话,各里各甲之间的户数无法严格地均等一致。有关带管、畸零,参见[日]鹤见尚弘《明代の畸零户について》,《东洋学报》第47卷第3号,1964年。

这则史料中的"均里甲"也可以作同样的理解。

如上所述,明代编成里甲,是将被户则分级的经济能力不同的户,按照户数原则组织起来,同时尽可能将各里各甲之间的徭役负担能力均等化,①这种编成方式不可能如村落那样以地缘关系为基础,而是在不考虑地缘关系的情况下抽出各户又组合起来。万历《余姚县志》卷一《舆地志》"隅都"中记载:

> 隅都之制定于洪武二十四年,为里凡三百又二。及观旧乘所称初今里数,又与载今甲者不同。则虽名为里,实以编户,而非制地也。户有盈耗,故里有损益处。每十年更籍,不及具载。

这种史料表明,一里是以户组织起来,而不是按照一定的地域为单位,明显证明了上述判断。当然,最初尽量将邻近的户组合起来,但是,如果通过每十年重编一次的编造黄册来维持各里各甲之间徭役负担能力的均等化原则,那么,极端情况就会如林希元的《林次崖先生文集》卷六《书·与俞太守请赈书二》中记载的情况那样:

> 元按,同安(福建泉州府)五十图,一图十里长,各带十甲,该人一百一十户。……又赈济只照都、图、里长、甲首,不问寄居客户,不知里长所辖甲首各散处外都。②近者五六十里,远者一二日程。

由此可见,当时出现了里甲所辖甲首散在各处,范围较大的情况,而且出现这样的情况本身正说明在遵守户数原则的同时,还要维持里甲之间徭役负担能力的均等化。因此,从以上各点来看,明代里甲制是以国家掌握各户为

---

① 这里所说的各里各甲间的均徭负担能力均等化,是明代实现国家支配的最根本的原理,并不是所有的情况都完全贯彻了这一原则,特别是各里之间的均等化,会根据具体的情况出现各种偏差。例如,没有达到一里百十户的时候,设置半图,罗伦的《一峰先生文集》卷九《与府县言上中户书》中记载:"吾乡(江西吉安府永丰县)八、九两都,素号重难。永乐以来杂役悉免。"也就是说,即使同一个县管辖,也会因为环境条件的优劣,出现无法避免各里间徭役负担能力不均等的现象。而且,汪循《仁峰先生文集》卷一五《书简·与熊太府》也记载了徽州府休宁县的里甲负担:"所谓军赋者,朝廷军国之需。一年一给,不得不取于王土之民。十年一役,谁敢不供于上。……见其科派,只以上、中、下三等里为率。上里二十两不过三十两,中里十五两不过二十两,下里不过十二两,耐数数足。"这说明由于各里之间的徭役负担能力有差异,所以里甲负担也相差悬殊。值得注意的是,在这种情况下,不是按照各里的徭役负担能力,而只是大致将县所辖的里分为三个等级。

② 如后所述,一里的编成横跨两个以上的都,这在正式规定上是被禁止的。

基础而构建起来的;而且与征收税粮相比,更重要的是,里甲制是以每年均等收取里甲正役以及杂役(均徭)这些徭役为基干的支配体制。

　　然而,明代编成里甲如果是在上述户数原则与各里各甲之间的徭役负担能力均等化的条件下实施的话,土地过度集中到少数户就会破坏里甲之间的均衡关系,使里甲编成出现困难。为了处理这种事态发展的情况,国家在户籍上对户进行了分割,也就是所谓的析户。每十年进行一次黄册编造,其间对里内各户的人丁、事产的消长进行勘察,重新组织起新的里甲。正德《大明会典》卷二一《户部》"攒造黄册"中记载:

> (洪武)二十四年,奏准攒造黄册格式。……所据排年里长,仍照黄册内原定人户应当。设有消乏,许于一百户内,选丁、粮近上者补充。图内有事故户绝者,于畸零户补凑。如无畸零,方许于邻图人户内拨补。

由此可见,缺少里长时,由甲首户的上户充当,甲首户不足的情况是由畸零户充当,如果没有畸零户的话,由邻图补充。实际上,补充缺少的里甲是以析户的方式充当的。同书同条中继续记载:

> 景泰二年奏准,凡各图人户,有父母俱亡而兄弟多年各爨者;有父母存而兄弟近年各爨者;有先因子幼而招婿,今子长成而婿归宗另爨者,俱准另籍当差。其兄弟各爨者,查照各人户内,如果别无军、匠等项役占规避室碍,自愿分户者听。如人丁数少,及有军、匠等项役占室碍,仍照旧不许分居。

这里记述了析户的条件,以及被析户的情况下,应该立别户充当徭役。①这不能仅解释为被组织进里甲的民户通过分割家产任意析户,也有为了维持里甲组织而强制性析户的情况。关于这一点,《明实录》"弘治十三年正月己卯"中记载:

> 巡按福建监察御史胡华言六事。……一、编里甲。……乞通行两直隶并各布政司,今后轮当造册之年,令有司预先逐户查审,供给某户田粮新收开除数目,各图甲首某里足备,某里欠少。如一里长以十甲首为则,十里长以一百户为率。户有贫难,以殷实者佥替。甲有欠少,以

---

① 如史料所述,只有民户被允许析户,其他军户、灶户、匠户等,原则上不得析户。

分析者补凑。使彼此不至多少,则贫富适均,而差遣平矣。

由此可见,当缺少甲首时,由析户补充,①章懋《枫山章先生文集》卷一《奏疏·议处盐法十一奏状》中记载:

> 一曰存恤灶户。……合照黄册事例,凡民户之里甲有欠,就将图内丁、粮高大者析户当差,以补其数。若以灶户之丁多家富者,亦行析户充役。

由此可见,黄册事例是,一旦里甲不足,则由图内丁、粮多者析户补充。因此是让有能力的上户析户补充里甲组织,这是编造黄册时的定例。前面为了说明湖广的十段法引用的刘尧诲《虚籁集》卷二《赠州牧鹅峰入觐序》中记载:

> 上户租石倍于下户者,析其户为二,余则再析之,不足者附于各户之下。其徭、里诸役,岁抄计簿,以次承代,无毛发盈缩。

实际情况是不是按照史料所言实施的暂且不论,但确实说明有强制实施析户的情况。另外王文禄《书牍》卷二《答范二府书》(《百陵学山》所收)中记载:

> 黄册之造十年大事。……国初制为册式,视田为准。以海盐县论之,总三百六十一里,田五十七万六千九百亩,以千字文编定田行号数,分为一十六都。人户以籍为定,不可乱也。乱即变成法,罪在不赦。虽有旧管、新收、开除、实在之四例,乃指一户言之。若一户有田百亩,或卖去二十亩,则造册曰,旧管百亩,今卖当开除户下田二十亩,彼买者新收二十亩,实在止八十亩。盖止本都一户言。或买者别都人,则立为子户,于卖田人户图中不可挪移。默寓限田之法,不使长兼并之风。

由此可见,在土地买卖时,如果买卖双方在同一个都内,田地被移管至买田者的籍内;如果是其他都的人户买本都内的田地,田地不得被移管至别都人户的籍内,买田者必须在本都内的卖田者所属的里甲中设立子户。②这在正

---

① 而且,在这种情况下,里长户贫困的话,由家境殷实者代替,缺少甲首时以析户补凑。结果是所谓的“使彼此不至多少,则贫富适均,而差遣平矣”。所以这种编成里甲的操作是为了确保各里各甲之间的均徭负担能力均等化,这从史料中也可以看出来。

② 王文禄《求志编》卷一(《百陵学山》所收)中也记载:“大造黄册年,田在一都者造注一都,不许过都开除。洪武四年册可查,余都仿此,立法严整。”这里记述的内容与本文引用的部分主旨相同,根据该内容可知,在浙江嘉兴府海盐县,早在洪武四年时就已经编造了赋役黄册,因此也就实施了里甲制。参见[日]山根幸夫《明代徭役制度の展开》第一章第二节。

德《大明会典》卷二一《户部六》"攒造黄册"中记载：

> （洪武）二十四年，奏准攒造黄册格式。……凡编排里长，务不出本都。且如一都有六百户，将五百五十户，编为五里。剩下五十户，分派本都，附各里长名下带管当差。不许将别都人口补辏。

由此可见，编成里甲的地域限界是都，禁止跨别都组成一里。为何会如此呢？为了维持这一原则，必须防止将本都内的田地移管至别都的人户，如果别都的人户在本都买田地的话，被析户后需在本都内卖田者所属的里中设立子户。因此，一都内允许买卖移管田地，但是别都人户买田地时，必须强制性地被析户并设立子户。①

通过上述分析，明代在编成里甲时析户的意义基本上已经明确。被组

___

① 如上所述，编成里甲的地域界限是都，同一个都内都可以进行田地的买卖和移管，反过来看，都内编成各里时，不会考虑特定的地域限制，这一点也说明编成里甲与地缘关系之间不存在联系。而且，别都的人户购买本都的田地时，必须在本都卖田者所在的里内设立子户，由此可见一个重要的原则是，正管户（里长户、甲首户）由土地所有者构成。为何如此呢？因为如果没有土地的佃户也可以充当正管户的话，就没有设立子户的必要了。

以下是有关析户的几个具体事例，首先是叶盛《水东日记》卷一一中记载——关于这条记述，得到了岩见宏的启示——《五伦书》中已载有王轸家书事，示劝万世矣。轸嘉兴人也，尝询得之，今恭录诏文于此，次谢表，终家书。"明初人士王轸给其子写的家书得到了洪武帝的嘉奖，洪武帝的诏文中记载了对王轸的表扬和家书。家书中记载："本家德清之役已办两图黄册里长，及归安甲首皆不扰而办。"诏文、谢表中记有洪武四年闰三月的日期，这是该时期湖州府已经实施里甲制的确证——参见[日]山根幸夫《明代徭役制度の展开》第一章第二节——王轸家在德清县是二里的里长，在归安县充当甲首的徭役，所以德清、归安两县合起来，他家至少在三个里中立了户，大概在德清、归安两县都有土地，是相当大的家族分出来的析户。其次，姜宝《姜凤阿文集》卷二七《家居稿十一·书·与管嶰谷父母论自运》中记载："寒家旧以军户不分，共为粮（长）、里（长）者一。后缘族人稍多，岁时轮将不能协心力，每或借宝以为辞。宝窃病之，遂告诸孙崑石父母，自愿于征册分户。户分姜峒、姜昴、姜钟、姜范、姜镛。凡当里长者五，宝系钟下户丁，后又以钟下田地稍多于他族人，而轮将之不协心力犹然也。遂又于钟下分姜嵩、贤为户，又自当里长。一乃亲兄弟，姜宪医生，姜寀黄岩尹、姜寅、姜寀皆生员，及宝五人朋合。而嵩则宝家仆名，为贱兄弟，并忝衣冠之末，难于出名故也。实拟各便轮将，出不得已而然。今于嵩、贤下又分嵩为半子户，自行上纳钱粮。耐贤则另有承官，犹恐弟侄辈息惰不前，混而无所别也，故又不得已而分子户。"由此可见，姜宝家在其父辈时分籍为姜峒、姜昴、姜钟、姜范、姜镛五户，每户都充当了里长，姜宝是姜钟的儿子，与他的兄弟姜宪、姜寀、姜寅、姜寀为一户；姜宝的家仆姜嵩、姜寀的家仆姜贤——都是贱兄弟，因为是在父亲姜钟时期拥有家族人员身份的家仆——分籍后成为里长户，而且在嵩之下、贤之下又分别分立出来半个子户和一个子户。这里值得注意的是，家仆也可以分籍立户，还有半子户的用语也值得注意。

织到里甲中的人户,不是考虑地缘关系,而是抽取出各户,按照一定的户数编成里甲,而且明代里甲制的组织原则是为了维持各里各甲之间的徭役负担能力的均等化,析户在其中发挥了重要的机能。因此,里甲制与大土地所有一般而言是矛盾的,明代后半期之后,随着赋·役改革的发展,里甲制的解体现象——如前所述,十段法明确是里甲制解体的第一个阶段——无法通过大土地所有的一般变迁来进行解释,必须在这段时期之后出现的特定历史条件下的大土地所有制中找到其根据。与这个问题相关的是,十段法常常和官僚、生员等,用当时的历史用词来说,就是乡绅①之家所享有的优免规定联系起来出现。例如,前言中提到的史料(2)的《明实录》"嘉靖四十四年二月丁丑"条中记载:

> 巡按直隶御史温如璋陈议处江南兵食三事。一、品官优免太滥,诡寄日滋。今不必另定限制,惟仿十段锦册之法行之。……乡官免田,十年之内止免一年,一年之内止于本户,其余子户不许一概混滥。

江阴县记载嘉靖十三年十段法的碑文《优免徭役碑》的碑面中有:

> 又其间有优免官吏之例,必须查考十年内本官曾否优免。如照级免过一年,余年不得冒免。

碑阴也记载有"均徭例免丁粮则例",而且云南十段法的情况也是一样的,均徭榜式中记载"授时任民勘合品级优免等则"以及"州县乡官、生、吏应该优免丁、田各若干"。正德至嘉靖年间,常州府武进县人士唐顺之对这种十段法与乡绅优免之间的关系进行了说明,《荆川先生文集》卷九《答王北厓郡守论均徭》一文中有如下记载:

> 执事所病于均徭旧法之不可行者,其说大概有五:大户之诡寄也,奸猾之挪移也,花分也,贿买也,官户之滥免也。大户之诡寄起于官户之滥免,则二弊者其实一弊也。夫滥免诡寄之弊,谓某官例得免田千亩,而自有田万亩,或自无田而受诡寄田万亩,则散万亩于十甲。而岁

---

① 如果从当时的个别用例来看的话,将举人、生员与官僚一起纳入乡绅考虑不够准确,但是明末以后,不仅是官僚,处于科举制各阶段位置的举人、生员等都在社会上有特殊的地位,因此从历史的范畴来看,都可以概括在乡绅的范围内。

免千亩，实则万亩皆不当差也。其说也是。虽然，其以万亩而散之各甲，以岁岁幸免千亩者，必非田甲，①皆是本官真名与皆注本官者也，必将田甲诡为之名也。使其甲甲皆是本官真名而不诡为之名，则一人而十甲，其为奸故易破矣。若必是一甲为真名，而诸甲诡为之名，遇其真名与注官之甲则免，其非真名与注官之甲不得免，即十年亦止免一年耳，安得岁岁幸免也。不然，均徭册多别置一册，注每岁所尝躐免之数。如某官例免田千亩，而一甲内已免过田七八百亩，纵或二甲三甲有田，许撞足例免之数，数多则役。如此则虽甲甲免，岁岁免，亦止得一甲一岁该免之数，又安得以千亩影免万亩也。此法在一强察吏执之，虽真是官户之田，亦不得觊额多滥免，况诡寄乎。（下略）

这里的王北厓是嘉靖十五年至十八年任苏州府知府的王仪。如前所述，嘉靖十六年常州府知府应槚废除了之前实施的十段法，改为实施通编里甲均徭法，将里甲、均徭的合算总额每年分派给全县所辖丁、田，实质上是实施与一条鞭法相同内容的方法来科派徭役，苏州府在王仪的领导下也实施了相同的改革。②唐顺之的这份书简的主要论点是，相比所谓每岁皆役的改革，更强调十段法十年一役的益处，但是当前的问题是，"此二弊者其实一弊也"，也就是官户滥免和大户诡寄的问题。王仪役法改革的前提是，如果对拥有万亩土地的某官给予优免千亩的优惠，那么，给各甲分派千亩的话，在十年一役的原来的均徭法下，千亩优免的规定适用于每年各甲的所有田土，结果就会出现十年时间内完全不会被科派徭役的现象。所以，拥有万亩田地的乡绅析户（史料中的用语是"注本官者"）到各甲当中，结果每一户都适用于优免规定。而且这些析户不仅仅是自己家族的分籍，还包括所谓的"大户之诡寄"，也就是接受的其他户的诡寄。聂豹《双江聂先生文集》卷一《奏疏·应诏陈言以弭灾异疏》中记载：

> 臣切见，今日士夫一登进士，或以举人选授一官，便以官户自鸣。

---

① 关于田甲，万历《常州府志》卷六《钱谷三》"征输"中有记载："国朝役法，以编民一十一户为一甲，每甲择丁、田多者一人为长，是为田甲。甲领中产十户为甲首。"所以田甲指的是里长户。

② 参见［日］森正夫《十六世纪太湖周边地带における官田制度の改革（下）》，《东洋史研究》第22卷第1号，1963年。

原无产米在户者,则以无可优免为恨,乃听所亲厚推收诡寄。少者不下十石,多者三四十石,乃或至于百石。……或一年之内而免数户,或十年之内而免数年。殊不知在县丁、米只有此数,官户丁、米不差,民户料差必重。

而且王文禄《书牍》卷二《上侯太府书》中记载:

> 京官优免者为劳于职也,免本户的名,非免诡寄也。外任休致无之也,今也概免之。不特免己而免人,亲戚有利者皆得免之。何多也,贫者曷堪乎! 今若此,再十年后之造册,皆乡官之户也,谁为里甲乎?

上述事例都说明了通过诡寄,土地向乡绅集中,以及对乡绅的优免规定的适用范围在不断扩大,而促使其适用范围扩大的,正是里甲制下的析户原则。如前所述,户数原则和徭役负担能力均等化是里甲制的基础,在这种情况下,析户在维持徭役负担均等化方面发挥了重要的机能。因此,通过诡寄集中了大量土地的乡绅,当然会另外设立多个析户。这样一来,分籍立户的各户也将适用于优免规定,国家收取徭役就会遭遇重大困难。代表了明代国家支配原理的里甲制和乡绅的土地所有制之间的矛盾显而易见。针对这一情况,王仪采取的对策是将里甲、均徭的徭役银总额每年直接科派给全县所辖的丁、田。如此,在乡绅的田土中,按照其品级免除规定的优免额后,剩余的部分就编成了科派徭役的对象。这之所以有可能实现,是因为科派徭役不是针对户,而是直接对丁、田,而且不是以构成国家支配各户基础的里甲组织为基准,而是每年对全县所辖丁、田进行科派。从这两层意义上来讲,都否定了里甲制的支配原理。换句话说,原本在依据户数原则的同时,为了维持各里各甲之间的徭役负担能力的均等化,在里甲制支配之下必然要求进行析户,但是这在国家层面来讲,已经没有强制实施的必要了;徭役科派的对象丁、田不再通过户这一媒介就可以直接掌握,通过这种方法将乡绅的优免限定在本户,防止乡绅通过析户扩大优免规定的适用范围,这在制度上有了实现的可能。

与王仪所实施的、实质上与一条鞭法具有相同内容的役法改革相对,唐顺之则拥护十段法,认为如果给予某官千亩的优免额,一甲中优免七八百亩,即使在二甲、三甲中拥有土地,通过各甲总计千亩优免即可,即使是十段法,也可以防止优免规定扩大其适用范围。这样的主张从十段法的内容来看有据可循。为何如此呢?即使是十段法,也已经实现了直接向丁、田科派徭役,而且暂且以里甲组织为基准,作为科派徭役基准的里甲已经不再依据户数原则,里内各甲仅依照均等的丁、田额编成。与王仪的一条鞭法式的改革唯一不同的一点是,役银的科派对象或是每年全县所辖丁、田,或是将其均分为十段后的其中一段,这是因为基于国家支配各户的里甲制实质上已经解体了。当然,毋庸置疑,王仪所推行的一条鞭法式的改革更为彻底,但是在十段法中已经出现了一条鞭法的实质性内容。

六、结　语

总结上面五节内容,主要有以下几点。

(一)十段法在分派里甲正役或者均徭役时,将里内各甲的丁、田(或者粮)额均等化,然后一律直接向均等化了的丁、田(或者粮)科派徭役。但是,十段法并没有完全改变按照户数原则建立的里甲组织,根据十段法科派的徭役中不包括里甲正役内的征收税粮、维持治安等部分,即不包括如前面注释中有关里甲正役内容中的(A)部分,而且按照户数原则编成里甲,是十段法的前提。

(二)十段法是对里内各甲的丁、田(或者粮)直接科派徭役的方法,这是随着景泰之后里甲负担的货币缴纳的发展(里甲银)以及余剩均徭(或者听差)的出现而开始实施的。在实施十段法之前,作为科派对象的里内各甲的丁、田(或者粮),都是按照户数原则组织起来的各甲所属人户的丁、田(或者粮)。与此相对,十段法不重视户数原则,将里内总的丁、田(或者粮)额分为十等份,这是明代里甲制解体的第一个阶段。而且十段法的终极形态是徭役全部实现银纳化,以及一律向丁、田科派徭役,除了十年一役或者每年皆役这点之外,十段法与一条鞭法实质上拥有相同的内容,十段法是一条鞭法的直接前提。

(三)明代里甲制是国家支配各户的基础,以户数原则及各里各甲之间的徭役负担能力的均等化为轴编成。为了维持这样的组织,析户发挥了重要的机能。但是明代后半期以后,乡绅的社会地位逐渐稳固,随之出现了因为析户，乡绅优免规定的适用范围反而被扩大的现象，以至于乡绅土地所有制与国家通过里甲制征收徭役的做法，这两者之间变成了直接矛盾的关系。十段法正是为了解决这种矛盾而出现的，作为科派徭役基准的里甲组织，不再按照户数原则编成，而是直接将丁、田（或者粮）额均等化，去除了国家层面强制析户的必要性，既容忍了乡绅大土地所有制的存在，又将其优免规定限定于本户，确保了徭役的征收。

从以上几点来看，引发十段法及持续到明末清初的一系列赋·役改革的主要原因是当时乡绅土地所有制的确立。*

（原载于［日］小山正明《明清社会经济史研究》，

东京：东京大学出版会，1992 年）

罗敏 译 梁敏玲 校

---

* 编者按：本文文后另有附表，见下页。

附表　嘉靖十三年江阴县十段法

段	人　丁（图甲）	丁	各则共折民田
总　计		135 460 丁	9 920 顷 65 亩 　分 3 厘 3 毫
第一段	凤戈乡十九都三图宗□—第二甲 （凤戈）乡十八都　都	13 546	992 顷 6 亩 5 分 3 毫
第二段	凤戈乡十八都五图王谦—第三甲 凤戈乡二十都三图徐孝	13 546	992 顷 6 亩 5 分 3 毫
第三段	凤戈乡二十都四图周茂—第四甲 太宁乡二十二都二图袁澄	13 546	992 顷 6 亩 5 分 3 毫
第四段	太宁乡二十二都二图周越—第五甲 太宁□□宁乡二十三都七图华乾	13 546	992 顷 6 亩 5 分 3 毫
第五段	太宁乡二十三都八图徐□—第六甲 青旸乡二十五都六图史右	13 546	992 顷 6 亩 5 分 3 毫
第六段	青旸乡二十五都六图□竞—第七甲 青旸乡二十五都八图吴敫	13 546	992 顷 6 亩 5 分 3 毫
第七段	青旸乡二十五都八图吴思—第八甲 青旸乡二十（?）都四图马序	13 546	992 顷 6 亩 5 分 3 毫
第八段	青旸乡二十六都四图周镇—第九甲 青旸乡二十八都六图朱富	13 546	992 顷 6 亩 5 分 3 毫
第九段	青旸乡二十八都六图陈琦—第十甲 金凤乡三十一都八图戴方	13 546	992 顷 6 亩 5 分 3 毫
第十段	金凤乡三十一都八图高昌— 宝池乡五十都五图□江	(13 546) 本甲 4 620	992 顷 6 亩 5 分 3 毫 本甲 653 顷 37 亩 8 分 2 厘 3 毫

（续表）

段别	官　田　地					
总　计	924 顷 88 亩 7 分 9 厘 7 毫					
第一段	181 顷 26 亩 7 分 5 厘 6 毫	青旸乡	三十八	都　图	一第二甲东顺乡 三十八	都二图夏贯
第二段	31 顷 92 亩 3 分 5 厘 4 毫	东顺乡	三十八	都二图夏贯	一第三甲良信乡	五	都九图吴仁
第三段	115 顷 9 亩 3 分 5 厘 4 毫	良信乡	六	都二图周宾	一第四甲西顺乡 三十七	都八图徐巨
第四段	92 顷 11 亩 分 9 厘 毫	西顺乡	三十七	都八图徐巨	一第五甲化成乡 七[四]十七	都六图宋兴
第五段	87 顷 66 亩 7 分 8 厘 6 毫	宝池乡	四十八	都一图袁善	一第六甲白鹿乡 四十	都十图黄鎏
第六段	67 顷 34 亩 6 分 2 厘 2 毫	白鹿乡	四十	都十图黄鎏	一第七甲西顺乡 三十六	都四图何巽
第七段	50 顷 29 亩 7 分 7 厘 9 毫	西顺乡	三十六	都五图金广	一第八甲昭闻乡 十七	都七图杜良臣
第八段	98 顷 77 亩 8 分 3 厘 毫	凤戈乡	十八	都四图王乾	一本甲宝池乡 五十	都二图曹付
第九段	76 顷 40 亩 5 分 5 厘 1 毫	宝池乡第八甲五十	都二图薛培	一第十甲顺化乡	十三	都三图蒋舜民
第十段	93 顷 37 亩 5 分 8 厘 9 毫	顺化乡	十三	都三图吴□	一 宝池乡	五十	都五图钱海

（续表）

	民　田　地	
总　计		9 224 顷 86 亩 2 分 3 厘 5 毫
第一段	青旸乡 二十六都 □ 图冯滉梗—第二甲东顺乡三十八都二图夏贯	869 顷 80 亩 9 分 6 厘 1 毫
第二段	东顺乡 三十八都 二图夏贯—第三甲良信乡 五	961 顷 67 亩 7 分 3 厘 8 毫
第三段	良信乡 五 都十一图钱交—第四甲西顺乡三十七都八图徐巨	923 顷 35 亩 9 分 5 厘 8 毫
第四段	西顺乡 三十七都 八图徐巨—第五甲宝池乡四十八都一图袁修	930 顷 72 亩 3 厘 2 毫
第五段	宝池乡 四十八都 一图袁修—第六甲白鹿乡 四十 都十图黄鉴	936 顷 58 亩 3 分 8 厘 5 毫
第六段	白鹿乡 四十 都 十图黄鉴—第七甲西顺乡三十六都四图陶夫	942 顷 43 亩 7 分 3 厘 7 毫
第七段	西顺乡 三十六都 四图陶夫—第八甲凤戈乡 十八都四图吴堂	918 顷 25 亩 分 7 厘 2 毫
第八段	凤戈乡 十八 都 四图吴堂—本甲宝池乡 五十都二图□	899 顷 74 亩 分 4 厘 毫
第九段	宝池乡第八甲五十都 二图郭□—第十甲顺化乡十三都三图蒋羢民	925 顷 4 亩 分 5 厘 毫
第十段	顺化乡 十三 都 三图汤润—宝池乡 五十都五图陈昌	597 顷 22 亩 7 分 6 厘 9 毫

（续表）

总计/段	面积	新垦田	
总　计	280顷7亩 分 厘8毫		
第一段	42顷55亩1分7厘7毫	白鹿乡 四十一 都 九 图	一第二甲大宁乡二十三都六图蔡明
第二段	9顷87亩8分6厘6毫	东顺乡 三十八 都 三 图夏贲	一第三甲顺□□ 汤沐
第三段	8顷53亩4分4厘9毫	顺化乡 十一 都 一 图谢总	一第四甲大宁乡二十一都二图陈袍
第四段	19顷15亩8分5厘 毫	崇仁乡 四十三 都 三 图袁祥	一第五甲化成乡四十七都三图陈恂
第五段	9顷59亩3分8厘8毫	宝池乡 四十八 都 一 图袁善	一第六甲西顺乡三十（?）都四图薛環
第六段	16顷13亩 分1厘1毫	崇仁乡 四十三 都 二 图苏明	一第七甲金凤乡二十九都四图张荣
第七段	64顷32亩9分6厘8毫	东顺乡 三十九 都十二图高世高	一第八甲顺化乡 十一 都十图陆王
第八段	62顷98亩6分3厘4毫	白鹿乡 四十一 都 九 图景真	一 本甲宝池乡 五十都二图唐太
第九段	42顷59亩3分6厘6毫	宝池乡第八甲五十都 五 图薛□	一第十甲顺化乡 十一 都十图胡源雀
第十段	2顷55亩2分8厘9毫	崇仁乡 四十三 都 二 图滋惟	一 宝池乡 五十都二图张昌

（续表）

	面积		备注
总　计	933顷8亩9分5厘　毫		
第一段	103顷45亩7分5厘　毫	青旸乡　二十六　都四图谢均恩	一第二甲西顺乡三十七都七图沈谦
第二段	94顷86亩5分5厘5毫	东顺乡　三十八　都二图夏贯	一第三甲□□坊　朱哲
第三段	68顷91亩4分2厘6毫	来春乡　九　都三图季习	一第四甲西顺乡三十七都八图徐巨
第四段	53顷18亩　分3厘9毫	西顺乡　三十七　都八图徐巨	一第五甲化成乡四十七都三图陈陶
第五段	68顷53亩　分　厘6毫	宝池乡　四十八　都一图□□	一第六甲白鹿乡　四十　都三图□□
第六段	78顷89亩4分9厘1毫	白鹿乡　四十一　都十图黄鉴	一第七甲西顺乡三十六都七图包裕
第七段	164顷92亩5分7厘3毫	西顺乡　三十六　都八图□□之	一第八甲凤戈乡　十八　都四图朱启
第八段	114顷42亩3分2厘3毫	凤戈乡　十九　都二图陈便	一本甲宝池乡　五十　都二图张允敬
第九段	75顷24亩9分5厘1毫	宝池乡第八甲五十　都三图李□	一第十甲顺化乡　十三　都三图蒋舜民
第十段	81顷86亩1分9厘5毫	顺化乡　十三　都三图孙时	一　宝池乡　五十　都五图钱阿四

山　滩

书评:小山正明《明清社会经济史研究》

[日]岸本美绪

若要对二战后明清经济史研究进行极其简略的概括,那么可以说,中国主要关注的是"资本主义萌芽"问题,而欧美主要关注的是以士绅研究为中心的"国家与社会"问题。与之相比,日本的研究则从与"资本主义萌芽"问题具有共通关注点的"商品生产与地主制"研究出发,倾向于将此经济的基础结构研究与国家结构/社会结构理论相结合,从而形成自己的特色。换言之,问题的核心在于,如何将关于生产力与生产关系的普遍适用的社会发展阶段理论与中国特有的社会结构理论相整合,并将之理论化。面对这一难题所做的工作给日本的明清社会经济史研究注入了一种特殊的紧张感。

众所认同,此书的作者小山正明与重田德同为 20 世纪 60 年代至 70 年代引领这方面研究的研究者。小山氏于 20 世纪 50 年代末凭借《明末清初的大土地所有》(《明末清初の大土地所有》)在学术界震撼性登场,其研究的史料以文集和地方志的广泛搜集为坚实基础,且理论结构格局宏大,其后的每一篇作品都备受学术界瞩目,同时也受到大量批判。对于他绝称不上平实简明的论述,也有批评认为他太过专注于抽象的概念操作,以至于背离了社会现实。然而小山氏论述之难解,并非纯粹为了让读者困惑而卖弄学识,而是源于当时日本的明清社会经济史研究工作本身存在的困难。小山氏没有回避这种困难,他为了突破极限而努力的结果便是其作品的艰涩难懂。诸多读者大概也能够感受到这一点。此书收录了小山氏 1957 年至 1984 年的主要论文,通过这些论文,我等后学之辈可更容易地了解成就当时明清史研究焦点之一的小山氏研究的全貌。为此,我谨对小山氏及为本书出版费尽心力的工作者们表示感谢。

此书收录了以下 14 篇论文(括号内为发表年份、论文编号为本人所加):

1 《明·清社会经济史研究回顾》(《明·清社会经济史研究の回

顾》）（1966）

　　2　《亚细亚的封建制》（《アジアの封建制》）（1974）

　　3　《宋代以后国家对农民的统治》（《宋代以后の国家の农民支配》）（1975）

　　4　《赋·役制度的变革》（《赋·役制度の变革》）（1971）

　　5　《明代华北赋·役制度改革史研究之探讨》（《明代华北赋·役制度改革史研究の一检讨》）（1964）

　　6　《明代税粮科征与户则之关系》（《明代における税粮の科征と户则との关系》）（1965）

　　7　《明代的十段法》（《明代の十段法について》）（1967—1968）

　　8　《明代的粮长》（《明代の粮长について》）（1969）

　　9　《明末清初的大土地所有》（《明末清初の大土地所有》）（1957—1958）

　　10　《明代的大土地所有与奴仆》（《明代の大土地所有と奴仆》）（1974）

　　11　《明·清时期的雇工人律之问题》（《明·清时代の雇工人律について》）（1975）

　　12　《从文书史料看明·清时期徽州府下的奴婢·庄奴制》（《文书史料からみた明·清时代徽州府下の奴婢·庄仆制》）（1984）

　　附篇　近代世界史与清末棉业（近代世界史と清末棉业）

　　13　《清末中国的外国棉制品流入》（《清末中国における外国棉制品の流入》）（1960）

　　14　《清末中国的轧棉机导入》（《清末中国における绵繰机械の导入》）（1961）

可以说，该论文集已囊括了小山氏面向读者的概述文章以外的主要论文。除补充了若干引用文献，并未对论文内容进行改动，保留了最初发表时的原貌。

　　本论文集收录的各篇论文在发表时都受到了广泛瞩目，在此不必对其内容进行一一介绍，本文篇幅也不够。作为书评，我只对构成小山氏的明清社会论的几个特征性论点进行简单介绍并谈谈个人感想。

正如上文所提到的,作者的明清社会论大致由两个方面构成。第一是以佃户自立化论为核心的生产关系论,凭借其独特的范畴设定,处女作论文 9(以下用论文编号标注论文)发表以来引发了诸多讨论。在论文 9 中,作者列举了明代前期使用奴仆进行大土地经营的例证,将其定义为家父长性质的奴隶制经营。即便是被给予若干田地后,被固定在耕地周边的"佃户",作者以其无法进行自立再生产为论据,也将其归入"奴隶制"的范畴。该论文着眼于明末清初商品生产的发展和抗租运动,力证佃户的自立化,即封建性质土地所有制的成立,而对该论文的批判并非主要针对其变革过程的论述,而是针对作为前一阶段的奴隶制论。

根据小山氏本人的总结,批判点主要有:(1)构成家庭、与生产手段相结合负担佃租的奴仆是否可归入作为历史范畴的"奴隶";(2)如何定位身份明显不同于奴仆的佃户;(3)不直接隶属于大地土地所有制的小农经营在整体社会结构中的地位(论文 10)。论文 10、11、12 都是关于明代奴仆的研究,其内容与其是说直接回应这些批判,不如说是通过分析法令和契约文书,进一步阐明当时的"奴仆"概念。作者主张"主家的家庭构成与给养这两个条件是奴仆身份的核心",认为主仆关系被拟制化为家长对子孙的关系,这一观点颇具说服力。然而作者最初的意图在于比照"奴隶制"的客观标准,在普遍适用的发展阶段论中定位明代前期的社会,但这一尝试并未能与其后的"奴仆"研究充分结合。正如作者本人也承认的那样,这其中还留下了诸多"未来的课题"。

具体来说,比如:(1)如何说明"奴隶制"的各种可能定义中,作者的定义是"正确"(或者说对于中国历史发展最为有效)的;(2)当时的"奴仆"概念与客观"奴隶制"范畴之间的龃龉和重叠;(3)在明代前期,作者所谓的奴隶制与其他经营形态相比,在量上占较大比重,并且在某种意义上,奴隶制是"基本的"经营形态,关于这一点尚待进一步论证。主要问题不在于小山氏对于事实认识的缺陷,而在于用"奴隶制""封建制"等起源于西方的概念范畴分析中国社会在多大程度上具有有效性,抑或是说,在于如何对各种经济形态并存的社会经济状态进行恰当阐释等更大的方法论层面的问题上。从这个意义上来说,小山氏所谓的"未来的课题"也将是小山批判者们的课题。

　　构成小山氏的明清社会论的第二个重要侧面是着眼于赋役科派方法的国家结构论。论文9提出一个论点,认为原先国家对户实行的是直接控制,后来发展成为以佃户构成的地缘共同体为基础的统治。而在其后关于明清时代赋役科派方法的数篇实证论文(论文5、6、7)中又纲领性地明确提出,赋役科派对象"从户转移到了土地"。总而言之,小山氏主张:"赋役制度就是当时国家统治体系的表现。"国家的基本支配对象体现在"赋役以什么为科派对象,以及科派方法当中"(论文5)。这些观点被当时的明清史研究者广泛认可,并成为支撑明清赋役制度研究的一大潮流。然而,尽管发现了明中期之后的赋役制度中户等分级的消灭这一重要事实,关于其反映出的国家统治原理的变质这一部分是小山氏论述中实证性最为薄弱的。此外,清代的顺庄编里中,土地所有者的"地缘性"与佃农所构成的村落的"地缘性"之间有何关联也是重要问题,但作者在其他部分表现出的彻底的实证性努力在此处却未能充分发挥出来。充满魅力的论文8论及明代前期粮长的社会地位,但究竟是如作者所说"赋役征收机构直接规定社会身份序列",在这个意义上,在地的自生性权力机构显得尚未成熟;还是说国家利用在地的自生性秩序,将其收编进赋役征收机构,关于这个问题存在两种不同解释的可能。

　　作者关于生产关系的第一论点以及关于国家的第二论点究竟如何联系——这一点是在全面理解作者论述之后最引发人兴趣的。作者已在论文9中提到"为分析中国封建社会的整体结构,除分析个别经济制度内的生产关系之外,还必须找到可以直接解释包含这种生产关系的专制制度何以存续的新分析视角"。关于明代前期的情况,作者曾论述道:"通过收夺不稳定的小农经营建立的大土地所有制,因其本身的剥削基础不稳定,故无法创造出独特的个别性权力机构,只能求助于集权制国家权力下进行阶级性集结的科举制度。"(论文2)并指出明末以来,为应对佃户的自立化趋势,乡绅们把持了地方政府实权,并将这种权力作为经济之外的强制杠杆以征收佃租(论文9)。然而这些论点是否可以解释前文提出的中国专制制度何以存续这一问题呢? 不仅是小山氏,其他研究者在讨论明清时代国家与阶级问题时,最后走向的结论都是:无法形成自立性权力机构的统治,依靠集权制国家,企图贯彻自身阶级的利益。但集权制国家权力为何能够如此重要呢?

而支撑这种国家权力的基础又是什么？如果其基础在于地主或乡绅，岂不就成了循环论证？如果将其归结于自古以来凌驾于普通民众之上的"东方专制主义"，还是需要去解释其权力的基础。可以看出，从关注阶级论出发的国家论企图超越将其单纯理解为"阶级统治的暴力装置"，但最后都不得不掉进陷阱。这里的问题在于，比起事实认识，我们更需要解释"国家权力"的方法。该问题不仅存在于小山理论，可以说更是战后明清史学整体积存的问题。

20世纪80年代后，日本的明清社会经济史研究发生了巨大变化。如果说60—70年代的研究者直面的课题是中国"封建制"的固有结构性特质，那么今天的研究者则是通过去除"封建制"概念的框架桎梏，试图摸索更为自然且整合性的中国社会论。对于这一新动向，小山氏也许会大加批判（这些未能反映在此书中，略显遗憾）；同时，60—70年代对于明清社会固有结构的问题关注确实在某种意义上也被今天的新动向继承了。

小山氏的著作中收集的大量史料对吾等后学之辈大有裨益，这一点自不待言——从这个意义上来说，也非常希望此书加上索引。另一方面，小山氏构建理论的努力虽然看上去不能说完全成功，但给我们的帮助也是巨大的，即试图理解并阐明明清社会"全貌"这种雄心，虽然这称不上日本战后明清史学值得骄傲的独特性，而如何对历史上的社会结构进行解析阐述，这一根本问题也必将由我们继承和探究下去。

（原载于《历史学研究》第 643 号，1993 年，第 54—57 页）

陈永福 译校

一条鞭法的成立及展开

[日]谷口规矩雄

一、华北的门银·丁银制

在前一章(编者按:指原文出处《明代徭役制度史研究》中,本文的前一章)中,我们主要依据岩见的著作,探讨了从均徭法到门银·丁银制度确立的过程。在这一章中,笔者将对华北地区一条鞭法的确立与其发展进行论述。在华北地区,一条鞭法其实是在门银·丁银的基础上产生的。最明确表现这一点的就是于慎行的《谷城山馆文集》卷三四《与抚台宋公论赋役书》中的一节,其中说道:

> 旧法编派均徭,有丁银、门银,而无地银。则稳括其资产,而为之高下也。今去其门银,而以地银易之。

这封信因论述了于慎行出身之地山东省的一条鞭法,很早就广为所知。他在这段话中指出,一条鞭法的特征之一就是将赋税方式从丁银、门银变为丁银、地银。由此,要考察华北地区的一条鞭法,就必然要考虑到其前身丁银、门银制度的实施,及该制度具有什么样的性质。本文将首先对华北地区门银、丁银制度的确立及其实施状况进行考察。

前一章中,岩见已经通过研究表明,暂且不论其名称的问题,可以说在北直隶,门银、丁银实质上是在嘉靖十一二年确立的。而且关于门银,河南省早在嘉靖元年或嘉靖四年前后就已经实际出现了。笔者也曾在其他研究中由嘉靖《临颍志》卷四《田赋志》的记载得出同样的结论。[①]而有关丁银制度,在岩见的观点基础上,还有更直接的史料存在。嘉靖《清苑县志》卷三

---

① [日]谷口规矩雄:《明代华北における一条鞭法の展开》,《明末清初期の研究》,京都:京都大学人文科学研究科,1989 年。

"户田"的条目记载道：

> 均徭，嘉靖一六年审编均徭。凡丁男三万三千七百二十有四。上
> 下门以上出门银，中上门以下出丁银。上上门银五两，上中三两，上下
> 二两。中上丁银六钱，中中五钱，中下四钱，下上三钱，下中二钱，下下
> 一钱。共银五千九百七十六两五钱四分。

由此可知，在北直隶的清苑县，嘉靖十六年的均徭审编已开始使用"门银、丁
银"之称。但当时，门银、丁银的赋课方法还有其特殊之处，即只有上三则是
交门银的。至于为何使用这种方法赋课，并没有详细记述的资料，故而无法
说明。抑或，因为门银、丁银制度确立未久，所以还并未完全按照三等九则
的户等制形成一套完整的体系。直到嘉靖十年至二十年间，门银、丁银的称
呼才被正式使用。然而，有关门银的赋税仅限于上三则的问题，还有待商
榷。考虑到门银制度的特性，笔者从前也作过论考，[1]其中也指出了华北地
区的徭役赋税在实施过程中，极力避免了直接将田亩、人丁作为赋税对象的
做法。因此，我们从这篇记载也能明确看出，在丁银赋税的情况下，并非直
接以人丁作为对象，而是通过户等的评价来进行审编的。

　　与此记载相关，还有另一点需要考量。何瑭的《均徭私论》作为阐述门
银、丁银制度成立的史料，岩见亦在其著作中有所引用。其中记载道：

> 或者曰，今之富家或田连阡陌，或资累钜万。较之小民，岂止十倍。
> 若止照三等户则，计丁当差，其丁多者出银固多，其丁少者出银甚少。
> 岂不为幸免乎。……曰：……平时使之应上户重差，法如是足矣。必不
> 得已则准北畿事例，上户丁少者，量出门银亦可也。

这里指出，如果拥有巨额资产的富家人丁稀少，则若采用按照人丁数来分派
徭役银的做法，他们只需要缴纳很少的银两。如此一来，对贫穷的普通农民
来说，就极为不公。在华北地区的普遍观念里，税粮以土地作为标准进行赋
税，而徭役是以人丁为标准进行课征。故而，徭役赋税主要是以人丁作为征
收对象的。然而，就如前文所指出的，若采用户等来评价，则不仅限于田地

---

① ［日］谷口规矩雄：《明代华北における银差成立の一研究——山东の门银成立を中心にし
て》，本书（编者按：指原文出处《明代徭役制度史研究》）补篇一。

数量和人丁数,现银、宅邸、家畜、债券等也将一并纳入考量。①关于这一点,何瑭在此著作的其他条款中亦有记载:

> 审定三等户则之时,不论士农工商,凡田土、资本、市宅、牲畜多者,俱定作上等,派与重差。

在别的条款中,也对此事有所记载:

> 若专指田土,则施于农民可矣。工商之家及放债居积者,皆不及矣。

由此可知,衡量评判户等的标准并不仅限于土地和人丁,也包含其他动产在内,进行综合评价。然而,明朝中期以前,华北农村地区的货币经济并未得到长足发展,因商业活动及高利贷而积累现银和债券的富家,即使少量出现,也还没有形成较严重的社会问题。所以,即使按照户等的评价方式,土地、人丁仍然是考量的主要因素。然而,到了嘉靖年间,华北农村地区的货币经济发展起来,比起土地所有量,靠商业活动和高利贷等积累了财富的富家已经成为不可忽视的问题。上文中引用的问答,即指出了原有的以土地、人丁为主的课税方式有可能造成巨大的社会不公平现象。而作为此问题的解决方法之一,文中指出了效仿北直隶地区的做法,比如在河南是如何评判户等的,不仅考量土地所有量和人丁数,还将现银、债券等各种动产要素加入综合评价,由此判定户等。若按此做法,上等户即使人口稀少,也要负担相当金额的门银,不公平的现象即可消解。

　　对比清苑县的记载,何瑭在文章中提到的北直隶的事例应是符合实际情况的。嘉靖十六年,清苑县进行均徭审编中,对该地的男丁人数有明确记载,由此可知上等户并非以丁银赋税,当然人丁数应仍然是评价户等的要素之一。

　　有关北直隶地区门银、丁银制度的具体实施案例,嘉靖《获鹿县志》卷四"籍赋""徭役"的条款中记载道:

> 先时,九则丁银足勾银、力二差,濒年不敷。加摊于地,民□重困。……嘉靖三十四年审编徭役,于是,尽查前项援纳□(规)避及杂流

---

① [日]谷口规矩雄:《明代华北における银差成立の一研究——山东の门银成立を中心にして》,本书(编者按:指原文出处《明代徭役制度史研究》)补篇一。

> 滥免者,俱编重役。无可系差者,必加门银。于是,富户无所逃,而下户差减矣。

根据此处的记载,在获鹿县,嘉靖三十四年以前,填补银差、力差的徭役银以丁银的方式分配到各家各户。然而每年丁银的总额都不足以和银差、力差所需要的数额相抵,而不足的数额就分配到了土地上。由此,农民的负担大大加重了。此处需要关注的是,在这个县,丁银(徭役)的一部分是以土地的形式进行征收的,而山东地区因为采取了类似的措施而引发了严重的问题(关于此问题将在后文详述)。也就是说,即使只是部分的徭役通过土地来负担赋税,也使得土地承担了既有税粮又有徭役的双重负担,农民也必然受苦于过重的赋税。至少在获鹿县,因采取此种赋税方式,获鹿县的农民饱受其苦。到嘉靖三十四年徭役赋课的时候,此前因何种原因而免去徭役(丁银)或者违规免除了徭役的下级役人,①均被彻查,严厉惩处。引文中"无可系差者"一句话较难理解,笔者认为此处指的是,作为徭役赋税对象的土地、人丁较少但拥有大量动产的富户。这种富户必须要缴纳门银。这样一来,就可以减少徭役负担的不公平现象。由此获鹿县的情况可见,门银制度的特征和清苑县等有着共通之处。

通过上述两县的事例,我们可以窥知北直隶地区均徭中也出现丁银的负担成为更严重问题。王之垣《谏议疏稿》卷四顺天府府尹王之垣谨题《为酌议差徭事宜以恤民隐以固国本事》②的奏疏中,顺天府府尹王之垣一一列举顺天府所属州县关于徭役的种种问题,陈述意见,上书于万历五年。其中有一节详述了有关均徭审编的问题:

> 一、审编均徭,户分三等九则。所以酌量人户之贫富,以为差役之重轻也。今据各州县所造前次审编均徭册内,除通州、昌平州、顺义县,户分三等九则,差役因户则分别重轻外。其余若宝坻、三河、房山等县,户分八则。固安、遵化、密云等县,户分六七则不等。所编差役,亦颇分

---

① 比如《谏议疏稿》卷四《酌议差徭事宜》中的一节记载道:"纳粟员役,家本富饶,既得免其本身差徭,或又滥及户丁。"由此记载可知,被视为杂流的下级役人根据规定,可以免除自身个人应负担的丁银,但事实上却违规将同一户里其他人丁的丁银同样免除了。

② 该史料得自小野和子氏。有关北直隶地区的徭役问题,现存史料极少,而此史料内容丰富,极具研究价值。此处特记,以表感谢。

别轻重。若大城县,户二则,止编下中户、下下户。保定县,户一则,止编下下户。及查所派差银,在大城县,则下下户每丁贰钱叁分叁厘。在保定县,则下下户每丁壹钱玖分壹厘。下下户丁银,多编力差,每银壹钱,每年费至壹贰两者有之。较之通州等处,户分九则,则下下户每丁止编银壹钱者。其轻重甚悬。

这段文字的主要内容是记录当时户则和负担的税银金额,在此就不一一解说了。非常有趣的一点是,即使区分了户等,各个地区的实际情况也大相径庭。就笔者而言,也是通过这则资料,首次了解到大城县仅仅划分下中、下下两则户则,而保定县更是只有下下户。确实有一部分地方志中并没有上等户,但保定这种一整个县都是下下户的情况究竟意味着什么? 这个问题暂且放一放,就顺天府的情况看来,均徭通过门银、丁银的方式赋课,而下等户仅负担丁银。而一整个县全都是下等户,都只负担丁银,这也是不合理的。前一段引文的后续,又有如下记载:

> 臣等切详,一州自有一州应编之上户,一县自有一县应编之上户。户之上下,差之轻重,如持衡然,下户重则上户轻矣。前次审编,各官或减则,或一例轻纵上户。靠损贫民,莫甚于此。合无今次各州县,俱遵照《大明会典》《诸司职掌》事例,户分上、中、下三等。上三则征银编差,俱极重。中三则征银编差,俱次重。下三则征银编差,俱从轻。……贫富称均矣。

这段文字明确记载了,上文中保定县这般全体户等都编为下下户的情况,是地方官员的失职所致。而这次均徭,即万历五年的均徭审编(此文开头即有记载“万历五年,又当审编更替之期”),遵循既定法律的正规事例,将各州县的户则准确分为三等九则,由此即可公正地实行均徭赋课。这个方法虽能解决徭役的问题,但完全没有提到门银。对于门银的问题,以下这段文字将其区别于上文,记载如下:

> 一,查得,节年题准事例,纳粟官吏、监生、承差,各有编定门银。上上门出银玖钱,上中门出银捌钱,上下门出银柒钱,中上门出银陆钱,中中门出银伍钱,中下门出银肆钱,下上门出银三钱,下中门出银二钱,下下门出银一钱,专补力差不足之用。今照,各州县惟蓟州,如例派征。其余各州县,未见闻有前项银两。行查间,随据通州开称,前次审编,并

无门银。欲将今次照例派征,以苏困穷等情。为照纳粟员役,家本富饶,既免其本身差徭,或又滥及户丁。若无门银以抑之,则富者愈富,贫者愈贫矣。合无今次审编,凡系纳粟名色,俱照例派征门银。

根据这段记载,自嘉靖年间至万历初期,顺天府确实实施了以三等九则的户等为评判标准的门银赋课。但此处,对通过纳粟而获取地位的官僚和监生,提出了门银编派的问题,却仍然无法得知普通人户是如何实施门银的。若将此情形与前文提到的清苑县、获鹿县的事例综合考量的话,可以得出,门银的主要目就是对富裕户进行征税。顺天府的这段记载中提到,将门银当作力差不足的补足。也就是说,摊派到以力差为名目的徭役的人,可以改为以补足工食银的方式承担。[①]由此可推断,直到万历初期,顺天府仍残存有实际充任的力差,但具体情况仍不明了。

综上,笔者通过北直隶地区的具体事例,对过去不曾论及的门银、丁银制度进行了考察。然而,顺天府出现了将徭役银按土地征税的现象,也就是说,实际上已经开始实施所谓"地银"的征税方式。那么,接下来就必然要考虑这一现象和一条鞭法之间的关系。前文引用的王之垣的奏章中,还有以下一段记载:

一,查得,隆庆五年该本府题请,户部覆奉钦依,各州县徭差,地科太轻,丁科太重,多寡相悬,委为偏累。务照见在丁地,通融计算,每地一亩,银贰分。纵地有肥瘠,亦酌量伸缩,大约不失贰分之数。如地银有余,准作力差,每地银壹两伍钱,抵力差银壹两,其丁银视地银,必准剩力差之数,扣算均派,不许多余以滋费扰。臣等切详,各州县大率地有余,丁不足,银、力二差,委应通融调停。今查,前次编审册内,各州县将地编银,差多混入起运夏税、秋粮、马草等项一条鞭数内,致难稽考。除另行外,及查,涿县地差,每亩科银伍厘,保定县地差,每亩科银捌厘式丝,蓟州地差,每亩科银壹分。虽分别地差银数,仍属地科太轻,于原题事例不同。为照,地多之家,虽中间未必无贫户,丁多之家,虽中间未必无富户。但丁之富者,审以上户,自有应编重差。地之瘠者,审居下

---

① 有关实际劳动的力差残存情况,详见[日]岩见宏《明代徭役制度の研究》(京都:同朋舍,1986年)后篇第七《嘉靖年间の力差について》。

> 户，自当量减银数。原题酌量伸缩，甚均平法也。合无今次审编，务要
> 查照前例，每地一亩科银贰分，纵地有肥瘠，酌量伸缩，大约不失贰分之
> 数，以补丁差之不足。仍不许混入各起运钱粮数内，一概混征，徒滋影
> 射等弊。

根据这段记载可以确定，隆庆五年以后，顺天府已经对土地实施征收均徭银。对每一亩土地一般征收二分银，但因各地各有不同，故而从万历五年起试图以隆庆五年的规定进行征收。此处值得关注的是，顺天府对土地征收徭役银的具体数额都有详细记载，而这些地银主要用于填补力差的费用。这段记述的开头就提到，在顺天府承担徭役的主要是人丁，而土地负担非常轻微。由此推断，在评判户等的诸条件中，土地并非重要的评判标准。尽管门银的具体实施方式不得而知，但对引文中纳粟事例的记述来看，下级官僚家庭的门银被转移为填补力差的不足。由此判断，无论是征收地银还是门银，都是为了填补作为徭役征收的丁银的不足。在华北地区，门银作为银差的经费，丁银作为力差的经费是普遍现象。但是顺天府把本该充作力差的丁银强行以人丁征税，大幅增加了人丁的负担，不得不将丁银的额度控制在一定范围内，再由门银或者地银来填补丁银的不足。比起山东等地的情况，这种形式下的徭役赋税或许略显特殊。

加之，在顺天府，地银很显然是和一条鞭法同时实行的。前文的引用中提到"差多混入起运夏税、秋粮、马草等项一条鞭数内"，但这样的情形显然是不被允许的。正如前文所述，华北地区废止门银、丁银制度而改为地银、丁银制度就象征着一条鞭法的确立，但这里的叙述显然完全不符。这是否是只发生在顺天府的特殊情况？ 在没有其他史料证明的情况下，难以得出定论，但此种事实的存在是笔者在此想要强调的。有关实施地银的具体意义，将在下一节作详细论述。

以上，笔者对至今未被学界关注的北直隶地区的丁银·门银制度实施进行了论述，有关山西地区的丁银·门银制度，将另行提供史料。笔者曾在论述华北地区的丁银、门银制度时，①没有找到除了吕坤的《实政录》以外有关山西地区的具体史料。然而，笔者其后又发现了若干史料，在此对山西的

---

① 　拙稿《明代华北における一条鞭法の展开》，《明末清初期の研究》。

实际情况加以论述。

在康熙《保德州志》卷四《田赋》"丁徭"条中,如下记述了从万历元年起实施的银力兼征:

> 银差、力差并新议征银雇募三项。共该银一千八百七两九钱一分九厘零一毫。知州周壿审编,上上门每丁征银二两五钱,上中门每丁征银二两二钱二分,上下门征银一两九钱四分,中上门每丁征银一两六银三分,中中门每丁征银一两三钱九分,中下门每丁征银一两一钱二分,下上门每丁征银三钱二分,下中门每丁征银二钱一分,下下门每丁征银一钱。共征银一千七百七十一两四钱。又门银三十八两,共一千八百零九两四钱。实余银一两四钱八分零九毫。

根据这段记载可知,保德州根据三等九则的户等原则,均徭的银差、力差基本都以丁银进行征收,并且也征收门银,尽管数额很小。为什么门银的数额会如此之小,不得而知,想来有该地区的特殊情况。但即使保德州有其特殊之处,我们仍然可以确认门银制度确实在此实施。

另康熙《文水县志》卷五《丁赋》中,有以下记载:

> 按,明季均徭银、力二差,并里甲纲银、盐钞、匠价等。共额银九千四百一两七钱一厘七丝。县以人丁、田产之贫富,定力差之重轻,列为三门九则。上上门征银九钱,上中门征银八钱,上下门征银七钱,中上门征银六钱,中中门征银五钱,中下门征银四钱,下上门征银三钱,下中门征银二钱,下下门征银一钱。

> 又以门则之粮石,定徭银之多寡,亦列为三等。按徭簿,有则人门下粮,曰有门粮,每石征银二分。以有丁差,故从轻按。外处人寄居本县坊都甲外名下粮,曰寄庄粮,每石征银一钱五分。以无门则,故从重按,门则外余丁名下粮,曰无门粮,□[惟?]此于审编后。视丁差升擦之,盈缩为增减,以□[为?]额差之数。

根据这段记载可知,力差是根据三等九则的户等进行征收的。乍看之下,似乎和门银没有太大区别,但文中"定力差之重轻"的记述可以推断出,此处所指就相当于丁银。其后又记述"以门则之粮石,定徭银之多寡",且"曰有门粮,每石征银二分",可以判断此处对应门银,用来填补银差或里甲钢银①(华北很多地方这样称呼里甲银)等费用。然而,此处"有门粮"规定每石征银二分,税粮每石需要征收二分银。这意味着即使不对田亩征税,也直接对税粮征收一定比例的徭役银。尽管如此,正如前文所强调的,"以门则之粮石,定徭银之多寡,亦列为三等",门则在当时并非全无意义的。这里的三等也可以解释为三等九则,想来户等仍然存在于当时的评价体系中。那么,所谓"门则之粮石",也就是负担税粮较多的人户自然就是富裕人家,也就是上等户,所以征收的徭役银也相应更多。本质上,有了"每石征银二分"的规定就应该足够了,但在门则观念仍然非常强烈的文水县,徭役银通过"有门粮"的形式征收,可以判断这就相当于征收门银。

以上所述,现实情况并非吕坤记载中的普遍情形,而是通过实例证明了丁银·门银制度在山西地区亦得以实施的事实。

二、一条鞭法在华北的出现

上一节中,笔者通过对以往研究不足的北直隶地区门银·丁银制的考察,确认了门银·丁银在华北相当广泛的地区均得以实施,且各个地域又各有若干特征。那么,华北地区究竟是何时、因为什么理由实施了一条鞭法的呢? 在上一节的开头,笔者已经提到,以往的研究认为,华北地区的一条鞭法一般是采用了丁银·地银的形式形成的。由此,在这一节中,笔者将对丁银·门银制如何转变为丁银·地银制进行考察。为此我们必须先要回答另一个重要的问题,也就是三等九则的户等制是怎样被废止的。地银制的成立和户等制的废止有着密切的关联,对于这两个问题必须同时进行探讨。

不过,在此首先要对税粮方面的一条鞭法作简要说明。正如上一节里所论述的,丁银·门银制是均徭编审的制度,所以由此发展的一条鞭法很显然是指徭役方面的一条鞭法。然而,最近的一部分研究认为,山东的一些地区于嘉靖二十年左右起就在税粮方面实施了一条鞭法。②其后,一条鞭法是否继续得以实施尚且不明,但在嘉靖三十年以后,一条鞭法已经基本完成制

① 译者按:日文原文如此,应为"纲银"。
② [日]藤井宏:《创行期の一条鞭法——傅汉臣の上言をめぐる诸问题》,《北海道大学文学部纪要》第9号,1961年。

度化了。①因此在山东,至少在嘉靖三十年以后,税粮已经根据一条鞭法进行征收,形成了和徭役的课税体系不同的另一种形式。由此,在本节中,笔者对作为徭役制度的一条鞭法是如何从丁银·门银制转变而来进行考察,而暂且不对税粮方面一条鞭法的发展作直接论述。

　　上一节已经提到,在华北地区,极力避免直接向土地征收徭役的观念非常强烈。和华中、华南地区比起来,华北地区的土地生产力相对较低,对土地若在征收税粮之外还要征收徭役,则会使得农民赋税过重,从而导致农业凋敝。所谓"赋以地起,差以丁出"(出自《葛端肃公集》卷一五《与姜蒙泉中丞论田赋》)的观念在华北非常普遍。

　　那么,究竟为什么会发生将徭役负担向土地征收的问题呢?对此,记载最详细的史料是《山东经会录》(下文略称《经会录》)卷八,其中关于均徭的因袭与变革,有如下记载。嘉靖四十二年山东巡抚②对此地的均徭作出如下论断:

> 　　查得,户、礼、工等部料银,原系查照州县里分多少,摊入均徭。料银渐加,故均徭渐重。近年州县民逃数多,银差分派不前。委官将逃绝人丁,不与开除,尽编料银,以致徭册虽有,追征实无,见在里甲不堪刑,并遂至逃窜,深为民害。该司再加查议,或将各州县料银,提出均徭之外,各照原数,改入地亩征解,以宽丁力万分之一。其料银外,或有何项银差,堪入地亩内派征,一并查明详夺。如此丁、地之法,虽一时未及议同,而丁、门之累,亦可因之稍减矣。

根据这段记载,山东的均徭中包含了上交给户部、礼部、工部等部门的料银,而这部分料银负担逐年增加,当地农民的均徭负担因此过重,接连出现农民出逃的现象。为此,文中提出讨论,让各州县将分摊的料银从均徭的项目中分离,改为土地的赋税,由此减轻"丁、门"的分担,即人丁与门户

---

①　关于这一点,可详见[日]岩见宏《〈山东经会录〉について》,岩见前书附篇第一;[日]片冈芝子《华北的土地所有と一条鞭法》。两文皆收录于《清水博士追悼记念明代史论丛》,东京:大安,1962年。

②　根据《明督抚年表》记载,当时的山东巡抚是张鑑。他的任期为嘉靖四十二年正月起,至嘉靖四十三年四月。

的负担。此处的料银或料价银,原本是上供物料的负担,通过这个办法就银纳化了。①这种料银在华中、华南地区一般是里甲的负担,但在华北,更多被包含在均徭的项目里。②这段议论中,最重要的是为了减轻"丁、门"的负担,而将作为均徭的一部分的料银从丁、门的负担中转移到土地的负担中,这也就意味着要对"丁、地"征税。华北地区固有的不对土地征收徭役的观念,也多少动摇了。并且,当时还有提议,不仅料银,还要把银差的一部分也向土地摊派征收。由于华北地区普遍将料银归为银差的一部分,所以出现这种提议也不足为奇。无论如何,当时均徭负担的急剧增加成为亟须应对的社会问题。

那么,此处成为问题的料银增加的具体情况究竟是怎样的呢? 前文引用的《经会录》中,还有如下的记述。这一段议论是在前文山东巡抚的议论之后,布政司展开探讨的内容。

> 徭官师(桂)同知等议料价。嘉靖初年,每年编银贰万壹千陆百柒两捌钱。至嘉靖二十四年,加派铳炮、军器、焰硝等银陆千玖百叁拾肆两伍钱陆分。三十四年又加户、礼、工部果品、黄蜡、牲口等银壹万壹千肆百伍拾柒两陆钱肆分。三十八年又加户、工贰部黄蜡,四司等料银玖千伍百柒拾叁两捌钱捌分贰毫贰忽。共编至肆万玖千伍百柒拾叁两捌钱捌分叁毫叁丝贰忽。四十年减派户部黄蜡银贰千捌百叁拾玖两叁钱叁分壹厘伍毫。止编料价肆万陆千柒百叁拾肆两伍钱肆分捌厘捌毫贰忽。今(四十二年)增户部黄蜡银叁千叁百两陆钱捌分壹厘贰毫伍丝。共编银伍万叁拾伍两贰钱叁分柒丝贰忽。俱应提出均徭之外,于各州县地亩内派征。又查,银差内有柴炭、木柴贰项,共银壹万陆百捌拾柒两贰钱陆分玖厘,亦应于地亩内派征,以宽丁、门之累。仍行各州县,于实征地亩摊派,随夏税起运征解。其余银、力贰差,照旧仍在均徭门、丁出办。

根据这段记载可知,嘉靖二十四年以后,各种名目的料银逐年增加。此处记

---

① 关于这一点,可详见[日]山崎武治《一条鞭法の创行について》,《立命馆文学》第 152 号,1958 年。另有岩见前书前篇、山根前书第二章第二节。

② 关于这一点,可详见本书(编者按:指原文出处)补篇一以及第 310 页注①中岩见所著同篇。

载的"嘉靖初年"究竟是哪一年不得而知,但在嘉靖十二年序刊本的《山东通志》中,并没有记载这些项目的税额。在《实录》中也找不到和这些数字匹配的资料,所以无法确定嘉靖初年的税额究竟具体是哪一年的数字。尽管这一点不能确定,除了嘉靖四十年的户部黄蜡银减少了两千八百余两,从嘉靖二十四年到嘉靖四十年间,各种料银总共增加了五万余两。嘉靖四十二年的料银比嘉靖初年增加了大约两倍半。这个税额究竟占了均徭总数的多少,不得而知,但这种料银的大幅度增额,必然使均徭整体的负担也增加了。由此,要将这些料银从均徭的项目中移除,再加上当时银差中柴炭、木柴银也都分摊到土地,故而提议要减轻"门、丁"的负担,也就是减轻以门银、丁银的形式向农民征收的均徭的负担。这一方案经过巡抚的认可,从当年起付诸实施。由此,在山东省的均徭征收形成了向"丁、门"课税的方法和向"丁、地"课税的方法两者并存的现象。向土地征收均徭的措施部分减轻了山东农民的徭役负担,其社会政策的意图不言而喻。

既然如此,华北其他地区又是如何处理这一问题的呢? 由于史料的制约,很难找到其他地区像《经会录》这般详细的具体事例。而上一节中引用的王之垣的《谏议疏稿》卷四《为酌议差徭事宜以恤民隐以固国本事》中记载:隆庆五年左右开始,北直隶地区将均徭银的一部分向土地摊派征收,这是可以确认的事实。但由于这一措施的实施不够彻底,万历五年以后,每亩土地要征收二分银,而这部分税银被用来填补丁差(丁银)的不足。

另有天启《同州志》卷五《食货》的记载:

> 赋出于丁者,有银、力两差。今以差多丁寡,令地协十分二。于是丁轻而地愈重矣。

其后又记载了银差、力差的各个项目具体分摊的税额。由此可以大致了解到一条鞭法实施前均徭课税的情况,陕西同州也同样为了减轻人丁的负担而将均徭(银、力差)的两成转移向土地征税。此处记载"今以差多丁寡"的具体意思有点含糊不清,暂且理解为相对均徭的分摊金额。能够负担的人丁数太少不够分配,如果将均徭全部分摊,则人丁的负担会过重。上一节中提到的嘉靖《获鹿县志》卷四中也有相同的记载。在华北地区,均徭(力差、丁差)的负担本应通过丁银、门银进行征税,而由于一些因素,使得不少地方由于人丁的负担(丁银)过重,而将均徭的一部分转嫁到土地,向土地征收。即使这种做法打破了华北地区的固有观念,仍在相当广泛的地区得以实施。

那么这种做法是否就这样逐步扩大了范围呢,其实,事态并非如此单线顺利发展。要将徭役的一部分分摊给土地,还有一个重要的问题,就是户等制的问题。然而,已有研究指出,户等制已经很难真实反映农民各户的真实情况。①例如《天下郡国利病书》(以下略称《利病书》)原编第十五册《山东上》所载《曹县志》中《平赋问答》记载道:

> 夫审户者,原以分别贫富当差,为贫者便。而今曹邑数十年来,豪强户尽行花诡,得逃上则,下户穷民置数十亩之地,从实开报,反蒙升户。

其中指出,有势力的富户通过不正当手段,使得户等的编审完全无法掌握农民的实情,"审户"本该"为贫者便"的性质逐渐丧失。《经会录》卷九《均徭附录》的记载中,对户则问题进行详细具体论述,是对嘉靖四十二年实施均徭则例的评议,题为"兼丁、地以苏贫困"。其中记载道:

> 惟山东前此,以丁、门编差,资财无形,止凭里老口报,而委官得以升擦任情,奸私万状。且挟钜万之资,连阡陌之产,纵审上上户,则门银多不过拾两、贰叁拾两而止,连丁银不过伍陆拾两而止。一家纳级数,人即可免尽丁差。……故山东大家,例不当差,而岁编差徭,尽在贫难下户。人民憔悴,里社逃移,弊实由此。……近年各州县有告照地编差者,平时厚产人户,悉入重差。甚至前次丁、门止壹贰拾两,而今次差银,乃至壹贰百两。前次免尽无差,而今次编差,至于数十样。以此较之,则审门为富豪之利,照地为贫家之利。端端乎无可疑者。

这里明确指出"审门"有利于富豪,而"照地"有利于贫民。根据这段评议,向丁、门征收徭役的方法,很难确切了解各家各户的资产状况,户则的判定很容易被里长或地方官的私情所左右。并且,就算富裕户被定级为上上户的户则,其负担的门银、丁银也实际上比贫穷户要少。有关这一点的描述比较抽象,较难理解,笔者将再继续引用其后的一段记述进行说明:

---

① 山根前书所收附论《明代华北における役法の特质》。

> 今夫门列九等,自上上户编银叁两伍钱,以五杀之,至下上户止编
> 银伍钱。高下可谓悬矣。然高者率以并力而获轻省,下者率以独力而
> 苦难支。谓其役之能均亦未也。丁准于门,自上上户编银九钱,以一杀
> 之。至下下户止编银壹钱。轻重亦既分矣。然重者巧术以自全,故多
> 优免而无差,轻者无计以自脱,故多实役而加差。谓其役之能均亦未
> 也。夫挟万金之资,连阡陌之产,此其所积。视无立锥之地者,奚啻千
> 百倍。而彼贫民之丁,类皆报籍,计丁出役,每户多者恒至叁伍两。所
> 称上户者,计其门银,不过叁两伍钱,丁银不过玖钱。纵倍加之,大约费
> 银亦不过叁伍拾两止矣。

这段记载和前文的引用比起来,探讨的内容更为详细具体了。被定级为上
上户的富裕户(大家)明明坐拥巨大的资产和广阔的土地,但他们负担的门
银、丁银也不过五六十两银子。与此相比,贫民下户中却有不少要负担三五
两银子的。而且,富裕户通过各种不正当手段来逃避重差,实际的负担完全
由贫穷下户来承担。回到前一段引用的记载里,提到近年"照地编差",也就
是在各州县出现了向土地征收徭役的现象。如此一来,"厚产人户"(上户)
全都要承担重差。由此可知,实行"照地编差"以前,上户的"丁、门"的负担
不过一二十两银子;实施"照地编差"的这次其徭役银负担变为一二百两。
上一次的徭役(应指作为实役残存下来的力差)①都被完全减免了,但这次编
差要被征收数十个项目的徭役。由此想来,"审门"也就是基于三等九则向
"丁、门"征收徭役的方法是"为富豪之利",而"照地"也就是基于土地所有量
直接向土地征收徭役的方法是"为贫家之利"。通过以上引文的评议可以明
确,把徭役(均徭)的一部分向土地进行摊派的做法,是由两个方面的原因导
致的。其一在于政策上的意图,旨在减轻门、丁,尤其是下户的人丁徭役负
担。其二在于户等制愈发难以取信,向丁、门征收徭役的话,农民各户,尤其
是富裕户的资产(既包括不动产,也包括现银、债券等动产)很难准确掌握,
由此也使得富裕户通过种种不正当的手段来扰乱户等评价制度,户等制日
益失去信用。在这种情况下,以准确而易于掌握具体情况的土地为徭役课
征的对象,有利于徭役负担的公平化。从这两个方面考虑,导致了将徭役向

---

① 关于这一点,详见岩见前书后篇第七。

土地摊派的方法的实施。

只是,除了以上这种具体的议论以及记载了实施结果的《经会录》以外,没有其他可以作证的史料了。如前文所说,将徭役的一部分向土地摊派的做法也在北直隶和陕西同州实施了,但是否有山东这般的议论,不得而知。不管怎样,向土地摊派徭役的做法在华北相当广泛的地区得以实施,并且可以窥见其扩大的趋势。

根据以上分析,将一部分徭役向土地摊派的做法,和当时华北农村,尤其是山东农村的实际情况是符合的,是一种合理的措施。但是,具体的情况并不如此简单。在山东,就出现了如何丈量土地的问题。关于这一点,山东巡抚提出了如下的意见:"今次均徭,除原以丁门审编者仍以丁门审编,原以丁地审编去处,另行会议。"他提议道:

> 随据徭官师同知等议。……如兖州(府)所属济宁、曹州、曹、单、定陶、郓城、东平等处,东昌(府)所属濮州等拾捌州县,地土宽平,抛荒亦少。且邻南北直隶,曾经丈量,赋役均平。加以审官得人,则丁、地兼派法可行。如兖州(府)所属沂、费、峄、郯(城)、邹、滕、金(乡)、嘉(祥)等处,济南(府)所属新泰、莱芜、邹平、长山、新城、滨州、蒲台、海丰、利津、沾化等处,及青(州府)、莱(州府)、登(州府)所属州县,依山负海,土瘠荒多。照旧九等门、丁,可以经久,则地亩兼编,徭银恐难一概取必。

为征求布政司的意见,更有分守东兖道的建议称,在东昌府高唐等州、(兖州府)阳谷等县,"以丁、粮相兼者""以粮折丁者""兼编资产者""不论家财者"等各种赋税方法混乱。总之,到嘉靖四十二年,围绕山东"照地编差"之法,即分摊一部分徭役到土地的课征方法,听取各地方官意见,加以各种讨论。其结果是,仅在山东一省就提出了各种各样的意见,最终布政司的提议:"丁地之法,虽一时未及议同,而丁门之累亦可因之稍减。"如本节开头所记述的,山东从嘉靖四十二年起,从前包含在均徭中的户部、礼部、工部三部的料银,以及柴炭、木柴等均徭银的项目都从均徭中排除,转而向土地直接征收。自那年以后,山东的一些地域实际上将徭役的一部分以"照地编差"之法向土地进行征收。

这种"照地编差"或者说"丁、地之法"在隆庆元年的均徭则例中也出现了问题。《经会录》卷九《均徭附录》的同年条目中提到：

> 查，节年各属所申，如聊城（东昌府）所称，则以丁、地编差，为不可行，而欲参之以生意。如东昌府所称，则以丁、地编差，为决可行。

其后又记载了和嘉靖四十二年主旨相同的一段长篇议论。其中巡抚的议论值得关注，他称：

> 除兖州府沂、郯（城）、滕、邹、峄、费、鱼（台）柒州县，济南府滨州壹州三县，登（州）、莱（州）贰府所属州县，粮、地未均，俱仍照丁、门审编外。其余各府州县，务以地亩为主，人丁、事力辅之。如临（清）、济（宁）、德（州）三州，其间或有生意市镇去处，则秤停事力之多寡，以为轻重。

根据这条记载，和嘉靖四十二年比起来，实施"门、丁编差"的地域范围已经大幅度受到限制，根据巡抚的主张，"以地亩为主"的地域更加扩大。长期以来还有"照丁、门编审（均徭）"的地域，是因为"粮、地未均"，也就是说没有实施土地丈量。按照巡抚的意思，只要实行了土地丈量，也可以按照"照地编差"之法征收了。只是，即使实施了，也还是要把人力、事力（各种财产）作为辅助的考量对象，这可以视为是对华北地区固有观念的妥协。这一任巡抚的前任是洪朝选。我们很难判定两任巡抚谁更积极地推广了"照地编差"法的实施，至少从事实来看，到隆庆四年为止，已有相当广泛的地区实施了"照地编差"。

综上所述，在嘉靖四十二年的山东，均徭的一部分，包括户部、礼部、工部三部的料银以及柴炭、木柴银等，向土地摊派进行征收。山东省内对是否赞成此措施展开了各种议论，这些议论指出，基于户等制的向"丁、门"课征徭役是不合理的，主张将徭役（均徭）向土地摊派的合理性，以及这种措施会带来徭役负担的公平化（也就是说减轻贫穷农户的负担）。笔者想要强调，以实施向土地摊派一部分均徭作为契机，这种方法引发的具体问题是非常重要的。如上文所述，在山东地区实行这项措施的地域虽然有扩张的趋势，但也只实施到隆庆四年为止。另外，正如前文所指出的，在北直隶和陕西的一部分地区，为了填补丁银不足的份额，将均徭的一部分向土地转嫁进行征收。

这么一来,在嘉靖末年左右,直接向土地课征均徭的做法,即使在华北也出现了实际实行的地区。但是在山东,这种方式也遭到强烈的反对。隆庆元年四月,户部尚书葛守礼表达反对的奏疏就是代表之一。①这篇奏疏考察了华北,尤其是山东地区的役法,是十分重要的史料,但此处无法展开细说。单看此奏疏行文论述中最重要的论点之一,就是其前半部分里反对向土地征收徭役。其中记载道:

> 太祖初定天下,制赋役之法,准之唐焉。以赋租属之田,以庸、调属之身家。故论门户高下,定丁力壮弱,审而籍之,谓之均徭。稽籍定役,无与于田,累世因之,民以为便。

这是他对徭役(均徭)的基本看法。也就是说,赋租(税粮)向田地课征,而均徭应该基于户等制(门户的高下、丁力的壮弱——考量人丁的多寡)向身(人丁)、家(门户)进行征收,不应牵扯土地的所有。这一主张基于他本身曾在河南担任地方官员的经历,他强烈反对向土地征收徭役的做法。他曾在河南担任彰德府推官,②(原书原文中漏标此注位置,翻译时据注释内容加在此处——译者)当时此地家家富裕。然而,在某一任巡抚将江南地区的役法拿到河南实行后,"按地科差。始将租、庸、调之征并之于地,有家、有身者皆不与焉。于是农民嚣然,丧其务本之心",以至于最终"田野荒芜,黎民憔悴"。所以,他上任当巡抚时,③"知以地科差之为害",因为:

> 即查,覆旧规,田地令纳本等税粮,及驿递站粮、丝绵、绢布。门户、人丁则应力差等役。

从而"民乃欢忻鼓舞,又乐种田"。如上所述,葛守礼强调反对向土地课征徭役(均徭)的同时,认为徭役应以户则为基础向人丁、门户进行课征。根据他的想法,向土地征收徭役的做法相当于对土地施加了税粮和徭役的双重负担,只会加重农民之苦。反之,对于商人而言,他们拥有富裕的资产却没有

---

① 此奏章记载于《穆宗实录》"隆庆元年四月戊辰"条内。其原文是《葛端肃公集》卷二中收录的《宽农民以重根本疏》。

② 根据张四维纂《葛端肃公墓志铭》(收于《葛端肃公集》),葛守礼在嘉靖八年至嘉靖十年期间担任彰德府推官。

③ 葛守礼在嘉靖二十九年七月至嘉靖三十年三月期间担任河南巡抚。

土地,所以几乎不进行赋税,结果只有商人得利。基于此观点,葛守礼强烈反对在山东实施"按地科差"之法。他的这篇奏疏的后半部分,反对在山东一部分地区对税粮实行的一条鞭法,[1]他对当时的新税法持一贯的反对态度,主张应退回旧法。他在寄给隆庆元年八月至四年二月任山东巡抚的姜廷颐,以及姜的继任、至隆庆五年十一月任山东巡抚的梁梦龙等人的书信中,同样强烈强调了他的反对态度,基于上述山东的情势,他的这种做法也可以理解。可见当时,将均徭的一部分向土地摊派征收的措施引起了大范围的讨论。其后,宛如答复葛守礼的反对论一般,隆庆四年,时任山东巡抚的梁梦龙在奏疏中写道:

> 博询舆论,知农人苦于繁差,每每弃其本业。故严禁以地科差。自隆庆五年为始,原于地亩内改派料价、木柴,共该银伍万叁钱壹拾陆两伍钱伍分捌毫贰丝贰忽,俱收回均徭,照门、丁征派。其各项银、力贰差,亦不许摊及地亩。(《经会录》卷八"隆庆四年"条)

这篇奏疏得到批准,停止了自嘉靖四十二年起将均徭的一部分转嫁给土地进行征收的做法,回到了以往均徭(银、力二差)都向门、丁课征的做法。

　　以上提到的是山东地区的情况,那么将徭役向土地摊派课征在其他地区又是怎样的具体情况呢?受限于史料不足,我们几乎很难探明山东以外的情况。前文所引用的葛守礼奏疏中指出,"按地科差"之法的实施范围从河南扩大到北直隶。本节中,也列举了北直隶和陕西同州地区的实施。由此可想而知,将徭役的一部分向土地摊派的做法,在华北相当广泛的区域都引发了具体的问题。然而,正如山东地区,我们不知在这段时期里究竟开展了怎样的议论。即使在山东,隆庆五年以后"按地科差"究竟成了怎样的态势,完全无法查明。因为《经会录》中只记载到隆庆四年为止。或许因山东巡抚梁梦龙的奏疏获得批准,向土地课征徭役的做法就完全消失在水面下了吧。若事实真是这样的话,那么在万历二年东阿县(兖州府),由县令白栋推行实施一条鞭法(但是当时是否被称为"一条鞭法",无法确定)就显得非常唐突了。

---

① 关于这一点,详见第 309 页注②中藤井所著论文及藤井宏的《一条鞭法について》(《和田博士还历记念东洋史论丛》,1951 年)。

关于白栋实施所谓一条鞭法的情况，《神宗实录》"万历十三年五月丁亥"条工科给事中曲迁乔的奏疏中记载道：

> 原任东阿令白栋。初栋起家进士为令。于万历二年编徭之时核县中在册丁、地及一年赋、役，每地一亩征银一分一厘、差银九厘二毫，每人一丁征银一钱三分。而夏税、秋粮、均徭、里甲之额数具是焉。

此处记载的税法即白栋实施的一条鞭法，可以说是典型的一条鞭法的一例。①东阿县全县的赋（税粮）以土地每一亩为单位进行统一征收，差银（均徭银）以土地和人丁按一定定额进行统一征收。里甲银也包含其中，故而均徭、里甲银是和税粮统一征收的，可以说是名副其实的一条鞭法。而实施了一条鞭法的东阿县，也理所应当废止了户等制。②隆庆四年，均徭征收不再实施"按地科差"的办法，而重新回到向"门、丁"征收的形式。而在仅仅四年之后的万历二年，一条鞭法就在东阿县实行了。这期间究竟发生了什么呢？白栋实行的一条鞭法是否真的太过突然？要理清这些问题，就目前而言，笔者还没能搜集到相关史料可以佐证。然而从嘉靖四十二年以后的动向，也就是围绕将均徭的一部分转向土地进行课征的一系列动向看来，是可以和白栋实施的一条鞭法连贯起来进行说明的。其理由的第一点，正如前文指出的，在均徭负担不断增大的情况下，向土地转嫁一部分均徭可以减轻农民的负担。第二点理由，和第一点有着密不可分的关联，即户等制的存在使得富裕大户可以通过不正当的手段而有名无实化，从而逃脱重负，使得贫穷的下户承担过重的负担，也就是"审门为富豪之利，照地为贫家之利"。总而言之，向土地征收徭役既有其作为社会政策的意义，又符合农村的实际情况，这种"按地科差"即便遭受反对，也具有值得一试的现实性。然而，主张"按地科差"的官员们也并没有主张全面实行这一做法。相反，他们认为也必须向"丁、门"征税，或者以地亩为主的同时以"人丁、事力辅之"。这是以葛守礼的意见为典型的华北的固有观念，即不得向土地课征徭役的观念仍然根

---

① 此处所谓"典型"，指一条鞭法的形态：①各项徭役的合并；②各项税粮的合并；③赋、役合并。该观点由山根幸夫氏基于梁方仲的见解整理而来（《アジア历史事典》）。一条鞭法的目的在于将赋、役尽可能一条化，第三条形态是最具概括性的一条化的体现。

② 道光《东阿县志》卷一一《官绩》白栋传记中记载有"尽去九则三等，唯计丁履亩收银上柜"。

深残存的关系。因此,在山东地区,关于是否向土地课征徭役的问题,试图推动的一派和保守的另一派在从嘉靖四十年代起至万历初年的这段期间展开了互相争斗。

在此,我们需要对这段时期东阿县的各项情况作若干考察。东阿县地属兖州府东平州,在前文的引用中已提到,嘉靖四十二年,已经作为应该实行"丁、地兼派法"的地方之一被列举。在隆庆元年的均徭则令中,在兖州府,除了所属的忻州、郓城县、滕州、邹县、峄县、费县、鱼台县七个县,都应将均徭主要向地亩摊派征收。因此,属于兖州府的东阿县,可知自嘉靖四十二年起已经实行了"丁、地兼派"。然而在隆庆五年,因为巡抚梁梦龙停止了这种做法,使得这一措施或许仅仅具有暂时性的意义。

另外,我们从白栋的履历①可知,他是陕西榆林出身,隆庆五年进士。其后白栋马上被任命为东阿县知县,故而不能推测他是直接把江南的做法照搬到山东。更可能的推测是,没有任何为官经历的白栋作为新任知县,查看了东阿县农民的实际情况之后,采用了"论丁、地以派粮、差"的做法。后来,他因没有依循既定的法规而引发社会动乱,受到户科都给事中光懋的弹劾(此问题将在下节详述),由此可以确定,白栋施行了"量地编差"。因此,笔者认为,在东阿县,自嘉靖四十二年以来实施的"丁、地兼派"是符合当地农民的实际情况的,而在此延长线上,白栋实施了一条鞭法。因此,东阿县一条鞭法的实施,可以视为山东省将徭役的一部分转嫁给土地进行征收的措施之后,一系列政策方针的归结。正如本文开头所述,将均徭全部向人丁和土地摊派征收的措施得以实施,即形成了丁银、地银制度。而白栋的事例还包含了里甲银,将这些赋役和税粮一起合并征收,成为典型的一条鞭法的事例。

三、华北地区一条鞭法的展开

上一节中,笔者考察了由白栋实施的被视为华北地区最早的一条鞭法的出台过程。根据本文第一、第二节的考察,已知在华北地区,均徭制度

---

① 白栋的传记,参见万历《兖州府志》卷二九《官迹志》;康熙《延绥镇志》卷四;道光《东阿县至》卷一一《官迹》;等等。

是基于三等九则的户等制度向人丁和门户课征丁银和门银。然而,随着农民的阶层不断分解,富裕农通过不正当手段,让户等制不再能够准确反映出农民内部的阶层现实。富裕大户得以摆脱重差并将其转嫁给贫农层,以至于贫农层负担过重。这种不公平的现象不断蔓延,为了解决矛盾,华北地区在开始实施土地丈量的同时,打破传统观念,将徭役转而向土地课征的方法得以实施。由此,华北的徭役方面的一条鞭法的确立可以置于徭役制度本身的发展进程中进行考察,而税粮方面的一条鞭法又是独自展开的。

那么,白栋实施的一条鞭法的具体内容究竟是什么呢?关于白栋的一条鞭法,最可靠的详细史料是李世达的奏疏。上一节末尾略有提到,万历四年,东阿县知县白栋主张“量地编差”,因没有依循既定的法规而引发社会动乱,受到户科都给事中光懋的弹劾。对此,当时担任山东巡抚的李世达为白栋上奏辩护。《神宗实录》“万历五年正月辛亥”条中记载道:

> 户部都给事中光懋言……近日东阿知县白栋行之山东,人心惊惶,欲弃地产以避之。请敕有司,赋仍三等差縣户丁,并将白栋纪过劣处。

白栋被严厉弹劾。对此,作为辩护的奏疏是收录于《少保李公奏议》卷一中的《题为伸白东阿令疏》。李世达作为山东巡抚,根据过往的考察,将白栋及其治绩列为上等。在白栋受到光懋“纪过劣处”的弹劾后,李世达为白栋作出辩护,提出反论。

这篇辩护奏疏首先将当时的情况和明朝建朝初期对比,提出税粮、徭役、里甲等各方面的负担都大幅增加,且官僚、诸生到富商、大户都可以以名目上的职役(胥吏),根据优待条例而免去丁差(徭役)。其后,记载道:

> 甚至有良田数十百顷,悉坐轻缓仓口,且居下门。并宗族、亲党、佃户俱得免差,有司莫敢问。一切烦重差役,百头千绪,势不得不尽归于不能读书、不能援例、不能作奸之小民。而贪官污吏、老胥猾里,又以小民易鱼肉也。于是征敛横出,鸡犬不宁。此固嘉靖以来,各省所同也。小民所以弃鬻田产,转徙流离者,大端坐此。此江南、河南、北直隶,必行条鞭之法。盖特以杜富豪影射粮差之端,祛有司科派纷纭之扰,少纾穷社下农偏累之苦耳。

本来不该有优免特权的富豪大户通过名目上的胥吏,利用这种特权(减免徭役的特权)使其只会被分派轻粮,他们的户等评级也不过是下户(也就是可以减轻徭役负担)。与此同时,大户的宗族和亲友,甚至佃户也享受大户的特权,免除徭役。这么一来,所有繁重的徭役都只能转嫁给没有任何特权的弱小的小农。这种状况下,为了防止富豪通过不正当手段逃避税粮、徭役等,也为了更公平地分摊税负而简化征税方法,有必要在江南、河南、北直隶地区实行一条鞭法。这段奏疏中,李世达非常明确地表达了自己的立场。他无疑就属于推进一条鞭法的一派。

接下来,他又对山东的情况进行了说明:

> 即以山东赋役计之。岁该夏税、秋粮、马草、农桑派于地者,共一百九十余万。盖合贤士大夫与小民公输之者,然且尚有逋欠。……至于均徭、里甲、种马①(原书原文中漏标此注位置,翻译时,根据注释内容加在此处——译者)、俵马②以及户部黄蜡、果品、盐钞、课程,礼部牲口、药材,兵部柴直[薪?]、马价、民兵,工部料价、砖料、段价、军器、胖袄、木柴、皮张、野味,岁则二百万有奇。此则生员、吏承以上,俱不之知矣。而皆派于不得优免之丁,及有地无职役者之门。

根据这段记载,在万历初年的山东地区,税粮包括马草和农桑丝绢,总计一百九十余万两(马草和农桑丝等很早就已经通过折算税银的方式缴纳了)。相比之下,均徭、里甲和马价、各种料银等数额达到二百余万两,比税粮的负担还略微多一些。这些正税以外的负担都向没有优免特权的弱小户的丁、门征收。而关于里甲银的处理办法,略有不明,当时的里甲银③在山东地区应该是向人丁和土地进行征收的,所以和均徭等统一计算,或许并不妥当。我们暂且搁置这个问题,李世达在奏疏中所要强调的是,除了正税以外的所谓徭役负担——这部分负担甚至超过了正税的税额——都要向小农课征。其结果就是,"钱粮因之逋欠,盗贼由以烦滋。失在于经制未定,而赋役不

---

① 国家所需的军马向民间分摊饲养,称为种马。后来也折算成银两进行征收。关于这一点,详见[日]谷光隆《明代马政の研究》第一章,京都:东洋史研究会,1972年。

② 俵马指种马中解送到太仆寺的马。这种马后来也折算成银两征。详见谷光隆前书第三章。

③ 关于华北地区里甲银的确立问题,详见栗林宣夫《里甲制の研究》(文理书院,1971年)的第二章等。

均"。这里"经制未定"的意见，包含经济政策方面的税粮、徭役的课征方式没有定式的意思。这种状况下，白栋实行了"论丁、地以派粮、差"的方法。李世达记载如下：

> 万历二年冬间，编徭之时，该东阿县知县白栋，总括本县一岁之赋役，而详核一县所有田地、人丁，以足其数。每丁分四季，共出差银一钱二分。每平地五亩，折一大亩，分夏秋，共出差赋银二分。而一切京、边起、存钱粮与均徭、驿传、里甲之费，皆取足焉，外无毫费，且使百姓灼然知。赋之数定于此，役之数定于彼，吏胥无由飞诡，奸毫[豪]无从规避。将各项头役与大户、里长等差，小民素苦者，悉除去不用，使各得一意安于田里，茂其生业。行之一年，民安赋足。逃移风闻出首归业者，一万二百余户。

这一段详述了白栋实施一条鞭法的内容和结果。基本上内容和前文引用的《神宗实录》"万历十三年五月丁亥"条的记载内容相同。根据这段记载，白栋实施一条鞭法其实是从万历三年的春季（或许在万历二年的冬季完成了准备工作）。随着一条鞭法的落实，白栋合计东阿县一年应该征收的税粮和徭役的银两总额，并且查清了东阿县全部的田地和人丁数字，对人丁一丁编派徭役税银一钱二分。土地按照每平地五亩折算为一大亩，①对每一大亩编派徭役和税粮合并后的税银二分。本该向北京和边镇搬运的起运及存留的钱粮全部从向土地编派的部分中出办。过去这种做法当然受到葛守礼的反对，而如今光懋也批判"不分人户贫富，一例摊派，不论仓口轻重，一并夥收"。根据土地肥瘠与否而评判等级的做法以及区分户等的办法完全废止的同时，均徭、里甲、驿传等徭役负担都向人丁以一定额度在全县范围内硬性摊派。税粮和徭役按照一定比例向换算成一大亩的全县所有土地摊派。这么一来，税粮和徭役的各个项目得以强行一条化，直接向全县的人丁和土地统一摊派的一条鞭法的基础改革得以达成。也就是说，在东阿县，徭役负担通过丁银和地银的形式，形成和税粮合并征收的方式。农民能简单地明了这种单一化的租税额，丁银划分四季征收，地银划分两季征收，胥吏和奸

---

① 华北地区的土地有大亩和小亩之分，在征税的时候需要进行换算。详见［日］片冈芝子《华北の土地所有と一条鞭法》，《清水博士追悼记念明代史论丛》。

豪无法再溜奸耍滑逃脱征税了。这么一来,所有的徭役都通过折算成银两的方式征收,因此各种头役①和大户②、里长等实际权力都被架空,这也成为减轻农民负担的重要改革之一。据称,这项改革实施一年以后,原先流亡逃移的农民一万二百余户都回到故乡。李世达在奏疏的最后留下了有关东阿县的农民、父老乡亲们的记述:

> 再留白令,一二年此法不坏,地当尽辟,赋银又当轻减。吾民虽百千年,受惠无穷。凡此皆彰彰著人耳目,邻邑百姓无不知之,咸欲通行此法。

白栋在东阿县的改革深受农民爱戴,其影响还波及邻县。对此,李世达表达了他自身的意见:

> 如是而谓之征敛无艺,民多畏避,臣实未闻。惟此中钜家有田数百千顷,久占轻粮,至是恐其妨己,横加口语者,是诚有之。此科臣风闻,乃有量地派差,变法遗害之议也。

也就是说,李世达认为,因为长久以来钜家(富豪大家)只承担极少的轻粮负担,他们担心白栋的改革会让自己失去有利的境况,于是散播责难白栋改革的流言,而科臣光懋正是被这些风闻所惑,才有了对白栋的弹劾。为此,他上奏提议,暂停对白栋的处分,重新派遣巡按御史对他所实施的改革进行具体调查,重新考量他的才品和志行,再确定对白栋的处分结果。

以上是针对户部都给事中光懋等对白栋的弹劾,李世达上奏为白栋辩护的主要内容。根据这一上奏可知,富豪大家为了维护自己的既得利益而对白栋实施的一条鞭法多加刁难,而这些刁难也正中中央政府中保守派官员之怀。最终,光懋等人对白栋的弹劾没能成功。根据《神宗实录》"万历五年正月辛亥"条的记载,户部也有倾向于光懋等意见的记录:

---

① "头役"是从"头户"一词而来。当"头户"被摊派的徭役过重而无法承担时,设有"贴户"制度对其进行援助。原本需要承担徭役的就被称为"头户",有了"头户"和"贴户"之分。当徭役征收税银化以后,实际被摊派的就成了"头役",援助头役补贴税银的成了"贴役"。关于此点,详见第 323 页注①片冈的论文,及岩见前书后篇第七《嘉靖年间の力差について》。

② 关于大户,请参看拙稿《明代华中の"大户"について》,《东洋史研究》第 27 卷第 4 号,1964 年;本书(编者按:指本文原文出处)补篇二。

请今后江北赋役，各照旧例，在江南者，听抚按酌议。

最终，圣旨称：

法贵宜民，何分南北。各抚按悉心计议，因地所宜，听从民便，不许一例强行。白栋照旧策励供职。

也就是说，条鞭之法应由各地方的巡抚、巡按因地制宜，根据当地情况而定，而不进行统一实行，白栋也得以官复原职。李世达为白栋的辩护或许对这个结果起到很大的（也许是决定性的）作用，但这则圣旨更应视为在中央起到决定性作用的宰相张居正的意图。收录于张居正《张太岳先生文集》卷二九、题为"答总宪李渐庵论驿递、条鞭任怨"的书信中写道：

条鞭之法，近旨已尽事理。其中言不便十之一二耳。法当宜民，政以人举。民苟宜之，何分南北。白令访其在官素有善政。故特旨留之。

这封信题目中的李渐庵是李世达的号，总宪是指总督。李世达被任命为漕运总督兼凤阳巡抚的时候，是万历六年。其后，李世达于万历十二年左迁为南京兵部右侍郎，而张居正于万历十年的时候去世了。所以这封信应是在万历六年至万历十年张居正去世前写下的，而其中直接谈到白栋之事，或许这封信就是李世达担任漕运总督不久后，也就是万历六年对李世达上奏内容的回复。若真如此，这封信里对一条鞭法的普及，提到了非常重要的内容。对于一条鞭法，张居正有着非常明确的认知，正如圣旨中提到的"不便十之一二耳"，也就是对一条鞭法的改革持有非常积极的评价，这是其一。其二，张居正基于这种认知对白栋作出"善政"的很高评价。也就是说，我们可以从这封信中明确得出，白栋在东阿县实施的一条鞭法在得到了山东巡抚支持的同时，也得到了中央政府张居正的支持。将税、役两者结合，达成一条化的白栋一条鞭法是具有划时代意义的。这不仅是在一个县里实行的改革，更因受到当时对中央政府的各方面都具有决定性领导力的张居正的认可，而必然备受关注。白栋在其任五年，以卓异政绩升任为山西道监察御史，后来不知因为何故，失去了张居正的支持，因考成法而左迁为高邮州判官。由此可见，围绕张居正的政策和他的人脉之间的关系非常值得一探，但本文暂不作深究。

接下来,笔者对白栋的一条鞭法是如何在东阿县扎根并受到怎样的评价,进行考察。关于这一点,最得要领且均衡各方见解的史料就是同为东阿县出身的于慎行的著作。他的《谷城山馆文集》卷三四《与抚台宋公论赋役书》中记载道:

> 盖所谓条鞭者,自万历初年。敝邑旧尹白君始议行之,至今且二十年,邑士民皆称其便。……敝邑所谓条鞭者,税粮不分廒口,总收起解。差役则除去三等九则之名,止照丁、地偏派。丁不论贫富,每丁出银若干。地不论厚薄,每亩出银若干。上柜征收,召募应役。而里甲之银付焉。此敝邑条鞭之略也。

税粮和徭役合二为一,徭役废止了三等九则的户等制,不分贫富,每丁征收若干银两,土地不分贫瘠,每亩征收若干银两;里甲银也同时一并征收。这些税粮、徭役银的纳税方法还实行了自封投柜。李世达的文章中并没有记载白栋实行一条鞭法初始的情况,而《实录》中曲迁乔的奏疏中提到“官收官解”,可见实行了自封投柜的做法。由此观之,东阿县沿袭白栋的做法,实行了二十年的一条鞭法。而在这二十年间,关于一条鞭法的肯定评价基本一致。①首先,一条鞭法的第一点优点就是取消了编定头役的做法。东阿县过去编派徭役时,从上八则的人户中挑选一户,称为头役,出银若干,其余九则人户则作为贴户,也要交银,而这些银两用于雇人服役。头户要向雇役之人支付一定金额的银钱,但头户不能向贴户征收规定金额的贴银,就必须承受包赔(垫付)之苦。头户无法完全向雇役人支付指定的银两时,大多用布、粟等物进行支付,这种情况就会滋生银两和物品的非法兑换。到头来,头户和雇役人都要承受巨大负担。然而,改为一条鞭法以后,实行自封投柜,官方用这些银两来进行雇役,代理人从中克扣银两、折准(银物换算)的现象都不再有了,头户也得以免受包赔之苦。一条鞭法的第二个优点是取消了编定大户的做法。从前,征收税粮时要从殷实之户中编派大户,使其承担税粮。然而,实际征收的过程中多有胡乱收费,在运送税粮时,相关的官员和胥吏又多会从中掠夺。为了赔偿税粮,甚至有大户不得不变卖田产流亡外地。

---

① 关于东阿县一条鞭法的评价问题,片冈已在论文中进行详述,此处仅提要点。详见第323页注①片冈的论文。

一条鞭法实行自封投柜后，没有了中间过程的榨取剥削，大户也不再有赔偿之苦。一条鞭法的第三个优点就是取消了每年里长的负担。从前里甲的各式费用以里甲银的方式，和均徭银合并一同征收，消解了里长的负担。第四个优点在于随着均徭一条化，门、丁不再以户等制度分级。从前册籍编造时的种种不法行为，例如诡寄、贿赂等弊端都得以消除。以上四个一条鞭法的优点，在李世达、曲迁乔、于慎行三个人的记载中都有共同认识，都基本视其为白栋一条鞭法改革的优点。

然而，一条鞭法也存在弊端，前文引用的于慎行所著文字中即有指出。在于慎行看来，一条鞭法第一个弊端在于，旧法中均徭的征收只有丁银和门银而没有地银，根据各家各户的资产划定户等进行课征，然而一条鞭法废止了门银，而改为征收地银，这么一来，土地成为征税的对象，而其他资产（银钱、债券等动产）则不属征税范围，拥有千金资产而没有土地的商人反而免于课征，只有农民承担了徭役税银。一条鞭法的第二个弊端在于，从前上八则的门户也是要征收丁银、门银的，而如今取消门银改为征收地银。与之相对，下下户从前只要负担丁银，不需要交门银，但实施一条鞭法以后需要和上八则的门户一样，既要交丁银，又要交地银。这么一来，下户的负担加重，反而对中户以上的人家有利。

于慎行还指出，像济南府东北部的滨海盐碱地、兖州府东南部的荒芜地区等广袤地带，并无粮食收成，但也要承担夏税、秋粮的负担，若再加上对土地征税，会让农民更难以负担。所以，一条鞭法有利于"成垦之田"，而不利于"荒弃之田"。所谓"成垦之田"，是指可以确保一定收成的田地，而"荒弃之地"即无法指望有收成的荒凉贫瘠之地。这种荒地的所有者大多数是贫穷的农民，所以对农民层而言，一条鞭法的实施会更加不利。以上这些优点及缺点，不仅是对白栋所实行的一条鞭法的评价，后来在其他地区推广实行的一条鞭法也普遍受到如此评价。从这一点看来，可以说，白栋的一条鞭法即展现了华北地区一条鞭法的基本形态。

那么，白栋的改革以后，一条鞭法在华北地区是如何展开普及的呢？在本章最后所附表格中可以看出，华北的一条鞭法并没有特别值得一提的发展倾向。硬要说的话，也就是到万历十年以后，在各地基本达到普及的程度。接下来，笔者将举若干一条鞭法在华北地区实行的实例，考察其实施内容,以明确白栋之后一条鞭法的特性的问题。

　　与白栋的改革时间上相隔最接近的事例是万历四年曹县(山东省)知县王圻推行的一条鞭法。[1]在万历《兖州府志》卷二九《官迹志》中,关于王圻,记载道:

> (前略)为条鞭之法。照丁、地派银,四季纳官贮库。一切粮、差尽出于诸,不以官烦民。刊布书册,著为令甲。同声称便。

这段记载虽然简略,但可以看出税粮、徭役两者是合二为一合并征收的。并且由于雇役的结果,使得农民的劳动力基本上可以从劳役中解放出来。

　　然而,王圻的一条鞭法并没有持续多久。万历三十四年,曹县的新任知县孟习孔在次年万历三十五年实行了名为"一串铃法"的改革。[2]其实施目的在于"申明王公平赋之初意",但距离王圻的一条鞭法实施已经过去相当年数,自然出现了很多新问题。笔者根据《利病书》原编第十五册《山东上·曹县志》的记载,加以若干说明。知县孟习孔实行一串铃法时,向巡抚和巡按御史提出了十二条非常详细的议案。其标题为"曹县为汰户制,均丁徭,清诡寄,平差役,以便穷民事",内容很有价值。这项改革的基础是建立在王圻的一条鞭法之上的,并将其更彻底地实施,但其中一项"一议,照地金役,永免审户"中,将以下的问题记录了下来:

> 今曹邑,数十年来,豪强户尽行花诡,尽逃上则,下户穷民置数十亩之地,从实开报,反蒙并户。

这一点正是一条鞭法实行之前被指摘的问题。在王圻改革三十年后,曹县已经完全没有了当时改革的初衷,回到了改革以前的状况。"一议,人丁一例派银,不分等则","一议,派丁照地多寡,以免偏累",这两项和前项其实是同一个主旨,也就是一条鞭法的重点之一,即废止户等,将徭役以一定比例均等向土地、人丁摊派征收。然而孟习孔的改革并不止于此,他还提出了新的改革点。例如其中一项是"一议,五年一编户口人丁,止足原

---

① 有关王圻的一条鞭法,详见第 322 页注③栗林著述第三章第五节。

② 有关孟习孔的改革内容,第 322 页注③栗林著述中有所提及,但并未展开详细论述。在此简单说明,"一串铃法"过去一般指由一条鞭法应运而生的对赋、役的解运方面的改革。但此处应指一条鞭法改革本身。

额,不许擅自增减"。这一条强调了明确核实户和人丁的重要性。对县官而言,户和人丁的增加一直以来就是善政的政绩。然而,实际又是如何呢?

> 昔之审添者,皆富厚之家,欲飞诡不得,假称复业人户。县官喜其有招抚流移之名,任其立户,而不知为飞诡之门也。且丁有增损,而银数亦随多寡。条鞭之法,自是以坏。

依这段记载看来,户与丁的增加不一定就是好事,甚至可能是飞洒诡寄——有势力的门户细分户丁,掩盖所有地和人丁数的不法行为——造成的结果。这么一来,登记在租税原簿的土地、人丁数有了变动,就无法公正地实行征税,一条鞭法的改革也就失去了成效。为此,将万历三十五年时在册的户口、人丁数定为原额,此后不得更改。随着这条规定:

> 至四十一年又轮过割编丁之年,只查某里某户有卖尽地亩,止存单丁,其人口又已死绝逃亡,无可纳丁者,将此户去之,才许本里人户有父兄子弟分析者,补立一户。某户应减一丁者,才于某户新增一丁。若无应去户丁,不得增户增丁以乱额数。不则有伪增之惩在,庶条鞭画一而可行矣。

此处强调了应该严格实行户口、人丁的审编,准确把握在册的原额人数。而从"过割编丁"的语句可以理解,要确实准确掌握户的情况,即意味着要准确掌握每户所有田地的数额。所以,准确掌握租税台账的原额,成为实施一条鞭法最基础的一环。这一点直到万历三十五年又被再次强调,侧面证明了在一条鞭法的实施过程中存在着各种各样的问题。而有必要严格实施户口、人丁的审编工作,和寄庄户①的问题有着密不可分的关系:

> 一议,寄庄止许真正别州县之民,不许本县审入以避差役。夫寄庄免差,为各州县已有差徭,毋使重役也。本县避差奸民,皆籍诡名飞出实在地外,致丁差不及。本县查,通县地二万五千八百五十五顷零。除

---

① 有关寄庄户的问题,可参见[日]川胜守《中国封建国家の支配构造》第三章,东京:东京大学出版会,1980 年;[日]滨岛敦俊《明代江南农村社会の研究》第五章,东京:东京大学出版会,1982 年;等等。

> 优免地、河地共二千八百八十顷九十四亩零外,止实在二万二千八百五
> 十顷零,而寄庄地一万一百九十六顷零,是客几胜主,可笑也。此时不
> 清查,年复一年,曹邑不尽为寄庄。

这里记载的寄庄户其实是指很多奸民为了免除本县(曹县)的徭役而用假名改为其他州县的户籍来逃避徭役的情况。为此,本县的田地有一半成了寄庄地,而实际上这是不可能的。为此,孟习孔用尽各种手段展开调查,发现假冒的寄庄地高达四千二百二十六顷八十五亩。对此孟习孔称:

> 念其相沿已久,各姑免罪。止令收回本里本甲实在项下,仍照原名
> 立户,亦照地加丁。照实在地内,一例派纳粮徭,一例轮当差。后来再
> 有蹈此弊者,没其地而重罪其民。

正如这段所记述的,准确把握寄庄户、寄庄地有利于防止有势力的富裕户利用诡寄进行逃税。一条鞭法实施以后,徭役的课征对象简化为人丁和土地这两者,故而掩盖人丁数和所有土地数量的逃税行为也变得更加油滑巧妙。明朝末期,货币经济更进一步发展的过程中,土地的买卖成为常态,富裕户理所当然在自己的居住州县以外购置土地。这些所有土地分散广阔,要准确掌握寄庄户的数量想来会有种种难点。然而,准确掌握寄庄户对于课税的公正化来说又显然是非常重要的问题。要向准确掌握的寄庄户数征收相应的税银,成了(当政者)不得不面对的问题。"一议,真正寄庄派银加重,以抵本县差役之费。夫真正寄庄,令之当役,人在隔省隔县,委属不便。但食县之毛,不当县之役,使土著之民代之,甚属不均。"基于这种意见,"凡别州县买本县地土者,……止照原额寄庄地,除每年每亩原加银一分二厘外,再加四厘,将加出之数铺入通县实在地内,减其均徭,使实在当差,寄庄出银以代之不亦均乎"。

也就是说,寄庄地每亩地要额外课征四厘,这部分增额被用来减轻本地人的均徭负担。甚至,孟习孔提出了"一议,严禁寄庄优免,以滋重免之弊"的建议。寄庄户在原籍地可以优免,甚至在寄庄所在地可再次优免,使得乡绅滥用优免特权,在寄庄户所在州县也要获取优免,故而应该严禁这种双重优免的情况发生。为了达到课征的公平化,必须准确掌握寄庄户,而由此具体的细节可以看出孟习孔认可一条鞭法的意义的态度。

在山东还有一例,即万历十四年章丘知县茅国缙实施的一条鞭法。①根据万历《章丘县志》卷一二《条鞭志》的记载:"按条鞭法始于归安茅公,其详具便民十议中,而余窃识其略有三:一不审均徭,二不设里甲,三不佥头役。"这三个优点和前文所述白栋的一条鞭法基本上是共通的,此处不再详述,仅对茅国缙实施的一条鞭法中值得关注的几点进行论述。在前引文之后,文章接着记载:

> 既行条鞭之后,前项银、力二差与马价②、盐钞、收头工食等项,大约每年该银一万二千余两。俱随夏税、秋粮、马草,一概加于实在地内。及将人丁不分贫富,一例出办丁银。然士夫所免者止于例,例有限。而所加者因乎地,地无穷。地愈多,银愈加,致使新行所加派者,反多于旧例之所优免者。

根据这段记载,均徭(银、力二差)和马价、盐钞、收头的工食等税银(在前文中还记载了将里甲银也一并向土地征派)全部一条化,向土地和人丁进行课征,税粮、马草一并征收。这一点也和白栋的一条鞭法是一样的。然而后半部分记述中,士大夫优免成为一大问题,比之旧例,即一条鞭法以往优免的税额,按照新行的一条鞭法,士大夫按照土地征税的额度要多很多。后文中又对这一点加以更详细的说明:

> 然士夫所免者,俱止免银力、盐钞、马价各项杂差。③其正粮、正草、站粮,俱照旧办纳外,本身若有余地,与民地一概编差,不及数者,不许滥免。

一条鞭法把税、役二者全部一条化,向人丁和土地课征,这么一来,士大夫阶层作为最大的土地所有者,也成为课征过程中不得不解决的问题。本文多

---

① 有关章丘的一条鞭法,第323页注①片冈的论文中提及了役法方面的改革,但无更进一步的论考。
② 明朝初期,朝廷让南北直隶、山东、河南等地的民间养马,随时征发以作军马使用。这项负担从16世纪起改为缴纳税银,称为马价银。有关马价银,详见第322页注①谷氏著书第三章;有关马价银编入一条鞭法征收的过程,参见该书第四、五章。
③ 马价银到底是包含在杂差之中,还是包含在正供(赋)之中,各个地区不尽相同。在北直隶,因"计地养马",所以属于正供;在山东、河南,因"计丁养马",所以属于差役(杂差)。具体参见本页注②提及的谷氏著书第四、五章。

次强调，一条鞭法最重要的课题之一就在于课税的公平化，那么尽可能限制士大夫阶层的优免特权，以防滥用，成为不得不考量的问题。如何防止士大夫阶层滥用徭役优免，实现课税的公平化，是一条鞭法的另一个重要课题。

接下来，笔者将探讨山东以外地区的一条鞭法。首先以北直隶为例。笔者在第一节中引用王之垣的《谏议疏稿》卷四《酌议差徭事宜》指出，隆庆末年至万历初期，顺天府为了弥补丁银的不足，将一定额度的税银转嫁给土地进行征收，也就是课征"地银"。在第二节里，也已经指出设置"地银"和一条鞭法的实施并没有直接关系。关于这一点还需要进一步探讨，该奏疏的第一项提出"审编均徭，户分三等九则。所以酌量人户之贫富，以为差役之重轻也"。由此可知，该项中的均徭课征是应该遵守三等九则的户等制度的。然而，这篇记载中又有"又据，永清县不分户则册开，该县人户贫穷，历年俱照一条鞭法，差役一例派征"。从此处可以判断，顺天府下的永清县在万历五年当时已经实行了一条鞭法。然而王之垣叫停了一条鞭法，又重新回到依据三等九则的户等进行摊派的做法。也就是说，王之垣的奏疏被收录于《神宗实录》"万历五年十月辛丑"条下，其内容基本上得到了朝廷的认可。

王之垣奏疏的第二项，差徭（徭役）向土地课征的记述中，"地银"是"以补丁差之不足，仍不许混入各起运钱粮数内"。这和前文中"差多混入起运夏税、秋粮、马草等项一条鞭数内，致难稽考"是一脉相承的。也就是说，"地银"本来不属于均徭，所以不应包含在税粮等一条鞭法的征收范围内。以上可以明确，顺天府在万历五年，特地强调遵守三等九则的户等制度，将均徭的一部分转嫁到税粮的一条鞭法中，如果继续这个方针的话，徭役和税粮合并一条化的进程就要停止了。王之垣的奏疏《编审均徭事宜》中的这种形式一直延续到万历十一年。万历十一年以后，王之垣《事宜》中的一部分做法被修正，但仍然继续实行。《神宗实录》"万历十一年十一月"条记载了顺天府府尹臧惟一有关均徭审编的奏疏。这篇文章明确继承了前文引用的王之垣的观点。其第一项就提出：

一、银、力二差分配丁田，每亩科银二分涉于过重，不若以丁、门为主。丁、门上中则先尽力差重者编审，其丁、门下则并地亩，编审轻差，不得拘定每亩二分之例。一、差徭以丁、田为主，而又有门银者。富家

> 援例,丁得优免。故富者照门审差。上中六则照门银等则编审,下户既
> 出丁银,不得复议门银。

这段记载中,臧惟一称"每亩科银二分涉于过重",可见是从王之垣奏疏中
"每亩科银二分"的做法直接延续下来的。由于二分的课征过重,所以尽量
减少向土地课征的税收,重视基于户则对丁、门的征税,特别是上中则的人
户,应该承担较重的差役。在后文中,他也提出对于靠优待特例而免于丁银
负担的富家,应加重其门银的负担。

由此看来,顺天府在万历十一年时,还尽可能地限制根据土地征收徭
役,而仍然强烈保有重视根据户则对丁、门进行课征的态度。这很可能是因
为首府顺天府在徭役方面碰到了特殊的情况,而这种态度成为推广一条鞭
法的阻碍。因此,与山东相比,北直隶地区实行一条鞭法要晚了十年以上。

其次北直隶地区实施一条鞭法的例子是,广平府邯郸县自万历十七年
起,在知府蒋以忠的建议下实施了一条鞭法。顺治《邯郸县志》卷四《田赋
志》"条鞭"条记载:

> 夏税、秋粮、马草、驿传、马价、种马草料、均徭、里甲八项、通算一
> 总,本县共该银二万八千四十五两六钱四分一厘九毫五丝三忽一微一
> 织六沙六尘七埃。

即税粮、马草、驿传以及均徭、里甲的各种税粮和徭役全部一条化,合并征
收。接下来,从夏税、秋粮、马草,到均徭银、力、听三差,以及里甲额、待、杂
三支,各项金额都作了详细记载。对应三等九则的户等制征收的丁银额也
被记录了下来,邯郸县(也可能是广平府全府)一条鞭法并没有废除人丁的
户则制度,而是保留了下来。尽管如此,丁银以外的全部其他税额都以田亩
为单位向土地征派。故而税粮、徭役尽可能一条化,最后计算出来的税额以
一定比例均等地向土地、人丁进行课税,这样,条鞭的根本得以贯彻。这还
可以从此段文字的后续记载"本府知府蒋公以忠上抚按条编议"中得以确
认,并且全文最后记载了春、夏、秋、冬四季分别征收的税银额度,称:

> 管粮官督令银匠,倾销成锭,钻记大户、银匠之名,封记付库,大户
> 即归农。以待解放之时,仍使各大户领出原银,分项起解。

可见,邯郸县很有可能实行了自封投柜。即纳税的期限一过,税银管理官就要督令银匠熔化投入柜中的税银,锻造银锭,在银锭上刻上担任税柜的监督责任的大户和银匠的名字,保存于仓库。这时大户就要回归农田。在将县里征收的税银接送往指定的各个部署期间,邯郸县的各大户仍然需要担责。在一条鞭法的实施过程中,虽然大户、柜头等职务普遍被废除了,但从邯郸县看来,仍有一部分地区保留有这些职务。

再来看河南的例子。开封府中牟县自万历十二年起由知县乔璧星实行了条鞭法。据天启《中牟县志》卷二记载,当时将土地的等级分为上、中、下三则,对课税方式进行简化。也就是说,这里实施的条鞭法指的是税粮方面的改革。然而民国《中牟县志》卷一〇《艺文志》中收录的《乔公条鞭录记》明确记载,这项改革也包含了徭役的部分。这篇记录的前半部分称该县的税法已然混乱,胥吏随意操纵均徭等负担的轻重,大户人家通过贿赂逃脱重税,而负担都被转嫁给了贫穷的底层农民。于是,文中记载了以下处置方法:

> 乃查通县下地实数,并均徭、见年(里甲)、河夫、民夫、大户,百凡差役,编入夏秋、驿粮内。目凡三十五,而其中条分缕析,委曲周详。录成上之大中丞杨公①、直指(巡按)刘公。咸嘉其议。……有地征者,有丁、地兼征者。丁分九则而派不敢多,地别高下而银有常数。官府之所以征民,小民之所以输官,率遵期会约束。猾书积算,靡获售其巧伪,而嗷嗷者免向隅之泣矣。

这段记载并没有详细描述乔璧星实行的条鞭法。然而,调查全县下地的实际数量,将土地区分为上、中、下的不同等级,可知应该是以下地一亩为单位,将上地、中地换算成下地,从而掌握了全县的土地。另一方面,均徭、里甲、河夫、民夫、大户等徭役全部实行一条化,和夏税、秋粮、驿传粮等统一征收。也就是说,税粮、驿粮是向土地摊派征收的,而均徭、里甲及其他徭役分别向丁、地兼派。这种做法也依然保留了将人丁划分九则的方式,故而存在土地、人丁等则区分的一条化并未贯彻到底的现象。然而,将土地整理划分为三个等级,意味着课税的简化,且将均徭、里甲等负担向土地和人丁摊派,

---

① 此处杨公指杨一魁。根据《明督抚年表》记载,他在万历十一年闰二月至万历十二年六月期间担任河南巡抚。

并向大户征收税银,这些都和前文中山东的改革具有互通之处。并且,开封作为黄河沿岸地区,河夫、民夫等必然承担着重要的徭役负担。这些也全部纳银化,使得农民得以从实际的徭役中解放,故而亦可评价其为一项重要改革。

最后,笔者认为也应探讨山西、陕西地区一条鞭法的实例,然而受史料限制,未能寻到合适的资料证明。仅作参考,在天启《同州志》卷五《食货志》中,记载了万历二十三年的条鞭实行状况。其中记载道:

> 于是更以一切之政曰条鞭。总计一州粮税、差役之数,而约百姓丁、产以赋之。

由此可知,同州全州的税粮和徭役,均等地向全体人丁和土地摊派。然而其具体实施方法如何,尚无法考证。

四、结语——一条鞭法的问题

在上一节中,受史料所限,笔者主要以山东实施一条鞭法的事例为中心,加以北直隶、河南、陕西等地的事例,试图指出一条鞭法的基本征税方法的特征及改革的各项要点。作为结论,可以说这些事例都辅证了以往研究者所指出的问题。即一条鞭法若从赋税方法看来,其以税粮、徭役的折银为前提,将这两方面的税目尽可能实现一条化,将一条化后的税银以一定比例均等地向人丁和土地摊派征收。这种课征方式实现后,尤其在徭役方面使得农民得以从实际的徭役劳动中解放。正如本文在论述山东地区条鞭实行中所述,第一,不再课征均徭;第二,不再设置里甲;第三,不再编定大户(收头);第四,不再编定头役。这四点基本上都得以实现。然而一条鞭法并非全是优点,同时也必须指出其存在的弊端。另外,在实施一条鞭法的过程中,还有另一个重要的问题,就是必须准确掌握课征对象土地、人丁的实际情况,这甚至比实行一条鞭法来得更为重要、基础。也就是土地要不问肥沃贫瘠,废除土地的等级制度,人丁也要废除九则等级制度。就这点而言,以山东为例,仍有不少地区保留了土地和人丁的等则制度。由于本稿的主要目的在于明确华北地区实施一条鞭法的基本模式,故而对于条鞭的内容以及时间上、地域上的差异和特质不再作进一步考证。

然而，一条鞭法还留下一个重要的课题没能解决，就是劳役在实际上仍然残存的问题。在上一节中提到，徭役全面达成纳税银的方式，税银由农民自封投柜进行缴纳。然而，即使徭役的折银全面达成，但由于各个地区的实际情况，仍然有不少地区存在劳役的状况。上一节中所举王圻的一条鞭法（山东曹县）实施后，兑军、俵马、起解等劳役直到明朝末期都仍然存在。这些劳役以里甲为单位轮番摊派，最终也是农民受苦。万历三十五年，孟习孔进行改革，当时的劳役名目已经变化为兑军、桩草、收头，其实应该也是从前继承下来的劳役种类。这些劳役的具体内容不得而知，但从名字看来，兑军应是作为运军辅助的劳役；俵马改名为桩草，由他处记载的临德仓桩草大户可知，桩草银（或许是马政相关的税银）应是向临清、德州仓搬运的劳役；起运应是从收头改名而来，也就是将县里征收的税粮、徭役银等搬运去指定仓库的劳役。孟习孔分摊这些劳役的方法是，在一里十甲中，两甲为一组，分为五组，以五年为一次循环进行分摊。这么一来，也能稍稍减轻这些劳役的负担。在《利病书》原编第十五册《山东上》的记载中，有评价称：

> 至孟之串铃，则两甲并用，五年一用，而诡寄躲差之弊杜，法始密矣。

然而，由于残存的劳役，又引发了试图逃脱摊派劳役的诡寄行为，编派的不公平现象重新成为问题。有关一条鞭法实行后仍然有劳役残存的问题，笔者过去也在对河南宁陵县的论考中指出过。①中央政府也曾关注过该问题。《神宗实录》"万历三十一年四月丁酉"条记载了户部的相关议论：

> 户部议条鞭法，请饬有司奉行。一、条鞭既酌量征收，以充公费，不得金派里长，挨月轮直以资苛剥。一、库役不许金派民间富户充当。一、不许于预备仓廒金编斗级看管。一、条鞭所载供应上官及过往使客，俱有定额，不许分外巧立富民、义民名色，借以供应。一、条鞭夫马，岁有定额，输银在官，而雇役于民。不许遇夫马紧急，复于粮上重纳（编）。

也就是说，在一条鞭法的规定下，劳役一旦被废除，不能再进行编派，定额的

---

① 拙著《吕坤の土地丈量策と乡村改革について》，本书（编者按：指原文出处）补篇第六。

税银不能超过这个额度征收,更不能随意另立名目进行征收。然而,要彻底禁止这些由官府主导的不当行为,是很难做到的。那么,残存的劳役负担究竟通过怎样的方式得以解决,就成为非常重要的问题。收录于乾隆《虞城县志》卷九《艺文》中的《软抬重差说》中,就出现了"软抬"①这种方法。这是由杨东明②提出的方案。其中记载道:

> 夫条鞭法海内通行,是最大之政。而所议最宜详妥者,乃初议法者,博节省虚名,潦草遗患。如县驿马、河夫、大户诸大徭役,悉佥民间富有力者充当,鞭银虽给,不足偿供费之半也。民不胜赔累,乃告帮贴。久之,帮贴者又不胜赔累,而富有力者悉贫矣。民贫而诸大差役愈难支矣。

根据这段记载,一条鞭法没能实现切实改革的驿马、河夫、大户等残存的劳役,还是给农民带来了过重的负担。为了寻求新的解决方法,杨东明实施其改革:

> 乃取前项诸大差役,悉计应费若干,务足其用。令概县均摊,命曰软抬。一切头役之患,悉与除焉。议既定,爰咨阖县乡士大夫、耆老,佥曰便甚。……始自(万历)三十五年,迄三十七年。三岁间民相安,差亦无累,举向所称赔累难支之弊,若扫而除矣。

此处记载,将前文中各种劳役的经费统一计算,其费用均摊到全县的每家每户。这种方式被称为"软抬",但其具体内容并不明确。不过,这种所谓"软抬"的做法就是由有意识地弥补一条鞭法的缺点而产生的。其后,还记载道:

> 百姓惧法久有变,请编入条鞭为永利。先生曰倘条鞭外,再议加添,或更佥头役,是今之法,适为陷阱也。不若永存软抬名,庶可杜更端之议耳。

这里反对了将残存的各种劳役的费用统一编入条鞭内分摊给农民的做法。杨东明认为如果采用了这种做法,则在条鞭之上又添加了多余的负担。总

① 有关这种方法,前注拙论中有所论及。
② 有关杨东明,参考前注拙论的注11。

之,杨东明试图以不同于条鞭的方式,这里称为"软抬",去解决条鞭遗留下
的问题。吕坤亦担忧一条鞭法实行后的问题,称"此法始行,万民称便,数年
之后,诸弊从生。输银之外又输力矣,条鞭之外又条鞭矣"(《去伪斋集》卷
五)。杨东明提案的"软抬"虽然是一条鞭法弊端的一个解决方案,但是其具
体的做法并不明确。一条鞭法在明末至清初究竟是怎样的实行状况,现阶
段还有很多不明之处。①从一条鞭法到地丁并征的徭役制度变革的过程中,
"软抬"这种解决方案曾经存在过的事实值得关注。尽管如此,"盖自辽左构
难,时事日多,百役俱兴。有司不能左右支吾,故在官则官累,在民则民累"
(《利病书》原编第十五册《山东上》载《曹县志》)。由满族兴起所引发的边防
问题,激化了明末党争,在造成政治混乱的同时,也引发了经济混乱。这种
政治状况下,一条鞭法亦逐渐丧失了其本来的作用和机能。

表 1   华北地区一条鞭法的实施状况一览

地　域	实施年代	实施者	文　献
河北			
△顺天府固安县	嘉靖年间		嘉靖县志卷三《田赋》
△保定府	隆庆三年		隆庆府志卷一九《户役志》
新城县	万历十六年		康熙县志
安州	万历十八年		乾隆州志卷四
河间府	万历十九年		万历府志卷五《财赋》
沧州	万历八年		万历州志卷三《田赋》
交河县	万历十八年	知县马中良	万历县志卷三《赋役》
真定府灵寿县	万历六年		康熙县志卷四《田赋》
井陉县	万历六年		雍正县志卷四《田赋》
广平府邯郸县	万历十七年	知府蒋以忠	顺治县志卷四《均徭》
大名府东明县	万历十九年		乾隆县志卷三《条鞭》
永平府滦州	万历二十三年	兵备道方应选	万历州志《壤则二》
山东			
△济南府滨州	万历		万历州志卷四
章丘县	万历十三年	知县茅国缙	万历县志卷一二《条鞭》
沾化县	万历十六年		万历县志卷三

---

①　有关这一时期的徭役问题,可参见[日]藤田敬一《清初山东における赋役制について》,《东
洋史研究》第 24 卷第 2 号,1965 年。

（续表）

地　域	实施年代	实施者	文　献
兖州府东阿县	万历三年	知县白栋	《神宗实录》卷一六一
曹州	万历八年	署州事郭守宪	康熙州志卷八《田赋》
曹县	万历四年	知县王圻	《利病书·山东上》
单县	万历十五年		康熙县志卷四
东昌府	万历十五年		万历府志卷一二《户役》
冠县	万历十五年		万历县志卷三《典赋》
堂邑县	万历三十六年	知县王应乾	康熙县志卷一一《名宦》
青州府	万历十一年		万历府志卷五《徭役》
益都县	万历二十年		《利病书·山东下》
△莱州府即墨县	万历初		万历县志
河南			
开封府中牟县	万历十二年	知县乔璧星	天启县志卷二
扶沟县	万历十二年		光绪县志卷六《田赋》
河南府新安县	万历十二年		乾隆府志卷一五《艺文》
归德府宁陵县	万历十三年		《去伪斋集》卷五
汝宁府上蔡县	万历十三年		康熙县志卷一五《艺文》
光山县	万历十四年	知县牛应元	乾隆县志卷一二《田粮》
山西			
△太原府保德州	万历十九年		康熙州志卷四《田赋》
榆次县	万历二十一年	知县卢傅元	万历县志卷三《赋役》
稷山县	万历二十六年		同治县志
大同府泽州	万历二十八年以前		万历州志卷七《籍赋》
应州	万历二十三年		万历州志卷三《食货》
陕西			
西安府同州	万历二十二年		天启州志卷五《食货》
华阴县	万历二十年	知县应真行	万历县志卷四
同官县	万历二十七年		万历县志卷三《田赋》

表注：

1. 表中仅罗列笔者可确定年代的事例。若有能力者搜集清代地方志，或许还能找到更多事例。

2. 标有"△"记号的事例表示仅税粮实施了条鞭。

3. 地名依据《明史》卷四〇《地理志》排列。

此表所列并非全部事例，敬请赐教，加以完善。

（原载于[日]谷口规矩雄《明代徭役制度史研究》，京都：同朋舍，1998 年）

骆丰　译　菅野智博　校

明代华北银差成立研究：
以山东门银的成立为中心

［日］谷口规矩雄

一、绪　　论

　　有关明代役法，即徭役制度的研究，很早就已经兴起，成果累累。但是既有研究多是围绕里甲制展开，①对里甲正役以外的杂役等的研究还算不上深入。但是前些年发表的山根幸夫的论文，②以均徭法为中心，全面研究了杂役的内容及其变迁史。岩见宏则就均徭中银差的成立问题，在批判山根幸夫的基础上进行了论述。③

　　然而，上述两位的研究主要是以江南地方的史料为中心，目前研究的重点应是进一步明确中国各地方徭役问题的具体地域差异，对其特点进行合

①　有关里甲制的主要研究有：［日］岩见宏《明代地方财政の一考察》，《研究》第3号；［日］小畑龙雄《明初の地方制度と里甲制》，《人文科学》第1卷第4号；《江南における里甲の编成について》，《史林》第39卷第2号；《浙江海盐县の里甲》，《东方学报》(京都)第18册；《明代乡村の教化と裁判》，《东洋史研究》第11卷第5、6号；《明代极初の老人制》，《山口大学文学会志》第1卷；《里甲编成に关する诸问题》，《山口大学文学会志》第9卷第1号；［日］栗林宣夫《里甲银に关する考察》，《东洋史学论集》第2辑；《明代后期の农村と里甲制》，《东洋史学论集》第4卷；［日］清水泰次《明初の民政》，《东洋史研究》第13卷第3号；［日］清水盛光《中国の乡村统治と村落》，《社会构成史大系》第2部；［日］松本善海《支那地方自治发达史》第四章《明代》；《明代における里制の创立》，《东方学报》(东京)第12卷第2号；［日］山根幸夫《明代里长の职责に关する一考察》，《东方学》第3辑；《丁料と纲银》，《和田博士古稀记念东洋史论丛》。

②　［日］山根幸夫：《十五・六世纪中国における赋役劳动制の改革——均徭法を中心として》，《史学杂志》第60编第11号。

③　［日］岩见宏：《银差の成立をめぐって——明代徭役の银纳化に关する一问题》，《史林》第40卷第5号。除此之外，对徭役制度较早展开研究的有：［日］清水泰次《明代における役法の变迁》，《史观》第8号；《明代の税役と诡寄》，《东洋学报》第17卷第3、4号；［日］和田清编：《支那地方自治发达史》第四章《明代》。

理解释。

上述两位的研究业已承认明代华北地区的徭役具有若干特色。本文以山东省为中心,分析杂役中表现出来的华北地区的特质,并将此作为线索,探讨被认为是落后地区的华北的农民生活特征。但是与江南地区的研究相比,目前华北地区的研究难免受到史料的制约,本文不过是展开一次尝试而已。

二、明代徭役制度的概观

本文首先叙述明代役法,即徭役制度的主要内容,明确其变迁过程中确立银差的意义。①

明代役法,特别是杂役,是在洪武初年设置的,包括其在内的役法制度的准备、制定,具体是在洪武十四年编造赋役黄册之时。徭役制度大致可以分为里甲正役和杂役两种。

里甲正役是指以里甲制为基础的里长、甲首的徭役,除了畸零户②外,一律每十年科派一次。除了这些正役之外,其余的均为杂役,各户以"丁粮多寡、事产厚薄"为标准,根据"三等九则"的户则③,根据需要不定期地分派给有土地的民户。这些杂役的内容④种类繁多,大致可以分为以下四种:

(一) 中央、地方官厅的使役——皂隶、祗候、门子、膳夫、斋夫、库子、斗级等;

(二) 从事官方交通、通信、运输——馆夫、水夫、铺司兵、防夫等;

① 本节主要参考[日]山根幸夫《十五・六世纪中国における赋役劳动制の改革——均徭法を中心として》,《史学杂志》第60编第11号;[日]岩见宏《银差の成立をめぐって——明代徭役の银纳化に关する一问题》,《史林》第40卷第5号;《支那地方自治发达史》中《明代》第三节"户籍法の整备と里甲制"、第四节"银の流通と一条鞭法";以及《明史食货志译注》"役法"项。

② "鳏寡孤独,不堪役",一里一百一十一户之外的被称为"畸零户"。有关编造赋役黄册相关内容,《太祖实录》"洪武十四年正月"条及"洪武二十三年八月丙寅"条有详细记述。

③ 制定户则是在洪武十八年(《太祖实录》"洪武十八年正月乙卯"条),当时是否施行"三等九则"尚不明确。但是山根幸夫指出,九等的户则在很早就已经存在了。[日]山根幸夫:《十五・六世纪中国における赋役劳动制の改革——均徭法を中心として》,《史学杂志》第60编第11号,第46页。

④ 杂役的分类参照山根幸夫的研究。[日]山根幸夫:《十五・六世纪中国における赋役劳动制の改革——均徭法を中心として》,《史学杂志》第60编第11号,第47页。

（三）维持地方治安——弓兵、民壮等;

（四）征收及运送租税——解户、巡拦等。

明初的统治机构比较简单,征收徭役一般是不定期、不定量的。但是随着时代的变迁,统治机构变得复杂化、庞大化,征收徭役也就变得严苛起来,人民的负担不断加重。与此同时,滋生了负担不均衡的问题。因此,为了将徭役负担合理化,定期、定量分派,正统八年(1443)左右,江西金事夏时创设了均徭法。①

均徭法自江西始,其后逐渐普及至全国。同时,根据均徭法分派的杂役也开始被称为均徭;另一方面,从事交通、运输相关役种的一部分被区分为与徭役不同的"驿传"。正统年间设置的"民壮"役也和均徭、驿传并称,与里甲正役同时被称为"四差"。②以上是明代中期的役法的大致情况。

到了弘治(1488—1505)、正德(1506—1521)年间,均徭中出现了一部分使用银纳的役种,这被称为银差。相对地,与从前一样提供实际劳动力的一部分役种被称为力差,银纳徭役的第一个阶段是以均徭中成立银差这一形式实现的。银纳徭役的趋势随着时代的变迁不断发展,原来属于力差的徭役也渐渐改为纳银,从嘉靖(1522—1566)末期开始到万历(1573—1619)年间,直到实施一条鞭法,最终实现了全面银纳徭役。银差的成立是全面银纳化的开端,具有划时代的意义。不容忽视的是,其背景是正统元年(1436)所谓"金花银"③被采用,从实物经济发展到货币经济这一大的经济变化。

但是,有关银差的成立问题,山根幸夫和岩见宏的观点有着本质不同。

---

① 有关均徭法的研究,山根幸夫《十五·六世纪中国における赋役劳动制の改革——均徭法を中心として》一文最为全面,本文有关均徭法的论述均参考山根的研究。

② 明代中期,徭役与里甲正役一般被分为"四差",但有些地方也有所不同。特别是华北地区,部分驿传和民壮大都包含在徭役中,未必会被称为"四差"。此外,就民壮而言,一般是在正德十四年(1519)设置,但有些地方有更早募集民壮的事例。参照[日]佐伯富《明清时代の民壮について》《东洋史研究》第15卷第4号。进入嘉靖年间,开始募集"民兵",这应该与之前的民壮区别开来。参照[日]岩见宏《明代の民壮と北边防卫》《东洋史研究》第19卷第2号。

③ 有关金花银的研究有:[日]清水泰次《明代における租税银纳の发达》《东洋学报》第22卷第3号;《中国近世社会经济史》第三章《折纳》;[日]堀井一雄《金花银の展开》《东洋史研究》第5卷第2号。

有关这一点,本文将补充部分意见,同时以山东为例,探讨银差作为门银确立的过程。

三、山东的均徭法

在叙述山东门银成立之前,需要讨论实施均徭法时值得注意的几个特征。之后门银中明确出现的徭役赋课对象的"门"或者"户的财产"等问题,在均徭法实施之际就已经出现了。那么"门"或者"户的财产"这一问题在山东是怎样出现的呢?

在讨论这个问题之前,按照顺序简单介绍山东开始实施均徭法的时期。

如前所述,正统八年(1443),夏时在江西创设了均徭法。其后,正统十年(1445),均徭法暂时被废除,到了景泰元年(1450)又得以复活。到了景泰(1450—1456)、天顺(1457—1464)、成化(1465—1487)年间,随着时代变迁,均徭法在各地普及开来。弘治元年(1488),均徭法在全国开始施行。①

根据地方志的名宦志等,天顺、成化年间,山东也有地方官在各地实施"均平徭役"的徭役改革的记载。这些徭役改革大概是基于均徭法进行的,但是没有确凿的证据。

但是,《孝宗实录》"弘治五年正月丁酉"条中记载了盛颙的传记,天顺初年,弹劾石亨的骄恣后,盛颙被左迁到束鹿县(北直隶保定府)任知县,在那里,盛颙确立了九则之法。后文中又记载,盛颙任左副都御史时,为了抚恤齐鲁(山东)的饥馑,"复在诸郡行九则之法"。这里的"九则之法"正是均徭法。②根据《督抚年表》可知,盛颙任职山东巡抚是在成化十九年至二十二年(1483—1486)之间,所以山东实施均徭法是在成化末期。从江西最早实施均徭法开始计算,已经晚了很多年,但是均徭法是在成化年间普及至全国

---

① 有关各地实施均徭法的年代,参照[日]山根幸夫《十五・六世纪中国における赋役劳动制の改革——均徭法を中心として》,《史学杂志》第 60 编第 11 号,第 50—51 页。

② 山根幸夫指出,均徭法是按照三等九则的户则科派徭役(《十五・六世纪中国における赋役劳动制の改革——均徭法を中心として》,《史学杂志》第 60 编第 11 号,第 51 页)。此外,《谷城山馆文集》卷三四《与抚台宋公论赋役书》中也记载了"旧时,门、丁均徭分为九则……"并且,其后 23 页的门银、丁银课税额的表中也是根据三等九则的户则决定税额,很明显,这是基于均徭册的"九则之法"。此外,《明史》卷一六二中也有《盛颙传》。

的,从这一点考虑,山东也是符合整体趋势的。

那么山东实施均徭法时出现的"门"是什么内容呢?这里先讨论一下均徭法的特点:①第一,杂役以"甲"为单位,定期每十年科派一次(服里甲正役之后的第五年充徭役)。第二,为此,除了赋役黄册外,还要编定均徭册,根据户则分派杂役。第三,决定户则的标准是田土(税粮)的多寡。这里需要特别注意的是,制定不同于黄册的均徭册,决定户则的是田土(税粮)的多寡。明代役法,从明初开始,分派徭役的标准被定为"丁、粮之多寡,事产之厚薄",人丁和田土数量都被纳入考虑;但是在均徭法中,明显出现了更加重视田土的倾向,这已经被山根幸夫证实。②重视田土的倾向之后被一条鞭法继承,与人丁一样,田土也成了徭役赋课的对象,采用这种明确形态的现象出现了,但是华北地区,特别是山东,采用这种方针是在万历以后实施一条鞭法之际,③均徭法中明确可以看到,"门"与人丁一起,成为课税对象。

《山东经会录》④卷八《均徭因革下》,嘉靖四十二年抚院议山东均徭的文中记载:

> 山东均徭,旧规专论丁、门。

此外,万历《汶上县志》卷四《政纪志》"赋役"条中记载:

> 按:均徭里甲,出于门、丁。

于慎行的《谷城山馆文集》卷三四《与抚台宋公论赋役书》⑤中也记载:

> 旧时,门、丁均徭,分为九则,三年一审。

《山东经会录》卷八《均徭因革下》的隆庆五年记事中,巡抚都御史梁梦龙编

---

① 参照[日]山根幸夫《十五·六世纪中国における赋役劳动制の改革——均徭法を中心として》,《史学杂志》第 60 编第 11 号,第 50 页。
② 参照[日]山根幸夫《十五·六世纪中国における赋役劳动制の改革——均徭法を中心として》,《史学杂志》第 60 编第 11 号,第 51 页。
③ 参照[日]藤井宏《一条鞭法の一侧面》,《和田博士还历记念东洋史论丛》。
④ 《山东经会录》是隆庆五年山东布政司编纂刊行的。最近岩见宏对此有所介绍。笔者从岩见宏那里借到了该文献的底片,在此特表谢意。
⑤ 《明史》卷二一七中收录了《于慎行传》。于慎行,山东东阿县人,隆庆二年进士,万历十七年至十九年任礼部尚书,万历三十五年卒。根据《明督抚年表》可知,宋公是指宋应昌,其任山东巡抚是在万历十七年至二十年期间,《谷城山馆文集》中的此文大概是在这一时期写成的。

审均徭时，反对论田土：

> 有田有租，不易之法。均徭止论身家。若再课田租，是正供之外，复加重累，有庸有调之义。遂至尽废。大非祖宗成法……今次审编，务论身家。身者即册所谓丁也，家者即册所谓门也。

由此可见，从实施均徭法开始过去将近一个世纪的隆庆年间，与"丁"一样，"门"仍然被视为问题，显然，山东在编审均徭时，与"人丁"一样，"门"也被作为徭役赋课的重要对象被纳入考虑。而且，按照"门"的高下，也就是依据三等九则的户则科派均徭徭役。

那么，这里"门"的高下，即户则是怎样决定的呢？也就是说，决定户则的标准为何？换句话说，"门"的具体内容是什么呢？只看"门"的话，其内容非常含糊不清，虽然使用"门"这一名称，但是里面包含了田土，综合了户的财产等。藤井宏认为，华北地区除了土地和人丁外，家畜、债券等也是徭役赋课的重要因素。[1]

《古今图书集成》"食货典赋役"部的刘光济《差役疏》中论述了徭役赋课：

> 北方则门、丁、事、产四者兼论，南方则偏论田粮。

文中的"门、丁、事、产"四者除了"丁"之外，"门、事、产"到底指何物并不清楚。同样的论述在《世宗实录》"嘉靖十七年五月甲戌"条礼部尚书许瓒陈述地方事宜的文中也有记载：

> 八、议均徭。南方均徭，丁、田为主，而漏报宜查。北方均徭，事产为准，而丁、田参间。须丁、田、事产参错，酌量贫家富室，均平审派。

这里分开论述了"事产"和"丁、田"，由此可知，"事产"是指与"田"不同的其他财产，即家畜、债券、其他动产等。何瑭的《均徭私议》（《皇明经世文编》卷一四四）中写道：

> 户有上、中、下三等。盖通较其田、宅、资、畜而定之，非专指田土也。若专指田土，则施于农民可矣。工商之家，及放债居积者，皆不及矣。

---

[1] 参照［日］藤井宏《一条鞭法の一侧面》，《和田博士还历记念东洋史论丛》，第582—583页；梁方仲《一条鞭法》，《中国近代经济史研究集刊》第4卷第1期，第20页。

后文又写道：

> 审定三等户则之时，不论士农工商。凡田土、资本、市宅、牲畜多者，俱定作上等，派与重差。

这里强调，审定户则之时，除了田土之外，拥有资本（现银）、市宅（宅邸）、家畜及"放债"也就是商人的高利贷的"债券"的户是高户。"门"的内容可以解释为包括田土、宅邸等不动产，以及现银、家畜、债券等动产。因此户则，即"门"的高下，与田土一样，上面提到的各种事产也是决定因素，是对户产进行综合评价。通过上面的引文可以看出，对于徭役对象的田土，总的来说，华北极力避免根据田土本身科派徭役。将徭役科派给田土的话，田土和田赋同时负担了徭役，（相当于）对农民施加了双重负担。当时普遍认为，这对农民而言十分痛苦，对没有田地的商人而言十分有利，将会导致"厚末抑本"（何瑭《均徭私议》）的结果。但是与这种议论相比，更应该将华北农业的特点①纳入考虑，和江南相比，华北地区的土地生产力相对较低，所以土地承担赋税的能力也比较小，这就可以理解，为何需要避免直接以田土作为徭役的对象。何瑭说"田户纳税粮，户口当差徭，其不相混也明矣"（《均徭私议》），葛守礼说"如山东则田出赋，门丁出役"（《葛端肃公集》卷一五《与梁鸣泉中丞论赋役》），华北基于这样的情况，这种观念广为流传。结果是在华北地区，与"人丁"一样，重视"门"也就是"户的财产"，特别是山东，将"门"作为徭役赋课的重要对象，其后"门银"这一明确的形态出现，具有非常显著的特点。

然而，事产在何种程度上被正确评价是个问题，可以预测，随着农民阶层的分解，户则将无法正确地反映农村内部的实际情况。这是田土作为徭役对象产生问题的一个原因。《山东经会录》卷九《均徭附录》中记载：

> 查隆庆元年则例，山东近来审编均徭，以人丁、地亩、事力参者相兼，固为良法。然求其至当归一之论，竟亦无有。查节年各属所申，如聊城所称，则以丁地编差，为不可行，而欲参之以生意。如东昌府所称，则以丁地编差，为决可行。若止据生意以为人户之差等，则良贾深藏，必不至炫其所有，而操奇赢以日争于市者，或称贷于人以为资，未可知

---

① 参照［日］藤井宏《一条鞭法の一側面》，《和田博士还历记念东洋史论丛》，第583页。

也。况概县人户数多，岂能物物而铢刃之，人人而低昂之。必将寄耳目
于里书，反为奸民开一骗局矣。如德平、寿光所称，则亦以人丁地亩相
兼为便。本院自受命以来，访问于耆老大僚，询谋于乡邦贤哲，参审于
小民词状。则照地编差，而辅以丁门，此断断不可易之论也……

　　若据地审编，则见在册籍，照然可查。以此而定其则，而参之于人
丁、事力，则人之贫富、户之高下，可指诸掌上。

这里强调应该将田土作为徭役的对象。嘉靖三十年（1551）开始的均徭中的
柴炭、木柴、料价银①摊派②于田土，引文是基于这一情况展开议论的，可见
当时在山东省内已经成为重大问题。但更应注意的是，隆庆元年（1567）主
张以土地作为徭役赋课的对象，另一方面也提到"辅以丁、门""参之于人丁、
事力"，举出了"门"或者"事力"。由此可知，山东将"门"即"事产"作为徭役
赋课的对象，占据了很大的位置。换句话说，表现出极力避免向田土科派徭
役赋课的事实。尽管由嘉靖三十年的举措引发了大的议论，但结果到了隆
庆四年（1570），山东巡抚梁梦龙的上奏③被采纳：

　　自隆庆五年为始，原于地亩内改派料价、木柴共该银五万三千一十六
两五分八毫二丝二忽，俱收回均徭，照门、丁征派。（《山东经会录》卷八）

在山东，"人丁"和"门"到了这个时候都最终被确定为重要的徭役赋课对象。

　　明代中期成立的均徭法，在华中、华南确立的徭役赋课的标准是决定户
等的人丁、田土，仅这两个要素，特别是田土，占有很大的比重；与此相对，华
北地区田土只作为"户的财产"的一部分而被视为评价要素。一般而言，华
北地区"赋以地起，差以丁出"（《葛端肃公集》卷一五《与姜蒙泉中丞论田

---

① 料价银是上供物料银纳化的结果，这在华中、华南地区一般由里长、里首负担。但是华北地
区的均徭银差中大多包含了公费。这一点将在本文第五节中论述。有关上供物料、公费，
参考［日］山根幸夫《明代里长的职责に关する一考察》，《东方学》第3辑；《丁料と纲银》，《和
田博士古稀记念东洋史论丛》；［日］岩见宏《明代地方财政の一考察》，《研究》第3号；［日］栗
林宣夫《里甲银に关する考察》，《东洋史学论集》第2辑。

② 参照第五节后半部分。

③ 《穆宗实录》"隆庆四年八月丙午"条中记载了山东巡抚梁梦龙等上奏的赋役三事："一、正均
徭原编之规。言：料价银五万三千余两，乃均徭正额，今派入地亩，偏累农家，抛荒流徙……
亦宜仍旧编还均徭，各州县如数征解。"这份奏折经过户部复奏后被采纳。这份实录的原文
是《山东经会录》的记事。

赋》)的观念深入人心,人丁是徭役的主要承担者,当时如何评价户的财产,即分别"门"的高下,成为一个大问题。于是从正德年间开始,山东将"门"即"户的财产"和人丁一样当作重要的徭役赋课对象(这一点将在第四节详述);到了隆庆年间,除了"人丁"之外,"门"成了另一个徭役赋课的重要对象。而且应特别注意极力避免将田土作为徭役对象这一点。也就是说,在山东,徭役赋课的对象有"人丁"和"门",赋课的标准是户则,即"门"的高下,这是对包括田土在内的"户的财产"作综合评价。当开始银纳均徭时,基于对"门"即"户"的评价而科派的徭役银,亦即"门银",出现了。下文将阐述以"丁"为对象的徭役银,即所谓"丁银"的确立过程。

四、山东银差的成立

本节将以前面提到的"门银"的成立过程为中心展开论述,这里的"门银"就是所谓的银差,也就是说,本节的内容主要是讨论山东的银差——"门银"的成立过程。

如前所述,山东分派均徭时的对象有人丁和门两种,到了隆庆年间,这两者都成为重要的因素。当时,向承担徭役的"丁"科派的银为"丁银",向"门"科派的银为"门银",这一点之前也已经提到了。《天下郡国利病书》①(以下简称为《利病书》)卷三八《山东四》所载《滕县志·赋役志》中记载:

> 三代而后,言赋法之善者,莫如唐之租、庸、调。国制实用之,有田则有租,今之税粮也;有身则有庸,今之丁银也;有家则有调,今之门银也。

这说明当时向田土科派的是税粮,向"身"即人丁科派的是丁银,向"家"即"门"科派的是门银。这里为了说明税粮、丁银和门银,使用了唐前半期税法中的租庸调进行类比,当时华北地区经常将明代的税法类比唐代税法进行说明。同样的类比说明在万历《兖州府志》卷一五《户役志》②中也有记载:

---

① 本文使用的《利病书》是图书集成局本,并参照《四部丛刊》本。
② 这段引文论述的是一条鞭法,《谷城山馆文集》卷三四《与抚台宋公论赋役书》中有完全相同的内容,字句上多少有点差异。

> 古人制赋之法,租庸调为善。而我朝用之,所谓丁银者,即有身之
> 庸也;所谓门银者,即有家之调也;所谓税粮者,即有田之租也。

这条引文与前面的引文是完全相同的论述。将这两份史料与前一节说明均
徭对象时引用的《山东经会录》卷八中巡抚都御史梁梦龙的文章进行比较,
再者《兖州府志》同条中记载:

> 旧法,编审均徭,有丁银、门银而无地银,则以资本产业,稳括并
> 论也。

可以看出,伴随着均徭法中徭役赋课银纳化的发展,均徭法中向"丁"赋课的
银为"丁银",向"门"赋课的银为"门银",丁银和门银已经成立了。

那么丁银和门银是什么时期、怎样成立的呢? 在考虑成立时期前,首先
需要探讨均徭银纳化的过程。

如前所述,明代银纳徭役是随着均徭中银差的成立而逐步实现的,从实
施均徭法开始到银差成立,根据山根幸夫和岩见宏的研究,徭役银纳化过程
已经基本明朗。[1]可以推测,丁银和门银的成立也经历了相同的过程,下面将
梳理两者各自包含的役种,探讨丁银、门银的成立过程,特别是山东的门银
相当于银差的问题。

《山东经会录》卷七《均徭因革上》的开头说明了山东的均徭:"山东均
徭,无暇远举,考之通志。"首先最早可以在嘉靖《山东通志》中找到"以户出
资者"和"以丁出役者"两项。这本通志是嘉靖十二年(1533)的序刊本,笔者
管见,是有关山东徭役的可知的最早的文献了。根据这份通志卷八"户口"
条中记载:

以户出资者

王府斋郎	171 人
京班司府属柴薪	1 418 人
易州厂柴夫并木柴银	6 9021 两 2 钱 8 分 5 厘

---

① ［日］山根幸夫:《十五・六世纪中国における赋役劳动制の改革——均徭法を中心とし
　て》,《史学杂志》第 60 编第 11 号;［日］岩见宏:《银差の成立をめぐって——明代徭役の银
　纳化に关する一问题》,《史林》第 40 卷第 5 号。

廪给库子	431 人
儒学斋、膳夫	504 人
牌夫	6 157 人
路夫	2 300 人
以丁出役者	
司府属直堂并接递皂隶	3 383 人
门子	1 858 人
库子	481 人
扫殿夫	111 人
盐脚夫	26 人
馆夫	122 人
防夫	239 人
弓兵	1 680 人
铺司兵	6 444 人
闸、溜夫	3 943 人
捞浅夫	5 648 人
守口夫	269 人
坝夫	370 人
泉夫	2 166 人
禁人	704 人
仓斗级	536 人
快手	2 420 人
有马民壮	690 人

引文记载了这两个项目中所包含的役种,以及充役的人数。

同样的分类在嘉靖《青州府志》[嘉靖四十四年(1565)序刊]中也有记载。这里只引用其中包含的役种名录,同书卷七"户口"条中记载:

以户出资者

王府斋郎　京班司府属柴薪　易州厂(柴夫)　并木柴银　廪给库子　儒学斋夫　膳夫

　　以丁出役者

　　　司府属直堂并接递皂隶　门子　扫殿夫　馆夫　民厨　弓兵　铺

　司兵　马夫　民校　禁子　巡拦　仓斗级　步队民壮　有马快壮

与《山东通志》中列举的役种相比较，除了牌夫和路夫外，两份史料"以户出资者"的内容完全相同，"以丁出役者"的役种也只有若干不同。通志中的盐脚夫、防夫、闸溜夫、捞浅夫、守口夫、坝夫、泉夫等主要与防修运河相关的役种，在青州府没有分派，因此这些役种在《青州府志》中也找不到。通志中没有而青州府中有记载的民厨、民校、马夫、巡拦等，除了马夫之外，这些役种都是分派给各个府。在山东，向全省州县一律科派的称为省派，按照各府需要向所属州县科派的称为府派，大致可以分为这两种。①

　　但是需要注意的是，通志中没有记载马夫②。除了通志之外，现存的明代山东的各地方志都记载了这一役种，只有嘉靖《青州府志》将其纳入"以丁出役者"的项目，其他地方志都纳入银差项目中。③如果说马夫只配属于官僚个人的话，山东的官僚却是例外，这样解释不通。在《山东经会录》卷七嘉靖二十七年记事中，马夫与柴薪、斋、膳夫、门子、库子、皂隶等并列。④也许本来在通志刊行之前，山东没有马夫这样的役种，但是洪武年间已经规定给官僚个人配属马夫，⑤所以这种解释也不成立。嘉靖以前与山东马夫相关的问题暂且留到以后讨论。

　　由上可知，各府虽有若干差异，但是这里列举的两份地方志，"以户出资者"和"以丁出役者"的项目中包含的役种，大部分都是一直以来具有代表性

---

①　《山东经会录》卷七《均徭因革上》嘉靖二十七年记事中说明："其岁办粮银，及抚按、河道、都察院、户工分司官，皆奉使而来。布按二司、盐运司官，皆为一省而设。合用柴薪、马夫、门皂、库子、禁子、脚夫之类，当以一省州县，酌量大小均派，谓之省派。各府与府卫学，合用柴薪、马夫、门、皂、库子、禁子、斋膳夫与夫境内驿递所用馆、库、防夫，皆供一府之用。王府合用斋郎、民校、民厨、药材，皆取于分封之郡。水夫、路夫、泉夫，日费浩大。……此皆据各府所属州县酌量大小均派，谓之府派。"

②　有关马夫，参见［日］岩见宏《银差の成立をめぐって——明代徭役の银纳化に关する一问题》，《史林》第40卷第5号，第61页。

③　参照第367—368页附表。

④　参见《山东经会录》卷七《均徭因革上》嘉靖二十七年记事对省派和府派的说明。

⑤　参见［日］岩见宏《银差の成立をめぐって——明代徭役の银纳化に关する一问题》，《史林》第40卷第5号，第61页。

的均徭的役种,①所以这些徭役在山东都是均徭的徭役。

　　均徭的役种大致明确了,下面对"以户出资者"和"以丁出役者"的分类进行考察。

　　这两个项目中需要特别注意"户、资"和"丁、役"这几个文字。"以户出资者"的意思,从使用"资"这个字推测的话,大概是指科派给某户的徭役使用银两缴纳,也就是"银纳之役";"以丁出役者"的意思,同样是科派给某户的徭役由该户的人丁充当,可以解释为"实际服劳役的徭役"。根据通志中的"以户出资者"项目中以银额记录的如易州厂柴夫并木柴银等项目,另外如京班司府属柴薪、儒学斋、膳夫、王府斋郎等,根据明代华北地区的各地方志,只要有列举这些役种,都是属于银差。②可知上述推测是成立的。"以户出资者"也就是"银纳的徭役",即"银差","以丁出役者"也就是"实际提供劳动力的徭役",即"力差"。

　　不过,这两种分类中使用的"资"和"役"的含义非常重要。如前所述,这是围绕徭役的银纳化,有必要将徭役分类为"银纳的徭役"或者与以前一样的"力役"。必须认识到,能够作出"以户出资者"和"以丁出役者"这种分类时,作为其前提的"银纳"的徭役已经确立了。使用"资"这个词来表示"银纳"后,以前的"力役"就可以使用"役"来表示了。这是笔者重视分类为"资""役"的理由之所在。

　　那么这种分类是从什么时候开始的呢,换句话说,"银纳之役"是在什么时候成立的呢? 为了确定其成立时期,下面先大致讨论"以户出资者"所包含的各役种的银纳化的过程。

　　首先是京班司府属柴薪,这是轮班向京班,也就是向北京运送的柴薪皂隶,以及属于布政司和各府的柴薪皂隶。属于布政司的柴薪配属于布政司管辖下的各官僚,同样,府是根据知府管辖下的同知、通判等,及知州、知县以下各官员,按照各自规定的数目配属。③

---

① 参照万历《大明会典》卷二〇《户部赋役》洪武二十四年令;《太祖实录》"洪武二十四年五月丁亥朔"条。

② 参见[日]岩见宏《银差の成立をめぐって——明代徭役の银纳化に关する一问题》,《史林》第 40 卷第 5 号,第 58 页;[日]山根幸夫《十五・六世纪中国における赋役劳动制の改革——均徭法を中心として》,《史学杂志》第 60 编第 11 号,第 47—48 页。

③ [日]山根幸夫:《十五・六世纪中国における赋役劳动制の改革——均徭法を中心として》,《史学杂志》第 60 编第 11 号,第 52—57 页。

　　岩见宏已经详细论述了柴薪皂隶及儒学中设置的儒学斋夫、膳夫银纳化的过程,①笔者同意其观点。但是就斋夫的问题再作一些补充,斋夫是给儒学教官按照规定人数配属,《山东经会录》卷七《均徭因革上》嘉靖二十七年记事中记载:

> 儒学斋夫,各府、近卫、州、县、三氏教授、学正、教谕、训导,每员额定斋夫二名,每名银一十二两,偶闰加银一两。

从"每员额定二名"可知,山东的儒学各教官配备两名斋夫。并且万历《兖州府志》卷一五《户役志》"宁阳县条"中记载:

> 斋夫,府学五名,县学教谕、训导二员各二名,每名十二两,共银一百零八两。

由此可以确认。

　　以上叙述的三种徭役的银纳化基本上是从弘治前半期开始的。②

　　下面是易州厂柴夫,宣德四年(1429)设置易州山厂,提供内府使用的薪柴、木炭。柴夫是指砍柴烧炭的役夫,分为砍柴夫和抬柴夫两种,前者属于工部管辖的易州山厂,后者属于内府的惜薪司。砍柴夫被金派到北直隶的顺天、真定、保定三府和山东、山西二省,抬柴夫除了北直隶的真定、保定二府外,还会科派给河间、永平、顺德、大名、广平、顺天六府。③因此山东称为砍柴夫。

　　砍柴夫的徭役的银纳化最早出现在成化四年(1468),万历《大明会典》卷二〇六《工部》"砍柴夫"条中记载:

> 成化四年,奏准,每名一季收脚价银三两。

《宪宗实录》"成化九年冬十月乙亥"条,山东巡抚牟俸请求减免易州山厂的柴炭,他在奏文中写道:

> 姑以山东一处言之,岁额夫二万八百八十四人,人征价三两,共六

---

① 有关柴薪皂隶的研究,参见[日]岩见宏《银差の成立をめぐって——明代徭役の银纳化に关する一问题》,《史林》第40卷第5号,第58—61页;斋夫、膳夫参见同文,第62页。

② 参见[日]岩见宏《银差の成立をめぐって——明代徭役の银纳化に关する一问题》,《史林》第40卷第5号,第63页

③ 砍柴夫和抬柴夫根据万历《大明会典》卷二〇六《工部二十六》各项。

万二千六百五十二两。

这里的"人征价三两"是按照成化四年的规定,可见砍柴夫的徭役根据成化四年的命令几乎都已经由银两缴纳,免除了实际的徭役。

下面是抬柴夫,这个役种也从成化二十一年(1485)开始,每名一月缴纳一两二钱,免除实际徭役,弘治元年(1488)改为一两四钱。①由此可知,柴夫的徭役在成化年间基本上实现了银纳化。

但是木柴银是什么时候成立的尚不明确。正德十二年(1517)新添加的木柴九百零五万五千八百斤,正德十四年(1519)新添加二百一十万二千四百斤,正德十六年(1521)纳折银,②之后折银被称为木柴银。最早缴纳折银的时期尚不明确,但是随着柴夫的银纳化,柴炭的一部分也出现了银纳化,这被称为木柴银。由上可知,柴夫、柴薪皂隶和斋夫、膳夫等都是按照中央的规定开始使用银两缴纳。

下面是王府斋郎。王府是皇帝的诸皇子及其子孙生活的宅邸,明代诸皇子成年后被赐予私邸,用于居住。但是明初因为没有分配领地,所以没有形成王国,因此不是王国而是王府。当然后来皇子们利用各种机会逐渐侵占了大量庄田,发展成严重的社会问题。③

关于斋郎,目前还没有完全弄清。根据《会典》可知,④弘治年间制定了相关命令:

> 一、合用乐舞生一百二十名,斋郎四十名,礼生一十名,屠户一十名,医士二名,厨役四名,乐工二十七户,烧香道士四名。该布政司,著落附近府州县,照例佥送应用。

命令规定了王府相关各种徭役及其使用人数。从斋郎这个名称可知,是与王府祭礼有关的工作。⑤从上面的史料还可知,这个役会分派给邻近的府州

---

① 万历《大明会典》卷二〇六《工部二十六》"抬柴夫"条。

② 万历《大明会典》卷二〇五《工部二十五》"柴炭各衙门年例柴炭"条;《武宗实录》"正德十二年十二月戊午"条。

③ 有关王府的详细研究,有[日]布目潮渢《明朝の诸王政策とその影响》,《史学杂志》第55编第3—5号。简略叙述的有《世界历史辞典》(东京:平凡社)中明代"贵族と官僚"之项;[日]加藤繁《中国の社会》,《东洋思潮》14;等等。

④ 万历《大明会典》卷五六《礼部十四·王国礼二》。

⑤ 《利病书》卷六一《陕西七》所载《平凉府志·徭役中》记载:"曰养牲户,曰乐舞生,曰斋郎,奉王祭也。"

县。《山东经会录》卷七《均徭因革上》嘉靖二十七年记事中记载：

> 王府斋郎，鲁府①五十五名，德府②四十名，衡府③四十名，每名钦定
> 银五两，俱解布政司，转发该府雇役。

这里记载有"每名钦定银五两"，由此可知王府斋郎的人数和纳银额都是由中央决定的，但是弘治以前的规定以及其后纳银的规定，现在尚不明确。不过，同样是属于王府使役的民校、民厨，前者在正德十二年（1517），后者在嘉靖九年（1530）规定缴纳银两，④都实现了纳银雇役。

嘉靖十二年（1533）刊的《山东通志》中只列举了斋郎的役种，前面提到的"以户出资者"中有记载。嘉靖四十四年（1565）刊的《青州府志》中，"以户出资者"里面包含了斋郎，"以丁出役者"中包含了民校和民厨。从"以户出资者"项目中（斋郎）是最早被列举出的役种来推测的话，斋郎这种役，比民校和民厨更早实现了银纳化。这样的话，斋郎的银纳化在正德十二年（1517）以前已经出现了，这只是推断。但是从民校、民厨的银纳化考虑的话，斋郎在正德后半期已经银纳化了。

除了上述役种外，还有廪给库子、牌夫、路夫等徭役，这些役种的具体内容，目前还不明确，暂且不予讨论。不过牌夫和路夫都是与驿传相关的役种。而且万历以后刊行的地方志中完全找不到这三种徭役，前面叙述的五种徭役才是"以户出资者"中的主要项目。

上面论述了"以户出资者"项目中包括的各役种银纳化的过程。总体而言，柴薪、柴夫、儒学斋夫、膳夫等在弘治前半期之前基本上实现了银纳化，王府斋郎较晚，在正德后半期左右开始银纳化。

按照这个逻辑，"以户出资者"这个项目单列出来，是在柴薪、柴夫、斋

---

① 鲁府是太祖第十一子荒王檀的王府。朱檀在洪武三年（1370）就藩于山东兖州府，子孙世袭。参照《明史》卷一〇四《诸王表五》。

② 德府是英宗第二子庄王见潾的王府。朱见潾在成化三年（1467）就藩于山东济南府，子孙世袭。参照《明史》卷一〇四《诸王表五》。

③ 衡府是宪宗第七子恭王祐楎的王府。朱祐楎在弘治十三年（1500）就藩于山东青州府，子孙世袭。参照《明史》卷一〇四《诸王表五》。

④ 王府民校参照万历《大明会典》卷一四四《兵部二十七》"王府校尉"条。民厨参照同书卷一一六《礼部七十四》"王府典膳厨役"条。明代王府大都设置在华北地区，所以华北的王府斋郎、民校和民厨三个役种是均徭里面的主要项目，之后成为银差内的徭役。

夫、膳夫、斋郎等役种都实现银纳化的正德末期，但是笔者认为，（单列出来的）这个时间应该是柴薪、柴夫、斋夫、膳夫这四种徭役实现银纳化之后的时期。虽然在弘治前半期，这四种徭役按照中央的规定相继开始银纳化，①但是当时均徭中已经银纳化的役种和一直以来属于力役的徭役是混杂在一起

---

① 本文第二节已经涉及均徭的银纳化，即银差成立的问题。在这个问题上，山根幸夫和岩见宏两人的观点有本质的不同。山根幸夫认为，代役制、贴户出银或者听差是均徭法自身包含的银纳化的内在因素，而外在因素在于银纳力役的方法对人民而言更为容易，也就是说，银纳化带有减轻负担的社会政策的意义；在弘治、正德年间，田赋的银纳化已经在全国普及，在这样的条件下，银纳均徭的内外因素也都明确了。另外，对于银差和力差的区别，从远役开始银纳化而更轻微的徭役改为银差这一点可知，总体而言，需要重视徭役自身的性质。

　　对此岩见宏列举了柴薪皂隶、马夫、斋夫、膳夫这四个银差中的代表性徭役，将其各自的银纳化看作具有代表性的过程，通过探讨这些过程得出，官僚对银两的需求促使徭役银纳化，通过中央命令一律开始银纳化。因此山根幸夫的有关银差成立的观点，即所谓的内外因素、具有社会政策意义的判断不够准确。并且岩见宏认为银差和力差的区别以徭役的轻重、远近为标准是不合理的。

　　岩见宏所列举的四个役种以及笔者讨论华北地区时所举出的柴夫、斋郎、民校、民厨等役种的银纳化过程，可以明确确认岩见宏所主张的官僚对银两的需求这一观点。但是，笔者还需就此作一些补充，例如丘濬的《大学衍义补》卷三一《制国用》"傅算之籍"皂隶中记载：

　　　若夫皂隶之设，除监狱、守库外，凡直厅、守门、跟随者，皆可用雇役之法，而在两京尤为切要。今后各府州县，签皂隶解京者，于民间应役人户，选其驯谨强健耐劳者，以身供监狱守库之役。其余跟随、导从者，每户俾其日出银三分，以雇人代当。岁该银十两八钱，闰加其数。岁前类解兵部，分送各司，俾其自雇。凡彼其雇工之直，须于按日当满之后……则彼不至逃负。如此则农夫遂耕获之愿，官府得使令之给。……

这里的跟随、导从是指随从的皂隶等，引文认为皂隶银纳雇役化后，官府可以确保这些役，而且也不会妨碍农民耕作，是一举两得。虽然这不过是一个人的意见，但是皂隶中的随从皂隶，特别是京班皂隶等银纳雇役化后，（农民）不用放弃耕作，就这点而言，对农民是很大的救济政策。

　　另外有关柴夫，《宪宗实录》"成化九年十月乙亥"条中记载：

　　　今诸山采取殆尽，柴炭类输银价。

《明史》卷八二《食货志》"柴炭"条中也记述了有关采取柴炭的内容：

　　　弘治中，增至四千万余斤。转运既难，北直、山东、山西，乃悉输银以召商。

如本文所述，成化年间，柴夫已经实现了银纳化，虽然这两处引文也是由中央下达的缴纳银两的命令，但是这和官僚需要银两的情况稍有不同。这是因为，比起将农民投放至山中采收柴炭，交由商人上供的方法更为便捷。

　　虽然只能列举以上不够充分的事例，但是只从这些事例看的话，岩见宏所主张的官僚对银两的需求是促使徭役银纳化的主要因素这一观点是符合事实的，但是这并不是充分的条件，还应考虑到当时各个役种的不同特点以及各地方的具体条件。

的。从弘治后半期开始到正德初期,也就是 16 世纪初期,"银纳之役"才和"力役"区分开来,这时才出现了"以户出资者"和"以丁出役者"两个项目。再之后,正德后半期,王府斋郎这个役种被纳入"以户出资者"的项目中,加上其他若干已经实现银纳化的役种,在嘉靖十年(1531)左右,被整理分类为《山东通志》中我们现在看到的这种情况。

如果以上论证无误的话,那么正德初期已经确立了"以户出资者"和"以丁出役者"两个分类,依笔者之管见,尚未找到可以证实这一判断的史料。但是可以确认的是,最迟到了嘉靖初期,这两种分类业已形成。

以上论述了"银纳之役",也就是"以户出资者",和之前的"力役",也就是"以丁出役者"两者分离的经过。这里需要注意这两个项目中的"户"和"丁"两个用词,前面已经提到,"以户出资者"中包含的役种的徭役银成为之后的"门银","以丁出役者"中包含的徭役银纳化之后成为"丁银",本节最开始也已经明确了"门银"和"丁银"分别是在均徭对象"门"和"丁"的基础上设置的。

那么"门银"和"丁银"的名称是从什么时候开始使用的呢?依笔者之管见,现在还没有明确的史料可以表明准确时期。总括了使用银两缴纳徭役的"以户出资者"这一项目成立之时,门银实质上已经出现了,但是并不能判断"门银"这个词语也是这时出现的。"门银"这一名称是与"丁银"相对的,所以"门银"和"丁银"应当同时出现。这样的话,前期两个项目的分类确立之时,门银事实上已经出现了,但是当时丁银还没有出现,所以门银和丁银实际上是"以丁出役"者所包含的几个役种银纳化之后确立的。然而遗憾的是,目前尚未找到充足的史料支撑,《山东通志》中仅记载了徭役的人数,没有记载每人名下应当缴纳的银额。但是嘉靖四十四年刊的《青州府志》中记载了全部役种的人数,以及每人负担的银额,根据这些记录可知,嘉靖十年(1531)前后,"以丁出役者"中包含的役种几乎还没有实现银纳化。其中,与运河的疏浚、修筑相关的役种(闸夫、溜夫、捞浅夫、守口夫、坝夫等)也许已经使用银两缴纳,[1]但是大部分还是和从前一样服劳役。

① 《世宗实录》"嘉靖元年九月丙辰"条中记载:"南京贵州道监察御史谭鲁奏,河南、山东修河人夫,每岁以数十万计,皆近河贫民,奔走穷年,不得休息。请令管河官通行合属地方,均派上、中二则人户,征银雇役为便。工部复议,从之。"

　　属于这个项目的役种,主要有司府属直堂并接递皂隶、门子、库子、馆夫、弓兵、禁子、仓斗级、铺兵、盐脚夫、闸夫、捞浅夫等,可以确认这些役种基本上在嘉靖二十七年(1548)实现了银纳化。①《山东经会录》卷七《均徭因革上》同一年的记事中记载:

> 总理河道、都察院、户、工分司与抚按二司、兵备道,合用人役。门子每名银十两,皂隶每名银十二两,二司、运司并各府库子、禁子各十二两,王府朝房长史、运司、府门子每名银六两,皂隶每名银七两二钱,州县门子、皂隶每名银四两,禁子每名银十两。……

> 各额门子。巡抚都察院四名,巡按察院四名,户部德州管粮分司三名……

> 库子。布政司三十五名,按察司八名,盐运司八名,济南府二十名,兖州府一十名,东昌府七名,……

> 禁子。布政司司狱司二十名,按察司司狱司五十名,盐运司二名,济南府司狱司四十名……

　　以上详细列举了前述所有役种相关银额,以及给各官府分派的人数。因此在嘉靖二十七年(1548),"以户出资者"和"以丁出役者"两个项目中包含的役种几乎全部实现了银纳化。同书同卷嘉靖三十二年记事中记载:

> 历城县申称,嘉靖二十年则例,司、府、运司门、皂、库、禁,俱通融派于各府所属州县。本县止有三察院并按察司皂隶共六十七名。以后均徭,将五府所属泰安、平阴、高唐等州县原编库、禁,改编本县。布政司库子三十五名,禁子二十名,皂隶二十七名;按察司库子八名,禁子十二名,皂隶除原有七名外,又添十三名;运司库子八名,禁子二名,皂隶四名;本府库子十三名,皂隶十名。以上通添一百三十八名,每名银十二两。共添银一千六百五十六两。

　　盐脚夫等"依照嘉靖二十三年则例,每名加银四十两",由此可知,如此全面

---

① 但是,《山东经会录》卷七《均徭因革上》嘉靖三十年记事中记载:"但运司、各府库子经收钱粮,禁子看守狱囚,干系匪轻。仍编力差,听本身自当。"可见像库子、禁子这样比较重要的徭役仍然和从前一样,服实际的力役,嘉靖四十二年(1563)前后才实现了银纳化。

的银纳化大概是在嘉靖二十年（1541）前后开始的。并且，随着这两个项目中的役种全面银纳化，出现了"门银"和"丁银"的名称，也就是说"以户出资者"项目中的徭役银被称为"门银"，"以丁出役者"项目中的徭役银被称为"丁银"。

　　但是，这里还必须考虑一个问题，万历以后刊行的山东各地方志以及《山东经会录》中一般都将均徭分类为银差和力差，这里的银差、力差与门银、丁银是怎样的关系呢？

　　关于这个问题，嘉靖年间刊行的《山东通志》也好，《青州府志》也好，都没有使用"银差"和"力差"这样的称呼，那么在山东，何时开始使用"银差""力差"来分类均徭呢？目前还缺少能够确定具体时间的史料。①就两者的关系而言，《山东经会录》卷七《均徭因革上》嘉靖三十二年记事，济南府议论兖州、东昌二府力差的申文中记载：

---

① "力差"一词最早出现在陕西的正德《朝邑县志》（正德十四年修，清同治十三年重刊），山根幸夫也引用了这份史料（［日］山根幸夫《十五・六世纪中国における赋役劳动制の改革──均徭法を中心として》，《史学杂志》第 60 编第 11 号，第 54 页），卷一"田赋"条中记载："弘治以前，丁赋、力差，供岁足则止不派。……以后通取焉。所以然者，以用听差者。听差者差已足，无差而听差也。听差官尽收银而贮之库。"可见力差是与银差相对应的名称，从其成立过程可知，弘治以前，陕西没有单独使用过"力差"这个名称。因此到了正德年间，"力差"才开始被普遍使用，用银差、力差中的"力差"这一名称来说明之前的徭役。由于"力差"名称不是单独成立的，可知在这份地方志编纂之际，也就是正德十四年（1519）前后，陕西也在使用与"力差"相对的"银差"这一名称，均徭被分类为银差、力差和听差。这是可推测的华北地区使用"银差"和"力差"名称最早的时期了。同样嘉靖《澄城县志》（嘉靖三十年修，清咸丰元年重刊）在给徭役分类时，也使用"银差"和"力差"的名称（卷一《田赋志・丁赋》），由此可知陕西是从正德末期开始进行这样的分类的。
　　在北直隶，嘉靖《藁城县志》（嘉靖十三年修，民国二十三年重刊）卷二《财赋志》"徭役"条中只记载了徭役的役种，没有作银差和力差的分类。但是嘉靖《河间府志》（嘉靖十九年刊）卷八《财赋志》中，徭役被分类为力差、银差和听差，之后的地方志都使用"银差"和"力差"的名称。
　　在河南，嘉靖《彰德府志》（嘉靖元年刊）卷四《田赋志》中使用了"银赋"和"力赋"的名称，这是银差和力差的意思。
　　在山西没有合适的例子。根据以上事例的地方志的年代，以及其他文集类史料，嘉靖元年（1522）上奏的万镗（时任顺天府尹）的《恤民隐均偏累以安根本重地方疏》（《皇明经世文编》卷一五一《万太宰奏疏》）在说明华北的均徭时，使用了"银差"和"力差"的名称。此外，据嘉靖十一年（1532）、十二年（1533）前后撰写的何塘的《均徭私议》（《皇明经世文编》卷一四四），华北地区的均徭一般分为银差和力差两种。通过这些事例可知，华北地区在嘉靖初年已经普遍使用"银差"和"力差"的名称。但是山东没有明确的史料证明，推测可能要比其他地区稍晚一些。

> 查,德州、历城上次门、丁银两,除编银、力差外,历城剩听差银二千余两,德州剩听差二百一十七两。即此所余,似亦足补供应之费。合自嘉靖三十二年均徭为始,行令二州县,遵照审编丁、门银数。除算足银、力二差外,编有余者,历城县四百二十两,德州三百两。添入公用银内,①一体支用。

这里明显是在算定门、丁银内的银差、力差和听差。并且同年同府申文的另一条中也记载:

> 查,武定上次门、丁银,计九千六百余两。而银、力差银,止八千三百余两。尚有余剩银一千三百余两。犹堪支持。

通过这条引文也可以确认,银差、力差是在门、丁银中算定的,余剩银大概也被称为听差银。

由上可知,山东的均徭是分为门银和丁银科派给人民的,而不是分为银差和力差进行科派。也就是说,官府向一般的人民科派门银和丁银的均徭,从人民那里征收的门银和丁银用于官府各种雇役的费用,这些费用在计算时被分为银差银和力差银,其他的费用为听差银。将山东万历以后各地方志中银差里面包含的役种与《通志》《青州府志》中"以户出资者"项目中包含的役种相比较,前述的柴薪皂隶、柴夫、斋夫、膳夫和斋郎五个役种都在银差中存在,山东的"以户出资者"之后变成"门银",可以将这些役种视为与所谓的银差相当的徭役。换言之,从弘治末年开始到正德初年,虽然不同地域在年代上多少有所不同,但是几乎全国都已经实现了均徭的银纳化,也就是说,在山东,银差是随着"以户出资者"项目的成立而出现的,将"以户出资者"纳入门银的话,山东的银差就可以作为门银确立下来。

那么"银差"和"力差"的名称是什么时候开始使用的呢?"门银""丁银""银差"和"力差"这些名称最早出现的史料都是在嘉靖三十年(1551),②将它们之间的关系进行明确区分是在《山东经会录》嘉靖三十二年的记事中。

---

① 公用银是公费的一种,引文中的情况是指州县的官府所使用的各种费用,例如从心红、纸札等到油烛、柴炭等所使用的公费。
② 《山东经会录》卷七《均徭因革上》嘉靖三十年记事。

就史料来看，"门银""丁银""银差"和"力差"的名称是在同一时期开始使用的，如果讨论这些名称从无到有的过程的话，如前所述，首先"以户出资者"项目中的役种在正德末年实现了银纳化，这时门银实际上已经成立了，其后随着"以丁出役者"项目中的役种全面实现银纳化，丁银也成立了，与此同时，"以户出资者"开始被称为"门银"。这大致是在嘉靖二十年（1541）前后完成的。在这期间，均徭全面银纳化的过程中，也就是到嘉靖三十年（1551）的这段时期，山东出现了"银差"和"力差"的项目分类，此时大部分均徭的役种已经实现了银纳化，这里的"银差"和"力差"是官府区分、整理以往役种的名称，仅此而已。本来，"银差"和"力差"的名称中包含了"银纳之役"和"实际的劳役"这样的意思，是按照徭役内容的分类，但是山东通过"以户出资者"和"以丁出役者"进行分类，在徭役全面实现银纳化之后，向人民科派的均徭分为"门银"和"丁银"进行。在门银和丁银成立之初，两者都能举出具体的役种，并按照其分派的银额进行征收。例如"某户，门银某役几两，某役几两，……共银几两。丁银某役几两，某役几两，……共银几两"。不用说，这种情况是按照三等九则的户则分派均徭。但是之后不再列举具体的课税役种，只有"某户，门银几两，丁银每丁几两"这样的说法。银差和力差的分类已经丧失了其在分类之初所持有的积极的意义。将其和一条鞭法联系起来的话，各个役种被分类整理为银差或力差，这就统合了门银与丁银两者的徭役银，这一点值得注意。

均徭以门银和丁银的方式进行课税的过程如上所述，课税的实际情况可以参见《利病书》卷三九《山东五》所载《武城县（东昌府）志》条：

> 查得，附近州县，门、丁二银，与编差额数相当。倘有不足，每门、丁银一两，加至八分，多至一二钱，三四钱而止。

由此可见，门银和丁银通常是其州县的编差额，也就是按照需要，科派与徭役银额一致的数额。如果与编差额相比，门、丁额不足的话，到时随时加征。从益都县（青州府）的事例，可以看到这种门银、丁银的完整形态。《利病书》卷四二《山东八》所载《益都县志》"户口"条记载了一条鞭法实施之前门银、丁银的负担额。如下表所示：

表1

户　则	门　银	丁　银
上上户	九两	每丁一两七钱一分
上中户	八两	每丁一两五钱二分
上下户	七两	每丁一两三钱三分
中上户	六两	每丁一两一钱四分
中中户	五两	每丁九钱五分
中下户	四两	每丁七钱六分
下上户	一两六钱七分	每丁五钱七分
下中户	无	每丁三钱八分
下下户	无	每丁一钱九分

　　这样的事例表现了门银、丁银最终的形态。门银和丁银的实际形态就是如此。需要注意的是,科派丁银时仍然会考虑户则。

　　以上梳理了山东均徭银纳化的过程,亦即门银、丁银的成立过程,并且列举了可视为最终形态的益都县事例的情况。到了万历年间,门银和丁银发生了很大变化。门银被废除,改为设定地银,也就是实施所谓的一条鞭法。①一般认为,山东就此开始实行一条鞭法,但是根据《山东经会录》的记载可知,在嘉靖三十年代,征收税粮时已经实施一条鞭法,到了隆庆年间,征收徭役时也开始实施一条鞭法。而且这些内容中包含了既有研究未曾涉及的问题,②本节仅提出这一点,暂不讨论。

五、山东银差的内容特点

　　前一节讨论了均徭银纳化的过程,也就是门银和丁银成立的过程。最

─────────

①　有关山东的一条鞭法,《谷城山馆文集》卷三四《与抚台宋公论赋役书》中记载:"敝邑所谓条鞭者,税粮府分廒口,总收起解。差役则除去三等九则之名,止照丁、地编派。丁不论贫富,每丁出银若干。地不论厚薄,每亩出银若干。"后面又记载:"旧法,编派均徭,有丁银、门银而无地银。……今去其门银,而以地银易之。"可见向丁科派的是丁银,向地科派的是地银。此外,《利病书》卷四二《山东八》所载《青州府志》"徭役"条中记载:"吾州条鞭,以丁、地兼编,省去九则之名。"向丁、地科派徭役,即征收丁银、地银,可视为一条鞭法成立了。有关这一点,参见［日］藤井宏《一条鞭法の一側面》,《和田博士还历纪念东洋史论丛》。
②　有关这些问题,最近岩见宏会发表相关论述并介绍《山东经会录》。

后本节将比较山东与华中、华南的银差，论述该地区的显著特点。

其特点是，华中、华南地区的里甲一般都负担着部分上供物料和公费，而山东则将这些徭役编入银差。这里举掖县（莱州府）为例。①

表 2

银　差		
徭　役	上供物料	公　费
柴薪皂隶、柴薪、有马快手、马兵、步兵、步快、门子、皂隶、库子、禁子、斗级、马夫、斋夫、膳夫、钟鼓楼夫	户部黄蜡银、工部屯田司料银、礼部药材银、胖袄银、莱州卫料价银	岁贡银、祭祀银、乡饮银、进士举人牌坊、武举盘缠长夫银

由表可知，原本属于均徭的徭役和上供物料、公费一起混杂在银差当中。掖县徭役的分类是银差、力差、里甲夫马②并额、杂二办，除了上供物料外，大部分公费都记载在额、杂二办当中。因此，虽然就里甲负担公费这一点来看，山东与华中、华南无异，但是山东的银差包含了全部上供物料和部分公费，换言之，在华中、华南属于里甲负担的内容，在山东只有部分被编入均徭当中，这个不同点需要注意。该特点不仅限于掖县，山东、北直隶③、河南④、山西⑤、陕西⑥各省都普遍如此，可以说是华北地区的一个特点。特别是陕西，这两个徭役全部包含在银差当中，部分公费由里甲负担的事例只有万历《续朝邑县志》中有记载。⑦但是公费的大部分作为额办和杂办成为里甲的负担，由此分析可知，银差中的徭役本来是里甲的负担。

然而，有关上供物料，《山东经会录》卷八《均徭因革下》嘉靖四十二年记

---

① 万历《莱州府志》卷三《徭役》"掖县"条。
② 里里夫马是指没有设置驿传的地方征用里甲代行相关事务。参见［日］山根幸夫《明代里长的职责に关する一考察》。
③ 例如嘉靖《固安县志》卷三《食货志》"徭役"。
④ 嘉靖《河南通志》卷九《民役》。
⑤ 万历《沁源县志》卷三《徭役》。
⑥ 嘉靖《耀州志》卷四《田赋志》。
⑦ 万历《续朝邑县志》卷四《食货志》中均徭的分类为银差、力差、里甲岁征银，里甲岁征银的注记是"以待宾旅"，因此里甲银是上司、客人经过时的接待费，只有这个是由里甲负担的。其他的各种公费都包含在银差当中。

事中记载：

> 查得，户、礼、工等部料银，原系查照州县里分多少，摊入均徭。料
> 银渐加，故均徭渐重。

葛守礼的《葛端肃公集》卷一五《与姜蒙泉中丞论田赋》中也记载：

> 复黄蜡、柴炭、颜料之属，旧规皆派于均徭。

这里是说，上供物料原本就包含在均徭之中。而且上供物料以及前述部分
公费，是作为门银进行科派的。这一点在《山东经会录》卷九《均徭附录》"今
照隆庆四年例，当审编五年六年均徭"的文中有记载：

> 何谓以门丁分庸调，盖调出于家。今之门，即有家之谓也。均徭之
> 中，如料价、木柴之类，野味、活鹿之类，胖袄、军器之类，军饷、乡饮之
> 类，皆谓之调。则皆于家而征之。

由此也可以确认上述判断。并且根据这段引文还可知，门银和银差的内容
几乎是一样的，可以将门银视同银差。

事实上，这些上供物料到了嘉靖三十年（1551）以后，被编入田赋（田土）
征税。[①]

《山东经会录》卷九《均徭附录》隆庆四年巡抚都御史梁梦龙的案开的文
章中，引用了户部咨文中吏科左给事中光（应即光懋——译者）的条陈记载：

> 嘉靖三十年以后，未奉题准明例，不知何故偶变而为一条鞭法，无
> 复斗升之数仓口之别。岁岁不同，则虽官府，亦不能纤悉查算，小民何
> 从知之。且复黄蜡、柴炭、颜料之属，旧规皆派于均徭，逐末者亦应有
> 分。今入田赋中。富商大贾，脱然无与。而农家之苦，复增一倍矣。

由此可知，嘉靖三十年（1551）以后，黄蜡、柴炭、颜料等上供物料都被编入田
赋当中。而且同书卷八《均徭因革下》嘉靖四十二年抚院的议案中记载：

> 嘉靖四十二年，复当审编之期。复行该司，再加议处。转行委官酌
> 议呈允。始将料价、木柴、柴炭，提出均徭之外，准于地亩内随夏税带

---

① 嘉靖八年（1529），广东也采取了同样的措施。有关这个问题，参见［日］山崎武治《一条鞭法
の创行について》，《立命馆文学》第 152 号。

征，冀以少宽徭民。

也就是说嘉靖四十二年（1563）实施了同样的措施。前一则引文指责将上供物料编入田赋是增加农民的负担，这则引文则认为这是为了减轻农民的负担。有关这个问题产生了很大的争论，本文第三节已经叙述，像这样将部分均徭编入田赋或者田土进行课税的方法，按照山东巡抚梁梦龙的"仍遵成法，编还均徭"的指示，在隆庆五年（1571）后被废除了。但是不管怎么说，在华南、华中一般被当作里甲负担的上供物料和公费，在华北地区包含在均徭当中，银纳化之后则包含在银差之中，这个不同之处值得关注。

六、结　　语

综上所述，本文以山东为中心，论述了既有研究中尚未涉及的华北地区的均徭。这一地区均徭的银纳化是从门银前身的"以户出资者"项目的成立开始的，如果将"以户出资者"看作门银的话，山东的银差是以门银的形式确立起来的。一般认为，均徭分为银差和力差在全国课税，但是山东没有出现银差和力差之分，而是以门银和丁银的形式课税；此外华中、华南地区一般由里甲负担的上供物料及部分公费在华北地区，特别是山东，被编入均徭当中，从这些差异可以看出，均徭具有地方性特点。决定均徭课税标准的户等的因素，华中、华南地区明显重视田土；与此相对，华北地区，特别是山东，重视人丁以及"门"，即"户的财产"，田土只是被当作"户的财产"来衡量。不容忽视的是，这种重视人丁、门的倾向，决定了其后均徭以这两者为课税对象，形成了门银和丁银。

然而，本文仅就山东这一地方展开研究，史料方面不够充分。本文提出的这两三点地方性特点与以一条鞭法[①]为中心的明末的动向有何基本关系，

---

① 有关一条鞭法的研究，有［日］清水泰次《一条鞭法》，《和田博士还历记念东洋史论丛》；《中国近世社会经济史》第四章《条鞭》；［日］和田清编《支那地方自治发达史》第四章《明代》；［日］鼈宫谷英夫《近世中国における赋・役改革（二）》，《历史评论》第 1 卷第 2、3 号；［日］藤井宏《一条鞭法の一侧面》，《和田博士还历记念东洋史论丛》；［日］岩见宏《明の嘉靖前后における赋役改革について》，《东洋史研究》第 10 卷第 5 号；梁方仲《一条鞭法》，《中国近代经济史研究集刊》第 4 卷第 1 期。

当然应该继续讨论。但是最近山崎武治①和藤井宏②发表了重要的文章,并且预定将要介绍《山东经会录》这份重要史料,笔者目前准备尚不充分,暂不论及,留待今后再继续研究。

　　附记

　　本文是笔者1960年12月提交的硕士课程研究报告的整理版本。写作本文时,笔者有幸得到田村实造教授的指导。藤井宏、山根幸夫和岩见宏诸位也就多个问题予以指点。特别是山根先生,在史料调查方面给予了细心的提示及种种便利,在论述方面也提供了宝贵的启示。笔者从岩见宏先生那里借来了《山东经会录》的珍贵底片,得以更早地使用这份重要史料发表文章。在此一并致以诚挚的感谢! *

　　(原载于[日]谷口规矩雄《明代徭役制度史研究》,京都:同朋舍,1998年)

罗敏 译　菅野智博 校

---

① [日]山崎武治:《一条鞭法の创行について》,《立命馆文学》第152号。
② [日]藤井宏:《创行期の一条鞭法》,《北海道大学文学部纪要》第9号。
* 编者按:本文文后另有附表,见下页。

附表　明代华北各省徭役分类表

（○：银差　×：力差　⊕：力差中银纳的部分）

省名	山东				北直隶					河南		山西				陕西		
府州县名	山东省	青州府	滕县	峄县	藁城县	河间县	真定府	固安县	彰德府	河南省	卫辉府	荣河县	沁源县	山西省	同官县	华州	朝邑县	韩城县
年代①	嘉靖十二年	嘉靖四十四年	万历十三年	万历三十二年	嘉靖十二年	嘉靖十九年	嘉靖二十八年	嘉靖四十四年	嘉靖元年	嘉靖三十二年	万历十四年	嘉靖十七年	万历三十五年	崇祯二年	嘉靖三十六年	隆庆六年	万历十二年	万历四十五年
斋郎	○③	○④			⑤	⑥			⑦	○		⑧		○⑨				
柴薪	○	○					○	○		○			○	○	○	○	○	
柴夫	○	○					○	○					○		○	○		
廪给库子	○				×													
斋夫	○	○	○	○	×		○	○		○			○	○	○	○	○	⊕
膳夫	○	○	○				○	○		○			○	○	○	○	○	⊕
牌夫	○						⊕				○							
路夫	○									⊕	○							
马夫		⊕	○	○									○	×	○		○	⊕
民校		⊕	○	○													○	⊕
民厨		⊕								⊕								

① 年代是指各地方志的编纂刊行年代。

② 这里只列举了本文中提到的役种，也就是《山东通志》和《青州府志》中所记载的役种。因此，还存在一些按地方不同而需加入的役种。

③④ 本栏的徭役分类时，"以户出资者"为○，"以丁出役者"为×。

⑤ 没有银差与力差的区别，只有徭役。

⑥ 只有力差的种类，没有列出银差的种类。

⑦ 只有力差的种类。

⑧ 只有力差。

⑨ 使用了"以户出资者"和"以丁出役者"的分类。前者为○，后者为×。史料中只记载了徭役的人数，没有银额，应该已经全部银纳化了。

（续表）

省名	山东				北直隶				河南			山西			陕西			
府州县名	山东省	青州府	滕县	掖县	藁城县	河间县	真定府	固安县	彰德府	河南省	卫辉府	荣河县	沁源县	山西省	同官县	华州	朝邑县	韩城县
年代	嘉靖十二年	嘉靖四十四年	万历十三年	万历三十一年	嘉靖十三年	嘉靖十九年	嘉靖二十年	嘉靖四十八年	嘉靖元年	嘉靖三十年	万历十四年	嘉靖十七年	万历三十五年	崇祯二年	嘉靖三十六年	隆庆六年	万历二十一年	万历四十年
皂隶	×	⊕	⊕	⊕	×	×	⊕	○⊕	×	⊕		×	⊕	×	×	×	×	⊕
门子	×	⊕	⊕	⊕		×	⊕	⊕	×	⊕			⊕	×	×	×	×	⊕
库子	×	⊕	○⊕	⊕		×	○⊕	○⊕	×	⊕	○	×	⊕	×		○×	×	⊕
馆夫	×	⊕	○				⊕	⊕		⊕	○			×	×	×		
防夫	×				×		○⊕	⊕	×	○		×	⊕	×		×		
弓兵	×	⊕	⊕	⊕		×	○⊕	⊕		⊕	⊕	×		×	×	⊕	○×	⊕
铺司兵	×	⊕	⊕	⊕	×	×	⊕	⊕	×	⊕	⊕	×	○⊕	×	×	×	×	⊕
禁子	×	⊕	⊕	○⊕	×	×	⊕	⊕	×	⊕	⊕		○⊕	×	×	×	×	
仓斗级	×	⊕	○		×	×	⊕	×⊕	×	⊕	⊕	×	○⊕	×	×	○×	○×	
快手	×						⊕	⊕					○⊕					
民壮	×	⊕	⊕	○⊕	×	×	⊕	⊕	×	⊕	⊕	×	⊕			×		⊕
盐胸夫										⊕								
巡拦		⊕			×			⊕						×				
扫殿夫	×									○								
闸夫	×		⊕	⊕	×			⊕										
溜夫	×		⊕	⊕	×													
捞浅夫	×																	
守口	×		⊕															
坝夫	×		⊕															
泉夫	×																	
出典	嘉靖《山东通志》	嘉靖《青州府志》	万历《滕县志》	万历《莱州府志》	嘉靖《藁城县志》	嘉靖《河间府志》	嘉靖《真定府志》	嘉靖《固安县志》	嘉靖《彰德府志》	嘉靖《河南通志》	万历《卫辉府志》	嘉靖《荣河县志》	万历《沁源县志》	崇祯《山西通志》	嘉靖《耀州志》	隆庆《华州志》	万历《续朝邑县志》	万历《韩城县志》

书评：谷口规矩雄《明代徭役制度史研究》

[日]山根幸夫

此番，我多年的友人谷口规矩雄先生所著《明代徭役制度史研究》得以面世，甚喜。本书作为一部优秀的研究成果，可与十三年前谷口先生的恩师岩见宏先生所著《明代徭役制度研究》（《明代徭役制度の研究》）并肩，两者皆可称作日本战后明代徭役制度史研究的顶点。

战后日本的明史研究中，徭役制度研究成为一股潮流。这股潮流的第一波就是岩见先生的《明代嘉靖前后的赋役改革》（《明の嘉靖前后における赋役改革について》，《东洋史研究》第 10 卷第 5 号，1949 年），其后有笔者的《十五、十六世纪中国赋役劳动制度的改革——以均徭法为中心》（《十五・六世纪中国における赋役劳动制の改革——均徭法を中心として》，《史学杂志》第 60 编第 11 号，1951 年）。谷口先生在十年之后发表了他的第一篇论文《明代华北银差成立研究：以山东门银的成立为中心》（《明代华北における银差成立の一研究——山东の门银成立を中心にして》，《东洋史研究》第 20 卷第 3 号，1961 年），该篇论文收录于此书（编者按：指本文介绍的《明代徭役制度史研究》）补篇的第一篇。说来，谷口先生和岩见先生在神户大学是师生关系，而我和谷口先生相识于他就读京都大学研究生院期间。由于大家都从事明代徭役制度的研究，所以我从岩见、谷口两位先生处受到过诸多教诲和帮助。

回到此书，其分为本篇和补篇两部分，本篇由未发表过的论文组成，是该书的核心部分。补篇收录了发表于各学术期刊的七篇论文，均与明代徭役制度相关。接下来，对此书的内容作简要介绍。

本篇

明代一条鞭法的研究——以华北地区的成立与展开为中心

序言

第一章　明代前期的徭役制度

　第一节　里甲正役

　第二节　杂役

第二章　徭役制度的改革与徭役折银

　第一节　明初徭役赋课的问题点

　第二节　均徭法改革与徭役制度的问题点

　第三节　均徭的折银

　第四节　关于九等法

　第五节　从九等法到门银、丁银

第三章　一条鞭法的成立及展开

　第一节　华北的门银·丁银制

　第二节　一条鞭法在华北的出现

　第三节　华北地区一条鞭法的展开

　第四节　一条鞭法的问题

补篇

一、明代华北银差成立研究——以山东门银的成立为中心(《明代华北における银差成立の一研究——山东の门银成立を中心にして》)(1961)

二、关于明代华北的"大户"(《明代华北の"大户"について》)(1969)

三、关于吕坤的土地丈量政策与乡村改革(《吕坤の土地丈量策と乡村改革について》)(1983)

四、关于吕坤的乡甲法(《吕坤の乡甲法について》)(1983)

五、关于庞尚鹏的一条鞭法(《庞尚鹏の一条鞭法について》)(1990)

六、关于明代福建地区的一条鞭法(《明代福建の一条鞭法について》)(1990)

七、日本的明代徭役制度研究(《日本における明代徭役制度の研究》)(1993)

　　接下来对此书本篇的内容作简要介绍。作者在后记中虽称"本篇的第一章和第二章是从个人的研究视角对以往的徭役制度史研究作的一个概述,在一些必要之处加入了个人的解读和观点",而其实全文处处体现了作者独到的见解。

　　第一章《明代前期的徭役制度》中,通过描述明代前期的徭役制度,为概观整个明代的徭役制度打下了基础。首先,关于里甲正役的话题,作者分别对里长、甲首、里老人①、粮长等进行了概述。其中包含了对笔者过去研究的批判。关于里长的职责问题,作者强调,笔者曾在论文中所举的"上供物料、公费"的负担不包括在里甲、甲首的负担之中。然而关于这个问题,正如岩见先生曾在其著作中指出的,笔者也在对岩见先生著述的书评(《东洋史研究》第 46 卷第 1 号,1987 年)中,对自己的结论进行了订正。作者介绍了岩井茂树最新研究②中关于里长的职责的结论。笔者曾在论文中认为现年里长的职责之一"勾摄公事"是指上供物料、公费的负担。对此,岩井对"公事"提出他的解释,他认为"这不是以往语境中广义上的公事,而是特指诉讼案件中羁押犯人或证人的意思"。谷口也对这个观点表示完全赞同。但是,一般而言,"公事"就是指"公务"或者"公共性质的事情"。在各种《官制用语事典》中,也同样是这种广义的解释。对此,我无法认同把"公事"狭义地限定在诉讼案件的意思。

　　第二章《徭役制度的改革与徭役折银》对明朝初期徭役赋课的问题点进行了考察。第一节中对皂隶、膳夫、库子、斗级、柴夫(抬柴夫及砍柴夫)、厨役等各种劳役进行考察,对于这些杂役,基本延续了岩见先生的观点,考察了正统年间以前杂役产生的问题。接下来,第二节中探讨了"均徭法改革与徭役制度的问题点"。这一节中也引用了岩井论文的新说,以批判笔者过去论文中的观点。笔者曾在论文中表达"均徭法是以'甲'为单位服杂役的",由于笔者没有加以详细说明,岩井批判此观点,认为以"甲"作为一个整体摊

---

① 在近年的明史概说及明史研究中,多用"里老人"的说法,此处也称为"里老人"。但在原史料中,记作"老人",并无"里老人"的叫法。另有"里甲老人"的叫法。

② ［日］岩井茂树:《徭役と财政のあいだ——中国税・役制度の历史的理解に向けて(一)、(二)、(三)、(四)》,《京都产业大学经济经营论丛》第 28 卷第 4 号,第 29 卷第 1、2、3 号,1994 年。

派杂役是不可能的。然而,笔者在上述引文中想要表达的意思是,对于承担当年均徭的"甲"而言,该"甲"的每一户都要各自承担杂役赋课,而非以"甲"作为整体去负担杂役。因此,岩井论文中的新说,即以"户"为单位摊派杂役的观点,与笔者的观点并不矛盾。在均徭法实行的初期,杂役是否也向均徭里长、均徭甲首的所有人摊派,还存有疑问。换句话说,均徭甲首之中或许有一些不曾被摊派杂役的现象存在。

第三节中论述了均徭的折银。作者在此处也批判了笔者的观点,并基于岩见的论点,认为均徭中银差的出现是与官僚对白银的需求有直接关系的。第四节"关于九等法"也基本是岩见论点的总结论述。华北地区与华中、华南地区有所不同,尽管在该地区广泛实行了门银、丁银的制度,但其课征的标准是基于三等九则法(即九等法)的。基于岩见论文中对九等法的解说,华北地区在嘉靖年代后,门银、丁银制度开始实行,对应九等户则交付定额的税银。作者推定,这并非嘉靖年间突然出现的制度,类似于九等法的方法早就存在,这种做法的实践范围扩展到全部杂役,以至于门银、丁银也以此为课征标准。

第五节论述了"从九等法到门银、丁银"制度的变化过程。关于门银的出现,谷口自己在此书补篇一《明代华北银差成立研究——以山东门银的成立为中心》中有详细的论述。

基于以上的论述,作者在第三章论述了一条鞭法的成立及展开。这一章是作者最着重研究的,也是此书最应关注的部分。这一章是基于作者十年前发表的论文《明代华北一条鞭法的展开》(《明代华北における一条鞭法の展开》,收录于《明末清初期の研究》,京都:京都大学人文科学研究所,1989 年)的研究成果。作者在第一节"华北的门银·丁银制"中强调,华北地区的一条鞭法是在门银、丁银制度的基础之上出现的。作者引用了于慎行《谷城山馆文集》中收录的《与抚台宋公论赋役书》,这是支撑该论点的具体史料。作者注意到,于慎行在这篇书信中指出了华北均徭赋课的方法是从丁银、门银制度转向丁银、地银制度,这是条鞭法的特征之一。所以,作者对条鞭法前身的丁银、门银制度进行了详细的考察。在华北地区,"普遍将税粮向土地征收,徭役向人丁课征,然而,到了嘉靖年间,货币经济渗透进入华北地区,比起土地所有量,通过商业和高利贷而积累大量财富的富家成了不

可忽视的问题"。由此,过去以土地、人丁为征税对象的方式引发了各种社
会矛盾,为解决这些矛盾,作者推论:"除了土地所有量和人丁数,还把现银、
债券等各种动产要素加入综合评价,由此判定户等。"根据户等来征收门银。
并且,作者以山东、北直隶、河南、陕西等地域的实际操作为例,引用了有关
丁银、门银制度的具体史料。

　　第二节"一条鞭法在华北的出现"具体论述了华北地区的一条鞭法一般
是以丁银、地银的形式出现的。本节中,作者主要就丁银、门银制度是如何
转变为丁银、地银制度的过程进行了论证。要论述这段历史,有一个重要的
问题,就是三等九则的户等制是如何被废除的。作者推论:"地银的出现和
户等制的废除有紧密的关联。"作者还指出,在山东的均徭赋课中,丁、门之
法和丁、地之法有过同时并行的情况。向土地摊派徭役的做法,是为了部分
减轻山东农民的徭役负担而采取的政策。

　　那么,山东以外的华北地区各省采取了怎样的做法呢? 由于史料的制
约,其他省份并没有像《山东经会录》①一样详细具体的史料,但作者推测,多
数地区都出现了人丁负担(丁银)过重的现象,作为减轻农民负担的政策,采
取了将徭役的一部分向土地摊派的做法。

　　尽管作者反复强调,在华北地区,以往徭役科派的标准都是基于三等九则
的户等制度,然而,户等制已经很难准确反映农民各家各户的真实情况了,逐
渐形成"审门为富豪之利,照地为贫家之利"的状况。总之,户则的判定方式存
在问题,即使富户被判定为上上则,其负担的门银、户银额度实际上比贫穷户
的负担还要轻。所以,出现了以土地的所有量为标准,直接向土地课征徭役的
方法(即地银的出现)。户等制的可信度愈发降低,所以土地作为可以确实测
量掌握的对象,成为徭役的课征方式。其具体事例,可参见《山东经会录》。其
中记载,嘉靖四十二年(1563),山东地区采取了将均徭的一部分向土地摊派
进行征收的措施。然而,围绕是否赞成该措施,产生了激烈的争论,隆庆元
年(1567),户部尚书葛守礼上奏严厉反对这种做法。由于葛守礼强硬的反

---

①　参照[日]岩见宏《〈山东经会录〉について》,《清水泰次博士追悼记念明代史论丛》,东京:大
　　安,1962 年。该书(《山东经会录》)是内藤湖南博士的藏书,为天下孤本,共 12 卷 14 册。该
　　书详细记载了明代山东地区的税粮、徭役的相关内容,岩见、谷口在他们的研究中频繁使用
　　该史料。

对主张,山东地区向土地课征一部分均徭的做法不得不停止,均徭又重新回到过去的做法,即全部向丁银、门银进行摊派征收。那之后,山东地区向土地课征的情况又如何变化呢? 由于《山东经会录》的记载只到隆庆四年(1570)为止,所以根据《经会录》无法推测出其后的具体情况。然而,山东东阿县的知县白栋实施了向土地征收徭役银的事实是广为人知的。作者推测,白栋是效法了嘉靖四十二年起"丁地兼派"的做法,决意实行一条鞭法的。

第三节"华北地区一条鞭法的展开"中,如题所示,探讨了华北地区条鞭法实施的发展和变化。作者认为:"根据本文第一、第二节的考察,已知在华北地区,均徭制度是基于三等九则的户等制度向人丁和门户课征丁银和门银。然而,随着农民阶层的分化,富裕农民将过重负担转嫁他人的现象就会普遍发生。①为了解决这种情况,华北地区也不断强调丈量土地的重要性,同时打破传统观念,将徭役以土地课征的方式展开。"由此,作者认为,从徭役方面来看,华北地区一条鞭法的确立"可以看作徭役制度本身的发展,而这与税粮方面的一条鞭法自然是分开发展的"。

作者在这一节中就白栋的一条鞭法的内容进行了更加详细的论证。户科给事中光懋弹劾了白栋的"量地编差",对此,山东巡抚李世达上书为白栋进行辩护。据李世达所述,与明朝初期相比,现在的税粮、徭役、里甲等负担都大幅增加,然而官僚、诸生甚至富商、大户等,通过名目上的官职(胥吏),利用优免规定来逃脱丁差的课征。这么一来,繁重的徭役全部要由没有优免优待的小农承担。甚至,贪官污吏、老胥猾里②把小农当作牺牲品。为了改善这种状况,就有必要实施白栋的一条鞭法。故而李世达是全面支持白栋的条鞭做法的。那么为何白栋的一条鞭法也会受到批判? 是因为随着白栋的条鞭法实施,一部分既得利益的富豪大家担心丧失对自己有利的条件,故而试图阻挠、攻击白栋的改革。光懋就是被这种声音所惑,所以弹劾了白栋。对此,巡抚李世达详细地论述了白栋改革方案的稳妥之处,为他进行了辩护。

最终,白栋没有受到任何处罚,朝廷下令各地的巡抚、巡按根据当地具

---

① 关于这一点,作者并未进行实证考察,而是基于广泛流传的说法进行了论述。在华北地区,应如记述中的状况,但华中、华南的情况又是如何呢?

② 关于"贪官污吏,老胥猾里",作者解释为"老练而狡猾的胥吏和里长"。前者指贪污的官僚,后者指狡猾的胥吏,此处出现里长有些不解。胥吏亦可称为"里书"。

体情况实行条鞭法,其实施范围逐步扩大。作者指出,这般处置很大程度上受到当时首辅张居正的意见的影响。

　　总之,白栋在东阿县实施的条鞭法,不仅得到了上司山东巡抚李世达的支持,还受到中央政府首辅张居正的首肯,形成了在华北地区普及条鞭法的契机。作者又论证了白栋的条鞭法在东阿县是如何扎根,又是如何被评价的。作者在此处再度引用了于慎行的《与抚台宋公论赋役书》,阐明了"在徭役方面,废除了三等九则的户等,仅依据人丁数和土地所有面积进行赋课"的具体经过,并且指出其纳税方法是以各人自封投柜进行的。

　　然而,于慎行指出,白栋实行了条鞭法后,消除了过去的弊害,尽管此为其优点,但条鞭法同样也存在弊端。其弊端就在于,在山东地区,条鞭有利于"成熟之田"而不利于"荒弃之田"。不过,可以肯定的是,白栋实施的一条鞭法是华北地区的首例,为华北地区的条鞭法提供了基本模式。

　　白栋在东阿县实施条鞭法之后,作者通过具体事例介绍了山东之外在北直隶、河南、山西、陕西等地实行条鞭法的情况。此书第 144 页中列举的"华北地区一条鞭法的实施状况一览"表,清楚地揭示了条鞭法实行的实际情况。

　　然而,在一条鞭法的普及过程中,发生了"寄庄户"这样的严重问题。比如在山东曹县,曹县地中"实在地"的大约一半被划为"寄庄户"。这么一来,准确掌握当地寄庄地、寄庄户的情况,并向寄庄户也征收相应的徭役银,成为紧要的问题。寄庄户可以在原籍地获得优免政策,在寄庄所在州县也可获得优免,这种双重优免特权必须严禁。由于一条鞭法最重要的课题就是实现课税的公平化,故而作者强调,尽可能地限制乡绅士大夫阶层的优免特权以达到课税的公平,是一条鞭法实施过程中产生的重要问题。

　　第四节"一条鞭法的问题"是本篇的一个总结。一条鞭法是以税粮、徭役的折银为前提,将这两者各种名目的税收尽可能一条化,把一条化后的税银额按比例均等地摊入人丁和土地进行征收。但是作者指出,尽管如此,仍然有若干劳役残存。比如,山东曹县王圻实施的条法中,兑军、俵马、起解(之后成为收头)等杂役直到明朝末期都仍然残存。关于这些残存的劳役负担是如何解决的,作者通过引用乾隆《虞城县志》中收录的杨东明的《软抬重差法》,介绍了具体的解决方案。杨东明提出"软抬"这种方式,试图解决条鞭没能消除的劳役问题。

最后,作者总结道:"一条鞭法在从明末至清初究竟是怎样的实行状况,现阶段还有很多不明之处。从一条鞭法到地丁并征的徭役制度的变革过程中,'软抬'这种解决方案曾经存在过的事实值得关注。"

正如作者所言,相比华中、华南地区,有关华北地区一条鞭法施行的史料不够丰富。作者尽量克服了史料不足的困难,以山东为中心,对华北地区条鞭法实行的状况以及包含的问题进行了详细的说明论述。作者的这番努力,才创造了如此卓越的研究成果。

接下来要介绍收录在"补篇"中的几篇论文,前文提到,这些论文都是已经在学术杂志上发表过的论文,所以仅作简要介绍。补篇一《明代华北银差成立研究——以山东门银的成立为中心》是作者以明代徭役制度史研究为出发点的第一篇发表的论文,是本篇中展开的明代一条鞭法研究的原点。作者在其后的研究中展现出的主要问题意识,都在这篇论文中有所体现。其副标题是"以山东门银的成立为中心",其实门银制度正是华北条鞭法的关键所在。这篇论文是必须和本篇部分并读的重要研究成果。

补篇二《关于明代华北的"大户"》中的大户,也在本篇中多次出现,是一条鞭法实施后被消除的徭役名目。因此,这篇论文也和本篇有很大关联,建议与本篇一并阅读。

补篇三《关于吕坤的土地丈量政策与乡村改革》及补篇四《关于吕坤的乡甲法》这两篇论文,都是依据吕坤的《实政录》论述华北农村地区的各种问题。特别是补篇三,论及"丈量策和均里均甲"与"优免问题"等论题。

补篇五《关于庞尚鹏的一条鞭法》及补篇六《关于明代福建地区的一条鞭法》这两篇论文,是对本篇中没能涵盖的华中、华南地区一条鞭法的考察。庞尚鹏作为一条鞭法的实施者,享有盛名,补篇五的论文论述了他在浙江地区实施的条鞭法,补篇六的论文论述的是其在福建地区实施的条鞭法。

最后的补篇七《日本的明代徭役制度研究》中,作者首先对日本战前徭役制度的研究进行了概述,其中提到的各家论文里,笔者认为最有价值的就是清水泰次的《明代役法的变迁》(《明代における役法の変遷》)。战后,我们这一代研究者得以继续明代徭役制度的研究,都是基于战前清水博士的研究成果。在1945年秋天,我曾于被战火殃及的早稻田大学拜访清水博士,当时深受教诲。于我而言,对清水博士的感情和作者必然是有所不同的。对于战后的研究情况,作者将役法研究划分四个领域加以介绍,分别是"里甲正役""杂役(徭役)""里甲正役、均徭的折银"以及"一条鞭法"。在介绍各项论文的同时,作者也作了许多很有价值的评价。这些评论与我的想法不一定全然一致,在此就不多作介绍了。

作者从其第一篇论文以来,一直专心致力于明代徭役制度的研究。其中,尤其以华北地区,特别是山东地区作为其研究对象。作者致力于山东相关的研究,或许和岩见宏先生向学界介绍了《山东经会录》这一史料的存在有关。此书随处可见对《山东经会录》的引用,《经会录》是在考察华北地区徭役制度时,一部非常珍贵的史料,从中可以发现各种详细的记载。

话说,作者的主要研究对象是华北地区的徭役制度,然而不管是均徭法还是一条鞭法,它们的名称虽然一样,但在中国各地实施的具体内容却有很大不同。因此,要理清明代徭役制度的整体,不仅要看华北的制度,还必须弄清华中、华南的制度模式。作者若今后还有持续研究明代徭役制度的打算,笔者希望作者不仅仅要关注华北,还要进一步阐明华中、华南的具体情况。如上所述,只有把华中、华南的情况一并探明,才可能对明代徭役制度的整体状况有更清晰的认识。

最后我想说的是,我自从发表《明代徭役制度的展开》(《明代徭役制度の展开》,1966 年)以后,几乎很少谈及明代徭役制度的研究。岩见先生早我两年发表了第一篇论文,而他的著作《明代徭役制度研究》刊行却已经是拙著发表二十年以后的 1986 年了。随后,比我们晚了十年左右开始明代徭役制度研究的谷口先生在去年出版了此书,这距离我当时的论文已经过去了三十二年了。我的研究方向偏离明代徭役制度已经有三十余年,或许并不能胜任为此书撰写书评了,不过出于与作者多年的友谊,还是接下了这份书评的任务。尽管如此,在我看来,如果岩见先生和谷口先生的著作能够更早出版面世,我或许能够提供更多正面的建议,现在想来已是憾事。随着岩见、谷口两位的著作出版面世,日本的明代徭役制度研究的梗概已经基本明了,我想今后的研究在他们的基础上要作的修正已经所剩无几了吧。

(原载于《东洋史研究》第 58 卷第 1 号,1999 年)

骆丰 译　时坚 校

一条鞭法研究的课题与展望(节选)

[日]黑木国泰

日本的明史研究是以清水泰次①的赋役制度史研究为起点的,作为和田清的门生,清水氏又是从《明史·食货志》的译注工作入手正式开启其研究之路的,这是众所周知的事实。从此以后,赋役制度史研究就如同明史研究入门的必由之路一般而繁荣起来,其中一条鞭法的研究正是明代赋役制度史研究的核心课题。尽管如此,我们还是不得不遗憾地承认一条鞭法的研究目前正处于低潮的现状。为此,拙稿致力于站在 20 世纪 90 年代的起点,对一条鞭法研究中的课题和展望进行一番整理,从而为今后的研究构筑起立足之基。

条鞭化改革简单说来,就是以货币(银两)征收取代力役征发和实物收取的税收形式改革。

关于这一改革的历史意义究竟何在,牵涉到对明末清初历史的全面理解,各种学说也由此产生。一些研究认为赋役制度及其改革与社会结构的变动相关联,其中之一就是以中国学界为中心的资本主义萌芽论一派的学说;与此同时,将这一改革视为与奴隶社会相适应的力役征发形态向封建社会征发形态的转变,这样的解读也同样存在,可谓众说纷纭。

一、一条鞭法研究的学术历程

有关一条鞭法制度层面的内容,早先已借由梁方仲②的研究而得以明

---

① [日]清水泰次:《一条鞭法》,《桑原博士还历记念东洋史论丛》,1930 年;《中国近世社会经济史》,东京:西野书店,1950 年。

② 梁方仲的研究成果近年已结集为三册出版,我辈后学于此受益无穷,见《梁方仲经济史论文集》(以下简称"《论文集》"),北京:中华书局,1989 年;《梁方仲经济史论文集补编》(转下页)

确。自中华人民共和国成立以来,时代区分论在中国学界占据主导地位,因此如何从赋税制度上来认识资本主义萌芽也就成为最受关注的问题之一,以至于今。①

在日本方面,继清水泰次开拓性的研究之后,藤井宏、山根幸夫和岩见宏也进行了细致的研究工作。②

此后小山正明③更结合封建制度明末清初成立论,对一条鞭法展开进一步的研究。其研究从探明赋役征收机构所体现的社会身份等级状况这一角度出发,以赋役制度改革具有社会变革的背景为前提,通过赋役制度的实际情况考察了相应的社会结构。小山正明指出,明朝政府基本的社会控制对象,是基于多层身份等级制的里甲制度中编成的"户",而赋与役都是根据"户则"来科派的,但随着徭役的银纳化,代役银开始直接以丁、田(或粮)为

（接上页）（以下简称《补编》）,郑州:中州古籍出版社,1984 年;《梁方仲经济史论文集遗》(以下简称《集遗》),广州:广东人民出版社,1990 年。其中所收与一条鞭法直接相关的论文,此处按发表顺序列出:

　　A.《一条鞭法》,《中国近代经济史研究集刊》第 4 卷第 1 期,1936 年;

　　B.《一条鞭法的名称》,《中央日报》1936 年 4 月 23 日;

　　C.《明代一条鞭法的争论》,《天津益世报》1936 年 9 月 13、27 日;

　　D.《易知由单的起源》,《天津益世报》1936 年 11 月 22 日;

　　E.《田赋史上起运、存留的划分与道路远近的关系》,《人文科学学报》第 1 卷第 1 期,1942 年;

　　F.《释一条鞭法》,《中国社会经济史集刊》第 7 卷第 1 期,1944 年;

　　G.《明代一条鞭法的论战》,《社会经济研究》1951 年第 1 期;

　　H.《易知由单的研究》,《岭南学报》第 11 卷第 2 期,1951 年;

　　I.《明代一条鞭法年表》,《岭南学报》第 12 卷第 1 期,1952 年。

　　以上 A、E、F、G、H、I 诸篇再收录于《论文集》,B、D 两篇再收录于《补编》,C 一篇再收录于《集遗》,此外还有许多与一条鞭法有关的论文。拙稿以下注明的相关页数均系再收录书的页数。

①　王方中:《明代一条鞭法的产生及其作用》,《明清社会经济形态的研究》,上海:上海人民出版社,1956 年。

②　[日]藤井宏:《创行期の一条鞭法——傅汉臣の上言をめぐる诸问题》,《北海道大学文学部纪要》第 9 号,1961 年;[日]山根幸夫:《明代徭役制度の展开》(以下简称《展开》),东京:东京女子大学学会,1966 年;[日]岩见宏:《明代徭役制度の研究》,京都:同朋舍,1986 年。

③　[日]小山正明:《明代における税粮の科征と户则との关系》,《千叶大学文理学部文化科学纪要》第 7 辑,1965 年;《明代华北赋役制度改革史研究の一检讨》,《东洋文化》第 37 号,1964 年;《赋·役制度の变革》,《岩波讲座　世界历史》第 12 卷,1971 年。以上诸篇此后均再次收录于《明清社会经济史研究》,东京:东京大学出版会,1992 年。

据进行科派,他特别强调"国家税收的基础建立在田土之上"这一点。①重田德②基本支持小山的时代区分说,同时他也批判了户等制论,并将地丁银制中丁银的消失理解为徭役制度的消亡,认为国家政权"对个体的人身支配"由此走向终结。随后川胜守和滨岛敦俊③又在批判性地吸收小山观点的同时,各自完成了他们的皇皇巨著。特别是川胜的研究,进一步发展了封建制度的明末清初重组论。在中国方面,由于明末被视为资本主义萌芽的发展时期,因此学界对于一条鞭法也基本都给予了积极的评价。而与此同时,日本学界则一直强调着一条鞭法银纳化和雇役化不彻底的一面。④

无论如何,对于一条鞭法本身的客观评价,至今仍可谓处于阙如的状态。

日本最近的研究方向是从中央财政的角度进行考察,如岩见宏利用《万历会计录》所进行的研究,以及岩井茂树讨论张居正财政政策的相关研究。⑤

此外在按地域划分的一条鞭法研究方面,还有谷口规矩雄的一系列研究。⑥为了打破一条鞭法研究的低迷状态,我们首先需要按照中央和地方的分类,完成超越梁方仲《明代一条鞭法年表》(以下简称"梁方仲《年表》")的史料搜集工作。

---

① 梁方仲(E,第351、365—367页)除时代区分论外,基本与小山持同样见解。

② [日]重田德:《清代社会经济史研究》,东京:岩波书店,1975年。

③ [日]川胜守:《中国封建国家の支配构造——明清赋・役制度史の研究》,东京:东京大学出版会,1980年;[日]滨岛敦俊:《明代江南农村社会の研究》,东京:东京大学出版会,1982年。还有森正夫《明代江南土地制度の研究》(京都:同朋舍,1988年)也是关于一条鞭法研究的基本书籍。

④ 如[日]藤田敬一《清初山东における赋役制について》,《东洋史研究》第24卷第2号,1965年;[日]藤冈次郎《清代の徭役》,《历史教育》第12卷第9号,1964年;等等。

⑤ [日]岩见宏:《明代财政の一考察》,《明末清初期の研究》,1989年;[日]岩井茂树:《张居正财政の课题と方法》,《明末清初期の研究》。

⑥ [日]谷口规矩雄:《明代华北における一条鞭法の展开》,《明末清初期の研究》;《庞尚鹏の一条鞭法について》,《山根教授退休记念明代史论丛(上)》,东京:汲古书院,1990年;《明代福建の一条鞭法について》,《布目潮沨博士古稀记念论集东アジアの法と社会》,东京:汲古书院,1990年。

此外还可参见黑木国泰《福建の一条鞭法》,《山根教授退休记念明代史论丛(上)》,等等。

二、一条鞭法研究的课题

(一)关于一条鞭法推出的理由

明代赋役制度的改革,就是赋役诸项目实现银纳化的过程,尤其是徭役诸项目实现银纳化(雇役化)的过程。换言之,这应当是一个实际力役征发逐渐消亡的过程。也就是说,在力役逐渐改由土地承担的同时,还必须以可供雇役的劳动力不断析出为前提,理论上,这两点正是明代赋役制度改革之车得以推进的左右车轮。故而我们在思考一条鞭法推出的理由之时,就不得不考察土地承担赋税能力的增强和劳动力内涵的变化这两方面的内容。

税制改革的推行总是与一定的实际需求相呼应,或是由于社会形势发生了某些变化,以致现行的税制变得无法维持下去,或是由于人们发现了更具效率的税收良策之类。因此我们在考察一条鞭法推出的原因时,就要特别关注"①社会变化→②现状认识→③政策立案→④实施→⑤结果"这一流程中,与一条鞭法有关的同时代议论所反映的事实,以及与"①社会变化"有关的具体缘由。

明代中期以来,赋役的名目日渐繁多,有观点就认为简单化正是施行赋役改革的目的所在(梁方仲文 A、C 等)。

此外也有人主张赋役银纳化的发展是基于官员俸银的支给需要。①

出于减轻纳税户负担的社会性政策的目的而推行改革,②也符合朝廷官员的政治理念。

与"本色"相比,白银在征解和保管方面都显得更为便利,③因此田赋的银纳化似乎很早就开始了,例如正统年间(1436—1449)北边卫所军粮的白银支给就被指出有扩大化的现象。④

---

① [日]鼈宫谷英夫:《近世中国における赋・役改革(一)、(二)》,《历史评论》第 1 卷第 2、3 号,1946 年;[日]岩见宏前述书;[日]小山正明前述书;[日]滨岛敦俊前述书。
② [日]清水泰次、[日]山根幸夫前述书。
③ 参见北直隶的崇祯《文安县志》卷四《贡赋》"马草"所载万历十二年《本县知县宦延泽为行条鞭革夙弊,以便征解事》;北直隶的万历《邯郸县志》卷四《田赋》所载广平知府蒋以忠《条鞭议》中语:"公所管粮官督令银匠倾销成锭,钻记大户,银匠姓名封记附户。"
④ [日]奥山宪夫:《明代の北边における军士の月粮について》,《山根教授退休记念明代史论丛(上)》;[日]寺田隆信:《山西商人の研究》,京都:同朋舍,1972 年。

以上的这些理由通过同时代的文献已足以说明,但作为一条鞭法推出的历史性阐释,却还是有所欠缺。

梁方仲认为,引起条鞭化改革的原因应当从大航海时代的商业发展,尤其是白银的流入中去寻找①(A.《一条鞭法》,第 36 页):"明代自十六世纪初年正德以后,国内的农工业的生产方法及生产关系,虽然没有重大的变化,但因历史上的机缘,如西洋航海术的进步等,使中国与外国的贸易却逐渐兴盛起来,国内的社会经济情形亦逐渐从自然经济时代发展到货币经济阶段上去。"

吸引日本和美洲白银流入中国的原动力,正是推行一条鞭法带来的中国白银经济的发展。因此对于大航海时代以后世界历史的展开而言,16 世纪中国的财政税收政策应当具有极为重要的意义。那么我们究竟应该如何理解促使时人选择赋税征收银纳化的那个时代背景呢?

对于主要从外部条件上试图寻找原因的梁方仲,一方面有从资本主义萌芽论出发的批判,②另一方面也有更加强调农业生产力发展的意见存在。

就后者而言,尽管这些意见指出了明末中国社会经济发展以及人口爆发性增长的事实,③然而这些现象是如何在农业生产变革的背景下出现的,却全然未见阐明。关于明末阶段农业生产力的提高所创造出的技术性和社会性的条件,目前仅止于黑木国泰的假说。④黑木受到西山武一卓见⑤的启

---

① 除全汉昇的一系列论文外,梁方仲自己对此也有专门研究,见《明代国际贸易与银的输出入》,《中国社会经济史集刊》第 2 期,1939 年,此文前述《论文集》中亦有再录。

② 王方中前述论文。

③ 参见[日]斯波义信《社会と経済の环境》,《汉民族と中国社会》第三章,东京:山川出版社,1983 年;[日]黑木国泰《条鞭制下の"丁银"赋课の特质》,《中嶋敏先生古稀记念论集》,东京:汲古书院,1981 年。

④ [日]黑木国泰:《一条鞭法成立の生产力的基础》,《明代史研究》第 4 号,1976 年。最近川胜守的《明清江南农业经济史研究》(东京:东京大学出版会,1992 年)一书已经出版,但尚未得以拜读。

⑤ [日]西山武一:《アジア农业の源流》,《アジア经济》第 6 卷第 3 号,1956 年。此后于《アジアの农法と农业社会》(东京:东京大学出版会,1969 年)一书中再次收录。"在东亚和南亚的稻作农业中,就连耕垦用具也很有可能出现了从畜力犁耕再次变回人力锸锄的倾向。例如明末的《沈氏农书》就记载道:'雇农一人,日耕半亩。'对此新中国的陈恒力参照民国末年江苏的习俗,断定这里记载的是使用'铁塔'(备中镐)进行人力开垦的情况,这种情况的出现是因为相对于牛犁三四寸(约 10 厘米)的耕深,铁塔的耕深可达七寸(约 20 厘米)。这与日本水田开垦中对深耕的追求带来的重劳动需要,以及备中镐、平镐的发达是相通的。"(第41 页)

发,推测东亚和南亚同时出现了更为集约化的农业的推广,在日本表现为太阁检地与石高制的诞生,在明朝末期的中国就表现为张居正丈量与一条鞭法的推出。

此外黑木还推断,以获得佣金为目的的年佣工性质的雇佣形态取得支配地位后,强制性(奴隶性)的力役征发就不得不逐渐向雇役制转变,而这正是雇役制确立的背景。[①]

(二) 关于一条鞭法的推行主体

当时官员们所认识到的赋役制度的问题以及社会矛盾究竟为何,这是我们需要明确的。

是什么样的社会阶层,面对着怎样的社会状况,其中的难题又是如何被克服的呢?

从梁方仲《年表》的"奏议及推行人"一栏来看,尽管全部二百八十七条中有许多身份不明者,但系知县所作者达到约占半数的一百二十五件,系知府所作者有二十件。至于巡抚、巡按级别的奏议,则有庞尚鹏、海瑞、朱大器、王宗沐等人所作者数次出现。虽然后者应当是命令知府、知州、知县们推行一条鞭法的人,但是知县们的判断和活动对于一条鞭法的推行来说是相当重要的,尤其是他们应对乡绅的对策,似乎有重新认识的必要。

(三) 一条鞭法的地域差别和共同点

一条鞭法在农业生产力较高的华中、华南水稻种植区实施起来相对容易,但在农业生产力较低的华北旱地作物区却不可避免地遭到激烈的反对(梁方仲;山根《展开》,第188页)。

在华中、华南型的一条鞭法强行推行于华北地区之时,华北出现了强势的反对声音。在此情形之下,反对的论调将雇役化与废止徭役等同起来。[②]

而万历年间以降的一条鞭法,尤其是张居正丈量以后的一条鞭法,其地域性的差异是有所减少的。通过张居正丈量,政府掌握了作为主要课税

---

① 　[日]黑木国泰:《十六世纪中国における雇役制确立的历史的意义》,《科学研修》第94号,1983年。

② 　有关一条鞭法前期的地域差别,参见小山前述《赋・役制度の变革》一文。

对象的土地和纳税户,奠定了一条鞭法推行的基础。其特征大概有以下几点:

　　1. 基本在全国范围内推行;

　　2. 地银和丁银的征收(地、丁并征)变得可能;

　　3. 编成了作为征税底册的《赋役全书》,实现了以银为单位的岁入、岁出会计;

　　4. 从分收分解变为总收分解(一串铃法);此前各种赋役项目各有不同的征收期限,自此改为统一征收后贮藏在官库中,必要时分别解送;

　　5. 从民收民解变为官收官解;

　　6. 自封投柜(遵照易知由单上缴①)。

　　以上这些本来并没有在全国得到一致的推行,因此针对每个地域分别进行研究还是有必要的。

(四) 里甲制阶段和一条鞭法阶段的差异

　　普遍的观点都强调里甲制阶段和一条鞭法阶段的相通性,与此相对,黑木则主张两者的支配原理有所区别,而后者应与地丁银阶段本质相同。梁方仲(F,第308页)将一条鞭法与两税法的区别整理为四点:

　　1. 赋役合并;

　　2. 里甲十年一轮改为每年编派一次;

　　3. 赋役征收解运事宜由人民自理改为官府办理;

　　4. 赋役各项普遍用银折纳。

　　也就是说,实物和劳力的提供已退居次要地位。

　　就里甲制来说,1.以掌握每户的全体成员作为原则而成立;2.里甲是为

---

①　陈支平:《明清时代福建的易知由单和自封投柜制度》,《纪念梁方仲教授学术讨论会文集》,广州:中山大学出版社,1990年。该文以文献史料和在福建省漳平县调查时发现的明末碑刻史料为依据,证明了万历二十一年时,福建省已全省推行了自封投柜制度。关于自封投柜,仍有必要验证他省的情况。我很期待与一条鞭法有关的金石史料的发掘,能为我们带来新的认识和见解。此外本书(编者按:指本文原文出处)的存在得到了刘石吉教授的赐教。

又梁方仲 D、H 中,收录有明末易知由单的样本。关于清代的自封投柜,参见[日]山本英史《“自封投柜”考》,《中国—社会と文化》第 4 号,1989 年。

了把赋役作为共同责任来承担而编成的组织,尤其适应徭役比重较高的情况。与之相对,在一条鞭法中,我们看到的是徭役制度的崩坏,即通过银纳使雇役化得到确立,这为徭役与田赋得以合并用白银进行结算创造了条件。也就是说,土地税的比重由此增加了。

反过来说,一条鞭法与地丁银制的区别,只是地丁银制终结了丁银而已。重田所谓地丁银制意味着"丁银的终结,亦即单一土地税化"="力役的终结 = 对人身个体支配的终结"这一理论,我是无法同意的。地丁银制在实质性的税制分期上还是应当归入一条鞭法的阶段之中。

(五)一条鞭法的推行年份

过去梁方仲将一条鞭法各种多样化的类型都视为一条鞭法,因此他并不认同一条鞭法存在一个在全国推行的具体年份,日本的研究者对此也多持同样的观点(清水泰次,第 101—108 页)。与之相对,另一些观点则分别认为一条鞭法在万历九年①或万历二十年②实施了全国性的推行。前者是以张居正丈量之后的成熟形态来理解一条鞭法的,而后者正如王方中一样,在看了梁方仲年表之后,认为一条鞭法虽然有着各种各样的起源,但是像万历二十年时那样的全国性推行才意味着它事实上的普及。

如何理解明朝中央并没有明确的一条鞭法实施命令这一现象,也是一条鞭法研究的课题之一。

(六)关于"雇役制确立"

如黑木所主张的那样,③认为"雇役制确立"发生于一条鞭法阶段,仍是一个存在争议的问题。

事实似乎与黑木的意见相反,随着一条鞭法的推广,力役制并未完全

---

① 田继周:《明代后期一条鞭法的研究》,《历史研究》1956 年第 3 期;樊树志:《一条鞭法的由来与发展——试论役法变革》,《明史研究论丛》第 1 辑,南京:江苏人民出版社,1982 年,第 133 页。(译者按:原文此处尾注中田文引自"《历史研究》1956 年第 2 期",查此文实刊于《历史研究》1956 年第 3 期,特于译文脚注中改正。)

② 王方中前述论文,第 53 页;庄吉发:《清世宗与赋役制度改革》,台北:学生书局,1985 年,第 63 页。

③ [日]黑木前述《十六世纪中国における雇役制确立の历史的意义》。

消亡。即使是暂时看起来消亡了，我们也很难否认它此后又逐渐回潮的事实。因此也出现了索性将力役制的重新出现和形成解释为中国固有特质的观点。①

　　虽然当时尚不能称全面，但是徭役的银纳化还是基本推行下去了，实现了银纳化的徭役部分与田赋一同以岁出银两的形式变成了客观的实体，这也是一条鞭法意义的体现。如此一来，对于中央政府来说，徭役变成税收增加的来源之一，其结果自然就导向了增税。然而与此同时，对于地方财政来说，一条鞭法也瓦解了过去可以恣意使用的力役征发体系，作为弥补，一条鞭法以外的力役征发和附加税的征收即由此发端，这是不难理解的。

（原载于《明清时代の法と社会：和田博德教授古稀记念》，

东京：汲古书院，1993 年）

高逸凡　节译　　时坚　校

---

① ［日］岩井前述论文。即使是在持资本主义萌芽论的相关研究中，这也是重要的观点之一。

明末的役困：均田均役法的前提

［日］滨岛敦俊

一、明末的里甲正役

（一）

明代前期的里甲制，是以人丁事产为媒介、以"户"为管理对象的赋役征收组织与体系（山根 B50［日语原文误作 B49——校者］、小山 E118、韦庆远 C79［参见文后所附参考文献——编者］）。同时，如本书（指原文出处《明代江南农村社会の研究》——编者）第一部分所述，它还有着与现实的村落、共同体及其中地主对农村、农民的支配相互补足的机能（参照鹤见 E183、E185、E187）。因此，里甲制也成了以国家权力为依凭、保证共同体式再生产过程的媒介。在上述里甲制诸侧面中，均田均役改革主要与第一个侧面有关。自清水泰次起，藤井宏、山根幸夫、岩见宏、栗林宣夫及小山正明等先贤已对此做过诸多研究。据这些先行研究可知，里甲制徭役体系到 16 世纪后半为止，大致经历了如下发展过程。徭役分为十年一编的里甲正役与不定期征课的杂役。杂役的负担在明初并不繁重，然而由于科派愈加频繁，负担者所属阶层也开始下移，因此，15 世纪中期出现了均徭法，将杂役统一整理为十年一度（应正役后的第五年）的定期科派。与此同时，最初体现为力役的均徭，此后经历了数个阶段，最终实现了银纳化。接着，里甲正役中上供、公费等负担（就其形态而言，相比徭役更接近于实物贡纳）统一纳银，形成了"里甲银"。此外，驿传、民壮之役也经历了银纳化，在明代中期形成了里甲、均徭、驿传、民壮"四差"。四差均为银纳，科派的基准从里甲制创设之初以户则为主的丁、粮，逐渐显示出重视田粮的趋势。

上述趋势最终归结为一条鞭法的出现。然而，在各个地方，一条鞭法实施的时期与内容不尽相同。就江南三角洲地区而言，嘉靖末年在浙江由巡按庞尚鹏实施,隆庆年间在南直隶由巡抚海瑞实施(山根 E240)。江南的条鞭合并了"里甲"与"均徭",按丁、田科派,但丁在江南实际上是按田土科派,因而在这里,里甲杂役全部按照田土科派。

　　江南条鞭的实施是徭役制度的一大变革,自此之后,里甲制的意义显著减少。然而,税粮征解的役务,以及对于依靠水渠灌溉的江南三角洲地区的再生产来说,不可缺少的水利事业相关的役务等尚未实现银纳化,仍旧作为里甲正役,以力役的形式残存下来。另外,本属于杂役的诸色解户、斗级等役(这些都与税粮的收解密切相关),也都作为力役残存下来(山根 B50,第72 页;川胜 E130,第 4—10 页)。但这些"杂役"已成为作为正役的粮长、里长役务的一部分,当时人们的意识并不一定认为这些是杂役。[①]虽说这些作为力役残存下来的里甲正役本身的内容比起之前更加轻松,然而如后所述,由于负役者所属阶层逐渐贫弱化,相对而言,徭役的负担反而变得过重,结果导致了之前通过里甲制来维持机能的水利也走向了荒废。上述现象最终导致"逋赋"的出现,成为国家权力面临的重大问题。

(二)

　　关于嘉靖以后残存于江南的里甲正役,已有栗林宣夫(E138、B21)、山根幸夫(B50)的研究。然而各个府、州、县之间不同之处甚多,也有两人未及论述之处。作为均田均役实施前提的江南五府的里甲正役,依然还有尚未得到利用的史料,本部分将介绍这些史料,并对各府情况加以概观。

　　【嘉兴府】天启《海盐县图经》卷六《食货编二下》"役法"中有如下记述:

---

①　川胜氏认为明末江南的徭役中存在正杂之别,此说难以信从。川胜氏据天启《海盐县图经》卷六《食货编》"役法"所载隆庆中粮役事宜:

　　　　里长称苦差者,曰斗级,曰造船。夫里长既纳均平矣。此二役者,非役外而又役乎。(着重号为笔者所加)

认为斗级、造船等杂役部分"与粮长、里长本来负担的里甲正役有所区别"(E130,第 8—9 页)。然而此史料中与"斗级"等相对的并不是依然作为力役残留着的里长的本来役务——催征,而是均平=里甲银。

　　如后所述,反对均田均役的乡绅(申时行、沈演等人)多举出明初以来杂泛差役方面的优免特权作为法理依据,主张现今(明末)的徭役多数属于此类。然而,难以认为当时的官僚们承认其逻辑的合理性。如后所述,明末江南的徭役(力役)的分类并不是按正役、杂役而分,而是按粮役(大役)、里役(小役)的形式区分。

> 至嘉靖间，吾邑额定粮长，大抵四十二人为常。均平事例行后，始照里分，原（明天启四年刊本为"每"——译者）岁输一百六十一人为粮长，征收秋粮。其运纳银米诸差，亦签人为之（明天启四年刊本为"亦金其人为之"——译者）。复名之日解户。〔缺漏"盖其役与国初之粮长同，而其人之分任者较之国初，不止数倍矣。又"——译者〕里长十年之中，充粮长者一次，充见年者亦一次。

此处提到的"均平事例"，根据同《食货编二下》"泛差"部分：

> 嘉靖之四十四年，南海庞公尚鹏来巡浙土，洞晰两役为民大害，乃始总核一县各办所费及各役工食之数，一切照亩分派，随秋粮带征。分其银为二（应为"两"——译者）款，一曰均平银，一曰均徭银。岁入之官，听官自为买办，自为雇役，而里甲之提牌轮办与力差之承应在官者，尽罢革焉。此杂泛差役改为一条鞭之始。

可知"均平事例"所指即是自嘉靖末年至隆庆年间由巡抚庞尚鹏在浙江施行的一条鞭法。因此，在条鞭施行的同时，海盐县粮长的金充法发生了变化，改成每年每里令里长一人充当粮长，令其征收秋粮，在解运征收的银米时，此人则被称为"解户"。此时期里甲正役的显著变化是从里长中金充粮长。梁方仲将其称为"粮里统一法"，同时强调该研究的重要性并搜集、展示了相关事例（C72，第三章）。此外关于海盐县的里长，同样在《图经》的"役法"一项中有如下叙述：

> 凡粮长，每岁每里役一人为之。其里长之值年者日见年，与粮长分上下五甲，督催仓粮、柜银，在官听比。粮长仍充解银米差役。见年修理民七城垣，并充塘长，筑捺上塘水堰。（着重号为笔者所加）

从这些史料可推知，里长十年中会有一次成为"见年（现年）"，征收半里的银米交纳于县，其间也同时成为塘长。另外，十年中会有一次成为"粮长"，收除见年负责的五甲之外的五甲之银米并交纳于县，同时还（作为各种解户）负责钱粮的收解。

嘉兴府的嘉兴县也有相同情况，梁方仲提示的史料已经提到了嘉靖十九年由知县卢楩施行的粮里统一的事例，此外崇祯《嘉兴县启祯两朝实录》

"赋役"中有:

> 役曰现年,曰粮长。总曰里长。十年一充。

在嘉兴县,也是从里长中十年一次佥充"粮长"与"现年"。嘉兴府所辖其他诸县恐怕也是如此。而且由许多史料证实,其与海盐县一样,在作为最重之役的北运白粮以下的各种役务中,亦存在着各种与税粮的收解相关的役务,这些役务也都由里长充当。[①]

【湖州府】关于该府,并没有发现系统的记载,尤其如后所述的崇祯《乌程县志》,出于某种政治目的,故意对均田均役甚至役法的内容略而不载(第九章第二节[指原文出处《明代江南农村社会の研究》有关章节,本文后文若括注"第×章第×节"均同——编者])。从片段的史料中推测,湖州府似乎与嘉兴府相同,"粮长"和"见年"各为十年一编。即朱国祯《涌幢小品》卷一四《揭帖》所载:

> 于是庞御史尚鹏,首行条鞭法,计直征银。……又议革去粮长,以里长收粮,彼此互管,贫富融通(明天启二年刻本为"通融"——译者),十年一审。

隆庆乌程的王道隆《菰城文献考》卷七《国朝正役》载:

> 粮长。……近年以里长充当,谓之粮里。……
>
> 解户。……每年粮长内签编。惟夏税白粮极重,往往充役者陪费,或至倾家。

只有这里提到的负责内容,在崇祯《乌程县志》卷三《赋役》中作为"王道隆野史"被引用。同是明末乌程,沈演《止止斋集》卷五六《议役》(部分收录于崇祯《乌程县志》卷一一《艺文》)中有:

> 盖上五甲既已役过,下五甲无独免之理。

可见"上五甲""下五甲"的用语。基于以上史料,可以认为湖州府也使用了与嘉兴府同样的方法——里长十年一度作为粮长,负责征收半里钱粮,同时成为解户;再十年一度作为里长,征收粮长负责之外的剩余半里的钱粮。

然而这些史料中并没有"现年"(见年)这一用语。但康熙《乌程县志》卷

---

① 不过,关于该府的桐乡县,由于缺乏徭役相关的史料,有关明末徭役以及均田均役改革的情况,完全不明。

四《徭役》中,关于康熙六年以前的役则有相关记述:

> 盖见年催办五甲,则赔累难完。(着重号为笔者所加)

康熙《德清县志》卷四《食货考》(应为《法制考》——编者)云:"后罢大粮长,以里长差次签充。"说明了粮、里长的合一。同时记载了康熙初年的改革:

> 始则见年、粮长,输催银米。其弊也,奸顽者负逋,良弱者赔偿。今则专用滚单,落甲自运,尽革粮、见,而奸良一率矣。(着重号为笔者所加)

由此可以推知,在湖州府,里长被金充的役名为粮长和见年(现年)。①

【松江府】据崇祯《松江府志》,可知其府下三县存在着共通的徭役制度,分为每十年编审一次的"里役"和每五年编审一次的"粮役"(崇祯《松江府志》卷一一、一二《役法》)。

里役中,有以一图为对象的经催(也称分催、里长、排年,催办银米)、该年(浚筑水利,在上海、青浦两县称为"小塘长"②)、总甲(管理杂事,在要地迎接官吏)以及负责一区的总催(又称领限总催,督领经催)、塘长。作为负责一图的里役,同一个人要按照经催→该年→总甲的顺序每十年承役一次(本来与编造这一里长的重要职务相关的役目,完全是通过包役进行的)。③

---

① 然而庞尚鹏《百可亭摘稿》卷一《奏议》所收《均粮役以除民害疏》(时浙江巡按)云:

> 近闻,各县以粮长为病民。乃改属里长,轮年挨充。有司免审编之劳,富民绝汇缘之弊。一图之内,自相催督。数年之内,互为征解。不以众人之役偏累一人之身,权宜变通,法亦未尝不善也。

据此可以认为,早在条鞭以前,浙江各县就开始了部分地金充里长为粮长,庞尚鹏将其推广至全省。

② 万历《上海县志》卷四《赋役志下》"徭役";万历《青浦县志》卷三《役法》。

③ 崇祯《松江府志》卷一一《役法》云:

> 每图分十年为十里(应为"甲"——译者),每甲编审经催一名。或独充,或二户三户朋充,谓之里长,亦谓排年。轮甲甲分,专责催办本图人户,本折银米。假如于第一甲甲年分承充经催,先一年第十甲癸年分即为该年,又先一年第九甲壬年分,为总甲。

承役的顺序存在着反向理解的可能性,但据《松郡娄县均役成书》文集中收录的李复兴《详免总甲》:

> 第查里催一役,其累有三。一曰经催。……一曰塘长,承役于催办之次年。……一曰总甲,承役于该年之次年。

可以确认其顺序。

仅据府志记载,这些里役似乎是以甲为单位科派的,可以认为朋充被普遍实施。作为负责一区的里役,每区从经催中金充"丁力尤胜者"为总催,次年充当塘长。但比起当地的水利,塘长多被动员至其他区域进行海塘的修筑等工作,因此如前所述的泥头的包揽非常普遍(第三章第四节"三")。

粮役是由原来粮长的职务分解而来,崇祯《松江府志》中记载有二十九个役目。其中三县共通且被记为重役的有,布解(一年八名;支给银,购入布并解送)、北运白粮(五十六名;春白、解送用于上供及禄米的白米)——以上为上上役,收兑粮长(一百四十一名;在县仓收漕粮,兑军,上等役),收银总催(一百七十六名;收柜中的金花银并兑于县,中等役)等四役。这些粮役本来是从大户中金充的,然而实际上多由"中人之家"充当,里役则由更低阶层的人来充当。①

虽然在松江府并没有施行从里长金充粮长(粮里合一)的做法,但可以确认的是,直到清初,以税粮征收、兑解为中心的徭役,在松江府下辖各县中都依然作为力役残存。

【常州府】山根幸夫(B50,第 145—146 页)、栗林宣夫(B12〔应为B21——校者〕,第 187—188 页)已指出,常州府下的无锡、宜兴、江阴县中里长的职务产生分化,按里长(勾摄公务)、粮头(催办钱粮)、书手(编造册籍)②的顺序就役。该府治下的武进县的情况虽不明确,但大概与以上三县相同。仅有靖江县与其他四县不同,从各里的里长十人之中每年选择一人充当"长赋",再由其他九名对其监督,这应该只是在该县施用的特殊方法。③另外,宜兴县在之后并没有将此作为定制的迹象。在浙江由里长充当的粮长,在常州府也因万历五年巡抚宋仪望的改革而由里长充当。但当时得到实施的只

---

① 参照崇祯《松江府志》卷一一《经催》的记载《华亭郑(疑漏"公友玄"三字——译者)酌议赋役,以苏民困八款》《华亭聂公绍昌布解议》《(聂绍昌)北运议》;该志卷一二《华亭章公允儒收银榜谕》(卷一二记载为《华亭章公允儒榜谕》——译者);《松郡娄县均役成书》王广心序。

② 以上的顺序是无锡、宜兴县的情况。各个职务的内容依据的是万历《无锡县志》卷八《役法》的记载。另外江阴县是按照里长→粮头→总甲→书手的顺序承役。

③ 康熙《靖江县志》卷一六《记》中收录的王锡爵《靖江县里役编年长赋记》。在墓志、行状等中,江南的粮长往往被称为"长赋""赋长",可能在靖江县的正式名称是"粮长"。

有宜兴和靖江,武进、江阴的知县认为不可而没有实施,依然按区金充。①关于粮长职务的分化,作为提议,有万历二年江阴县的例子②、万历十六年知府谭桂的提议③等例,但可确认得到实施的只有万历癸巳、甲午(二十一、二十二年)时无锡的粮长向米头、银头(柜头)的分化(康熙《无锡县志》卷三〇《徭役》"柜头")。综上可以确定,在常州府中依然残留着作为力役的里长与粮长。

【苏州府】相较于以上四府,几乎没有关于明末苏州府徭役的系统记载,既有研究也几乎不论及苏州府的情况。下面打算对此进行若干考察。

崇祯《吴县志》卷九《役法》云：

> 隆庆二年,知府蔡国熙详定南、北运,柜收等役,及仓兑。并五年一编,与十排年役,各别挨轮。

尽管这一记载仅存于此方志系统之中,对这一点④仍留有疑问,但由此可知,在粮长的税役相关职务中,除催征之外的经收以及解运系统的役目按照规定每五年编审一次。松江府中收、解的劳役名目被分类在五年一编的粮役之中,与十年一编的里役区别开来,在这一点上,苏州府与松江府如出一辙。各县的具体役目列在第六章第二节中。一区的催征由粮长负责,然而也有称为总催或是公正的例子。⑤此外,据康熙《苏州府志》卷二七《徭役》万历三十八年条记载,银两的经收由守柜(吴)、柜收(长洲)、柜头(吴江)、收银(太仓)、收头(常熟)负责,可以确认的是,粮长的役务产生了分化。如前所述,

---

① 万历《常州府志》卷六《钱谷》"征输",以及该条收录的万历十六年《本府知府谭桂议》。另外在谭桂的文章中并没有靖江的部分,万历《靖江县志》卷四《户役》中有："粮长,职收解阖邑诸赋,六十图各一,十年一轮。"可能和宜兴相同,都是按里充当。

② 栗林 B21,第 180 页。此处试图从粮长中进一步金充收、解银两的收头,但并不确定是否真的实施了。

③ 本页注①谭桂的提议。要求将本色税粮的催征,三分为仅交纳漕粮于水次仓的"粮长",将白粮春办、兑军的"解头",以及用柜管理收取折色与徭里银的"收头"。

④ 同一记载只出现在康熙《苏州府志》、康熙《长洲县志》之中,前者的役法相关的记述是对崇祯《吴县志》的转抄。长洲县和吴县一样都是府治之县。

⑤ 常熟县。《江苏省明清以来碑刻资料选集》316《黄册亲供议碑》(原碑在常熟道前,万历三十年)、328《邑侯京山杨公酌议漕政八款》(崇祯三年)。后者中有："公正有收放之责,其担已重。若复以催征累之,疲于奔命矣。"推测是公正收纳总催收集的粮米,交(放)于相应的粮解。

嘉兴、湖州及常州府部分地区有从里长之中金充粮长并管辖一里的例子,在苏州府下可以确认的仅嘉定县有同样的例子。即万历《嘉定县志》卷六《赋役》"粮长"所载:

> 万历十一年,县令朱公廷益,以里长排年充役。自一六,而二七,而三八,而四九,而五十,十岁再更。

另外,同样地,韩浚《查议均田由略》(万历二十九年)云:

> 至粮长一役,自排年轮充来,已称至便,无容置喙。

这是与嘉、湖事例相似而仅有的粮长与里长合一的事例。

关于揭示里长具体情况的史料,极其稀少。但与松江府相同,里长被叫做经催的事例可见于以吴江县(栗林 B22[应为 B21——译者],第 186—187 页)为首,及吴(栗林 B22[应为 B21——校者],第 186—187 页)、长洲(栗林 E138)、常熟①各县。其中关于吴县,崇祯《吴县志》卷九《役法》记载:

> 万历二十四年,吴县知县袁宏道立法,催征条编折银,以上五甲属经催,下五甲属里长,免十排年俱赴县听比。

在常熟,据康熙《常熟县志》卷九《徭役》所载:

> 每图分上下五甲,每五甲,轮年为甲催,或曰经催。

考虑到嘉定县将一里二分,每五甲有一经催负责的事例,可以推定苏州府也存在分化为十年一周期的粮长系统的徭役与五年一周期的里长系统的徭役。

由于史料严重缺乏,目前无法探明之处依然很多,但可以确定的是,在江南五府,直到明末清初仍然存在以力役形式科派的徭役。这些徭役几乎全部与税粮的催征、运解有关。此外还残存有与水利的浚筑有关的徭役。这些明末江南的力役相当于以前的里甲正役,但从解户、库子、斗级等与税粮收解相关的部分中可发现与杂役的渊源。但在此时,徭役中正、杂的区分既不存在于制度之中,也不存在于当时人的意识之中。在与当时的役法相关的诸史料中,完全没有此种区分的记载。方志中的记载一般仅是单纯地

---

① 　前页注⑤;及康熙《常熟县志》卷九《徭役》"催粮候比之役"条。

罗列各种役目，作出区分的也仅像崇祯《松江府志》①卷一一《役法》那样分为"十年编审催征""十年编审里役"与"五年编审收解""五年编审粮役"。②如后所述（第九章第三节），万历年间申时行给巡抚、巡按送去的私信里陈说的反均田均役的逻辑，就是主张此粮役的渊源在于杂役，但改革派完全没有被说服的迹象。

（三）

里甲制中作为里长最基本职务的编造黄册，尽管与里长分离，成为"里长""算手"之任（山根 B50，第 151—152 页），但除常州府外并没有在明末的力役体系中出现。负责编造黄册以及指定徭役负担者等职务从里长中分离出来成为册书之任，基本以包役的形式存在。《嘉善县纂修启祯条款》卷二《赋役》云：

> 夫编里攒黄大政也。官付之总书，总又付之册书。……考册书，旧例必脱役里长为之。近更积猾父子世传……幻成图册。

明末嘉善人陈龙正的《几亭全书》卷二七《政书》所收《革里书区总顶首公议》云：

> 邑例有里书，有区总，皆一年一役。里书就一图中，挨次轮充。区总则就一区中，择富金点。……凡里递良民点值此二役者，大抵见官府。因有奸猾，多方包揽，一包役后，恣意所为。

天启《海盐县图经》卷六《食货编二下》"役法"所收《万历二十九年前任李编审事宜》云：

> 海盐百六十一里，有总算矣。分为十七区，又有区总矣。及至小里，又有书算二人，又共三百二十二人。……及查，里书半（漏"出"字——译者）营求，而算手乃出公报，徒多弊孔，以愚良民而骗其财，是

---

① 在野的读书人陈继儒编纂的这一府志，在所提供信息的丰富性与问题整理的确切性方面是全中国方志中首屈一指的。特别地，他认为："愚尝谓，缙绅讲道学，不如实实讲赋役。……真裕国爱民，江南财薮之第一义也。"（《陈眉公全集》卷五六《答钱龙门》）如实地反映了其经世之学的志向，这种对徭役的关心集中体现在《府志》卷一一、一二的《役法》一项中。

② 《松郡娄县均役成书》沈荃序云："往时编审，大役五年，小役十年。"

黄册中一大蠹政也。

可见，之前由里长充当的册书在明末的嘉兴府几乎全由包揽进行。关于湖州府的情况，康熙《长兴县志》卷四《徭役》中记载了明末的情况：

> 若里书、书算、区总三役，惟十年大造时，始行召募。书算即里书兼之。里书本欲以良家子，可产推收，可无飞洒诡漏之弊。而渐市脍拦入，舞弊多端。

松江府的情况也在陈继儒《陈眉公全集》卷五九《禁编审奸蠹议》中有所记载：

> 往年报役签役之弊，区图奸人，及公门员役，靡不鹰扬虎视，骗诈万端。诈不遂意，纵田少则曰积金不积产。钱神有功，纵田多则曰外有余，内不足。或挟仇以报役，或亲故以隐瞒。甚至无户无田者，或捏黄册鬼名，而云是彼原籍；或借白册他人之田，而云是彼亲寄。一役陷及，百口莫辨。冤哉，冤哉。

《松郡娄县均役成书》所收李复兴《均编要略》云：

> 捆束皆由图蠹把持，图书掌握，田多者受贿免脱，田少者无贿雉罹，造册则朝更暮改，分数则换李移张，先后任其倒置，多寡听其游移。

另外该书所收《致慕（天颜——笔者注）藩士民公呈》亦云：

> 如图书，身不习农工商贾之业，专以报役、包役为生涯。

恐怕在苏松，册书也是依靠包揽。明末清初的常州府，制度上残留于徭役体系内的实际情况难以确定，但如同当时江南的一般趋势，尽管形式上定为轮年的佥充，实际上的状况也还是"本县每年点佥县总必选殷实善户，然其人不习计簿，势必雇人。（区、图之）书算，则今年之钱乙即上年之赵甲也"（黄洪宪《碧山学士集》卷一五《与郭中尊论田粮积弊书》[本史料据明万历间刻本核校，句读按作者原文文意，括号中为原文作者所加——译者]）。①

---

① 康熙《无锡县志》卷三〇《徭役》中详述了明末的力役，但只有里催、总甲、柜头（粮头），并未触及册手。恐怕是由于包揽的缘故。

二、役困的发生

（一）

作为力役的杂役消失之后，可以看到里甲正役作为力役残留下来，而且其负担绝不轻，役困依然是一个问题。康熙《常熟县志》卷九《徭役》中记载了里甲正役的负担之苦："明之季，民之倾于赋者，什室而五；倾于役者，十室而八九。"特别以白粮解运为中心，类似的记述数量甚多，不胜枚举。徭役负担的困难根本原因何在？嘉靖二十年代中期的徐阶《与冯桐江郡侯书》（《世经堂集》卷二三，另收于崇祯《松江府志》卷一二）中列举了粮长就役全过程涉及的各种困难：

> 阶往年忧居，见亲友之役于官者。其始也，有拜见之礼，自管粮以及催督，查追之官，莫不受赂焉。有铺堂之费，自吏书门皂以及民快坊甲之属，莫不索贿焉。其中，又有买限之钱焉，有销限之钱焉，有乞免正身之钱焉，（漏"有乞追欠户之钱焉，有打发承牌之钱焉"，本史料据崇祯《松江府志》核校——译者）有冬至节年之钱焉，有雇人代仗（应为"杖"——译者）之钱焉，有仗（应为"杖"——译者）而医药之钱焉，有解粮沿途供给之钱焉，有解粮常例人事之钱焉。倾销，则自多扣秤头，私易成色，而不足之数，责以偿焉。（漏"出兑，则不能抑制豪军之过取，而不足之数，责以偿焉。拖欠侵欺，则受贿听嘱，漫不查完，而不足之数，又责以偿焉。"——译者）至于劝借、预征、买办、公用等项名色，纷然杂出，莫知愧畏。

除就役的必要经费、包役代理人的费用之外，还存在为满足官员、胥吏苛敛而产生的各种费用。类似这种来自官员和胥吏的非法掠夺，被视为役困的最主要原因，这在很多史料中都有反映。然而官僚及胥吏的苛敛本身并非这个时期所独有，而是与中国历史上的中央集权式官僚制共存的长期现象。因此必须从其他方面寻找明末江南役困所特有的历史原因。崇祯《松江府志》卷一一《役法一》在其庞大的役法相关记事开头部分的记述具有象征性意义①：

---

① 陈继儒《陈眉公全集》卷二一《上海依旦土侯编审役记》云：

> 松父老云，三县赋烦差重，非独当役难，即审役更难。十年编里甲，五年编大役，若小户不安，而大户之不安，可知也。前官不便，而后官之不便，可知也。

这一记述不仅反映了陈继儒自己的认识，也反映了"松江父老"即不得不负担徭役的地主层的共同认识。

> 三县役重已极。非独当役难，即审役更难。下则身家俱毙，上则心口两穷，此岂细事哉。

即与其说困难在于"当役"＝役负担本身，倒不如说在于"审役"＝役的分派出现了问题。崇祯时期的南直巡抚黄希宪也述及了同样的问题："（江南）小民差役之苦，有不忍言者。非苦于重役，实苦于役之不均。"（《抚吴檄略》卷七《为赋役不均，官民两困，酌议持平之法，永垂画一之规，以苏积疲，以裕上供事》）。可以看出，此处已然形成了一种认识，即在徭役负担者属于怎样的阶层中寻找役困的原因，而不只是注意到徭役的内容或是与之伴随的苛敛等问题。

（二）

那么，明末江南的徭役负担者有着什么样的特征呢？万历秀水的徐必达《南州草》卷二《目击白粮迟误之故、解户艰苦之情，敬循职掌，条末议，以重内供，以苏民困疏》的第十一弊中指出了徭役的负担者与内容之间的不平衡：

> 各县践更，虽不乏人，而殷实则止数家耳。……遇一差，则点一殷实，所存几何。而北运不得不半非其人矣。以非殷实而北运，未有不立破矣。

上文提及的庞尚鹏奏议《均粮役以除民害疏》云：

> 照得，浙江为财赋重地，而粮长为郡县重差。查旧制，俱选殷实上户签充，立法可谓详矣。迩来富豪大户，欲避重就轻，诡寄花分，奸弊丛出，更相影射，真莫测其端倪。而贪墨有司，或公行贿赂，或甘受请托，遂不免参以己私。富者未必编，编者未必富。中人之家，每遭此役，未有不荡覆身家者。甚至坐罪远遣，流祸子孙。臣每从系囚中，询及此辈，为之恻然。

早在嘉靖末年，"富豪大户"就将田户以诡寄、花分的方式或通过贿赂官府的方式来逃避徭役负担，结果那些生活并不富裕之人成为被课役的对象。"中人之家"被佥充为粮长的结局，必然是荡尽身家。据万历年间华亭的乡绅徐三重所言：

> 江南差役,以田为序,此经法也。夫国家以民为役,以田制役,虽古盛世不能易。后代人奸法弊,民不皆有田,役亦不尽从田。于是有偏累不均之恨。盖举海内皆然,江南为甚矣。夫江南财赋剧地,诸役最称烦辛。乃今任巨产之家,优游丰盈,坐作淫移,而徒使贫苦之民,资窘力单,奔驹鼓朴。此当世所为不平者。(崇祯《松江府志》卷一二《徭役二》"役议"中收录《比部鸿州徐公三重论役书》)

尽管江南的徭役是以田土为基准科派的,但役与田分离,"巨产之家"得以免除负担,而"贫苦之民"成为负役者。崇祯时期的南直巡抚黄希宪亦云:

> 惟是小民差役之苦,则有不忍言者,非苦役之重,实苦役之不均也。他不具论,即以白运一役言之。昔年非有数十顷田者,不承此役,今赔累日苦,规避之术愈工。诡寄花分,田不可问。钻营贿免,弊不胜穷。闻阡陌连云者,坐享安逸;产不及中人者,强派数十家朋当一役,以致家产既尽,性命俱亡。(《抚吴檄略》卷七)

从多数史料中可以确认此"中人"层,亦即富农—中小地主层①,被课以重役。万历三十年末施行均田均役改革的华亭知县聂绍昌论及"布解"②之役云:

> 此真莫大之役,如万斤之担,必当委之万斤气力之人。而近年,乃金点中人之家,又不给银。单寒下户,岂能赔买,势不得不卖田鬻产,揭债买布。挨到京邸,乃其交卸获批,则已吸骨及髓,更无身家余剩矣。所以吴中一闻此役,如赴死地。

此处述及听到即"如赴死地"的重役被金点至"中人之家"的情况,此外关于"北运白粮"③"收银总催"④等粮役,也讲述了同样的情况。崇祯《太仓州志》之《水利志》云:

---

① 崇祯《松江府志》卷一二《役法二》"收银总催"项所收《万历庚戌聂公绍昌收银议》云:

> 然查近年收银者,不过一二百亩,或三四百亩之家,犹是中户,岂胜猥费。

据此可推定"中户"="中人之家"的土地所有规模。
② 崇祯《松江府志》卷一一中定为"上上役"。另外参照西嶋定生 B38 第 3 部第 744、867 页。
③ 崇祯《松江府志》卷一一《役法一》"北运白粮"项所收《万历庚戌华亭聂公绍昌北运议》。
④ 参考本页注①。

> 若夫塘长一役,原挨点排年首名轮充,责以催督散户。今区穷户
> 小,致首名有不及数十亩者。难上难下,累苦百端。

同书《赋役志》"白粮"条云:

> 按册而稽,向之富户,寥落零星,不得不取中人产以应。

在崇祯年间的太仓州,即使各图的排年中最上位者也存在拥有土地不及数十亩的情况,可见"中人"承担着粮役的负担。崇祯《吴县志》卷九《役法》所收《周尔发吴县均役书序》述及徭役负担者的贫弱化:

> 江南财赋最多者,莫如苏松二郡。比州县签役,则中产并支,下及窭户。倾资疲困,靡所控诉,致官课益亏。盖花诡日相沿习,避役之田多,承役之田寡矣。

关于嘉兴府的嘉兴县,天启二年魏大中《藏密斋集》(本史料据明崇祯刻本核校——译者)卷一二《贺康明府恩封序》中讲到解户的艰辛:

> 百亩之家辄破,岁役百亩之家近百家。是岁破其中产之家百也。

另外同书卷一四《与吴旭如》讲述了中人因粮、里役的负担而没落的情况:

> 是驱中人之产,尽并兼于豪右,而单丁下户,非逃亡,必不能以免里
> (里＝徭役——笔者注)(漏"也"——译者)。

常州府无锡的孙继皋也指出,仅有数十亩田的"中人之家"负担粮役,"生流徙之心"(《孙宗伯集》卷六《李抚院养愚》)。综上所述,明末的徭役负担者主要由被称为"中人之家"的中小地主层及以下的农民构成。徭役内容本身多超过其负担能力,再加上种种中饱,导致他们的没落频频发生。由此可见,在这样的"役困"之下,乡居自营地主的经营发展受到极大的外在性制约。

此处应当考察的问题是,佃户的徭役负担如何?鹤见尚弘的里甲制研究将赋役制度与国家权力支配构造的分析联系起来,并将其与地主—佃户关系的联系也纳入考察视野。正如鹤见业已阐明的,在江南地区,十亩田是实现再生产的最低标准,所有地未达到这一标准的农民,应当免除他们的徭役负担(E179、181〔应为 E183、E185——校者〕)。关于这一原则,除鹤见所举事例之外,笔者还可再举出两例。《常熟县水利全书》卷一所收耿橘《大兴

水利申》开河法第一条"照田起夫，量工给食"（万历三十二年）中提及往年十亩以下免役：

> 说者谓，有近水利者，远水利者，不得水利者，及田止十亩以下者。分为四等，除十亩以下者免役外，余以三等为伸缩。盖往年之役如此。（着重号为笔者所加）

如前述（第三章第二节），常熟知县耿橘为将来推行新惯例而否定了这个四区分的原则，但并没有否定过去存在过这样的惯例。又康熙《苏州府志》卷五〇《宦迹五》"黄希宪"条载：

> 崇祯十三年，继张国维，来吴为政，一循其旧。先是，苏民困于役。最重者为白粮解户，家无不破。其次则征收地丁银，谓之收头。民田十亩以上者，皆不免。（着重号为笔者所加）

尽管此处是废止收头（如后所述，作为向自封投柜转变的一个环节），但也可以确认十亩是一个重要的区分点。当然，在徭役负担者的阶层降低显著化的这个时期，十亩的数字很可能并不具备现实意义，但就算如此，此处依然显示出在观念上"十亩"是徭役负担基准的重要区分点。

然而这终归只是制度上的当行之法。正如鹤见指出的，在现实中，负担徭役的实例很多是所有地在十亩以下的农民，他们在江南地区只能是佃农或半自耕农等小经营农民。作为明末"役困"之一，在与中人层不相称的重役负担之外，当然也存在佃户的徭役负担问题。万历时期乌程县朱国祯的《涌幢小品》卷一四《揭帖》云："有无一亩半亩之产而充数分之役①者（原文为"有一半亩产而充至数分者"，现据史料校改——译者）。"陈继儒亦云："（官甲之田多，故）未差中户，差小户，并，不免差朋户。"（《陈眉公全集》卷二一《上海依日王侯编审役记》）崇祯《松江府志》卷一二《役法二》"役议"所收《上海知县徐曰（应为"日"——译者）久（均役成书）叙略》承其说云：

> 惟寄户之田，一入官甲之内，缙绅指为己产，有司指为官田。即有极烦极重之役，往往舍而之也（应为"他"——译者）。于是差中户，差小户，差朋户，甚则差无产之户。

---

① 伴随着负担者阶层的显著降低，将一役分成十份而朋充的做法得到普遍实施。

《松郡娄县均役要略》文集《松江府四县士民呈》云：

> 未均役之前，积年图蠹，名曰公正。把握图权，拴挽图书，一临审役，逐
> 户需索。……更可异者，此辈报役不以真名。开列止将二姓三姓，串报一
> 名。凡图内同此姓者，不论有田无田，即称有役之家。朝更暮改，挽差锁链，
> 逐户诛求，索诈赃私。差得其三，蠹得其七。甚至五亩十亩者，畏役如炉。

康熙《常熟县志》卷九《徭役》"经催"条云：

> 故百亩以上人户，充此一役，犹虑不堪。若以零星数亩之户朋充，
> 未有不立毙者也。

这些材料提及的"无一（亩）半亩（之）产者""朋户""无产之户""零星数亩之
户"很可能就是佃农。《松郡娄县均役要略》王广心的序文证明了这一点：

> 若赘瘤而猾隶，豪绅以护持为兼并。由是富者不得不贫，贫者不得
> 不窜。及其窜而拘追佃户。……因而同役者相继亦逃，因而阖图之邻
> 佃俱逃，尚忍言哉。（着重号为笔者所加）

然而这种中人因课役而破产没落的情况早在明代中期就已经出现了。成化
至嘉靖时期昆山人方凤的《改亭存稿》卷五《杂著》载：

> 人有恒言。皆曰，好事难成。予独曰，好事难行，行之而反受累者，
> 多矣。悲哉。悲哉。吾邻区无巨室。惟予侄，与王宪副及严氏，产颇
> 厚。伯兄矫翁因悯区民无力，乃倡议三家，轮掌区赋。严以显官姻戚，
> 辞。王公欣然从之。乃各命一老仆，主其事。有司略不以为义举，加以
> 鞭朴，困以重役。且里中狡猾，朋计弄之，二仆日就贫乏。呜呼好事安
> 在哉！予在南台时，便道归见，吾乡中产三家，俱败于粮役。召而问其
> 故。泣且答曰，区中官户大户，不肯输税。又以滥恶米及他物准折，故
> 高其直，累代陪。且半遂至此。予闻之惨然，不谋于众，即日具词有司，
> 愿以本户税与军自兑，不烦粮长。

另外关于朱国祯之父朱守愚（弘治至万历年间）有如下记载：

> 公身不逾中人……考都水公无禄，公年十七，巨役奄至，产且日圮。
> （孙楼《孙百川集》卷一〇《明故山东道监察御史守愚公行状》）

可见早在正德至嘉靖年间,就存在"中人""中产"层被课以重役的事态。然而论及这个时期江南役困的文本,并不一定论及优免、诡寄,①与嘉靖末以后的役困还是有着质和量上的差异。

(三)

"大户"＝大土地所有者被免除徭役,"中人之家"＝中小地主负担重役而没落,结果徭役的科派落到佃户身上。这一现象的原因,正如吴县知县周尔发所指出的那样,在于花(分)、诡(寄)日趋增加,从而导致避役之田的增加和承役之田的减少。诡寄在明代前期就已存在(清水泰次 E155、156②),但从明代中期开始,随着田土作为徭役科派的基准开始受到重视,诡寄的现象也逐渐盛行。如酒井忠夫所详述的那样,诡寄的对象是拥有优免＝免除徭役特权的"乡绅"(酒井 B23 第二章"三"③)。酒井考察了《天下郡国利病书》及《大明会典》中所见的优免规定,将其分为:1.明初(正统);2.嘉靖二十四年(承接嘉靖十年);3.万历十四年三个阶段。最近和田正广将这三个阶段的特征分别总结为:1.杂役中丁的优免;2.丁、粮的优免与相互准折;3.丁、粮向田土的准折(E245)。在均田均役法改革之初,嘉靖二十四年的《优免则例》作为中央政府规定的统一标准,成为一种当行之法。④该规定按照明初以来的原则,只认可杂役(杂泛差徭)的优免,就里甲正役而言,即使乡绅也不能获得优免。这一点在万历十四年免额基准从丁、粮转为田土的规定中也

---

① 作为例证,可以参考弘治时期吴江县史鉴《西村集》卷五《论郡政利弊书》;正德末嘉靖初吴县王鏊《震泽集》卷三六《吴中赋税书与巡抚李司空》(正德十三年七月就任南直巡抚的李充嗣,于十六年正月兼任工部尚书,嘉靖二年十一月时转任);前引徐阶《与冯桐江郡侯书》(松江知府冯彬在任时期为嘉靖二十五年至二十七年);等等。

② 另外清水把将田地名目上寄于权门的做法称为"投献",把分田地于鬼户的做法称为"诡寄",但这与明末的一般用法有违。后者一般被称为"花分"或是"飞洒",根据酒井忠夫的说法,"投献与诡寄事实混而不分,语义相通"(酒井 B23,第 102 页)。

③ 尤其其文中注 25"明代的官僚士人的优免",仔细地梳理了至万历初期为止的中央政府层面的法令中优免规定的变迁过程,对笔者帮助很大。但遗憾的是,酒井并未对均田均役进行分析(在卷末的详细的索引中也没有提及此词),可能由于此,才对康熙年间上海的叶梦珠的均田均役记事(B23,第 206 页所引)如何定位感到困惑。

④ 酒井 B23,第 201 页;山根 B50,第 121—122 页;和田 E245,第 104 页。另外《穆宗实录》"隆庆元年十月庚寅"条中引用的户部对巡抚董尧封上奏的覆奏认为,在重税的江南,应以田土定优免,而不是以税粮额。

没有更改。尽管有这种规范存在,但从下面的史料可以明显看出,这个规定在江南完全失去了实际效力。《嘉兴县启祯两朝实录》"白粮"所收崇祯十三年六月户部尚书李待问的上奏引用了浙江布政使金之俊的上言:

> 乡绅优免,宜遵《会典》限制,不得溢加。亩数浮于优免之外,仍一体当差。即在优免之内,无一体帮役。臣按《会典》所载,见任官员,照品级优免丁粮若干,而不及户役。其优免户役,惟江南及浙西有之。

金之俊提到,尽管优免额在《会典》中有所限定(应是嘉靖二十四年的则例),但实际上并无限制,而且里甲正役本不应该获得优免,但在"江南及浙西"①,里甲正役却得到优免。中央政府定下的法令在地方并不一定得到实施。地方官"阳奉阴违"之事很多,更何况与乡绅阶层的利害从根本上对立的优免限制,仅凭中央的一纸命令是完全没有实际效果的。

　向乡绅诡寄早见于明代中期,然而在江南,直到嘉靖年间,诡寄尚未成为重大的问题。连前引的庞尚鹏也认为,成为问题的只有"富豪大户"这种单纯的大土地所有者,尽管他们在阶级上是掠夺佃农的地主阶级,并且在社会上拥有支配地方的力量,但在重田德所说的"作为实现超然的中央集权王朝权力(一君万民——笔者注)支配理念的杠杆"(E161)的里甲制体制之下,在法律、身份上都是没有特权的民户。利用乡绅特权的诡寄,特别是在嘉靖后期以降,开始成为严重的问题。嘉靖至万历时期海盐人王文禄《百陵学山》之《书牍二》所收《上侯太府书》云:

> 今者位愈进,而心愈贪,占夺田地,亦细事耳。且今大造黄册,十年之利害也。乡官受民诡寄,田一亩银三钱,千亩三百两。新例也,前册未有也。……刓黄册,止言男一丁,草房一间,田若干亩,未见有某乡官、某进

---

① 除了南直隶的苏、松、常及浙江的嘉、湖五府,不知是否还包括杭州、镇江等地区。不过杭州府山阴县人刘宗周在崇祯十五年闰十一月的上奏中言及:

> 独官户偃然,处十里之外,不值现年。臣乡如此,江南可知。江南如此,天下可知。此今天下第一民艰也。(《刘子全书》卷一七所收《责成巡方执掌,以振扬天下风纪,立奏化成之效疏》)

由此推知,利用优免特权的诡避徭役广布于华中南地区。然而据嘉靖三十八年进士,累迁至贵州巡抚、工部尚书的江西吉水人曾同亨(嘉靖十二年至万历三十五年)所说:"仆亦今岁现年里役也。"(《泉湖山房稿》卷一七《又答苏明府》)可见作为官户当里甲正役的事例。

士、某举人也。由此观之,同一齐民也。无优免之例也。试取册,而验之
可也。京官优免者,为劳于职也。免本户的名,非免诡寄也。外任休致无
之也。今也,概免之。不特免己,而免人亲戚,有利者皆得免之,何多也,
贫民曷堪乎! 今若此,再十年后之造册,皆乡官之户也,谁为里甲乎!

其中谈到近年乡绅的所有地因非法诡寄而急剧增加的实情,并担心里甲的
崩坏。王文禄在万历九年海盐县的均田均役法实施时发挥了重要作用,关
于此人,后文再作详述(第九章第一节)。书简的收件人"侯太府"应是嘉靖
三十七年至四十一年在任的知府侯东莱,史料中的大造、新册当是嘉靖四十
年(辛丑)的编审。因此,前册,也就是嘉靖三十年,尚未见到以一亩银三钱
的报酬换取乡绅接受诡寄的情况,这一新惯例要到嘉靖四十年才开始出现。
顺带一提,嘉靖末年海盐县寄田之银每亩三钱这一额度,在八十年后的嘉善
也可以看到,①这一点值得注意,有可能三钱作为一般惯例被普遍实施。

(四)

南直隶在隆庆年间将乡绅的所有地与民户的所有地分离开来,设置"官
甲",这往往被视为诡寄的根源所在。万历三十九年,欲在苏、松、常三府实
施均田均役的巡抚徐民式在上奏中提到里役固然艰苦,但粮役负担之苦尤
为显著(引自崇祯《松江府志》卷一二《役议》所收《万历庚戌抚台徐会题均役
疏》)。另《江苏省明清以来碑刻资料选集》301《无锡县均田碑》中收录了更
为详细的内容,但与本部分几乎无差异:

　　盖因隆庆年间,吴中士夫创立官甲,自办自比、自取自兑。未几巧
诈百出,弊窦纷然。有倚官甲,为避差之窟,而诡寄者。有通钱神于猾
胥之手,而花分者。有寄庄而图优免者。有故官而仍滥免者。相沿积
习,牢不可破,而长民之吏,莫能究诘。夫总计一县之田,止有此数。此
增则彼减,官户之田,日增一日,则民户之田,不减不止。②故县中一遇编

---

① 萧师鲁《古处唐集》卷一二《均田均役议》第 13—14 叶中记述了改革方案,其旨趣为:关于优
　免限制,限外之田课役,但以交纳"役银"代替实际的力役,粮长为六十两。进而有以下说明:

　　　臆定为六十两,亦准其寄田银每亩三钱之例也。(着重号为原文所加)

② 画线部分在《无锡县均田碑》中记述如下:

　　　减之又减,将来不至尽化为无役之田,不止。

差,上户不足,点及中户,中户不足,点及朋户。于是,豪门子弟倚势人奴,方且坐拥良田美宅歌童舞女,耳中曾不闻役之一宇(应为"字"——译者)。而彼瓮牖贫民,鹑衣百结,豕食一餐,反共出死力,以代大户非常之劳费,此情理之难通者。(着重号为笔者所加)

此处徐民式(有陈继儒参与的可能,因为徐民式的《均役全书序》是陈继儒执笔的)将役困的原因直接归结于"诡寄""花分""寄庄""故宦滥免"四点,认为其渊源在于隆庆年间的官甲设置。官甲设置原本是为了应对前引方凤《改亭存稿》中提到的状况——"区中官户大户,不肯输税。又以滥恶米乃他物准折"。实际上陆树声《陆文定公集》卷一三《答甘紫亭按院》中第三条"一议偏累之苦"云:

> 一议偏累之苦。往时士夫之田,散在图内,催办则烦里甲,收兑则烦粮长,官府难于比较,役人苦于偏累。自舒继峰公祖按临,博采民情,讲求利弊,制立官户书册,使钱粮自行比较,则催办不烦里甲矣。运米自行兑军,则收兑不烦粮长矣。又每户平米一担,派出役银一分一厘,以助纲解。是书册之立,所以利小民,而非以便乡宦也。盖书册立则钱粮易于稽查,官司便于比较,役人免于烦累。

指出为了防止催办、收兑中里长和粮长(都从民户中金充)的偏累,"舒继峰公祖"即舒化①设置了"官户书册"＝官甲。如后所述(第九章第三节"一"),这一陆树声的书简是对万历一零年代末期欲在南直实施均田均役的巡按甘士价的谘问的反对意见书。然而川胜守将此理解为实施均田均役的提案,并认为此"提案"反映了他假定的均田均役"第二阶段"的主要内容(官图、官甲的设置,官户的贴银等。这些看法有误,容后详述),认为上面的记事正是官甲设置的提案(E130,第 14—15 页)。川胜守将官图、官甲的设置作为"第二阶段"主

---

① 舒化,字汝德,号继峰,江西临川人。嘉靖三十八年进士。据天启年间的《本朝分省人物考》卷六一《舒化》记载:隆庆末年,他被任为山西参政而致仕,在神宗即位时就任山东参政。但是,"寔莅吴,吴富室,故多佚赋,独累娑人子,化为按,核诸伏赋"(原文为日文,引史料原文翻译,句读按日文分节——译者)带山东参政的官衔而实际上被派遣至江南。关于此官制,张国维《吴中水利全书》卷九《水官》隆庆六年条云:

> 敕差苏松常镇粮储参政一员,带山东布政司衔,兼理水利。

可知此制一直延续至万历五年(五年时,苏松常镇兵备道兼理水利,山东参政衔的粮储参政被废止了)。隆庆六年、万历改元前,派遣舒化负责江南税粮问题,设置了官甲。

要标志的论据有三:第一,笔者已在旧稿②(本书第五章第三节"二""三")提及的嘉兴、嘉善两县官图的设置;第二,关于海盐县也可能设置了官图的类推(完全无法从史料上得到确认);第三,这一陆树声的提案。关于第一点,川胜守在援引笔者观点的时候应当留意笔者指出的嘉兴(以优免限内的免役田为官图)与嘉善(以优免限外的派役田为官图)两县之间的差异。关于第二点,不仅完全没有史料依据(海盐方志的《徭役志》关于均田均役由于后述——第九章第二节"四"——的政治性理由提供了非常丰富的史料),川胜守在批判笔者时提出的类推的逻辑中还存在着重大失误(于第五章第二节"七"详述),关于海盐的观点并不成立。关于第三点,遗憾的是,川胜并未注意到上引书简中舒继峰公祖云云的部分。无须赘言,此处官甲书册云云并不是陆树声面向将来的"构想"(川胜 E130,第 14 页),而是对已经发生的事实的叙述。可以断定,作为南直、浙江共通的均田均役"第二阶段"特征的官图、官甲论,是完全不存在的。

综上所述,在隆庆末年以降的南直隶,乡绅所有的田土与一般民户的所有田土区别开来,记入"官甲书册"形成"官甲"。其税粮的催、收、兑并非由里役进行,而是乡绅(官户)各自令"知数""家人"完成。①此般官甲的存在,成

---

① 根据崇祯《松江府志》卷一一《役法一》的记载,可以确认是在隆庆年间设定的:

> 旧制,每区设催办粮长一名,专管催征本区银米,每年秋赴南京,关领勘合,然后承役,亦重典也。旧谓之公务粮长。其在本区图,催办人户则有零星窎远之烦累,官豪势宦则有上门守候习蹬之烦苦,民力既已告困。编审又或不均,乡官田多,贴(应为"赔"——译者)累日甚。隆庆初年始立官甲书册,每册用知数人一名,应完本折钱粮,自赴比较,与总经催人役无涉。

不仅松江,由以下史料得以确认,苏州、常州中也存在:

> 官民田地,混在图中,征比之期,小民上宫门催纳,习蹬烦难,大为里长之累。于是,分官民之田,为两户。民户里长经催主之。官户,各有知数家人一名,其户下应完本折钱粮,知数自办自比自收自兑。久之,而弊端百出,不但本户之钱粮抗比无完,而田多之民户,有倚官户为避役之窟而诡寄者。(康熙《无锡县志》卷三〇《徭役》"均田")

> 今吴之田,若赋不可谓不病矣。而其原自偏役始,偏役自花诡始,花诡自官甲之逾滥始。官甲之创也,不以催征之役累里排,亦犹贤士大夫之雅意也。苟不为奸宄所窟穴,虽蟊螯官户复之,而富民之田故在也。借以瞻征徭,而苏凋瘵,奚不足者。而乃官以庇民,贵以庇富,转展枝梧,莫可究诘。(康熙《苏州府志》卷二七《徭役》收《知府赵世禄均役全书跋》)

然而"知数人""知数家人"担任着这些官甲税粮的缴纳。崇祯《松江府志》卷一〇《田赋四》所收崇祯《上海县缙绅乐助义田缘由》中载有提供了义田的乡绅、生员的姓名,在各个名后都附有"知数"的姓名。知数的姓全与该乡绅的姓相一致。因此"知数"正如其别名"知数家人",多由乡绅的奴仆充当。

为导致诡寄盛行的杠杆。通过以上考察可以确认,在浙江和南直隶,避役的原因都是优免。

（五）

当乡绅无视规定额度扩增免役的田地,或利用优免的特权进行诡寄,或是乡绅以外的大地主在名义上分散自己的田地成为细户而得以免役,能科派役的田地必然就会减少。这时产生了新的问题,即因免役田的数量存在多少之差,里甲之间也产生了田地之差。庞尚鹏《百可亭摘稿》卷一《奏议》中收录的《均粮役以除民害疏》中指出,早在嘉靖末年,各里、甲间就存在着丁、田的不均等:

> 但里甲丁田,彼此互异。举一图而较之各图,即一甲而例之各甲,其间有自什百以致千万,及倍蓰无算,诚有不能以一律齐者。

到了万历以后,丁作为科派基准的意义几乎完全消失,多数史料都提及里甲间的田土额度之差。乌程的朱国祯云:“有一甲全然无田者。”(《涌幢小品》卷一四《揭帖》)万历《嘉定县志》卷六《田赋考中》“赋役”云:

> 排年之田,有千亩而上者,有十亩而下者,无田而役,弱者不能支,狡者更渔猎以为利。①

秀水徐必达云:“额田大悬,多者逾数百千顷,而少者不满数十百亩。”(《南州草》卷三《赋役关系匪轻,谨申台臣适均之议,乞赐采择,以安民生疏》)天启《海盐县图经》卷六《食货编二下》“役法”云:

> 后来百姓规避役色,将田粮花分诡寄,向别图巧自隐匿。又或因里有顽户欠粮、荒田赔粮,及解军等累,较量利害,转展别窜去者。所避里分,人相戒,不复入。所就里分,人众差轻,投入者转多。于是,丁粮多寡愈失其平,同一里长苦乐天壤悬绝,有司纵费尽心审役,役亦无繇得均。

此处指出通过花诡来避役以及回避重税,结果就是里(图)产生了田土大小之差,里长的负担“天壤悬绝”、徭役不均。

---

① 如第六章第一节所示,在南直隶,嘉定县是明末少有的尝试实施按亩数佥充里长的几个县之一。

三、避役的构造

如徐民式所言"夫总计一县之田,止有此数。此增则彼减,官户之田,日增一日则民户之田,不减不止"(原文为日文译文,此处录为史料原文——译者)的状况,换言之,就是免役田土增加,即承役田土减少,由此产生的役困正是中人、小民没落的原因。然而就忌避徭役的手段,徐民式举出了四点,即寄田地于官甲的"诡寄";收买胥吏、将土地名义上细分到实际不存在的户="鬼户"的"花分";在本籍地之外获取土地,谋求优免的"寄庄";超过规定额而受到优免的"滥免"。然而嘉靖武进的唐顺之《唐荆川文集》卷一○《答王北厓郡守计均徭》云:

> 大户之诡寄起于官户之滥免,则此二弊者其实一弊也。

此处将诡寄与滥免归为一体,两者俱是以官户的优免特权为媒介,从这一点来看,两者实为一体。因此可将免役田土增多的原因分为三。这里尝试对"诡寄""寄庄""花分"分别进行考察。

【诡寄】获得乡绅身份①的人在创立"官户"后,将一族的土地登录在其名义下而免除里甲的徭役,这是明末江南极为普通的惯例。虽然《会典》嘉靖二十四年有"俱以本官自己丁粮照数优免,但有分门各户,疏远房族,不得一概混免"的规定,但上述惯例并不被认为是违法的。从以下几个事例可见一斑:

> (甲)屡以琐事干渎,致烦清虑多矣。无任愧感。兹又有不得不陈者。家下有里递四名。六甲、十甲系家下之产,而七甲则舍妹夫申经峪之产,九甲则寒族之产。……今当编审解户之时,敢求台下,俯念大臣之体,得赐宽免。……(董嗣成《董礼部集尺牍》下《与徐邑侯》)

> (乙)治生一户有九都,田有六、七、八、十四等都。……若户内有弟

---

① 按照酒井忠夫的看法(B23,第78—86页),"乡绅"包括举人以上有资格成为官僚的人。另外,"列举某地方社会的各阶层身份时,一般倾向是列举乡绅(乡官、缙绅)、举、贡、监、生员、民"(前引书,第86页),以笔者管见,这是符合大部分情况的。

　　另外,和田正广的论文中叙述了举人与优免的关系(E245)。如第十章第一节所述的那样,江南的生员大多负担里甲正役,然而在福建则有例子表明生员凭借优免特权诡避徭役。(Dennerline F251,pp.107-108. 笔者旧稿⑨,第10页)

男子侄并入者,只照都分,尽派治生名下,治生别通融计算,分派弟男子侄。总之了治生一户事而后止。(《常熟县水利全书》附上所收《钱侍御回书(讳岱)》)

(丙)目下某之田,自祖遗续置,母弟寡妹儿妇奁产,并县主批准小婿沈潜七伯[佰]余亩之数,共二千二百三零,除优免外,该充四名,愿注二差。(《朱文肃公集》之《救荒略》收《答曾父母书》四"贴银之项")

(丁)侄孙某奉白诸叔祖叔父。世事一更,某今得为编氓幸矣。万无复厕冠裳,居然以荐绅自待之理。所有官甲户田,亟散已晚。若复因循旧辙,毋论议不可居。抑恐祸生不测苁异日使某以苁叔祖叔父者,而反累叔祖叔父,某罪深矣。伏乞,各自为计散归他所,万勿更存官甲之名。某兄弟薄田数顷,亦将一一分散,不待言也。某无任感慨激切之至。(侯岷曾《侯忠节公集》卷九《与宗人书》乙酉五月)

佐伯有一对万历二十一年的"董氏之变"进行过分析(E150),而(甲)正是在此"董氏之变"中有着"热血青年的正义感"且"进行过相当程度的自我反省"的董嗣成(嘉靖三十九年至万历二十三年)的书简,推测写成时间为万历十九年(辛卯)。(乙)则是万历三十二年,知县耿橘在常熟县施行水利改革(参照第三章第一节、第八章第一节)给乡绅"提前打招呼"时乡绅钱岱的回复,可见居住于福山镇的钱氏,田土散布,并且公然向知县宣称其官户名义下的田土中包含着"弟男子侄"的所有地。(丙)是万历三十九年均田均役的推动者朱国祯寄给乌程知县曾国祯的意见书,批判了主张贴钱的乡绅们,而主张优免限额外的田应当负担劳役(第五章第四节、第九章第二节)。其名义上的田土,除朱国祯自己继承、购入以及母、弟(之妻?)、寡妹、儿媳的奁产(带来的田土)部分之外,还包含女婿的田土。(丁)是顺治二年嘉定起义时被推举为领导者的侯岷曾的书简,其名义上的"官甲"中不仅包含自己兄弟的所有地,还包含"叔祖"即祖父兄弟传承了数代的所有地。[①]值得注意的是,以上

---

① 《陈眉公全集》卷四三《一贞侯公传》中,关于岷曾的四世前之祖侯孔昭有以下记述:

　　同母妹适李者,有三甥,偕孙等课之家塾,俱补诸生。李有负郭田,寄公户下,既庇徭役,又为输粮者十五年。复归其已售之居,三百金半收其值。(着重号为笔者所加)

而且可以有充分的理由设想,其中不仅包含侯姓,还包含异姓。

四份史料中，（甲）、（乙）、（丙）三份都是寄给知县的，且受到公权力的承认。原因应如陆树声所主张的那样，"近亲子侄"的寄田是"情不能已"之物（《陆文定公集》卷一三《答甘紫亭按院》）。

然而按照前引王文禄的观点，明末江南频频受到谴责的诡寄是以每亩三钱银为报酬接受寄田，"不特免己，而免人亲戚，有利者皆得免之"①。上文提及的朱国祯也非难"势家之佃户丛仆疏属远亲与其蔓延之种"，在拥有多数肥沃田土的同时，"三十年来，无一手一足应公家之役，无一钱一粒充应役之劳"的状况（《涌幢小品》卷一四《揭帖》）。于是崇祯《太仓州志》卷八《赋役志》"白粮"条载：

> 或曰，是花诡可禁也。夫娄中甲第蝉联，冠盖相望。贫士一登贤书，骤盈阡陌。

崇祯时嘉善的魏学洢在《茅檐集》之《两汉明史纪序》中叹息道：

> 今甲准产定役，盖犹寓董江都限田遗意焉。迄士人一通籍，辄拥膏腴，累千百而烦役不及。又且诡覆他人田，议繇之日，又且为它素封者请。

一旦从生员升至举人，田土诡寄接连不断，大土地所有就得以形成。②且如酒井忠夫所述（B23，第180—181页），以及朱国祯以"佃户、丛仆"之用词所表现的那样，小农民向乡绅诡寄田土，往往同时伴随着人身依附。③万历《常熟

---

① 邓尔麟（Dennerline）断定"诡寄并不符合乡绅的利益"（F251，p.95），然而从明末江南的情况来看，这一说法是难以令人认同的。

② 在明末这种乡绅性土地所有状况下，围绕地租的收取，以往的所有者与新的所有者＝乡绅之间存在怎样的经济关系？遗憾的是，由于史料的制约，到目前为止，难以弄清此问题。另外邓尔麟在前引论文（F251——译者）中论述了一田两主制与此种诡寄之间的关系（p.93）。暂且不论连自己的身份也一并投靠而成为佃户的零细农民的情况，在拥有某种程度以上数量的土地所有者那里，恐怕田土所有权都是分成田面与田底两部分的。再者，也存在不伴随实质上的所有权的变动，而仅在账簿上进行操作的事例。即黄洪宪《碧山学士集》卷一五《与郭中尊论田粮积弊书》所述：

> 彼受富室重贿，临造册前，将田推某乡宦名下，不作实收。（漏"如百亩之家，推去八十亩，止余二十亩在户，遂得规免重役"一句，句读按原史料版本——译者）及过册后，潜自收回，曰吾已回赎。甚则田去额存，一有拖欠，反将官户比追。此其弊在飞诡。（着重号为笔者所加）

③ 例如万历时期江阴的夏树芳《消暍集》书二《答顾泾阳》记载，树芳之兄接受投靠的周录这一"佣奴"（推测实际上是佃农）原来是"甲首"。

县私志》卷三《叙俗》"恶俗"中述及"新科(＝举人及第)、新第(＝进士及第)之家,投靠者如云",可以推测其中相当多的人还投献了田土。

【寄庄】洪武二十四年的"攒造黄册格式"早已将"外郡寄庄人户"归入畸零户,免除了役的负担(山根B50,第34—35页)。下引史鉴《西村集》(本史料据《四库全书》本核校——译者)卷五《论郡政利弊书上太守孟公浚》中明确记述了这种寄庄作为避役手段的使用状况:

> 其后景泰年间知府汪公复令田野之民为夫,而城郭之民既不运粮,又不为夫。行之既久,户无无田之家,而田野之民侥幸其得计,乃更窜名城郭之中,故城郭之民之田之粮日增,田野之民之粮日削。以日削之民而运其日增之粮,是岂大中至正之道也哉。

然而上述避役并不一定与乡绅的优免特权有关。有名的姚汝循的《寄庄议》直接挑明了寄庄户的利益所在,其中也论述道(山根B50,第122—123页):

> 今议者动欲借口恤贫民,而遂抑寄庄。每至审编,凡寄庄,则论田以报丁口。夫人户当以版籍为定,寄庄各自有本籍。即有丁当附于本籍,而又因田以报丁,是一身而二役矣。

说明寄庄户回避徭役并不一定以优免为手段,而以本籍并不在此处为理由。

虽然如此,当明末江南的"寄庄"成为问题时,并非被称为单纯的(作为民户的)"寄庄户""客户",而是多被称作"寄庄官户"(马世奇《澹宁居文集》卷一〇《与顾菲齐》等)、"客宦"(陈龙正《几亭全书》卷二七《辛巳役法议》等),最终还是以与乡绅的优免特权结合在一起的形式出现的。这意味着作为诡寄形态之一的"寄庄"在明末的盛行。明末常熟钱谦益的《牧斋初学集》卷八七《与杨明府论编审》云:

> 客户之滥极矣。有他省之乡绅,物故已久,而占籍隔省者。有江北之乡绅,江南(应为"海",本史料据民国涵芬楼影印明崇祯瞿式耜刻本核校——译者)县[悬]绝,而占籍江南者。其尤可笑者,则钱司厅,名选之户也。司厅初举顺天,以同宗刺来谒。问之则曰,祖上传闻记忆,是常熟人耳。后遂欲领坊银于常熟,当事者不可而止,未闻有寸田尺土在常熟也。非宗认宗,无谱通谱,此近来流俗恶套。今不

知,何人借其户以避役,是又以司厅为市也。如日以原籍之故,则寒家原自浙东迁来,何不立户于浙。如日以同宗之故,则寒宗有仪宾在江右,何不立户于南新。此事理之万万不通者也。诸如此类,非但当厘正点役,更须重加罪(应为"罚"——译者)治,以为欺隐之戒者也。

恐怕是某位顺天中式举人、当时南京的官僚(疑为司理厅司理),因同姓之谊与钱谦益通谱,在确认常熟籍之后欲得到牌坊银①,但由于他本人在常熟无地,某些人遂借其户以避役。明末昆山的诸寿贤在常熟和吴江设置了寄庄户,但受到顾宪成的告诫:"此必迫于亲交之情,不得已而应之耳,急须除之。君子自爱,爱人皆以德,不以姑息。"(《顾端公文集》卷四《与诸敬阳仪部》)可知并非因为诸寿贤原来在那里拥有土地,而是因为有以诡寄为前提的寄庄。明末嘉善县的陈龙正《几亭全书》卷二七《辛巳役法议》云:

> 二日,客宦之混免宜汰也。凡称客宦,多因本邑富室冒通宗谱,勾结而来。或乘一时之通籍,或借同姓之前绅,欺上官以附名,贿吏胥而入册。田无半亩,里满邑中。延蔓至今,滥觞极矣。

嘉善县与常熟一样,无地的客宦寻求诡寄的利益,托人情找关系要进(官图)之册。至于常州府,马世奇《澹宁居文集》卷一〇《与顾菲齐》中记载的无锡县一寄庄官户在本人近五百亩地、外孙以及女婿近一千亩地(以上是其官户确实所有的田地)之外,还被寄有三千五百亩的土地,并被免役。综上所述,明末江南的寄庄实际上多为利用乡绅优免特权的诡寄,两者是同一逻辑。

【花分】所谓花分,如黄洪宪在《碧山学士集》卷一五《与郭中尊论田粮积

---

① 嘉靖《常熟县志》卷二《坊巷志》载:

> 巷为民之所聚,而坊者其门闬。……今之题坊者,岁有益。皆以科目仕宦,有不胜其录者。

崇祯《太仓州志》卷二《牌坊》载:

> 国制,凡贡生、举人、进士,官授牌坊银,则是岁贡以上,皆得建坊。不必功德巍巍也。

贡生以上建立牌坊所用的银两由县支给。至于向钱谦益求通谱的钱某,也经历了以下步骤:依据通谱确认其原籍为常熟,得到牌坊银建立牌坊,确保其在常熟的位置,接受诡寄。

弊书》所述：

> 有等富民，行贿此辈，如田五百亩，分作十户。编审时，令十人在官
> 应名。夫五百亩之田，总之则上户，分之则下户也。乃贫民不满百亩
> 者，受役反出于（原史料无"于"一字——译者）其上。贫富混淆，劳逸倒
> 置，此其弊在花分。

又如陈龙正《几亭全书》卷二七《辛未均役条议》的"核花分之法"所云：

> 昔年大户，于定里长时，千亩上下者，至拆为二十三户。

即是在徭役科派的基准逐渐转为田土的状况下，本来应当成为负担重役、具
有庶民身份的大土地所有者，贿赂书算、将账簿上的土地分割成多个户。分
割后登录的户多为非实际存在的"鬼户"，并成为被免除役负担的畸零户（鹤
见 E179[应为 E183——校者]）。乾隆《吴江县志》卷四四《均田荡赋役》所收
《均役议》（推断成文年代在明末隆庆以后）还指出了花分为"女户"的情况。
与前述需要利用官户的优免特权的"诡寄"及"寄庄"相对，花分是并无身份
特权的大土地所有者，即作为民户之大户的避役手段。因此花分多与官户
的诡寄对举，"官甲诡寄已明，民户花分难明"（崇祯《松江府志》卷一二《华亭
邑侯井愚聂公，民户花分议》）。

不过由以下史料可见，这些花分并非与乡绅全无关系：

> 自后飞诡复出，莫可端倪。即如万历三十一年，乡民金某，身为总
> 书，一旦欺隐田六百余亩，洒流众户，已则阴食其糈，而令一县穷民代之
> 税。后同事者讼其奸，竟为一二缙绅所护脱。（万历《武进县志》卷三
> 《钱粮一》"额赋·秋粮"）

尽管册书飞洒税粮，但在受到揭发时，由于得到一二乡绅庇护而得免罪。由
此可见，诡寄（账簿上的操作要依靠这些册书）的乡绅与进行花分的册书之
间存在着共生关系。然而说起乡绅，一般会有很多批判花分的例子，尤其当
均田均役的改革具体实施并将乡绅的诡寄作为攻击对象时，民户的花分也
常常成为谴责的对象（第六章第二节）。

以上考察了与优免特权有关的诡寄、寄庄以及民户的花分等役困发生的
原因。但如下引文所述，两者之中尤其诡寄、寄庄是明末役困的主要原因：

　　吴中花诡通天，自昔言之。而今则诡之弊（史料原文为"敝"——译
　　者）为尤甚。大抵民户之花分，不过以百而化十。官甲之寄户，有十不
　　止而及百，百不止而及数千者。［崇祯《松江府志》卷一二《役法》收《上
　　海知县徐日久〈均役全书〉叙略》］

由此可以确认，乡绅的身份特权从嘉靖中期开始变得格外明显，他们以此为
媒介扩大自己拥有的土地，而这就是明末役困最基本的原因所在。从松本
善海（B51，第四章；B45）起，古岛和雄（E210）、北村敬直（E134、E136）以及
小山正明（E114）等人的研究已明晰了以商品生产的展开为基本契机的"乡
居地主"的没落与"城居地主"导致的大土地所有的形成。关于这种大土地
所有的形成，早从北村敬直开始，就提出应当结合考察商品经济的发展这一
"直接经济性契机"与"官僚层从上方的掠夺""优免的特权"等"政治性契
机"。然而以大规模聚积分布各处的细碎地片、非直营、居住于城镇等为特
征的明末江南的城居地主，只有在与拥有优免特权的乡绅身份重合之后才
可能存在，这正可被称为"乡绅地主"。①均田均役的产生正是以这种乡绅式
土地所有的出现为前提的。

四、役田的设置

（一）

　　如上所述，在明末的江南，由于乡绅、大户忌避徭役，导致中小地主层徭
役负担过重，进而走向没落。对于将江南视为主要财源的国家权力来说，这

---

①　在江南，明末以后作为固有存在的"乡绅性土地所有"的概念，早在 1961 年的"中国的近代
　　化"（A2，卷末）座谈会上，田中正俊的发言就有所提示。佐伯有一在分析明末湖州围绕土地
　　收回发生的民变（奴变）时，发现了与中小地主相区别的"乡绅地主"阶层（F150［应为
　　E150——校者］）。安野省三从对明末湖北汉川县的一个地主经营的分析出发，提出了"乡
　　绅地主"这一范畴（E236）。小山正明将江南社会中支配者层的变化理解为粮长层向乡绅层
　　的变迁，设定了"乡绅性土地所有"这一概念（F115［疑应为 E114——校者］）。笔者在旧稿
　　①、②中提示了明末的"乡绅性土地所有"这一概念。此后，重田德超越了单纯的土地所有
　　的形态的领域，提出了作为"与社会的整个构造相关的体制概念"的"乡绅支配"（E162）。再
　　者在中国，傅衣凌提出了与"非身份制地主"相对的"身份制地主"范畴（C70，第 79 页），李文
　　治提出了与"庄田旗地地主""庶民地主"相对的"缙绅地主"范畴（F262［关于所谓"乡绅论"
　　的展开，除森正夫 D91 之外，吴金成 F262 也有详细介绍］）。

种情况不容忽视,必须采取相应对策。因此到了明末,设置"役田",将租米发放给就役者(贴役)的事例屡见不鲜。以著名的范文正义庄为开端(近藤秀树 E147),从宋代到清代,江南地主以一族的救济、祭祀、教育等的支出为目的而设置义田的例子在江南频繁出现(潘光旦、全慰天 C76),然而这些义庄多有免除徭役的特权。①"役田"是义田的一种,其设置的目的与普通的义田稍有不同,作为前述役困严重化的对策,尤其多见于明末。这些明末的役田有两种,分别为私人地主设置的役田和地方官设定的役田。

(二)

　　首先作为私人设置的役田,可以举出如下数例。常州无锡的华察(嘉靖四年进士)见到"长赋"(粮长)之苦,出田若干顷创"役田",华仲亨与其他有志之士出五百两(自己负担半数),设"役田"二顷,佐甲首之费(孙继皋《孙宗伯集》卷九《征仕郎中书舍人芝台华公暨配夏孺人合葬墓志铭》)。关于华察的役田,据马世奇《澹宁居文集》卷九《上祁世培安台》所载:

> 某隶籍锡南延区,世庙时华鸿山学士,与先大父辈,共倡役田请于朝。而行之百年,歌仁人之泽。而贫富变迁不无沧桑,诸失业子弟,既以役去,而执言先世之田。其一二富家为役田掌记者,又不能以揭日告天心事,而尽折众多之口,至旧岁之掠租,而法大坏矣。

可知设置役田并非华察一人的行为,而是马世奇的祖父(马濂)等人的共同行为。但这些役田早在崇祯年间就被主张拥有其所有权的子孙侵吞了佃租,失去了作为役田的机能。另外,这些役田并非以特定的宗族为对象,而是被用于援助广至整个区的徭役负担者。

　　嘉靖末年平湖县的陆果(嘉靖二十年进士)设置了义田,但在八百亩族

---

① 王鏊《震泽集》卷二三《通议大夫、南京兵部右侍郎王公神道碑》中所见下引太仓的王倬的事例显示了义田优免的普遍性:

> 割田千亩为义庄,授宗子,世掌之,立条约,族人婚丧吉凶之费,颁给有差。吴中苦粮役,往往破家,人争规避。公独曰,吾家多受国恩,敢辞公役。乃会族人粮多寡,割田千亩,分番应役,公无负租,族无缧系。

另外近藤秀树述及,宋、元、明、清各代时,范氏义庄的田赋和徭役都受到了优免(F144〔应为E147——校者〕)。

田、五十亩祭田、两百亩学田之外，为"宗族日繁，更徭不支"的族人设置了三百亩"役田"（康熙《嘉兴府志》一四《人物》"平湖县·陆杲"）。这些包括役田在内的义田都获得了优免。①虽然这些役田在之后的发展情况并不清楚，但仅以陆氏一族而言，或许到了明末，它们依然维持着一定机能。

前引陆树声《陆文定公集》卷一三《答甘紫亭按院》中提及设官甲书册（如前所述，陆树声认为这是隆庆末年发生的），在已按平米一石派出银一分一厘的基础上，各宦进一步设置了"助役田"。然而不见于其他任何史料记载，且陆树声本人也在遇凶年时说过"田无实用"，似乎这些田并未发挥作用。

死于万历二十年的华亭的施涌川，自己承担大役而未寄田，但当孙子成为举人时，命令其子汝泽不要以仅自己受到优免为高洁，应替曾共同承役者请求官府，使全里获得优免（疑接受了诡寄？），临死时则命令其子汝泽"捐田百亩以助役"（唐文献《占星堂集》卷九《征君涌川施君墓志铭》）。

湖州的董嗣成在"董氏之变"结束后不久就"欲为长久之计"，捐献吴江田土若干设置役田，请求并得到巡抚朱鸿谟（万历二十一年至二十二年在任）的许可（《董礼部集尺牍》上《与李二府》），然而实际上是否得到实施并不清楚。

万历十一年徐阶死去之后，其子徐璠②田土虽多，但惧怕因徐阶（在乡里华亭兼并土地招致乡人的怨恨。宫崎市定 E217［应为 E221——校者］）死后权势衰退而随之而来的徭役金派，因此将自家拥有的田土每一百亩出"助田"四至五亩或是出二石"助米"，以讨区人欢心，谋求免役（许乐善《适志斋稿》卷七《与张衢所》）。其义田只给与自己拥有田土所在图分相同的人，并不以全县为对象（《适志斋稿》卷七《再与张衢所》）。

据嘉善的陈龙正《几亭全书》卷二一《廉宪公义庄遗则》载，陈氏有五顷义田。与常例相异，陈氏未求自身优免（若然则在嘉善的均田均役法下，每二百五十亩就要负担一名里长——参照第五章第三节），因而必须出两名粮长，于是通过每年缴纳银十九两三钱七分以免除力役。

这些私人设置役田的事例之中，规模最大的是明末松江府的顾氏设置

---

① 陈龙正：《几亭全书》卷二一《廉宪公义庄遗则》。

② 史料中为徐太卿。尽管徐阶之子徐璠因荫官官至太常卿，但其孙元春也由进士出身官至太常卿（《明史》卷二一三《列传一〇一·徐阶传》），也可能是其孙元春。

的。第二大的是同属松江府的姚氏设置的。首先考察姚氏的例子。华亭五保的乡绅姚岱芝生前一直捐助里甲,临死时嘱托其子姚世睹(官生)为"大役"(五年编审的粮役)设置助役之田,提供了所拥有田土一万一千五百亩的十分之一,将除税粮外的租入作为差役补贴。贴米额以松江顾氏的义田为基准,布价(布解)在顾氏的基础上翻倍为每年一百九十二石,北运(白粮解户)也翻倍为一百二十石,收米(收兑粮长)则在顾氏基准上减半为每年六十三石,收银(收银总催)也减半为每年十九石多。正因"简择本区腴田,派贴本区役额",相比于顾氏义田,可谓更难生弊害的良法(陈继儒《陈眉公全集》卷二〇《五保姚氏贴役义田碑记》;同卷五六《答吴认叟》)。

(三)

关于设立时间可上溯到万历十五年的顾氏义田,存在相当多的史料。[①] 华亭的顾正心(字清宇)是官至广西布政使左参议顾中立(字左山,嘉靖五年进士,殁于嘉靖四十一年)的三子(陈继儒《高义祠碑记》)。顾正心在役田创始之时还是"监生",自己负担重役(许乐善《与张衢所》、王圻《寿钦授光禄丞清宇顾公六秩序》);又在居正丈量时,目睹了逋赋的粮长在华亭演武场、巡抚孙光佑临席之下接受体罚,深感痛心而决意予以救济(《高义祠碑记》)。从万历丁亥(十五年)起,每年出四千两,十年本息即达七万四千七百两(《助役义田总数》《聂绍昌义田序》)。以此购入四万零八百零三亩义田,其租米四万三千六百零三石都用于助役(《助役义田总数》)。巡抚、巡按对此行为的奏闻,为正心带来了光禄署丞的官衔(许乐善《再与张衢所》)。因得旨,其田一切由官收官放,与顾氏(的子孙)完全无关(《助役义田总数》《高义祠碑记》)。顾正心继续着手青浦县的助役,已出五千七百两购入田土,但事未竣既殁,其子顾懿德继承遗志,共捐三万两,设置了九千九百零三亩(租米一万

---

① 管见所及,有崇祯《松江府志》卷一二《义士顾正心助役义田总数》《华亭知县聂绍昌义田序》《青浦知县王思任义田序》《崇祯戊辰松江府在京乡官奏》(此外在"里役""粮役"各项中载有贴额);陈继儒《陈眉公全集》卷二一《青浦令遂东王公遗爱碑记》《高义祠碑记》,卷四七《祭顾原之光禄》;张鼎(应为"姚萧"——译者)《宝日堂初集》卷二三《先进旧闻》;许乐善《适志斋稿》卷七《与张衢所》《再与张衢所》;王圻《王侍御类稿》卷六《寿钦授光禄丞清宇顾公六秩序》,卷八《顾氏义田记》;张国维《抚吴疏草》《顾善有买田贴役疏》(原史料中仅有《覆顾善有贴役疏》——译者);等等。

零二百三十三石，租银一百四十三两①）的义田（《助役义田总数》《王恩任义田序》）。后来，在上海县，崇祯年间乡绅、生员、里排层筹款设置了役田五千八百亩（崇祯《松江府志》卷一〇《田赋》之《上海县缙绅乐助义田缘由》）。此外接着顾氏之后提供义田的乡绅也有不少（许乐善《再与张衢所》《高义祠碑记》）。②由顾正心传给儿子顾懿德的义田又由孙子顾善继承、补充（张国维《顾善有贴役疏》）。此人还在饥馑时于松江东、西关（城门？）以一人之力开设施粥所（《寿钦授光禄丞清宇顾公六秩序》）。

　　可以认为顾氏如此奔走之故，正在于其负担重役（可能对顾氏而言，顾中立生前作为乡绅还是可被免役的，但中立死后，监生身份的顾正心被迫负担重役）。不过，祁彪佳《按吴亲审檄稿》③按语中所见的争执提示我们，顾氏在土地聚积过程中可能存在田产占赔争端：

　　　　一件，扛扎事。行据松江府解犯徐珍等到院，审得。顾正伦（心？）以八百金助修圩岸，该区以三百七十亩绝户田偿之。及后久不清理，为陈完等所占种，亦忘其为顾氏之产矣。今顾善有清理具告，府断已明。陈完犹复聚众哄之，已为非法。及方知府（方岳贡——笔者注）以陈完祖父有修筑之劳，故于其名下所种之九十亩，判还四十亩，而后又许其以五十亩纳价。所以恤完者，至矣。完尚逋租，且肆刁告。责之。田准作价三两一亩，令完还银一百五十两。田听完管，其余田清出者二百八十亩，仍与顾善有管业，并许其别召佃种。立案。右行松江府。

顾正伦（正心？《檄稿》为抄本，疑为抄本误记）曾捐献八百两援助圩岸的修筑

---

①　崇祯《松江府志》卷一一《经催之项》"顾署丞派助青浦里排役田"条载，义田中六千八百六十三亩充有里排（经催、该年、总甲）的助役，然而有记载：

　　　　高乡花豆，照例算米折银，该租银一百四十三两。

棉花、豆作地实现了定额地租的银纳化（虽然是折纳）。另外从华亭县的事例来看，假定每亩租额为 1.069 石，将此乘上青浦的义田总额再减去青浦的租米额，转化为租银的约为 353 石。即租额 1 石换算为银 0.405 两。因有"照例"一词，这在松江府可能是常见的惯例。

②　松江府的义田达到相当高的数额，姚甿《宝日堂初集》卷六《与郡邑论绝家书》中记载，将绝家的税粮派于里甲将开侵削之途，相比于此，从"数年来，每图颇有役田、役米"可见派给役田、役米的提案。如前所述，两县合计应是超过了五万亩。崇祯《松江府志》为"肆万亩"，这并非单纯的误写。差额消失于何处依然不明。

③　关于《按吴亲审檄稿》参照第一章注 25。

事业,因功得到由官府转让的三百七十亩绝户之田。顾氏并未精确处理此田,结果被陈完等人占有、耕种,陈完等人否定了此田为顾氏所有,其理由是陈完的祖父等人自己修筑了(绝户的)田土的圩岸。到正心之孙顾善时,对田土进行了清理,得到了松江府的正式承认。对此,陈完等人强力抗议,结果松江知府方岳贡只将陈完所占的九十亩中的四十亩归给顾氏,而剩余的五十亩则令陈完以一亩三两的价钱购买。陈完并不接受此裁定,依然不交纳四十亩部分的佃租,也没有支付五十亩部分的价钱。巡按祁彪佳支持了方岳贡的原判。这份史料中存在许多值得进一步讨论的问题,但据此还无法掌握能够对原判决进行分析的实际情况。此处仅止于介绍显示顾氏土地积累的片段。

(四)

下面考察由官府设置的役田。早在宣德年间,巡抚周忱就有了为运解之役而设置役田的意愿,这在史料中也屡次出现,但似乎并未实施。①另外,正如陈仁锡《陈太史无梦园集》劳集《贴役解扛》等的记载,正德、嘉靖年间也有设置役田的议论。然而,关于实际已经施行的事例,最早的是嘉靖十九年嘉兴知县卢楩在该县被称为"患区"的胥山四都(九里),用捐俸购买二百七十亩给各里,(各里)各分得三十亩,将除去税粮部分的佃租支给当年粮役(崇祯《嘉兴县志》卷九《土田》之《嘉靖十九年,知县卢楩,为立役田,以苏民困,以重国运[原史料无"运"字——译者]计议》)。接着,嘉靖二十七年时,吴县知县宋仪望见到白粮之苦,在各区设置"公田",全县三十六区共得一万三千余亩(租米一万五千三百石)(崇祯《吴县志》卷九《役法》所收《宋仪望详置公田申文》;宋仪望《华阳馆文集》卷六《吴邑役田碑》)。关于此"公田"田土的由来,并不确定,但从宋仪望所述"役田之敛,以百抽五,而时盈缩焉"(《吴邑役田碑》)推测,可能是以官田的百分之五为公田。万历二十一年时,常州知县江盈科为白粮解户设置了二千零九十四亩役田(江盈科《云涛阁集》卷七《长洲役田记》)。田土置办由以下三部分构成:1.用存留的夫船银购

---

① 宋仪望《华阳馆文集》卷六《吴邑役田碑》中记载:

父老云,先周文襄公欲令邑各置役田,以助运输之费。此其事甚便于民,然率废阁不行矣。

买的部分；2.追回曾经的役田，用征收来的银两购买的部分；3.还有"士夫田多之家，为子孙欲蠲役，割所有田土之一成"的部分。①万历三十年代，巡抚周孔教命令苏州府设置役田，与此相对，常熟县知县耿橘及之后的杨涟公正地发给银两，设置了北运白粮的赡役田（《江苏省明清以来碑刻资料选集》所收《购置义田，分赡北运差役碑》）。崇祯年间，苏松巡按祁彪佳在吴、上海、无锡，或令设役田，或令设役米（《祁彪佳集》卷一〇《行实》）。

（五）

这些役田之中，有享有优免特权且仅为特定宗族设置的具有私人性质的役田（以平湖的陆氏为典型）。此役田由于其所受优免部分的徭役被转嫁他处，因此成为整体性役困的原因之一。自不待言，离解决此问题还有很长的路要走。此外的顾氏义田，为典型的来源于私人提议却又有着卓越的公共机能的役田。官设役田又是什么样的情况呢？关于宋仪望的公田，崇祯《吴县志》卷九《役法》万历三十二年《曾汝召（知县——笔者注）详议清租贴役申文》云：

> 窃照，先任宋知县，创立义田，津贴差解。至今，芳躅具在，百姓衔恩。奈法久易弛，强梁为政，昔称良规，今丛弊窦。昔沾实惠，今冒虚名。……及问公田义米，则曰是一画饼也。在昔立法，井井有条，支销明晰。迨后，公庄悲黍离，义米充私橐。大户争割腴田，以尽本名；小户收拾其余绪，东领西支，什无一二。

这不过是画饼充饥。另外关于顾氏义田，崇祯《松江府志》卷一三《役法三》"役议"中收录的崇祯元年松江府在京乡官十二名的上奏云：

> 另有华、青两县义田肆万亩。②乃昔年光禄寺臣顾正心，仗义赡役捐资所买，曾经题请勒石，俾各轻重诸役在在沾惠。奈迩来托言官收官给，征在库者，尽饱吏胥，欠在下者，悉肥佃保，美举渐成湮没。所当一并清查，少助苦役者也。

---

① 另外除去赋税的花利为九百七十一石，但从江南的标准数值——每亩产量二石，产量的六分之一为税粮（三至四斗），产量的一半为佃租（一石）——来看，此数稍少。差额会不会是此役田自身的徭役负担？

② 如前所述，两县义田合计应超过五万亩。差额消失于何处了？

将役田完全委托给官府,结果征收来的租米被胥吏中饱私囊,逋欠的部分被"佃保"①侵蚀,"美举渐成湮没"。马世奇《上祁世培抚台》中述及嘉靖时无锡的华察等置办的役田,到明末逐渐丧失了机能。康熙《无锡县志》卷三〇《徭役》所收《邑绅浙江右藩张勉议》中亦载:

> 夫役田非不善也。必区内有势力,而秉公者为之主,乃可永行无弊。苟非其人,则出田以供役者,田未必良,而佃租岂能无久,且出纳间,不无侵渔。各粮长未必能受实惠也。如南延区,华鸿山乡官为之主,故一区受役田之利。本官物故,弊端百出,是役田亦未尽善也。

在说明华氏义田弊端百出的同时,也谈到一般维持役田是很困难的事。役田并未解决役困问题。

明末役困问题发生的基本原因在于,获得优免的"乡绅土地所有"的产生所导致的承役田不足,以及由此形成的徭役负担者的贫弱化。役困问题产生了里甲中承役田土数额的差距,使徭役的负担无法均等,进而产生了徭役内容自身的相对负担过重的情况。因而明末清初与里甲正役有关的改革必须正面处理以上三点问题:1.优免;2.里甲间的数额差;3.相对的负担过重。对于第二点,要力图纠正里甲间田土额的不均等,并要施行以粮役田土为基准的科派。总而言之,这种改革是按照一定田土面积(亩数)编成里甲,②因此可称作"照田派役"(按田土面积科派徭役),但这种编成里甲的方式是作为一种纠正里甲田土额不均等的政策而存在的,因而被称为"均田""均图""均里""均甲"等。以这种"均田"为基础,谋求各种劳役负担平均化的"均役"被实施,但只要不均等的最大原因在于因乡绅无限制优免而产生的避役,那么在逻辑上,优免的限制必然会被作为"均役"的主要内容。"均田均役法"③以相互不可分割的两项改革为骨架,伴随着徭役科派、负担基准的有关改

---

① 可能是佃户与保＝区的册书。
② 将均田均役视为"村落"编成原则的变更,是仅关注此点的结果。其实与其说是"里甲的编成",不如用"里长的佥充"更为正确。
③ 作为一个成语的"均田均役"法,有万历二十七年嘉定知县韩浚的用例(万历《嘉定县志》[本史料据明万历刻本核校——译者]卷六《徭役》中收录的《查议均田由略》)。另外崇祯年间嘉兴乡绅虞廷陛也使用了此词(崇祯《嘉兴县志》卷二三《艺文》所收《嘉邑均田均役议》)。官府正式使用这一词是从清朝开始的。

革,徭役内容本身的改革也成为一个不得不面对的问题。此外,官收官解、自封投柜以及水利的改革也与均田均役法一起得以推行,这些都是试图将里甲正役本身银纳化并加以消除的一些措施。笔者将从第五章开始考察役困解决方案的具体发展。

参考文献(为方便本书读者,特此补充——译者)

A2:《世界の历史》第 11 卷《ゆらぐ中华帝国》,东京:筑摩书房,1961 年。

B21:[日]栗林宣夫《里甲制の研究》,大阪:文理书院,1971 年。

B23:[日]酒井忠夫《明代善书の研究》,东京:弘文堂,1960 年。

B25:[日]清水泰次《明代土地制度史研究》,东京:大安,1968 年。

B38:[日]西嶋定生《中国经济史研究》,东京:东京大学出版会,1965 年。

B44:[日]星斌夫《明代漕运の研究》,东京:学术振兴会,1963 年。

B50:[日]山根幸夫《明代徭役制度の展开》,东京:东京女子大学学会,1966 年。

C70:傅衣凌《明清农村社会经济》,北京:生活·读书·新知三联书店,1961 年。

C72:Hucker, Charles O., ed, *Chinese Government in Ming Times: Seven Studies*, Columbia University Press, New York and London, 1969.

C76:潘光旦、全慰天《苏南土地改革访问记》,北京:生活·读书·新知三联书店,1952 年。

C79:韦庆远《明代黄册制度》,北京:中华书局,1961 年。

D91:[日]森正夫《日本の明清时代史研究における乡绅论について(一)、(二)、(三)》,《历史评论》第 310、312、314 号,1976 年。

E114:[日]小山正明《明末清初の大土地所有——とくに江南デルク地带を中心として(一)、(二)》,《史学杂志》第 66 编第 12 号、第 67 编第 1 号,1957 年、1958 年。

E118:[日]小山正明《明代の粮长について——とくに前半期の江南デルク地带を中心にして》,《东洋史研究》第 27 卷第 4 号,1969 年。

E130:[日]川胜守《明末、江南五府における均田均役法》,《史学杂志》

第 85 编第 6 号,1976 年。

E134:[日]北村敬直《清代の时代的位置》,《思想》第 292 号,1948 年。

E136:[日]北村敬直《明末清初における地主について》,《历史学研究》第 140 号,1950 年。

E138:[日]栗林宣夫《明代后期の农村と里甲制》,《东洋史学论集》第 4 辑,1955 年。后经大幅修改,收录于 B21 第三章。

E147:[日]近藤秀树《范氏义庄の变迁》,《东洋史研究》第 21 卷第 4 号, 1963 年。

E150:[日]佐伯有一《明末の董氏の变——所谓"奴变"の性格に关连して》,《东洋史研究》第 16 卷第 1 号,1957 年。

E155:[日]清水泰次《明代の税役と诡寄》,《东洋学报》第 17 卷第 3 号, 1928 年。

E156:[日]清水泰次《明代における田土の诡寄》,《地政》第 6 卷第 4 号,1941 年。

E161:[日]重田德《清朝农民支配の历史的特质——地丁银成立の意味するもの》,《清代社会经济史研究》第二章,东京:岩波书店,1975 年。

E162:[日]重田德《乡绅支配の成立と构造》,《岩波讲座　世界历史》第 12 卷(中世 6),东京:岩波书店,1971 年。

E179:[日]高桥孝助《清朝专制支配の成立と"小土地所有者"》,《历史学研究》第 41 号,1975 年。

E181:[日]谷口规矩雄《明末の农民反乱》,《岩波讲座　世界历史》第 12 卷(中世 6),东京:岩波书店,1971 年。

E183:[日]鹤见尚弘《明代の畸零户について》,《东洋学报》第 47 卷第 3 号,1964 年。

E185:[日]鹤见尚弘《明代における乡村支配》,《岩波讲座　世界历史》第 12 卷(中世 6),东京:岩波书店,1971 年。

E187:[日]鹤见尚弘《旧中国における共同体の诸问题——明清江南デルタ地带を中心にして》,《史潮》第 4 号,1979 年。

E210:[日]古岛和雄《明末长江デルタ地带における地主经营——沈氏农书を中心として》,《历史学研究》第 148 号,1950 年。

E221:[日]宫崎市定《明代苏松地方の士大夫と民众》,《史林》第 37 卷第 3 号,1953 年。

E236:[日]安野省三《明末清初、扬子江中流域の大土地所有に关する一考察——湖北汉川县萧尧采を中心に》,《东洋学报》第 44 卷第 3 号,1961 年。

E240:[日]山根幸夫《一条鞭法と地丁银》,《世界の历史》第 11 卷,东京:筑摩书房,1961 年。

E245:[日]和田正广《徭役优免事例の展开と明末举人の法的位置——免役基准额の检讨を通じて》,《东洋学报》第 60 卷第 1、2 号,1978 年。

F251：Dennerline, Jerry, "Fiscal Reform and Local Control：The Gentry-Bureaucratic Alliance Survives the Conquest", in Wakemann, F.& Grant, C., eds, *Conflict and Control in Late Imperial China*, University of California, 1974.

F262:[韩]吴金成《日本에 있어서의 中国 明清时代绅士层研究에 대하여》,"东아시아研究动向调查丛书"第 2 辑,1978 年([韩]吴金成译,《明代史研究》第 7 号,1979 年转载)。

旧稿:

①《明代江南の水利の一考察》,《东洋文化研究所纪要》第 47 册,1969 年。

②《明末浙江の嘉湖两府における均田均役法》,《东洋文化研究所纪要》第 52 册,1970 年。

⑨《明末清初の均田均役法と乡绅——Dennerlineの研究をめぐって》,《史朋》第 8 号,1978 年。

(原为[日]滨岛敦俊《明代江南农村社会の研究》第四章,
东京:东京大学出版会,1982 年)

李原榛 译　时坚 校

明末浙江的均田均役法

[日]滨岛敦俊

一、嘉靖年间的议论

（一）

小山正明指出，早在均田均役法施行以前，十段法就已作为"朝此方向的过渡阶段"施行于嘉靖末年。于是在全国施行了以修正里甲间田土额度的不均衡为主要目的的改革。这一改革以丁、田（或粮）为基准，特别使属于力役的里甲正役以外的均徭向里内各甲的分配更加均等。嘉靖四十四年时，这成了江南地区的惯例。此改革是针对"乡绅土地所有"发展成为问题的对策，是抑制因"析户"而失去限制的杂徭优免特权的一种措施。不过里甲正役，尤其是税粮征收等，并不包括在内，而以户数为原则编成的里甲则成为科派的前提。（小山 E116、E117）

均田均役法的最初实践者是万历九年的海盐知县蔡逢时。然而天启《海盐县图经》卷九《役法》部分述及："但均田议嘉靖间已有之。"另外《松郡娄县均役要略》信集所收康熙十年（1671）十月《督抚麻（勒吉）领禁变更均役宪示》述及："均田均役于浙省嘉、湖等府，行及百年。"如后所述，据笔者浅见，均田均役——里甲正役的照田科派及优免限制——的实施事例最早只能上溯至万历九年（1581），其他嘉兴府下辖诸县，最早也要到万历十九年，湖州府直到万历三十九年才开始实施。麻勒吉到底以何为依据说出"行及百年"，真是不可思议（推测是以十段法为均田均役的历史起点）。然而正如《海盐县图经》所述，"均田议"，即实施均田的议论，早在嘉靖年间就已存在。

海盐王文禄的《百陵学山·书牍二》所收《上侯太府书》云："今值大造黄册，①

---

① 嘉兴知府中侯姓的有嘉靖三十八年至四十一年在任的侯东莱。其任期中的嘉靖四十年（辛丑）正好是编审之年。

贺生鳌有举呈均甲而合粮、里长为一。"这意味着,嘉靖四十年(1561)的编审之前,生员贺鳌就申请了"均甲",即以亩数编成里甲,以及从里长中佥充粮长。关于贺鳌的"均甲"的含义,从"近来生员贺鳌,举呈均里"(《百陵学山·书牍二》所收《答范二府书》),可以推测其内容是将全部的承役田土分摊给全县的里(长)。虽然具体数字不明,但如后所述,以此提议为基础,经过数个阶段后暂且命令实施的规定为:"均甲大约四百亩一里长。"(《上侯太府书》)

关于对贺鳌请愿的处置,王文禄所述如下(《上侯太府书》):

> 幸我公加意生灵,悉心研究,条分节解,评注详明,申请大巡,未见批允。适有邓给事奏章下颁,亦以均甲为善。乃生灵该安之时也。皆感公之恩德,铭心弗谖矣。久不见示,恐有阻挠。禄敢再渎。

意思是说:知府侯东莱在研究、分析、评价之后,向"大巡"(巡抚?据 G281,当时巡抚为胡宗宪)提出申请,然而并没有得到批准;碰巧的是,同一时间"邓给事"①的上奏流传民间,也以均甲为善事;(命令实施的)指示久久没有下达的原因,恐怕是有人在从中作梗。换言之,面临嘉靖四十年编审时,海盐生员贺鳌提出的提案受到知府的支持,从提议的阶段向着实施更近了一步,然而由于他人的妨害,最终没能实现。

(二)

如王文禄自己所言,妨碍贺鳌、侯东莱的均田策略的,毫无疑问正是后述的乡绅地主(第九章第一节[本文中单独出现"第×章第×节"时,指原文出处《明代江南农村社会の研究》的相应章节——编者])。嘉靖年间的优免议论之中也有述及乡绅(尽管并不一定用"乡绅"一词)从中作梗的部分。嘉靖六年十二月癸丑宰相桂萼的上奏中就已提及,因优免之故,江南的小民负担起了科派给里甲的上供物料;对此,他提出了两种改革方案,要么起解余银,作为免除科派的补偿,要么不管是否有役占(优免),全部"随田起

---

① 《实录》中未见,因而不明。G285(下)中载有湖广麻城县人"邓楚望"一人,其自嘉靖三十八年进士→行人→礼科给事中,进一步升至浙江按察副使,然而隆庆元年,被降格为高淳县丞。虽然他任给事中的年代并不清楚,但嘉靖四十年前后在任此职的可能性极高。

科",改革施行的难点在于官、民两田的粮则不同,且官豪之家妨碍均平化的进行。①嘉靖一十年代中期,巡抚欧阳铎、苏州知府王仪在江南实施了官田改革。森正夫的详细研究阐明了此改革的过程与内容的全貌(森正夫E223)。此改革不仅关注税粮,而且已经可以看到将以均徭、里甲(银)为中心的徭役问题也包含在内的意图。从上引桂萼的上奏中,也能窥见均粮与"占役优免"改革之间的内在关联。方凤《改亭存稿》卷二《大参肃庵王公去思碑记》云:

> (王仪)来守吾苏,下车即访父老,询士夫。首以均田为言。众皆曰,均田不如均税。……税既平,乃谋均役。众皆曰,差役不如雇役。于是计亩敛银若干,总入于有司,每岁视役之轻重,而上下其直[值]。

可见徭役负担的均等化也连带着成了问题。虽然方凤此处记述并没有直接触及优免问题,但下引魏校《庄渠遗书》卷四《答欧阳崇道》鲜明地指出了这一问题:

> 王守竭力为吴泯赋役二事。岂便谓能解倒悬,亦且得伸一口气,而困于多言。征公主之,又只作一场话说矣。恐终为人所阻。愚见,赋当宽民。更莫增科,壹以便民为主,匪专革弊。役当少优士大夫。不惟杜其多言,亦国家待贤之礼也。

王仪的改革——处理赋、役两者的问题——"困于多言",就算巡抚自己出面也"只作一场话说矣","恐终为人所阻"。在这里,赋不应增科,"役当少优士大夫。不惟杜其多言,亦国家待贤之礼也"。这意味着,妨碍改革的人是拥有优免特权的士大夫(虽然可能尚未成熟,但从实际情形来看,称呼其为"乡绅"也无妨),②只有在优免方面与之妥协,田粮改革才有实施的可能。

---

① 桂萼因在世宗初期的所谓"大礼议"问题上支持嘉靖帝而显露头角。明末士大夫对于此人的评价很低。然而《明史》卷一九六的传赞中记载:"萼所论奏,皆有裨君德、时政。"(原史料在两小句间仍有文句《帝王心学论》《皇极论》《易·复卦》《礼·月令》及进《禹贡图》《舆地图说》"——译者)虽然对立围绕"礼"产生,但通过这种上奏的滤镜,是可以从桂萼—士大夫层的对立中看出中央权力与大土地所有者的对立关系(之后在海瑞等中也出现)的。

② 酒井忠夫特别指出,"乡绅"一词的一般化出现在万历以后(B23,第80页)。

（三）

嘉靖四十年提出的四百亩金充一里长的计划，不仅遇到了乡绅在政治上的阻碍，方法本身也存在着难点。"但均田议嘉靖间已有之"的具体内容，天启《海盐县图经》①卷九《役法》有如下记述：

> 但均田议嘉靖间已有之。至万历九年始克举，则自有说。一则以照田编里，则田多里分须升，田少里分须并，甚有都分亦须销并者。成规顿改，难免非常之惧。未到势穷理极时，有司尚未敢做。一则以此时士夫优免尚无限制，但有田地借荫在户下，并不充役。若行均甲，势必先将免额删定，然后可将余田派配，令无缩亏。人即不为阻挠，我自嫌其刻薄。有此种种难调之情事，亦未易即举。一则以自国初到今，各里田粮，偷漏渐多，坐丁虚额，向系本里包纳。今若均田将里分销并，此粮属之何人。取报升者裨补，既数不相当。就概县田摊赔，又情未通允。必待丈量清楚，豁尽虚粮，然后均齐画一之政可行。此均里美政，直待二百余年积弊之后，合县士夫帖然无议之日，又适奉明例通丈田土，机会种种凑合，可以有为。前令蔡公方能成就，此大功德于盐民也。

这里先提出了一个问题，即嘉靖年间提议的"均田"为何必须等到万历九年才能变成现实（嘉靖年间没能实施的原因为何）？之后列举了三个原因（嘉靖时并不具备的条件）。②第一，虽然必须按照田土的面积将里重编（升＝独立、新设，并＝合并、除去），但要立即整改"成规"＝长年的惯例，恐有意外，不到万不得已，官府不敢贸然着手。第二，嘉靖的均田议开始时，优免尚无限制，借荫在户下（诡寄）的田土全无徭役科派，若行均甲，势先删定（限制）优免额度，③

---

① 因正文、注释中对本书的引用都十分频繁，所以略称其为《图经》。
② 之所以不避繁冗地梳理此史料的文意、结构，是因为一直存在一种对笔者的批判，该观点将史料中的"此时"解释为万历九年，认为"万历九年时没有优免限制"（川胜守 E123、130）。关于万历九年限制的实施，留待下一节证明，此处仅对《图经》的记载本身加以解释。
③ 本页注②川胜的第一次批判，主张"仅将优免地标明于册籍之上，明确加以区分（"将免额册定"）"（E122［译者注：应为 E123］（一），第 38 页，着重号为笔者所加），"根据原籍确定本来的优免地"（同书，第 35 页），即认为只不过是对优免（没有限度的）册＝台账中现状的确认。自不待言，"册"为"删"之别字，删定为"删除确定"之意，是有很浓的限制优免的意味的用词。

而后派配余田。纵使人不阻挠,①我(即官方)尚嫌其不近人情(更不用说有阻挠了……)。因为有上述种种难以调整的情况,(嘉靖时)立即实施并非易事。第三,一直以来包纳于各里的偷漏田粮(没有纳户的税粮)的处理甚难。施行均甲,里会产生变动,即使由新设的里来负担也无法完全弥补,若摊赔至全县田土,从情形来看,也难说公正。所以只能等待田土丈量清楚,除尽虚粮。

贺瀫给出的约四百亩一里长的提议,否定了一切优免,这一点从以下试算中可以得到确认。平湖县析分后,海盐县额定的里总共一百六十一里,②之后的均田均役并未对此有所变动。以四百亩一里长为基准,十年则需要六千四百四十顷(a)的田地。虽然万历九年丈量前夕的田、地、山、荡等土地面积总额不明,但与万历九年总额相对照的宣德初年的土地面积总额约为六千八百四十九顷(b)。③万历九年土地面积总额约为六千二百九十三顷(c),其中的田地总额约五千九百七十五顷(d),以两者之比(约95%)推察,万历九年丈量前夕的田地总额应是约六千五百顷(b*d/c),与a近似。因此可以推测,贺瀫—侯东莱的计划是要将包含乡绅所有地在内的所有田土分摊给里长,将优免置之度外。这将极大地刺激乡绅地主。王文禄述及大地主"广设阻挠之计"的情况:

> 禄观,田连千顷者,收租之时,纳米如市甚乐也。粜米之时米价腾踊甚乐也。及闻均甲四百亩一里长,则千顷者数十矣。愀然不乐焉,广设沮挠之计。禄戏解之曰,无难请奏于朝,尽除粮里长之役,可也。不然惟欲一已脱役而多田,不顾贫民无田而当役。况非止一年而十年之间,家破人亡,愁苦莫诉,而独安心享富可乎。不仁至矣。(《上侯太府书》)

此后隆庆年间到万历初年也有提议,见于《图经》卷九《役法》。另外,万历

---

① 这正是与存在"阻挠"相反的表现。
② 《图经》卷九《役法》"国朝以一百一十户……"条。
③ 《图经》卷五《田土》:

> 宣德初祖,县田额为亩六十八万四千九百有奇。今阅累朝之久,开垦实多,而丈实田土六十二万九千三百有奇。

《秀水县志》卷四《官师》云：

> 由礼门，字中夫，杞县人。进士。隆庆二年知县事。……时有议均里甲，概及士夫者。公曰，仕、民有等。尔民子孙，岂无登仕者。(优士于今，正以贻恩于尔民之后，)此不均之均也。及编审毕，民帖然称平。升兵部主政。①

隆庆年间(推测为隆庆五年[1571]辛未的编审)"民"提出了"均里甲"＝均田以及"概及士夫"＝限制优免的议论，但因知县由礼门的劝说而放弃了改革之念。直到万历九年，改革一直没能实现。

二、嘉兴府海盐县的改革

(一)

以上考察了嘉靖、隆庆年间的改革始终止于议论而未能实现的原因。若将天启《图经》的逻辑反过来，则可知使均田(里甲的重编、里长金充法的变革)的实施成为可能的条件有以下三点：1.时机成熟(势穷理极)；2.实施对优免的限制；3.田土、税粮不再混乱。虽然很难判断第一个条件是否达成，但王文禄等人的言论已经表明万历九年(辛巳，1581)这个时间点是"情穷理极"的时候。然而众所周知，最重要的是万历九年张居正发起的丈量(川胜 E123；西村元照 E197、E198)。《图经》卷五《田土》在举出嘉靖十八年(1539)知府赵瀛的"均平"②之后，接着举出了另一海盐县发生的与田土掌控有关的重要变革，"此番丈算尤为一大清楚"，似乎有把相比宣德祖额减少了五万余亩一事作为问题的倾向，"隐漏殆亦不少，然约略其数，为二十中之一，视丁口之全脱者，弊稍殊矣"，此处将丈量评价为暂时的成功。以上举出的第三个条件——田土的丈量清算与虚粮的豁免——成为现实。

---

① "( )"部分据康熙《嘉兴府志》与康熙《秀水县志》补。

② 森正夫 E223(上)，第77—79页。将赵瀛一则化的田则称为"扒平田则"。对于均田、照田派役来说，田粮的均一化是不可缺少的前提。在土地面积单位不统一、田粮存在显著差异的地域，按亩数金充里长以及照田派役是不可能的，因此出现了"照粮科派"。

　　张居正实施的丈量中还包含着处理诡寄、限制优免的意图。例如早在万历七年,秀水的陈懿典的时务策就论及了均里(虽未使用此词,但可从下引史料中推知)、丈量、乡约、保甲"四法"。具体内容如下(《陈学士先生初集》卷二四《时务(己卯)》):

> 往者,<u>画里轮年而事民</u>。于是,重者倾资一旦,而轻者幸于漏网,民兹不宁生矣。故<u>通计而赋之</u>,以便民法诚便也。……往者田赋不均,往往飞射百出。有田无赋,有赋无田。故丈量均田之令,意甚勤也。无几何,而病者又见告,要之此法自所当行江以南。巨室多不便,而小民受其福者,此法也。纵不乐于巨室,而利于小民,吾何为不行其说。……由前二者法,在于宜断,语云独断独行,鬼神避之,何有于异同之口。(下划线为笔者所加)

即从"画里轮年而事民"的里甲制转换为"通计而赋之",也就是通融以前的区、图依田土课役的方法。这样的方法转换可理解为是与丈量相配合的措施。太仓的管志道①《惕若斋集》卷三《复直指邓公优免及役银议稿》(丙戌[万历三年])中论及明初以来优免的历史发展,提出了乡绅应当贴役役银、不应科派力役的论点。内容如下:

> 至于论优免之例,在乎酌情法之中。江陵柄国,纵其子嗣修,饰不情之奏以要上,定优免例。论粮而不论额,以致苏松重额之区,独受掊克之害。岂但不近人情,抑亦大违祖制。(着重号为笔者所加)

据此可知,张居正考虑实施的限制优免及不以(田)额而以税粮来定限额的做法,招致江南乡绅的反感。

　　管志道在史料中提及的张居正令其子张嗣修提出"不情之奏"的内容,可以依据《万历邸钞》万历九年夏四月"行丈量法,大均天下田赋"条所附湖广巡抚陈省的上奏②推定(值得注意的是,这里关于限制优免、抑制诡寄的上奏是附在丈量条内的)。据此可知,张嗣修呈揭内容如下:"近奉家父严命,

---

① 　关于管志道,参照和田正广 E245,第 118—120 页。
② 　西村元照已经唤起了大家对此上奏的注意,其述及居正的丈量是包含处理优免在内的(E197[上],第 59 页注 76、77)。

查户内田粮,实数,恐有诡寄、影射等弊。因吊本县'赋役丈册'一查,内开'内阁张优免六百四十余石',不胜竦骇。我向闻家父相承祖产并自置田土,计粮不过七十余石。此五百余石者……(作者引用时漏"有族人倚借名号,一体优免者,"——编者)有家僮混将私田,概行优免者;有奸豪贿赂该吏审名户下,巧为规避而免者;有子弟、族仆私庇亲故,公行寄受而免者,是以十分中,论本宅仅得其一,余皆他人包免……愿将本宅田粮七十四名(石?),例得优免者,尽数与小民一体当差。……"对此,陈省有一番掺杂着阿谀奉承的言论:"张嗣修者,即今大学士张居正之子也。臣昔叨巡按湖广,见元辅(居正)田惟祖遗,居惟祖屋,淡泊清约,一如寒士。……其子善承父志,既查革冒免,……又欲尽辞优免,求绝祸端,……真所谓'是父是子'矣。"张嗣修呈请,居正家七十四石、其房族的乡绅及生员的十五石优免之外的冒免行为,应当依律问罪。再有,张嗣修请求清查在京大臣以下内外庶官名下的粮、地,若有冒免,则令改正。如管志道所言,这一系列动作无疑出自试图限制优免的张居正之意。

(二)

万历九年,海盐知县蔡逢时借张居正丈量之机实施了改革。《图经》卷六《役法》所收《万历九年前任知县蔡初行均甲事宜》载:

> 按,蔡侯均甲文卷,已毁于资圣册房之火。从民间录,得当时士民覆呈一纸。附后,存当时仁政大略。

由于火灾烧毁了资料,记载此事的公文书不复存在,不过从民间记录中可以得到当时士、民的覆呈,获得巡按批示的陈允武、李绚、沈爱泾等人的呈文被收录其中。其中有如下记述:

> 今若里有定额,则诡寄者无所容,丁产适均,则编役者无偏累。照田认役,则里长不审而自定。有产当差,则富家充役有何难。赋役得均,则贫民安生而息讼,审官拱手而役平,吏书不致于牵累,其便诚不可胜言。……今陈允武等所呈,却与前议相同,合行申报。但优免之数不定,役田难以取齐。升里之法不行,各甲何从均派。议将乡宦田地,科、甲出身者各免田若干,贡士、生员、吏承各免田若干。其余田地通融均

派于一千六百一十名里长。甲内每甲限田若干，先行准收，次行均甲。又次编审之时，以三百余亩之家，编里长一名。必不得已，以二百亩之家为正拨，小户助之。

第一，将优免之外的科役田等分为一百六十一里＝一千六百一十名里长，每三百二十亩（参照后引万历三十九年的记事）点充一名里长。不得已时，由二百亩以上之家出里长，剩余亩数部分由其他小户（如后述贴役）协助。此处不依户数，而依照田土面积课以力役，用引文前半部分的话来说，即是"照田认役"。至于新编的里甲是否有一定的地理上的区划，则并没有明确的史料记载。笔者在1970年发表的旧稿中已依据（1）万历三十九年的事例，以及（2）亩数编成原则的内含这两点，推断可能早在万历九年，里甲就"失去地缘性，按照土地的所有者进行编成"（旧稿②，第167页）。然而关于这种里甲，小山正明推断其"有一定的地域性区划"，所有地散布在各里的人户"各里同时承担纳粮与负役的义务"（小山E119，第335页）。川胜守从两点依据出发：（1）"里长户一户（＝一甲）当三百二十亩"这一表达方式；（2）《图经》中"锁并里分"这一记述（本书［指原文出处《明代江南农村社会の研究》——译者］第266页所引），否定了这种里甲的地域性（E130，第34—35页）。①小山未出示史料上的依据，但可能是考虑到了后引（本书［指原文出处《明代江南农村社会の研究》——译者］第275页）万历三十九年的记事："然奸户惟知花分诡寄，可避田多之名，不顾几处纳粮、几处承役之不便。"然而笔者认为，并不一定要以地域性为前提解释此引文。换言之，"几处纳粮、几处承役"未受到法律上的强制，不如说是"奸户"为了避役以诡寄、花分为目的在各处立户而产生的现象。可以推测，反过来，如果纳户敢于不避"田多之名"而将田土归于一个里甲之中立户的话，那么在一处完成承役、纳粮也是会得到允许的。虽然由于史料不足难以断言，但在这里，笔者依然维持原来的观点，即早在万历九年，一切地域性、地理性区划就已消失，而形成了单纯存在于账簿上的"属人性质的里甲"。

　　第二，实施了对优免的限制。虽然因资料被烧毁难以判定具体数额，但

---

① 川胜的根据的第一点以及结论是可以赞成的。但第二点里分的销并（抹销田土少的里并入其他里），对于作为区域的里来说，不也是充分成立的吗？

可以作如下推断：根据出身定下规定额，将其总额（逆推得八万二千余亩）从全县的田土额中除去，得到五十一万五千余顷，即为承役田土。前文已论及，嘉靖四十年贺鏊的提议完全无视了优免。张居正的改革中明显包含对优免的限制。这些显示了万历九年的改革中包含了限制优免的意图。《图经》卷九《人物》"蔡逢时"一条载：

> 公乘丈田后，行均甲法。先定士绅免额，次归并贫里，升富里。概以亩三百二十，受一役。专以田为主，而户勿论。（着重号为笔者所加）

确有规定优免限制一事。虽然设置了进士、举人……这样的阶段划分，但并未设定京官、外官或是现任、休致之别及官品之别等的差别，只是将进士、举人、贡生等这些按照科举对应的身份等级分别设定限额。另外，蔡逢时传记中非常巧妙地言及了"户勿论"，如果与限制优免联系起来考察，可以推测派役对象不仅会扩大到乡绅，连一直以来原则上作为畸零户而被免除役的零细农民层，只要拥有所有地，再少也要编入里甲，或朋充或贴役，总要以一定形式负担劳役。

（三）

海盐县的改革继续进行。万历十九年大造时，知县王临亭完全采用万历九年的方式，同时为能够佥充真正的大户为"役头"（数户当役时，受他户贴役的同时提供现实徭役劳动的户），费尽心思。这是因为若只注意三百二十亩这一数字，通过花分串充的现象就会横行，大家巨室得以诡避而小户承担重役。万历九年的改革并未触及这一点（《图经》所收《万历十九年前任王编审事宜》）。

万历二十九年（1601）的编审由知县李当泰主持，《海盐县图经》万历二十九年条有如下记述：

> 元是前册，因外县乡绅混免，田额不充，将三百一十八亩，佥里长一名。李公以役田渐减，非均甲初议，详允外县乡绅一概不免，仍以三百二十亩为役田定额，勒石县门永守。

即因滥免导致役田不足，不得不以三百一十八亩佥充一里，因此完全禁止了一直以来承认的县外乡绅（即寄庄户＝官宦）的优免。李当泰的《编审事宜》

六条中第三条为：

> 酌定优免。概县甲科免田三千，乡科半之。贡途又各有差。监生
> 免田六十亩，生员免田四十亩。异途出仕免田三十亩。吏农免田二十
> 亩。通计免田八万二千三百亩。各户免外余田，与齐民一体编户当差。
> 如后人文渐盛，即在缙绅免田中多寡通融，不得侵逾八万二千三百亩之
> 数，亏损小民役田。

本条决定了两项内容：1.定下了进士、举人、贡途、监生、生员、异途出仕甚至
胥吏等的各自的免额，超过的部分需要负役；2.乡绅、生员之数将来再有增
加，也只能在优免田总额八万二千三百四十亩中操作，决不能超过总额。此
外，第四条和第五条分别否认了外县乡绅和卫所武官的优免，第六条规定县
内拥有田者全数充役，除特例以及距离下次大造不到两三年的人之外，不承
认亡故乡绅的子孙的优免。这些规定使得对优免的限制更加严密。再有第
二条规定如下：

> 佥审里长。以田多者为役头，田少者为甲首。先期刊发议单，令该
> 里区甲人户公议，照田认役。独充、朋充、串充，明注单内。临审的确，
> 即准佥充。

本条规定，根据拥有田土的多少，将实际役的负担分为"独充""朋充""串充"
三个阶段，并发行"议单"以通过公议进行认定。更进一步有《条议四款》，其
内容包括，要求各甲分别确认田土以防止田地隐没，废止里的算手，①奖励密
告以防止不正当的串充，禁止棍徒包揽里役等。

（四）

万历三十九年，知县乔拱璧施行了一场大的改革。《图经》中收录了《条
例五款》《优免条议》。首先值得注意的是里甲的编成法（里长的佥充法）。
《条议五款》中第三条载：

> 编役起自田亩，故自万历九年，定为三百二十亩，而成一甲，迄今三

---

① 黄册等的编造原本是里长的职务，之后分化独立出来，明末时多通过包揽进行。参照第四
章第三节"三"。

十年无改，称便。然奸户惟知花分诡寄，可避田多之名，不顾几处纳粮、几处承役之不便。又有里书倡为挨里之说，新收者留甲，旧存者推出，鹊巢鸠据，大非人情。本县推收之法，大都以本图田多为主，客图田少，即将客图之田，收并本户。如一甲有余，既挨顺割补二甲，十甲有余，方挨顺割补邻图。宁割有余里长之田，不许分割零星人户。如果家道殷实田多，花分、飞洒、诡寄别区别甲，以张易李，阴设阳施，本县查出，毋论田亩多寡，处处佥役。与其规避而佥罚多役，孰若归并一甲，充一名之为便也。孰得孰失，必能辨之。（着重号为笔者所加）

即自万历三十九年以后，编成里甲时将田土集于"本图"，一并立户编入里甲。非常明显的是，此条规定中的里甲是在任何意义上都不具有共同体或村落的性格，并且完全不具有地域性、地理性区划的属人性质的里甲。必须充分确认这一点，才能在使用"依亩数的里甲"这一用语时正确理解其内容。

在此认识的基础上，又产生了两个问题。第一，关于上引史料中出现的"本图""客图"二词的理解。一种说法是，从一般语义推测，"本图"即所有者居住的图，"客图"即所有者不居住的图。虽然不是完全没有这种可能，但此说法的问题点在于完全忽视了"田多""田少"的要素。[1]这里笔者沿用旧稿观点，认为二词含义应当依据字面意思理解，包含所拥有田土的各图中，存在自己的田土最多的图是本图，其以外的图为客图，此条规定即是要求在本图立户。[2]第二，无论如何，无可辩驳的是，此里甲都是属人性质的里甲，问题在于，这种里甲的编成方式是万历三十九年编审时发生的变化，还是沿用了万历九年以来的方法？关于这一问题，在万历九年改革的部分中已有简单论述，这里笔者试图就上引《条议五款》的第三条进行考察。据笔者所见，此第三条之规定并非将过去拥有地域性区划的里甲变为属人性质的里甲的新规

---

① 川胜守 E123（一），第 35 页；另同本书第 451 页注①。另外在该论文中，史料的重要部分有相当多的误写，笔者向川胜直接指出，误写部分的解释实际上是非常重要的。之后，川胜虽然在 E124 中订正了史料的误写，但依然没有对"田多""田少"加以解释，依然反复对笔者进行完全相同的批判。

② 自不待言，作为徭役科派单位的里甲完全丧失了地域性，成为账簿上的存在，然而以显示土地的所在、所属为目的的作为地域划分的"图"（原本与里重合）依然残存。

定。如果说在此时实施了这种意义上的里甲编成法的转换（毫无疑问，这并非大变革），那么在乔拱璧的各种"条议"中应当出现直接详细叙述从属地性质的里甲转换为属人性质的里甲这一改制的条项。然而除此第三条之外，再无任何相关记述。这样看来，此第三条新规定的，只与应将属人性质的里甲设置于何处有关。这意味着，本条改变了万历三十九年以前属人性质的里甲不问何图、在何处都可立户的状况，规定今后只能在"本图"立户。可以认为，这是万历九年以来沿用的"属人性质的里甲"制的内部的改制（换句话说，不能以此第三条为理由否定万历三十九年以前的里甲的非地域性）。另外，随着此种编成法的变化，第一条规定为防止隐没土地而制成了"推收号票"，各一丘（字号）分别有里书记入；在此基础上，第二条规定当土地所有权发生转让时，区总要进行"挂号"＝保证。

知县乔拱璧的改革不仅推进了里甲的重编，还进一步加大了对优免的限制。《优免条议》第一条内容如下：

> 旧册甲科免额三千亩，外加三百二十亩，立里长一名。名虽三千，实三千三百有奇。春元免额一千五百亩，加三百二十亩，立里长一名。实一千八百亩有奇。今巍科日增，田无旁拓，将袭额于旧，无以待后来之彦。将借资于民，又难紊已定之规。今议，免数仍照旧额，但于领内分立里长一名。编审之时，仍听优免，庶里役无亏，而原额不废，此亦展转之术，非故抑簪绅以悦齐民也。

本条述及，科举合格者会增加，但田土不会扩增。若固守旧额，则将无法满足今后的乡绅。但这并不意味着就要超出八万二千三百四十亩这一万历二十九年的定例，侵蚀民之田土。进士、举人今后在一直以来的免额之内金充一里长。以下是本条的详细规定：进士（七户）、举人（出仕九户、未出仕十二户）的优免额进一步被分别限制至二千七百亩和一千二百亩。①另外，虽然万历二十九年规定不承认外县乡绅的优免，但寄籍的举人（推测是本籍在他县，但在海盐县中举）两名各被免除定额一半的六百亩。此外规定了生员、胥吏、故宦、节妇等其他十五种身份的优免。然而这种对优免的限制

---

①　本应是进士、举人分别为二千六百八十亩、一千一百八十亩，但从总额逆推得到的就是此处结果。

与乡绅层的利益有所对立,因此乔拱璧不得不说一句"非故抑簪绅以悦齐民也"。

(五)

天启元年(1621)编审时,知县樊维城进一步加强了对优免的限制。其《优免条议》中有以下规定:

> 一、甲科。前届每位免田三千亩,内金里长一名,实得二千六百八十亩,比之二十九年,为减。今计甲科,多前数倍,以概县通融均派,该实免田二千亩。虽三分损一。本县似难为情,然官民之数止此,亦所其谅者耳。

> 一、乡科、春元。免额半于甲科,此往例也。前册内,金里长一名,已从杀矣。然近日巍科益增,犹难杀中取盈。今议每户实免田一千亩,非本县视往例,独薄有限之田,不胜叠起之彦也。

最早进士、举人分别有三千亩、一千五百亩的优免田额,但这十年间,进士、举人的增加招致免额的膨胀,因此本规定将两者的免额减至原来的三分之二,即分别为两千亩和一千亩。与此相应,各种优免额也被削减。

没有关于崇祯四年(1631)情况的史料。关于崇祯十四年的情况,乾隆《海盐县续图经》卷二《食货编五》"役法"载:

> 当崇祯十四年,知县刘尧珍编审。时科甲数益多,更减免田各十之一,而役田得以无亏。又嫉富室之多花分诡寄,创为罚役,以惩之。

此处优免额进一步削减了十分之一。

(六)

前章末已述,在变革里长金充法的同时,为从根本上解决役田问题,必须改革徭役本身。明末海盐县的徭役改革也不止于重编里甲(照田派役)、限制优免,还变革了徭役自身。《图经》卷六《役法》中记载了此方志编者胡震亨的看法:

> 自万历九年前,以里甲不均,役不均。万历九年后,以里甲均,役

　　转未易均,何以故。役一也,费相悬,则至无算矣。在里甲未均,丁粮
　　参差之日,役犹易参差配搭。今则田亩俱是三百二十,以同额之田,金
　　不同费之役,如何得均。昔人审役时,亦尝参论家道虚实,以上下其
　　间。然又是论丁身,不论田亩,或失当日均甲之意矣。所以救弊者,
　　只得用分役、贴役之说,以曲求其均。就贴役中,又有明贴、暗贴之
　　不同。

这段史料指出:"自万历九年以后,实施了里甲间的(每里长田土额的)均等
化,但负担劳役本身并未均等化。这是为什么呢? 尽管都称为役,其费用也
是各种各样的。在万历九年的均甲以前,可以参差(里甲、里长的不均)配
搭,但万历九年之后,在每三百二十亩一里长的情况下,就做不到了。以前
的人参考家道之虚实,这是仅考虑丁身,(如果当下也这样做)就会失去论
田、均甲(即纯粹的照田派役)之意,相应的对策只能是分役和贴役(有明贴
和暗贴两种)。"提出了在实施均田均役基础上实际产生的徭役科派不均等
问题及相应对策。根据以上文的后续记载,所谓"分役",例如北运白粮,到
隆庆年间为止都是止于两名负担,此后增加到了二十名,分役于众,减轻负
担,也就是朋充。所谓"暗贴",指的是官定"同役"之人(推测为朋充、串充之
类),不通过官府而直接贴银于"役头",自己免于就役。所谓"明贴",指的是
免除某人的服役为"空役",但要由官征收银两帮贴应役之人。据胡震亨的
记述,"明贴"始于万历三十八年(即后述浙江的银的"官解"),因顾虑私家催
讨(役头向其他朋充者求取支付贴银,可能是伴随暗贴的行为①)的烦扰,决
定由官代征、出纳。②万历三十八年的贴银规定,被收录在《图经》所收《万历
三十八年设贴役银事宜》中。
　　然而胡震亨认为"暗贴"自不必说,"明贴"也"不出分役之意",如下所
述,他认为"官解"是必然趋势:

　　　　然当时贴役所由得行者,又全赖官解一节。将所有银差,俱为

---

①　尤其被朋充的是庶民身份与乡绅,当前者作为"役头"提供实际的役务、后者支付银两(暗
　　贴)时,乡绅往往并不支付银两,庶民"役头"则会苦于催征(催讨)。参照旧稿⑫以及本书(指
　　本文原出处——编者)第九章第二节介绍的朱国祯对贴银的批判。
②　这里显示了贴役(暗贴)很早以前就存在了。

百姓代去,方留得许多空闲人户,办此贴役银两。不然,县只此一百六十人,役且不足,安问出役银乎。所以官解之法之善,为不待言。而议者犹惧领解之官,他日或以烦劳辞役,有仁政不终之虑意。惟有严核帮役之银,使帮资不竭,稍宽路费之额,使人情乐趋,庶几法行可久。

文中所谓官解之法,指的是万历三十八年左布政使吴用先在嘉兴两府各县实施的"敛解之法"。实际上万历三十八年贴役事宜中的"明贴"也是以此改革为前提才实现的。《图经》以及崇祯《嘉兴县志》卷一〇《赋役》中收录的吴用先的《敛解事宜》记述了相关内容。粮长(解户)的诸役目中各项银两的运解,要求在布政使司的委官定下的时限(偶数月的初旬)前抵达各县,当着知县的面用规定的砝码按项目称量应解送的银两,经过密封、捺印、署名等手续后带回省城。以北运白粮重役为首的实物差解仍作为粮长(解户)的徭役存留,但在上述情况下,银两变为官解,而粮长则需要出空役银。另外《图经》云:

> 今银差用官解,以空役出银贴之。他役色亦设法多所减革。止余米解在民,粮长役大省。而城垣复用空役银官修,见年之役并省矣。

关于见年(里长)的役务,此处述及城垣修筑的银纳化。

不过,乾隆《海盐县续图经》卷五《官师编》"知县"条载:

> 樊维城,已见胡职方《图经》,因在任,不载政绩。今补录之,并详立朝及殉难事实,俾吾邑人共志景仰焉。公审役力持均田法,征赋令民自衡投柜,省漕兑赠耗数千百石。(着重号为笔者所加)

可知曾主持天启编审的樊维城实施了"自衡投柜"的新法。虽然"自衡投柜"的内容不见于任何记载,但可以推测其要求花户(纳税者)在纳入税粮的银两时"自己称量",换句话说,就是要求不经胥吏、里役之手而投柜,类似于之后成为固定制度的"自封投柜",但这个办法是否实施仍有疑问。天启的《图经》在樊维城治下编纂而成,且有非常详细的关于役法的记载,却完全没有提及此事。乾隆《续图经》卷二《役法》中也未记载此事,而是将自封投柜的创始归于康熙年间的巡抚范承谟。无论如何,不仅在粮役,在粮长、见年所分担的税粮催征方面,也能窥见力役消失的迹象。

(七)

不过,在海盐的粮役中,官户被称为"优免官户",连贴役也未施行,并且关于这一点,在徐必达《南州草》卷一〇《赋役条议》第八条中有"海盐运头概不及士绅"的记载。对此,川胜守提出的观点值得注意:"乡绅仅在名义上承担粮长(=里长)之役,实际上不受任何役的负担","看来这是海盐县役负担体系的构造,这显示了海盐县改革的局限"(E130,第 23 页)。若此说法成立,那么海盐县施行的优免限制,也就是乡绅负担的役,虽然仍以"现年"催征的方式残存,但几乎已成一纸空文。不得不说,川胜守的观点具有相当重要的意义。

但若先说结论,那就是,乡绅需要对规定以外的田土实施贴役。首先,徐必达所谓"运头",是与前述《图经》中"役头"一词相对应的。毫无疑问,海盐乡绅并没有成为实际上的服役者(若借用川胜的用语,即负担"关于漕运的实务"的人)(仅就此点,即从只施行了贴役而看出存在着"改革的局限"这一点,笔者展开的逻辑是赞同川胜的观点的①)。《万历三十八年设贴役银事宜》(以下称《事宜》)中的 16 名"优免官户"就是乡绅负担粮长的全部吗? 川胜对此并没有特别加以考察,而将其作为自明的前提,如果那样的话,乡绅在海盐县的所有地共 13 万 3 540 亩:当役田土——51 200 亩 = 320 亩 × 16(名)× 10(年),优免田土——82 340 亩,只不过占全县田土(597 540 亩)

---

① 川胜 E130 认为,贴役是均田均役发展到第二阶段的主要内容,依据朱国祯论述的同时举出了"贴银""宦户贴银"(第 25 页),并出示了丁宾之文,认为贴役才正是"均役的目标",批判了笔者(第 41 页注 13)。具体的内容留待正文展开(第八章详述均田推进派与反对派的论争),而此处笔者希望指出,贴役有以下两种,不管哪一种都不可能是均田均役的主要目标。1.正如旧稿以及本稿中也已详述的那样,不考虑户等,一律进行照田派役,处理在此基础上产生的具体的役的负担问题的方法即是贴银,换言之,这属于照田派役的程序问题。而且这正如胡震亨指出的那样,可解释为向官收官解的过渡,使徭役在完全的银纳化中消解。尤其不经过官这一媒介而直接对"役头""运头"进行的"暗贴"应是自万历九年起就存在,与朋充的出现相对应,自其之前就存在。丁宾的文章也可以被解释为属于这一层面的东西。2.正如笔者之前证明过(旧稿⑦,第 89、105 页)以及本稿再次展开的那样,针对因均役(限制优免)而来的具体就役,乡绅一方提出的对策即是贴役。朱国祯主张自己负担贴役而反对贴役,不论如何,通过其议论背景中政治过程的滤镜,才能为其定位。笔者肯定"改革的局限",是在"乡绅不成为役头只贴役"这一意义上,并不是在川胜所言的"优免限制的不彻底"的意义上。

的 22.3％。这比江南地区乡绅性土地所有发展程度最低的常州府无锡县的数值——23.6％还低(参照第六章第二节"三"表 7)。可以先从这一点推断，上述 16 名的数字并非指乡绅所负担的粮长之数。

然而最为重要的是，川胜忽视了该《事宜》本身对"优免官户"的说明。也就是在《事宜》结束部分(第 17 叶 a)的以下记载：

> 优免官户一十六名。本县士夫优免编里，业有定额外，(1)有乡会新科，旧无优免者。(2)有乡绅的名，子户优免未尽者。(3)有故宦子弟，义当存恤者。(4)有岁选例选当均免者。凡此宜有以处之。今议，虚十之一以待，第毋令渝额以开幸门，庶士绅沐休息之恩，小民安力役之征矣。

即《事宜》所定的十六名"优免官户"绝不是乡绅被要求负担的粮长总数，而是机械地从每年粮长金充总额一百八十五名中分出的十分之一。编审——徭役负担以十年为一周期这自不必说。因此，像均田均役这种与徭役负担有关的大规模改制几乎都以编审为契机，辛酉、辛未、辛巳……以十年为间隔提出，这是为了避开在十年周期中间改制会出现的不公平与混乱。可是在一次周期之中，乡试、会试要进行三到四次。对新科新第的举人、进士的优免究竟应该在徭役科派周期中途何处进行呢[上引(1)]？从原则上讲，此时海盐县的里甲集中在"本图"一处立户记入黄册，这也是笔者称之为无地缘性的"属人性质的里甲"的原因[参照本节(四)]。然而出于某些原因，乡绅并未收并于一处，存在虽有的名(本人的名义)，却进行了多个立户的情况。优免受于一处，那么其他子户额内的田土该如何处理[上引(2)]。不过此问题是如何解决尚不确定，待有识之士赐教]？亡故乡绅的子弟未拥有乡绅身份时，原则上是不承认优免的，一概课以重役(当然他们名下的土地量很大)不合道义[上引(3)]。进一步说，因被采用为生员、晋升贡生或监生、贡途出仕，而导致优免额在周期之中增加的情况也是存在的[上引(4)]。从量上来说很少，但就其本质来说与(1)相同]。综上所述，粮役中的十六名优免官户是为(a)十年编审途中产生的新优免[(1)、(4)]以及(b)适用例外的优免[(2)、(3)]两种情况所准备的，类似现在预算中的预备经费，万历三十八年之前的二十名可能也是同样的作用。如果到下次编审前没有受正规的优免,则暂时负担里役(现年及粮长)与粮役(粮长→解户等)(第四章第一节"二")。然而由于粮役由只有名义实无徭役负担的"优免官户"中的粮长充当,实质上承认了优免。不论形式如何,这与其说是使优免限制有名无实,不如说是使优免限制实际发挥作用的弹性措施。

以上考察了明末海盐县实施的均田均役改革。其中以一甲三百二十亩的亩数为基准编成了里甲。此里甲不具备地缘性,而是按土地所有者编成的,其结果是,一直以来里甲中含有的村落性(进一步说是共同体性)的性质消失。不过均田均役的内容并非仅有编成里甲,还包含另一重要内容,即限制一直以来不受限制的乡绅等的优免,特别到末期,这一倾向愈发显著。海盐县定优免总额为八万二千三百四十亩,就算拥有相应资格的人再有增加,也在此范围内通融,每次编审各人的优免额都被逐渐削减。结果溢出的部分与一般民户一样科派里役。这当然会招致乡绅层的不满,这在已引史料中也显示出了一鳞半爪。不过,就乡绅负担徭役的实际情况来看,虽然乡绅作为现年负担了催征,但在粮役方面只有贴役,并不需要实际就役。

与限制优免、照田派役相并行的是徭役本身的改革。嘉、湖两府全境施行的改革有银两差解的官解化和负担的银纳化(贴役)。可能存在自封投柜的计划,但无法确认是否付诸实施。总而言之,从中可以窥见作为力役的徭役行将消失的征兆。

三、嘉兴府诸县的改革

(一)

没有任何记载说明万历九年、十九年时在嘉兴县及秀水县①有计划或是实施了改革。到了万历二十九年,知县郑振先提议进行某项类似于均田均役的改革。改革的项目载于崇祯《嘉兴县志》卷一〇《赋役》之中。这一关于徭役改革的申文由三十二项构成,包括"议查优免"(第十六项)、"议寄庄官

---

① 嘉兴、秀水两县都在嘉兴府治下,难以区分,因嵌田问题而自成一体,与嘉善县相对立(川胜守 E124)。尤其如后所述的是,在均田均役方面,两县采取了以两县所在田土总额定每个乡绅的免额的"会免之法";另外天启改革时,据记载,两县知县曾一起"博询舆论"(崇祯《嘉兴县志》卷二二所收陈懿典《嘉兴县蒋侯新定均田役法碑记》)。

户"(第二十一项)等内容。然而没有史料说明此改革得到了实施,而且也不清楚是否实行以亩数佥充里长。

万历三十九年知县陆献明编审中,存在关于限制优免的议论。负责下次即天启元年编审的知县蒋允仪在《均田十议》(崇祯《嘉兴县志》卷一〇所收)第二条中透露了有关消息:

> 凡乡绅优免之数,自甲科、乡贡以及衿士,自三千亩以及三十亩。层累而上下之,各有等,则毋得浮于外也。前册详议,视海盐例。(着重号为笔者所加)

这恐怕与万历三十八年①秀水县乡绅徐必达提出的《赋役条议》(《南州草》卷一〇所收)有关。

徐必达的《赋役条议》(以下关于嘉兴、秀水的部分中略称为《条议》)由①均甲、②分里、③编审、④消里、⑤殷实、⑥贴役、⑦官解、⑧佥运、⑨定运、⑩复户由、⑪给归单、⑫审丁等十二条构成。其内容如下。

① 限制优免。仿效海盐、平湖、嘉善县之例,按进士、举人、监生……吏承的身份等级分别设定限额,超过限额的田课以里长之役。取消对寄庄的优免。不过有以下两条例外:第一,在嘉兴、秀水两县可因"居址相错"而"会免",但要先在原籍决定优免之后,在另一处保证总额在限内才可认定优免;第二,对于出自两县之外的嘉兴府属县者,如果居住在两县内,同样可以依据总额认定优免。

② "士绅"与"齐民"之间"均役"固然很好,但也有可能出现"共役而相凌"的事态。因此,乡绅(进士、举人)以其承役田土立"官里",以与其他承役者相区别。故宦的优免只在当前周期内继续得到认可,下次编审即归为民里。

③ 鉴于万历二十九年湖州的失败(本章[即本文——编者]第四节、第九章第二节),要注意里甲(属人性)的编成方法。一人符合额数者为独名里长,差额在十亩以内的不再过问。在向多个里长课征的情况下,或编在同一里内负担数年,或编入多个里内负担一年,各从其便。

---

① 徐必达《赋役条议》第十一条中记载万历八年丈量后经三十年,可以确定时为万历三十八年。

④ 比较田土数与额定里数，会发现嘉兴府七县中嘉、秀县的里多，尤其嘉兴的情况最为严峻（海盐：六十二万九千亩、一百六十四里→一里长三百八十亩。平湖：四十七万七千亩、一百一十四里→四百二十亩。秀水：六十三万三千亩、二百三十五里→二百七十亩。嘉兴：八十七万六千亩、三百八十一里→二百三十亩）。《会典》中有合并里甲的成文规定，也有万历十九年时安徽太湖县知县仅凭抚、按的批准而未向天子具题，便减五十四里为五十里的例子。建议嘉兴、秀水也削减里数。不得已的情况下，就以乡绅之免役田土编为数区之里，作为"免区"（不课以实际的役负担），以"减里之实"代"存里之名"。

⑤ 不仅地主，也要使城镇中的商人、放高利贷者负担里甲之徭役（见后述）。

⑥ 令因里（里长）的削减而余出的现年、粮长的负担者在北运等重役上贴银。

⑦ 将粮长徭役中各种银的解运移交官解，代之以加"水脚"于条鞭银内科派。此处引用了自己在万历三十五年的上奏①。

⑧ 当然，乡绅的限外承役田土也要负担粮长（解户）之役，但海盐（进行贴役但不当"运头"＝役务提供者）、嘉善（当运头，不过在嘉善似被称为"批头"）、湖州（只负担南粮这一轻运）的情况各不相同。在嘉兴、秀水则有只令乡绅负担"解银"的意见。若未能实现官解化（⑦），则以其为乡绅之负担，若得到实现则效仿湖州之例令其负担南运。

⑨ 关于(a)北运白粮、(b)南运白粮、(c)兑军这三种实物粮米的运解，论述了这些粮米的赋课对象、征收方法以及贴役者负担的脚价的征收、支给法。就实物粮米而言，(b)原则上赋课于官里（十三万八千亩→正耗二万七百八十石⇒每亩约一斗五升），(c)赋课于民里［没有关于(a)的对象的记述］。关于脚价，(a)以"坐名对支"也就是当役者（运头）与贴役者之间的直接授受为原则。(b)因为是乡绅自运所以不需要贴银。(c)是军运，脚价为官收官支。（以上请一并参考《续呈》第六条"申议贴役对支"）

---

① 《南州草》卷二《目击白粮迟误之故，解户艰苦之情，敬循职掌，条末议，以重内供，以苏民困疏》。当时徐必达在光禄寺寺丞之位，是接受白粮的一方。

⑩ 以前各户的"户由"记载了各户所拥有的田、地、山、荡数与银米征收数等,但现在没有了,这助长了里胥的舞弊。应仿照湖州府长兴县(易知编)之例刊行赋役书册告知全县,以此为基础向各户支给"户由"。

⑪ 为明晰田土的归属(纳税义务的所在)、面积等,要效仿平湖之例(自万历八年的丈量以来,每家都有"归单"＝地券)给每丘制作、发给一张"归单"。

⑫ 丁银编审之际,应排除无"寸土片瓦"的单丁。相应的部分若用田粮补足,便不会影响全县的赋额。

如有关海盐县的部分所述[本章第二节"(六)"],此提案中可确认得到实施的是万历三十八年布政使吴用先在嘉兴、湖州两府推进的"解银"的官解化。由天启《海盐县图经》卷六《役法》所收《万历三十八年设贴役银事宜》的相关记载可知吴用先的改革最先始于徐必达的提议:

> 敛解一法,行至今已十有四年矣。岁省盐民金钱不知几许,吴公功德不可谖也。而议始自徐公,则尤所谓仁人之言,其利溥者哉。(着重号为笔者所加)

此处有以下三点提议:1.对优免的新规制①;2.依据田土面积编成里甲(佥充里长);3.要求乡绅拥有的限外田土部分负担里役(催征)与粮役(运解,但这并不是全面的)。尽管存在是否将乡绅承役田土编成"官里"的差异,但仍可以认为此处的改革与海盐县拥有同一性格。关于⑤"殷实人户"的诸议论,在海盐县完全没有看到。如徐必达《安民生疏》所云:

> 若市户之说,在嘉兴,即殷实之说也。市户免,信使人轻力本而尚逐末。

论及向"市户"(在都市居住但并不一定拥有田土)科派徭役,同时也是对现状的批判。即批判由国家权力进行的敛夺剩余劳动的行为主要围绕土地所

---

① 《南州草》卷三《赋役关系匪轻,谨申台臣适均之议,乞赐采择,以安民生疏》(以下略称为《安民生疏》),推测其作用在于解释此条议,其中述及:

> 其士绅量免里长之说,则非《会典》优免之例也。……今欲苏小民,自不得不为限制。若载在《会典》者,岂能毫末加耶。

此处要求对优免进行严格限制。

有展开,却将当时财力、经济力明显很强大的商人及高利贷资本的利润置之事外。看来向市户科派徭役在嘉兴成了问题,而在海盐却不成问题,这大概有以下两个原因:第一,额定里数与田土总额的比例悬殊(嘉兴每里长二百三十亩,而海盐则是三百八十亩。每单位面积、平均劳动的产出在两县并没有较大差异),嘉兴直面削减里甲这一棘手问题。第二,处于江南运河沿岸的府城嘉兴和离运河遥远的海盐之间,存在着因商业区位差异导致的商人阶层的力量差异。徐必达的《条议》中举出"当铺"①"店场""赁房"等"有据之殷实",指出"当行之收息数倍于田,赁房之取租亦与田埒",当然应该承担徭役。徐必达主张,嘉兴、秀水此次编审应将这些"殷实"全编入"坊里",即在城镇内提供役务的都市里甲之中;另外在粮役方面,县(府)城市户当充收头(收兑银两),镇里市户当充斗级(另参照藤井宏 E205[应为 E207——校者](三),第 90—93 页)。

　　这一庞大的提议(不止《条议》,还包括作为补充性说明详细论述细节的《附上抚台、司、道各公祖》及其《续呈》,还有《限田免长赋议》二种,皆收录于《南州草》)究竟实现到哪种程度依然不明。如后所述,在天启元年以后的均田均役中可看出此《条议》带来的影响,然而万历三十八年至三十九年时产生了围绕此《条议》的争论。朱国祯言及:

　　　　徐玄仗(必达——笔者注)以乡绅一议于嘉禾,与贺伯暗相驳甚苦。
(《涌幢小品》卷一四《先兆》)

崇祯《嘉兴县志》卷一三之徐必达传(虽然末尾记有同县乡绅吴默之名,但实际上是陈继儒所作,收录于《陈眉公全集》卷三五)中记载了徐必达与平湖县贺灿然的争论:

　　　　达起农家,世苦践更,父雷州公谈其害最悉,欲苏民困,达慨然为己任。故在光禄时,条白粮争民运,江以南受赐甚渥。其与贺铨部论里役,丁司空论田额,②俱井井莫能夺也。(着重号为笔者所加)

---

① 高利贷在拥有所有权的田土之外,还控制着典质中的田。有看法认为,这些田完全不负役是很不合理的。乾隆《吴江县志》卷四四所收《均田荡赋役》的"均役议"(参照第四章第三节"三",此文写于明末)中述及"典质规息,役之无田"。

② 关于与丁司空＝丁宾的论争,参照川胜 E123。

崇祯《嘉兴县志》卷一三之贺灿然传中有"均役议兴,因作均役补议"的记载,可知提出了某项与徐必达的提议有关的提案。然而笔者并未发现"均役补议"(日本的贺灿然文集仅有《六欲轩初稿》,其中并未收录),只在下引徐必达《上父祖、父母书》(《南州草》卷一〇)①,即徐必达寄给嘉兴知府、知县的反批判中模糊窥见其一鳞半爪:

> 道星补议,臆闻彻台览矣。缅缅万言,真足明原议之非,以正达好名喜事之罪。所臆者三,其一谓定役必须论力,而田不可尽论。则以十年内以役倾家者,故不多闻也。其二极诋帮役之非,则以当役原自安然,又若熟疖。然而今且恐其变为癫也。其三则言,士绅免里之不便,而空闲必不可不多留也。所虞其弊者十,而驳均甲等议者十二。曰千亩三千亩之家必破。曰士绅免数不宜著为则。其说累累,总归于嘉秀之编审,方习而安焉。恐无故发端,而弊且丛生也。又遗书督过,历数达挟贤挟贵、自用自专之罪,不下数千言。

尽管贺灿然的批判涉及徐必达的作风问题,但批判关键主要在以下三点:1.不可将徭役科派的基准完全转移到田上,也应当考虑到力(疑为丁力。徐必达的"条议"⑫言及除丁);2.帮役为非,当役为善(可能与③、⑥、⑧有关);3."士绅免里"之不便(与④相关),多留"空闲"(?,⑥?)。进而举出了十点弊害,对①均甲以下十二议逐项加以批判,但不清楚具体内容。在上引记事之后,徐必达的意见也措辞激烈,甚至说:现在意见有二,阁下集县中之编氓,逐项问之,以(必达之)原议为便者左,以(灿然之)补议为便者右,事可决立矣。然而这一年在崇德县实施了均田均役的知县靳一派的《编审事宜》(收录于万历《崇德县志》卷二《纪疆》"田赋";亦见于康熙《石门县志》卷二)第二条"坊里"中说的是商人们积蓄很多钱财,但是"籍不挂半亩田,即里(役)不占毫厘"的不公平状态,"此贺铨部、徐光禄所由议殷实也"。关于将徭役的科派扩大到市户商人,两人的观点应该是一致的。总之,嘉、秀两县的改革由于议论纷纭,只能留待下一次天启元年的编审时进行了。

---

① 　也收录于崇祯《嘉兴县志》卷二三《艺文》中,但篇首变为"贺道星"。道星即贺灿然的号。

(二)

天启元年嘉兴知县蒋允仪和秀水知县汤齐实施的改革内容见于以下史料:《嘉兴县启祯两朝实录》"赋役"(以下略称为《启祯实录》)、崇祯《嘉兴县志》卷一〇收录的蒋允仪《均田十议》、该志卷二三(应为卷二二——编者)收录的陈懿典《嘉兴县蒋侯新定均田议法碑记》(以下略称为《蒋侯碑记》)、徐必达《南州草》卷二五《汤丽河父母入觐旋需内召之序》(以下略称《汤内召序》)等。《启祯实录》对嘉兴的里长佥充有如下总结:

> 天启元年知县蒋允仪,乃立均田法,以三百八十一里定役,以三百六十里派田,以二十一里派市房充坊厢。每里拨田二百一十亩,以一百五六十亩为里长,以五六十亩为甲户。总计里甲以二十一亩起分。每遇现年,甲户帮役每亩八分。遇粮长,甲户帮役每亩一钱二分。

即额定里数三百八十一里中的三百六十里,每二百一十亩编成一里(充一里长)。规定二百一十亩中一百五十至一百六十亩佥充一里长,剩余由甲户帮役,其贴银每遇现年每亩八分,每遇粮长每亩一钱八分。剩余的二十一里派给"典铺"等市户,称为"坊里",充奔走、供应之役(《均田十议》第一条)。[①]另外关于秀水县有如下记载:

> 侯当编审,与士民约,凡得优免者视功令以品级为差。其赢者一切与齐民垺,概以三百亩为率,盖二百六十年来民困始大苏。(《汤内召序》)

每三百亩编成一里。如后所述,优免限制是两县共同制定的,但嘉兴二百一十亩一里长,秀水三百亩一里长,产生这种差异的原因在于,相比于田土数(约八十六万四千亩),嘉兴的额定里数(规定的里数,三百八十一里)过多(笔者未能找出此事态存在的原因)。总之可以确认的是,两县在天启元年都施行了依据亩数的里长科派[只是秀水的三百亩指的也绝不是(a)每里长的当役田土,而是在(a)中包含了(b)乡绅优免田土中里长被课以税粮催征的田土]。

就优免的限制而言,尽管仿效海盐县的例子(疑为万历二十九年时的例

---

① 将徐必达的提议④消里与⑤殷实组合起来了。关于这一点,蒋允仪也是如此认识的。

子)设置了自三千亩至三十亩各个等级,但嘉、秀两县采用"会免之法",也就是在嘉、秀两县任意一县有籍的乡绅,若其拥有的田土存在于两县,就不会在两县分别受到优免(即不会有双重优免),而是将规定的优免限额调整为120%(即被认可一千亩优免的乡绅在嘉、秀两县有共计一千二百亩的限制额度)(《均田十议》第二条)。超过此限度的乡绅田土自然被编入里甲并负担徭役。然而:

> 官与官为伍,不杂之以民。而皆听其自运。(《均田十议》第二条,着重号为笔者所加)

又:

> 今官里与民里别,民始实减其役。(《蒋侯碑记》,着重号为笔者所加)

尽管这些乡绅的承役田土被编入里中,但与一般民户的田土有所区别,编成"官里"(官图),税粮的运解(以及催征)也存在民户、官户之别。徐必达提出的乡绅承担的粮役为轻运(南运)这一提案(《赋役条议》第二条)得以实现。此时官里、民里合计编成三百六十里(每里长二百一十亩),因此嘉兴县的承役田土共计七十五万六千亩(210×360×10)。其与总田额八十六万四千亩之间所差的十万八千亩即是天启元年优免田土总额。[①]如嘉兴乡绅虞廷陛所述(后述),此免役田土被均等地分摊至三百六十里(挂各里各甲之后),其税粮的征收成为里(官里、民里)的任务。

　此次天启元年(辛酉)的改革,是均田均役在嘉、秀两县的初次实施,然而据《启祯实录》记载:"奈绅衿免田无限制,各项免田不派入里甲(的徭役的科派对象);甚至民田不满四五十亩充里一名。"可见优免限制进行得并不彻底。这是因为,海盐县从万历二十九年起,不仅设定了各等级的优免限额,还固定了一县总体的优免额,与此相对,嘉、秀两县只设定了各级别的限额,

---

① 川胜守(E128,第31页)并未明确认识到以下四点(特别是第一点):1.早在天启元年的时候就编成了"官里",优免田土也编入其中;2.二百一十亩是由派役田土(包括乡绅拥有的限外田土)编成的里的单位面积;3.因此天启元年的不到七十六万亩与崇祯四年的八十六万多亩之间的差额约十万亩就正是天启元年的优免额;4.此优免田土在崇祯四年时被编入名为"免图"的里中。

并未固定一县的优免总额。辛酉编审后每当新科新第(从方志及《启祯实录》中可确认其为事实)出现,免田就增加①(即承役田减少),这是理所当然的现象。结果导致十年之内被迫削减每里长的亩数。如下引《启祯实录》的记载所示,崇祯四年(辛未)知县张凤翥的改革对此进行了修正:

> 崇祯四年,知县张凤翥俯采舆情,酌定每里十甲,每甲里长派田二百四十亩。除坊厢二十一里不派民田外,额定绅衿免田十四万四千亩,派六十里。民田七十二万亩,派三百里。分作三项,一免图,一官图,一民图。申府详院司道允行。

嘉兴一县乡绅的优免田土的总额被固定为十四万四千亩。另外,据萧师鲁《古处唐集》所载《均田均役议》(以下略称"萧师鲁议"),此时秀水县也将总额固定为十一万八千亩。于是尽管落后了三十年,但在嘉、秀两县也出现了效仿海盐县设定总限额的做法。每里长的科派田土增为二百四十亩,比起天启元年增加了三十亩。虽然总优免额比起天启约增加了四万亩(即承役田土减少了四万亩),但每里长的基准田额也增加了三十亩,其原因在于里数从天启的三百六十里减为三百里(官图、民图总计)。之所以会减少六十里,是因为一直以来未曾编入里甲的十四万四千亩乡绅优免田土被编为"免图"六十里,确保了额定里数不变(另参照前引徐必达《赋役条议》第四条"消里")。暂且不论里役、粮役负担的实际情况,若仅就里甲的形式而言,天启元年嘉兴有官图、民图,而崇祯四年以后变为官图、民图、免图三种。

　　崇祯《嘉兴县志》卷一〇《赋役》中记载了崇祯七年②知县张凤翥采用了乡绅虞廷陞的《均田二十三议》(以下略称"虞前议")并收录了此议的内容。另外该志卷二三《艺文》中收录了虞廷陞的《嘉邑均田均役议》(以下略称"虞后议")。依据这些材料可知"免图"六十里的田土一直以来是"挂各里各甲之后,不入正里数内"("虞后议")。换言之,粮役当然不被科派,

---

① 这让人想起第五章第一节"七",海盐的"优免官户"中所见的弹性缓冲措施。
② 康熙《嘉兴县志》也认为是七年。然而《启祯实录》"铨叙"中记载,张凤翥于辛未(崇祯四年。此年有闰十一月)十一月上任,癸酉(六年)十月因丁艰离任,四年应为误记。康熙志亦承其误。

但其田土税粮的催征本身还是由里（官里、民里）来负担。与此相对，今后的优免田土的催征，以"官户知数人"即乡绅家的管理人（疑为纪纲之仆等）充当，"代小民六百名里长"（"虞后议"）。免额之外的余田虽与民间同样充当粮、里，但为催征之便而设立"官图"（"虞前议"第六条。这是对天启的继承）。定册（编审）之后十年以内发科发甲或升学的生员等应纳入优免者，以及因死亡而从优免中除名者，要等待后册（下一次的编审）。各甲内的贴役增额至每亩现年一钱、粮长二钱（"虞前议"）。如上所述，到崇祯四年时，嘉兴制定了优免的总额，且通过设置官图、免图使得乡绅所拥有田土的税粮由乡绅自行催办。其后各点中，虽然在优免、役负担问题上有较大差异，但在官户税粮的催办这一点上，与隆庆末年以来南直的官甲实有相通之处。①

　　紧接着，秀水知县李向中在以崇祯十四年（辛巳）编审为契机的改革中发挥了重要作用。康熙《嘉兴县志》卷四《编审》载：

> 崇祯间嘉父母张公凤翥、秀父母李公向中……痛惩酷害，额为照田签役之令。

康熙《嘉兴府志》卷一二《宦迹》"秀水县"载：

> 李向中，字立斋，钟祥人，进士。崇祯年，为秀水令。洁己爱民，执法不挠。……值编审，倡均里均田之议，他邑悉遵行之。

同《嘉兴府志》卷一五《艺文下》康熙嘉兴县王庭《均田均甲序》（下文实见于康熙二十一年《嘉兴府志》卷一八《公移条议》——译者）云：

> 考昔均田之法，昉于故明嘉父母张侯凤翥、详于秀父母李侯向中，三十年来不无文久事变之忧。

张凤翥，特别是李向中的改革，受到关注。然而以上史料中并未记载改革的内容。遗憾的是，为何李向中受到如此高的评价依然不清楚。另外《启祯实录》载：

---

① 但像川胜守那样仅以此将官图、官甲作为标志设定"第二阶段"是完全错误的。参照第四章第二节"四"。

> 崇祯十四年,知县杜渭阳设立附甲,将官户田,附于十甲之外,客籍寄庄,混免差徭。编审时田在甲中,编审后田收甲外。里胥积蠹,卖富差贫,弊窦滋甚。

此处述及"将官户田附于十甲之外",即逆崇祯四年设定官、免图的做法而行,产生了弊害。关于此问题,并没有更进一步的记载,详细情况并不清楚。

这些改革到底是如何处理乡绅役负担的? 以下先将问题分为两个部分:(i)催征(现年)与(ii)粮运(粮长),再进一步将前者分为(i)免役田的催征与(i′)当役田的催征,即共分为三点。再结合(A)万历三十九年(徐必达的提议)、(B)天启元年(蒋允仪)的改革、(C)崇祯四年(基于虞廷陛之提议的张凤翼的改革)以及(D)崇祯十四年(编审前提出的萧师鲁的提议。是否被采用依然不明,方志中完全没有相关记载)这四个时间点,对(i)、(i′)、(ii)进行考察。

首先,(i)免役田在(A)时相当于额定里数的削减部分,但在此处并不负责催征。(B)时也不负责,若依据"虞后议",免役田附于各里甲而无任何役的负担,催征由里的现年充任。(C)时免役田编入六十里"免图",催征由官户自己的知数人充当。(D)时此问题并未被特别讨论,可能延续了(C)时的做法。

关于(i′)当役田,(A)时产生了以其为"官里"的主张,此主张在(B)时实现,到了(C)时当役田被称为"官图"。以上各时间点都有自行催征的记载,推测官里也是自行出"现年"充当催征。这一点在(D)时未有变更。

最后是(ii)粮役,(A)时有令乡绅(官里)负担南运的提议,不过似乎完全没有被采用。(B)时设官里、民里之别的理由仅在于为催征之便,至于粮役方面是如何处理官里的,没有任何记载(规定),但应该和民里一样充当粮长、负责粮运。这一点延续至(C)时,"虞前议"第六条云:

> 士绅各项免额之外,所余田亩,照民间认役粮里一体。但须别立官图,分别民图,以便催征。(着重号为笔者所加)

由此可以认为,官图不仅要充里=现年、还要充粮=粮长。关于粮役的其他规定也论及了一般的贴役,但并没有关于官户(官里)的规定。原则上,无论如

何,官里也会被课以粮役,但实际情况如(D)时的"萧师鲁议"(第七叶 a)所述:

> 但溢于优免之外者,势必签役。士大夫欲避重运,各图情面于邑父
> 母,各图额外求免,均犹不均,而挠役者众也。士大夫如是,其何以冀民
> 乐从。再为士大夫计,于优免之外,仍照往例,量酌官图,各定以额,永
> 为不定重役之令,名为官户空闲图。轮值粮长,止令酌完贴役银两,以
> 酿裹公费,以义恤小民。

可看出乡绅以"情面"向知县求额外的免役,公然使用非法手段逃避粮役。
针对此情况,(D)时命名官里为"官户空闲图",令出役银(第 7 叶 b),提议其
额度为里长正名二百亩中每亩出寄田银(诡寄的报酬)三钱,共六十两(第 13
叶 b),同时被免除实役的乡绅或要向北白(北运白粮——编者注)途中和京
师的各位官员寄送公书(共同的书简),或向"推尊达望"以及"年宜世宜之有
交者"直接寄送私信。另外,有内外现职的乡绅若各自尽力加以保护,则"是
即士大夫与民同役之谊"。这些提案究竟有多少反映在改革之中不得而知。
无论如何,数年之后,明朝灭亡,清朝在下一次编审(辛卯＝顺治八年,1651)
之前都采用的是粮运的官收官解(第七章第一节),不存在当役、贴役的问
题。换句话说,就嘉兴、秀水县乡绅的实役负担情况而言,现年催征在天启
年间得以实现,但就役粮长最终也未能得到实行。

(三)

《嘉善县纂修启祯条款》(略称为《条款》)卷二《赋役》总结了万历以后的
均田均役情况:

> 本县金役,初不论产。自万历辛丑,知县谢应祥始照田编役,每田
> 二百五十亩,充一里长,其法甚均。后十年辛亥知县徐仪世力清花诡,
> 编审精核。迨天启辛酉,知县吴道昌莅任,奸书作弊,花诡多田,以致里
> 长田亏,遂以一百六十亩充一里役,而以甲户田九十亩贴之,役法始坏。
> 崇祯辛未,知县蔡鹏霄编审,痛惩前弊,加意厘别。花诡稍清,因优免数
> 扩,遂以一百五十亩充一里,仍以甲户田九十亩贴之。又以品搭南北二
> 运,甘苦相剂,民甚便之。辛巳,知县刘大启编审,洞悉民艰,整顿有绪,
> 病故中辍,署篆聂同知,委任书胥,尽翻刘局。差贫卖富、受贿漏役。竟以一

百二十亩充一里长,甲户田又任其多寡,贴派不均,以致小民赔费弃田,赡役犹苦莫支,恒产反为恒累矣。至于朋充里长,应以田多者串列首名,今受贿颠倒,有役五六分者,反居一二分之后。凡遇差徭,官府但问首名,奔走承应,赔费繁苦,富户安然高坐,纰缪至此,黎子何诉。惩奸革弊,变通宜民,攒造届期,肩民社者,当留意云。

即到万历辛丑(二十九年)之前,嘉善的里甲正役仍未以田土为基准。该县乡绅支大纶的《支华平先生集》卷二九《复邑侯》云:

海盐自蔡令行此例,垂二十年,上下帖然。吾邑往岁亦尝议均,而以免数太拘,士夫不免有言。今第仿盐官例而行,当必有欣然响应者。半月之劳,十年之利,惟台下留意焉。(着重号为笔者所加)

虽然万历九年、十九年时已经出现了均田均役的要求,但仍未实现按田亩科派里长。如引文所示,其理由正在于乡绅反对限制优免。

万历二十九年知县谢应祥始行"照田编役",每二百五十亩佥充一里长。天启辛酉(元年)时由于花分、诡寄之田甚多,每一百六十亩佥充一里长,剩余九十亩甲户贴役。由于花分的存在,可任里长的大、中户减少,不得不进行贴役(胡震亨所言暗贴,参照本章第二节)。尽管如此,这一阶段时仍保持了二百五十亩这一数额。然崇祯辛未(四年)时,花诡虽稍有减少,但优免之数增加,因此变为一百五十亩佥充一里长,甲户贴役九十亩。于是佥充里长的亩数减少了十亩,变为二百四十亩。到了辛巳(十四年),事态发展至一百二十亩佥充一里长,里户贴役不定,将此事委任书吏办理也成为一项要因。此记载中将役田如此显著减少的原因归于花分、诡寄以及优免。然而笔者希望进一步考察优免限制的问题。如上所述,佥充里长的亩数经历了二百五十、二百四十、一百二十+α的变化,但同时也存在三百亩佥充一里长的记载。曹勋《曹宗伯集》卷九《蔡侯均役记》载:

算十年之通,每户田三百,受北白一,南糙一。(着重号为笔者所加)

另外据川胜守介绍的(E130,第32页)康熙《嘉善县志》卷五《徭役》所载:

明末竟以一百二十亩,充一里长,配以甲户田一百八十亩。

可见每三百亩一里长,这与前述一里长二百五十至一百二十亩的情况相比,其间差异意味着什么？川胜守 E130 以三百亩这一数字为依据，批判了笔者的里长科派基准额降低（二百五十→二百四十→一百二十），即承役田土减少的观点，认为"（高达三百亩的）役田本身并没有怎么减少，该县的优免额得到严格的遵守"（第 33 页）。如果真如川胜所言，那么前引（［原书］第 296 页，已引于旧稿②）《条款》便全为虚构，毫无意义。因此川胜不仅只是对比了片面史料，还缺少对《条款》进行批判分析这一理所应当的工作。换言之，应当对为何否定《条款》的记载而认可康熙县志的记载作出说明，这是史料批判的常识。先说结论，川胜的批判是完全错误的。里长的签役基准确实经历了上引《条款》所载的变化。然而为税粮催征而分摊至一里的田土面积［暂称(a)"催征面积"］与(b)每里长金充基准额绝非同一事物，在(b)的基础上，还应附加(c)均等划分后的乡绅优免田土［即(a) = (b) + (c)。回想一下前述嘉兴、秀水两县在崇祯四年"免图"创设之前的情况］。从数量方面再作一下确认，嘉善县额定里数为二百零四里（李陈玉［崇祯嘉善知县］《退思堂集》文告《漕粮示》），乘以一里长三百亩（一里三千亩）可达六十一万二千亩。这与明末该县田土总数六十二万四千余亩（《条款》卷二《田地》）相近似（差异的产生推测来源于三百、三千的数额未被严格遵守，出现了若干零头）。这意味着，各里长被科派的(a)"催征面积"为三百亩（三千亩），但粮长、现年被科派的(b)科派基准最初是二百五十亩，由于未对优免作出限制，才会如《条款》所述那样降低。如李陈玉的提议所示：

> 欲清诡寄，要在合通邦之亩，立优免之限，限田若何。通邑绅士，无问多寡，盈缩其中，则他邑之阑入者末繇，而本土之附托者绝矣。（《退思堂集》令书内编）

嘉善与海盐以及崇祯辛未以后的嘉、秀二县不同，只有对优免的个别限制，并未设定全县总额，这导致了役田的减少。"役田本身并没有怎么减少"的观点是错误的，役田是极大地减少，该县对优免的限制（正因为未设定总额而）沦为一纸空文。

　　以上对乡绅的优免田土进行了考察。那么免额之外的田土怎样处理？①

---

① 旧稿②中，笔者并未特地区分此两者，关于嘉善县的部分直接将优免田土与官图相结合的做法是错误的。

以下围绕此时期嘉善乡绅陈龙正的《几亭全书》卷二七《政书五》中的《辛未均役条议》(甲)、《辛巳役法议》(乙)这两个提议,对实际情况进行考察:

甲①　辛未,轮值大造,议变均甲为均役,万口称便。然均齐之法,惟絜矩君子,能倡之成之,能始之终之。田多者役重,田少者役轻,中户则坐中役,民与民均也,是为小均。绅袍优免之外,例充官图,其里长满四五名以上,应同民间殷户,签点重运,而以中役轻,品搭均授,官与民均也,是为大均。

甲②　万历辛亥,值大造,宜兴徐侯初莅任,治甚严明。绅袍田不满免额者,皆不敢受寄。闻其时,除优免外,官图充里长者,仅二百名,盖民九而官一。至辛酉,则官图四百名矣,盖民四而官一。今册渐及七百名,是民二而官一,此皆明许受寄之浸淫也。官图之中,客宦居三之一,盖邑绅所不肯寄,则奸富之民,又诡托客宦名下,以故民图益少。欲除此弊,其道何由,于千筹万算,不如一法。但使寄者无益,即不禁自止矣。凡邑绅免额之外,悉照民图派役,客宦原无免例,益不必言。惟此直截稳当,且使绅袍户田,果有不足于免额者,默听周全,不穷其隐。但抑其额外之滥寄,不亦情法两尽乎。

乙①　客宦宜存宜汰,宜量裁之数,犂然可决矣。既不使邑民受剥于客户,亦不致真宦概等于编氓。

乙②　本邑官图里长之宜限制也。绅袍自己户产,只因免额之外,实有余田,量立官图,向叨轻运,邑例固然。年来官图益广,一姓或至数十计。间有已田未盈,而护其族属,庇及葭莩者,优免外,亦更立官图。夫官图既多,则轻运尽归之宦,而重运偏中之民,已切不均之叹矣。况所谓族属葭莩者,率又民间之土户也。今概借荫于官图之内,则轻运并归之富室,而重运专中之贫民,谓非不均之尤甚者乎。

嘉善县乡绅的优免受到限制,额度之外的田被编成"官图"①(甲①、②,乙③),这至少在万历三十九年(辛亥)时就已存在(甲②)。辛亥(万历三十九年)时,"民图"与"官图"之比还是九比一,辛酉(天启元年)时变为四比一,

---

①　即使名称同样是"官图",但根据其中编入的是优免田(嘉善)还是承役田(嘉兴)的不同,其性质有别,这通过旧稿②中的论述也可以得到确切的理解。川胜守并未辨别这一差异。

辛未(崇祯四年)变为二比一,官图所占比重急剧增大(甲②),这意味着役田(属于民图)的大幅减少。这一情况包含着诡寄(甲②、乙②)。另外客宦本应没有优免,但实际上受到了承认,且成为诡寄的手段(甲②)。免外之田本应与民一同被派役(甲②),却只被课以轻运(乙②)。由以上可知,乡绅的免外田被编入"官图",只负担轻运(如南运等)。崇祯四年陈龙正的提议(甲)在崇祯十四年编审前并未实现,紧接着上引乙②陈龙正继续论述了对官图的限制:

> 官图既不可废,应限以数。甲科八名,乡科四名,各视优免原数,加一倍为准。限外余田,悉归民图,照例起役。其产最多,业最崇者,为批首,为北运,鳞次而定之。

如《条款》所述,十四年编审时,知县因病未在任,摄署的府同知听凭胥吏行事,不正之风蔓延,改革未能实现。①

(四)

明末平湖县乡绅沈懋孝(隆庆二年进士)对万历十五年时上任、二十年时离任的知县江环有如下评论:

> 侯以丙戌登第,莅吾湖六载。……逮其将满,念里甲重困,一革向来僭逾飞诡之俗,田均于里,里称其役。自此,下里屡人无田可业者,得脱重役。含鼓乎浩荡之间,可不谓数世利泽哉。(《沈太史全集》长水先生文钞《为文学诸君子赠江令侯序》。着重号为笔者所加)

据此似乎可以认为,江环在万历十九年(辛卯)的编审时,改革了飞、诡(飞洒=花分与诡寄)之习,施行了"均里",即依照亩数金充里长。然而方志中不论是役法还是知县江环传,都没有关于上述内容的记载。江环是因治绩

---

① 另外川胜将嘉善按粮役轻重分配负担的"品搭南北"视为均田均役的第二阶段的一个重要特征(E130,第36—38页)。作为粮役改革的一种方法,通过组合各种轻重的粮役使负担平均化得到实施,这既如《条款》所见,也可以从前述徐必达等的论述中得知。然而这是在实施均田均役的两大要素——照田派役、限制优免时具体的运用方法层面的问题,在均田均役中并非是划期性的东西。只是正如川胜所言,这种粮役负担法中可见一种户(等制)的残存,笔者在论及南直隶改革的旧稿⑦(第101页)中也触及了这一点。但应该说仅有细微的痕迹。

优秀升为京官,他大概有仿效海盐县施行均田均役的意图,然而很可能并未成功(此赠序是为生员阶层而写的,这一点颇值得玩味)。

对于负责接下来辛丑编审(万历二十九年)的知县王义民(字若惺,万历二十九年在任),沈懋孝有如下记述:

> ……群蠹肃清,百废振举,其宏巨者,清田均役,永垂数世之泽。诸大夫业已令载版式,行之。(同书《为郡中诸大夫,赠若惺王令侯入觐序》)

平湖知县王义民同样因治绩而被提拔,为此,嘉兴府下各位知县送来了祝词,赠序中提及王义民施行"清田均役",并影响了其他诸县。关于"清田均役",沈懋孝有《清田均役录序》(《沈太史全集》),记载王义民受到抚、按、藩(布政使)、臬[臬](按察使)的批准,随后:

> 当令侯始下车时,发教议清寄籍之田。嗟乎,人情何晓晓也。曾不洽。月拂而提之,悉见首尾,不一点染胥吏之手,非有大过,人才识何能洞朗如此。(a)寄籍之田悉出,既(b)从贵势人怀中,割取其附枝,及所编排(c)里甲,一准实田。彼贵介饶产诸族,又若夺之乎大厦久荫之下,悉使岁肩五石之瓢,此皆一时人情所甚不堪者。而屹然画一,持如介石,非有大过,人胆略何能担负如此。(下划线、着重号为笔者所加)

乡绅地主们("贵势人""贵介饶产诸族")因特权利益被削减而反对改革,知县王义民则力排众议,(a)废止了客宦寄田的优免,(b)限制优免,(c)以田土面积为基准编成里甲(科派里长)。于是可以断定,万历二十九年时,平湖县实施了以照田派役、限制优免(寄庄官户的优免则被废止)为主轴的均田均役改革。此次辛丑均田,在方志中并无记载(王义民传中也没有记载),管见所及,此事仅见于沈懋孝的记载。不过可以依据以下两点推断此次改革确有其事。第一,本节开篇部分引用的秀水徐必达《赋役条议》第一条"均甲"中述及:

> 合无比照海盐、嘉善、平湖事例,士绅限田免役,……其余计田分甲,各长其赋。(着重号为笔者所加)

这一提案成于万历三十八年,因此可以确认,平湖最迟在万历二十九年就施行了限制优免、照田派役。第二,从接下来万历三十九年编审的记载中可以断定,此前平湖就已施行三百亩一里长这种里长的照田派役。关于此事,可参看下面的记述。

康熙《平湖县志》卷五《职官》"知县"载:

> 朱钦相,字如容,临川人,万历庚戌进士。励精勤政,值编审,严厘飞洒、虚粮、花分、诡寄之弊。是年民户额增至三百二十五亩,较前,赢十之一。修城役里甲,吏缘为奸。侯请当道,派入条鞭,革柜收、区总、县总等役。诸所兴除皆以便民者事。(着重号为笔者所加)

万历三十九年编审时,平湖知县朱钦相严核花诡之弊,从而使役田增加,"民户额增至三百二十五亩",即增加了一成。由此可知,平湖县在万历二十九年或之前的编审中就施行了三百亩一里长这种依据亩数进行的里甲编成。前引[本节"二"〔本文本节"(二)"——编者]天启嘉兴知县蒋允仪的《均甲十议》第二条云:

> 若平湖,免数亦相若多者,则分为民里。少者不得取盈。

优免限额之外的承役田土并未编入官图之类,而是像海盐县那样编入了一般的民里。值得注意的是"少者不得取盈"这一规定。这意味着若乡绅所拥有田土的数额少于优免限额,则以当前数额为优免限额。这将限制往前推进了一步,三十九年南直隶常州府正是采用了与此相同的措施(参照第六章第二节"三")。此外,"修城"可能指见年之役,此事和负责收解银两的"柜收"的废止,都与海盐县的事例吻合。前文已述,万历三十八年浙江布政使吴用先废止了收银之役,代之以出空役银(本章第二节"六"),柜收的废止可视为其中的一环。

关于天启元年的编审,《平湖县志》载:

> 陈熙昌,字景庵,南海人,万历丙辰进士。至诚恺悌,未尝妄捶一人。士民干法纪,辄霁颜谆谕。捐羡金,贷赎镪,宽徭赋,减贴役。编审一事,最称弊薮。侯先请官田定例优免,浮者置官图充役。不及额而寄庄以渔利者,尽数还民,役田溢四万二千有奇。

此处述及天启元年时限制了乡绅的优免,超过的部分设官图充役(这与嘉善的事例相同),寄户的优免一概废止,并按民田处理。平湖县方志关于役法的记述较为简略,没有任何关于以上考察的诸改革的记载,或许这些改革并没有产生什么效果。不过可以确认的是,万历十九年之后,每次编审时都有企图实施均田均役的政策(另外关于崇祯四、十四年的两次编审,尚未见到相关史料)。

(五)

有史料记载,崇德县(清代时改称石门县)也已在万历十九年实施了"均田编里"。万历《崇德县志》①卷二《纪疆》"田赋"所收靳一派《编审事宜》序言云:

> 郡绅(疑为徐必达)建议均田。崇业已行之。(着重号为笔者所加)

该《编审事宜》第六条"分田"亦云:

> 均田编里,确论也,崇行之,业二十禩矣。第等田耳,而腴瘠异。腴瘠异而既计亩役之,均犹弗均也。(着重号为笔者所加)

因为靳一派的编审是在万历三十九年,所以可以推断,二十年之前的万历十九年时就已经施行了"均田编里",即按亩数科派里长。然而该万历《崇德县志》(由靳一派编纂)的役法部分,关于万历十九、二十九年均田均役的实施没有任何记载。

关于万历三十九年知县靳一派的编审,可以参考靳一派的《编审事宜》以及《申详均役议》(万历《崇德县志》卷九《纪文》"杂文"中收录)。《编审事宜》由序言以及八条构成(①优免、②坊里、③册书、④议单、⑤分图、⑥分田、⑦分甲、⑧顽里)。①论述了对优免的限制(额度不详)、对寄庄优免的否定以及向限外田土派役。没有定下一县整体的优免总额的迹象。按亩数编成里甲(佥充里长)可从⑥、⑦中得到确认,但具体以多少亩编一里不得而知。⑦要求对不到十亩的盈亏不特别进行拨出、补充(前述徐必达"条议"③)。限制优免、照田派役的原则在此处也可以得到确认。

然而,此新编的里甲由于为维持亩数的均等而实施了拨补政策,早已

---

① 这份方志并非藏于日本。笔者在 1980 年夏天,在北京图书馆得到了阅览的机会。另外这一记载也收录于康熙年间的《石门县志》。

不是完全的地缘性里甲，但也不能因此认为它是如同海盐县那样［前节"四"〔本文第二节"（四）"——编者］的"属人性里甲"。⑤述及在远图拨补的里长的不便，认为应当"以近就近"。⑥言及一县之内因土地肥瘠程度不同而产生的里甲不均，由此可以推断其依然残留着"属地型里甲"的性质。

其他方面值得注意的是，关于册书的包充，③主张"开报殷实人户金点（漏"册书"——译者）"（类似于嘉善的事例），②如徐必达《条议》⑤"殷实"一项，主张向典当、油坊、店肆等殷实的市户科派里役。①若向市户科派，那么用什么评价其财力？如田土面积的多少是难以掌握的。徐必达主张以显而易见的商业不动产为评价基准（参照本节"一"〔本文本节"（一）"——编者］），靳一派在比较了市户居住、商业房屋与田地的价格后，认为向市户科派的基准，应当以典当、油坊②、店肆的"僦置"为基础，斟酌其背后的价格变动以及该市户的"殷实"（生活情况之意？）；进而在《申详均役议》中，关于粮役贴银，主张官府应支给当役者"印信官票"，并且于"图内对支"（参照徐必达《条议》⑨）。

此后，康熙年间方志对徭役的相关记述从万历三十九年靳一派的《编审事宜》直接跳跃到康熙年间，因此可以认为启、祯年间的编审延续了靳一派的改革。

（六）

经过以上考察可以确认，除桐乡一县之外，嘉兴府所属六县在万历年间都施行了以限制优免与按田土面积重编里甲（金充里长）为基本内容的均田均役改革。其中最早的事例发生在海盐县。每里长分配的田土额数虽各有不同，但都在三百亩左右。有的县还编成了与民里（民图）区别开来的官里、官图、免图。优免限制大都按出身的资格，如进士、举人、监生、贡生等设定

---

① 关于靳一派对当时商业及商人的看法，田中正俊 E174 中有详细分析。

② 特别是油坊，在崇德县的城镇中非常显眼。万历《崇德县志》卷三《纪制》"公署·彰宪亭"载：

石门（镇——笔者注）为丝米之场，商贾走如鹜，亦一剧市也。但地崇、桐交界，游民杂处其中，油坊兴作，募别方流棍而佣之。此辈皆赤身无赖，伏类繁多。（着重号为笔者所加）

其额度。①有的县还设定了优免的总额，即使乡绅数量增加，也继续在其范围内处理。不过总体来看，有着优免总额增加、佥充里长的田土额数减少的趋势；且无一例外，都废除了寄庄官户的优免。

以上述两点为基础，有人试图进行减轻役负担的改革。如北运白粮最为重运，对于负担者，再一次课以粮役时，可以配搭轻运。无论如何，最重要的是徭役本身消失的征兆已经出现：万历三十八年时，包含湖州府在内的地区将解银之役改为官解。另外天启年间海盐县施行了"自衡投柜"，即在清代成为通制的自封投柜。

四、湖州府诸县的改革

（一）

编纂于明末清初的湖州府下的方志，其役法部分，特别是有关里甲正役的记载极其简略。也没有一丝一毫关于均田均役改革的存在及内容的系统记载。不过其方志"官迹""人物"等部分中存在均田均役实施的片段记载。尽管改革经历了曲折，实际效果如何依然存疑，但还是实施了。方志记载的冷淡是此次改革所处政治环境（第八章第二节"六"）的体现。实际上，围绕此改革的实施，产生了尖锐的政治性紧张，甚至发生了骚乱。首先考察尽管具体内容尚不清楚，但均田均役法确实得到实施的乌程、归安二县的情况。

崇祯《乌程县志》卷六《人物》"朱国祯"载：

> 辛丑家居，会编审，公创议均田均役，垂令规。

万历辛丑（二十九年）在乡里乌程县（南浔镇）的官僚朱国祯恰逢编审，创议行均田均役法。《松郡娄县均役要略》所载的王广心《序》云：

> 故明万历中，苕上朱平涵先生首创均役条议，所谓嘉湖则例是也。

---

① 不过徐必达将进士出身分为内阁、一品、二品、三品、京堂、上见官（京官与方面官）、中见官（六馆与郡佐州县正），主张以出身、衙门、中外、官级进行区分（《限田免长赋役》），但在嘉兴可以判明的是，包含嘉、秀两县在内，都是用出身进行区分，并没有进一步以官品进行细分。这是与后述的湖州、南直隶的不同之处。

可以认为朱国祯的创议一度作为"嘉湖则例"被正式采用。即朱国祯在《朱
文肃公集》第六册《自述行略》所云：

> 万历辛丑，湖中审役，当事者以意为高下。余目击时艰，即上均田
> 条议于刘用齐抚台、马起莘按台。……抚按下其议于湖，湖中诸富室皆
> 哄，甚欲毁予居。

可知朱国祯上呈巡抚刘元震、巡按马从聘的均田条议得到受理，并且为实施
而下发讨论。此内容作为"揭帖"同样收录于朱国祯的《涌幢小品》卷一四
中。①虽然较长，但与王文禄的情形相同，它鲜活地描述了均田均役的必要
性，下面介绍其主要部分（分段为笔者所加）：

> 庞御史尚鹏，首行条鞭法，计直征银。而民力大纾……又议革去粮
> 长，以里长收粮，彼此互管，贫富通融，十年一审。大约中人之家，应役
> 有期，力均时暇，不至破家，破亦有救。当道可谓苦心，地方亦云大幸
> 矣。然而法久弊生，圣贤不免。……
> 请先言弊，又先言一县目击之弊。祯，乌程人也。辛未之审，幼不

---

① 笔者将《涌幢小品》卷一四中收录的《揭帖》与万历二十九年朱国祯的《条议》等量齐观，川胜
守对此提出了如下批判：因为①一般来说条议与揭帖是不同的；②《自述行略》中可见"予出
一疏一揭。别见"，所以应认为条议存在于揭帖之外（E130，第24—25页）。以下笔者探讨
了川胜守的批判，认为不需要完全改变原来的见解。
　先从②开始讨论。川胜守应该是没有对"别见"（收录于《朱文肃公集》中）中的一疏、一
揭进行确认。提出一疏一揭的这一记述，绝非是万历二十九年的。此后朱国祯也消除了嫌
疑（参照第九章第二节"三"，以及同章注26），经过南京国子监司业至万历三十四年任右春
坊右谕德之官，在上京的途中，湖州乡绅的挑唆引发对朱国祯的弹劾，他提出了寻求彻底查
明的"一疏一揭"，然后辞官归乡（早在旧稿④第90—91页以及注81中即有引用）。这一疏、
一揭在《朱文肃公集》第一册中以"右谕德假满进京，被劾辞官疏""右春坊右谕德假满入京，
被劾陈情揭"为题收录了全文。顺带一提，向抚、按提出的条议不可能被称为"疏"。
　接下来是①，《自述行略》"万历辛丑"条提出均田条议记事的夹注中有"见小品中"，所以
其均田条议含在《涌幢小品》里。朱国祯还将此提出条议的行为表达为"揭之抚按"（《涌幢小
品》卷一四《均田》），正是此"揭帖"。实际上在"揭帖"的末尾载：
　除后项条款外，为革弊均田以救民命事，应否会稿通行，理合具揭，须至揭帖者。
（着重号为笔者所加）
　所谓"揭帖"即序言，条议本来是附在其后的。不得不说，川胜守认为揭帖和条议是不同东
西的批判是不当的。以上所述，完全是微不足道的问题，但由于川胜守对史料性质作出批
判，所以笔者认为需要先纠正这一误解。

及详,然创法未久,当无甚害。辛巳,则罗知县用敬在事。是时豪贵把持,首进在图还图,在甲还甲之说。罗亦利仍旧贯,苟且了事。民虽愤郁,慑于威刑,爱惜身命,且力未甚穷,只得隐忍。递至辛卯,袁知县光宇,以至今辛丑,祖述其说,而民遂大困,不可支矣。兴衰各异,偏重不均。有一甲全然无田者。有一半亩产而充至数分者。有户绝丁存,妄报分数,而亲族代当者。一金解户,必至逃亡。系籍则百劫不免,漏落则安坐自如。凡势家之佃户丛仆,疏属远亲,与其蔓延之种,田产悉据膏腴,亩数不啻万倍。影射挪移,飞诡变幻。三十年来,无一手一足应公家之役,无一钱一粒充应役之劳。

今番适当鼎新之会,在上者皆大贤大良,颙望绝命复苏,朽骨再肉。而牢不可破,殆有甚焉。不曰脱漏何妨,则曰断然不动。开口与杖,争辨授枷。……亦试度,五十年来,能保闾里间,图图甲甲,尽如其旧哉。当此势穷理极之时,大奋便民除害之断,力主均田,为民造命,参酌优免,以重儒绅,均派余田,以恤编户。直下宪牌,责以如式,弗以批发了事,弗以异议动摇,弗以已成惮改,则恩波与江海同深,爱戴共乾坤无极,岂不婉[媲]美庞公,且超而上哉。除后项条款外,为革弊均田,以救民命事,应否会稿通行,理合具揭,须至揭帖者。(着重号为笔者所加)

(意思是:)庞尚鹏施行条鞭,粮长也由里长充当(第四章第一节"二"〔湖州府〕),中人层的役困也暂得喘息。然而随着时间的推移,就算是圣贤执政也无法避免良法产生弊害。……就乌程县的情况而言,辛未(隆庆五年)的编审在改革后不久,役困尚不严重。辛巳(万历九年)的编审是知县罗用敬负责的,但被"豪贵"把持,依他们所主张的"在图还图,在甲还甲"论——尽管产生了里甲之间的不均等,尤其是田额的极度不平衡的情况,但依然主张原原本本地按照一直以来的地域性里甲方式科派徭役——苟且了事。庶民虽然愤怒,但一方面惧怕官宪的淫威,爱惜身命,一方面自身尚有余力,便选择了隐忍。经过接下来的辛卯(万历十九年),到了现在的辛丑(万历二十九年),知县(何节)只祖述"在图还图,在甲还甲",结果庶民的役困达至极限。有的里甲明显缺少丁、田,其负担被科派给剩余的贫民。只要(拥有的田地)载于籍上,即使很少也会被追索到底,若是从籍(黄册)中逃离则得保安逸。因此"势家"之"佃户、丛仆""疏属远亲"以及"蔓延之种",在拥有数量庞大田土的同时,三十年来(辛未以来)通过影射、飞诡完全不提供徭役。这次编审作为改革的机会备受期待,但当事者完全不破旧弊,说"黄册的脱漏没有任何问题""绝对不可动'一直以来的里甲'",抗议、请愿的庶民们受到了杖、枷之罚。……仔细想想,里、甲真能保证五十年间毫无变动吗?值此"势穷理极"①之时,当奋起为民除役困。也就是(i)行"均田"——不是"在图还图、在甲还甲",而是依亩数编成里甲(佥充里长);(ii)限制优免;(iii)将限外田编入里甲以减轻庶民的劳役负担。希望能够直接下命令(宪牌),严厉督责,决不流于形式,决不因(势家、下僚)之异议而动摇,不可跨踏延误。

文中显示存在"后项条款",但非常遗憾的是,它的内容被省略了。然而可在这里发现均田均役的两点基本内容,即本章第一至第三节(即本文第一至第三节——编者)已确认的照田派役与限制优免。依据朱国祯的自传《自述行略》(《朱文肃公集》收录)②,虽然在直诉巡抚、巡按之前具呈"当道"时得到其批答,但其下的"有司"③认为"便于民不便于官(官宪? 乡绅?)"(原史料中为"便于民不便于宦"——译者),且以不便收回已下令的编审法为由无视了朱国祯的提议。

此后的详细经过留到第九章第二节再作叙述。巡抚、巡按采纳了朱国祯的提议,下发至湖州府(《涌幢小品》卷一四《均田》所收《自述行略》[《自述行略》为《朱文肃公集》中篇名,《涌幢小品》仅称《均田》——译者])。数量庞大的民众结集于学宫(不确定是位于湖州府城的三学中的哪一个)召开公议,本来并没有实施均田均役的意图的"当道"(知府与两位知县)受到众人追问和巡按的斥责,最终决定实施均田均役。然而这是"据均字以一切法齐之"(朱国祯《均田》),如徐必达在《赋役条议》中所载:

　　一议编审。均甲之法最善,而湖州独厉,何也。有司以见逼凭怒,

---

① 天启《海盐县图经》在记述万历九年改革实现的要因时,使用了这一语句[参照本章第一节"三"〔本文第一节"(三)"——编者〕]。

② 关于《朱文肃公集》,参照第二章第三节注30。

③ 知府陈亮采、乌程知县何节、归安知县吴殿芳,知府可能是陈亮采。参照第九章第二节"四"。

> 故坏其法,籍口均役,尽国人而里长之,而鸡犬骚然矣。

这是草率杜撰而成的。前节已述,具体实施照田派役时,需要考虑细节措施,如要考虑到里役、粮役在朋充时的运头,批首与贴役者的关系,役的搭配,服役的顺序,里甲的具体编成法,等等。以上诸点缺乏详悉考虑的均田均役案被户部驳回,抚、按也阻止了此后进一步的改革(朱国祯《均田》),更有甚者,它遭遇了乡绅们的暴力反抗,结果,乌程、归安两县万历二十九年的改革丝毫未能推进。

(二)

万历二十九年一度尝试施行的改革遭遇失败后,在下一次的编审(辛亥＝三十九年)时再次得到实施。《涌幢小品》卷一四《均田》中记载:

> 初一册为辛丑年,第二册为辛亥年。合郡公议已定。余惩往事,不发一语。且法原非一人所得主,亦未有久而不变者。我亦何成心之有。最后县主曾兰若绍芳来问,只驳宦户贴银一款应之。曾不知何故,临期仍主均田,恨乃益深。

由"合郡公议已定"可推测,万历三十九年在乡绅的参议之下,改革在整个湖州府得到实施。然而,朱国祯非常小心,并没有发言。只是在知县曾绍芳来问时,反驳了"宦户贴银"一项。《朱文肃公集》之《救荒略》中收录了由正文与四款条议(1.定里,2.优免,3.注差,4.贴银)构成的《答曾父母书》,①《涌幢小品》卷一四《驳宦户贴银一款》即是其中第4款"贴银"的一部分,尽管存在若干差异。依据上引《涌幢小品》之《均田》的记载,只有这第4款是朱国祯自己的意见,其他1、2、3款反映了曾绍芳的原案。据此可以在一定程度上把握万历三十九年编审的内容。以下逐条进行考察。

1."定里"。①"台议",即曾绍芳原案,之所以以三百亩为限是因为他认为"确难动"。②曾的原案连二百亩、一百亩、三四十亩也要参酌田力派一里长,对此,朱国祯认为即使是充甲首(推测是里长的贴役者),也不应该充里

---

① 和田正广因此文附在万历三十六年出现的《救荒略》中而将其系于万历三十六年(E245),但如《自述行略》所述,应为万历三十九年。

长。③另外 1 中"市户议"所附"征银贴役"也不是不行,但客商暂置不论,整个南浔的当地市户都很少有"无田之殷实",显示了作者的消极观点。

2."优免"。此处认为台议"极当"。①客宦①免役一概不认。②以《会典》为基础,从胥吏的十亩到一品京官的三千亩为止,依据官品设定了有细差的优免限额。②与嘉兴府依据出身粗分为进士、举人、出仕贡生的事例相比,此处的划分具有两项特征:(i)依据官品进行了细分;(ii)就算是进士最低的七品,也只有一千亩,相比海盐县限制更为严格。③但另一方面,故宦受到了比嘉兴更高的待遇。即死后十年内承认全额(均分给子辈),过十年减半,孙辈再减半至四分之一,不承认曾孙的优免。④乌程、归安两县相知会后,合计定下总额。

3."注差"。①限外之田与民同编于里(即不设官图、官甲等)。②(对官、民都适用)里长一名及以下免差(粮长),里长两三名充一差,四五名充二差,七八名③充三差,十名充四差。超过十名的部分以两名一差的比例金充。这样通过省并役产生了许多空里,有了富余。③乡绅不充"(北运的)批头",只充南运④与贴银。④当过一次批头的民大户剩余差役充当南运。

4."贴银"。朱国祯反对"宦户贴银"的原因曲折难解,当时知县曾绍芳也不知朱国祯为何反对,有人推测上次万历二十九年时朱国祯的条议中就有"宦户贴银"。⑤但笔者难以赞同这一观点。在笔者看来,此处的逻辑并不曲折,也不难懂,如下所示极为明晰且具体。下面不避繁冗,移录全文,并试加日译(文本采用《朱文肃公集》,仅见于《涌幢小品》的词句以〔　〕补足)(此处日译部分译为白话文,未保留日译——编)。

　①　贴银,在市户空里,官督之甚易,小民对支亦力相抗,或可入手。若以士夫论。某废人也,只从自身上体贴。最急官银,蒙县主持贴来催,亦逊谢待明日矣。束修最要紧,无所客。然遇节令或散馆,数日皱

①　依据静嘉堂所藏的钞本,其中为:"各宦不免,各处有例。""各"应为"客"之误。
②　近年和田正广作成了关于此的详细表格。E245,第 116 页。
③　没有六名的规定。疑似脱漏。
④　如前节所见,徐必达《赋役条议》第八条"金运"中有记载可以作为证明。
⑤　川胜 E130,第 25 页。另外"曾(绍芳)不知何故"一句并不是说不知道为何反对贴银(这在第 4 款中有详述),而可以理解为在万历三十九年编审时采取了慎重的态度,没有作积极性的发言。

眉矣。犹曰，囊之缺也。其以书帕至者，每两赏五分，以至细微，有不九折〔八折〕者乎。折矣，有不用新倾水丝者乎。此虽世套，亦人情之常。

（意思是：）贴银在都市之商人的"空里"①，官府易于监督，（受银之）小民也得以与商人对等接触，银或许可以入手。然而如果对方是乡绅会怎么样呢？因为我是一介废人②，（不知道别人的情况）只能就自身情况而言。官银为最要紧，（由于不愿意支付）即使知事阁下持贴（督促状？）来催促，也（交不出来）只是卑躬屈膝地请求宽限。（馆师＝家庭教师的）束修是最重要的，并不吝惜。就算如此，遇节日或散馆（退休。都要支付束修）（支付）后数日，也会因"囊中一空"而愁眉不展。送礼品来的使者每两要给五分的小费，（礼品的金额）少的时候也没有不九折八折的。就算折了，也不会用倾水丝（劣质的银）的（以上，就算对方不是小民，也舍不得出银）。这些事情是世故，但也是人情之常。

② 若以贴银。持券而至。必孔夫子、陶朱公合为一人，又当闲暇喜欢时，自可立地发出。三者少一，吾知其必不可得也。再从身上体贴。

（意思是：）这是（谈到给小民）贴银的情形。（受领银的小民）持券（到乡绅那里）去受领。如果乡绅兼备孔子（的仁）与陶朱公（的富）于一身，再加上正值空闲好心情，才有可能立即支付。然而只要（仁、富、心情好）缺一项，就决不会支付银两。这一点再拿我自己举例。

③ 门户非高深也，仆从非簇拥也。然其人有敢突然至前者〔乎。至矣，家人有不索谢者乎。拒而有不怒，肯再通者乎。通矣。〕良朋胜赏，雅歌投壶，有暇料理及此乎。若夫湛思绩文，或愁冗疾病，与留得一钱之时，有不告之且去者乎。去而复来，来而复如故。〔又去又来。〕其人或怨嗟、或无状。有肯容而恕，且与之如数者乎。

（意思是：）（我的）家并不豪奢，奴仆也不多。但其（受领银两的）人也不会直接到我面前。若是到我眼前，我的（守门的）男仆就不会不索要谢礼。如果拒绝了（出谢礼），会有不发怒还将其自门口引至家中的

---

① 可能"市户"要编进"空里"（名目上是作为额里残存下来，然而是未被课以里、粮役负担的里），并使其出贴银。
② 此处也显示了朱国祯在进行所谓"构斜"。《答曾父母书》的开篇也记述道："某本废人也。不敢谭事。惩祸则尤不敢谭编审事。"参照第469页注⑤。

男仆吗？即便到了我面前，我和朋友在欣赏（庭院的）景色，咏歌投壶，也没有功夫操心此（小民之）事。更不用说，若是正值我凝神思考、写作文章，或是我生病沉浸在忧愁之中，或是接近囊中一文钱也没有的时候，我不可能不和那个小民说"回去"。（那个小民）回去又回来，又会遭遇到同样的情形。反复来去，那个小民或会粗声粗气，或会失去理智。在这种情况下，不会有宽恕（那个小民的无礼）然后按照规定数额支付的人。

④ 委之家督，督有贤于其主者乎。大而刁蹬，小而后手，其可免乎。（《涌幢小品》版无此句——译者）进之必曰，官收之，官散之。官可尽法（《涌幢小品》版无"乎"字——译者）。手脚愈多，弊不滋甚乎。法当稽其所弊，不可见一忘二。不可以我所能，概人不能。言之如饴者，嚼之必如蜡，（《涌幢小品》版无"不可……如蜡"一句——译者）有名无实，此说断然不可。天日在上，我辈官法难加，民隐难达。妻子、奴仆皆涂掩耳目之人，图史、文章亦雕丧心术之具。无可自致，只是出力当差。

（意思是：）（如上所述，即使乡绅本人没有那样的闲暇）将此（支付银两）委托于纪纲之仆，他们也不会是比当主人的乡绅更贤良的人。胆大的奴仆明目张胆、胆小者偷偷摸摸干坏事的事态是无法避免的。最终，（贴役之银就会）官（从乡绅那里）收官（向小民）付。官府会按规定执行吗？手脚（胥吏？）越多，弊害不也会一个劲地滋生吗？制定法律要好好调查可能发生弊害的地方，不能只看到一处优点而忘记其他缺点。即使对自己来说可能，也不能认为对他人来说同样是可能的。虽说天日在上，但国法（带来的惩戒）少有波及我辈（乡绅），民间的隐情也难以上达。（乡绅的）妻子与奴仆把所有实情（从乡绅眼前）隐蔽起来，（乡绅写成的）"图史"①及其论述都是粉饰其野心的道具。要想避免这种状态，就只能让（乡绅之家）提供劳力充当徭役。

接下来就是前章的引文（第四章第三节"一"的丙）。即其名下所有地约二千二百亩。据《自述行略》，当时他官为春坊左庶子（正五品）。从《答书》"条议四款"的第2款"优免"中推得的曾绍芳的优免规定可知，京官正五品

---

① "图史"应指的是方志之类。关于《乌程县志》《湖州府志》的形成与围绕徭役的政治环境之间的关联，参照第九章第二节"六"。

为一千二百亩,因此应负担徭役的田土为一千亩多。从"条议四款"的第 1 款"定里"出发可推知三百亩课以一里长,因此朱国祯必须负担三至四名里长的徭役。第 3 款"注差"中有"里长两三名→一差,四五名→二差"承担差(粮解之役)的规定,可知是朱国祯自己提出负担二差。

　　⑤ 贡天子,臣职也。替小民,乡谊也。消蓄积福,大利也。习事练手,远谋也。〔故〕贴银之说,诸公谋之,当道主之,某绝不敢闻命。只出力,仁君必不怒,太祖皇帝必不诛。(《涌幢小品》版无此句——译者)在宜言宜,狂瞽之见如此。其余曲折,台议精详。湖民百世之利,台亦当膺百福之报。①(着重号、下划线为笔者所加)

　　(意思是:)向天子纳贡是臣之职责,替小民(负担劳役)是乡党之谊。(通过负担役而消除百姓的不满)消灾积福乃是大利,(担当徭役之实务)习熟于事,锻炼技艺,这是为将来从政为治打下基础。因此,贴银这一方法,就算是各位乡绅策定,各位当道主持,我也决不会听从命令。对于出力,今上不可能会发怒,太祖也不可能诛杀我。作为乡绅说乡绅之事。以上是我的狂瞽之见。关于其他细节,阁下的讨论非常周详。湖州之民的永久之利也会使阁下得到无限福报。

朱国祯认为,屡屡当役的庶民自己从乡绅那里得到贴银实际上是完全不可能的,且认为由官征收作为其代替之法,也只会增加胥吏的中饱私囊,由此全面否定了贴银,坚决主张并主动请求当役。这里所述是关于不可贴役之(实)情,在此信的正文中,则论述了如下当役之(法)理:

　　功臣赐产,不编里甲无役,士夫固在里甲中有役也。杂差,自吏承而上皆免。品官依品免丁粮,非言常役也。以丁粮宽其人,优其体,决不以常役尽宽其家,使无纪极也。……复其家者,给部文户帖,谁家有此贴也。间有因拜官替役者,止据见在,非垂令甲尽免其家也。宜自优免外当役无疑。

朱国祯主张,非功臣(贵族)的乡绅本来是编入里甲的,有充当"常役"(里甲

_____

① 《小品》中没有这一画线部分的字句,代之以如下的反讽:

　　　　别有高论,请问之高品高官者其可。

正役)的义务,如果优免,不仅限于杂泛,还及于常役,那么必须有户部承认的户帖。这里体现了与海盐王文禄的《上侯太府书》(第三章第二节"三")相似的法理。(另外,在后述沈演、申时行等反均田派的逻辑中,没有关于里甲正役免役的明文规定的原因在于,免役是不证自明的。)

(三)

据曾绍芳所言,改革实施时以"均田"为主,乡绅之怨愈来愈深。到底进行了怎样的改革? 乡绅又持有什么样的意见? 关于这些问题,笔者试图考察天启元年编审前写成的①归安县乡绅沈演②的《里役或问》(《止止斋集》卷五一)。《里役或问》由前半部分的或问与后半部分的七条(附有补议二条)提议组成。笔者整理了这份包含约七千六百字庞大议论的复杂论证,总结其对万历三十九年编审(称为"辛亥均田")的批判如下。③

1. 乡绅除税粮以外尽免,这是《会典》中有明文规定的(并未出示相应部分),这是因为皇帝礼敬大臣、体恤群臣。辛亥均田科南粮于乡绅、优遇乡绅,这是失当的。"缙绅所重者在体不在利。小民所望恩于上者在实不在名。唉缙绅以南粮之利而绌其体。熙小民以均田之名而不顾其实。"(滨岛原作引用时用日文,此据日文转译——译者)也就是有损乡绅体面,对小民没有实利。国法原本没有令缙绅充当里解(勾摄公事之里长与正身应役之解户),故(《会典》之)免额也只及杂泛。因此缙绅以义自勉、计亩出银即可。

① 对在开篇"均田法丰私而无壑邻里乡党,务相与同苦乐,善意也"的设问以"盖十年之间,见其害不见其利,赋增而役不减云云"作答,另外文中将吴用先、曾绍芳之法作为既定之法,所以可以认为是以万历三十九年的实施为前提的。

② 沈演,嘉靖四十五年至崇祯十一年,万历二十年进士。另外,其兄㴦也是同一年的进士,但是在泰昌年间入阁,成为"阉党"。如果说沈演的态度也一样,那么就是与被视为东林党的朱国祯处于对立的政治立场。然而,前述朱国祯的女婿沈潜正是沈㴦、沈演的堂弟(沈演《止止斋集》卷三七《继叔姚顾孺人行状》)。乡绅之间屡屡以错综复杂的姻戚关系形成网络,这是规定他们的政治行动的根本原因之一(例如 Dennerline F251),但是值得注意的是,像沈氏、朱氏这样存在分歧的情况也是存在的。

③ 《里役或问》的部分内容见于崇祯《乌程县志》等,作为反映明末小农民经营状况的史料,既往的研究曾引用其中个别文句,然而对此文进行全面且正面的探讨,当以本稿为首次。由于与嘉兴相比,湖州的徭役体系并不清晰,且难以充分把握沈演言辞的含义,可能此处的理解存在着缺陷。然而笔者认为只是引用片段是无法完全体现此史料之价值的,因此勉强尝试分析。期待方家的指正以及今后的进一步研究。

但应正其名,应称"助役银",不应当差役。

2. "以亩定里"=里的编成依照亩数进行,结果超越了都与区。"出图"(超越图)在《会典》中有规定,可以接受。但越都、越区而里长、甲首互不认识则是非法的。[①]法以田为主而参酌丁、力,然而因"以亩定里"变为计亩帮役,连极贫之下户也要负役,人皆为里长,有鸡犬骚然之弊。[②]不应以均田定里。粮解也以田为主,但占七成,剩余三成参酌丁、力。且粮解亦各区定之,不越区分。若各区之田有差等,则以所课粮役之轻重分配即可。

3. 市户不当隐匿并受到优待,应该议及殷实之户,但辛亥均田时置之不论(也就是说,朱国祯的《附市户议》的路线被贯彻了吗?),逐末之民有雄资而有轻心。就市户而言,徐必达主张在县城充"收头",在镇则充"斗级";贺灿然则主张任收头,贴役白粮批头,科之以修城、营缮;茅知州(归安的茅国缙——笔者注)认为从役的内容来看,充柜头(相当于嘉兴的收头)、夏绢丝线为便。类似有千两之产者,科以"三百亩独名"之里长等,视资产而派役为好。

4. 辛亥均田之前的役银(均徭、里甲之类?)达到每亩一钱一分。从辛亥均田开始加派空役银每亩一分一厘给甲首。这种加派不令田至污菜不止。以一夫十亩之家论之,终岁勤动可耕面积为十亩,每亩之收不过二石,一年就是二十石。一夫之食用部分为五石,再生产的费用为四石,剩余十石。税粮之米、银每亩六斗,[③]剩余不过五石。不得不以此供养家族,置备衣物。[④]今又增役银,将达至每亩一钱八分,必须要加以阻止。役银从三类人中取比较好:①"优间之宦户",②作为里长但不被点解者(如后所述,不就实役的里长在增加),③中、上户的市户中不当独名之解户者,不应对甲首计亩加派。

---

① 前述朱国祯《揭帖》及《绪帖》(《涌幢小品》卷一四,可能是在向抚按揭议之前,给知府的提议)中可见,"在图还图、在甲还甲"之说大概即是此类议论。

② 前节"(一)"引徐必达《赋役条议》③中,关于湖州使用了同样的语句,这似乎是辛亥均田的最大弱点。

③ 依据当时的常识性数字,正税约为产量的六分之一,若如此,则每亩产量二石,正税约 0.334 石。用 0.6 石减去此值,剩余的 0.226 石相当于役银 0.121 两(1 钱 1 分 + 1 分 1 厘),约可换算米 1 石为银 5 钱 4 分。

④ 抄录于崇祯《乌程县志》中的这一记载,是关于负有田赋交纳义务的自耕农的论述,一般被视为当时江南小农民经营的再生产模式。由于提供了可用于计量的基础性数值而被利用至今。然而,关于其可信度如何,必须考虑到它是从否定科派役银的立场出发写成的。如果自耕农的经营已是如此,那么被敛夺更甚的佃农一开始就不会存在进行小经营的可能性。

5. 应减少徭役本身。首先应行"省里""消里"。嘉禾之均田之善,正因为施行了"消里"。然而比"消里"更好的是官解。乌程一县二百八十里(长/每年)。解役有二百七十二名,如果实施官解,就会减少解户八十六名,市户就任解役,则又会减少五十名。南白、南糙的二十五名因为是轻运,不需要帮贴。如此一来,应贴银的解役只有一百多名,就产生了足够的富余(空闲的里长)。另外,以官解科其费用于解户是无济于事的。像在湖州府,除充夏税的水脚银之余的七百一十两之外,不足的部分从宦户的助役银中量拨为好。于是就实役的只有上户,中户贴轻役,上户贴重役,下户中零星数亩者受免,没有偏累。

沈演依据《会典》中规定的里不得超过都的部分(山根幸夫 B49〔应为 B50——校者〕,第 34 页)及里长、甲首互不认识存在不便这两点,反对按亩数编成里甲这一非法行为。《会典》中并没有与乡绅的里甲正役相关的免额规定,换言之,等于全免,因此他以限制优免、令乡绅当役是违反法律为由提出反对。但其主张以义出"助役银"为善,即在名义正当的基础上进行贴银。主张以殷实市户当役,同时从反对以亩定里及其导致的照田派役的立场出发,他认为对小农民的加派会破坏其生活,[①]反对一般性的役银加派。此处坚持以丁、力为基准的户等制的方针,即畸零户应受到免役。总而言之,沈演的主张彻底地、全面地反对了均田均役,站在了朱国祯的对立面。其逻辑基础是完全的守旧主义,相比于到目前为止我们考察的众多寻求均田均役的议论,是落后于时代潮流的思想。

不过如果从沈演提出的反对议论出发,反过来透视乌程县的辛亥均田,可以确认以下七点:1.按亩数编成里(金充里长);2.失去地域性的里甲的出现;3.甲首的贴役要负担空役银;4.限制乡绅优免;5.实施乡绅以限外田充南运;6.市户不派役;7.并未实施宦户贴银。崇祯县志的知县曾绍芳传中完全没有触及役法改革。

在接下来的天启元年辛酉的编审中,这些改革可能得到了继承。不过崇祯《乌程县志》卷五《知县》"曾国祯"条载:

---

① 如第九章第二节所述,一方面沈演以往例(先例)为依据申请义田的免役及祖茔的免粮、免役(试回想处于相反立场的第四章第四节"二"中的陈龙正),其立场很难看作是保护小农民的,此处可见为反均田均役而尽可能动用各种理论资源的姿态。

> 字德符,号有庵。临川人,万历丙辰进士,次年任。……辛酉编审
> (原文为"密",据文意应为"审"——校者),善用均田之法。未事而审
> (原文为"密",据文意应为"审"——校者)察,胥吏不及那移。当事而速
> 定,公正不得需索。当堂公举一二领议,随酌随签,万情允服,十载
> 蒙安。

另外《涌幢小品》卷一四《均田》中,在前引辛亥的记载之后紧接着叙述了改革之成功:

> 第三册,县主曾有庵国祯。暇时偶谭及。余曰罪魁也。何敢言。
> 惟我父母政成将内召矣。再做一篇好文字终之,造福在此,不朽功业亦
> 在此。有庵默然,遂精心求之,以均之一字为主,顺人情,从中略为参
> 酌,不一月竣事。上下帖然。

虽然这一改革的具体内容仍然不明,但从方志所言"万情允服"、朱国祯所说的"顺人情,从中略为参酌""上下帖然"推测,这可能是避免刺激乡绅的折衷性质的改革。朱国祯支持这一改革,述及"余初议之罪,或者因之少解。"(《涌幢小品》卷一四《曾有庵赠文》)

经过以上考察,可知万历三十九年以降,乌程县(从而归安县)实施了以按田亩重编里甲和限制优免为主要内容的均田均役法改革。

(四)

万历辛丑(二十九年)乌程、归安两县尝试施行改革的同时,长兴县知县金玉节也施行了均田均役,有数件史料为证。朱国祯《绪帖》(《涌幢小品》卷一四),是值辛丑编审之际在向抚按揭议之前先向"当道"①提出的(《揭帖》《均田》《自述行略》)意见书,提交对象应是知府陈亮采。其中举出当时里甲编成的五弊,至于如何应对,"别无善策,惟均田一节,直截简易",提议按亩数编成里甲。虽有"便于民不便于宦(=乡绅)"②一言,但全县乡绅中多数的真实所有地在优免限额以内,而"子弟奴仆寄庄、取羡"则"非士大夫本心",

---

① 知府陈亮采、乌程知县何节、归安知县吴殿芳,知府推测是陈亮采。参照第九章第二节"四"。

② 这一语句与湖州的徭役改革有关,具有历史性意义。参照后引丁元荐《均役议》以及第九章第二节"五"所引之条鞭施行的事例。

主张限制优免,进而说道:

> 今长兴金知县,业行此法。彼中士夫素称强直,然已帖帖亲认。郡中颂金长兴者,万口如一。岂可行于长兴,而不可行于各县哉。若各县不行,无论失此机会,十年内民无孑遗,而长兴士夫且将援以为辞,异日又将变而归之民矣。可不虑哉。可不惧哉。

另外康熙《长兴县志》卷六"金玉节"条载:

> 值矿使为邑属(应为"后"——译者),公绳以法,阴剪其虎翼,卒不敢肆魃矿,寻罢税。岁当编审。先是,十二区拘以田额豪右多诡匿、冒寄,单寒益苦于役。节始通融均摊,谓之走区走甲。荐绅优免如制,余尽应公家徭。哀多益寡,民称便焉。以丁艰去。政详丁元荐《去思碑记》。
> (着重号为笔者所加)

其在抵抗所谓矿税之祸的同时施行了以下三项政策:(a)走区走甲,(b)设定优免限额,(c)派役给限外田土。(a)走区走甲,正如"通融均摊"一语所示,指的是超越区的边界,在全县实施里甲的均等化,与乌程的反均田派提倡的"在图还图、在甲还甲"论形成对照。此史料中提及的丁元荐的《去思碑记》收录于其文集《尊拙堂文集》①卷五,关于辛丑的编审有如下记载:

> (a)亡何岁编审,候进父老子弟询状。咸叩头流涕曰:"民困甚矣。士大夫世席宠灵,以逭于宽政。吾侪小人岁岁代代之役也。又况子姓姻娅,以其余波焉,窟而神丛耶。穷则必变,唯子大夫巫图之。"侯曰:"如积习何?"群哗曰:"君其问诸令甲。"侯掀髯,叹息良久,起拍案曰:"畏首畏尾,身其余几。"(b)尽覆敷诸巨室产,亩籍而户析之,优免各有差。日视《会典》,宁倍浮也。大都上者千亩有奇而役,次五六百亩,次三四百亩,又次二百余亩,缙绅以下递杀之,如安吉故事,加盈缩焉。(c)里有画一之则,邑罕吞舟之豪,分定力钧,众任赘省,曩所株累破家鬻子不能偿者,计五镪可办。(d)令下,寒户焚香手额,欢声播数百里,其纤悉未尽者,侯方虚心调剂,冀立不刊之典,而天若中尼之。归、乌之难寻作矣。嗟夫!事激于已甚,乱迫于无聊乎。居轩轻,贵贱隔于霄

---

① 关于《尊拙堂文集》,参照第二章注30。

渊,一旦奋呼,如水横决,势又不得不过为矫正。至二邑缙绅,不及齿长城素封,而人始服侯先识,其所以覆露诸巨室,贻之安功甚巨。(e)元荐幼奉教于先大夫,世禄之家遇重役,辄瓦解,此无异。故膏粱而肩以耳目未尝之事则仆,不若及其身渐习之为愈也。(《金父母去思碑记》)

这里为考察湖州府均田均役改革的政治、社会背景提供了值得注意的史料,不过此点留待第八章再作论述。这里只确认两点:(b)万历二十九年时,金玉节实施了对优免的限制;(c)且按照亩数编成了里甲。另外,关于(b)限制优免,前引《长兴县志》记载"荐绅优免如制",这里所引史料的(b)中提及的数字(限额)最高也是一千亩(《会典》规定最高是一品京官的一千亩),几乎完全是依照《会典》(制)设定的限制,比朱国祯关于乌程、归安的提案(《朱文肃公集》所收《答曾父母书》"优免"。和田正广 E238[应为 E245——校者],第 116 页)中的限制严格得多。关于(c)按亩数佥充里长,此前引用的史料并未说明具体亩数,但从下引丁元荐《均田议启王怙云》(《尊拙堂文集》卷二)中可知是二百四十亩佥充一里长(此史料也是由小野和子抄写的,段落为笔者划分)。

(Ⅰ)有国家者,不患寡而患不均。又曰均无贫,夫子明训也。在敝郡,尤处物极必反之势。辛丑均田以来,单弱脱水火就枕席,利害相提,分数多寡较然。有言不便者,皆世家,借小民为辞。然谓之均,而未尽可谓均田不便不可。顷嘉兴见在仿行海盐之议,颇确。徐制府(徐民式——笔者注)推而行之苏松,徐公申师相(申时行——笔者注)门生也。申力阻,徐终不听。前月(十一月——笔者注)廿日,已奏闻决策,三吴举手加额。乌程曾父母(曾绍芳——笔者注)仁明练达,调剂于贫富贵贱间,甚多苦心。

(Ⅱ)弟当以物情事理,通国大体,苏松嘉湖全势,反覆于局外。观之,未有各处举其未行,而此处反废其已举者。近日众口呶呶,争在眉睫。不思,辛丑事属更新,希望于所不可,必数万众,忽焉攘臂奋呼,当事者莫可谁何。今一旦翻十年定局,复久更之敝政,众且哗然,谓某某驱某代役,某某为某奥主,名既不韪,群喙难解,有仍前攘臂者。将以祖制解乎,抑以《会典》为据乎。

（Ⅲ）昨按台公祖，询及不佞。①应之曰，均田原为士夫。众问：何以故？曰：搢绅除荫，不过四十年。以子孙论，则仕进少，而编氓多。与其避役目前丛乡里之怨，莫若令子孙习知里役艰苦，坚其为善之心。今世胄多扦闳，皆起无所事事，骄奢淫佚，未尝尽以里役败也。故曰：均田原为士夫。若比例先正，傥有以羔羊素丝见责者，何以应之乎。②或曰：计田定役，肥瘠高下，何可画一？今日之画一，所以救前日之活也。前者单论力，里胥及居间，皆得以意上下，而官府茫无所据。低昂倒置，人情汹汹，故不得已论田。今以田为主，稍参以力足矣。若尽舍可据之田，而漫言力，弊将安穷。③又曰：均田则人人而里长，甲首废矣。曰：田多为里长，此祖制也。正利乎单弱。今聚各甲首而合之为二百四十亩，科之曰里长，则行之者之过。④众或曰：均田势必走图走甲奈何？曰：计合邑之田，充一邑之里长约几百亩充一里长一名。图内田多，则里长多，田少则里长少，消息于本图本区，合里长之原额而止，正不必走图走甲也。⑤或又曰：士夫贴役之议，体面既优，人情亦妥，何以云不便？曰：非法不便也，行之者难也。以士夫贴役正解，则守候、成色、衡量诸弊难言也。如纳银于官，必使正解有实惠，而后，士夫不得借口。故曰：行之者难也。未也，士夫而尽贴役，则诡寄者仍多，富户而借士夫以贴役也。⑥或曰：均田则市户漏网，市户以代士夫如何？曰抑商宽农，良法也。若止为士夫，则此辈借口矣。又何名为均！⑦或曰：均田不如均役。荐曰：均役又不若并役。向者之多分役也，怜其重而分其苦也。故至一倍、再倍。今役分而民转困矣。何者？各项之需索名色，月异岁增，而定例不啻如《会典》。故役分而弊转甚，有一役即生百弊也。并役则金解者少，而一里有空役，去编余之弊，而民息肩矣。

（Ⅳ）种种利害，全在神明父母，以真实心、公平心，均调而节适之，谋野可以省竿牍，庭讯可以代筒龉。不必更张，不必退缩。守均田定局，再为润色，更宽优免之数如苏松嘉兴，使小民不失望，并可慰士夫之心。地方之利，当事者之利也。惟老公祖主持之。（着重号为笔者所加）

从（Ⅰ）部分可知，这一提议的提出在万历三十八年十二月（关于徐民式题奏的月日，参照第六章第二节"二"）。虽然王怙云为何人仍然不明，但从（Ⅳ）末尾的"老公祖主持之"来看，应该是湖州知府以上的官（时任知府为张继枢)。正如(Ⅰ)处言及的"世家"的反对,(Ⅱ)处"今一旦翻十年定局",以及(Ⅲ)缕缕说明的那样,万历二十九年编审时施行的均田均役因乡绅的抵抗、批判而成为泡影。从推动均田均役的立场出发,丁元荐在(Ⅲ)处以或问的形式展开了拥护万历二十九年改革的论述。从中可知,万历二十九年的均田均役有以下五项特征:1.不照丁而照田派役(②,依然有人认为应按照丁派役,参照本节"三"〔即本文本节"(三)"——编者〕介绍的沈演《里役或问》);2.二百五十亩编一里长(③,但包含对万历二十九年金充法的部分批判。试回想本章第三节"三"〔即本文第三节"(三)"——编者〕的事例,嘉善定下当役里长之户的田土额数,之后以贴役凑齐数额);3.并非是完全丧失地缘性的里甲(④);4.乡绅贴给粮解的当役者役银,不是直接给,而是以官府为媒介(⑤,试回想本节二〔即本文本节"(二)"——编者〕朱国祯的论述。可见,比起朱国祯的立场,后退了一步);5.市户尚未成为派役的对象(⑥,但此处认为万历三十九年之后,市户应成为科派对象)。

(五)

关于负责接下来的万历三十九年(辛亥)编审的知县游士任,丁元荐有以下记述:

> (万历三十八年)嘉鱼游使君令长兴,岁抄莅事。明年春,例编审里甲,席未暖也。鼎族借口故事,寒赤利均田。均田者起辛丑,迫时势之穷而通之者也。上下耽耽首事者,吏胥因缘为奸利。使君屹不动,剂贫富而调,适其肯綮,均田之议逐坚。……南台使者倡言均田不便,当涂力主变法。使君慷慨,为予均田者,非驱衣冠而强役之。役有田者也。……亡何兵使者潘公议均役,使君复借前箸,缕析上状曰:某长令也,止言长事。其法简而核,其言晰而中。……(《尊拙堂集》卷四《贺游父母三载奏最序》)

由此可知,鼎族(乡绅)对辛丑(万历二十九年)开始实施的均田均役相当不满,为官者中也有反对的声音(无法确认南台使者、当涂为何人),而游士任在"变法"即废止均田均役的动向出现时,努力维持均田均役。康熙《长兴县志》卷六"游士任"条中记载了游士任致力于里甲编成的均等化以及限制优免:

> 均田一事,区图赢缩,官民多寡,较若画一。胥吏不得夤缘为奸。

由以上论述可以推定辛丑、辛亥接连两次编审时,长兴县实施了具有均田均役性质的改革。尽管方志的传记部分记载了相关事实,但在其他部分的役法项目中看不到任何关于均田均役的记载。然而,这也并不意味着其他项中缺少了关于均田均役的记载,而是记载了明末崇祯十五年时知县李向中实施的均田均役。推测这种情况产生的原因正如上引丁元荐直接指出的那样,因存在着乡绅以及一部分官僚对均田均役的执拗的抵抗,改革只停留于形式层面。

小畑龙雄依据光绪《长兴县志》卷一《乡都》部分的记载指出,此后的崇祯十五年,知县李向中以三百亩为一甲编成了里甲(小畑 E110)。这在康熙县志的《乡都》一项的记载中也能得到确认。可能由于此事记载在《乡都》一项而非《役法》,记载只提及编审时按亩数编成里甲,并未直接论及对乡绅优免的限制。不过如前所述(本章第三节"二"〔即本文第三节"(二)"——编者〕),李向中前一年在嘉兴县实施了均田均役,且早在万历二十九年就开始了对乡绅优免进行限制,由此可以推断,此次编审也当然包含对乡绅优免的限制(从万历二十九年的二百四十亩增加至这时的三百亩与此不无关系)。

然而小畑将光绪《长兴县志》卷一下《乡都》"顺治八年"条[①]读为:

> 是年尚有优免易知由单。开载乡绅生员等项。

并认为:"役负担较轻的乡绅生员在里甲编成方面与一般的民户有所区别。由于这种区分并未出现在此前崇祯十五年的里甲之中,应该是顺治八年开始的。"(E109,第43—44页)但这一记述的正确读法应为:

> 是年尚有优免。易知由单,开载乡绅、生员等项。

即"优免还有残留,在(用于催征钱粮的)'易知由单'中记载着乡绅、生员之类的身份"。因此这一记载并非表明此时开始出现乡绅与一般民户的区分,考虑到顺治十八年开始废止优免,上述记载正体现了优免的存续。确实乡绅之田被"分置于各区里甲之末",被称为"又十甲"。这与将乡绅的无役之田附于各里,委任该里现年、粮长催征的嘉兴及秀水的(设置免图以前的)事

---

① 也可见于康熙志卷二《乡区》。

例(本章第三节"三"〔即本文第三节"(三)"——编者〕)相当。

另外此处的"(易知)由单"普遍用于清代的税粮催征中(《福惠全书》卷六《钱谷部》"总论"等),然而前引徐必达《赋役条议》第六条"贴役"云:

> 长兴赋役易知编,最为详善。

沈演《里役或问》的"七曰,空间里长议帮役"一项中述及:

> 熊坛石之在长兴,精察于吏治无两。而计处赋役,尤其第一善政,万民称便。然皆以解户贴解户,未尝入之条鞭。载在易知编中,可以考也。

由此可知,江南"易知由单"的渊源,或者说最早的例子即在长兴。在征收税粮时编造"易知编"可能正是发行"易知由单"的基础。徐必达、沈演似乎都在主张应该征收贴役的银两,并将其作为独立的项目记载于易知由单中。史料中的"熊坛石"指的是从万历二十九年起在任七年的知县熊明遇。①正如康熙《长兴县志》卷四《徭役》中所述:

> 吾邑赋役,莫简明于熊侯所刻易知编。

在金玉节万历二十九年因丁艰离任后,继任的熊明遇编成了"易知编"。"易知由单"向各纳税者(花户)告知所课银、米之数以及缴纳期限,与自封投柜相配合,成为防止胥吏、包役中饱私囊的手段。虽然此时的"易知由单"尚不完整,但可以确认的是,其与均田均役是平行出现的。

经过以上考察可知,湖州府太湖沿岸的乌程、归安、长兴三县实施了均田均役。此外关于德清县,康熙《德清县志》中简单地记载了万历三十九年时知县熊德阳抑压了"贵士大家"的幸免,编成里甲使丁田均平(卷七《治行传》"熊德阳";卷八《艺文志》收录金明时《熊邑侯去思碑记》)。恐怕虽有限制优免并重编里甲的计划,但并未完全向田土转变,还是有丁的残留(前述沈演的里甲论也是如此),可见其局限性。另外,前引丁元荐《金父母去思碑记》(b)中记载安吉州早已(在万历二十九年之前)限制了乡绅的优免。如果记载准确,那里就是湖州府下最早实施优免限制的地方,但到目前为止,还

---

① 康熙志卷六(就任年不明)、乾隆志卷六、《明史》卷二五七等有传,称其为东林。乾隆志记载的到任时间是万历三十三年,在任七年,然而与下一任知县濮中玉的就任时间万历三十六年不合。乾隆志记载的万历三十三年可能有误。

没有发现具体史料。

以上考察了明末湖州府中具有均田均役性质的改革事例,可以看到,相比于嘉兴,乡绅的抵抗更为激烈,改革进展更为迟缓。

参考文献(为方便本书读者,特此补充——译者)

B23:[日]酒井忠夫《明代善书の研究》,东京:弘文堂,1960 年。

B50:山根幸夫《明代徭役制度の展开》,东京:东京女子大学学会,1966 年。

E109:小畑龙雄《浙江海盐县の里甲》,《东方学报》(京都)第 18 册,1958 年。

E110:小畑龙雄《官图·儒图·军图について》,《山口大学文学会志》第 6 卷第 2 号,1955 年。

E116:小山正明《明代の十段法について(一)》,《仁井田陞博士追悼记念论文集》第 1 卷《前近代アジアの法と社会》,东京:劲草书房,1967 年。

E117:小山正明《明代の十段法について(二)》,《千叶大学文化科学纪要》第 10 辑,1968 年。

E119:小山正明《赋·役制度の变革》,《岩波讲座　世界历史》第 12 卷(中世 6),东京:岩波书店,1971 年。

E123:川胜守《张居正丈量策の展开——特に明末江南における地主制の发展について(一)、(二)》,《史学杂志》第 80 编第 3、4 号,1971 年。

E124:川胜守《浙江嘉兴府の嵌田问题——明末、乡绅支配の成立に关する一考察》,《史学杂志》第 82 编第 4 号,1973 年。

E128:[日]川胜守《明末清初、苏州·嘉兴两府における圩长の职务と均田均役法の展开》,《榎博士还历记念东洋史论集》,1975 年。

E130:川胜守《明末、江南五府における均田均役法》,《史学杂志》第 85 编第 6 号,1976 年。

E174:[日]田中正俊《民变、抗租·奴变》,《世界の历史》第 11 卷《ゆらぐ中华帝国》,东京:筑摩书房,1961 年。

E197:西村元照《张居正の土地丈量(上)、(下)》,《东洋史研究》第 30 卷第 1、2 号,1971 年。

E198：西村元照《明后期の丈量について》,《史林》第 54 卷第 5 号,
1971 年。

E207：藤井宏《新安商人の研究(一)—(四)》,《东洋学报》第 36 卷第 1—
4 号,1953 年。

E223：森正夫《十六世纪太湖周边地带における官田制度の改革(上)、
(下)》,《东洋史研究》第 21 卷第 4 号、第 22 卷第 1 号,1963 年。

E245：和田正广《徭役优免事例の展开と明末举人の法的位置——免役
基准额の检讨を通じて》,《东洋学报》第 60 卷第 1、2 号,1978 年。

F251：Dennerline, Jerry, "Fiscal Reform and Local Control：The Gen-
try-Bureaucratic Alliance Survives the Conquest", in Wake-mann, F. &
Grant, C., eds. *Conflict and Control in Late Imperial China*, University
of California, 1974.

G281：吴廷燮《明督抚年表》,《二十五史补编》第 6 册,北京：中华书局,
1955 年。(滨岛原书标为商务印书馆,应该是中华书局——校者)

G285：台湾"中央图书馆"编《明人传记资料索引》,1965 年。(滨岛原书
作 1964 年,据查应为 1965 年出版——译者)

旧稿：

②《明末浙江の嘉湖两府における均田均役法》,《东洋文化研究所纪
要》第 52 册,1970 年。

④《均田均役の实施をめぐって》,《东洋史研究》第 33 卷第 3 号,
1974 年。

⑦《明末南直の苏松常三府における均田均役法》,《东洋学报》第 57 卷
第 3、4 号合刊号,1976 年。

⑫《明末清初の均田均役と乡绅(その二)——朱国祯〈答曾父母书〉を
めぐって》,《史朋》第 11 号,1980 年。

(原为［日］滨岛敦俊《明代江南农村社会の研究》第五章,
东京：东京大学出版会,1982 年)

李原榛 译　时坚 校

书评:滨岛敦俊《明代江南农村社会研究》

[日]山本英史

　　此书以作者滨岛敦俊 1969 年以来发表的十二篇论考为基础,在全面的修改之后,又增添了新作,并综合成为一个体系。在书中,作者以"通过分析 16、17 世纪的水利重建、役法改革与农民斗争,叙述当时江南三角洲农村的一个具体的社会形态"为目标,在此基础之上,试图厘清"权力(专制权力)在以地主—佃农的对抗关系为基本矛盾的当时社会之种种社会关系——尤其是再生产结构与阶级对立——中所占据的固有逻辑性地位"。

　　笔者目前认为此书的特征及其刊行的意义有以下三点。

　　第一,此书直面了(20 世纪)70 年代日本明清社会经济史研究的中心课题,即,该历史阶段的国家权力与共同体性质应如何把握,作为江南三角洲乡村的主要生产关系,地主与佃户关系如何相互关联等课题,并积极谋求解答。众所周知,战后日本明清社会经济史研究追寻中国史内在的自发的发展,将克服"亚细亚式的停滞观"作为主要努力方向。以江南三角洲为中心的地主佃户关系的分析,在其中扮演着尤其重要的角色。此书以此前明清社会经济史研究的诸项成果,尤其是地主制研究为出发点,通过对小山正明诸多讨论的批判性继承,从 1.水利重建、2.役法改革、3.民众斗争三个方向处理上述课题。这些成果一直引领着日本 70 年代的明清社会经济史研究。

　　第二,开拓了明清赋役制度史研究的新领域。日本的明清赋役制度史研究自清水泰次的一系列研究以来,学者们通过踏实的努力,试图用实证的方式解明有限史料所讲述的复杂制度。作者在继承这一传统的同时,并不停留在将制度史式的素材仅仅作为制度来分析的做法,而是尝试综合把握土地所有的结构及其与生产关系的关联,甚至与政治史、社会史、思想史的关联。针对小山正明所指出的,"以往的社会经济史研究存在非常薄弱的一点,那就是较少将以明末清初为中心的经济史问题与同一时期发生的赋役制度的变化、国家支配体制的变化进行相互关联式的把握,全结构式地将国家体制的蜕变作为整体来把握"(座谈会"中国の近代化",《世界の历史》11《ゆらぐ中华帝国》,东京:筑摩书房,1961 年)这一状况,作者试图通过实证来克服,这一点意义重大。

第三,此书建立在对史料倾尽全力的搜集之上。顺带一说,此书引用了以地方志、文集为中心的三百余种史料,其中尤其值得一提的是对文集的发掘和整理。据此,可以说作者几乎涉猎了日本现存的,尤其是关于明代的江南三角洲这一领域的基本史料。本书是建立在对这些史料的彻底分析之上的。此外,本书随处引用以《按吴亲审檄稿》为首的从前无法在日本阅览的史料,这较大地补充与强化了作者过往的讨论。中日恢复邦交以后,作者尝试充分利用普通日本人也可以阅览的史料,这一点亦是此书一大特征。仅就史料搜集而言,此书既是仅使用,或曰不得不使用在日本能够阅览的史料来开展研究的战后日本明清社会经济史研究的终点,同时也是开启下一个可能性的出发点。

以上诸点与此前刊行的川胜守《中国封建国家的支配结构:明清赋役制度史研究》(《中国封建国家の支配构造——明清赋役制度史の研究》,东京:东京大学出版会,1980 年)一书多少有共通之处。因而,此书是建立在与川胜守著作的相互批判之上的,这一点亦是此书的一个特征。

下面进入具体的讨论。首先,此书的篇目结构如下所示。由于篇幅所限,"节"的罗列只能割舍。

　　　　第一部　明代江南的水利惯行
　　　　　第一章　明代前半叶的水利惯行
　　　　　第二章　里甲制的解体与水利的荒废
　　　　　第三章　明末以降的水利惯行
　　　　第二部　明清江南的均田均役法
　　　　　第四章　明末的役困:均田均役法的前提
　　　　　第五章　明末浙江的均田均役法
　　　　　第六章　明末南直隶的均田均役法
　　　　　第七章　清初的均田均役法

第三部　明末清初的改革与民众斗争
　第八章　水利改革的背景
　第九章　均田均役法实施的背景
　第十章　明末清初江南的农民斗争

其次,下文将基于笔者的理解范围对此书的内容进行概括。

第一部探讨了从明初到清初,围绕以江南三角洲乡村水利为中心的共同体式公共事务的社会关系之变迁。

第一章考察了明代前期江南三角洲水利中的劳动负担及其组织。首先,在这里可以确认两点:1.明代江南的水利,是在以在地地主为主要负责人的里甲诸役的督率下,以里甲组织为基础实施的;2.这显示了里甲制所具有的共同体式的功能,同时可以窥见,里甲是以在地地主对农村、农民的支配为杠杆,与现实村落相重合而编排出来的。其次,在疏浚与修筑的负担原则之中,作者介绍了圩岸、沟渠的疏浚与修筑时的惯例,即与沟渠、圩岸相连的田地的所有者按照相连部分的长度提供费用与劳力(作者称其为"田头制"),这一惯例在明代前半叶普遍存在。作者的评价是,这与乡居地主对水利的支配密切呼应,是合理的负担方法,与里甲制有着共同的基础。

第二章叙述了如下状况:因为明代后期乡绅的土地所有的发展,土地所有结构发生了变化,这种变化促成里甲制的崩坏;结果,从正德至嘉靖,江南三角洲的水利功能开始衰退,水利的荒废成为显著问题。而且,作者还一并论述了与上述情况相呼应的水利事务的规模、对象、执行者等方面的变化,以及圩被逐渐分割等状况。

第三章探讨了在明末水利的诸关系中发生的变化及其重建的过程。在这里作者指出:1.与在地地主的没落相伴随的共同体关系的解体,并不必然会自生性地交替形成佃户自立的地缘式结合,而是在该处产生了一定的空白,故而能看到水利功能的衰退。2.与这一状况相对,因为公权力的介入而设定了新的惯行,共同体式的关系得以重建,这一新的惯行是:田地所有者根据各自所有田地的多寡来负担水利费用与劳力(照田派役);为了让其产生实效,也将之前拥有负担免除特权的乡绅地主纳入对象之内(限制优免);在具体实施之时,由佃户提供直接的劳动力,与此相对,地主则支付工食(业食佃力);以上述三点为原则的做法,可以在万历年间常熟县知县耿橘制定的水利规范中看到典型的实施。

第二部针对明末清初主要在江南三角洲实施的均田均役法这一役法改革,首先探究了该制度的发展过程。

第四章考察了这项改革的前提——明末的役困,即里甲役负担过重的问题。明末发生役困的基本原因是,与徭役优免相伴随而形成的乡绅土地所有造成了承役田的不足,以及由此而来的徭役负担者的零碎化。而从现象上看,在徭役负担内容可能不均等的里甲间出现了承役田地额的差别,甚至徭役内容自身也出现了相对负担过重的情况。均田均役法的实施,就是为了解决上述问题。

第五章探寻了明末浙江均田均役法的实施过程。首先,作者以经过嘉靖年间的讨论并在万历九年得以实施的嘉兴府海盐县改革为焦点,从该项改革出发,抽取出两大特征:1.依据亩数对里甲进行的编排;2.对以往无限制的乡绅等的优免的限制。又进一步讨论了同时进行的谋求减轻徭役负担本身的改革。其次,探索了嘉兴府下辖的其他县以及湖州府的改革过程。作者指出,那些地方也基本实施了同样的改革,只不过与嘉兴府相比,湖州府的乡绅抵抗较大,实施起来较为艰难。

第六章探寻了明末南直隶均田均役法的实施过程。作者指出,在明末的南直隶,虽然浙江型的均田均役法的实施构想因优免限制而遭到乡绅的顽强抵抗与阻碍,导致全部崩坏,根据亩数编排里甲的做法也没有落实;但是在粮役方面,改革者通过向拥有一定额度田地的户派役,使用贴役的方式,以优免限制、照田派役为两轴进行了改革,本质上追求的是与浙江共通的改革方式。

第七章探索了经顺治年间粮役的改革、户科给事中柯耸的条议、江南巡抚韩世琦的指示,最终到康熙五年至六年松江府娄县知县李复兴的改革,这样一系列清初的改革的过程。本章的旨趣可归纳如下。1.顺治年间,以减轻徭役负担内容本身为目的的改革在进一步推进,到了康熙初年,里甲制式的徭役已几乎消失。2.以柯耸的条议为契机,接受中央政府指示的韩世琦的改革以依据田地编排里甲与废止优免为主要内容,这是对明末改革方向的继承。3.李复兴的改革编排了失去地域性的属人性里甲,废止了全部优免,税粮则通过分限截票、自封投柜等方式,不依赖徭役的劳动力来征收,这些内容是将均田均役法的流向集中在一起的举措。

第三部以前文的制度史式的分析为根据,进行了如下讨论。上述两项改革,均是因应与乡绅式土地所有的发展相伴随的土地所有结构的变化而谋划的,由于将优免限制(废止)作为不可或缺的要求含纳在内,这些举措与江南乡绅的利益相对立,招来了他们的反对和阻碍。在这样的认识下,作者分析了从遭到反对、阻碍到改革得以实现的政治过程与社会背景。而且,作为上述过程的结果,作者论及明末清初江南农村的民众斗争。

第八章指出,明末清初的水利改革受制于阶级对立的尖锐化,探索了以照田派役、优免废止为轴的改革实施过程,得出以下结论:"一方面是乡绅式土地所有的展开,另一方面是佃户等直接生产者的力量提升,'水利改革'处于两者的夹缝中间,是濒临没落危机的在地非乡绅地主阶层直接实现其利益的手段。这一时期的水利多是根据他们的提议,在他们的督率下进行的。但是,对乡绅来说,这样的重建保证了他们已经无法确保能够实现掠夺的那些对象的再生产,最终还是会化为乡绅自身的利益。更进一步,因共同体式关系的解体,水利功能的衰退还关联到社会的不安定,以及支配、掠夺的危机。乡绅中的开明者觉察到这些状况,故而通过公权(力)的介入,谋划了包含乡绅的让步在内的水利惯行的重建。""因此,改革的成功不是意味着在水利的场域中,共同体式关系的空白被直接生产者(尤其是佃户)的自主、自律的结合所补完,而是意味着以在地的非乡绅地主阶层为主要负责人,在公权力强制的基础上,出现了被地主支配结构的维持与重建所包摄的新的水利惯行。"

第九章探索了从嘉靖末年的海盐县到康熙初年的娄县这场贯穿一个世纪的均田均役法的实现过程,得出了以下结论。最为强烈要求实施均田均役法的人群,是承担重役的在地非特权地主阶层。而且,在当时徭役负担者的阶层下移的倾向中,事实上佃户阶层也要承担徭役,因此均田均役法与包括佃农在内的广泛农民的要求相呼应,而乡绅的大多数则对这场损害他们特权的改革持反对、阻碍的态度。不过,因为担心无限制的掠夺会使统治和剥削的基础崩坏,以东林系为中心的乡绅、官僚说服一般乡绅进行自我规制与让步,最终使改革的实现成为可能。

第十章先是考察了16世纪中期以降广泛见于江南农村的抗租活动。

首先,作者通过三点的分析,指出小山学说亟待重新探讨。这三点是:1.人们所构成的村落式结合绝不是"圩",而是以数个"圩"为范围的"村",这成为抗租的单位组织。2.在抗租中,能够看到明末清初的高昂→清中期的"相对稳定"→清末的高昂这一变迁。3.在抗租之中,有分化成日常性的、恒常的、满足条件便可让步的斗争,以及具备非日常性起义之特征的斗争这两种形态的倾向,明末两者皆有,而清末则后者增多。其次,作者考察了抗租与公权力的关系。作者通过两点——1.与明末抗租、欠租的增加相呼应,县的粮衙开始负责欠租的词讼;2.江南三角洲州县的牢狱以往只有"监",但明末开始,设置了羁押轻犯与证人的"铺"——说明明末的公权力承担了地主在经济之外的强制性。接着,作者推测广泛团结下的非和解式的实力斗争与华北和长江中游的农民动乱有所关联,分析了江南地区的白莲教团这一将民众朝非和解式起义方向组织起来的宗教结社及其指导的"民乱"。

　　以上是对此书内容进行的逐章归纳。正如此书内容所展示的,作者的研究关心涉及许多方面,得出的结论也建立在对丰富的史料进行实证研究的基础之上。对于以作者的研究为起点,仅对其问题关心的一部分略知一二的笔者来说,只能是重新从此书得到极大启发,本没有评论此书的资格。因此,谨提出以下七点,以读完此书后产生的疑问为中心叙述笔者所感,以尽评论之责。

　　(1)作者认为,要求并推进水利、役法两项改革的有力阶层是"非乡绅地主阶层"。其定义为"一方面承受着国家权力的赋、役掠夺,尤其是在当时的役法下集中承担重役,而另一方面还直接承受着来自在地生产者的压力,不断面临着没落危机的乡居'庶民地主''非身份制地主'"。然而,特别是在第九、十章中,作者随处使用"包括生员阶层在内的不享有特权的中小地主阶层""和生员阶层相互重合的非乡绅地主阶层"等表达,尽管考虑到参与这些改革的生员与他们存在一定的差异,作者仍将生员归入"非乡绅地主阶层"的范畴。生员的生活并不一定富裕,他们需承担徭役负担义务等,仅就作者介绍的事例来看,生员是不同于举人以上群体的存在,两者之间存在着界线,能在该处看到生员、非乡绅地主阶层对乡绅地主阶层这一对立的图式。但是,在同一时代的同一地域,乡绅利用自身享有的身份特权进行诡寄、包揽并造成役困,这一状况的部分直接原因亦是来自生员。而且,可以容易地看出,生员数量在明中后期以降急剧增涨的这一背景,反映了地主阶层试图通过拥有生员资格获得一些特权以免除役困的行动。生员的行动形式多样且复杂,将其作为一个"阶层"来评价,就不得不在规定范畴时慎重而行,不知意下如何?

(2)作者将生员阶层、非乡绅地主阶层、佃户都包括入追求照田派役、优免限制的队伍之中,说明了他们作为广泛的"民"与乡绅之间的政治对立。只不过,在这种情况下,积极请求水利改革的是"公正",说他们是在地的中小地主阶层,那么为何其中几乎不包括生员呢? 相比均田均役法中生员所扮演的角色,这一点引人关注。而且作者认为,从佃户负担徭役这一现实来看,均田均役法的实施也可以视作佃户阶层的要求和利益。基于此判断,作者把要求和推进均田均役法之"民"中有力的部分设想成佃户,但是能积极展现此内容的史料却很少,这又是为何呢? 确实如作者所论述,水利、役法两项改革拥有共同的基础,那么其中若干差异的部分又该如何评价呢?

(3)作者认为,由于公权力的介入,明末清初新的水利惯行才得以形成。一般来说,明末清初以降的公权力被认为是体现乡绅利益的地主政权,作者使用了"清朝·乡绅集团"这一表达,似乎并没有否定这一说法。然而,要是这个理解是正确的话,作者所云公权力的"介入"这一第三方的立场又到底指什么呢? 而且,即使将照田派役、优免限制等举措,看作在长远大局上符合乡绅地主阶层的利益,但是围绕这些举措所发生的"乡绅集团"一方的乡绅地主阶层与公权力严重对立,结果遭遇了抵抗、阻碍。而这一结果的直接且最大受益方是"非乡绅地主阶层",而不是优免特权被限制、否定的乡绅地主阶层。上述两种情况应该如何合理地理解呢?

(4)再讨论一下清初均田均役法中的优免"废止"问题。作者将康熙元年韩世琦的命令评价为"对乡绅优免提出彻底废除指示的划时代的做法"。然而,通过作者用作论据的康熙《苏州府志》卷二七《徭役》中"务将<u>图外官庠自兑附户花诡等项</u>尽行删汰一惟论田起役纤毫不许躲闪"(笔者画线)之记载,却难以对此作出明确的理解。顺便需指出的是,画线部分被解释为"图外之官庠、自兑、附户之花诡等项",应该是"图外官庠之自兑,附户之花诡等项"吧? 此外,作者指出,常州府无锡县"实施了'不论官、庠、民户,一例编入里甲,户无无田之役,田无不役之人'的优免废止",却没有指明其出处。明确了优免废止这一方向的,是李复兴的改革,但实际上优免废止有否实行却值得怀疑。从雍正四年中央确认绅衿优免本身一丁(雍正《大清会典》卷三一"雍正四年复准")的政策来看,尽管优免限制得以实现,但仍没有走向废止吧。

(5)下面谈一下与李复兴改革相关的若干疑问。均田均役法最初的目的是为了确保以里甲正役为中心的徭役负担者,为此,要对里甲间的不均衡进行修正,即按相等面积编排里甲。为了使其产生实效,又实施了对乡绅等的优免限制。然而,就达到这一目标的李复兴改革来看,相传徭役在原则上已几近消失。若是如此,在徭役已消失的当时,必须继续按照亩数编排"完全的属人性质的里甲",对优免进行限制甚至进一步废除的必然理由是什么? 关于这一点,本书并未有太多讨论。

(6)作者把焦点放在为维持里甲制所具有的两种功能而进行的改革上,并对江南农村社会进行了分析,这两种功能,即以再生产为目的的共同体功能,以及税、役掠夺的功能。然而,里甲制的第三种功能——治安维持的功能也很重要。可以想见,随着里甲制的衰落,这一功能也和前两者一样,在类似的背景下经历了改革。虽然本书对此只是极其简单地稍作指出,但是,深化对这一研究对象的分析,可以进一步丰富对前两者的改革过程的理解,也可以为抗租、白莲教起义等民众斗争的分析提供丰富的素材。

(7)正如作者本人在《自跋》中所说到的,自 1981 年 11 月起的 9 个月,作者在中国长期逗留,在北京以及中国各城市进行了史料搜集工作(关于在此期间发生的事情,《近代中国研究汇报》第 5 号[1983 年]中有所介绍)。令人惋惜的是,因为本书脱稿于 1981 年 12 月,此行贵重的成果无法在书中得以全面有效的利用。一旦有机会前往中国进行史料搜集,就会深切感受中国史研究的"主场"毕竟还是在中国的这一很理所当然之事。史料,举其中的地方志为例,只是在北京图书馆稍微看看《全国地方志联合目录》,就能够发现相当数量在日本无法得知其存在的书名,更何况各地方城市中的省、市、县所属以及各级党委宣传部所属各个单位还有图书馆、档案馆、博物馆,里面收藏着当地那些虽不知名却十分重要的地方志。随着中国近年对研究活动相关政策的调整,这些史料信息正逐渐向我们外国人公开。可以认为,仅在史料这一点上,日本的明清社会经济史研究也将迎来新的局面。史料发掘机会的飞跃式扩大,应该能带来修正以往定论之机会的飞跃式扩大吧。

　　上文非常简单地介绍了此书的内容,并附上了若干疑问之处,笔者担心自身能力不足导致无法理解作者的真正意图而出现谬误,还望作者海涵。关于此书,已经发表有岸本美绪的评述(《史学杂志》第 92 编第 8 号,1983年)。本文无法论及的诸多方面,在该文中都有适当的见解,还请一并参考阅读。

　　听闻作者的下一个课题是分析清代中期江南农村社会的各种社会关系。笔者对作者的研究热情十分敬佩,非常期待作者今后的研究有出色的进展。

(原载于《东洋史研究》第 42 卷第 4 号,1984 年)

梁敏玲 译　菅野智博 校

自封投柜制的结构

[日]山本英史

前　言

　　所谓的自封投柜指的是纳税户自身于纳税之际,按照一定的手续直接赴官署或是特定场所报到,各自检测称量税银后,将其装袋密封并投入银柜的一种纳税方法,从执政者这一方来看的话,指的就是一种征税方法。

　　众所周知,明代征税的基础在于里甲制,并且由被指派为里甲正役的在地地主阶层承包其中的征税工作。[①]不过,到了 16、17 世纪,以江南先进经济地带为中心,在地社会的土地所有以及以此为基础的阶层关系发生了变化,导致里甲制日趋衰退,以里甲正役为中心的征税方法开始变得窒碍难行。于是,作为取代里甲制的全新征税方法,清朝将明末以来实施于局部地区的自封投柜予以整理,借此冀望确保税收的来源。

　　不过,这种不通过里甲正役承包征税工作,而是由各个纳税户直接纳税的方法,在清初这个时代是否真的可行呢? 就自封投柜的相关研究来看,这种方法被认为不过是一种"理想""正式""表面"的形态而已,作为"实态""实际""现实"的征税方法却绝非如此,反而是由绅衿或胥吏进行的承包(包揽)较为普遍。[②]又,自封投柜至清末为止不断反复,清朝中央亦三令五申鼓励各

---

① 　参见[日]鹤见尚弘《明代における乡村支配》,《岩波讲座　世界历史》第 12 卷(中世 6),东京:岩波书店,1971 年(后收于姜镇庆译《中国明清社会经济研究》,北京:学苑出版社,1989 年);
　　　[日]滨岛敦俊《明代江南农村社会の研究》第四章《明末の役困——均田均役法の前提》,东京:东京大学出版会,1982 年,以及其中所引用的相关文献。

② 　[日]细井昌治:《清初の胥吏——社会史的一考察》,《社会经济史学》第 14 卷第 6 号,1946年,第 16—17 页;[日]鼍宫谷英夫:《近世中国における赋・役改革(一)》,《历史评论》第 1卷第 2 号,1946 年,第 62 页;[日]岩见宏:《雍正年间の民欠について》,《东洋史研究》第 18卷第 3 号,1959 年[后收于(日本)东洋史研究会编《雍正时代の研究》,京都:同朋(转下页)

地实施自封投柜。①这正印证了一件事情，即：虽然清朝对自封投柜相当执着，但是，实际上，自封投柜的实施却绝非易事，亦无法彻底落实。不过，征税乃国家权力的基本体现形态，其整备与否，当然左右了王朝的命运。就这个意义而言，清朝支配中国长达二百六十八年之久的这个事实，其实也显示了全新的征税体制通过某种形式得以确立，并且对支配的安定化有所贡献。自封投柜是清朝在地丁税征收方面唯一公认的征税办法，因此，我们难以否定自封投柜在清代征税机构当中扮演着一定程度的重要角色。若是如此的话，这是通过何种形式才得以实现的呢？关于这一点，至今尚未得到充分探讨。因此，本章将重新对自封投柜进行详细论述，并且补充加强笔者个人的看法。

一、作为当为②的自封投柜

（一）自封投柜的实施

顺治元年(1644)四月入关的清朝于次月占领北京，并且设立了以下定例：

征收钱粮，令花户自封投柜，禁革催头，以杜纷扰。③

随着明末里甲正役的分化现象，地方上出现了一种负责管理征税的徭役，而上面所谓的"催头"，自文脉推敲的话，应该就是对于这种徭役的一个称呼。④

（接上页）舍，1986年，第547页］；［日］村松祐次：《近代江南の租桟——中国地主制度の研究》，东京：东京大学出版会，1970年，第672页。又，自封投柜原是禁止包揽的一种制度，只是因为其制度方面的不完备，才导致清朝最后容许了包揽；因此，也有学者认为应该将自封投柜定位为与包揽互相抗衡的一种制度。［日］森田明：《清代の"议图"制とその背景》，《社会经济史学》第42卷第2号，1976年(后收于［日］森田明《清代の水利と地域社会》，福冈：中国书店，2002年)；［日］夏井春喜：《"大户"·"小户"问题と均赋·减赋政策(上)》，《中国近代史研究会通信》第8号，1978年。
①　即收于光绪《大清会典事例》卷一七二《户部二一·田赋》"催科禁令"的诸多禁令。
②　译者注："当为"的日语原文为"当为"，指一种"理论状态"。下文与其相对的日语是"实态"，指一种"实际状态"。翻译时，为了贴近日语用词与语感，译者保留了"当为"与"实态"的说法。
③　康熙《大清会典》卷二四《户部八·赋役一·征收》"凡差委催提"。
④　关于明末以江南先进经济地带为中心的里甲正役分化现象，参见［日］山根幸夫《明代徭役制度の展开》，东京：东京女子大学学会，1966年，第144—152页；［日］栗林宣夫《里甲制の研究》，东京：文理书院，1971年，第177—197页；［日］滨岛敦俊前引书，第215—225页。

不过,他们的存在却引发了"纷扰",因此,朝廷禁止催头征税,并且铲除他们的存在,让纳税户自封投柜。但是,顺治元年的时候,清朝的支配地域仅止于华北,关于本定例获得批准的过程或是适用范围,皆尚无定论。①隔年,即顺治二年五月,清朝攻下南明福王政权的据点——南京,将江南一带纳入支配范围,并且确保了作为中国全新政权的财政基础。②

　　和其他诸多制度一样,清朝最初采用的征税制度亦沿袭了明制,其内容是再次在全国一律实施一里一百一十户的里甲制,并且命令里甲户从事钱粮征收之役。但是,里甲制早在明末已有崩盘解体的趋势,到了此时,更难以充分发挥原本掠夺税粮的功能。③被指派为里甲正役的人们无法完成全部的职务,只好从原本的里长职务当中,将所谓的"经催""分催""年首"分化、独立出来,让他们负责钱粮催办(征收、缴纳)之役。也就是说,清朝摒弃了表面化的原则,对明初以来的里甲制进行部分修正,借此确保税粮的掠夺得以实现。但是,大规模土地的所有者多半会避免承担徭役,导致这些徭役转嫁至毫无负担能力的小民身上,小民一旦承担徭役,庞大的开销就会源源而来,甚至还会成为胥吏与差役的猎物。发生于明末的役困问题到了清朝仍未得到解决。④

　　于是,清朝被迫打破日积月累的弊病,在恢复乡村支配秩序的同时,还要确立全新的征税方法。也就是说,清朝必须放弃作为明代遗物、早已沦为一种形式的里甲制,并且绞尽脑汁设计出专属于清朝的方法。从康熙五年(1666)松江府娄县最为典型的清代均田均役法到普及于18世纪的顺庄法,这一连串的改革正是在这种状况下诞生的,其中清朝所提倡的全新征税方

---

① 本题准仅收录于康熙《大清会典》,雍正《大清会典》以后的诸会典皆未见其踪影。又,关于顺治元年定例一事,《清三朝实录》《东华录》《清实录》亦无足以佐证的史料。顺治元年与各省钱粮相关的规定据说是按照万历的则例制定的(康熙《大清会典》卷二四《户部八·赋役一·征收》"凡征收钱粮"),因此,本定例有可能是按照明代的事例制定的。但是,万历《大明会典》卷二九《户部一六·征收》当中并未收录这样的定例。

② 《东华录》卷五"顺治二年五月"条。

③ 清朝在顺治五年的题准(乾隆《大清会典则例》卷三三《户部·户口下·编审》)中,将沿袭了明制的里甲制采用为乡村组织。不过,从明末该组织变得松弛不振的状态来看,清朝实在不太可能透过原封不动的方式,就将里甲制成功应用于现实世界当中。

④ 参见[日]山本英史《清代中国の地域支配》,东京:庆应义塾大学出版会,2007年,第20—22页。

法即为自封投柜。①

　　不过,自封投柜本身并非清朝的发明,而是基于 16 世纪后期一条鞭法的确立所试行的一种方法。据说在华北诸省,原本是由与粮长极为类似的"大户"承担税粮征收的任务,"大户"遭到废止后,则改为纳税户自行将粮银投入规定柜子的方法。②华中也是随着一条鞭法的实施,出现了让纳税户自行投柜,试图减轻里甲正役负担的事例。③伴随着一条鞭法改革而来的税役银纳化与役目精简化是自封投柜受到提倡的主要理由,这是我们无法否定的;④但是,同一时间,以里甲正役为中心的征税功能日趋衰退,应该也是理由之一。只是,这个方法若要普及至全国,尚需一段时日。虽说"一条鞭法的征税特色是不通过徭役组织(如里甲制),由纳户自行投入放置于县内数处的柜子(自封投柜)"⑤,但是,这个特色得到后世才变得明确。天启、崇祯年间(1621—1644)于江南三角洲地带推动的均田均役法改革当中,据说其部分内容正是受到自封投柜的启发。⑥又,亦有一些试行政策与自封投柜极为类似。⑦不过,这些仅止于局部地区,有体系的自封投柜要等到清初完全废止由里甲正役征税(即里甲制的徭役体制)后,才算正式成形。

　　改朝换代为清代后,自封投柜的正式实施应该始于康熙五年松江府娄县知县李复兴的均田均役法。⑧这里所提倡的基本方针是废止钱粮催办的徭役,通过各个纳税户的自封投柜来缴纳税银,此方针亦成为全省定例。此

---

① 若严格定义的话,所谓的"自封投柜"仅限于缴纳地丁税的情形。如果是缴纳漕粮的话,会另外称为"赴仓交纳"。

② [日]谷口规矩雄:《明代华北的"大户"について》,《东洋史研究》第 27 卷第 4 号,1969 年(后收于[日]谷口规矩雄《明代徭役制度史研究》,京都:同朋舍,1998 年)。

③ [日]藤井宏:《一条鞭法の一侧面》,《和田博士还历记念东洋史论丛》,1951 年,第 587—588 页;[日]栗林宣夫前引书,第 177—178 页。

④ [日]栗林宣夫前引书,第 177—178 页。

⑤ [日]川胜守:《中国封建国家の支配构造——明清赋役制度史研究》,东京:东京大学出版会,1980 年,第 689 页。

⑥ [日]川胜守前引书,第 485 页。

⑦ [日]滨岛敦俊前引书,第 280、327、377 页。

⑧ 顺治三年江宁巡抚土国宝(康熙《松江府志》卷二七《田赋志》"役法")以及康熙元年同为江宁巡抚的韩世琦在下达均田均役法的实施命令之际,同时也传达了实施"自封投柜"的命令(乾隆《苏州府志》卷一一《田赋四》"徭役")。不过,韩世琦的命令是否真的付诸实施,仍是一个疑问。参见[日]川胜守前引书,第 570—571 页;[日]滨岛敦俊前引书,第 393—399 页。

后,不仅是一省之内,至 18 世纪初期为止,这个趋势甚至蔓延至各省。无疑,当时已有一种共识,即:总督、巡抚或是各个府州县的地方长官会命令其管辖地域实施自封投柜,或是早已实施自封投柜。①自封投柜这种征税方法自明末以来便在府、州、县的各个层级陆续获得提倡,不过,有体系且广泛实施自封投柜一事,则要到清代 17 世纪后期至 18 世纪初期了。

(二) 自封投柜的方法

关于清朝地丁税的征收方法,乾隆《大清会典》有以下规定:

> 凡州县催科,以分限之法纾民力,以轮催之法免追呼,以印票之法征民信,以亲输之法防中饱。②

据上文可知,其具体方法分为四种:①分限之法,②轮催之法,③印票之法,④亲输之法,各方法的设立目的为"纾民力""免追呼""征民信""防中饱"。其中①是与分期征收的时期相关的规定,因此,其具体手续诉诸剩下的三种方法。这些方法环环相扣,形成了有体系的征税方法。③以下将以乾隆《大清会典》以及以此为基础的《清国行政法》的解说④为参考,将其概要整理如下。

轮催之法

此法是以里甲中每五户或每十户为一个单位,在被叫做滚单的规定用纸上填写纳税户的姓名、纳税额等,事先发给里甲,让他们挨次催缴。

印票之法

此法是纳税户于纳税之际,将纳税额记录在被叫做"联票"的三联票上,打编号、盖章后,将其分为三份:一份留在州县官署;一份贴在账簿;一份则是交给纳税户,作为已纳税的证据。

---

① 　参见［日］山本英史前引书,第 29 页。
② 　乾隆《大清会典》卷一〇《户部·田赋》。
③ 　山本英史前引书第 28 页亦简单提到了这一点。
④ 　针对清代地丁税的征收制度,进行全面性解说的著作有《清国行政法》第 6 卷"地丁税ノ征收",第 33—62 页。又,Hsiao Kung-chuan(萧公权),*Rural China: Imperial Control in the Nineteenth Century*, Seatle, University of Washington Press, 1960, pp.84-143 亦值得参考。

亲输之法

指的是纳税户不假他人之手,亲赴官署纳税的方法,特别是若纳税户将地丁税投入官署前的柜子的话,就叫做"自封投柜"。

上面提到的"滚单",据说是针对其前身"易知由单"加以改良,进而发展其形式的一种规定用纸,"滚单"获得中央的认可应为康熙三十九年的事情。①又,"联票"由于三张票据装订在一起的缘故,也有"三联串票"的别名,回溯其制定过程的话,大致如下:首先,顺治十年制定"二联票",此二联票具备收据与检查用纸的两种功能。②接着,作为二联票的改良形态,康熙二十八年制定了"三联印票之法",除了原有的二联以外,再新增一联,将此交给负责比较(对纳税事实进行对照核查)的差役。③此后,串票的数量逐渐增加,是为"四联串票""十截串票",不过,这反而让胥吏容易"作恶多端",因此,雍正十一年(1733)再度采用三联串票。④就清朝中央来看,设置银柜让纳税户直接投纳的这个方法以顺治十八年的定例为起点,⑤到了乾隆元年(1736)再次确认。⑥如上,这三个方法制定于清朝入关后稍早的时期,到 18 世纪初期为止,皆在清朝中央的承认之下有所整备。

黄六鸿在其著书《福惠全书》中针对自封投柜的方法,进行了详细的解说。首先是管理银柜的收役之遴选方法及其任务内容:

> 收役者,所谓柜吏是也。计区里之多寡,以设柜,每柜一人掌之。宜于各房科择老成谙练者若干名,四季轮充,以掣名签而定人,以掣柜签而定所守,俾皆不能以意得其收银之法。柜吏每日早堂时,舁柜至收所,时刻不得擅离。将司颁较准等子公置案上,听纳户不时完纳。⑦

---

① 雍正《大清会典》卷三一《户部九·赋役一·征收》"康熙三十九年题准"。另外,关于"易知由单"发展至"滚单"的过程,参见《清国行政法》第 6 卷,第 36 页。
② 康熙《大清会典》卷二四《户部八·赋役一·征收》"凡征收钱粮"之"顺治十年题准"。
③ 雍正《大清会典》卷三一《户部九·赋役一·征收》"康熙二十八年覆准"。
④ 雍正《大清会典》卷三一《户部九·赋役一·征收》"雍正三年议准";乾隆《大清会典则例》卷三六《户部·田赋三》"催科事例"之"雍正十一年议准"。另外,关于其中经过,《清国行政法》第 6 卷第 37 页有详细的解说。
⑤ 康熙《大清会典》卷二四《户部八·赋役一·征收》"凡征收钱粮"之"顺治十八年覆准"。
⑥ 乾隆《大清会典则例》卷三六《户部·田赋三》"催科禁例"之"乾隆元年题准"。
⑦ 《福惠全书》卷六《钱谷部·催征》"遴收役"。

接着,黄六鸿还对装封税银的封袋形式以及缴纳税银时的手续与方法,进行了解说:

> 其盛银封袋用棉纸,双层糊裱,制成三寸阔,四寸长,封袋上刊一定字样。纳户完银时,买此袋持至柜所,自将官等称准银数。柜吏止看明银色纹足,不许执等代称。纳户自封袋口,柜吏于银袋上填明某图里某人完纳某项,某限银若干,某年月,某字第几号,收役某人。随照式登记流水收簿,眼同纳户,穿连入柜。随填串票,付纳户收执。但花户不得朋名封纳,即现年里长代纳,亦必写本户花名,以便临比查对各户完欠。如银钱兼收,票、簿俱登填明白。钱须官铸厘文,不许挽收低小。另匣收贮,拆封时并验。如有低小短少,柜吏赔补。①

最后,针对这个手续与方法的优点,黄六鸿有以下的看法:

> 如此白镪不得入柜吏之手。所收不过一季,又有拆封对号,流水查擦改稽总撒,猾胥无所施神巧之技矣。其柜每晚舁至川堂或大堂右侧,柜吏及宿堂人役看守。②

黄六鸿所谓的自封投柜可以归纳为以下三点:①纳税户亲自检测称量应缴纳的税银,确认其质、量皆符合条件后,同样由纳税户亲自封装,并在袋子上面填写姓名、所属、纳税额;②收役按照纳税户的申报,在账簿(流水)登记其姓名、所属、纳税额,并且当场见证纳税户将封袋投柜;③投柜结束后,收役会将串票交给纳税户,作为纳税证明。总而言之,就是对于纳税户自封投柜时有可能发生的收役不当行为,多方配置了周详细密的防范对策。

另外,在李复兴推动改革的松江府娄县,则有以下规定:

> 将合县钱粮,分作六柜交纳。每柜止用乡书二名,照纳户封袋自填银数登记流水出给印串。不惟不秤,并不见封内为何色。从未置秤于柜。③

由此可知,全县设有六柜,每柜还配置了两名叫做"乡书"的收役。不仅是检测称量税银,就连收役在柜前置秤或是确认税银的质量,皆不被允许。就这

---

① ② 《福惠全书》卷六《钱谷部·催征》"遴收役"。
③ 《娄县变役详文》,《松郡均役成书》行集。

一点来看,娄县知县对于收役行为的限制,较黄六鸿所提到的方法更为严格。

又,杭州府临安县知县施宏在告示当中针对临安的自封投柜,有如下说明:

> 凡应完课银,将银倾足称准,色须截白,等宜看真。装入硬裱封袋,将口实粘,上写某图某甲某人完纳某年某项银若干。写完,再读一两遍。如己不识字,央人书写一者,亦令响读二三遍。果无差错,方持到柜,交与柜书,登入流水。填入执单,抄入根单,二处俱完,将袋上所写,与三处对看一两遍。如不识字,亦要柜书,将三处各响读一两遍。果无差错,方将银袋,亲投柜眼,听银落入柜底,方可执单回家。①

施宏极为重视如何让不识字的纯朴纳税人在自封投柜之际不受蒙骗的这一点。由此可知,与娄县相同,临安县柜书的权限也受到了百般限制。②这些可说是实施自封投柜的过程中不可或缺的必要条件。

以上概要地介绍了自封投柜的执行过程和内容,进行了概观。由此可知,所谓的自封投柜对当时的执政者而言,大致如下:首先是完全放弃里甲制度下的征税方法以及废止钱粮催办的劳役,期望能够通过这个方式,为民铲除“役累”;其次则是开拓纳税户直接纳税的途径,期望能够通过这个方式,排除过去寄生于征税组织的官僚、胥吏、差役之种种“不法行为”,极力抑制他们对钱粮的侵蚀,借此确保国家财政。单看这种作为当为的自封投柜的话,这可说是取代了里甲制的理想征税体系。

然而,就实态③来看,这种自封投柜确实发挥功能了吗？ 下一节将把焦

---

① 《申饬自封投柜》,《未信编二集》卷三《告示部上》。

② 提督山东学政王世琛在一份年月不详的奏折当中提到,“东省钱粮,虽皆粮户自封投柜,而亦有不同。有粮户将银面交柜书秤估如式,然后眼同封固入柜者。有粮户自己封固入柜,柜书据所闻银数写给串票者”,也就是说,这是一种纳税户自行封袋投柜后,由柜书将纳税户的申报银数直接记入串票的方法。关于后者,其评价多为负面,例如:“此自己所封之银,当拆封时,或致低潮短少。其中,固有粮户作奸。而柜书乘间偷换之弊亦多。”(《宫中档雍正朝奏折》第2辑,台北:台北故宫博物院,1977—1980年,第731页)这显示后者的方法未必是周全的,反倒有可能引发全新的“不正行为”。

③ 译者注:文中“实态”的日语原文为“実態”,指一种“实际状态”,与前文的“当为”(指一种“理论状态”)相对。

点放在自封投柜的实态这一个侧面。

二、作为实态的自封投柜

自雍正元年首次任官以后历任各省巡抚的陈宏谋,于乾隆二十二年调任江苏巡抚。接着,乾隆二十五年,设立了征收钱粮条规,其中针对苏州府、松江府以及太仓州的状况,有如下规定:

> 江苏松太等属,征收钱粮,纳户顽良不一。醇良者受经差包揽侵蚀。巧猾者向书差贿求捹比。每年均有抗欠,坐待豁免,以致不数年间即有积欠盈千累万。……今就所禀查核,情形虽各不一,而大户花分小户,图避催比,经胥、里书人等包完贿捹,那新掩旧。官衔虽有征比之名,未能内摘内销。权移归于经书,白票私收,真串不给,姓名互混,致有重纳、宕完、徒供、隐射、侵渔等弊。①

由此可知,在 18 世纪中叶的苏州府、松江府各县以及太仓州,征税的权限并不在官府,而是归诸经胥、里书等,征税这个行为也是在他们的为所欲为之下展开的,结果引发了与钱粮相关的无数之"弊"。于是,陈宏谋发布了十则条规,试图改善这种状况,而这些条规也如实地传达了当地征税的实情。由于各个条规过于冗长,因此,以下仅将提到征税实情的部分挑出来,略作介绍。

第二条

> 小户钱粮,为数零星。或离城窎远,不能亲纳,常归经胥、里差等包纳。一经包纳,历未催比。乡愚信为已纳,而不知其尚欠在官也。②

第三条

> 征收钱粮,定例内摘内销,人人皆知。只恐钱粮数多,册串纷繁,内幕人少,或有而不甚谙练,谙练而不耐烦劳。大概翻阅,随意用戳印圈,仍发经胥摘造,仍堕经胥之计。③

---

①②③　《征收钱粮条规檄》(乾隆二十五年九月),《培远堂偶存稿》文檄卷四六《江苏二》。

第七条

　　奸猾书差,有于临比之时,赴柜完纳应比,名曰垫完。票上止填差垫字样,并不实填户名,持空票下乡揽收。官以为急公,殊不知垫完应比者,赵甲之户及赴乡收取,又系钱乙之粮,搪塞一时,赵甲依然悬欠。而乡民见其印票,无不信从。而那甲换乙,皆由于此。更有垫完,票止一钱,收取纳户一两之粮。则又有以大改小,戴帽穿靴等弊。公然以印票为侵收之具。①

第九条

　　钱粮经承,定例遴点殷实户书,递年更换,所以杜恋充包侵之弊。各属经承,竟有一人接充数年者。钱粮权归掌握,纳户皆其熟识。始则得贿,捺欠移甲换乙,继则暗地私收,那新掩旧。锢弊难除。……至于催差,则有顺差、图差、伴差名色。顺差历年不换,图差每年分图掣签,掣得某图,则一图之钱粮皆其承催。正差并不下乡。则又有无赖棍徒,向其买图,以图之肥瘠,定买价之多寡。谓之伴差,在官无名。下乡抽取规例,平时包揽代纳。遇摘催之户,受贿包比。凡经差敢于包索,纳户层层出费,无非希冀豁免。②

从这些条规所示的状况可以归纳出以下两点:①在这个时期,原则上实施自封投柜,不过,实际上"小户"的钱粮多半由经胥赴乡催征代纳;②就催征、纳税这两个侧面来看,经胥扮演了钱粮业务实质负责人的角色,但是却利用这个立场进行种种"不法行为"。如前所述,江苏是早其他地方一步、率先废止钱粮催办、实施自封投柜的省份。然而,就算是江苏或与其相邻的地方,也无法彻底落实自封投柜。

　　若是如此的话,自封投柜为何无法彻底落实呢?纳税户当中实际上存在着两种阶层,也就是有能力自封投柜的人与无法自封投柜的人。尽管如此,作为其原则,清朝还是坚持让这两种阶层在同样的制度下一律纳税的方针,而这正是导致自封投柜无法彻底落实的原因。

　　首先,一般纳税户亲自带着钱粮临柜的这个始发行为就是第一个问题。

---

①② 《征收钱粮条规檄》(乾隆二十五年九月),《培远堂偶存稿》文檄卷四六《江苏二》。

黄六鸿提到：

> 四乡之民亦有农桑商贾之务，不能远赴治城。①

明末清初的时候，农民的经济活动早已以集市为中心，往来穿梭于集市之间亦不过是生活行动的一部分而已；不过，他们还是鲜少赴州县城。②但是，除却一部分特殊情形，缴纳税银的银柜一般来说会设置在州县官署当中。③因此，自封投柜的实施导致他们只是为了纳税就得千里迢迢远赴州县城，这可以说是妨碍生产活动的一项非日常行为。对住在乡村的众多小农而言，将钱粮投柜所需要的劳力以及伴随着经费筹措而来的负担，绝非小事一桩。

因此，自康熙七年至十年间担任江苏江宁府上元县知县的李乾生在发给上元县民的文告当中提到：

> 往往有乡下愚民听信奸徒哄诱。花户不亲入城，竟以粮银私交排年，排年私交里长，里长私交柜头。④

又，18世纪初期担任广东惠州府长乐县知县的蒋若渊的上奏文当中，作为适用于各个地域的一般论，有以下的记载：

> 自封投柜旧例虽严，然百姓或远隔城市，或衙门生疏，往往图便一时，托人代纳。⑤

---

① 《福惠全书》卷二五《教养部·择乡约》"城乡分讲"。
② 参见［日］山根幸夫《明清时代华北における定期市》，《史论》第 8 集，1960 年（后收于［日］山根幸夫《明清华北定期市の研究》，东京：汲古书院，1995 年）；傅衣凌《明清时代江南市镇经济的分析》，《历史教学》1964 年第 5 期（后收于傅衣凌《明清社会经济史论文集》，北京：人民出版社，1982 年）。又，江南农村当中，作为农民进行物质再生产的基盘的地域社会，是所谓的"乡脚"，镇则成为"乡脚"的核心（费孝通：《小城镇　大问题》，《江海学刊》1984 年第 1 期，［日］大里浩秋、［日］并木赖寿合译：《江南农村の工业化——"小城镇"の记录 1983～84》，东京：研文出版，1988 年）。又，参见［日］滨岛敦俊《中国中世における村落共同体》，《中世史讲座》第 2 卷《中世の农村》，东京：学生社，1978 年。
③ 清初的话，并无太多例子，不过，在 20 世纪前期的江南与河北，总柜会设置于县府，其他的分柜则是四乡。即使如此，对于偏远的零碎纳税户而言，自行前往纳税一事，还是极为不利且麻烦（［日］天野元之助：《支那农业经济论》中，东京：改造社，1942 年，第 84 页）。
④ 李乾生：《饬私票收粮》（收于《资治新书二集》卷九《文告部·钱粮五》"禁包揽"）。
⑤ 《宫中档雍正朝奏折》第 27 辑，第 660 页。

由此可知,尽管法令极为严明,但是民众往往不肯采用自封投柜这一纳税手段。

一般的纳税户之所以厌恶自封投柜,还有其他的理由。当他们千辛万苦完成了入城这个行为以后,还有重重难关等着他们。18世纪末期,来自浙江杭州府,日后担任江西按察使司幕友的王又槐提到:

> 又值柜者多有积棍、衙蠹。专包滥收,每每银不入柜,肆意剪边,或抽换正封,以小易大。亏损国课,蠹害良民,莫此为甚。[1]

也就是说,纳税户会在官署从事钱粮业务的现场,即运营自封投柜的现场,遇到种种"不正行为"。这里将把焦点放在扮演独特角色的银匠与柜书上面,透过他们的行为,具体检讨所谓"不正行为"的实态。

一般来说,获得官方公认的银匠被称为"官银匠",至于其设置理由,黄六鸿列举了两点:①将农民缴纳的税银重新铸造为接近纯银的银锭,不让纯度较低的税银封纳;②将搬运至布政使司仓库的税银重新铸造为较大的银锭(即大锭),并且厘清职责的所在。[2]这里将关注与自封投柜息息相关的前者。由于纳税户所缴纳的税银未必是符合官方标准的良银,[3]因此,必须仰赖银匠之手,将良莠不齐的税银重新铸造为接近纯银的银锭。不过,银匠却利用这种实际情形,私吞纳税户的税银。针对官银匠的"不正行为",黄六鸿列举了这六种行为:①私吞熔银;②私吞碎银;③勒索打印的手续费;④勒索火耗;⑤向赶时间的纳税户收取两倍的火耗;⑥利用纳税时的混乱,向纳税户找碴。[4]

黄六鸿认为官银匠的行为其实是在要求纳税户补偿他们为了获得营业许可所缴交的费用、缴至粮房差役的费用、伴随着其他种种经费而来的各种支出,是一种必要之恶。因此,关于税银的熔铸,黄六鸿建议应该让纳税户自行委托民间的银匠,也就是废止官银匠。[5]

---

① 《刑钱必览》卷五《钱谷要则》。关于作者王又槐,参见[日]岛田正郎《〈大清律例汇纂〉的成立》[收于(日本)律令研究会编《熊本藩训译本清律例汇纂》"解说",东京:汲古书院,1981年]。
② 《福惠全书》卷六《钱谷部·催缴》"革官银匠"。
③ [日]安部健夫:《耗羡提解的研究——〈雍正史〉的一章としてみた》,《东洋史研究》第16卷第4号,1958年(后收于[日]安部健夫《清代史の研究》,东京:创文社,1971年),第551页。
④⑤ 《福惠全书》卷六《钱谷部·催缴》"革官银匠"。

然而,根据协理江南道事广东道监察御史蒋炳在雍正十三年十月十日上奏的奏折可知,这并非一件易事:

> 又花户倾销银两,定例禁革官匠。而各州县中,仍设立官匠。串通胥吏,盘踞衙门左近。凡花户纳银,若无官匠名字、印记,即不准投柜。又不容别铺银匠倾销。只得情求官匠。而各匠任意勒索,包完出串,每两侵渔六七分不等。盖书吏、银匠通同一气。而州县官既贪其倾销元宝,可以克扣,又希图节省解费。且官银匠又暗有馈送。彼此分肥,遂违禁容隐,以致小民受累。此官匠刻剥小民之弊。①

接下来,蒋炳还提到这一"弊"存在于各个省份,尤其江苏、浙江两省最为严重。②

接着对柜书进行探讨。柜书是纳税户自封投柜之际负责在场见证的吏员,也叫做柜吏。据前述黄六鸿的说明可知,③其职责可以总括为以下三点:①在纳税户将税银装袋以前,确认税银的纯度是否达到标准;②在纳税户的封袋上面记录其姓名、税额、纳税年月日等,并且登录于账簿(流水);③确认纳税户已完成自封投柜后,将收据(串票)交给纳税户。但是,在某些情形下,①的行为会遭到禁止。又,关于②,有的时候是纳税户自行记录,柜书仅将其内容原封不动转抄到流水而已。不管如何,在纳税户自封投柜之际,确认其有无纳税事实,并且交付收据,是柜书的职务内容。

不过,河南巡抚田文镜于雍正三年九月发出了一则移文,其中一节提到当时存在于河南各州县的柜书的实际状态,如下:

> 近访得,豫省各州县,每于上年冬间以至次年开征之前,先点柜书。此辈俱系衙门积蠹,明知经收一年钱粮,从中便可饱填贪壑。或派收里地、帮役,或索取粮民册费,或串通里长、银匠,擎用钱粮,或执戥重称粮银,私增火耗。因而银不入柜,暗地先自剪边。甚至折拿短封,竟无一户得免。至于索取串票钱,私收纸笔费,又其小焉者也。因有此等利息,无怪乎争缺抢充,钻营备至。不肖有司,竟受点柜之规者有之。无

---

① 《宫中档雍正朝奏折》第 25 辑,第 272—273 页。
② 《宫中档雍正朝奏折》第 25 辑,第 273 页:"以上三弊直省州县皆然,而江浙为尤甚。"
③ [日]山本英史前引书,第 54—56 页。

品幕友先取谋充之礼者有之。署内亲戚,宅门家人,俱欲染手,无所不至。此点充柜书之弊也。①

与银匠相同,柜书也是在自封投柜制度化过程当中引发"弊"的主体之一。在这种状况下,一般的纳税户若要实现自封投柜的话,将会遇到何种弊害呢? 以下将通过由前文介绍过的史料所得知的范围进行归纳。

首先,纳税户为了将自己缴纳的税银重新铸造为接近纯银的银锭,不得不委托银匠。但是,银匠会假借种种名目,勒索手续费,纳税户支付手续费后,才能拿到银匠保证纯度的银锭。只是,这个银锭早已被银匠削去了几成。接着,纳税户为了自封投柜,必须将银锭交给柜书。这里,柜书也会通过串票钱、纸笔钱等名目,索取各式各样的手续费。另外,有的时候不许纳税户自行将银袋投柜,又,即使成功投柜或是拿到收据回家以后,还会发生官吏以没有纳税证据为由,向纳税户追加征收或是强迫他们重新缴纳的情形。

总而言之,纳税户在完成自封投柜的过程当中,往往免不了来自银匠或柜书的横征暴敛。

一般的纳税户厌恶自封投柜的第三个理由是,纳税的时候往往存在着对于一部分纳税户"有利"、对于另一部分纳税户"不利"的落差;对他们来说,若进行自封投柜,常常会发生后者的情形。火耗这一形式的出现正是一例。众所周知,所谓的火耗源自明末以降官吏在征税之际,以碎银在熔铸为银锭的过程中会产生耗损,必须多征钱银为由,设立的一种附加税,借此供应输送费用、地方经费,甚至是官僚与胥吏私人的生活费,这也是容易酿成"不正行为"的温床。②关于 17 世纪末期火耗之"弊"与自封投柜之间的关联性,以下将介绍两则相关史料。

自康熙二十年十二月至康熙二十三年五月的两年半之间担任两江总督的于成龙在发给治下地方的条约当中提到:

严禁火耗。征收钱粮,照部颁法马,令花户自封投柜,不许暗加火

---

① 《为严禁点充柜书里长以杜私派以肃吏治事》,《抚豫宣化录》卷三下《文移》。
② 关于火耗,参见[日]安部健夫前引书,第 533—714 页;庄吉发《清世宗与赋役制度的改革》,台北:学生书局,1985 年。

耗。久奉禁例。况经功令创惩州县各官,自宜洗心革面。乃访闻,江南下江州县,征收钱粮仍有火耗。上江较为尤甚。而江西州县,火耗竟有每两加至一二钱不等。哀此小民,剜肉医疮,吞声饮泣。而不肖有司方且肥家润橐,坐致富饶,恬不知耻。①

又,浙江总督李之芳在康熙二十一年的告示中也提到:

> 如各属火耗一项,有名为自封投柜,及至拆封,或称银色青润,或称等头短少,既已按数追补,仍复加倍科罚以为榜样。而差役需索往来使费,又且倍蓰。乡民视为畏途,何敢不加一加二,投封于柜,以蹈不测之祸?②

原则上,自封投柜是纳税户将符合规定数额的税银装袋投柜即可,照理来说,并不需要追征附加税。但是现实中,官吏仍然以"火耗"的名目征收附加税,导致"小民"或是"乡民"怨声载道。对他们来说,如果开封之际被官吏故意指出自己的税银并未达到规定数额,为此按数追补,反而还要缴纳数倍额外费用的话,那么,倒不如一开始就将加倍甚至多加两倍的税银自封投柜,更为省事。

雍正二年,作为上述之"弊"的解决对策,雍正帝接受了山西巡抚诺岷的意见,将过去由州县官私下追加征收的火耗改为各省的公家收入予以征收;又,作为其代理方案,实施了禁止"私派"的所谓"耗羡归公"。③但是,将这项改革推广至地方并不容易,关于这一点,我们可以从河南巡抚田文镜在雍正三年四月发出的文移一窥究竟:

> 讵有,不肖州县,因耗羡归公,另营巧取之法。或重戥称收,或额外加耗。委拆之员,封数零星,固难逐戥看称,而拆完之后,又不看平弹兑。惟查其起止月日,日报总数而已。更有不肖委员,受其逢迎,通同徇隐,以致恣意吮剥,毫无忌惮。又有一等胆小劣员,或恐委官拆封查出,或恐上司抬柜亲拆,通同收役,猫鼠同眠。故将花户银封不即入柜,先行提出多耗,

---

① 《兴利除弊条约一》,《于清端公政书》卷七《两江书》。
② 《禁革巧取火耗告示》(康熙二十一年七月),《李文襄公别录》卷六《文告纪事》。另外,关于《李文襄公别录》的解说,参见[日]山本英史前引书,第188—189页。
③ 关于其中经过,参见[日]安部健夫前引书,第629—695页;庄吉发前引书,第111—120页。

> 另包缴入。亦有本官昏庸，纵令亲戚、子侄、家人串同收役，瞒官作弊，将
> 重戥称收之银剪边取零，彼此分肥者。种种弊端，指不胜屈。①

不过，这种火耗是平均分摊给所有纳税户的一种负担吗？顾炎武在作于康
熙年间的《钱粮论》中提到：火耗的附加率会根据不同的纳税户有所变化，拥
有较多土地、势力强盛、掌握官吏把柄的大额纳税者只要二三成而已，贫穷
且无法违抗官吏的小额纳税者却达到五六成之高。②安部健夫据顾炎武所
言，认为"（火耗）仅强迫'小民'作比较大的牺牲，明显且浓烈地拥有了所谓
大众课税的性质"（标点为安部所注）③，接着，通过 18 世纪初期田文镜与陈
时夏的上奏内容，④指出：当时火耗的附加率，在河南，若是"绅衿"的话，会落
在 10%—15%之间，相较之下，"百姓"的话，则全部落在 16%—20%之间；
又，在江苏，若是"绅衿富户"的话，会落在 6%—8%之间，相较之下，"百姓"
的话，实际上会落在 10%以上。⑤姑且不论"大众课税"这个形容词在这里是
否恰当，在"绅衿富户"与"百姓"之间，对火耗的附加率设立等级的惯例早已
存在于清初，这是不争的事实。甚至据顾炎武所言，火耗的附加率还会因为
纳税户之于官吏的势力大小而有所变动。

田文镜在雍正五年三月的文移当中提到：

> 征收钱粮，滥加火耗。绅衿、上役不令与民一体完纳，任其减轻，而
> 取偿于百姓、小户。令完制钱，每银一分，完钱十四五文至二十文不等。
> 苦累贫民，毫不知惜者。⑥

由此可知，在当时隶属于河南之下的州县，官方并不会要求"绅衿上役"缴纳
与"民"同等的火耗，而是求偿于"百姓、小户"。这个时候会命令他们缴纳铜
钱，并且将银一分换算为钱一四五文至二十文不等。雍正、乾隆初期（18世

---

① 《再行严禁重戥加耗以苏民困事》，《抚豫宣化录》卷三上《文移》。
② 《钱粮论下》，《亭林文集》卷一。
③ ［日］安部健夫前引书，第 620 页。
④ 《雍正朱批谕旨》10 函 2 册，"河南巡抚田文镜"（雍正三年九月二九日）；2 函 3 册，"苏州巡抚陈时夏"（雍正五年十一月六日）（分别收于《宫中档案雍正朝奏折》第 5 辑，第 223 页；第 9 辑，第 230 页）。
⑤ ［日］安部健夫前引书，第 621—622 页。
⑥ 《为再行条约事》计开九，《抚豫宣化录》卷三下《文移》。

纪上半叶)的银价在全国各地皆相当低廉,据田文镜所言,河南省在雍正六年的时候,银一两约为钱九百一十文至九百三十文;到了乾隆初年,多数省份不过在七百文至八百文而已。①以此为基准的话,对"百姓、小户"而言,用钱缴纳的火耗若与银相较的话,实质上多了将近 1.5 倍至 3 倍的费用。"苦累贫民"的结构亦存在于此。

巡视西城监察御史于国璧(隶属于都察院,并且统辖京城五城中的西城之行政事务)在雍正元年七月二十三日的上奏文中提到:

> 窃惟,州县重耗殃民,屡奉严禁。无如,州县之中,自爱者固多,而不畏法者亦复不少。巧立自封投柜名色,实为重耗张本。及至拆封之际,擅用大戥,以短少为名,差票四出。即有壹分之少,差人一酒饭之费,已数倍矣。况再加以需索乎。小民乡民窎远,势不能亲身补纳。必央求差役代交。以致壹分加至伍陆分方收,小民求其免拘足矣。只得如数称付,安敢与差役较其多寡?②

对"小民"而言,光看火耗这一点就可以知道,自封投柜反倒造成了"弊"。

从以上的实例来判断的话,为了顺利地推进自封投柜,就必须扑灭上自州县官、下至胥役的"官场的不正行为"。不过,不管来自上头的取缔是多么严格,"官场的不正行为"却反倒越来越嚣张,清朝终究未能找到对症下药的根本对策。上面的事例让纳税户看清了自封投柜反倒为自己增加"弊"的这个事实,于是,遵照法令通过自封投柜进行纳税的意愿也越来越低了。

那么,对于不得不置身于自封投柜的范围外且被称为"愚民""花户""小民""百姓""小户"的一般纳税户,清朝是通过何种方法将他们吸收至既有的征税机构当中的呢? 至少到 18 世纪初期为止,清朝仍然坚持着让所有纳税户一律自行纳税的这个大原则。只要仍是如此的话,清朝就无法避免充满上述矛盾。不过,到了雍正年间,事情发生了变化,即江西巡抚裴徠度在雍正二年九月二十八日的奏折,其内容如下:

---

① 《雍正朱批谕旨》10 函 2 册,"河南巡抚田文镜"(雍正三年九月二九日)(收于《宫中档雍正朝奏折》第 5 辑,第 223 页)。又,参见钱泳《履园丛话》卷一《丛话一·旧闻》"银价";陈昭南《雍正、乾隆年间(一七二三—九五年)的银钱比价变动》,台北:台湾"中国学术著作奖助委员会",1966 年。

② 《宫中档雍正朝奏折》第 1 辑,第 512 页。

> 现在行用滚单,花户自封投柜。通省之中,地有远近,民有淳顽。近城市而淳良者易于征收,官民两便。若远在山村,从不到城之小户自愿公举一人轮催交纳,听从民便。①

巡抚裴徕度建议:如果远在山村的"小户"希望他人代缴的话,就听从民便;对此,雍正帝表示"甚是",自此,开拓了自封投柜以外的道路。其后关于这个问题进行了哪些议论,并不清楚,但是,我们可以知道雍正十三年的覆准过后,清朝设立了以下规定:

> 直省州县小户钱粮,数在一两以下,住址去县远者,照小之零星米麦凑数附纳之例,将钱粮交与数多之户,附带投纳,于纳户印票内注明。如数在一两以上,及为数虽少,而情愿自行交纳者,仍遵例自封投匦[柜]。②

这个规定暂且在以下两点具备了重要的意义。第一点,清朝首次在制度方面承认"小户"是无法自封投柜的存在。这里所谓的"小户",限于税粮在一两以下且距离县城遥远的人家,这可说是所谓"小户"的属性;他们在整体纳税户当中,占了不小的比重。第二点,将相对于"小户"的"数多之户"视为至少能够自封投柜的阶层,允许他们在自封投柜之际,附带为"小户"纳税。这两点在清朝最初提倡自封投柜的时候,皆未包含在其构想之内。雍正时期是将作为清朝支配基础的诸多改革陆续付诸实现的一个时代,而到了最后一年,之所以首度作出了这样的决定,正是因为清朝终究还是对实态作出了符合现实的应对。清朝加入了"如在一两以上及为数虽少情愿自赴交纳者,仍听自封投柜"这一段条文,借此坚持自封投柜的原则,同时,也不得不通过设立以上规定的方式,将无法掌握的"小民"税粮吸收至机构之中。这个规定自首次刊行于乾隆四十一年的《户部则例》以来,陆续收录于历代的《户部则例》,并且构成了清朝征税机构的一部分。③

---

① 《宫中档雍正朝奏折》第 3 辑,第 251 页。
② 乾隆《大清会典则例》卷三六《户部·田赋三》"催科事例"。
③ 乾隆《户部则例》卷一一《田赋·征解上》"小户附纳":"小户钱粮,数在一两以下,住址窎远者,准照小户畸零星米麦凑数附纳之例,交与数多之户附带投纳。于纳户印票内注明某户附纳字样。即令附纳之户领回,交本户收执,如一两以上及为数虽少情愿自赴交纳者,仍听自封投柜。"

结　语

　　自封投柜是清朝对明末以降逐渐提倡于府、州、县各个层级的制度予以整理,并且有体系且广泛下达实施命令的一种全新征税方法。提倡自封投柜的背景是,钱粮催办的徭役本身不仅拖累小民,亦是酿成"不法行为"的温床。所谓的自封投柜的实施,具体来说指的是放弃以里甲制为中心的征税组织(通过徭役所进行的包揽征税制),规定纳税户必须直接向官方纳税,借此试图解决上述问题。然而,让每一个一般纳税户自封投柜是一件极为困难的事情。即使得以实现,还是有着种种的"弊",因此难免无法彻底推行,最后促使清朝将有能力自封投柜的阶层与无法自封投柜的阶层划分开来,通过前者代缴的方式让后者的税粮也能够被吸收至征税机构之中,并且寻求自封投柜在现实当中也得以发挥机能的途径。

　　通过本章(即本文——编者)的探讨可知,所谓的自封投柜就清朝的理念来看,是以各个土地所有者为对象,规定他们必须个别进行纳税行为的一种制度。即使如此,实际上,清朝却无法贯彻其中理念,反倒得向现实低头,才能维持其实质性的功能。因此,这个制度也可说是显示了清初时期清朝国家的统治形态。

(原载于[日]山本英史《清代中国の地域支配》,

东京:庆应义塾大学出版会,2007年)

魏郁欣 译　梁敏玲 校

书评:山本英史《清代中国的地域支配》

[日]岸本美绪

　　此书作者山本英史是一位以清代前期为研究中心,广泛搜罗明末至民国时期与中国地方社会相关联的丰富史料,并努力阐明中国地方社会实态的研究者。作为山本三十年间研究成果的集大成之作,本书以"一个新体系"(此书第 473 页,《后记》)作为总结,于 2007 年出版。尽管出版至今已有一些时日,借着这次(2011 年 1 月)《史学杂志》编辑委员会书评约稿的机会,我尝试介绍一下这部大作。

序章　关于清代中国地域支配的理解与史料(新作)

第一篇　征税机构的重建

　第一章　税粮包揽的展开(1997 年,修改稿)

　第二章　自封投柜制的结构(1989 年)

　第三章　绅衿的税粮包揽与清朝国家(1990 年,修改稿)

　第四章　黄六鸿的编审论(1985 年)

第二篇　清朝与在地势力

　第五章　清朝的江南支配与在地势力(2004 年)

　第六章　康熙年间浙江的在地势力(2000 年)

　第七章　雍正绅衿抗粮处分考(1992 年)

　第八章　浙江观风整俗使的设置(1993 年)

第三篇　乡村管理与地方文献

　第九章　地方志的编纂与地域社会(新作)

　第十章　乡村组织重建的过程:以苏州吴江、震泽为例(1981 年)

　第十一章　乡村组织与地方文献:以苏州洞庭山的乡役为例(1999 年)

　第十二章　浙江天台县的图头(1980 年)

终章(新写)

　　除此之外,此书还收入了作者的两篇书评(岸本美绪《明清交替与江南社会》、岩井茂树《中国近世财政史的研究》),作为附篇。

　　以下是对本书内容进行的简单介绍。

　　第一篇以税粮包揽(包干)问题为中心,考察了明末里甲制瓦解之后地方征税机构的重建过程。第一章主要以清初的江南为研究对象,讨论了税粮包揽的展开过程。为了解决明末以来的"役困"(徭役负担过重的问题),清初对负责税粮征收和缴纳的里甲正役,进行了各种各样以减轻和分散负担为目标的改革。然而,富户通过贿赂来非法逃避徭役,对小户来说,徭役负担的不平等与过重问题依旧没有得到解决。因此,应役的小户向生员和"势豪"支付高额的手续费以委托其代为承担税粮征收和缴纳之役,这种惯行广为流行。此后,至17世纪80年代之前,江南的税粮征收、缴纳之役被废止,虽然转而采取的是"自封投柜"这一由各纳税户直接缴纳赋税的方式,但是纳税户为了逃避纳税时官府胥吏的非法盘剥,仍旧委托乡绅、生员等权势之人代为纳税。在18世纪,这些权势者的包揽已成为实际上的征税机构,扩散至全国。第二章概述了明末试行、至清初18世纪初年已扩散到各省的自封投柜制度的结构及其实施过程。对小户来说,因为自封投柜需要在纳税时往返县城,还会被胥吏盘剥,弊端很大;为了规避这种弊端,小户们不得不依赖包揽。结果,在1735年之后,清朝还是容许了小户零散税粮的包揽行为。第三章通过税粮包揽的问题,讨论了绅衿的地方支配的具体情形。本章主要使用雍正年间的奏折,论述了以下问题:18世纪初,绅衿包揽发展成全国性大规模的税粮侵吞行为,雍正时期(政府)对此采取严行取缔的方针,但到了乾隆朝,该禁令又被放宽。第四章对康熙年间历任山东、直隶地方官的黄六鸿所著之官箴书(讲述官僚心得之书)《福惠全书》中与编审(税粮分配)相关的部分进行了翻译和分析,是介绍史料的论文。

　　第二篇讨论了清朝在江苏、浙江等地确立支配的时期与在地势力的关系。除了中国第一历史档案馆所藏《清顺治朝题本》外,本章还以清初地方官的公牍(秦世祯《按吴疏稿》、韩世琦《抚吴疏章》、刘兆麒《总制浙闽文檄》、朱昌祚《抚浙疏草》等)为中心,有效利用了前人研究中未真正得到充分使用的史料。各章概略如下。在明清易代后的江南,存在着被贬称为"衙蠹"的无良胥吏与衙役,以及明末以来的绅衿等在地势力。虽然清朝派遣了巡按御史秦世祯、江宁巡抚韩世琦等地方高官,以求控制江南的在地势力,但这些受到国家权力控制的在地势力,仍独自顽强地保持着实力(第五章)。康熙年间浙江地方官的公牍有不少留存于世。这些官僚眼里的在地势力,是"衙蠹""棍蠹""衿蠹"等如"蠹"(木蛀虫)一般,寄生在官僚体中,从内部蛀蚀地方政治的无良胥役和生员,以及"土豪""势豪"等如"豪"(豪猪)一般,官僚难以轻易干预的、残暴的地方权势者。在浙江,这些在地势力利用相互间的人际网络,比江苏的在地势力更为稳固地存续(第六章)。雍正年间,针对绅衿的抗粮(不纳税粮),清朝定下了严厉的处罚措施,并派遣监察官员进行调查。然而,实际上揭发的数量很少,处罚也因恩情而网开一面。其原因在于,地方官希望从乡绅处得到好评而采取姑息的姿态(第七章)。在文字狱中被处罚的汪景祺、查嗣庭等官僚出身浙江,雍正帝因而指出浙江风气恶劣,派出了力图肃正风俗的浙江观风整俗使,其中还有牵制相互勾结的浙江乡绅与李卫等浙江地方官僚的意图。但是,伴随着雍正帝对李卫信任的确立,浙江观风整俗使以浙江风俗得到改善为由被废除。可以推测,在这一事件背后,有着李卫一边保护地方既有利益,一边灵活应对官僚监察的手腕(第八章)。

第三篇以清代负责赋役征收与赋役账簿管理的乡村组织、乡役问题为中心,在留意史料性质的同时,考察了乡村社会的实态。第九章概述了地方志的性质,指出一般地方志具有"举善隐恶"倾向,但也有批判这一倾向、试图率直写出地方危害的作品,如黄卬《锡金识小录》这样的私撰地方志就存在着基于作者科举落第、绝意宦途时复杂感情的"恣意、偏颇"的一面。第十章追溯了苏州府吴江县、震泽县征税组织编制的变迁,从中提取出从均田均役法开始,经过版图法、顺庄法,到版图顺庄法这四个阶段。第十一章讨论了苏州洞庭山乡役的性质。除地方志外,还使用了罕见刊本《洞庭山禁革现总案》,该书大量收集与"现总"这种乡役的废除相关的地方文书,也使用了日本国会图书馆所藏该地的地方档案《太湖厅档案》。在与其他地区进行比较讨论的基础上,探寻了里甲制以后的乡村组织的变迁轨迹。地保与经造等乡役长久被赋予一种借助官威欺压民众的形象,就此问题,作者通过《太湖厅档案》进行讨论,指出他们有着"为地域社会的各类繁杂事务所驱使,扮演着为地域居民奔走、代表居民利益的角色"这一不同的形象。第十二章以

《天台治略》为主要史料,考察了18世纪初年在浙江天台县管理税粮等账簿的图头的违法行为。在天台县,明末以来的账簿没有得到整理,图头帮助部分民众偷税,并将负担转嫁到其他民众身上。担任图头的人往往是生员和监生,试图取缔的官员最终也不得不选择向他们妥协。他们在乡村的势力,是所谓的乡绅的地域支配的一个具体事例。

如上所述,通过全书整体的讨论,作者强调了在清朝看似集权支配下,在地势力的稳固存续,这一主旨相当明确。以江苏、浙江为中心的地域社会的"实态"——通过丰富的史料生动描写了活动在当地之人的强势之处,这可谓本书的魅力所在。特别是以废除基层征税机构为目标的自封投柜制度反而产生出包揽这一形式的自生性中间组织,这应是能很好地阐释中国社会独特的秩序形成机制的一个事例。此外,里甲制解体后,经过反复尝试和失败,清代型乡役最终确立,这一过程用作者的话说,就是"从明代的里甲正役处派生、分化出来的催办钱粮之役在康熙年间的制度改革中被废除,之后,为了应对需要而设置的新的乡役仍旧带有徭役的性质,由此造成了服役困难与非法包干,随之出现的弊端不可能一扫而净,因而最终导致了不按轮班制执行,而让此前实际负责事务的人承担村落行政这一某种程度上共通的过程"(第369页),这里涉及中国地方社会秩序形成的方式,也是能唤起读者兴趣的地方。

下面,评论者尝试就书中的主要论点,分几点逐一讨论。

第一点,关于"在地势力"在历史中的性质,以及如何认识国家支配与在地势力间的关系。有清一代,在地势力顽固存续,哪怕国家权力进行了数次取缔的运动,也无法将其成功控制,最终,国家的支配不得不在与在地势力的妥协下进行——作者的这一观点贯穿全书始终,非常明快。然而,就"在地势力"如何形成这一与秩序形成相关的逻辑问题,此书给人带来一个难以消除的印象,即书中在这个问题上存在两个有微妙差异的看法,它们未被充分整合就相互重合在了一起。一个看法是,追逐自身利益的地方权势者们,通过不法手段扩大势力,掠夺小民,横行乡曲,当时弹劾在地势力的史料常会采取这样的描写。另一个看法是,集权国家无法在其支配的基层充分发挥形成秩序的机能,人们为了回避风险,不得不依靠在地的权势之人,进而形成私的秩序。第一篇处理的从自封投柜到包揽的变化,就印证了这种看法。当然,作为实际问题时,这两种看法是相互重合的。在地势力掠夺小民,在地势力被小民依赖,两者并不矛盾。然而,作为秩序形成论来看时,两者则存在差异。前者(暂称为第Ⅰ型)从在地势力支配小民这一现象出发,用的是集权国家因在地势力的强大而不得不向其妥协这一方式来说明。与此相对,后者(第Ⅱ型)则是通过集权国家秩序形成机能在基层的不完备,以及小民回避风险的行动,来试图说明在地势力的形成。从秩序形成后的总体情况来看,两者描绘出来的是相似的形态,即集权化国家的秩序与在地势力形成的秩序具有双重性且彼此共存。然而,当要说明为何在地势力如此强大,为何国家权力无法将其根除时,两者就并不一定相同了。在我看来,作者在序章中回顾"'国家与社会'的研究史"时提到的从 20 世纪 70 年代到 80 年代的变化,就可以通过从第Ⅰ型到第Ⅱ型之过渡来理解。

　　在本书的"在地势力"论中,存在两个理论模型。如作者本人在第三章的补记部分中说到的,面对"绅衿包揽",作者当初的问题关怀是将其作为重田德提倡的"乡绅支配"的一个具体事例来进行分析。众所周知,重田德所说的"乡绅支配",是以明代中期以降"自下的封建化"之变动为基础,"无法实现领主化的封建支配者,在集权制之伞下,作为事实上的关系而极限地展开的支配"(重田德《清代社会经济史研究》,东京:岩波书店,1975 年,第 170 页),即将其作为"具有特殊中国式形态的封建制"来进行说明。仅就"自下的封建化"这一看法而言,该说在秩序形成论上属于第Ⅰ型。然而,作者在现阶段要扬弃无法超越"普遍性的发展阶段论""阶级论"框架(第 6 页)的重田模型,"此时(此书出版、补记写成之时,即 2006 年左右——岸本按)重新思考这个问题,启发来自岩井茂树对清代财政结构的见解"(第 105 页)。关于岩井的讨论,虽然其具体的实证工作是以 14 世纪至 20 世纪中国财政结构为研究对象,论述了"具有僵硬性的正额(国家规定的正规税额——岸本按)部分与其外围柔软的非正额部分间的互补关系"(岩井茂树《中国近世财政史研究》,京都:京都大学学术出版会,2004 年,第 19 页),但其范围比财政更为广泛,可扩展至中国的国家整体是由"集权化的中心与分散且具有高度独立性的基层组织所组成的复合体"(岩井书,第 479 页)构成这一说法上。岩井模型强调了一个反论式的关系,即,正是国家的中央集权理念造成了其基层组织中分散式的秩序形成方式。也就是说,希望通过中央管理全部事务的这一国家的理念性志向,为当时国家贫乏的管理能力所限,最终无法避免地造成了基层组织的机能不全。"在这个稍带硬性的中心领域的外围,存在着许许多多柔软性组织,它们一方面巧妙地应付着来自中心领域的压力(当然不一定是压力的全部),另一方面依社会现实而再次建构社会秩序。""政治和财政结构中的法制性、理念性成分形成的中央集权制,以及由这种法制性、理念性成分产生的彻底的分散现象,是表里一体的。"(岩井书,第478—479页)可以说,岩井模型是第Ⅱ型秩序形成论的一个典型。

通读全书,稍有点美中不足的,就是作者没有意识到这两个模型的相互矛盾之处,因而常常看到作者随意将两者的说明并置于讨论之中(也有可能是因为评论者曾致力研究的秩序论的核心正在于此,所以对这个问题有过强的意识)。作者明确表示了其关心从重田模型转移到岩井模型,但对于重田模型为何行不通的这一问题,作者并没有进行内在的批判,让人感觉他只是停留在"普遍式的发展阶段论"、"阶级论"的时代已经过去这种表面性的说明上。

这种暧昧性也来自作者用"当为与实态"这组一般性的用词来表达清代中国秩序形成过程中集权国家体制与地方权力的双重性,并将其作为关键词来总结全书的做法。作者所谓的"当为",即"皇帝的集权化支配权力被看作能广泛地渗透到中国各地域的基层组织,或者被认为应该如此"(第426页)的这一王朝的理念,而"实态"则是"无法排除地域上的在地势力,反而在很大程度上依存于由来已久的在地势力"(同上)的这一现实。作者认为,这一当为与实态的双重性,正是清代中国国家支配的特色所在。虽然岩井指出的是,"中心领域与周边的结构,既非对立,亦非取决于当为与脱离当为的现实这一简单的关系"(岩井书,第479页),但作者将这样的双重性用"当为与实态"这组简单易懂的词来表达后,反而使得岩井模型所具有的内在紧张感及其与重田模型之差异这些重要论点变得模糊难辨了。

"当为与实态"论的暧昧之处,也与其所具有的双重性在历史定位中的暧昧之处相关联。即是说,重田模型以"明末清初"的时代变化为论述焦点,与此相对,岩井模型则下意识地强调了从14世纪到20世纪这一长时段中结构的同一性。一般看来,可以说第Ⅰ型的议论关注各个时代在地势力的性质及其变化,而第Ⅱ型的议论则倾向于集中关注贯穿中国帝制时代秩序形成过程的元模式。作者在对岩井著作的书评中提出了"如何看待中国社会之'发展'"这一问题,指出岩井所论"与作者的意图相反,它造成了一种危险性,很可能再度掀开本应埋葬在遥远过去的中国社会停滞论乃至王朝更迭观的棺材盖"(第 455 页)。那么,作者自己又是怎样看待出现在清代史料中的在地势力之形成在历史脉络中的位置,以及与此相伴随的社会之"发展"呢? 在书中,作者提出了一个非常有意思的观点,他指出"衙蠹"一词到了清代才开始在史料中频频登场(第五章),然而,却并没有看到作者对在地势力之形成有明确的考察。也许是本书专以清代为分析对象的缘故,在地势力在前朝已经存在、虽为清代官僚所取缔仍顽强存续的看法并未被明确提出。作者认为,"清代的国家支配……以当为与实态之共存作为其不可欠缺的条件"(第 106 页),然而,这只是清朝的特征,还是有古老的起源? 通过对这点进行清晰的说明,作者在面对重田模型与岩井模型时的定位也能更为明确。

第二点,是史料中的言论性与事实性的问题。"当为与实态"这组词,既在本书中用于指代上文所述王朝的集权化理念与在地势力的关系,其自身也是在史料解读上需要留心的地方。也就是说,"(反映在统治构造上的当为与实态的双重性——岸本按)对我们提出了要求,即必须时时有意识地看清从官撰书到地方志、文集乃至档案等史料里传达的信息如何反映了'当为',而从中又能挖掘出什么样的'实态'"(第 10 页)。对历史研究者来说,这一说易行难的重要指摘是不言自明的。只不过,因为本书说到的统治构造上的当为与实态的双重性,和史料上的言论性与事实性的问题直接重叠,因而造成了某种曲解。换言之,作者存在这样一种倾向,把称赞王朝和官僚、指出社会安定的史料认为是"当为"的反映,另一面则是把强调在地势力之强大和霸道的史料相应地看作"实态"。

本书大量引用了弹劾在地势力的不法与霸道行径的官员报告,可以说,作者几乎没有对这些内容的事实性有所保留。他采取了这样的论述:"如实传递出绅衿优于州县行政权力的实力"(第 94 页),"这个题本……附加了说明衙蠹集团详细行为的报告,为了解其实态提供了有用的信息"(第 157 页),"能够如实了解以巡抚这一地方行政权力为后盾的在地势力的地域支配形式"(第 158 页),"(这些)证言如实地传达了通过种种方法维持着与官署的关系,不愿轻易放弃其势力范围的'衙蠹'的姿态"(第 213 页),"上述实际上是通过戴兆佳之手发出的告示,可靠性较高,可以说能如实传达出天台县士习状态的实情"(第 409 页)。作者大抵积极肯定了官僚文书中描绘的在地势力姿态的事实性。然而,以取缔在地势力为明确目的而写成的这些报告,又真的能"如实"地传递出在地势力的实态么? 在传统中国的政治运动中,极力渲染政敌和取缔对象的恶事与霸道行径,相应地强调小民背负的冤屈,这些对我们来说不都是司空见惯的事吗? 作者在第十一章里例外地将一般史料中看到的地保的反派形象作为批判对象,而将焦点放在地方档案描写的地保勤恳的日常事务上。然而,在官僚报告里看到的在地势力的反派形象,与这里批判的地保的反派形象,都形成于同样的政治文化土壤。

　　估计作者希望强调与集权国家理念之"当为"相对的中国在地势力强大之"实态",并带着这样的态度去面对史料。因此,作者就把取缔运动中指出在地势力之强大霸道的史料原样照搬地当成"实态"去把握;而另一方面,取缔运动之告终也并非问题的解决,而被作者解读为"限制在地势力的不成功"(第二篇收入的各篇论文)。先有了在地势力很强大这一结论,再将印证这一结论的史料当作"实态之反映",将与其相抵触的史料当作"当为之表现",这种倾向岂不是很可能开启任意使用史料的道路吗?

　　在第五、第六章中,作者对"蠹"和"豪"这些形容在地势力时使用的暗喻,进行了包括其具体形象在内的非常有意思的讨论。然而,就如"在地势力之实态"这个标题(第 46 页)所显示的,哪怕是在这些讨论里,也可以认为作者比较单纯地将史料中描述的"蠹""豪"的举止看成"实态"。然而,就如同对官僚的表彰和对王朝的赞美,我们很容易想象得到,在批判在地势力的言论里,也会存在五花八门的修辞、夸张和特定的语气。我们可以通过分析这样的语气,去接近当时的政治文化。

　　最后,想简单提一提作者对清初江南吏治整顿的见解。这不仅是因为在此书收录的书评中劳驾作者对拙著进行了评论,还因为在第三、五、六章等处,作者针对评论人的见解进行了实证性的批判。其批判的主要着眼点在于,评论人在关于清朝于江南统治的初期(1645 年到 17 世纪 80 年代左右)的讨论中,过多地强调了清朝通过整顿吏治、铲除豪强的政策使秩序成功恢复,并削弱了在地势力。诚然,作者所引用的评论人"17 世纪 80 年代清朝的江南支配的方针是,一扫地方社会内部极其自立的土豪势力,与此同时净化官府,使之服从皇帝的一元性支配,在一君万民的德治主义之下,集合民众舆论,以此力求恢复秩序"等句子,或许会给人以这样的印象,即评论人就好像主张江南的在地势力在实际上已经被一扫而净,清朝在对个体的人身支配上获得了成功一样。然而,这里论述的只是清朝所标榜的政策的方向性,其成功与否,当然只不过是程度的问题。借用作者在第 175 页所使用的教室的比喻,从感觉上来说,评论人想表明的并非能达成连一个人也无法窃窃私语这种完全控制的状态,而不过是暂且没必要担心班级秩序崩坏这种程度的状态罢了。此外,关于地域的限定,作者指出,虽说是江南,但江苏作为清代江南支配的模范地区,清廷积极推行了扶持措施,相对而言,在浙江则没有推行这样的政策,两者间的差异需要留意。诚如作者的指正,这是评论人没有注意到的地方。

　　清初的整顿史治运动在何种程度上撼动了基层社会,这并不是一个能够简单实证的问题。但是,也不能轻视这类运动(就本书讨论的范围来说,以清初与雍正年间为重)在清代政治中的意义。如果我们对中国的秩序形成采取上述第 II 型的方式理解的话,基层社会本来就不存在阻挡国家权力侵入的强硬的在地势力。而清朝的统治政策,并非如明初的里甲制一样要把在地势力编入公共基层组织,毋宁说,如作者考察的自封投柜所象征的,它具有把中间性组织解散,让官民直接联结在一起的方向性。正如作者论述的,这样的政策通过包揽的形式促成了秩序的再次形成。然而,在这个过程中所显示出的在地势力的顽强,与其说是延续数十年固定不变之基层社会集团的坚固性,毋宁说是人们不断随机应变地选择和创造出新的人际关系的行为难以根绝。既然这是由人们的选择所决定的,那人们当然也有可能不向地方权势者,而是向官员寻求支持和依靠了。这样就为官员主导并动员地方居民,造成地方秩序的变化带来了余地。作者表示,清初民间史料中表彰清代官员的记载,是"在清朝思想镇压下隐藏了真心"(第 175—176页),然而不能忘记的是,在同样的史料里,也坦然写有猛烈弹劾无良官僚的文字。要想知道当时人们的"真心"是什么,很困难,然而并不能进行严格区分,认为清初江南清官的人望是当为而不是实态,在地势力那一方才是实态。

　　国家只能在暂时性运动中介入地方社会,这种对国家统治之界限的论述有其正确的一面。但是我们也无法否认,国家偶尔强力发动的政治运动,是与西欧等地不同的,具有中国近世国家(延伸直至 20 世纪)特征的政治形式,它在秩序形成之中扮演了重要角色。这一点与寺田浩明"'约'的性质"论(寺田浩明《明清法秩序中"约"的性格》,载沟口雄三等编《从亚洲思考 4:社会与国家》,东京大学出版会,1994 年①)也有所关联,这是中国秩序论的重要课题,今后也应继续进行深入考察。

　　虽然上文坦率地阐明了对此书的疑问,但此书也发现了很多饶有深意的事实,在此处无法尽数介绍。在丰富多彩的史料引用中辅以简明显浅的翻译,叙事部分也反映出了作者的品格,不故作高深而有趣易读,不仅对专家来说,对一般读者来说,此书也是亲切易懂的书籍。此外,第四章《福惠全书》的译文灵活利用了原文的文字,使用注音假名来说明原文的意思,这是汉文训读与现代日语翻译折中的文体,不一定易读,却是正确读解史料的一种尝试。对史料的翻译虽非没有疑问之处(试举一例,第 320 页,"概日今人不如古者过矣"并不是翻译成"大约可以说'今人不如古人之过'",而应翻译成"将'今人不如古人'之说普遍化,是错误的"),但都只是些细微的问题。本文或许有基于误解而形成的评论,还望作者与读者海涵,亦祈愿作者的研究更上一层楼。拙评就此搁笔。

(原载于《史学杂志》第 120 编第 4 号,2011 年)

梁敏玲 译　菅野智博 校

---

① ［日］寺田浩明:《明清法秩序における"约"の性格》,［日］沟口雄三等编《アジアから考える4 社会と国家》。

书评:岩井茂树《中国近世财政史研究》

[日]岸本美绪

　　此书作者岩井茂树自 1983 年发表处女作《清代国家财政中的中央和地方》(《清代国家财政における中央と地方》,此书第二章)以来,作为引领(日本)明清财政史研究的锐意进取的研究者,陆续发表了深具影响力的论文。岩井的论文不仅停留在狭义的财政史范围,而且在社会经济史与法制史领域也获得了广泛的反响,其原因在于,他的研究在保持对史料一字一句都不马虎的高度实证性的同时,有着对中国政治秩序之整体形象这一鲜明的问题关心作为支撑。此书乃作者二十余年来财政史研究的集大成之作,是厚达五百余页的大作,备受学界期待。

　　此书的结构如下所示。括号内表示的是作为各章基础的论文的刊行年份。

　　序章(新作)

　　第一部　财政结构的集中与分散

　　　第一章　正额外财政与地方经费的困窘(1992)

　　　第二章　正额财政的集权结构及其特质(1983)

　　　第三章　清末的危机与财政(以 1980 年的硕士论文为基础修改)

　　　第四章　清末的外销经费和地方经费(2004)

　　第二部　徭役与财政之间

　　　第五章　现代中国的财政包干制度(1994)

　　　第六章　从均徭法看明代徭役问题(1994)

　　　第七章　里甲制与徭役负担(1994)

　　　第八章　一条鞭法后的徭役问题(1994)

　　终章(1994)

　　附篇　中国的近代国家与财政(1996)

　　占此书页数一半以上的第二部（从第五章到终章）的各篇论文，最初以"徭役与财政之间：中国税、役制度的历史理解（徭役と財政のあいだ——中国税·役制度の历史的理解にむけて）"为题，在《经济经营论丛（京都产业大学）》上分四次连载。第二部的这些论文，再加上学术期刊、学术著作中刊载了的第二章、第四章，可说是此书实证性成果的核心所在。而序章、第一章、第三章以及附篇，则扮演了包含、联结这些核心论文、提出全书整体的问题、展现整体面貌的角色。核心论文方面，除了统一术语等工作，基本保持原刊样态收录，而本书之所以不会仅仅成为单篇论文的集合而保有内在的整合性，是因为从序章到终章都一以贯之地以"正规财政及其之外的非正规财政"这个"二重结构"（第64页）之动态作为明确的问题关心。

　　在序章中，作者以清代著名幕友汪辉祖对待"吃漕饭"（地方权势者以告发漕米征缴中的浮收行为来威胁地方官府并敲诈钱财的行为）这一习惯的态度为线索，提出了此书的基本课题。对汪辉祖来说，这种习惯虽不是他所希望看到的，但亦不是通过严惩当事者就能完事的。这一现象深深根植于难以在一朝一夕改变的财政结构之中，因而不得不容许其存在。作者在关注这一当时之"常识"的同时，试图追问其逻辑所在。作为当时人常识地默认作前提的附加性、追加性课征的存在，应该如何在财政制度体系中定位并理解呢？这样的附加性课征又为何会因为负担的不均衡而引发深刻的社会问题呢？根据作者的说法，"财政体系是研究传统中国政治体制的特性和结构的最好领域"（第16页），这是因为，财政正是清晰呈现"作为权力集团的国家与接受其支配的社会之间建立起来的经济循环"（第14页）这一动态结构的领域。

　　第一章以清代为对象，论述了近世中国财政结构的基本特征。有清一代，尽管与人口增长和物价腾贵相伴随的必要财政支出在增加，但正规的税额却基本固定（"原额主义"），这样的差距造成了财政困难。地方政府不具有区别于中央财政的独立财源，它被中央的经费抽取与地方财政支出的增加所夹击，不得不通过附加与追加的课征以及徭役赋课等手段来补充经费的不足（正额财政外的扩大）。缺乏明确法律规定的正额外征收，成为官僚、胥吏、衙役等的非法行为的温床，造成了负担分配的不平等。由此，在清代后期，与不受中央政府统制的正额外财政的成长（财政的分权化）一起，围绕征税与徭役赋课的非法行为成为社会问题。

第二章以雍正年间确立的酌拨制度为中心，解明了清朝财政的二重结构。依据酌拨制度，各省的布政司有在春、秋两季向中央报告地方银库现存银额的义务，各省的正额钱粮被全部置于中央政府严密管理之下，这一极度集权的财政制度得以确立。但是，在这样的集权化财政体系的四周，"公""私"暧昧的实质性地方财政补充了这一体系的僵硬性并成长起来。也就是说，"官的收入、吏的所得……等来自乘机私征、加派"的"'私'的领域"，与"提解的耗羡、归公的陋规，以及因公受上级官府认可进行征收的捐款等的'公'领域"混淆成非正规的门类，"国家财政，在其坚硬的躯壳表面，总包裹着某些柔软而含糊不清的东西，'公'与'私'之财政就这样缺一不可，共同附着在国家财政的躯壳里"（第105页）。咸丰朝以降，在太平天国的冲击下，酌拨制崩坏，为了应对急速增加的支出，设置了厘金等新式收入项目，这些项目被纳入中央统制之外的非制度化的地方财政之中。试图通过"摊派"方式强制抽取地方财源的中央以及对此进行抵抗的地方，两者互相争夺，财政权日益分裂。

上一章从中央统制崩坏的侧面指出了清末财政权分裂的动向，而接下来的第三章则将这一动向置于以地方督抚为核心的外省财政的侧面进行论述。作者指出，征收厘金等新财源的"局"是在总督、巡抚的人事权基础上的半公半私的机构，户部集权的"去人性化"管理被取代，通过总督、巡抚间的私人关系来确保协饷成为目标。第四章以"外销"这一概念为轴心，提出了作者对清末财政性质的理解。作者指出，"外销"是与"内销"相对的词，从18世纪后半叶开始见诸史料，最初用于指代在地方政府支出之上的、无法向户部等中央机构报销（报告并获得承认）的正额外支出；但在19世纪前半叶，开始用于指代向统揽省财政的总督、巡抚报告并得到其承认而使用的地方经费。在太平天国之后的财政困难中，在试图抽取外销款项资金的户部以及对此进行抵抗的地方督抚之间，上演了拔河式的拉锯。外销款项的增加，一方面展示出督抚强化了对省财政的统揽，另一方面也应该注意的是，在正规的外销款项之外，还促进了连外销也无法征收的州县一级的附加税与中饱等私人性资金筹措行为的成长。

以上，第一部的各章在追踪清朝财政之展开的同时，将清代财政制度的基本特质鲜明地展示在读者眼前。关于中央政府的集权化财政管理在清末崩溃,以督抚为中心的地方财政成长起来的这一大略动向,本书与过往的研究大体一致,而作者观点的独特性体现在以下几点。第一,指出上述变化所共通的财政的基本结构,即集权化的正额财政及附着在其外围的非正额财政这一相互依赖的二重结构。在当时的财政制度中,中央财政与地方财政之间不存在制度性区分,地方官衙被认为是奉户部之令、行出纳之事的中央派出机构,它们对正额财政进行极度集权化的财政管理。另一方面,中央监督的正额财政在金额上、运营上的僵化,不得不产生出必然的补充物,即通过附加税与手续费等形式征收并弹性地运用的正额外的实质性地方财政。"两者既互补,同时又因为征税对象相同而相互竞争。"(第192页)从这样的观点来看,清末中央统治的松弛,与其说是清朝财政制度的崩坏,毋宁说可以将其视作在原有的基本财政结构中,被包含在"财政的多层性、分散性"中的"种子的遗传基因""全面开花"的局面(第165页)。清代中期的集权化体系与清末的督抚财政,是同样的财政结构因应时代而呈现出的两种面貌。

第二,本书指出,这样的二重结构不仅存在于中央与外省的关系之中,还存在于省与地方政府的关系之中,甚至存在于州县衙门内部之中。作者将其作为套匣式结构的同型性问题展示了出来,这一点是本书新意所在。这一观点可谓二重结构论的功能概念化,虽然在第二、三章未必明确表示了出来,但在2004年发表的第四章得到了强调(又,原载于1994年的第八章,第392页亦指出了相关问题)。由此,清末的省财政就不仅是分权化,还包括了省财政内部的紧张关系,这一更为立体动态的历史形象得以呈现。山本进的研究强调了以督抚为中心的地方财政的集权化、正规化的一面,作者的套匣式结构论尽管接受了山本进的部分观点,但亦展示出了作者独特的多层模型。

与讨论清朝财政之整体形象的第一部相对,第二部聚焦在上述二重结构中构成非正额财政的附加性、追加性征收的问题之上,以清代前后的明代与现代为焦点,考察了国家与社会相互作用的长期动态。本部分并非按照时代顺序,最初的第五章首先处理了现代中国的包干财政问题,可谓出乎读者意料,但这一考察是以广泛搜集报纸、杂志、新版地方志等史料为基础的扎实研究。作者指出,在改革开放后的一段时间内,(某些地区)出现"摊派"

(征收租税之外的分担费)与"义务劳动"过重的情况,成为(当时)中国农村的一个社会问题。这一社会问题的由来是,在各级地方政府对上级承担一定的缴款义务的同时又需自行筹措地方经费这一"财政包干"制度的基础上,地方干部希望增加收入而采取的行动。也就是说,那是"国家掌管的法定财政——预算内财政,与下级权力机构所支配的以摊派和附加税为财源的预算外经费,在这两者并存的二重结构的财政体系之中生成的结构性问题"(第243页),可以透彻地看出,这个结构与围绕明清时代的徭役而出现的社会问题有着同样的根源。

　　第六章到第八章则回溯至明代的徭役制度,作者选取了其中若干问题,从财政的二重结构这一观点进行了分析。第六章处理的是明代前期重要改革之一的均徭法。既往的解释将均徭法视作在里甲单位中分配杂役的方式,相对于此种解释,作者论证了本来的均徭法并非如此,即本来的均徭法是将该年一县的应役户全体不论里甲所属,按照负担能力的顺序制作簿册,从上到下逐户派役的方式。若是里甲役,地方上的领导能力这类要素是重要的,但若是杂役的话,这样的要素则并非必要,因而上述那种分配方式毋宁说是自然的。此处深具启发性的观点是,明初的里甲制最初并非是以徭役征收为中心目的而构想出来的制度。在此之后论述里甲正役之性质的第七章,作者首先指出了里甲正役的"正役"与古代国家的"正役"的差别之处。明代徭役负担基准中的"人丁"这一要素,与古代"正役"向成年男性进行的无差别科派不同,只不过是户的资产评估的一部分,不能将其视作古代体制的残存。作者的这一议论,是对小山正明、重田德的有影响力的学说的尖锐批判。那么,"里甲正役"是什么呢? 在里甲制度成立之时,里长户的主要职责"催办钱粮、勾摄公事"两事之中,作者重新探讨了从前被理解成泛指多样公共事务负担的"勾摄公事",并提出了新的解释。根据作者,同时代史料中的"勾摄公事"用于指代对案件、诉讼的相关人士的拘捕,并非指代一般公务。也就是说,里长户的职务只限于在州县官府的指挥下对征税与治安维持的辅助,其他的徭役负担并非本来的义务。尽管如此,伴随着追加性、附加性课征的徭役的增多,其负担落在里甲头上,这是明代严峻的徭役问题之根源所在。

　　为了解决这样的徭役问题,明末施行了以各种徭役负担的一体化与定额化为目的的一条鞭法。作者在第八章探讨了一条鞭法施行之后继续存在的徭役问题，强调了不应将其单纯视作既往徭役的残存，而应将其理解为在将徭役编入一条鞭法后，出现在新的正额财政之外成长起来的非正额财政的问题。明末的改革确实缓和了徭役问题，但若"仅是征收方法的改革，也就是说只要没有对财政体系的结构作出改革，那改革就流于一种'形式上不痛不痒的游戏'而已"（第447页）。

以上，第二部的各章选取了在日本学界有着深厚积累的明代徭役制度作为对象。其特色在于，第一，将徭役问题置于整体的财政结构中定位并进行考察的明确姿态。既往的明代赋役制度研究拥有社会结构论式的关心，专门着眼于徭役的科派方式与地方的阶级结构之间的关系，从国家的阶级基础这一观点来讨论赋役改革的历史意义。与此相对，作者在明代徭役问题的基础上，发现了与非正额财政的膨胀相伴随的非法、中饱的盛行，认为一条鞭法等赋役改革是为了应对此种问题而将非正额财政正额化并将其置于中央管理之下的尝试。其结果则是，两者对明末清初赋役改革所进行的历史定位大相径庭。阶级论角度的研究在明末清初的改革对赋役的土地税进行一体化以及对优免的限制中，发现了"多层身份关系的崩坏"（小山正明）、"中国封建体制的建立"（重田德）这种划时代的巨大意义；与此相对，作者可以说是将超越诸项改革而继续存在的基本结构，即正额、非正额财政的二重结构，看作问题的根本。当然书中也分析了各项徭役制度背景中的历史条件，但在此处，徭役制度的历史变化并非主要的论点。

第二，由于第六、七章对均徭法与里甲制进行了重新探讨，关于里甲制的一般说法亟待重新认识，这亦是此书应该突出说明的意义。里甲制最初并非以徭役征收为目的而制定，里长主要职掌之一的"勾摄公事"一词指代对案件、诉讼的相关人士的拘捕，在此之外别无他意——这一作者的主张，从此书整体讨论的中心来看也许只是次要的观点，却对里甲制研究造成了很大冲击。特别是作者着眼于小说等口语用法而展开的"勾摄公事"论，应该说是铁案了。

经过上述分析，作者在此书终章所描述的（传统）中国政治秩序的形象如下所示。"在庞大复杂而又持续发展的社会中，冠冕堂皇地存在着一些专制式的权力团体。这些团体管理能力匮乏，只够维持局部的社会秩序，却迷恋于国家管理一切的幻想,而且顽固坚持这种政治文化方向,借此维护国家的正统性。"虽然在国法与正额财政的范围内,集权化的管理确实得以实现,但并不表示能将国家机能渗透至各个角落。"在这个稍带硬性的领域的外围,存在着许许多多柔软性组织,它们一方面巧妙地应付着来自中心领域的压力,另一方面依社会现实再次构建社会秩序。"正是由于四周存在着"柔软的胶体"般的结构,中心的领域才可以从社会中吸取养分,而且,正是因为存在权力的实质性分散,皇帝的"万机总揽"理念才能得以保持。作者对论述了(传统)中国专制国家的集权化政治秩序直接在人民中贯彻(或者说原则上应该贯彻)的中国史研究会的吉田浤一、足立启二等人的观点——"法律不受中间团体的阻碍与修改,直接在人民中得以贯彻"(吉田)、"社会意志的决定功能⋯⋯越过了各个中间群体,以官僚机构为轴心,最终集中到了皇帝权力之下"(足立)等——进行了批判,强调了(传统)中国专制权力的绝对性正是由权力的分散结构所支撑的。

如上所示,附着在集权化的中央管理这一坚硬躯壳外侧的弹性的分散性结构,作者的这一(传统)中国政治秩序形象在各章的实证性讨论中被反复提出,并在最后的结论处集中阐述。关于此书的独创性及其在研究史上的意义,评论者已在第一、二部介绍的末尾处分别阐述了个人见解,此处不再重复。以下,作为书评的一般做法,理应对此书的讨论进行批判性的考察,但这相当困难。其理由既在于评论者并非研究赋役制度史的专家,也在于本书的实证与逻辑之间的严密性。此书将国家整体的统治结构作为研究对象,尽管在时代上进行了长时期的大规模讨论,却是极度精细、无缝可击的论著。正是因为作者并非应用外在的框架作为方法,而是通过紧贴当时人们的观点去理解"结构",所以基本没有感受到基于外来框架进行强硬解释所带来的违和感。而且,面对应有的批判与疑问,作者自身已经在书中准备了周到的反驳与回答。因此,还望允许评论者在此处叙述被作者的讨论所触发而浮现的若干感想,以尽书评之责。

在本书的论点中,评论者最受刺激且作出反省的是围绕里甲制的讨论。评论者的专业是明末清初这一时代,在这一时代中,里甲制在役困中解体。在评论者看来,里甲制是无法应对经济的自然变化的不合理制度。这与将里甲制视作根据朱元璋的独特理念强行创造的特殊的"固化体制",并以此看待明初体制的看法亦有所关联。然而,根据作者,里甲正役原本的目的是"催办钱粮,勾摄公事",亦即不过是村内钱谷和刑名相关的辅助性业务,"原本并非以获得官府的财政资源为目的而设立"(第351页)。16世纪以降显著化的"役困","与其说是在里甲这一'正役'中产生的问题,毋宁说是在那个时代的财政结构中派生出来的,对里甲役的附加性、追加性课征的问题"(第66页)。作者这样的主张是有说服力的,它迫使评论者极大地改变了(自己眼中)里甲制作为固化而不合理之制度的形象。

里甲正役被制定时与以获得财政资源为目的的"原本意义上的差役、徭役"毫无关系,作者的这一揭示是尖锐的。然而,即使里甲正役本不该直接承担财政负担,但在承担赋役征收风险的意义上,毋宁说是对财政有着巨大的意义。如果纳税户争相纳税的话,里长的役务几乎不构成负担,但在纳税户拒绝纳税、逃亡或者胥吏勒索等事态上,里长户的负担则可能变得无限大。这一风险本来就埋藏在"催办钱粮"之中,在这一点上,明末的役困还是能视作"正役"本身的问题。一条鞭法以后,粮、里系统的"正役"仍旧根深蒂固地残存,这种状况就暗示出,将与风险负担相关的徭役进行定额化是尤为困难的。

作为财政问题的徭役问题,既是追加性课征自身的问题,同时也是在实现包括正额与非正额在内的课征之时,风险负担的分配方式的问题。从风险这一无法计量的负面要因的负担方式来看,明代与清代以降之间,还是存在着"形式上不痛不痒的游戏"一说所无法完全说明的巨大变化。明末里长户因风险负担的义务化而承受了异常的压力,与此相对,在清代,这一义务化的制度基本解体,风险存在于包揽等可称作市场化处理的倾向之中。而仅从本书第五章的分析来看,在现代中国,亦不存在如里甲制这般将风险负担本身作为农民义务的事态。

当然,对作者来说,这样的问题可能已然解决。本书对里甲制的涉及,其重心放置在"里甲正役本来与徭役征收无关"这一否定性方向的论证之上,但是,在本书未收录的论文《作为公课负担团体的里甲和村》(载森正夫等编《明清时代史的基本问题》,汲古书院,1997年)①之中,作者处理的正是

---

① 《公課負担団体としての里甲と村》,[日]森正夫等编《明清时代史の基本问题》。

里甲作为"团体性的税、役负担体系"的性质。虽然在这篇论文中,作者并未把"财政"一词作为关键词使用,但"团体性的税、役负担体系"的问题,可以作为财政上风险处理的问题来对待,这是评论者不成熟的感想。

第二,想讨论一下此书"反历史"的"结构"论。此书的焦点是对中国近世、近代财政的"二重结构"问题,即集权化管理的正额财政与它周围生成的暧昧且不可缺的非正额财政这一表里一体的结构,进行已经到沉闷地步的严密考据。"结构"(日文为"构造"——译者)一词,在战后日本中国史研究中甚为流行。《中国古代国家的形成与结构》(西嶋定生《中国古代国家の形成と构造》)、《乡绅支配的成立与结构》(重田德《乡绅支配の成立と构造》)、《中国封建国家的支配结构》(川胜守《中国封建国家の支配构造》)等,冠以"结构"一词的著作不胜枚举。可以说,"结构"一词是战后日本中国史学中没有被意识到的关键词。但是,本书所云"结构",与既往的"结构"论稍有差异。与时代区分式的问题关心相连,上述诸研究将某一时代的国家与社会视作一个特定的社会实体,分析在特定的阶级基础之上成立的整体结构。与此相对,本书所云"结构"是贯穿时代变化与宏观、微观的诸多局面所发现的秩序生成的方式,可以说指的是那种形态学式的共通性。

作为讨论出发点的第一、二章提出的虽然是清代极端集权的国家财政及其周围成长起来的实质性地方财政这个二重结构,但根据作者,这一模式并不仅限于财政的领域——"财政上正额部分与非正额部分并存;官僚机构内有官僚、幕友、胥吏等组织;司法裁判上'上申'案和'州县自理'案件"(第62页)等,亦能发现于官僚制度与司法制度之中。第四章讨论的"外销"概念,与审判中的"外结"、诸事务中的"外办"、人事中的"外补"等诸概念之间存在着共通性,表示不受中央的指示与认可,能够在地方层面处理的范围,这一点虽然作者没有特别论证,但对读者来说,是能自然而然联想到的事情。而且如前所述,这个二重结构不仅出现在中央与外省的关系上,还如"俄罗斯套娃"般地出现在省与州县甚至州县衙门与中央机构内部(第193页)。即使就时代变化的观点来看,从明代的里甲制起,经过明末的诸项改革,再发展至现代中国的税、役制度,在这个巨大的转变背后,同样的结构亦持续存在。

正如作者自己略有挑衅般的说辞,"试图超越五百年历史去找到同质性的'反历史'式的考察"(第 392 页),在这一无论从何处切开,同样的结构均无所不在的秩序形象之上,很容易贴上"超历史性""停滞论式"的否定标签。然而,不容置疑的是,在书中,此般对基础性结构的关心,才是内在地理解五百年间税、役制度变迁的关键所在。不将表面上多样的现象相互切分成散乱的问题,而是通过着眼于贯穿在多样性背后的秩序生成的逻辑,试图整合性地理解——正是在此处存在着"历史学"的趣味,此书亦可视作出色的成功案例之一。

只不过,作者同时认为这样的结构是"两税法体系"(相关说明见于第251—252 页的"补记")的特质,这一点也需要注意。那么,两税法之前的状况与两税法体系如何区别呢? 确实,古代国家的力役不以户为单位,而是以向人丁本身进行无差别科派为原则(第 324 页),在这一点上能够看到与明代的差异。但是,如果把下述三点"所决定的实质性地方财政的包干式结构"作为"两税法体系"的财政特质,即"第一,指向中央集权化管理的法定租税,以及主要由地方性科派的附加性、追加性的诸项负担所构成的二层结构;第二,因法定财政体系中地方官府经费极度不足而造成的地方财政之不存在或脆弱;第三,法定财政中屡屡出现的因预算额的固定化、僵硬化而导致的原额主义的倾向"(第 250 页),那么,可以说两税法以前不存在这样的结构吗? 至少,如"乡官部吏,职斯禄薄,车马衣服,一出于民,廉者取足,贪者充家,特选横调,纷纷不绝,送迎烦费,损政伤民"(《后汉书·左雄传》)所示,可以想象,正额外的附加性征收在古代亦非罕见。关于此书中心课题的财政二层结构之开端,有必要进行更为明确的说明。

最后,谈谈此书的学术史定位。此书极为周到地提及财政史、徭役史上实证性的前人研究。对在理论上引领 20 世纪 60 年代明代徭役史研究的小山正明、重田德等所进行的批判,细致而确切,值得佩服。只不过,关于贯穿本书的财政二重结构的想法,还可以涉及更多的前人研究。这是因为,评论者的管见所及,例如村松祐次在《中国经济的社会形态》(《中国经济の社会态制》,1949 年初版)中就指出,在清代以前,中国政府就"在极端统一的、中央集权的外形之下,蕴藏着极为多元的、分散性的倾向",这曾经给评论者留下了深刻印象。村松以民国时期的财政为主要题材,概述了中国财政的性质,他强调了田赋的"额征"主义及其所附带的各级政府连锁性的"定额包干"的关系、私人性与威慑性并有的各级政府的性质等方面。虽然村松的中国财政论不过是薄薄的四十页,却能在其中找到与此书论点相呼应的尖锐的揭示。

我在此处言及村松的研究,并没有丝毫对此书的原创性予以否定的意图。此书在厚重的实证支撑下的讨论,有着相当明确的价值。只不过,在战后日本的中国史学之中,在被视作"停滞论式的"而被忽视的潮流之中,这样的论点被先驱性地提出,这让人觉得饶有兴味。而且,同样关注国家与社会的相互作用,此书的讨论以中央集权化的财政为起点,关注在其中生成的作为"二级秩序"的非定额部分。与此相对,村松首要的关注对象是中国的一般性经济秩序形态,表现在财政中的政府性质与村落、行会等并列,被他视作中国经济的"比赛规则"之一,这一视角上的方向性差异亦颇有意思。在此意义上,终章中作者以中国史研究会的稍显直接的专制国家秩序论作为论争对象,通过对其进行批判来结束本书,让人略感遗憾。因为,以更为精练的角度关注中国财政的多层性并讨论其秩序形态的研究,在过去并非不存在。

以上是本人不成熟而直率的感想,也有不能完全理解此书的细致实证与厚重逻辑而妄言之处,还望作者与读者海涵。也祝愿在明末中央政治与边境社会、明清时代的乡村职役等问题上不断发表大作的岩井茂树在研究上更上一层楼。拙评就此搁笔。

（原载于《东洋史研究》第 63 卷第 3 号,2004 年）

梁敏玲 译　菅野智博 校

编 译 后 记

　　整整六年前，在中山大学举办的一次学术会议上，来自厦门大学的陈永福教授说起这部由鹤见尚弘先生精心选粹的日本学者研究明清赋役制度史的巨著。据陈永福教授透露，所有的著作授权书均由作者或者作者的亲属签署完毕，却苦于难以找到合适的译者，一晃数载，拟译篇目仅仅落实了三四成左右，译稿不得不长期搁浅。作为在明清社会经济史领域耕耘数十年的研究者，我深感出版该书意义重大，然而以个人"三脚猫式"的日文译读水平，自然完全达不到"入伙"的要求。好在菅野智博、罗敏两位精通日语的同事先后入职本系，于是初步搭建起翻译团队。2018 年 11 月，在中大伍舜德学术交流中心的大厅里，我与陈永福教授及中西书局的两位"女将"李碧妍、伍珺涵一道，终于将所有篇目的译者一一落实。至 2020 年初，译稿在新冠肺炎疫情肆虐之际陆陆续续返回。

　　在其后漫长的译校过程中，接连遇到一些新的难题。鹤见先生因年事已高，无力撰写原本慨允亲撰的总序，译稿里呈现出的诸多史料、表述问题也令大家一筹莫展。一直关心译作的于薇教授及时挺身而出，带领菅野智博、梁敏玲、时坚三位青年才俊，创造性地以"互校"的方式攻克重重难关，使译稿终于"杀青"。译稿并得到中山大学学科建设项目高水平学术著作出版计划资助，顺利入选"中珠学术译丛"第一辑。我的好友日本一桥大学的佐藤仁史教授则主动承担起采访鹤见先生的重任。后因年逾九十的鹤见先生已无法如十余年前般将日本学界明清社会经济史界的种种掌故娓娓道来，不得不改为采访日本明清社会经济史研究领域的另一位重量级学者山本英史教授。山本教授与岸本美绪、岩井茂树同辈，也是佐藤教授的研究生导师，非常熟悉日本学界 1970 年代至 2010 年代明清社会经济史的研究脉络。在访谈中，山本教授系统地讲述了日本学界在社会停滞论、乡绅支配论、地域社会论等方法论探索上诸多鲜为人知的背景，并专门介绍了很多学者在座谈会上的发言,这当中有相当一部分发言最终并未成文。这些灵光一现的重要学术观点,成为这本译著编译过程中的"意外之喜",也为我们理解日本学者研究明清社会经济史的学术成果提供了珍贵材料。

相信本书的出版,将使那些在明清赋役制度研究领域中苦苦求索的青年学子,能够充分领略自清水泰次、松本善海以来数代日本学人经典研究成果的风采,并以此为起点,不断推进明清社会经济史研究的深度和广度。谨向鹤见尚弘先生及以上提到的诸位表示衷心的谢忱,向所有译者、校者的辛勤付出表示感谢!

吴　滔

2023 年 4 月 12 日于伶仃洋畔